CFA Institute CFA协会机构投资系列

VALUATION TECHNIQUES

Discounted Cash Flow, Earnings Quality, Measures of Value Added, and Real Options

(CFA Institute Investment Perspectives)

估值技术

（美）大卫 T. 拉勒比（David T. Larrabee） 贾森 A. 沃斯（Jason A. Voss） 编 王晋忠 等译

机械工业出版社
China Machine Press

图书在版编目（CIP）数据

估值技术 /（美）拉勒比（Larrabee, D. T.),（美）沃斯（Voss, J. A.）编；王晋忠等译 .
—北京：机械工业出版社，2014.9
（CFA 协会机构投资系列）
书名原文：Valuation Techniques: Discounted Cash Flow, Earnings Quality, Measures of Value Added, and Real Options

ISBN 978-7-111-47928-4

I. 估… II. ①拉… ②沃… ③王… III. 投资 – 估价 – 研究 IV. F830.59

中国版本图书馆 CIP 数据核字（2014）第 211493 号

本书版权登记号：01-2014-0479

估值技术

出版发行：机械工业出版社（北京市西城区百万庄大街 22 号 邮政编码：100037）

责任编辑：冯语嫣	责任校对：殷 虹
印 刷：中国电影出版社印刷厂	版 次：2015 年 5 月第 1 版第 1 次印刷
开 本：185mm × 260mm 1/16	印 张：28.25
书 号：ISBN 978-7-111-47928-4	定 价：99.00 元

凡购本书，如有缺页、倒页、脱页，由本社发行部调换

客服热线：（010）68995261 88361066	投稿热线：（010）88379007
购书热线：（010）68326294 88379649 68995259	读者信箱：hzjg@hzbook.com

编　委　会

联系邮箱：newfinancier_china@163. com
协会微博：weibo. com/cfabj
协会微信：cfabeijing（北京金融分析师协会）

微博二维码

微信二维码

目 录

第7章 传统股票估值方法 / 111

第8章 简单估值模型和增长预期 / 128

第9章 Q型竞争下的特许经营权估值 / 137

第三部分 收益和现金流分析

第15章 盈利的计量和披露对股票估值的影响 / 218

第16章 现金流分析及权益估值 / 258

第 21 章　拥有提前执行边界的员工股票期权 / 341

第五部分　实物期权估值

第 22 章　实物期权与投资估值 / 356

序

从顶峰到低谷，安然的股价下跌99.98%，大约从每股90美元跌到0.02美元，仅用了12个月。接近顶峰估值时，仍可以听到来自公司管理层的口号，安然本已膨胀的股票价格肯定会更高。不幸的是，大多数投资者和分析师听从了安然的论调，而没有留意公司的真实状况，密切关注可能暗藏风险的基本面。很少有分析师质疑安然公司的估值，这些人常遭到老板、同事，甚至是安然管理层的嘲笑。对安然公司估价的普遍共识，让投资者和员工付出了沉重的代价。

安然的欺诈行为最终是如何被发现的呢？法国巴黎银行分析师丹尼尔·斯科特，是拉响警报的第一批投资专家之一。经过对安然公司包括估值在内的深入分析后，斯科特在2001年调查报告中说，安然的股票"无论如何都要卖"。类似的情况在资本市场很常见，价值评估已被证明是发现欺诈不可或缺的投资工具。

安然丑闻报道后不久，丽贝卡·史密斯在2002年1月29日的《华尔街日报》上发表了"前法国巴黎银行分析师8月对客户的警告"一文，说道：

"斯科特先生的经历展现了华尔街金融分析师们——他们传统上作为投资者和金融市场之间的过滤器——长久以来的压力之一，在过去的十年中，华尔街越来越多的证券公司让它们的研究分析师积极鼓吹股票和债券，而非公正的分析。"

进行财务分析时的挑战在于如何判别公司或证券的真实情况。分析师们使用各种工具，用于发现事实和揭露虚假，包括财务报表分析、管理评估以及绝对和相对估值。通过谨慎客观地使用这些工具，分析师可以发现披露中的不足、不一致以及错误定价因素。有时，细心的分析师甚至可以识别可能导致严重管理失败的信号。

详细、客观的估值是缔造成功投资案例的强有力工具。全面的评估不仅是对投资未来经济价值的估量，也是对其价格持续性的考查。不断地应用这些工具和最初的投资决定一样重要。太多的投资者花费所有精力于"购买"决策，却未在持有期对价值的变化进行思考。

本书的出版恰逢CFA项目创立50周年之际，同时，也是金融行业和投资专业人士信任备受挑战之时。我们必须采取措施以重建信任，对成千上万在实践中始终坚持高标准的勤奋、正直的专业人员表示感谢。

信任建立在可靠、透明和管理之上。没有公众的信任，投资行业将会停滞衰败。在CFA协会，我们呼吁投资专业人士行动起来以恢复公众对我们的信任。我们的使命扩大为：①通过提升道德、教育和职业品质的最高标准来引导全球投资行业；②我们的责任是为整个社会服务。我们的使命指引我们进行更广泛的引导和教育。这本关于投资估值的书籍是 CFA 协会使命的表现之一，我希望它的广度、严谨和专业性能能使读者得到教育和启发。

约翰·罗杰斯，CFA

CFA 协会主席和首席执行官

引 言

估值是“证券分析”大厦的基石。最早提出严整估值理论的文献，是约翰·伯尔·威廉姆斯于1938年出版的《价值投资理论》。

不知什么原因，直到1959年麦伦J. 戈登在《经济与统计评论》中发表了《股息、收益与股价》（提出著名的戈登模型）一文，我才将注意力最终转向威廉姆斯1938年的开创性成果。也许是威廉姆斯原著中大量的数量分析阻碍了我对它的兴趣；毕竟，早期金融和投资的文章不同于与之相关的会计报表，主要使用描述性语言而尽量避免定量分析。1934年，本杰明·格雷厄姆和戴维·多德发表了《证券分析》（第1版），文中的估值主要基于会计而没有必要的理论基础，威廉姆斯和戈登在后期进行了完善。《证券分析》（最终第6版已发行）在当时被视为投资者的圣经，直到20世纪60年代后期，投资者的注意力开始转向与估值理论一致的更先进的方法。格雷厄姆对威廉姆斯的估值理论有所怀疑，他在审查《政治经济学》1939年第4期时说道，如果通过威廉姆斯的“高等代数”能让投资者对股票报以明智的态度，即使模型中有各种任意的假设，他（格雷厄姆）也将投票给它。

两篇关于证券投资组合的文章，也许与股票估值方法的发展只有间接关系，但是绝对重要。1952年3月，哈里·马科维茨在《金融杂志》上发表了他著名的“投资组合选择”，文章主要关注对于股票价格可变性和多样性的理解。1963年1月，威廉·夏普在《管理科学》上发表了具有开创性的文章——“简化的投资组合分析模型”，以马科维茨的早期工作为基础，扩展了对证券定价均衡的理解。直到20世纪70年代，这两篇文章才被人们渐渐接受，接受过程虽然缓慢但对于我们理解估值模型中的“风险溢价”却有很大帮助。同样，在1972年马丁·莱博维茨与西德尼·赫墨共同出版的《内部收益》一书中，为固定收益投资者提供了清晰的估值视角，也提出了关于贴现率在普通股估值模型中重要性的新观点。

这本关于估值方法的合集由贾森A. 沃斯（CFA）和大卫T. 拉勒比（CFA）共同编辑，文章来自CFA协会主办的刊物和早年的前辈，这为我们提供了大量的重要估值文献。每篇文章都以自己的方式展示了复杂估值模型的构架和视角，指出了模型设计和输入变量的共同重要性。文章以及文章中的模型，为我们提供了一种思维架构，这对股票定价很关键。这些文章帮助我们找到适当的变量，以及变量相互作用而产生的价格敏感性变化。但要让这些模型实用和对投资者有帮助，模型本身只是成功的必要条件而非充分条件。模型所选择的变量是不是决定性的因素，此时就能区分出杰出投资者和普通投资者。不同于格雷厄姆和多德的重点关注历史财务数据，今天成功的投资者需要了解未来的不确定性、事前选择的变量如何发展变化，而不是简单的事后观察，这是一项艰巨的任务。

经济学家弗兰克·奈特在他的《风险、不确定性和利润》（1921 年）一书中做了一个著名的区分，投资专业人士本该牢记，但似乎很多人都已遗忘。奈特指出，风险是一种条件，这种条件的结果未知，但出现的确定性概率已知。掷骰子就是一个简单的风险案例。正如奈特指出，不确定性与风险不同，因为概率不能准确判断，所以结果同样也不得而知。这种对不确定性的理解使得我们在投资领域中不断使用模型。我们要时刻提醒自己，我们对概率的判断是主观的而非客观，并且建立在对事前所选变量的分析之上。投资者们生活在一个不确定的世界，而非奈特所定义的风险，这就是此项任务十分艰巨的原因所在。

估值方法会随着时间推移而不断演进，正确的应用将使投资者更成功应对金融市场中不可避免的不确定性。书中的文章是宝贵的资源，是 CFA 协会为该领域做出的贡献。

加里 P. 布林森，CFA

第一部分

估值观点：过去和现在

CFA Institute 第1章

对普通股估值公式的两种阐述方法㊀

本杰明·格雷厄姆（Benjamin Graham）

本章将详细考查两种普通股估值方法。第一种方法着重于考查公司的盈利能力、收入增长和稳定性，以及红利支付。通过这种方法，这些信息将得出一个股票的价值，这个独立得出的价值再与该公司股票的市价进行比较。相比之下，第二种方法从股票市价出发，并根据市场中的潜在信息计算出未来期望增长率。基于期望增长率，就可得到未来收入以及当前市价的**内含收入乘数**（implicit earnings multiplier）。两种方法都显示，市场往往都含有未来增长预期，而该预期无法从过往的业绩中得出。

在各种各样的普通股估值方法中，最普遍使用的还是那种衡量未来一段时期平均收入和股利，并将这些因素以适当利率折现从而将其资本化的方法。这种处理结果在形式上当然合理明确，但其运用需要最宽泛的技术和假设，包括一般的推断。首先分析师将会考虑所分析的未来时期，他有广泛的选择；其次，该时期的预期收益和股利必需测算；最后，根据该分析师的判断或偏爱选择资本化所需的利率。我们或许看到，因没有先验的准则规定评估者具体要评估到未来多少年，故而几乎无法避免这样一种状况：牛市时期投资者和分析师趋向于长远而乐观的投资评价，但其他时候他们却无意“注意到不远处已风生水起”㊁。由此，市场对成长股的定价存在着极大的内生不稳定性，这种不稳定太大以至于参与者需要深谙这一准则：公司越活跃，其股票的过往市场业绩会因内生不稳定性而存在越多的投机和波动。[1]

当分析师开始估算未来收益时，很少有人愿意冒险，像哥伦布探索未知的大海那样尝试从未

㊀ 摘自《金融分析师》，1957年11月：11～15。在该文初次发表时，作者本杰明·格雷厄姆（Benjamin Graham）是洛杉矶南加利福尼亚大学的客座教授。

㊁ 译者注：“heed the rumble of a distant drum,” 意为：急于短期投资而不考虑未来风险。

用过的方法。分析师们喜欢从已知的数量开始——比如当前或过去的收入——用一些方法对这些数量加工，以测算未来的值。其结果是，在证券分析领域，尽管历史数据的应用早已被理论界抛弃，在现实中却始终被（大量）运用。当那些详细复杂的历史数据，被费尽周折地收集起来，又被精密地分析，而得出的关键指标——未来的收益及股息——却与现实毫无相关，那么这项专业工作将会受世人嗤鼻。

这种无奈无疑在现实中存在，或许还不少。然而大多数情况下，过去与未来的相关性大得足以为分析师对统计数据的偏好得到辩护。事实上，估价实务操作者每天的工作很大部分是在努力构建这一看似真实的虚景：公司的未来（财务、收益状况）来自于他们对过往业绩的研究，这些人无疑会为那些与理财投资无关学科的爱好者找到措辞，建议加强类似统计数据研究。越好的分析师，仅关注公开数据的研究就越少，他们会在这些数据基础上更多加入其对这家公司的管理、政策以及公司各种趋势的研究和评价。

证券分析课堂中的学生或家中自学者也有特别偏重历史数据的趋势，而忽视对公司未来的独立判断。学生学到或被传授分析历史数据的方法，却缺乏合适的工具去对公司的未来进行判断。他往往去寻找某些看似诱人的方法，于是将公司的收入记录——例如，平均收入、增量或增长趋势、稳定性等方面的数据——加上一些对当前资产负债表的分析，通过这些方法首先将这些记录和分析变为一系列预测的收益和股利，再进一步用这些收益和股利进行估值。

更进一步审视这种测算过程，这一事实会变得一目了然：未来收益和股利无需分别计算即可得出最终价值。简单举例：

1. 过去收入 × X = 未来收入。
2. 未来收入 × Y = 现在收入。

该运算立即可以简化为：

3. 过去收入 × XY = 现在收入。

XY 因子，或称为过去收入的乘数，我的学生非常乐于学习和计算它。当我告诉他们找这些乘数的方法并不可靠时，他们或许深感怀疑，或许会问：“那么证券分析学的好处在哪里呢？”他们以为如果在过往记录的相关指标上施以正确的权重，至少能得到普通股现值的合理估价，于是他可以进一步考虑到可能的未来收入，也能够用以判定以当前市价发行的该股票是否具有购买价值，或已经被高估而不宜购买。

本文将建议并介绍两种（对历史数据的）分析方法，这两种方法最初是在某普通股估值的研讨会上发展成型的。我相信，第一种方法至少能向读者解释（对历史数据的）公式操作如何合理地运行和运用。文中将试图以 1957 年在道琼斯工业平均指数（Dow-Jones Industrial Average）中的 30 只股票建立一个平均价值，相应的存量计价基准为（base valuation）400 和 500，针对综合价值或一组股票（400 这个数字代表道琼斯平均指数大致的“**中心值**”（central value），基于历史数据通过一系列公式方法单独测算出。500 这个数字则代表过去 12 个月市场平均水平）。

我们将看到，对每个成分股的定价都会考虑四方面的“质量因素”：盈利能力、增长、稳定性和股利发放比率，以其作为乘数与 1947 ~ 1956 年的平均收益相乘。再单独引入**净资产价值**（net asset value）赋予其 20% 的权重，并计算出最终结果。

第二种方法从本质上讲与上述方法刚好相反。第一种方法试图得出一个单独的价值再与市场价格比较，而第二种方法从市场价格出发计算市场预期的未来增长率。以此增长率数值便可以得到未来的预期收益，即本文案例中 1957 ~ 1966 年的“预期收益”，以此从当前市价中，计算出其内含的未来收益乘数。

在下文中，我们先介绍和运用该方法计算案例，之后将对该计算方法详细评述。在此只是先点出我相关结论的要点（原则），它可分述为以下几点，即：

1. 我们对个股的公式化估值，或许还包含任何其他相同的常用类型，其本身运用价值很小。不能简单通过计算结果机械地认定 A 股票目前价值的只值其市价的一半，或 B 股票价值是市价的两倍，这些数值只是公式计算的结果。

2. 另一方面，由于这种结果是公司过去信息的综合反映，因此，它又是可参照的，有用的。如果在未来将是历史表现的继续这样的假设条件下，这些结果甚至完全代表了股票的价值。

3. 因此，分析师在公式得出的估值和市场价格数值之间，面临着被量化了的“矛盾”，而他的任务就在于通过自己更高级的知识和专业判断进行取舍。这种数量差距究竟有多大，在审慎对待这些数据时可能站在怎样的立场，这些问题下文都将讨论。

第二种方法同样从市价出发，测算出隐含的“增长因子”以及随之计算的隐含乘数，当分析师在关注每只股票带来的未来市场哪些方面达到预期时，在参考或对比哪些过去（的预期）已经在现实中达成时，这些计算结果是有用的。要对市场中那些明显的假设进行取舍，分析师的知识和判断力同样不可或缺。

完全基于过去业绩的公式估价方法——以道琼斯工业股价平均指数作为整体进行测算。

该方法隐含有如下假设：

1. 对道琼斯工业股价平均指数中的成分股的估价可能与一个基值相关联，该基值以统计数据作为参照，将各股票基本存量的平均值作为一个整体计算得出。

2. 采用的数据包括以下几种：

（1）盈利能力——以**投资收益率**（the rate of return on invested capital）衡量（为简便起见，这里只计算出 1956 年的投资收益率）。

（2）每股收益增长率——用两种测算表示：1947～1956 年收益对比 1947 年收益（即（1947～1956 年收益/1947～1956 年收益）-1），以及 1956 年收益对比 1947～1956 年收益（即（1956 年收益/1947 年收益）-1）（用 1954～1956 年平均值计算比单用 1956 年的值更合乎逻辑，但用前者带来的数量改变对最终估值影响很小）。

（3）稳定性——用 1937～1938 年及 1947～1956 年最大收益跌幅来衡量（这一数据是基于跌幅最大时期收益占比数据得出）。

（4）股利发放比率——由 1956 年股息比 1956 年的收益衡量。少数股票 1956 年收益低于 1947～1956 年平均水平，则我们将平均值代替，以获得更为真实的当前发放比率。

这些指标展示了公司的收益（以及股利政策），因此可能会左右收益乘数的选择。每只股名下所测算出的数值将除以道琼斯股票整体平均值，用以找到该公司的相对业绩表现。这四个相关指标将以相同权重加总而得到某公司最终的“质量指数”，用以与道琼斯成分股公司整体的综合质量进行对比。

投资回报率应该是衡量一笔投资计划成就和质量的最符合逻辑的指标。它表示货币投入到某项业务中会究竟有多大的收益。在对相对“正常”的 1953 年市场研究中，我惊奇地发现，在对股利发放指标调整以及对净资产价值微调之后，**利润率**（profitability rate）和**市盈率**（price-earnings ratio）高度相关。

对股票投资者而言，无须强调股市增长因子的重要之处，他们似乎更会问为什么不将增长因子作为股票质量的决定因素以及（市场）乘数。可以确信期望未来增长率是当前市盈率的主要影响因素，在本文的第二种方法中也完全基于此，该方法就是处理从市价中反映出的期望增长率。

但市场乘数和历史增长率却并不太相关。

拉尔夫 A. 宾在其研究中计算出了一些有意思的数字[2]。陶氏化学公司，每股收益增长率31%（1955年的比1948年），而1956年8月，市盈率是1955年的47.3倍。伯利恒钢铁（Bethlehem Steel）1955年比1948年每股收益增长率93%，1956年的市盈率仅有9.1倍。两组对比之间数量关系的在某些公司可以达到14:1。宾的研究中提到的其他比率同样表现出历史增长率与当前收益乘数的巨大悬殊。

稳定性本身也非常重要。就1948～1955年之间的数据来看，高收益乘数的公司不一定在此期间增长率最高，但这些公司绝大多数在过去的20年当中都有更高的稳定性。

基于以上考虑，我们用代数中最简单的方式，将历史收益增长率、过往稳定性以及当前盈利能力赋予相同权重求平均数，以求出每家公司的质量系数。严格来说股利发放比率并不是收益能力的测量指标，尽管投资者运用相应方法分析时可能常常使用到它。但股利发放比率的重要性在绝大多数情况下无可否认，将其与以上讨论的变量赋予同样的权重施以同等的分析，既便捷又合乎道理。

最后我们借鉴华尔街的惯常态度将每股净资产（the net asset per share）施以20%的权重。一般情况下资产价值的确对当前股票市价没有明显的影响，但将对未来市价有长期影响，因此在对任何一家公司股票独立估值的操作中都必须认真考虑其影响。众所周知，资产价值在各种情况下总会扮演着某种角色，如为税收需要而进行的普通股法定估价、合并诉讼等，甚至某些至关重要的角色。尽管在考察当前市价时可能会被忽略，但当公司需要用到资产价值时，如竞争力发展、管理层或管理政策变动、合并或最终拍卖等，本文的估值过程应中肯地考察其影响。

即便不能完全说服所有读者，但以上的讨论已经解释了为什么那四个因子以相同权重放入普通股质量比率指标，以及第五个因子，净资产价值，也以同样20%的权重占比引入该指标。

我们用道琼斯工业股价平均指数中的成分股公司作为实际运用的案例来进一步阐释该方法，第一家公司，联合化学染料公司（Allied Chemical & Dye Corporation，简称ACD）。表1-1是ACD股票估值的计算数据，以道琼斯工业股价平均指数400和500点为基准。

表 1-1

		道琼斯工业平均 D. J.	联合化学染料公司 ACD	"质量"因子 ACD/D. J.
每股收益/ $	1956	36.00	4.74	
	1947～1956	27.50	4.50	
	1947～1949	21.80	3.73	
	1938（未调整）	6.01	5.92	
	1937	11.49	11.19	
股利/ $	1956	23.15	3.00	
净资产价值/ $	1956	275.00	40.00	
盈利能力：				
1956年收益/1956年净资产		13.0%	11.85%	91%
增长率：				
A：1947～1956年对1947～1949年		26%	21%	
B：1956年对1947～1956年		30%	5%	
A加B.		56%	26%	46%
稳定性：				
1938年收益/1937年收益		52.3%	53%	101%

（续）

	道琼斯工业平均 D. J.	联合化学染料公司 ACD	“质量”因子 ACD/D. J.
股利分配：			
1956 年股利/1956 年收益	64. 3%	64%	100%
四种质量因子平均			84%

道琼斯工业平均价值 400 的计算公式：

$$价值(400)=1/5\ 净资产价值+12.5\times 1947\sim 1956\ 收益=55+12.5\times 27.50\approx 400$$

ACD 相应价值（含质量因子 84%）：

$$价值=1/5\times 40+0.84\times 12.5\times 4.50\approx 55$$

道琼斯工业平均价值 500 的计算公式：

$$价值(500)=1/5\ 净资产价值+16.2\times 1947\sim 1956\ 收益\approx 500$$

ACD 相应价值：

$$价值=1/5\times 40+0.84\times 16.2\times 4.50\approx 69$$

表 1-2 列举了以上述方法分别计算出的道琼斯工业平均 30 只成分股的价值结果。表中包括了各项质量因子、平均收益，最后加入净资产价值以得出最后数字。

表 1-2 对道琼斯（D. J.）工业股票的公式估值

公司[⊖]	质量因子				因子平均值	1947～1956 年收益	账面价值	指示值		1957 年 8 月 5 日市价
	盈利能力	增长	稳定性	股利发放				D. J. 400 基准	D. J. 500 基准	
Allied Ch.	91	46	94	100	84	4. 50	40	55	69	89
Am. Can	81	70	137	107	99	2. 61	28	39	48	44
Am. S. & Ref.	101	39	100	81	80	5. 43	51	65	85	54
Am. T. & T.	54	40	163	130	97	9. 90	150	151	185	173
Am. Tob.	98	27	111	104	85	6. 58	59	82	102	72
Beth. St.	95	138	0	97	83	2. 88	31	36	45	49
Chrysler	91[①]	0	38	51	45	8. 15	74	66	80	77
Corn. Prod.	100	65	114	98	94	1. 96	40	31	37	31
Du Pont	154	198	100	109	140	5. 60	41	107	136	199
East. Kod.	136	100	148	85	117	3. 49	28	57	63	104
Gen. Elec.	139	129	84	127	120	1. 87	14	31	39	68
Gen. Foods	138	99	141	79	114	2. 42	20	39	49	49
Gen. Motors	160	119	95	104	120	2. 48	20	42	53	45
Goodyear T.	108	207	129	83	132	4. 18	43	78	98	76
Int. Harv.	58[①]	0	91	98	62	3. 70	49	39	47	35
Int. Nickel	164	263	119	90	159	3. 86	31	83	105	92
Int. Paper	100	46	0	101	62	6. 40	55	61	76	101
Johns Man.	93	96	44	100	83	3. 07	29	38	47	45
Nat. Dist.	73[①]	0	62	118	63	2. 47	26	25	31	26
Nat. Steel	95	96	101	88	95	5. 71	68	79	99	75
Proc. & Gam.	110	46	105	103	91	2. 61	21	34	42	49
Sears Roe.	112	56	144	84	99	1. 82	15	26	32	28
S. O. Cal.	124	113	134	65	109	3. 09	24	47	59	58
S. O. N. J.	130	166	97	80	118	2. 85	24	47	59	67
Texas Corp.	126	171	81	66	111	3. 48	34	56	70	74
Un. C. & C.	138	92	108	100	110	3. 73	27	53	67	117
Un. Aircr.	158	361	181	66	192	3. 65	35	96	121	62
U. S. Steel	99	239	0	67	101	3. 51	47	54	67	69
Westinghouse	65[①]	0	0	83	37	3. 79	43	27	32	64
Woolworth	69[①]	0	116	109	74	3. 58	40	41	51	42
D. J. Ind. Av.	(13. 0)	(56)	(52. 3)	(64. 3)	100	27. 50	275	400	500	500

①基于 1947～1956 年平均收益对比 1956 账面价值加上调整。

⊖ 由于 1956 年道琼斯工业平均指数成分股公司与当前成分股公司差别很大，许多名称难以查证，而名称本身不会妨碍文章的表述。因此，此处直接以公司当时的名称呈现。——译者注这些计算结果中，大约有一半与表中最后一列（即 1957 年 8 月 5 日的真实结果）大相径庭，之所以取这天的市价是因为道琼斯工业股在那天确实以 500 美元成交（出售）。7 只股票以至少比公式估价高 20% 的价格出售，同时至少 20% 的股票低于公式估价值。极端的状况包括：西屋电气（Westinghouse）100%“溢价”卖出，而美国联合飞机公司（the United Aircraft）以 50% 折价出售。差异的程度自然表明我们的方法不够完善。而如果选择更好的因子和权重加入此估值方法（的质量指标）可能会找到更合实情的，也更接近实际市价的估价方法。

我们运用了大量测试检验估算结果是否可以在技术上有更好的提升。在此赘述细节将使本文变得冗长却毫无必要，在此可以一言以蔽之：这些测试毫无建设性。若资产价值因子被去除，对那些卖出价极度高于公式估算值的股票估价结果可以稍有改观。另一方面，若将主要权重施与过往增长率因子，一些明显被市场低估的股票或许会得到更高的公式估价值；因为从表 1-2 可以看出这些股票的比其他股票有更惊人的增长率，如联合飞机公司（the United Aircraft）、国际镍业公司（International Nickel Corporation）、固特异（GoodYear）。

从表 1-2 也大可以得到证实，股市确定某支特定股票价值，不在于过往业绩的统计数据，更基于其未来的期望业绩，后者可能与公司过往表现相差甚远。当然，市场对未来独立估价的机制自有其深意，而任何拘泥于公式估值结果而自动排斥市场结果与公式间差异的做法是那么愚不可及。然而我们也观察到这种股市独立估价的机制并非绝对可靠，其中一种表现便是市价的急剧变动。然而事实上，总体来讲可能没有比从历史数据“机械加工”出的估值更可靠的方法来引导我们了解未来产能情况了，即便它存在明显的缺陷。

我们现在来考查第二种数学方法，它强调未来增长率或未来收益，并由市价本身预测而来。该方法基于这样一个理论：一支代表性的股票市价，例如道琼斯组合中的任意一支，反映了未来时期的期望收益，并乘以一个乘数，该乘数当然基于未来增长率。因此，若某只股票具有超过平均的预期增长率，则其市价的确增长迅速，往往表现出市价两倍增长，或平方式增长——这种增长首先来自更高的未来收益值，同时来自对这些更高的收益乘上更高的乘数。

我们需要将 1957 ~ 1966 年的期望收益和相应实际数据进行对比。通过对比，我们直接假定，对于基础公式显示出的没有预期增长的股票，则其当前市价将是每股收益的 8 倍，无论对 1947 ~ 1956 年收益还是 1957 ~ 1966 年预期收益都是如此。若将 1957 ~ 1966 年收益对 1947 ~ 1956 年收益的比值假设为 G，则未来十年这样的收益对应的价格将以 8 倍的 G 增长。

基于这样的假设我们列出简单的公式：

$$\text{价格} = (E \times G) \times (8 \times G) = 8G^2 \times E$$

其中，E 是 1947 ~ 1956 年间的每股收益

为了找到未来期望增长率 G，我们只能将当前价格除以 1947 ~ 1956 年间每股收益的 8 倍，并开根号。

以 1957 年 8 月 5 日道琼斯工业平均整体价格 500 来计算，得到 G 的值是 1.5[㊀]，即相对于 1947 ~ 1956 年的实际收益，1957 ~ 1966 年的预期收益将增长 50%。这也预示着，对应前十年的（平均）每股收益 27.50 美元和 1956 年的 36 美元，下一个十年应为 41 美元[㊁]。在 500 的基准水平上，这一测算结果笔者认为是合理的（事实上，笔者是从这个测算结果倒回去运算得到的基本

㊀ 5 = (500/(8 × 27.50))^(1/2) ——译者注

㊁ 41 美元 = 27.50 美元 × 1.5 ——译者注

乘数 8，用于对没有期望增长的股票的估值）。道琼斯工业平均整体价格 500 也可以用这期望收益 41 美元乘上乘数 12(8×1.5=12）得到。（同时，在这样的假设之下道琼斯工业平均当前公式估值 400 将反映出的十年—十年期望增长率为 35%㊀，1957～1966 年平均收益 37.1 美元㊁，以及当前 10.8㊂的乘数用于这样的未来收益）。

我们用方法 2 计算道琼斯工业平均中的 30 只股票，计算结果列举在表 1-3 中。（对美国电话

表 1-3 以公式计算的道琼斯（D.J.）工业股票的期望每股收益的增长率
——以 1957 年 8 月 5 日市价为指导

公司①	1957.8.5 市价	1947～1956 年	1957～1966 对比 1947～1956	1957～1966	预计乘数②	1956 年	1957～1966 对比 1956	1956 对比 1947～1956
Allied Ch.	89	$4.50	+58%	$7.22	12.6	$4.74	+52%	6%
Am. Can	44	2.61	46	3.83	11.6	2.92	33	12
Am. S. & R.	54	5.43	12	6.1	9	6.67	(-8)	23
Am, T. & T③	173	9.9	47	14.7	11.8	10.74	36	14
Am. Tob.	72	6.58	18	7.8	9.4	7.51	4	14
Beth. St.	49	2.88	44	4.15	11.5	3.83	8	33
Chrysler	77	8.95	4	9.28	8.3	2.29	(大)	(-76)
Corn Prod,	31	1.96	41	2.76	11.4	2.36	18	12
Du Pont	199	5.6	112	11.85	17	8.2	45	47
East. Kod.	104	3.49	93	6.62	15.4	4.89	36	37
Gen. Elec.	68	1.87	113	4	17	2.45	62	31
Gen. Foods	49	2.42	59	3.86	12.7	3.56	9	45
Gen. Motors	45	2.48	51	3.74	12.1	3.02	24	22
Goodyear T.	76	4.18	42	5.96	11.4	6.03	(-1)	47
Int. Harv.	35	3.7	8	4.02	8.6	3.14	29	(-15)
Int. Nickel	92	3.86	62	6.3	13	6.5	(-3)	68
Int. Paper	101	6.4	40	9.03	11.2	7.05	28	11
Johns Man.	45	3.07	36	4.21	10.9	3.50	20	14
Nat. Dist.	26	2.47	15	2.86	9.2	2.11	36	(-15)
Nat. Steel	75	5.71	28	7.32	10.2	7.09	3	25
Proc. & Gam.	49	2.61	53	3.99	12.2	3.05	30	20
Sears Roebuck	28	1.82	38	2.53	11	2.2	16	18
S. O. Cal.	58	3.09	55	4.78	12.4	4.24	12	39
S. O. N. J.	67	2.85	72	4.99	13.8	4.11	21	44
Texas Corp.	74	3.48	62	5.66	13	5.51	3	59
Un. C. & C.	117	3.73	99	7.43	15.9	4.86	53	32
Un. Air.	62	3.65	45	5.31	11.6	7.66	(-32)	93
U. S. Steel	69	3.51	57	5.55	12.6	6.01	(-8)	73
Westinghouse	64	3.79	45	5.53	11.6	0.1	(大)	(-97)
Woolworth	42	3.58	22	4.39	9.8	3.57	23	0
D. J. Ind. Av.	500	$27.50	50	$41.25	12	$35.80	15	30

①由于 1956 年道琼斯工业平均指数成分股公司与当前的成分股公司差别很大，许多名称难以查证，而名称本身不会妨碍文章的表述。因此，此处直接以公司当时的名称呈现。

②1956 年 12 月价格÷1957～1966 年预计每股收益。

③基本公式对 ATT 的实用性不及（其他）工业股。

㊀ 1.35 = (400/(8×27.50))^(1/2) ——译者注

㊁ $37.1 = $27.50×1.35 ——译者注

㊂ 8×1.35 = 10.8 ——译者注

电报公司（ATT，Am. Tel. & Tel）的计算值可以忽视，因其应该运用另外的基础公式）。表中最有意思的地方在于我们从市价中计算出的期望增长率与过去十年实际增长率之间显示出来的差异。从1957～1966年对1956年的期望增长率来看，其中有10家公司（加上ATT共11家）预期市价增长率比道琼斯工业平均增长率的两倍还多。而这10家公司中，只有杜邦（Du Pont）和通用电气（General Electric）两家公司在过去10年中真正表现出明显高于平均水平的增长率。相反，30家公司中有8家公司被预期的市价增长率不到平均水平的一半，而之中有5家被预计将会从1956年的水平下跌。而这8家公司不止5家公司过去十年的市价增长率远高于平均水平。

这些矛盾使我们最终必须将两张表联系起来观察分析。之前提到的预计到市价超常迅速增长的10家公司中从表1-2中能观察到有7家公司股票以高于公式估值相当大的价格卖出。同时，被预计低于正常增长或负增长的那8只股票中有6只卖价持续低于公式估价。

我们就此得出结论，以公式精心计算出估价和市价之间的大部分的差异可追溯到增长因子，并非是公式的作用不充分，更重要的是股市的未来收益波动才是常态，这种波动并非源于公司本身，或其过往业绩。股市当前与过去断层的成因我们往往能清晰地看到。比如投资者不相信联合飞机公司（the United Aircraft）1947～1956年的光辉业绩将再度重演，因为大家认为以美国国防部作为主要客户的一家公司本质上就是脆弱的。人们对西屋电气（Westinghouse）就有相反的看法，他们感觉该股票近年中下水平表现源于临时因素，并且电机制造业天生就有增长的保证，像西屋这样的主要供应商将来势必会繁荣壮大。

这些例子原因足够明确，但表格中的另一些差异却难以理解或接受。“理解”（understand）和“接受”（accept）这两个动词在此是有区别的。市场对一家公司未来的总体感觉也许很正确，但市场给未来放置的价格标签或许很不合理，不管是上涨还是下跌都是如此。

在这里，许多分析师都将面临挑战。他们不会仅仅满足于弄清市场怎么做怎么想，而是要作出令所有人都满意的解释。他们也许更偏爱于运用一种独立的判断——这种判断不受控于每日市场的判决，但随时准备着据此选择正确的股票。为了完成这些活动，一个或几个估值过程，比如我们刚才介绍的常用的种类，可能帮助其达成目标。这些方法对过往记录进行了具体而精心的描绘，分析师可以根据这些结果作为起点在投资价值领域进行独立的研究和发现。

注释

1. 这一点上，David Durand在其近期文章“股票增长和彼得斯堡悖论（Growth Stocks and the Petersburg Paradox）”中明智地指出这种倾向，发表于1957年9月，《金融杂志》（the *Journal of Finance*）。他的结论是“增长股问题（growth-stock problem）不会带来太令人满意的解决”。
2. “Can We Improve Methods of Appraising Growth Stocks?”, by R. A. Bing, *Commercial and Financial Chronicle*, Sept. 13, 1956; table on p. 24.

CFA Institute 第2章

寻找安全性和估值的边界[⊖]

马修 B. 麦克伦南（Matthew B. McLennan），CFA

投资最重要的目标是为了避免资产的永久贬值，而我们相信这个是可以通过投资能提供安全边界的公司来实现。现金和黄金在我们的投资组合中也同样扮演着独特，而且重要的角色，而这种组合的目的就是为了保护真正的财富。

近二十年前，我和我的妻子参观了一座坐落在日本西海岸的寺庙，当我们走进寺院，一位手拿一张纸的僧人走向我们。我以西方思维模式推测，他手上拿的是一张保密协议或者免责条款，但实际上，他手上拿的是一张日文标志，意思是如果我们要进入寺庙，那么就需要一个开放的头脑。

一个开放的头脑也是安全边界定义的一个至关重要的组成部分。相比具体的运算法则、模型或一组精确的输入，安全边界更多的是一种思维定式。一种气质的体现。在我的报告里，我描述了我们已经在首鹰公司使用的思维定式，我们用它来定义和应用安全边界的概念，从而帮助我们客户的资产不被时间侵蚀而长期保全。

2.1 两个基本的投资目标

采用正确的思维方式最重要的因素是有一个清晰的和明智的目标。很多关于“一个投资者的目标应该是什么”的困惑存在于当今投资产业中。常见的关注都落在相对收益、跟踪误差和类似

⊖ 摘选自 CFA 学会会议记录季刊，2011 年 7 月：P_{27-34}。该报告来自 CFA 学会与芝加哥 CFA 协会联合举办的证券分析及估值研究会议，芝加哥，2010 年 11 月 17 ~ 18 日。在该文初次发表时，马修 B. 麦克伦南，CFA，是首鹰资产管理公司（First Eagle Investment Management）证券组合投资经理。

的措施等方面，但是这样的关注混淆了一个简单的事实，投资第一位与也是最重要的目标是为了避免资产的永久贬值。如果人们将自己的辛苦所得的储蓄给了一个投资经理，那么这位经理首先寻求的应该是不让这些储蓄的实际价值产生损害，同时也要想着使这些储蓄的购买力能够长期增长。

2.2　货币的价格中的虚假信息

民主和通货紧缩就像油和水。对于通货紧缩，人们普遍没有什么欲望。其结果是，在全球金融危机的通缩脉冲后，政策制定者正在"不惜任何代价"地来稳定价格预期，其结果是今天货币的价格是虚假的。我们这里所指的"虚假"是什么意思呢？

短期实际利率为负，能表达一定含义。旨在维持或平滑总需求的财政赤字正迅速创造着政府债券供应。政府通过量化宽松政策和长期主权流动性措施直接干预债券到期时的市场。即使是银行债务在危机期间也是受到保证的。中央银行坚持汇率挂钩，尽管事实上基础经济无法支撑汇率挂钩因而产生的大量的外汇储备积累或复杂的救助设施的需求以缓解所需的实际调整需要。

在某些方面，大自然的货币，黄金，是一种替代性的价值存储，能解决纸通货的难题，因其无法印制、稀少、而且其供给不受政治进程的左右。但投资者面临的挑战是，随着人造货币质量恶化，黄金的价值已被重新估测并对称性地上升了。天下没有免费的午餐。

避免资本永久减值这一首要目标在当前的环境下难以实现，因为在低信用或估值风险的情况下不存在无风险工具可帮助保护资本的真实价值。因此，投资者就像（条件）反射反应一样，为了未来获得一些增加的收益开始大量投资于长期固定收入资产，尽管绝对收益很低。对回报的攀比也使他们想拥有实物资产，因其有增长潜力。基于这样的初衷和思维也促使很多投资者投资于受到充分重视的新兴市场，因为他们相信这是一个提供真正回报和增长的领域，这是他们一直在寻求的用以弥补固定收益资产的低收益方法。问题是，这种方法可能不一定是找一个安全边界和保存资本的正确方法。对这两个话题的决策都忽视了证券的个体风险和长期固定收入和新兴市场股票的全面估值，而这两者都需要决策者强大的信仰，而决策者们最近就犯了错误。

2.3　未来是不确定的

在首鹰公司，我们思路的核心不仅是保全资本这一个单纯明确的目标，而且也是一种谨慎接受不确定性的必要认识，以及不要对政策制定者的先见之明存在过多的信心。我们不要试图预测下一个主题增长趋势。让我来说明为什么我们将这种智慧融入一个案例中进行解释，该案例包含了一段历史时期，该时期与当今有相似之处，也正值新兴市场债券投资在当时迅速流行，就如同今天的情况，因为人们对全球金融体系有过度的自信。我指的这段时间，也像现在一样，之前有 20 年史无前例的全球增长。由于这种增长，带来的这一时期的特征，用地缘政治背景的视角来看叫作变化的相关性——一个超级大国处于巅峰，另一个在下降，而第三个正在上升。通货膨胀率低且稳定，可看作已经被征服（控制住）了。全球货币的正统派统治了这一时代。仅仅只在这个时期开始的前一年，投资信托公司的长期投资和短期借款引起的流动性问题造成了恐慌，在恐慌中股票市场也就失去了其价值的 40%。这些都是一些与今天有趣的相似之处。

我所说的这一时期是 1908 ~ 1911 年。若在那段时间前，即 1908 之前，已经投资了二十几年的投资者一定曾经历过一个相当稳定的时期，那时资产价值似乎没有失去平衡。这个投资者可能也能深切地感受到如何在那样的世界里体验资本配置的成就感，但显然，感觉会很快就被证明是错觉。

另外的警告是泰坦尼克号沉没，发生在1907年左右的那场市场恐慌之后，那艘号称永不沉没的船，在1912首航中沉没了。人类无法控制自然。1914年，一场不幸的暗杀发生在巴尔干半岛地区（Balkans），在一伙复杂的地缘政治联盟中引起了多米诺骨牌式的连锁反应，标志着第一次世界大战的爆发。人甚至不能保证合理的行为。战争一爆发，纽约证券交易所，尽管在大西洋的彼岸，关闭仍超过四个月。战争结束后，在1918～1920年之间，西班牙流感大流行又洗劫了近5%的世界人口。魏玛共和国的恶性通货膨胀，打破了德国政治经济的架构也最终导致了希特勒的上台和第二次世界大战的爆发，出现在1921～1922年，接着是一个严重的大萧条。我们只想知道经济和市场预言家在1913的预测会有多精确。对照这段历史，我们能明白，未来在本质上就是不确定的。透过水晶球我们顶多看见雾一般模糊的预言。成为一个明智投资者的第一步是对自己诚实。一代人的经验可能与其前一代和后一代都完全不同。

但是承认未来是黑暗的对于投资者而言是件很困难的事。投资者和管理者们都倾向于保持他们的自我意识。感觉真的能够预测未来是一种自我意识保护机制。然而在首鹰公司，我们认为，为了实现一个安全边界的方法，最根本的是要承认未来无法被确定地预测。只有基于这一假设安全边界才在任何时候都需要。

2.4 处理宏观风险

投资者要控制资产组合中面临的宏观风险有几种方法：避免错误的系统性组合架构，保留现金和黄金，或用期权对冲。具有讽刺意味的是，在现代资本理论，教科书往往主张，未来的不确定相当于投资者“完全投资”于“市场投资组合”。但是，现实中如果目标是保全资本，那么投资者不应该拥有市场组合的某些部分——比如说，那些财产权利得不到尊重的地方，或在政府为主要股东而其主要目标最大化就业而不是最大化现金流的地方，或估值过高，或不谨慎的管理行为正在造成损害性风险的地方。

任何时候都完全投入并不是成功的先决条件。一些投资者认为，如果现金是低回报的，那么投资组合中不宜包含现金，因为它将拖累投资表现。现金可以是我们投资方案的底线。因为我们的目标是绝对的——用好的价格找到杰出的企业，或好的企业用大价钱购买——如果市场变得过热，就像在1999年和2007年，我们无法找到合适的机会，我们就等着。现金构成投资组合中的一部分。这并不是说它是一个市场时间选择信号。它关乎一种耐得住时间的变通和耐心，能把持住一组全面的认购标准。看待现金的回报不能仅仅局限于其既定的收益，还要看到其在危机时有优于其他资产的变现能力。

我们喜欢在市场缺乏流动性时持有资本。因此，一些现金支付的最低水平曾在2009年3月出现。原因并不是因为我们希望市场见底，而是因为，作为结构业务的买家，当打开更宽的安全边界时，我们要确保资本的充足。在投资组合中有一个随时间调整的现金水平，实际上是处理不确定性的一个重要组成，而且还能实现一个稳定的认购标准。

我们也在组合中持有黄金。我们认为，黄金的价值与系统性信心呈负相关，与政治性地增加货币供应量呈正相关。这种关系的原因是黄金的供给是外生决定的，而不由当局政府决定。所有开采过的黄金依然存在；因此供应不是某一年开采量的函数，而是所有开采过的黄金的累积库存。任何一年开采产量几乎不能使黄金的供应增长率超过1%。从历史上看，黄金的供应相对稳定意味着黄金的价值变化反比于人们对经济体系的信心，因为人造货币（纸币）供应量通常在经济萧条时变得更不可预测。在美国在 20 世纪 20 年代后期，60 年代后期和 90 年代末，当人们认为经济系统强健时，则市场一片繁荣，信心高涨，黄金价值与股票价格和个人收入相比则相对低廉。但是当经济系统的不够稳健时，如 20 世纪 30 年代，80 年代，以及最近的 2008 ~ 2009 年，黄金价值被重新评级，其价值与股票价格和个人收入比起来大幅上升。

因此，在首鹰公司黄金在我们的投资组合中是作为稳定性的资产，一般占到整体投资组合的 10%。我们相信，如果配置为 15% 或更高，投资组合将开始以黄金定向，而这一情况是我们要避免的，因为我们知道我们不能准确预测未来的系统性信心，并且如果市场信心得以恢复，黄金投资将产生低回报。然而，我们通常也不会让其比例低于整体组合的 5%，因为这样就无法发挥其稳定器的作用。

为应对宏观风险的另一个策略是利用期权套期保值。不过，利用期权进行对冲，需要密切关注的潜在对冲的成本，因为期权实现的时间已经确定。当隐含波动率高时以及当资产价格便宜时，如市场进行大调整后，投资者常常采用对“长尾事件[⊖]”套期保值策略。但是如果投资者使用的基本方法去确定期权价值时，在期权价格昂贵或便宜时，我们认为它可以识别不同的时机。当资产价值高以及隐含波动率低时，应该为其可能的长尾损失购买保险。然而，大多数人似乎都在做相反的事情，我们认为这是当今世界存在的**后视投资**（rear-vision investing）的一种表现。最后，购买期权往往涉及交易对手风险评估。从某种程度上说，投资者试图长尾事件（tail event）进行对冲，而交易对手风险常常包含在长尾状态当中而不是当前状态当中。

2.5 拥有企业独有的购买力

要保持购买力，投资者不仅要避免资本永久减值，也要与人类潜能的持续增长保持同步。投资一个企业使投资者参与人文活动的能力持续提高。

测量人类潜能的增长情况是看人类随发展而作出的各方面改进：道路、铁路、港口发展的贸易技术；思想的扩散速度，从骑马传信的速度到微处理器和路由器的传播速度；更广泛的能源制造潜力，从燃烧木材、煤、油，到利用太阳能、风能和核能；平均寿命的增加，通过生物技术和公共卫生措施实现；以及不断拓宽的产权。

保存的实际购买力不仅是跟随着人类前行，而且要与稳步增长的货币存量保持同步。在以通货膨胀目标制为正统观念的世界，温和的通货紧缩是不可以被接受的。发达国家的央行正在尝试着一些非常规的“疗法”来维持一个上升的货币存量。例如，美国联邦储备委员会设置了美国的通货膨胀底线，即在新兴市场生产相对应的更大的通胀压力的政策，而新兴市场正是美元储备货币的蓄水池。因此，巴西、俄罗斯、印度和中国（即金砖四国）有可能成为世界金融中心。这些经济体中大多数国家 M2（流通中的货币量）的年增长率平均已超过 15%，美国过去十年的信贷增长率则黯然失色，仅为前者的 1/3。

拥有一家企业就像拥有着生产力源泉。如果投资者自己的业务，产生真正的现金流，则此现金流过段时间也会随着名义活动水平增大而规模扩大，因而资本得以保全。于是投资者会周而复

⊖ “长尾”取自于经济学中的长尾效应，英文名称 Long Tail Effect。“头”（head）和“尾”（tail）是两个统计学名词。正态曲线中间的突起部分叫“头”；两边相对平缓的部分叫“尾”。原本用于指营销中不得忽视的少部分人的特殊偏好，产品适应了这些人的需求将可能产生企业新的竞争力。在这里“长尾”主要指那些不易发生却不可忽略的特殊情况，这些情况一旦出现可能造成巨大损失。

始的完成第一投资目标：保持资本，但矛盾的是，这种保持必须通过“风险性”的企业所有权。

2.6 寻找安全性边际

在努力成为企业所有者的同时还要基本上接受各种风险，这意味着投资者必须要求所做的每一项投资都要具有安全边界。创造安全边界的最佳途径就是自下而上分析每一种证券的风险。

卡尔·波珀（Karl Popper）是科学方法论领域的领导者，他在其著作《客观知识》中指出：“爱因斯坦和阿米巴（amoeba）路由器之间的主要差异是，爱因斯坦是有意识地消除错误。”这听起来像是陈腔老调，但是这是一种非常深奥的认识。许多投资人正在努力发现下一个新时代投资热潮，比如近期的金砖国家市场或20世纪90年代末的高新技术，他们努力赶上那股热潮，结果却被抛在了后面。我们认为一种更好的投资途径是努力在每一种证券层面上尽可能减少错误选择的数量。以爱因斯坦的心态进行投资时，目的不是应对市场的“起起伏伏”，而是要避免错误。

从自下而上的角度，投资者应该努力避免以下四种永久失去资本的途径：溢价收购、经营模式替代风险、错误资本结构产生的脆弱性以及管理稀释。许多价值管理者在2008年都犯了一个错误，他们对安全边界的认识过于片面，完全以价格为中心。价格是安全边界的一个重要组成部分，但是结合了经营模式、资本结构和诚信经营的多角度方法才是首选的投资方法。

2.6.1 估价

企业可以分为两个大类：商品类企业和特许经营类企业。

商品类企业没有竞争优势。其内在价值基本上是可持续收益能力除以资本成本。在股本增长过程中，它不创造价值，因为它只是赚取资本成本。但是，如果股本萎缩，它将产生比收益更多的自由现金流，因为它将释放多余资本，而且未来没有多大的投资需求。在没有产品替代或管理失误的情况下，商品类企业的估价相对简单直接。它实际上就是识别可持续收益能力以及名义资本成本。

特许经营类企业具有一定的竞争优势，这种优势能够使之产生非常高的增量资本收益。它就像是全球经济的某一部分上的特许权使用费。但是，一方面，它的增长需要有限的资本，因而创造实质价值。另一方面，如果它失去相关性并且萎缩，有意义的资本就会被释放，价值就会被侵蚀，而且对于这种萎缩没有防范能力。特许经营业务的估价因此需要具有识别能力的投资人认清主观安全边界和客观安全边界这两个概念。因为，与人们的直觉相反，特许经营企业的内在价值结果的范围比商品类企业更加广泛。主观安全边界是基于投资者对特许经营相关性以及未来前景的认识。客观安全边界是基于入账价格。对于那些客观上认识到企业在相关性方面的变化方式的人而言，特许经营业务的价值应该保守地假设不存在实际增长，并且考虑定价能力来转嫁通胀的影响。在这里，与商品类企业的估价有关的细微差别在于，对于商品类企业，通胀产生的自由现金流低于收益，因为维护资本支出将超出历史账面折旧。事实上，股本的增加额必须要与通胀金额相同，从而抵消这种增长所带来的所有利益。因此，对于正在增长的商品类企业，采用名义贴现率来贴现收益。但是，对于特许经营企业而言，采用企业的收益能力除以实际资本成本来估算内在价值。我们采用的是“实际”资本成本（而不是“名义”资本成本），原因是通胀通过了特许经营收益流，而同时又没有产生多大的资本阻力——收益基本上是自由现金流，不论通胀水平如何。在正常资本成本环境中，普通商品业务的价值是收益的两位数倍数（略高于10%），而成功的特许经营业务在没有实际增长的情况下，其价值为收益的更高倍数（15%～20%之间的高位）。假设一种非杠杆资本结构，这个价值对于商品类企业而言相当于一位数的息税前收益（EBIT）倍数，对于特许经营业务，相当于 10% ~15% 的 EBIT 倍数。

因为结果的范围广泛，特许经营投资不仅需要客观的价格安全边界，而且还需要特许经营萎缩分析中的主观安全边界——也就是说，交易的倍数低于其实际资本成本的倒数。我们在承认预测方法局限的同时，也要努力着眼于那些有可能在相关性方面持续存在或增长的企业。

简言之，不论是以内在价值的折价购买商品业务，还是针对衰减而定价的特许经营业务，通常我们都是以 EBIT 的一位数倍数在购买企业。针对衰减而定价的权益投资创造了一个容错系统。如果企业没有产生预期的结果，那么价格中就存在一个安全边界。将这一概念推进一步，如果投资人已经从针对衰减而定价的权益组合的下半部分中做出了选择，则可以通过专注于主观安全边界来降低实际上会衰减的企业的百分比。客观价格与主观衰减进行平衡。遗憾的是，衰减不能完全被消除。

宇宙的铁律规则——熵理论——不言而喻地表明了任何事物都不会永久地自我复制，而且所有形式的秩序都是局部和瞬态的秩序。演化理论中也存在相同的思路。衰减和熵的概念意味着，投资者需要仔细思考经营模式的退化。

2.6.2　经营模式退化

投资人被教导将企业看作是永久的事物，典型的股息贴现模式预测 3% ~4% 的永久增长率。相反，投资人应该假定每一家企业都有可能会偏离轨道。唯一的未知因素是当前收益能力能够持续多久或者瞬间增长。投资人不应该假定永久性，而是应该考虑收益能力的内在持续时间。

对于商品类企业，收益能力持续时间的基础是资产寿命、资产重置价值和企业相对于竞争者的成本曲线定位。商品类企业的收益能力被其长寿命资产的重置价值所保护。对于特许经营类企业，收益能力持续时间的基础是特定和可持续的竞争优势。我们的分析重点是识别本地规模优势和客户忠诚度。

所以，投资人应该在针对衰减而定价的权益范围内开始投资选择过程，然后识别他们想要投资的不大可能发生衰减的业务子集。如果企业是商品类企业，则必须要具有长寿命资产价值保护。如果企业是特许经营类企业，则必须要通过本地市场地位优势和客户忠诚度获得无形资产保护。

2.6.3　专注于资产，而不是剩余权益

按照安全边界的概念，另外一个需要考虑的方面就是寻求企业资产内在价值的实质折价。权益应该被看作是企业上的剩余权益。权益只有在债权人、养老金请求人、潜在起诉人和少数权益得到满足之后才有价值。在首鹰公司，我们倾向于根据资本化的 EBIT（而不是税后收益）以一美元上的 70 美分购买资产。根据该资产价值，我们决定：我们愿意为权益支付的价格，同时考虑企业的资本结构和其他或有泄漏。

证明区分资产价值与权益价值的必要性的一个很好的例子就是，投资人如何在没有大量资产负债表外收入的批发银行上获得安全边界。银行通常有 10% 的资产是权益资产，其余的资产为存款和债权人负债。如果银行没有零售存款特许经营业务，那么 90% 的非权益负债的大部分都将是以市场价格发行的某种债务。因此，不论投资人为批发银行的权益支付怎样的价格，他们都是在为其每一美元资产支付至少 90 美分。小块权益只有在其他请求人得到偿付之后才存在。因此，我们难以获得被认为不可接受的资产上的安全边界，除非有某种形式的低于市场的存款融资根据

收费业务（独立于资产负债表借款活动）创造增量价值或某种其他重大内在价值来源。

安全边界不一定存在于企业股份的购买价格中，而是存在于资产购买价格中。对于权益持有人，资产价值可能长期存在，但是如果资产在短期融资危机中转移给优先担保债权人，则这一资产价值对权益持有人不起作用。如果资产很可能被夺走，那么拥有这样的资产是没有任何意义的。因此，投资人需要高度重视资本结构的质量。

2.6.4　管理

企业管理也非常重要。对于以10倍的现金总流量（即收益加上折旧）交易的典型权益，管理团队将每年重新部署投资人的投资面值的大约10%。如果是包含通过发行新证券实施的并购，则现实情况会更加具有戏剧性。在长持有期内（比如5年以上），管理团队很容易将市场资本化中的现金总流量的50%重新部署到维护资本支出、任意资本投资、证券回购和并购活动中。因此，必须要确定投资人作为股息而收回的现金总流量的金额以及管理层的留存资本重新部署是具有增值性还是稀释性。

投资人应该对存在以下管理失误的企业要求更大的估价安全边界：①实施错误的定价战略，比如在短期收益能力价格上欺骗客户，或参与破坏性定价战（不考虑寡头垄断市场结构）。②为追赶潮流而进行商业移民，比如脱离优势的本地地位而进行多元化，或者竭力寻求全球化或产品多元化。③表现出财务鲁莽性，比如增加大量的杠杆或者将资产负债表增长置于长期市场趋势之上。④目光短浅，或者说“杀鸡取卵”。

审慎管理的最佳指标之一是产生自由现金流。管理团队如果专注于产生与收益有关的自由现金流，通常就会做出保守的会计选择，在他们的企业的速度限值内增长，并做出理性的经营决策。所以应该寻求作为审慎所有者/创业者而且专注于保持文化以及理性地分配资本或放弃资本的管理者，而避免任用过于激进、思想前卫、愿意用企业的资产作为赌注来满足自己愿望的管理团队。

2.7　标新立异的灵活性

将安全边界的所有元素结合在一起，比“认为”你拥有预测能力更加重要。首鹰的投资业绩中的成功转折点往往都表现为主动退却的行为：20世纪80年代末从日本退出，20世纪90年代末基本上从技术潮流中退出，以及2007年和2008年基本上从金融市场中退出。正如我在前文中所述，我们没有预测未来的能力，我们在那些时期的市场环境中找不到足够的企业能够既体现估价安全边界同时又具有可持续的收益能力、保守的经营行为以及我们要求的保守的资产负债表演变。我们对宏观资本保值的总体认知是一系列审慎的微观不作为的总和。

根据定义，被动投资模式（即模仿指数）导致过度重视存在泡沫的行业部门，因为在这些部门中，对骄傲自满的最大期望存在于体系内。大多数经理竭力避免对基准的跟踪误差。通过将跟踪误差最小化来实现风险最小化的这一理念是不符合逻辑的。避免资本长期减值的目标意味着，有时候投资人需要远离那些体现错误期望的行业部门，即使这些部门是市场中的最大部门。大多数投资经理都没有在结构上达到灵活实施这一模式的能力。

在首鹰公司，我们将市场看作是一块大理石。资产组合建构中的错误最小化目标类似于削去大理石上的多余部分，让大理石从内部向外形成一座雕塑。我们不是仅仅为了拥有而拥有整块大理石。安全边界法的要点不在于提出这样的问题：“我们是否过度重视日本，而忽视美国?”“我们是不是拥有一个行业部门而没有拥有另外一个部门?”相反，重点在于找到我们认为从安全边界的角度考虑有意义的投资组合，从而帮助实现真正的资本保值目标。

我们在首鹰公司构建的资产组合中通常存在三组权益证券。第一组是我们所谓的“电力特许权使用费”。这些权益与特许经营业务类似。它们主导着世界经济的一部分，可以帮助保持我们客户的资本的购买力。这些企业通常在针对衰减的定价方面具有初始的客观安全边界，在主观相关性方面具有更长期的安全边界。它们在产品或服务市场中占据主导地位，它们具有资产负债表优势，而且具有文化持续期。

第二组是“稀有实际资产”，因为以适当的价格拥有实际资产有助于保持实际财富。除了将黄金直接作为资产组合的一个潜在来源之外，我们还通过上市权益拥有林地和采石场等实际资产。我们以储量的清算价值的折价购买这些资产，而且是在它们的权益处于低迷的时候购入，因此权益市场实际上为我们支付了存储费用。收获期为 50 年的一片林地和储量为 60 年的一处采石场将产生持续时间很长的现金流。在周期性价格下跌时期，市场往往低估这一现金流持续期的力量。稀有实际资产往往具有本地市场垄断性，因此，长期来看具有真正的定价能力。

第三组是通常通过会计核算失真而获得贴现现金流的企业。当会计惯例模糊了企业的真实经济价值时，这会对投资人带来很大利益，因为投资人可以获得较宽的安全边界。我们长期对投资公司和保险控股公司投资，这些企业一直都是这些类型的机会的沃土。另外一个失真领域就是，企业在衰减中产生的现金流远大于通用的会计准则（GAAP）中的收益（因为 GAAP 假定公司将折旧重新投资用来维持股本）或者以远超过历史账面价值的市场价值出售资产。

2.8 结论

投资中的安全边界要求的首要目标是避免资本的长期减值，这种理念接受了不确定性，而且是一种以消除错误为重心的多层面法。对每一项投资都要求安全边界，其结果往往是资产组合看起来与潜在市场差异很大，而且可能以现金和黄金作为实质性的稳定因素。在人造货币的价格是虚假价格的世界里，投资人为了实现资本保值就必须要首先成为企业的所有者。想要以科学的精确度来预测未来是不可能的，但是努力在全球范围内一次找到一种体现价格安全边界的证券，则可以帮助投资人经受商业周期和地缘政治动荡的必然兴衰。这需要一定的耐心。安全边界法适用于所有市场。在首鹰公司，我们几十年来都在采用安全边界法，而且这种方法一直都是我们的投资模式的中流砥柱。

■■■

过去的业绩不一定保证未来的业绩。所有投资都涉及资本损失风险。黄金及其相关的投资具有特定的风险，而且其回报一直以来都比更广泛的权益市场或债务市场更加具有波动性。首鹰在 2000 年以前的业绩是在当时的资产组合管理人和另外一个管理人联营后实现的。

2.9 问答部分

问　　题： 你如何判断黄金何时被过高估价?

麦克伦南： 我们将黄金作为潜在稳定力量来源而持有，没有采取定向的观点，所以黄金的估价过低或过高都不是我们的主要关切点。对于我们而言，黄金的价值实际上是一个连续体，与系统信任度反向相关。投资人可以通过在机会成本背景下研究黄金价值来调整黄金价值。

如果黄金是针对货币危机的潜在保值措施，那么人们应该愿意根据他们的人均收入水平和资产价值为这一保值措施长期埋单。他们会根据他们认为的保值需求为这种保值措施支付一定的金额。我们发现，当实际利率较低和/或政府可信度较低时，黄金价值往往高于平均值。

问　　题：当前经济对黄金价值的评价如何？

麦克伦南：经济的自我治愈机制在2010年的这个时间可能已经到位了。企业正在产生自由现金流，这种现金流通常导致更好的就业和信任趋势，进而导致自我持续的恢复。如果出现这种情况，实际利率和预算赤字将在某个点上正常化，黄金价格会下降。事实上，这是首选的情景，因为体现价格安全边界的权益在这种更好的世界形势中会表现良好。

另外一种世界状态也会形成，在这样一种状态中，正常化路径具有无法预期的不连续性，政府层面的债务负担导致市场对当前金融体系架构失去信心。在这种情况下，黄金价格会大幅上涨。我们希望不要出现这种情况，但是如果出现的话，我们会对潜在保值措施进行估价。

问　　题：你是否同时拥有大量黄金和大量现金，或者说这二者是否相互排斥？

麦克伦南：现金和黄金在资产组合中分别具有各自独特的作用。现金可以被看作是投资模式的残余物，在整个市场、商业和流动性周期中起起落落。黄金可以被看作是系统化和更长期的结构性潜在保值措施。

问　　题：你是否能够举出私人财产权利不被尊重的市场的例子。

麦克伦南：世界上的一些国家和地区具有比其他国家更加灵活的财产权利。俄罗斯就是一个不能始终尊重财产权利的市场，我们不愿在那里投资。投资人没有必要到处投资。

科学的投资就是要找到价格和前景之间的一些不对称性。尽管对新兴市场的投资热度与日俱增，但是，今天我们看到发达国家中的价格和前景之间的不对称性高于新兴市场。

事实上，我们在日本有许多投资项目，而一些投资人已经放弃了在日本投资。我们拥有几家很好的公司，我们认为在经历二十年熊市的低廉价格之后，这些公司中有许多都正在从新兴市场的增长中获益。

注释

1. Karl Popper，*Objective Knowledge*（Oxford，U. K.：Oxford University Press，1972）.

第二部分

估 值 方 法

CFA Institute 第3章

公司的业绩和增加值衡量[㊀]

帕梅拉 P. 彼得森（Pamela P. Peterson），CFA

大卫 R. 彼得森（David R. Peterson）

本章将传统的公司业绩的衡量方法与近代更新的衡量方法进行比较，找出其优势和劣势。传统方法主要以投资回报进行衡量，而近代的方法靠**经济附加值**（EVA，economic value added）、**市场附加值**（MVA，market value added）和**投资的现金流收益**（CFROI，cash flow return on investment）。本文作者运用好时食品公司财务数据进行分析，得出如下结论：一种方法有用与否关键在于分析师意在解决哪方面问题。

3.1 前言

对一个证券分析师而言，具有以简洁的和令人信服的方式对公司业绩估价的能力是其立足之本，几乎没有什么技巧比这对分析师更为必要。鉴于公司估值在金融市场中如此重要，针对该问题的学术文献的价值自然不言而喻（包括戈登、格雷厄姆、多德、莫迪利亚尼、米勒、托宾这些投资管理领域的伟人）。尽管这些智者开足火力对此全心研究，然而业绩评估却依然是未完全解决的难题。诚然，近年来一大批新名词逐渐涌现，有些甚至比较混乱——**经济附加值**（EVA®，economic value added）、**市场附加值**（MVA™，market value added）、**投资现金流收益**（CFROI，cash flow return on investment）——代表最先进的统计测度，试图替代分析师们心中那传统的以市场为基

㊀ 在该文初次发表时，帕梅拉 P. 彼得森（Pamela P. Peterson，CFA）和大卫 R. 彼得森（David R. Peterson）都是佛罗里达州立大学金融学教授。

础的度量方式，如**资产收益（率）**（ROA，return on assets）、**股权收益（率）**（ROE[1]，return on equity）等。尽管这些概念和方法的实用性被广泛认可，成为分析师们的有用工具，然而它们真正适用于哪些情况却还未完全弄清。

本文中，帕梅拉·彼得森和大卫·彼得森将帮助读者解读这些前沿的发展，并将新方法与传统方法进行对比以帮助读者连贯理解该发展。作者还很好地为读者拨开了当前最新一代估值技术的神秘面纱。例如，这些新一代的业绩估价工具非常有趣的一面在于它们并不是那么新。经济附加值（EVA）其实源于经济利润的概念，在一个世纪前就已经在传统基础上改进提出；投资现金流收益（CFROI）是内部回报率这一概念的运用，而后者人们早已深知；作者公正的观察信息被证明对读者大有用处，这些信息大多是当前对 EVA 和 CFROI 的前沿研究，来自于开发这一统计指标的咨询机构。

两个彼得森首先对常用的公司业绩估值方法进行总结和评述，如各种回报率（盈利能力、ROA、ROE）、**账面市值比**（book-to-market value）、托宾“q”理论（Tobin's q）。在此背景下，他们展开了对所谓的附加值方法的认识，包括前述的 EVA，与其配套的测度 MVA，还有 CFROI。这些解释方便使用者且富有启发；事实上，文中这部分精致的讲解不失为本章最具价值的部分。作者以好时食品公司为案例，展示了如何运用公开易得的财会数据，通过各种不同的方法构建这些指标。他们进一步强调了，在分析师将这些方法运用于实践时，必须符合的假定条件。我以为这一部分无论对业界还是对学术界人士，都将作为本领域工作的实用手册，可用于未来许多年。

作者以一个对附加值测度与股票利润有多近关联的考查经验分析作为结论，并建议使用者在运用此方法时对公司业绩作最终测试。特别是，他们已经测算出了基于市场的测量和附加值度量各自与各种回报率的联系程度。两个彼得森以如下立场出发：由于“附加值测度理论上比简单的传统测度更接近于公司实际价值”，因此它们的经验数据也会更加相近。从此种考虑出发，他们的研究结果有些令人惊讶。尽管股票回报的确与传统的和附加值测度的统计数值都高度相关，但后者优于前者的优势微乎其微。更有甚者，在用 EVA 和 MVA 测量各公司市场资本总额时，作者从其样本数据中见证并记录了一些重要的偏差。

尽管作者在文中表达出对经验研究结果的不满，但读者绝不会对本文感到失望。相反这篇论文具有两个重要的意义。首先而且可能是最重要的，该文章是一份经过深思熟虑的启蒙读本，解决了如何将“附加值”理论运用进实践当中。其次，文章中肯而批判性地审视了这些工具的优势。尽管作者的分析支持了现代方法的有用性，而他们指出这一事实：新方法的应用将带来**非常规成本**（nontrivial costs）。本章中的材料正是证券分析师在当今的市场中要胜任他的工作必需的知识，同时研究基金会很高兴能够为此项目的发展贡献一份力量。

基思 C. 布朗（Keith C. Brown），CFA 研究室主任
CFA 协会研究基金会

3.2 致谢

我们在此要感谢基思·布朗，CFA，为本文写作提供了有益的方向和意见。霍尔特国际财务顾问公司（HOLT Value Associates）的萨姆·埃丁斯（Sam Eddins）和巴特利·马登（Bartley Madden），BCG/HOLT 联营[㊀]的罗利·托马斯（Rawley Thomas），以及李·格拉泽（Lee Glasner）

㊀ 波士顿咨询公司（BCG）和霍尔特国际财务顾问公司（HOLT）的联营机构。——译者注

为我们解答疑问并提供关于投资现金流收益（CFROI）的相关信息；另外斯特恩·斯图尔特公司的阿尔·厄巴尔（Al Ehrbar）为我们解答了关于经济附加值（EVA）方法的若干问题。我们在此还要感谢特许金融分析师协会研究基金会、美国投资管理与研究协会（AIMR）以及佛罗里达州立大学的大力支持。

帕梅拉 P. 彼得森（Pamela P. Peterson），CFA

大卫 R. 彼得森（David R. Peterson）

3.3 引言

商业经营以其所有者财富最大化为目的而分配自己的资源，从而在整个社会中完成资源的有效配置。当管理者做出决策，最大化企业的价值时，业主、员工、客户和任何拥有公司股份的其他人境况都将更好。因此，以是否使股东价值最大化为基准对管理水平进行评价是一种合理的方法。

评估一家公司的价值看似是一件非常明确的事，但其实并非如此。若只关注股票价格的最大化，那么有人可能以为：股票价格越高，公司管理绩效越好。如果是这样，那么当市场下行致使股价下跌时，公司管理部门是否就该以此受罚呢？那么管理部门是否又可以单纯地因经济复苏而得到称赞呢？当管理部门决定承担多余的风险进而扩大收益时是否该受到嘉奖呢？

评估一家公司的绩效远比看它的股票价值具有挑战性，而评价某位管理者的绩效甚至更具挑战性。监管者和热心股东一直以来对公司支付给其高管的报酬不满，尤其当报酬与公司业绩不相关时。甚至就算高管报酬与业绩挂钩，也存在如何衡量其业绩的问题。如若报酬与账面收益相关，则有可能导致账面收益人为虚高以满足高管们高收益同时牺牲了股东利益。[2] 近年来，高管报酬已经大为改观，通过将股票期权包含在内的方式增强了报酬和绩效的联系。然而许多公司，这种联系并不存在，还有很多公司，即使有这种联系也并不完善。[3]

正是出于对公司整体绩效以及某高管的个人绩效更好评价方法的需求，许多咨询公司制造了各种绩效评估方法。在某些情形下，传统方法，如资产收益率（ROA）被这些方法替代。

本章的目的在于考查评估公司绩效的传统方法和新近方法。我们关注公司的整体绩效，而不会将这些方法用于特定的管理者和产品。但我们将用到的公司整体绩效评估方法或许会对特定管理者的评估方法有所影响。

3.3.1 价值如何产生

公司管理部门创造的价值体现在其所作的决策让公司收益大于成本。这些收益可能近期发生，也可能产生在遥远的未来，这些成本包括直接的投资成本，也包括较隐含的成本，那就是资本费用。

收益 - 成本分析是传统资本预算分析的核心。一个普遍运用于收益和成本分析的技术是净现值方法，该方法将未来不确定的现金流以某一利率折现，这一利率用于反映投资中的资本成本。该资本价值为增加资本所引起的边际成本。它同时还反映了该投资项目所隐含的风险，即风险越高资本成本越高。[4] 这些不确定现金流的现值与投资项目的成本（即投资花费）的差值被视为该项目的净现值。

净现值是以货币价值表示的。若净现值为正，则表示该投资预期将增加公司价值；若其为负，则将减少公司价值。因此，净现值是价值增加（若为正）或价值减少（若为负）的测度。

另一个常用的技术是**内部收益率**（IRR，internal rate of return）。用此方法评估投资项目时，在一定利率折现下使未来现金流现值和投资所付本金相等，该利率通过循环计算确定得出。也就是相当于 IRR 是使得净现值为零的折现利率。

使用 IRR 方法首先需要计算 IRR（该投资项目的“内部收益率”），接着将该比率与资本成本所反映的利率进行比较。与上述一样，该资本成本反映的是各种资金来源的成本加上与投资相关的风险。若该项目的 IRR 超过其资本成本（有时被叫作“基准收益率”），则该项目是增值的。相反，若该项目的 IRR 比资本成本小，则该项目是贬值项目。

无论运用哪种资本预算技术，原则都一样：一家公司只能投资将为公司带来价值的项目。那么，那些增值的项目从何而来？在一个竞争市场中，众多公司为可得的投资机会而竞争，增值项目应该不存在。换句话说，投资项目的获取成本将会因竞争而要价增高，因此没有纯获利机会的投资。这种解释非常悲观并忽略了增值项目的真正来源——一家公司的竞争力或竞争优势。只有与对手面对面的竞争中拥有竞争优势，一家公司才能投资于增值的项目。

相对优势是某家公司比别家在产品成本、产品分销渠道或服务方面的优势。沃尔玛超市连锁（Wal-Mart Stores）发展出的相较于其他竞争对手，如凯玛特公司（Kmart Corporation）的相对优势体现在其庞大的仓储网及其分销系统。沃尔玛投资了一个区域性仓储系统和一个属于自己的货车运输系统。在运用区域性仓储系统时沃尔玛并不像其他公司那样，要么用国家的仓库系统，要么完全没有。沃尔玛选择了降低库存需要，更进一步运用自己的运输车队，从而可以比其对手更频繁地补充存货。与大批购买和独特的客户经营方法（如“迎宾员（greeters）”制度）相结合，沃尔玛凭借其在仓储和分销系统的相对优势，在很短的时间就跃升为一个有强大盈利能力的市场主要零售商。

竞争优势是某公司相对于其对手，在市场结构上的优势，这在要素市场和销售市场上均可体现。例如，因其他公司受到阻碍无法进入行业，则在业内的某公司拥有竞争优势。往往进入障碍来自于政府管制，如银行业那样限制行业准入公司的数量，或如过去的地方有线电视公司那样政府准许的垄断行业。一个公司在政策法规的帮助下，运用专利或注册，自己也可以建立准入障碍。

在没有投资障碍存在的情况下（即投资的市场是竞争的），只有通过获得某种优势，一个公司才能够投资并获得比当前本金更多的回报。这里用于单独投资项目的基本原则在将公司看作（投资）整体时同样可以运用。若该公司的投资能够创造出比其成本更高的收入，则这些投资就能为公司增加价值。若公司投资所产生的未来收入没有成本多，那么这种境况是对公司价值有害的。

以未来的投资机会产生当前价值的理念反映在特许权价值这一概念中，这一概念是由科格曼（Kogelman）和莱博维茨（Leibowitz）（1995）提出的，他们将**市盈率**（P/E，price-to-earnings ratio）分解成**特许权 P/E**（franchise P/E）和**基础 P/E**（base P/E）[5]。在他们的分析中，超出市场回报的未来投资机会反映在优于**市场 P/E**（above-market P/E）的概念当中。

从这一分析视角出发，业绩估值的关注点在于将公司视为整体，而非公司当中单纯的投资决策。因此，适合评估公司业绩的关键在于确定公司的整体投资决策能否为股东带来收益。但现今并没有明确的现存技术可用于确定公司决策是否为股东产生了价值，因为①没人有能力对投资活动完美地预测出其未来现金流。②没人能反映各投资项目风险的精确测度。③没人知道精确的资本成本。因此，必须运用代表性的方法去测量一家公司的业绩，尽管这些方法并不完美。

3.3.2 新业绩评估方法与资本预算法的联系

当今最著名的公司业绩评估的附加值技术（value-added techniques）当属经济附加值（EVA）和市场附加值（MVA）[6,7]。EVA 和 MVA 与基础的估值技术具有联系，并且基于与资本预算法中的净现值方法同样的估值原理。

如果某公司投资于一个具体的项目，对此项目的净现值计算相当于是对股权价值变化量的估计。附加值测度也是对公司价值变化的衡量，但它是对公司整体而非单独的项目。进一步，尽管净现值是向前看（以帮助管理者在处理定期存款类资本的使用问题时作决策），但用附加值技术测量某公司业绩以判断管理层的绩效好坏时，注重于考察公司整体某一时期所作的投资决策，以及为支撑此投资决策所需的资本成本。

经济附加值是公司经济利润的另一种称呼。为测算经济利润，以下关键原理必不可少：

（1）从公司财务报表数据中计算出公司营业利润，对会计利润进行调整以反映一定时期公司的成就。

（2）计算资本成本。

（3）将营业利润与资本成本进行对比。

营业利润与资本成本的差异则是对公司经济利润的测算值，或叫作经济附加值。

一个相关的测度——市场附加值，则强调资本的市场价值与资本成本的比较。以下是市场附加值的关键原理：

（1）计算资本的市场价值。

（2）计算投资本金。

（3）将资本市场价值与投资本金相比较。

资本市场价值与投资本金的差异即市场附加值。经济附加值和市场附加值最主要的区别在于后者在计算时融入了市场数据。

业绩评估中非常重要的一部分在于考虑某项投资的可控及不可控因素。考虑这样的例子：一个好的管理者和一个差的场景。一家公司的管理者可能选择一种高风险投资，预期有足够的现金收入以弥补预期的资本成本。该项目零盈利的风险是存在的，尽管这种坏处境不易发生（即项目无盈利的情况概率极小），然而无论这种零盈利的情况发生概率多么小，这一项目依然存在此风险。即便当初该项目确实被视为可盈利项目，但投资该项目后，这种小概率事件如果真正发生了，则该投资决策将被定性为贬值项目。

还以上述情况为例，假定此管理者作了正确的决定（他也并不知道未来结果）。那么，该管理者的业绩如何评估？从资本预算的观点出发，该管理者的决策是正确的。棘手的是要弄清如何评价决策者，因为在结果出现之后才进行的评价，应让决策者仅承担那些他能够控制到的因素中的责任。

是什么因素构成了优秀的估值技术呢？理论上讲，评估一家公司的绩效应该考虑很多因素。第一，措施不应该随会计方法的选择不同而有很大差异。第二，应根据未来预期结果来评估公司当前的决策。第三，措施应考虑到公司决策将引致的风险。第四，外部控制因素引起的绩效增减不应该作为惩罚或奖励公司管理的因素，如市场走势和未预测到的经济变化。我们将在接下来的两部分讨论各评估方法的细节时来看这些评判标准。

3.3.3 总结

本章的目的是研究传统和新近开发的公司绩效评估方法，并将其与市场多公司绩效的评价进行比对。我们将在“传统绩效度量指标”一节探讨几种传统的评估措施，在“附加值方法”一节中探讨新近的方法。在“各替代性方法比较”这一节中我们将这些方法与经验的市场绩效进行比较，并将在“结语”中进行总结和评述。

在此声明：我们下面的这些新方法尽管是在传统的公司治理理论之上发展而来，但它属于其发明人专有。因此我们无法提供应用这些方法的精确细节。此外，这些方法不仅可用来判断公司整体业绩，也可以在分区或产品线管理评价中应用。我们不打算一字不差地复制这些方法或展示如何将这些方法应用于企业内部管理业绩评价，而是我们提出了一个描述性的概述和实证近似。我们希望通过提供评判绩效评估方法的工具，分析师将能够在一定的情况下正确认识某种评估方法的合理程度。

3.4 传统绩效度量指标

许多财务比率一直以来被用来评估企业业绩。这些度量指标包括投资回报率和市价与账面值比率（以托宾 q 值表示）。本节中，我们分别简要介绍了这些比率以及如何使用这些比率评估企业业绩。

3.4.1 投资回报率

投资回报率将决策产生的利益（以分子表示）与影响该利益的资源（以分母表示）相比较。为了评估企业在经营中的资产利用效率，可以采用基本盈利能力比率，即息税前利润（即，经营收益）与总资产的比率：

$$\text{基本盈利能力比率} = \text{息税前利润} / \text{总资产} \tag{3-1}$$

比如，25% 的基本盈利能力比率是指，对于投入到资产中的每一美元，企业产生 25 美分的经营利润。因为这一度量指标度量的是经营收益，所以它没有考虑这些经营活动的融资方式。也就是说，息税前利润可以用来支付债权人和所有人。

另外一个投资回报率（资产收益率）采用净收入（即，经营收益减去利税）与总资产进行比较：

$$\text{资产收益率} = \text{净收入} / \text{总资产} \tag{3-2}$$

这一比率表明债权人和所有人的资本投资给所有人产生的回报。20% 的资产收益率表示，对于每一美元资本，为企业所有人产生 20 美分的利润。

投资人可能对企业从总投资（即债权人和所有人提供的资金）中获得的回报不感兴趣，而可能对企业在权益投资上获得的回报感兴趣。比如，普通股东对企业在投资上获得的回报感兴趣。权益回报率是股东收到的净收入与他们在股份中的权益的比率：

$$\text{权益回报率} = \text{净收入} / \text{权益账面价值} \tag{3-3}$$

10% 的权益回报率表明，对于所有人投入的每一美元（以账面价值表示），他们获得 10 美分的收益。

一般而言，较高的收益率与更好的业绩有关。通常以两种方式使用收益率。首先，对于某个给定的企业，往往比较一段时间内的收益率，前提是趋势（而不是特定时期的实际回报）表明企业的业绩。其次，收益率往往在企业之间进行比较，或者与一个基准进行比较，比如行业平均收益率或行业领导者的收益率。

采用收益率评估企业业绩的好处是容易计算。计算所需的所有必要信息都很容易从财务报表或者市场数据中获得。因为收益率以投资的百分比来表示，所以它的解释非常简单直接。

收益率的一个有利的特点是，可以将其分解，以显示收益变化的来源。比如，资产收益率低可能归因于活性低，利润低，或者两者兼有。在评估过去的经营业绩从而研究企业经营管理的不同方面时，或者预测未来经营业绩时，对这些收益来源的认知是一种宝贵的信息。杜邦分析被用来研究收益率，研究方法就是将收益率分解为活动部分和利润部分。[8] 这种方法可以进一步评估各年收益变动的来源，以及评估各个企业之间的差异。

投资回报率度量指标并不是良好的绩效度量指标，原因有多个方面。第一，投资回报率采用分子和/或分母中的财务报表数据形成。因此，这些比率对会计核算方法的选择敏感。这种对会计核算方法的敏感性使得难以比较企业之间的收益率，也难以比较一段时期内的收益率，从而需要对会计核算数据进行调整，以使得收益率采用相同的会计核算依据。

第二，这些比率采用的财务数据是不同时期的货币价值的累积。比如，工厂固定设备总账户包括不同时点购买的资产的成本。如果一些时期内发生了重大的通胀，那么对于大多数账户就会产生“风马牛不相及事物”相加的问题，这会影响总资产和权益，并扭曲投资收益率的计算结果。

第三，投资收益率具有后顾性，而不是前瞻性。虽然当前投资的直接效应影响收益率，但是当期决策产生的预期未来收益，在一般情况下没有结合到收益率中。

投资回报率的第四个缺点在于，它们未能考虑风险。这些比率只是采用历史财务报表数据，这些数据没有反映企业面临的不确定性。

第五，投资收益率没有针对可控制和不可控制因素进行调整。理想情况下，企业的业绩应与经营控制之外的因素隔离开来。然而，投资收益率反映的只是账本底线，而没有考虑任何其他因素。

3.4.2 托宾 q 值

托宾 q 值往往用作企业经营产生的实际价值的度量指标。[9] q 值越高，增加的价值越大。q 的好处在于它提供了企业无形资产的估算值，这种无形资产包括市场支配力、商誉、质量管理和未来投资机会。这些无形资产的价值越大，q 值就越大。因此，企业的 q 值排序相当于根据预期未来现金流对企业进行排序。此外，研究 q 值的逐年变化可以让分析人员了解企业机会如何变化。

q 值是企业资产的市场价值与其资产的重置价值的比率：

$$q = \text{资产的市场价值} / \text{资产的重置价值} \tag{3-4}$$

实际投资回报（即，通胀影响后的回报）越大，q 值就越大。

资产重置价值非常难以估算。Lindenberg 和 Ross（1981）提出了一个近似值。在这个近似值中，分子是债务的账面价值（账龄调整后）、普通权益的市场价值和优先股的账面价值总额减去短期净资产。分母是总资产加上企业权益资本通胀的调整额。这些计算在债务调整和通胀调整方面非常复杂。

托宾 q 值的另外一个替代表达是分母包含市场价值（普通股）和账面价值（优先股和债务）的比率：

$$q\text{的替代表达} = (\text{债务的账面价值} + \text{优先股的清算价值} + \text{普通股的市场价值}) / \text{总资产} \tag{3-5}$$

经验表明，该替代表达接近更加复杂的 Lindenberg 和 Ross 表达（Chung 和 Pruitt，1994，Perfect 和 Wiles，1994）。比如，Perfect 和 Wiles 比较了五个不同的表示，包括非常复杂的表达和最简单的表达，他们发现，这些表示在比较企业的 q 值时略有差异，但是在 q 值变化方面实际上没有差异。

这个 q 表达与市场价值与账面价值比率相似，所不同的是，债务的账面价值与优先股的清算价值包含在分子和分母中。Q 比率的替代表达（具有理论基础）和账面价值与市价权益比率之间的密切关系可以解释后者为什么被用来解释股票市场报酬率。

许多研究者发现，权益的账面价值与权益的市场价值的比率（BV/MV）与股票市场报酬率相关：高 BV/MV 比率与未来高收益率有关。[10,11] 比如，Fama 和 French（1992）发现，BV/MV 比率和企业规模（即权益资本化）解释了横截面股票市场收益率。此外，他们还发现 BV/MV 比率比贝塔系数和规模更好地解释了股票市场收益率：高 BV/MV 企业具有高收益率。

账面价值与市值权益比率为什么解释了股票市场收益率尚不得而知，因为没有理论证据证明这一比率影响收益率。BV/MV 的作用存在多种解释。一种解释是，BV/MV 是风险的代表：企业的 BV/MV 比率越大，该企业的证券的风险就越大。这一解释与高效率市场理论以及 Fama 和 French 的证据相一致，前提是 BV/MV 被视为一种风险因素并因此被定价。

账面与市值比率与股票市场收益率关系的另外一种解释是，它代表了未来增长：BV/MV 的比率越大，企业的预期未来增长前景就越小。这一解释得到了 Harris 和 Marston（1994）的支持[12]。鉴于这一解释，该比率是企业经营管理所增加的价值的度量指标。这个比率的值越低，企业通过管理资产来产生未来价值的能力就越高。

与这一解释有关的是 Haugen（1995）提供的假设：市场持续高估高于平均的未来增长的持续性，这解释了低 BV/MV 企业的业绩低于高 BV/MV 企业的原因。这一论点获得了 Lakonishok、Shleifer 和 Vishny（1994）的支持，他们认为，收益增长率对于高 BV/MV 证券和低 BV/MV 证券往往会汇聚，而且市场往往过度外推收益增长。

BV/MV、托宾 q 值和股票市场收益率之间的关系直截了当：

陈述1：目前具有高 BV-MV 比率的企业往往比具有低 BV-MV 比率的企业具有更高的未来收益。因此，根据 BV/MV 比率来选择企业可以产生卓越的收益。

陈述2：目前 q 值高（因此，BV/MV 比率低）的企业往往是那些在过去股票收益率方面表现优异的企业，因为更高的股票价值在 q 的分子中反映出来（见式 3-5）。

这些论述相互矛盾吗？不一定。q 值高（BV/MV 比率低）的企业拥有相对于账面资本的增加值。q 值越高，企业过去业绩越好，这并不意味着这些企业一定在未来产生卓越的收益。事实上，如果 Haugen 对均值回复增长是正确的，那么 q 值高的企业可能在过去表现优异，但是不一定未来表现优异，这指出了托宾 q 值和其他传统度量指标的一个问题：过去的业绩不一定表明未来的业绩。因此，这些度量指标在资产组合选择中可能没有用处，虽然它们可以用来度量当前和过去业绩。

3.4.3 总结

企业业绩的传统度量指标很大程度上是基于会计核算数据，因此，这些度量指标的任何使用都必须要考虑所选的会计方法产生的潜在失真。此外，这些传统度量指标很大程度上采用历史数据来度量当前业绩。理想情况下，企业希望度量当前决策将如何影响未来的业绩。

不论如何评价传统业绩度量指标，这些度量指标的应用关键在于它们是不是业绩的充分度量指标。我们在“备选绩效度量指标的比较”部分中实证研究了这些传统度量指标，并研究了多个度量指标如何将企业的业绩与业绩的股票收益度量指标联系起来。

3.5 附加值的度量指标

度量企业的经营管理在一段时期内是提高还是降低了企业的价值，这很困难，因为企业的价值可能受到许多因素的影响。目前提倡的绩效度量方法（比如 Stern、Steward & Company 的 EVA 和 MVA 法）是以估价原则为基础，但是估价和绩效度量之间存在重要的差异：估价依赖预测，绩效度量依赖实际结果。在这一节中，我们仔细研究了绩效的增值度量指标，并讨论了另外一种绩效度量指标：投资的现金流回报（CFROI）。

3.5.1 经济利润

美国许多企业，包括可口可乐公司（Coca-Cola Company）、百力通公司（Briggs & Stratton Corporation）、CSX 铁路运输公司（CSX Corporation）和美国电话电报公司（AT&T Corporation），都在采用一种比较新的管理绩效评估和奖励方法，这种方法依据的是对管理层产生的经济利润进行补偿，而不是对会计利润进行补偿。[13]什么是经济利润？它基本上是收入和成本的差额，成本不仅包括费用，而且还包括资本成本。虽然经济利润的应用在绩效度量中是一种相对比较新的方法，但是经济利润的概念自 19 世纪末期就已经出现了（Marshall，1890）。近期这种对经济利润的重视所产生的结果是将注意力从会计利润转移到资本成本上。[14]

资本成本是企业资本的提供者要求的收益率。对于采用债务和权益来进行运营或投资融资的企业，资本成本包括显性债务利息和所有者要求的隐性最低回报。这种对所有者的最低回报是所有者将投资资本保留在被投资企业中所必需的。

1. 经济利润和会计利润

会计利润和经济利润之间必须要做出两个重要的区分。第一个区分涉及资本成本。会计利润是收入和成本之间的差额，是以这些项目根据会计原则的表示为依据。经济利润也是收入和成本之间的差额，但是与会计利润的确定不同，在经济利润中，资本成本包含在成本中。

会计利润和经济利润之间的第二个区别涉及收入和成本的确认原则。会计利润主要采用权责发生制来表示，而经济利润反映的是现金制会计。但是，因为财务报表中报告的数据只是以权责发生制会计来表示，所以分析人员在计算经济利润时必须首先从会计利润开始，然后做出调整，使数据以现金为基础。必须要对会计利润进行进一步的调整，以补偿特定会计方法的选择所产生的失真。比如，在美国，商誉在 40 年期间内摊销，但是商誉不表示成本，商誉摊销因此必须要在计算经济利润过程中加回到报告的净收入中。

与会计利润不同，经济利润（如果准确度量）不能被管理层通过会计方法的选择而操纵。此外，以经济利润（而不是会计利润）为基础计算报酬可以促进更长远的决策。因此，根据经济利润来支付管理层的报酬是一个很有吸引力的想法。

除了将经济利润用来确定管理者的报酬外，财务分析人员目前正在将经济利润的基本原理结合到他们对企业成功的评估中。以经济利润为依据的绩效度量指标有多个名称，包括 MVA 和 EVA 法以及超额股东价值。

2. 经济利润和净现值

经济利润的估算与投资评估的净现值法类似。虽然概念一般而言具有吸引力，但是经济利润将净现值资本－预算法用于实际企业的方式存在许多误区。这些误区涉及：①采用会计数据来确定经济利润，②资本成本的估算。[15]

正如项目的净现值产生的结果对资本成本敏感一样，经济利润法也是如此。比如，如果安海斯－布希公司（Anheuser-Busch）的资本成本估计为11.3%，那么1992年的经济附加值为2.35亿美元（Tully，1993）。另一方面，如果资本成本被估算为12%，那么当年的经济附加值为1.79亿美元。资本成本估算值的略微差异导致附加值估算额改变了5 600万美元。资本成本估算值的变化也可能改变该公司管理层的薪酬。

经济利润这个概念已经存在了很长时间，而且是以学界多年来倡导的估价概念为基础。大多数财务入门教科书都详细阐述了用来评估资本项目的净现值法。[16]对于资本项目，净现值是特定投资产生的未来预期现金流的现值，在这种投资中，这些现金流以资本成本贴现。因此，净现值代表项目给企业带来的增加价值。与其他资本项目评估方法相比，事实证明净现值法优于其他常用的方法：内部收益率法（IRR）和投资回收期法。

G. 班尼特·斯图尔特（G. Bennett Stewart III）在他1991年出版的著作《价值探寻》（*The Quest for Value*）中着重阐述了企业和管理绩效评估中采用的净现值法，该书借助Stem Steward财务管理咨询公司的咨询服务得以出版。

3. 经济利润的计算

经济利润指的是经济附加值，是经营利润和资本成本之间的差额，资本成本以美元表示。这一方法对整个企业的应用实际上涉及计算所有投资项目的净现值，包括涉及现有资产（即，过去投资决策）的投资项目和预期投资。根据斯图尔特（1991，136页）的观点，经济利润可以被表示为：

$$经济利润 = 税后经营利润净额 - (资本成本 \times 资本) \tag{3-6}$$

或者，采用收益率和资本成本百分比之间的差幅，

$$经济利润 = (资本收益率 - 资本成本) \times 资本 \tag{3-7}$$

式中，资本收益率是**税后经营利润净额**（NOPAT，net operating profit after taxes）与资本的比率。[17]

应用这一公式得出一个时期的经济利润估算值。在评估企业在特定时期的业绩时，经济利润反映了价值是增加（正经济利润）还是减少（负经济利润）。以下是该公式中包含的每一个要素的详细阐述。

NOPAT NOPAT的计算中有两个重要的因素：折旧后的经营利润和现金经营税。现金经营税是对经营收入的课税，以现金为依据。

之所以采用摊销后的经营收入而不是传统的折旧前经营收入，这是因为折旧被视为经济费用：折旧是资产在一段时期内被耗尽的程度的度量指标，表明了必须要支出多少费用才能够将经营保持在当前的水平。除了现金经营税之外，还需要作出多项调整，这些调整旨在改变会计利润，以便更好地反映经济利润，但是由于这些调整涉及变更会计利润来得出经济利润，所以必须要根据企业的特定会计惯例和情况进行定制。Stewart（1991年）提到的为得到NOPAT而作出的调整在表3-1中详细列出。如该表所示，不论是从折旧后的经营利润（“从下往上法”）还是从销售额（“从上往下法”）开始，都能得出税前调整后经营利润。从调整后利润中减去现金经营税就得出NOPAT。

为了说明如何对实际公司数据进行调整，我们将计算好时食品公司1993年的NOPAT。采用表3-2中列出的基本收益表数据。

表 3-1 采用财务报表数据计算 NOPAT

A：从下往上法：	*B：从上往下法：*
开始：	开始：
折旧和摊销后的经营利润	销售额
加：	加：
经营租赁的隐含利息费用	后进先出法准备金（LIFO reserve）增加
后进先出法准备金（LIFO reserve）增加	经营租赁的隐含利息费用
商誉摊销	其他收入
坏账准备金增加	减：
净资本化研发费用增加	销货成本
等于：	销售、一般和行政费用
调整后税前经营利润	折旧
减：	等于：
现金经营税	调整后税前经营利润
等于：	减：
NOPAT	现金经营税
	等于：
	NOPAT

注：该表基于 Stewart（1991）中的信息。

表 3-2 好时食品公司财务报表 （单位：百万美元）

	1993	1992
A. 资产负债表		
资产		
现金和现金等价物	15.959	203.190
应收款净额	294.974	173.646
存货	453.442	457.179
其他流动资产	124.621	105.966
流动资产总额	888.996	939.981
工厂、财产和设备总额	2 041.764	1 797.437
累计折旧	580.860	501.448
工厂、财产和设备净额	1 460.904	1 295.989
无形资产	473.408	399.768
其他资产	31.783	37.171
总资产	2 855.091	2 672.909
负债：		
一年内到期的长期债务	13.309	104.224
应付票据	354.486	281.045
应付账款	108.458	105.175
应付税金	35.603	5.682
应计费用	301.989	240.816
流动负债总额	813.845	736.942
长期债务	165.757	174.273
递延税	172.744	203.465
其他负债	290.401	92.950
权益：		
普通股	89.922	90.186
资本盈余	9.681	7.421

（续）

	1993	1992
留存收益	1 431. 704	1 367. 672
减去库存股	118. 963	0. 000
普通权益	1 412. 344	1 465. 279
总负债和权益	2 855. 091	2 672. 909
B. 收益表		
销售额	3 488. 249	3 219. 805
销货成本	1 895. 378	1 748. 954
毛利润	1 592. 871	1 470. 851
销售与一般行政费用	1 035. 519	958. 189
折旧摊销前经营收入	557. 352	512. 662
折旧和摊销	100. 124	84. 434
经营利润	457. 228	428. 228
利息费用	34. 870	41. 763
非经营收入和费用	7. 875	14. 523
特殊项目	80. 642	0. 000
税前收入	510. 875	400. 988
所得税总额	213. 642	158. 390
特殊项目前的收入	297. 233	242. 598
特殊项目	(103. 908)	0. 000
净收入	193. 325	242. 598

资料来源：好时食品公司 1993 年年报。

表 3-2 和脚注信息（表中未显示）采用从下往上法，我们从折旧摊销后的经营利润开始，共计 4. 572 28 亿美元。

适用于好时公司的调整包括：[18]

- 经营租赁的隐含利息（从未来租赁承诺额中得出，如好时食品公司 1993 年年报脚注 25 中所述）。
- 后进先出法准备金（LIFO reserve，以下简称“LIFO 准备金”）增加额，1 066. 30 万美元（好时食品公司 1993 年年报，脚注 26）。
- 商誉摊销，1 220. 0 万美元（好时食品公司 1993 年年报，脚注 13）。

因此，计算 NOPAT 所需的大多数信息都可以直接从财务报表或者财务报表脚注中获得。经营租赁隐含利息费用是一个例外，该利息费用必须要采用脚注信息计算得出。利息费用以当年平均租赁价值的变化上的利息成本来估算，这要求估算年初和年末的租赁现值。

经营租赁的现值通过贴现未来五年的经营租赁最低租金承诺额来确定。这些最低租赁承诺额在财务报表脚注中披露。对于好时食品公司而言，1993 年以后的预期未来承诺额如表 3-3 所示：

表　3-3

相对于 1993 年的年份	经营租赁租金承诺额（百万美元）
第一年	12. 3
第二年	12. 0
第三年	11. 4
第四年	11. 1
第五年	10. 7
第五年之后	102. 8

以7.1%的贴现率（1993年好时公司债务上的收益），承诺额的第一个五年的现值为4 725.6万美元。在第五年后每一年的租金承诺额估算值为1 000万美元的情况下，经营租赁的现值增长到1.472 09亿美元。[19]因为许多财务报表只提供未来5年的信息，所以第5年后的承诺额价值在资本测定中往往被忽略。对于好时食品公司而言，第5年后忽略的承诺额等于债务资本中大约1亿美元的差额。

对于1992年采用8.1%的贴现率重复相同的分析就得出1.269 04亿美元的经营租赁现值。1993年的平均租赁价值因此等于1.370 57亿美元（（1.472 09亿美元+1.269 04亿美元)/2)。在利率为7.1%的情况下，经营租赁的利息为973.1万美元。这隐含着利息从经营利润中扣除了，因为它代表为得到报告的经营利润而扣除的融资成本。

从1993年收益表中的折旧和摊销后经营利润开始，好时公司已调整税前经营利润计算如表3-4所示：

表 3-4

	金额（百万美元）
折旧和摊销后的经营利润	457.228
加：经营租赁上的隐含利息	9.731
加：LIFO准备金中的增加额	10.663
加：商誉摊销	12.200
已调整税前经营利润	489.822

现金经营税。现金经营税的估算方式如下：首先从所得税费用开始，然后针对以下项目调整该费用①递延税变化，②为消除债务融资的税务影响而扣除利息（对于明计利息和隐含利息）所产生的税收利益，③其他非经营收入或费用和特殊项目产生的税金。[20]递延税的变化因为以下原因而从所得税费用中去除：

- 递延税的增加意味着被递延的一部分所得税费用不是当期的现金支出。
- 递延税的减少意味着所得税费用少报了实际现金费用。

利息产生的税收利益被加回到税金中，使得现金税反映了经营产生的税金。这种税款的返计还原将税款与任何融资影响隔离开来。这一税收利益是税款从利息费用的可扣除性中的还原：

$$\text{利息的税收利益} = \text{利息费用} \times \text{边际税率}$$

其他非经营收入和特殊项目产生的税款（投资利益的出售）也被去除，这样现金税款只反映与经营有关的税款。

以下是采用好时食品公司1993年财务数据计算现金经营税的一个例子。首先，我们采用35%的边际税率计算现金税，如表3-5所示：

表 3-5

	金额（百万美元）	数据来源
所得税费用	213.642	收益表
加：递延税减少	30.721	1993和1992年资产负债表上递延税之间差额
加：利息费用产生的税收利益	12.205	收益表中的利益费用乘以边际税率
加：租赁利息产生的税收利益	3.406	脚注信息中得出的隐含利息乘以边际税率
减：非经营收入税	(2.756)	收益表中的非经营收入乘以边际税率
减：特殊项目上的税款	(40.000)	根据脚注15计算。
现金经营税	217.218	

从已调整经营利润中减去现金经营税得出NOPAT，如表3-6所示：

表　3-6

	金额（百万美元）
已调整税前经营利润	489.822
减：现金经营税	(217.218)
NOPAT	272.604

这种计算 NOPAT 的方法是从下往上法，因为它从折旧和摊销后的经营利润开始，得出 NOPAT。另外一种方法是从上往下法，从销售额开始，调整后得出 NOPAT。以 1993 年的好时食品公司举例，如表 3-7 所示：

表　3-7

	金额（百万美元）	信息来源
销售额	3 488.249	收益表
减：销货成本	(1 895.378)	收益表
减：销售、一般和行政费用	(1 035.519)	收益表
减：折旧	(87.924)	收益表中的折旧和摊销，减去来自脚注 13 的商誉摊销
加：经营租赁上的隐含利息	9.731	根据脚注 25 计算得出
加：LIFO 准备金的增加额	10.663	根据脚注 26 计算得出
已调整税前经营利润	489.822	
减去现金经营税	(217.218)	
NOPAT	272.604	

不论是采用从上往下法还是从下往上法，NOPAT 的计算结果都是 2.726 04 亿美元。

资本。资本在这里的定义是营运资本净额、财产和设备净额、商誉以及其他资产净额的总和。对已报告账目进行几项调整，以纠正因为会计方法产生的潜在失真。比如，存货针对任何 LIFO 准备金进行调整，经营租赁的现值被包含在内；累计商誉摊销被增加到资本中。表 3-8 显示了对资本的潜在调整的列表。一种资本估算法是资产法——从经营资产净额开始，然后通过调整来反映总的投资资本，如表 3-8 的 A 部分中所示。比如，以高于资产账面价值的价格收购一家公司所产生的商誉可以被视为是一项投资，因此，商誉和前期商誉摊销都被加入进来，以反映该公司的资产投资。另外一种方法是融资来源法，这种方法从普通权益的账面价值开始，将债务、权益等价物和债务等价物相加，如表 3-8 的 B 部分所述。

表 3-8　采用会计财务报表计算资本

A. 资产法	*B. 融资来源法*
开始：	开始：
经营资产净额	普通股权的账面价值
加上：	加上权益等价物
LIFO 准备金	优先股
工厂和设备净额	少数权益
其他资产	递延所得税准备金
商誉	LIFO 准备金
累计商誉摊销	累计商誉摊销
经营租赁的现值	加上债务和债务等价物
坏账准备	有息短期债务
资本化研发费用	长期债务
特殊项目的累计注销	资本化租赁债务
等于：	非资本化租赁的现值
资本	等于：
	资本

注：该表基于 Stewart（1991）中的信息。

为了得出这些调整，需要分析财务报表的脚注，资本的计算应最好能够反映每一家公司的财务会计。还要注意的是在表3-1 和3-8 中，为得出 NOPAT 而做出的调整同时伴有为得出资本而做出的调整。与 NOPAT 计算一样，可以从两点中的任何一点开始计算资本：总资产（资产法）或权益的账面价值（融资来源法）。如表3-9 所示。

表3-9 采用资产法计算的资本，以好时食品公司为例[21]

	金额（百万美元）	信息来源
从经营资产净额①开始	442.946	流动资产，减去应付账款、应付税款和应计费用——所有都来自资产负债表
加：LIFO 准备金	59.005	脚注26
加：工厂、财产和设备净额	1 460.904	资产负债表
加：其他资产	31.783	资产负债表
加：商誉	473.408	资产负债表（假设：所有无形资产代表商誉）
加：累计商誉摊销	73.400	脚注13
加：经营租赁现值	147.209	脚注25 中的数据
资本	2 688.655	

①经营流动资产包括现金、可销售证券、应收款、存货和其他流动资产。对于1993 年的好时公司，金额为8 889.96亿美元。经营资产净额为经营流动资产减去应收账款、应缴税款和应计费用。

另外，如果从权益的账面价值开始，则如表3-10 所示：

表 3-10

	金额（百万美元）	信息来源
从权益的账面价值开始	1 412.344	资产负债表
加：递延所得税准备金	172.744	资产负债表
加：LIFO 准备金	59.005	脚注26
加：累计商誉摊销	73.400	脚注13
权益和权益等价物	1 717.493	
加：长期债务账面价值	179.066	资产负债表中的债务的本期和长期部分
加：有息短期债务	354.486	资产负债表中的应付票据
加：经营租赁现值	147.209	根据脚注25 计算。
加：其他负债	290.401	资产负债表
债务和债务等价物	971.162	
资本	2 688.655	

Copeland、Koller 和 Murrin（1994）进一步区分了投入资本（如前文所述）和经营资本。经营资本是投入资本减去商誉、超额现金和可销售证券，即经营活动中使用的资本。

商誉之所以从资本中被去除是因为它往往被收购其他企业过程中支付的溢价而扭曲。超额现金和有价证券是超出现金和有价证券通常需求的现金和有价证券。Copeland、Koller 和 Murrin（1994）估计现金和有价证券的需求在销售额的0.5%和2%之间，随行业而变化。1993 年，好时食品公司的现金和有价证券为1 595.9 万美元，占不到销售额的0.01%。因此，无需对超额现金和有价证券进行调整。1993 年，好时食品公司的商誉为4.734 08 亿美元累计商誉摊销为7 340 万美元。从投入资本中去除商誉（和累计摊销）后得出21.418 47 亿美元的经营资本。

资本收益率。资本收益率是税后经营收入除以资本。这一度量指标是采用 NOPAT（而不是会计利润）的投资回报率度量指标：

$$\text{资本收益率} = \text{税后经营利润净额} / \text{资本} \tag{3-8}$$

比如，好时公司的资本收益率为 NOPAT 与投入资本的比率，即，

$$\begin{aligned}\text{好时公司资本收益率} &= 2.72604\text{ 亿美元}/26.88655\text{ 亿美元}\\ &= 10.139\%\end{aligned}$$

好时公司的运营资本收益率为：

$$\begin{aligned}\text{好时公司运营资本收益率} &= 2.72604\text{ 亿美元}/21.41847\text{ 亿美元}\\ &= 12.728\%\end{aligned}$$

哪一个收益率度量指标最适合用于评估好时公司的业绩呢？答案取决于是以下哪个方面为重点：①好时公司高效率使用投资者资金获利的能力（包括用来以溢价收购其他企业的资金），这时候需要使用前一个度量指标；②好时公司高效率利用其经营资产获利的能力（可以让同一行业中的企业之间更好有可比性），这种情况需要使用后一个度量指标。

资本成本。资本成本是通过债务和权益筹集额外资金所发生的成本。成本与每一个融资来源有关。一旦确定每一个来源的成本，该企业的资本成本就可以以每一种成本的加权平均值计算，权重表示每一个来源的使用比例。传统的资本成本估算方法在附录 3A 中详细说明。

债务成本是债务的税后成本，r_d^*，它是针对利息的税收减免所产生的利益进行调整后的税前成本：

$$r_d^* = r_d \times (1 - \text{边际公司税率}) \tag{3-9}$$

式中，税前利率 r_d 是具有类似信用风险的企业的长期债券上的现行收益率。比如，1993 年，与好时公司的债券具有类似风险的债券的平均收益率为 7.4%。采用 35% 的边际税率，好时公司的税后债务成本为：

$$R_d^* = 0.074(1 - 0.35) = 4.8\%$$

权益资本成本是无风险利率和风险溢价的总和：

$$r_e = r_f + \beta(r_m - r_f) \tag{3-10}$$

式中，r_f 是无风险利率，r_m 是市场预期收益率，β 是资本资产定价模型（CAPM）的贝塔系数。

这一计算不像看起来那么直接。其中一个问题是无风险利率的适当代表。无风险利率理论上应该是零 - 贝塔资产组合的收益率，该资产组合的期限与投资人的持有期相似。因为计算这一利率极其困难，所以另外一种方法是采用无违约风险的证券（即美国政府债务）的利率来代表无风险利率。如果采用期限短的政府债务（比如国库券），就会出现国库券和无风险资产组合之间的期限错配。一种更加适当的代表是 10 年政府债券，因为它与市场资产组合的期限相匹配。[22] Stewart（1991 年）规定该利率应该是长期政府债券上的利率。Copeland、Koller 和 Murrin 则更加明确地提出采用 10 年期美国国库券的利率。对于后一种方法，1993 年的无风险利率为 5.87%。

另外一个问题是市场风险的溢价，$r_m - r_f$。Stewart 提倡采用 6% 的市场风险溢价，这是基于市场收益率和长期政府债券收益率之间的历史差幅。Copeland、Koller 和 Murrin 倡导采用市场几何平均收益率和长期政府债券几何平均收益率之间的差额，二者都是在长期内计算。采用 1926 ~ 1993 年的数据得出的估算值获得了 5% 的市场风险溢价。[23]

通过将市场风险溢价与企业的普通股贝塔相乘而调整后的市场风险溢价，成为针对该公司的特定风险溢价。贝塔是该企业的股份回报率对市场回报率的变化的敏感性度量指标，很容易从金融服务公司那里获得，比如 BARRA、标准普尔 Compustat 或者《价值线投资调查》。好时公司的贝塔为 1.0。[24] 采用 10 年期的国库券利率、5% 的市场风险溢价以及 1.0 的贝塔，好时公司的权益

成本为：

$$r_e = 0.0587 + 1.0 \times (0.05) = 10.87\%$$

采用6%的市场风险溢价得出更高的资本成本，11.87%。

总之，好时公司的资本成本包括4.8%的债务成本和10.87%的权益成本（或者对于替代风险溢价，11.87%）。债务成本和权益成本采用每一个成本在资本结构中所占的比例来加权，从而得出该企业的资本成本。

计算资本成本的第一步是确定债务和权益的账面价值。债务和权益账面价值可以从资本的计算中获取。第二步是估算资本部分的市场价值，这要求估算债务和权益的市场价值。

好时公司1993年末的资本结构包括（见表3-11）：

表 3-11

资本	账面价值（百万美元）	市场价值（百万美元）
债务资本㊀	971.162	1 004.313
权益资本	1 717.493	4 293.037
总计	2 688.655	5 297.350

以美元表示，以比例表示[25]（见表3-12）：

表 3-12

资本	账面价值占总资本的比例	市场价值占总资本的比例
债务资本	36.12%	18.96%
权益资本	63.88	81.04
总计	100.00%	100.00%

好时公司1992年年底（和1993年初）资本结构包括（见表3-13）：

表 3-13

资本	账面价值（百万美元）	市场价值（百万美元）
债务资本	779.396	792.595
权益资本	1 778.286	4 238.742
总计	2 557.682	5 031.337

以美元表示（见表3-14）：

表 3-14

资本	账面价值（百万美元）	市场价值（百万美元）
债务资本	30.473%	15.753%
权益资本	69.527	84.247
总计	100.000%	100.000%

在全年中对债务和权益资本进行加减运算。由于这一事实，以及资本变化具体数据的缺乏，资本比例可以通过求年初和年末资本比例的平均值来求近似值。采用账面价值得出大约33%的债务和67%的权益。采用账面权重和10.87%的权益成本得出的好时公司的加权平均资本成本（WACC）为：

$$\text{好时公司加权平均资本成本(采用账面价值权重)} = [0.33(0.048)] + [0.67(0.1087)] = 0.0886 \text{ 或 } 8.86\%$$

采用市场价值权重，资本成本更大，因为好时公司资本中大约83%为权益：

㊀ 债务的市场价值被估算为一年内到期的长期债务的账面价值、应付票据账面价值和经营租赁的现值（如前文中计算）、其他负债的账面价值和长期债务的市场价值的总和（按照穆迪债券记录）。

好时公司的加权平均资本成本(采用市场价值权重) = [0.17(0.048)] + [0.83(0.108 7)]
= 0.098 4 或 9.84%

应该使用哪一个值呢？是8.86%还是9.84%？对于大多数应用，应该选择更好体现资金的边际成本的方法。如果企业筹集一美元资本，它会以何种比例来筹集这些资金呢？这个问题通常从市场价值比例的角度来考虑——9.84%的资本成本。但是在这个特定的应用中，资本成本针对投入资本而应用，投入资本大多数情况下以账面价值表示。将市场价值测定的资本成本与投入资本的账面价值相混合，就导致了失真。[26]因此，账面价值加权资本成本在这里用来确定经济利润。

经济利润和绩效。经济利润是一段时期内产生的超出投资人对于企业投资相关风险水平所要求的金额的利润。经济利润与资本预算的净现值类似，代表企业管理层在本期内增加的价值。

采用两个同等的经济利润计算方法，表明好时公司的管理层在1993年产生了经济利润：

好时公司经济利润 = NOPAT - (资本成本 × 资本)
= 27 260.4 万美元 - (0.088 6 × 2 688.655 万美元)
= 27 260.4 万美元 - 23 821.5 万美元
= 3 438.9 万美元

或

好时公司经济利润 = (回报率 - 资本成本) × 资本
= (0.101 39 - 0.088 6) × 268 865.5 万美元
= 3 438.9 万美元

好时公司1993年获得3 438.9万美元的经济利润。换句话说，好时公司的管理层在1993年期间给公司增加了价值。

虽然看起来好时公司在本期内增加了价值（如经济利润的估算值所示），但是我们应该注意的是，经济利润的估算对资本成本的估算值敏感。资本成本难以度量，如附录3A中所示。在研究了资本成本范围（加减100个基点）之后，可以了解这种敏感性：

好时公司的经济利润(如果资本成本为9.86%) = 27 260.4 万美元 - 26 510.1 万美元
= 750.3 万美元

好时公司的经济利润(如果资本成本为7.86%) = 27 260.4 万美元 - 21 132.8 万美元
= 6 127.6 万美元

因此，关于盈利程度的结论很大程度上取决于估算的资本成本。

3.5.2　市场增加值

与经济利润密切相关的一个度量指标就是市场增加值。市场增加值是企业的市场价值与其资本之间的差额。实质上，市场增加值是企业管理层利用特定水平的资源（投入资本）能够实现的价值的度量指标。

市场增加值 = 企业的市场价值 - 资本　　(3-11)

与经济利润一样，市场增加值用美元表示，企业的目标是提高附加值。通过评估一段时期内市场增加值的变化来评估企业的业绩。市场增加值的变化是企业管理层利用资本为资本的所有供应者（而不仅仅是普通股东）提升企业价值的有效性的度量指标。[27]市场增加值的变化是资本的市场价值（债务和权益）减去资本的账面价值的变化。再次以好时食品公司为例，1992年和1993年的情况如表3-15所示：

表 3-15 （单位：百万美元）

资本	1993	1992	1992 年到 1993 年的变化
权益的市场价值加上债务的市场价值	5 297.350	5 031.337	266.013
减去：投入资本	2 688.655	2 557.682	130.973
市场增加值	2 608.695	2 473.655	135.040

这一分析表明，好时公司管理层 1993 年提高了市场增加值，市场价值比投入资本超出了 1 350.4亿美元。[28]

实际上，债务账面价值和优先股账面价值往往被用来估算资本的市场价值和资本的账面价值。[29]因此，两年之间的市场增加值的变化等于普通权益的市场价值变化加上债务和优先股的账面价值的变化。

3.5.3 经济附加值与市场增加值的调和

两种方法用来度量附加值：经济附加值（经济利润）和市场增加值。经济附加值是基于调整后经营收益（税后）、投入资本和企业的加权平均资本成本。市场增加值基于投入资本与资本的市场价值的比较。两种度量方法都用来帮助评估企业的业绩。

此外，市场增加值和经济利润之间存在逻辑联系。市场增加值应该等于未来时期经济利润的现值以资本成本贴现后的结果。假设企业将永久产生数额等于本期经济利润的未来时期经济利润，那么市场价值与经济利润的关系就是一种简单的关系：

$$\text{市场增加值} = \text{经济利润} / \text{资本成本} \tag{3-12}$$

但是，永久性的假设对于大多数企业都无效，原因在于一个很基本的概念：经济利润只有在企业具有某种比较优势或竞争优势的情况下才产生。大多数企业不能长期保持这些优势。比如，政府法规的变化、专利并不具有永久性，人口统计学特征的变化——所有这些都会削弱企业的优势，因此削弱企业的经济利润。因此，本期经济利润的永久性的假设在大多数情况下都是不合理的。

式 3-12 中的关系在实践中站不住脚的另外一个原因是，确定经济利润的方法和确定市场增加值的方法有很大差异。经济附加值是一种单一时期度量指标，采用会计数据和估算资本成本来估算。市场增加值采用市场价值，市场价值是比经济利润更加具有前瞻性的绩效估算值。

式 3-12 站不住脚的最后一个原因是，经济利润的估算值只是估算值而已。经济利润的估算首先从会计数据开始，然后进行调整，以更好地反映经济现状。不论分析人员多么小心谨慎的调整会计数据，估算经济利润都不能准确地反映真实的经济利润。

经济利润和市场增加值可能导致绩效评估结果发生冲突。比如，1993 年，通用电气公司在 Stern Stewart 根据市场增加值选择的 1 000 家企业中排名第四位（420 亿美元），这表明通用电气在为股东创造价值方面是最佳的企业之一。但是，通用电气公司却发生了 3.04 亿美元的负经济利润，这意味着该公司的经营管理正在失去价值。[30]经济利润和市场增加值之间的这种明显的矛盾可能是因为，经济利润虽然理论上具有前瞻性，但是却基于单一时期历史会计数据，而市场增加值是基于前瞻性的股票价格。[31]因此，式 3-12 在存在经济损失和正市场增加值的情况下是没有意义的。

3.5.4 附加值度量指标应用过程中的难点

即使经济利润的倡导者也没有为经济利润的计算规定一个特定的公式。每一家企业都是一个个案：每一家企业为得出税后经营利润而做出的调整都是不同的。因此，从财务分析师的角度来看，因为他们必须要依赖财务报表和其他公开的信息来确定经济利润，所以难以应用经济附加值度量指标。虽然可以开发公式来处理最常见的调整，但是始终都存在一般规则的例外情况，而且必须要处理这种例外情况。

经济利润具有模糊不清的元素，最显著的就是对经营收入和资本成本的调整。[32]这些模糊不清的要素在应用经济利润时会导致多个重大问题。首先，两名分析师可能对于同一家企业的相对业绩采用不同的公式，并得出不同的结论。[33]其次，当在企业内部用来奖励管理者的时候，经济利润可能会被操纵。遗憾的是，操纵是经济利润专门用来解决的问题——避免具有误导性的会计度量。[34]

经济利润的另外一个问题就是如何计算资本成本。

- CAPM 的使用。经济利润的大多数应用都采用基于 CAPM 的权益成本。但是，CAPM 一直都被认为不能够充分的把握风险 - 收益关系。[35]
- 市场风险溢价的估算值。在 Stewart（1991 年）阐述的应用中，采用了 6% 的风险溢价，而 Copeland、Koller 和 Murrin（1994 年）采用了 5% 的较低风险溢价。这有影响吗？采用 6% 的风险溢价为好时公司产生了 9.53% 的资本成本（而不是 8.86%）以及一个较低的经济利润。[36]
- 历史数据的使用。加权平均资本成本的一些计算方法对于资本成本（而不是边际成本）采用历史数据。历史数据的采用在资本成本计算的三个方面中体现出来：历史贝塔的使用、历史资本结构比例的平均值的使用，以及长期债务的本期收益的使用（而不是预期收益）。估算的资本成本对数据的选择敏感。

当然，这些问题是否影响业绩和相对业绩的评估是一个实证问题。

3.5.5　霍尔特的投资现金流收益率

为了评估企业的业绩，经济利润之外的另外一种方法就是投资回报度量指标，也称为霍尔特法。[37]这一度量指标称为投资现金流收益率，是一种内部收益率指标，但不是传统意义上的内部收益率指标。投资现金流收益率与资本预算中常见的内部收益率之间的关键差异在于，现金流和投资在投资现金流收益率中以恒定货币单位表示，它克服了传统投资收益率指标的缺陷。

投资现金流收益率和其他以现金为中心的指标是一种有前景的绩效度量法。[38]投资现金流收益率实际上是一种回报率。但是与其他回报率指标一样，高投资现金流收益率既不是好事也不是坏事，因为有吸引力的投资回报应该补偿投资人的投资风险。因此，在使用如投资现金流收益率这样的收益指标时，也需要一个反映风险水平的基准点——企业的资本成本。

投资现金流收益率（CFROI）计算

基本上，在计算企业的投资现金流收益率时涉及六个步骤：

第 1 步：计算资产的寿命。

第 2 步：计算现金总流量。

第 3 步：计算现金投资总量。

第 4 步：计算非折旧资产的总额。

第 5 步：确定收益率（投资现金流收益率）。

第 6 步：比较投资现金流收益率与基准点。

投资现金流收益率（CFROI）是企业现有资产的平均寿命期间的预期投资收益率。基本原理是，企业已经做出当前和过去的投资决策，这些决策预计产生未来现金流，投资现金流收益率是这些投资的收益率度量指标。现金总流量（第2步）是资产寿命期间每一年的预期现金流估算值。现金总流量是以当年的收入针对非现金经营费用和融资费用调整后的结果为依据。现金总流量（第3步）表示企业在当年的投入资本总量。非折旧资产（第4步）代表企业现有资产平均寿命期末的企业终值。投资现金流收益率因此是使总投资额（现值）与预期每年现金流的现值以及终值的现值之和相等的收益率。与之前一样，还以好时公司为例来说明投资现金流收益率测定中的基本计算。

资产寿命：企业资产的平均寿命被用作投资现金流收益率计算中的分析起点。准确确定企业的现有资产的平均寿命是很困难的，所以必须要进行近似计算。一种近似法是工厂总资产的比率中值除以当年和前两年中的每一年的折旧费用。为了说明这种方法的原理，以好时公司在1991～1993年期间的每一年的情况为例（见表3-16）。

表 3-16 （单位：百万美元）

	1993	1992	1991
工厂资产总额	2 041.764	1 797.437	1 581.296
减：在建工程	(171.100)	(196.900)	(170.500)
减：土地	(48.239)	(40.163)	(37.911)
可折旧总资产	1 822.425	1 560.374	1 372.885
除：折旧费用	100.124	84.434	72.735
估算资产寿命（年）	18.202	18.480	18.875

三年估算资产寿命的中值为18.48年。因为采用整年比采用部分年更容易计算，所以假定分析的基点是18年。

现金总流量：现金总流量的计算首先从税后净收入开始，然后反向添加为得到净收入而扣除的非现金经营费用和融资费用。采用1993年好时公司数据就得出现金总流量的以下计算结果（见表3-17）：

表 3-17

	金额（百万美元）
税后但是特殊项目之前的净收入	297.233
加：折旧和摊销	100.124
加：利息费用	34.870
加：经营租赁费用	24.524
加：递延税	11.047
减：特殊项目	(80.642)
加：特殊项目的税收利益	40.000
现金总流量	427.156

这一分析中使用的现金总流量和用于计算经济利润的调整后经营利润之间存在三个主要差异。第一，在计算经济利润时商誉摊销加在净收入之后，而添加折旧及摊销冲减了现金流总额，而这是两种方法最根本的不同之处。在确定经济利润时，折旧不会附加于后，因其被视为业务的成本，即折旧代表着资产的消耗。而在确定CFROI的总现金流时，目的是反映现金流，因此折旧被加在收入之后以反映真实的现金流[39]。两种方法的第二个差异是在确定经济利润时，调整的税收费用于反映真实的现金流。而在确定CFROI的总现金流时没有这样的调整。第三，经营租赁费用也加入在后用于确定CFROI总现金流，而只有估计的租金利息加入了经济利润中。

总现金投资：总现金投资由账面资产组成，这些账面资产由累计折旧和未反映在财务报表中的经营租赁价值加总而成。如表3-18所示：

表 3-18

	金额（百万美元）
工厂、资产、设备总额	2 041.764
加：经营租赁的现值	337.291
加：商誉	473.408
加：累计商誉摊销	73.400
总现金投资	2 925.863

这里对经营租赁价值的计算与经济利润中的不同。未来的经营租赁承诺在一定期限内折现，用于反映资产的寿命——好时公司的这一案例中是 18 年。经营租赁的现值是由必要租赁中的一组租赁费用流，以该公司负债中的真实利率折现而计算得出。1993 年的租赁费用是 24.524 百万美元（脚注 13）。假定真实负债利率是 3%，则经营租赁现值是 337.291 百万美元。

要记住，当计算经济利润时，CFROI 中的总现金投资以及投资资产在很多方面都有差异。一个差异是累计商誉加到投资资产之后[40]。另一个差别是 CFROI 中资产加总起来计算累计折旧，而计算经济利润时只有净折旧额加入进了投资资产当中。

非折旧资产：终值由公司预期的非折旧资产组成，包括土地、净流动资本以及对任何可交易证券的投资。对好时公司，其终值如表 3-19 所示：

表 3-19

	金额（百万美元）
土地	48.239
加：净流动资本	442.946
加：其他资产	31.783
终值	522.968

附加说明：这些计算中没有反映出来的投资现金流收益率中的关键要素之一是，为反映现值美元金额而做出的财务项目调整，这需要做出以下调整：

- 现金总流量的货币通胀调整，以反映货币损益。
- 总投资的现值美元投资调整，以反映之前时期的资本支出的现值美元价值，
- 土地的通胀调整，以调整终值，使得土地价值为现值美元金额。

在实践中，这些调整涉及专有性质的计算，因此在这里不作陈述。[41]

投资现金收益率：投资现金收益率是将现金投资总额与年度现金总流量的现值（假定资产寿命期内每一年都恒定）和终值的现值之和相等的收益率。[42]对于好时公司：

现金投资总额 = 292 586.3 万美元

现金总流量 = 42 715.6 万美元

非折旧资产 = 52 296.8 万美元

资产寿命 = 18 年

采用上述金额的投资现金流收益率为 13.310%。[43]记住，这一比率为名义比率。也就是说，这些价值没有转换为现值美元金额。[44]调整为现值美元金额之后，投资现金流收益率（实际上是内部收益率）然后与基准收益率进行比较。鉴于本部分前文中计算的资本成本，可以看出，好时公司的名义投资现金流收益率超出其名义资本成本。

讨论：投资现金流收益率法不适合用于简化的例子，因为多项计算都具有专有性，但是这类方法具有以下优点：

- 投资现金流收益率以熟悉的投资收益率提供了绩效评估，而不是以美元的方式（如经济利润的情况下）评估绩效。
- 投资现金流收益率计算克服了传统投资收益率法的一些缺陷，因为收益以实际（而不是名义）方式表示，从而促进了时间和地域上的比较。
- 在投资现金流收益率方法中，会计收入被转换为现金流，从而更好地反映了经营业绩。现金流的使用优于传统的度量指标，而且涉及与经济利润计算中的会计数据调整类似（但是不相同）的调整。

投资现金流收益率的更详细描述可以参见 Thomas 和 Edwards（1993）和 Madden（1995）。

投资现金流收益率法的一个缺点就是，计算的最终结果是以现值美元表示。在好时公司这个例子中，基于随时可获得的信息的投资现金流收益率大约为 12%，但是投资现金流收益率要求做出现值美元调整，从而导致投资收益率依赖于这些现值美元调整的质量。现值美元调整中的小差

异（需要估算存货、工厂和设备以及土地的现值）会导致投资现金流收益率数值的差异。如果存货的现值美元调整为4亿美元，工厂为7亿美元，土地为5 000万美元，则投资现金流收益率为10.2%。如果，现值美元调整额分别为3亿美元、8亿美元和0美元，则投资现金流收益率为9.7%。因此，投资现金流收益率对现值美元调整敏感。

投资现金流收益率法的另外一个缺点是难以转换为绩效评估。10%的投资现金流收益率是好事还是坏事呢？答案在于投资现金流收益率与基准收益率的比较，这种比较应该反映与企业的资本投资有关的风险。与投资现金流收益率法一致，这一基准点应该是实际贴现率。传统（熟悉的）资本成本在估算中采用很容易获得的市场数据，而投资现金流收益率的基准需要采用实际资本成本，而不是名义资本成本。这一调整给资本成本的计算增加了一个估算层。

3.5.6 总结

人们对以薪酬为目的的绩效度量的日益重视产生了多种度量指标，这些度量指标似乎是传统度量指标的改进。首当其冲的是Stern Stewart所倡导的采用经济利润来评估绩效。虽然这并不是一个新概念，但是经济利润在绩效评估中的应用已经将注意力集中在了完善这些度量指标上。

在这一部分中，我们将经济利润、市场增加值和投资现金流收益率用于1993年的好时公司。我们的估算值表明，好时公司的管理层根据经济利润和市场增加值为企业增加了价值。我们的投资现金流收益率估算值表明，好时公司管理层确实增加了价值。

经济利润和市场增加值的概念很有吸引力，因为它们提供了与财务理论相一致的绩效度量指标，但是我们的例子指出了采用这些度量指标的一些潜在问题。首先，经济利润的估算需要对会计数据进行许多调整，以去除会计方法导致的失真。为作出这些调整所需的一些数据在公开的财务报表中不能直接获得。其次，经济利润估算值对估算的资本成本敏感。资本成本的微小变化会导致经济利润估算值的大幅度变化。最后，经济利润和市场增加值之间可能出现冲突。这些冲突一定程度上源于两种不同的附加值评估方法：经济利润的估算需要采用会计数据来估算附加值，而市场增加值的估算需要采用市场的价值评估。

投资现金流收益率是另外一种绩效度量指标，它是针对通胀调整后的投资收益率，因此使得绩效度量指标可以跨时间和地域进行比较。与经济利润一样，投资现金流收益率对计算中的要素敏感，特别是现值美元的调整和实际资本成本的选择。

尽管这些绩效度量指标对计算中的要素具有潜在敏感性，但是这些绩效度量指标可以用于研究企业各年的经营业绩变化。在这种情况下，关键是在各年的计算中保持一致。比如，如果将相同的现值美元调整方法用来计算每一年的投资现金流收益率，那么研究投资现金流收益率的各年间变化可以减轻人们对这一度量指标的调整敏感性的担忧。

附加值和投资现金流收益率度量指标的最大好处可能就是，它们能够将焦点从会计利润转移到更加真实表示实际经济绩效的度量指标。度量指标的开发者在方法设计中面临着难题，因为这些方法既要能够从报告的财务数据中去除会计核算失真，又要能够识别真实的资本成本，但是围绕这些度量指标的讨论和争论将有助于完善这些指标，从而更好地表现企业的业绩。

3.6 各种绩效度量指标的比较

上市公司绩效度量指标的最终检验是该公司的股价——市场对该公司的所有权权益的价值的集体判断。因此，我们的评估采用市场绩效度量指标作为基准点。[45]我们认为，企业的经营管理的目标应该是股东价值最大化。为此目的，任何企业的业绩都应该采用某种类型的股价绩效度量指标来判断。在本节中，我们比较了传统的和最近开发的与股价表现相关的附加值度量指标，以确定这些度量指标能在多大程度上反映市场的绩效评估。[46]我们不能直接测试这些度量指标评估一个特定部门、产品系列或经理的绩效的程度，但是我们可以研究这些度量指标与市场绩效度量指标相比如何评估企业的业绩，从而提供有关这些指标的有用性信息。

3.6.1 样本

实证比较需要用到股票价格和财务报表数据。财务报表数据来自于标准普尔 Compustat，股价数据来自于芝加哥大学证券价格研究中心（CRSP）数据库。选择多个样本年份来研究这些度量指标对于不同市场和经济环境的可靠性。我们选择五个样本年份：1988 年到 1992 年。

样本包含满足以下标准的企业：

- 公司的普通股在样本年份中在纽约证券交易所交易。
- 公司不是《标准行业分类规范》中规定的金融公司或公用事业公司。
- 对于样本年份，公司的每月股票价格数据可以从 CRSP 数据库中获得。
- 对于样本年份，公司的财务报表信息可以从 Compustat 的年度工业和研究数据库中获得。[47]
- 公司的财年末为 12 月。

第一个标准可以将我们的结果与公开的范例进行比较，从而提供我们的结果的置信度。第二个标准是必需的，因为多个度量指标不适用于金融公司或公用事业公司。[48]第三个标准可以计算股价基准点。第四个标准可以计算传统的和新开发的绩效度量指标。因为多个绩效度量指标需要用到详细的财务报表数据，所以我们根据数据的可获性每年对不同数量的公司进行分析。最后一个标准可以比较一个特定的样本年份中各个企业之间的绩效。[49]如表 3-20 中所示，产生的样本规模从 1989 年的 259 家公司到 1992 年的 282 家公司。

表 3-20 每年的平均基准收益率，1988～1992

年份	样本中的证券数量	股票总收益率	市场模型－调整后的收益率	规模调整后的收益率
1988	262	13.5%	-5.3%	-2.4%
1989	259	15.9	3.8	3.6
1990	267	8.8	5.5	-1.5
1991	274	15.3	-8.0	-0.4
1992	282	18.5	-0.9	2.2

财务报表数据和市场数据的协调过程中出现了问题。假设我们想要通过比较资产收益率和普通股的总收益率来评估 IBM 公司的 1990 年财务绩效。1990 年的资产收益率采用 1990 财年的收益表和资产负债表数据，这个财年恰好是日历年。如果我们比较 1990 年资产收益率与 1990 日历年的普通股总收益率，结果就会不一致，因为股票收益率是在一段时期内度量的，而在这段时期内，1990 年财务数据的一部分无法获得。因为财务报表必须要在财年结束后立即发布，所以我们留出了三个月时间，以便在股票价格中反映这一信息。[50]

3.6.2 变量

绩效度量指标的比较需要计算三类变量。第一类是基于企业普通股市场绩效的基准变量。基准变量表示市场的绩效度量指标。第二类是传统绩效度量指标，如“传统绩效度量指标”部分中所述。传统绩效度量指标是广泛使用的绩效度量指标。第三类是附加值度量指标，如“附加值度量指标”中所述。这些变量是基于经济利润和市场增加值的附加值估算值。

1. 基准点

我们的分析中采用了我们开发的三个基准点。第一个基准点最简单：年度或总股票收益率（TSR）。这个收益率通过股票一年内（样本年份的4月1日到下一年的3月31日）的每月收益率的复合来计算。我们采用这一度量指标不仅因为它简单，而且还因为它可以与一些近期度量指标的公布绩效进行比较。

第二个基准点是经市场模型调整后的市场衡量度量指标。这一预期收益率是基于市场模型的参数，市场模型在样本年份4月1日之前的60个每月收益率上进行估算。市场模型回顾用来估算截距和斜率系数，这两个系数然后被用来产生样本年份的每一个月的预期收益率。我们然后通过复合每月收益率来计算该证券的年度收益率，通过复合每月预期收益率来计算预期年度股票收益率。证券的实际年度股票收益率和预期年度收益率之间的差额为超额收益率，或者称为市场模型调整后收益率（MAR）。

第三个基准是规模调整后收益率（SAR）。该收益率的计算第一步，是根据样本年份3月31日的证券市场价值规模，将每一种证券放入到十分位组中。规模十分位组的形成方法是，将纽约证券交易所的所有上市公司按照每一年3月31日的权益市场价值进行排序。每一个规模十分位组的平均收益率针对样本年份中的每一个月计算，方法是将十分位组中的每一种证券进行同等加权。对于一种特定的证券，其规模调整后收益率是其年度股票收益总额与它所在的规模十分位组的年度股票收益总额之间的差额，其中每一个年度收益率通过相应每月收益率的复合来计算。[51]

这三个基准构成了比较每一个基于财务报表数据的绩效度量指标的依据。每一个基准的描述性统计数据在表3-21中列出。超额收益率、MAR和SAR接近零，这符合预期。

我们计算基准之间的相关性，用以明确它们度量企业绩效的接近度。我们在表3-21中针对每一个样本年份列出了参数和非参数相关性（以及相关的显著性检验）。[52]三个基准的收益率彼此高度相关，股票总收益和规模调整后收益之间的关系最密切。换句话说，三个基准产生了相似的股票绩效排序。

表3-21 1988～1992年每一年的基准收益率的参数和非参数相关性

年份	TSR和MAR		TSR和SAR	
	Pearson相关系数（参数）	Spearman相关系数（非参数）	Pearson相关系数（参数）	Spearman相关系数（非参数）
1988	0.93	0.85	0.99	0.98
1989	0.91	0.91	0.94	0.94
1990	0.92	0.89	0.99	0.99
1991	0.90	0.86	0.98	0.96
1992	0.91	0.90	0.98	0.98

注：所有相关系数都在5%显著度水平上不等于零。

2. 传统绩效度量指标

我们研究五种传统的绩效度量指标：

- 基本收益能力，是指经营收入与总资产的比率。
- 资产回报率，是指收入与总资产的比率。
- 权益收益率，是指净收入与权益的账面价值的比率。
- 资产的现金流回报。

- 托宾 q 值代理，是指两个总额的比率：分子是债务账面价值的、优先股的清算价值以及普通股的市场价值的总和；分母是权益的账面价值、优先股的账面价值以及债务的账面价值的总和，其总和为总资产。

每一个度量指标都针对每一家公司和每一个样本年份进行计算。我们在表3-22中列出了每一个传统度量指标的每一年的描述性统计数据。代表年份1990年的每一个传统度量指标之间的相关系数在表3-23中列出。我们只列出了一年的相关性，为的是简化表述，但是每一个样本年份的相关性都相似。表3-23中列出的每一个成对相关性在5%的显著性水平上与零不同，这表明传统度量指标提供了相似的绩效评估。

表3-22 传统绩效度量指标的描述性统计数据

年份	基本收益能力	资产收益	权益收益	资产的现金流收益	托宾 q 值代理
1988	0.10	0.06	0.20	0.11	1.42
	(0.05)	(0.04)	(0.26)	(0.05)	(0.50)
1989	0.11	0.06	0.14	0.10	1.45
	(0.05)	(0.04)	(0.31)	(0.05)	(0.56)
1990	0.09	0.05	0.18	0.10	1.49
	(0.05)	(0.04)	(1.11)	(0.05)	(0.69)
1991	0.09	0.04	0.16	0.09	1.57
	(0.06)	(0.05)	(2.18)	(0.06)	(0.78)
1992	0.09	0.04	0.11	0.09	1.64
	(0.06)	(0.05)	(0.72)	(0.05)	(0.69)

注：表中数值为平均值，括号中为标准偏差。

表3-23 传统绩效度量指标之间的相关性，1990

	资产收益	权益收益	资产的现金流收益	托宾 q 值代理
基本收益能力	0.87	0.21	0.78	0.76
资产收益		0.18	0.84	0.75
权益收益			0.15	0.18
资产的现金流收益				0.67

注：表中数值为参数相关性。所有相关系数在5%的显著性水平上与零不同。

3. 附加值绩效度量指标

通过计算多个附加值度量指标来评估企业的业绩。第一个度量指标是经济利润，即税后经营利润净额（NOPAT）和资本成本的差额，以美元表示。按照一段时期内产生的经济利润金额对企业进行排序。经济利润在式3-6中定义，在这里按照“附加值度量指标”中所述的方式计算。[53,54]

经济利润是一段时期内附加值的美元金额。根据其定义，经济利润受到企业规模（即，资本）的影响。企业越大，可用的资本金额越多，就会产生大量的经济利润。因此，我们创造了第二个绩效度量指标，它与传统形式的收益率相似，但是在计算资本和资本金额的使用所产生的好处中作了改进。我们将NOPAT用平均投入资本（即年初资本和年末资本的平均值）相除，得到资本收益率。[55]因为我们用资本除以NOPAT，所以资本成本不影响这一收益率。

为了便于公司间的比较，我们还开发了作为经济利润的一个变体的代表。[56]这个度量指标是资本收益（即NOPAT除投入资本）和资本成本（用百分比表示）之间的差幅。当乘以投入资本后，这个差幅产生美元经济利润。这个度量指标用式3-12表示。资本收益和差幅之间的差额就是资本成本。

第四个附加值度量指标是市场增加值的变化。市场增加值在方程式3-11中定义，其变化按照“附加值度量指标”部分中的描述进行计算——权益的市场价值变化和债务与优先股的账面价值变化的总和。但是，这一度量指标可能对企业规模敏感，因为资本基数大的企业更容易产生更大量的附加值。因此，为了标准化的目的，我们创造了第五个度量指标，市场增加值变化的百分比（即市场增加值除以期初总资本）。[57]

我们在表3-24中为每一个附加值度量指标提供了描述性统计数据。经济利润和市场价值变化都以美元表示。注意，在五年里的四年中，平均经济利润为负，但是平均值在5%的水平处与零差异不大。[58]我们在表3-25中提供了1990年每一个附加值度量指标之间的相关性。在所有年份中，市场增加值变化百分比与其他度量指标不相关，但是这些其他度量指标之间存在显著相关性。

表3-24 附加值绩效度量指标的描述性统计数据

年份	经济利润	资本收益	资本收益和资本成本之间的差幅	市场增加值的变化	市场增加值的变化百分比
1988	-$28.46	0.10	-0.002	$833.33	0.19
	($319.87)	(0.07)	(0.06)	($572.03)	(1.56)
1989	-3.88	0.10	-0.001	669.36	0.22
	(464.28)	(0.06)	(0.05)	(1 982.57)	(1.23)
1990	-41.28	0.09	-0.003	478.40	-0.05
	(650.06)	(0.06)	(0.06)	(2 692.00)	(2.20)
1991	-43.64	0.09	-0.001	545.66	0.01
	(882.30)	(0.07)	(0.07)	(2 234.29)	(2.76)
1992	9.95	0.10	0.014	442.25	-0.10
	(715.19)	(0.08)	(0.08)	(2 386.18)	(4.18)

注：表中数值为平均值。括号内为标准偏差。

表3-25 附加值绩效度量指标之间的相关性，1990

	资本收益	资本收益和资本成本之间的差幅	市场增加值变化	市场增加值变化百分比
经济利润	0.39*	0.39*	0.42*	0.04
资本收益		0.95*	0.42*	0.07
资本收益和资本成本之间的差幅			0.45*	0.09
市场增加值变化				0.06

*表明在显著性水平为5%时，相关系数不同于零。

注：表中数值为参数相关性。

3.6.3 实证结果

分析的重点是传统绩效度量指标和附加值绩效度量指标与基于市场绩效的基准点的对应程度如何。每一个绩效度量指标都采用参数相关和非参数相关与基准点进行比较。

1. 传统度量指标

在我们研究附加值度量指标相对于基准点实现的企业绩效度量水平之前，我们研究了更简单的传统绩效度量方法度量企业的水平。表3-26中列出了五个传统度量指标和基准收益在每一年中的参数和非参数相关性。指出了在5%的显著性水平上偏离于零的相关性。根据这些度量指标的构建方法，我们预期与股票收益存在正相关关系，这基本上是我们的研究结果。此外，度量指标与收益的参数相关性不如排名相关性那么强。

表 3-26　传统绩效度量指标和股票收益的相关性，1988 ~ 1992

传统绩效度量指标	年份	TSRs		MARs		SARs	
		Pearson 相关系数（参数）	Spearman 相关系数（非参数）	Pearson 相关系数（参数）	Spearman 相关系数（非参数）	Pearson 相关系数（参数）	Spearman 相关系数（非参数）
基本收益能力	1988	0.01	0.05	-0.11	-0.11	-0.03	0.00
	1989	0.21*	0.19*	0.06	0.09	0.13*	0.11
	1990	0.42*	0.46*	0.21*	0.26*	0.37*	0.41*
	1991	0.20*	0.20*	0.04	0.03	0.27*	0.27*
	1992	-0.06	-0.02	-0.23*	-0.20*	-0.05	-0.22*
资产收益	1988	0.00	0.01	-0.11	-0.13	-0.02	-0.02
	1989	0.23*	0.19*	0.11	0.11	0.15*	0.12*
	1990	0.43*	0.45*	0.24*	0.27*	0.40*	0.41*
	1991	0.12*	0.16*	0.02	0.00	0.18*	0.22*
	1992	-0.01	0.06	-0.17*	-0.11	0.01	0.07
权益收益	1988	0.15*	0.13*	0.11*	-0.01	0.14*	0.09
	1989	0.04	0.15*	0.00	0.06	0.01	0.07
	1990	0.13*	0.40*	0.06	0.23*	0.12*	0.36*
	1991	-0.06	0.14*	0.01	0.00	-0.07	0.18*
	1992	-0.03	0.04	-0.04	-0.08	-0.04	0.04
资产现金流收益	1988	0.04	0.06	-0.04	-0.05	0.02	0.02
	1989	0.09	0.18*	0.19*	0.13*	0.10	0.09
	1990	0.31*	0.30*	0.15*	0.16*	0.27*	0.25*
	1991	0.08	0.09	-0.02	-0.09	0.14*	0.16*
	1992	0.04	0.06	-0.11	-0.09	0.06	0.08
托宾 q 值代理	1988	0.13*	0.10	0.01	-0.02	0.10	0.07
	1989	0.27*	0.31*	0.12	0.18*	0.16*	0.20*
	1990	0.45*	0.40*	0.29*	0.24*	0.41*	0.36*
	1991	0.16*	0.16*	-0.06	-0.10	0.23*	0.24*
	1992	0.00	0.05	-0.20*	-0.15*	0.00	0.04

* 表明相关系数在 5% 的显著性水平上与零不同。

没有一个度量指标在与股票收益的相关性方面占据主导地位，虽然基本收益能力比率、资产收益以及托宾 q 值比权益收益和资产的现金流收益更加与股票收益高度相关。对于 1988 年和 1992 年，这些度量指标与股票收益的关系很弱。

2. 附加值度量指标

五个附加值度量指标中的每一个度量指标与股票收益的参数和非参数相关性在表 3-27 中给出。大多数年份中存在正相关关系。与传统度量指标的结果相似，1988 年和 1992 年的结果与三个干预年份的结果差异很大，尤其是对于经济附加值而言。

表 3-27 附加值绩效度量指标与股票收益相关性，1988～1992

附加值绩效度量指标	年份	TSRs		MARs		SARs	
		Pearson 相关系数（参数）	Spearman 相关系数（非参数）	Pearson 相关系数（参数）	Spearman 相关系数（非参数）	Pearson 相关系数（参数）	Spearman 相关系数（非参数）
经济利润	1988	0.02	0.07	-0.03	-0.04	0.02	0.05
	1989	0.11	0.10	0.07	0.00	0.08	0.05
	1990	0.26*	0.40*	0.23*	0.25*	0.27*	0.39
	1991	0.02	0.08	-0.03	-0.04	0.03	0.12*
	1992	-0.15	-0.12*	-0.20*	-0.21*	0.02	-0.10
资本收益	1988	0.01	0.08	-0.09	-0.04	-0.03	0.05
	1989	0.16*	0.15*	0.03	0.06	0.06	0.06
	1990	0.41*	0.37*	0.24*	0.18	0.37*	0.33*
	1991	0.14*	0.16*	-0.01	0.00	0.21*	0.24*
	1992	-0.16*	-0.11	-0.29*	-0.26*	-0.14*	-0.11
资本收益与资本成本之间的差幅	1988	-0.02	0.10	-0.08	-0.04	-0.01	0.06
	1989	0.17*	0.19*	-0.01	0.06	0.07	0.07
	1990	0.42*	0.40*	0.23*	0.21*	0.37*	0.35*
	1991	0.09	0.10	-0.03	-0.01	0.16*	0.16*
	1992	-0.15*	-0.09	-0.26*	-0.21*	-0.13*	-0.09
市场增加值的变化	1988	0.11	0.61*	0.06	0.54*	0.10	0.59*
	1989	0.36*	0.65*	0.28*	0.58*	0.21*	0.55*
	1990	0.50*	0.73*	0.42*	0.69*	0.47*	0.73*
	1991	0.33*	0.64*	0.23*	0.46*	0.37*	0.69*
	1992	0.36*	0.57*	0.32*	0.49*	0.38*	0.57*
市场增加值变化百分比	1988	0.18*	0.48*	0.15*	0.42*	0.17*	0.47*
	1989	0.33*	0.65*	0.28*	0.58*	0.31*	0.61*
	1990	-0.03	0.63*	-0.07	0.58*	-0.03	0.63*
	1991	0.07	0.65*	0.04	0.54*	0.10	0.63*
	1992	0.14*	0.63*	0.14	0.57*	0.15*	0.62*

*表明相关系数在5%的显著性水平上与零不同。

经济利润的美元金额作为绩效度量指标的用途与股票收益几乎无关，1992 年中的大多数非显著相关性和显著负相关就说明了这一点。只有在 1990 年，经济利润和股票收益之间才存在一致的显著正相关。资本收益（NOPAT 除以投入资本）在 1989、1990 和 1991 三年中与股票收益正相关，因此，经济利润的美元金额存在相关。但是，1992 年存在负相关，1988 年的差幅和收益之间没有发现存在关系。有意思的是，资本成本的去除并没有改善与股票收益的相关性，通过将资本收益的相关性与表 3-27 中的差幅相关性进行比较就可以看出这一点。差幅与股票收益的相关性与资本收益和股票收益之间的相关性差异不大。[59]

市场增加值度量指标与股票收益存在统计上显著相关性。这一关联是因为度量指标中直接采用市场价值的变化。市场价值的变化与股票收益在排名方面显著相关，市场增加值变化的百分比也是如此。但是，市场增加值和股票收益不是完全相关，因为市场增加值度量指标包括债务和优先股的账面价值变化，而股票收益则不然。因此，市场增加值度量指标应谨慎使用，除非小心谨慎地：①确定债务和优先股的市场价值，②将这些价值包含在市场增加值的估算中。

市场增加值度量指标与市场调整后股票收益以及规模调整后股票收益不完全相关还有另外一个原因：市场增加值度量指标不控制总体市场变化和风险。股票的市场价值可能因为管理层正确的价值最大化决策而增长，但是股票的市场价值也可能因为各种股票的价值总体上增长或者股票具有不同于市场的风险而增长。因此，研究市场增加值度量指标和股票收益并不能获得全面的认识。表3-27表明，市场增加值度量指标与市场调整后收益以及规模调整后收益高度相关，表明针对市场变化的控制措施至少在1988到1992年期间并不关键。

市场增加值度量指标的结果表明，这些度量指标是企业在一段时期内的管理绩效的良好代表，但不是完美代表。与经济利润不同，市场增加值度量指标的应用仅限于评估企业总体的绩效，不能用来评估一个部门或企业的其他管理子集的绩效。但是，作为企业总体经营业绩的度量指标，市场调整后股票收益和规模调整后股票收益是市场增加值度量指标的合理替代度量指标。

如上所述，企业的经济附加值和市场增加值排名可能受到企业规模的影响。[60]我们研究规模和经济利润以及市场价值绩效度量指标之间的关系，从而了解基于这些度量指标的排名受到企业规模的影响的程度。为了说明这一点，我们用两种方式表示规模：权益的账面价值和总资产，二者都在期初度量。规模和经济利润之间的关系以及规模和市场增加值（都是美元价值）之间的关系在表3-28中给出。这两个度量指标的绝对价值与两个规模度量指标之间的相关性（权益的期初账面价值和总资产）正相关，而且非零。[61]因此，在报告企业的附加值度量指标排序结果时，领先的企业往往都是大企业。[62]

表3-28 规模和附加值度量指标之间的关系，1988~1992

年份	企业规模度量指标	经济利润的绝对价值		市场增加值的绝对价值	
		Pearson 相关性（参数）	Spearman 相关性（非参数）	Pearson 相关性（参数）	Spearman 相关性（非参数）
1988	权益账面价值	0.54	0.65	0.37	0.69
	总资产	0.53	0.67	0.63	0.65
1989	权益账面价值	0.61	0.64	0.62	0.75
	总资产	0.65	0.68	0.64	0.69
1990	权益账面价值	0.44	0.64	0.67	0.77
	总资产	0.66	0.73	0.30	0.60
1991	权益账面价值	0.51	0.65	0.64	0.71
	总资产	0.70	0.70	0.37	0.60
1992	权益账面价值	0.45	0.67	0.77	0.70
	总资产	0.56	0.66	0.59	0.67

注：所有相关性在5%的显著性水平上与零不同。

附加值排序和股票收益之间的关系在表3-29中给出，我们在这个表中将每个年度样本分为两类，划分依据是经济利润是正还是负。我们去除了经济利润小于投入资本1%的情况，因为我们的经济利润估算中存在一些度量错误的可能性，这导致潜在的错误分类。将两组进行逐年对比，我们看到，在5年内的4年中，拥有正经济利润的企业平均而言具有比拥有负经济利润的企业更高的股票总收益。但是，正负经济利润组合的平均收益差异的检验表明，拥有正经济利润的企业只在1989年和1990年两年中显著超出了拥有负经济利润的企业的业绩。事实上，1992年，拥有负经济利润的企业比拥有正经济利润的企业表现更好。采用SAR基准的结果与采用TSR基准的结果相似。采用MAR基准的结果表明，拥有正经济利润的企业在一年（即1990年）中超出了拥有负经济利润的企业的业绩，在另外一年中（即1992年）低于后者的业绩。

在表3-30中（1990年数据），我们列出了样本中市场增加值最高的10家企业，并报告了他们各自的其他附加值度量指标和股票总收益的排名。这样一来，我们可以进一步研究附加值度量指标如何相对于股票收益将企业进行排名。[63]

表 3-29 按经济利润分类的企业的股票收益，1988～1992

年份	经济利润	企业数量	平均 TSR	t－统计	平均 MAR	t－统计	平均 SAR	t－统计
1988	正	77	17.7%		－3.4%		1.0%	
	负	147	12.5	1.64	－4.4	0.28	－3.1	1.30
1989	正	73	18.1		1.9		3.1	
	负	131	12.0	2.01＊	2.4	－0.14	1.5	0.51
1990	正	68	19.3		－0.2		7.4	
	负	153	3.4	4.43＊	－8.0	2.15＊	－6.0	3.83＊
1991	正	84	16.9		－10.7		3.4	
	负	134	12.3	1.38	－9.6	－0.29	－4.6	2.44＊
1992	正	111	13.0		－10.4		－6.3	
	负	112	20.4	－2.27＊	3.5	－3.75＊	4.1	－2.12＊

＊表明正和负经济利润组合之间的平均收益差异在显著性水平为5%时不为零。

注：经济利润在投入资本的±1%以内的企业被排除在该分析的范围外。

表 3-30 样本企业的排名比较，1990

A 267 家样本公司中按市场增加值排名的前 10 家公司

市场附加值	公司名称	267 家公司按市场增加值排名 TSR	经济利润	资本收益	差幅	市场价值变化百分比	MARs	SARs
1	Philip Morris Companies	4	2	31	15	30	7	4
2	Merck & Company	10	3	1	1	31	28	10
3	Bristol-Myers Squibb Company	11	6	7	8	36	11	12
4	IBM Corporation	112	259	113	127	60	43	136
5	The Coca-Cola Company	16	5	2	2	44	30	23
6	PepsiCo	6	4	12	11	46	10	8
7	Johnson Sc Johnson	5	7	8	12	27	5	5
8	Pfizer	2	60	58	78	13	3	3
9	WMX Technologies	87	37	73	62	40	203	108
10	Exxon Corporation	33	8	79	75	66	37	43

B 267 家样本公司按照 TSR 排名的前 10 家公司

TSR	公司名称	267 家公司按 TSR 排名 市场增加值	经济利润	资本收益	差幅	市场价值变化百分比	MARs	SARs
1	Wendy s International	75	154	154	221	5	1	1
2	Pfizer	8	60	58	783	13	3	3
3	Southwest Airlines Company	62	185	220	222	267	2	2
4	Philip Morris	1	2	31	15	30	7	4
5	Johnson &; Johnson	7	7	8	12	27	5	5
6	PepsiCo	6	4	12	11	46	10	8
7	Safety-Kleen Corporation	48	87	61	84	17	6	6
8	Service Corporation International	52	108	151	113	11	4	7
9	Kellogg Company	18	27	24	21	38	15	9
10	Merck	2	3	1	1	31	28	10

我们之所以选择 1990 年是因为经济附加值和市场增加值度量指标在该年中都与基准正相关，从而可以最好的反映附加值度量指标。如表中 A 部分所示，按照市场增加值的排名与按照其他度量指标的排名不直接对应，即使紧密结合的经济利润度量指标也是如此。虽然市场增加值和经济利润是相关的概念，只有在预期会在相同的水平上永远产生经济利润的情况下，二者才存在直接关系（即，市场增加值等于经济利润/资本成本）。在前十大市场价值企业中，经济利润排名与市场增加值排名不一致。

此外，市场增加值排名与股票收益排名不直接对应。1990 年按股票总收益排名的前 10 大企业在表 3-30 的 B 部分中列出。[64]关于这一研究结果的部分解释是，如前文所述，市场增加值的含义包括债务和优先股的账面价值变化。另外一部分解释是，市场增加值对企业规模敏感。对于大企业而言，增加 100 万美元价值比小企业更容易。此外，市场增加值（或者甚至是市场增加值的百分比）不考虑市场的总体变化以及企业的风险。A 部分和 B 部分的比较确认了这样的一个事实：市场增加值排名偏向于大企业。

3.6.4 总结

附加值度量指标理论上比简单的传统度量指标（比如资产收益）与企业价值相关性更密切。经验上，传统绩效度量指标和附加值绩效度量指标都与股票收益高度相关，附加值度量指标比传统度量指标略有优势。常用的附加值度量指标（经济利润和市场增加值）在金融媒体领域引起了高度重视，这些指标与传统度量指标相比只与股票收益略微更加相关，因此可能并不是比传统度量指标更好的绩效度量指标。

附加值度量指标为降低规模偏倚的影响而做出的改进（比如采用资本收益或市场增加值变化百分比）稍微改进了附加值度量指标，使之比传统度量指标更适合用于绩效评估。但是，因为我们在实证分析中采用这些度量指标更加单纯的形式、对报告的会计利润金额不作调整而且采用了总资产的期末价值和权益账面价值，因而有意弱化了传统度量指标，所以最近开发的度量指标没有在传统度量指标中占优势，这是令人失望的。[65]

3.7 结论

这次分析的目的是弄清楚附加值度量指标在用于整个企业时是否与市场绩效度量指标相统一。如果统一，就可以将这种度量指标用来评估企业的经营管理，比如企业的一个部门或产品系列。特别是，那些不依赖市场价值（对于企业的部门等各种层面无法获得此种市场价值）的度量指标是分析的重点。资本收益在为了更好地反映经济现状而完善会计数据调整的情况下似乎是可取的度量指标。这一度量指标与股票价格表现显著相关，其构造不依赖于市场价值，但是我们发现这一度量指标在实证上并不比传统度量指标与股票收益更加密切相关。这一发现表明，传统度量指标虽然简单，但是在理论上不太讨人喜欢，不应该被排除在绩效评估的考虑范围之外。

从分析人员的角度来看，附加值度量指标是否增加价值？市场增加值的变化与股票收益相关。分析人员因此应该采用市场增加值度量指标来评估企业的业绩吗？不一定。市场增加值度量指标可能并不优于股票收益，原因有多个方面：

- 严格应用的市场增加值度量指标会存在规模偏倚问题。即使通过调整来降低这种偏倚，但是市场增加值度量指标并不针对管理控制权之外的事件进行调整，比如市场的总体变化。另一方面，可以针对市场变化和安全风险进行简单的调整，以改进作为绩效度量指标的股票收益。

- 股票收益是一种很容易获得的企业绩效度量指标，它不依赖于资本的会计账面价值。股票收益可以针对任何时段进行计算，不依赖于账面价值的使用，而账面价值以特定的时间间隔（比如每季度）提供。
- 市场增加值（如果采用所有资本来源——不仅仅是权益——的市场价值来计算）反映了企业在所有资本的使用方面的绩效，因此，市场增加值对收益的变化敏感。专注于权益的市场价值并进而专注于股票收益的做法并不能完全避免这一问题，因为股票价格也受到市场收益的影响。

如果企业的管理目标是权益价值的最大化，那么股票收益在针对市场变化和风险进行调整后在评估企业总体绩效方面优于市场增加值度量指标。从分析师的角度来看，市场增加值度量指标不提供股票收益提供的信息之外的任何信息，这并不是说近期开发的经济利润和市场增加值度量指标没有价值。恰恰相反，对经济利润的再次重视以及放弃对会计利润的重视可以使管理者专注于价值创造，而不是短期的会计数字。[66]这一关注点的转变应该最终提升企业的价值。

附录 3A 企业的资本成本

资本成本是企业为满足资本供应者（债权人和股东）的需求而必须获得的收益率。但是，“资本成本”这个词往往引起困惑，原因有多个方面。首先，这里提到的资本成本是否是企业的总体资本成本，即它是指企业所有项目（过去和现在）的资本成本——还是指一个特定项目的资本成本。前者用于绩效评估方法，后者用于个体项目的资本预算。在后者这种情况下，项目的资本成本的认定通常首先从企业的总体资本成本开始，然后对这个值进行调整，以反映项目的相对风险度。

另外一个导致困惑的原因是，这里指的资本成本是边际资本成本还是内在资本成本。边际资本成本是筹集额外资本而发生的资本成本。边际资本成本用于资本预算的情形，即评估项目的未来现金流是否超出为支持这些现金流而发生的资金成本。内在资本成本是已经筹集的资金的成本，即企业为已经供应的资金而发生的成本。在绩效评估中，之所以采用嵌入利率是因为通过研究特定的时期来确定企业是否在该时期内创造价值。但是，不论是计算边际资本成本还是内在资本成本，原理都是一样的。只有资金来源的特定成本略微不同。

3A.1 债务成本

债务成本资本是发生额外债务的税后成本。以 r_d 表示考虑利息的税务减免之前的每年债务成本，r_d^* 表示考虑利息的税务减免后的债务成本，t 表示边际税率。实际债务成本为：

$$r_d^* = r_d(1 - t) \tag{3A-1}$$

债务的税前成本作为具有类似信用风险的债务上的本期收益来估算，但是在估算债务的当前成本过程中存在许多难题。这些难题包括：

- 可转换债务的收益；
- 包含利率上下限的具有可变利率的债务；
- 以外币计价的债务上的收益；
- 没有确定本期收益的租赁；
- 没有评级的债务。

3A.2 优先股成本

优先股成本的计算基于永久支付的假设。令 P_p 表示优先股的当前价格，D_p 表示每时期每股永续股利，r_p 表示折现利率。则

$$P_p = \frac{D_p}{r_p} \tag{3A-2}$$

公式3A-2可变形成为求 r_p 的公式，而 r_p 正是优先股成本，给定 P_p（当前价格）和 D_p：

$$r_p = \frac{D_p}{P_p} \tag{3A-3}$$

优先股成本可以由一些可得变量近似，如当前优先股股利除以股票当前市价或同级别的优先股收益率。

3A.3 普通股成本

普通股成本是增加1美元普通股本的成本，或许源于公司内部的自留盈余，或许源于外部的普通股新股发行。该成本与内部和外部的资本增加都相关。内部资本增加（即自留盈余）怎会有成本呢？当一家公司增加内部资金时，一部分将用于支付债权人以及优先股股东。余下的才是普通股股东的基金。公司可以保留这笔资金（即投资资产），也可以以现金红利的方式发放给股东。

股东会要求公司提供自留盈余的回报，且该回报至少要与其用相同额度的资金进行投资产生的红利相同。因此，自留基金并不是免费的资产来源。内部权益资金的成本对公司股东而言是机会成本。该机会成本是股东将同等额度的资金在同等风险情形下可获得的收益。

内部资本增加的成本与外部资本增加的成本的区别仅仅在于发行新股的成本。内部资本增加的成本是这些资本金的机会成本，即股东们放弃的，本可通过其他投资途径获得的回报。然而外部资本增加（即通过卖出股票融得的资金）的成本包括机会成本之和，以及发行股票成本（即发行成本）。而我们这里忽略发行成本。

股票的发行成本很难测算，原因在于普通股东面临的现金流的特殊性。普通股股东以股利或股票溢价两种方式获得回报。而股利现金流是不稳定的，这和优先股股利相同。股利分配频率和分配额度全在于董事会的抉择。这一现金流是未知的，因此确定其价值就很困难。股票溢价也不易测算；未来任一时刻的股票价格取决于投资者对那一时刻之后股票收益现金流的预期。

尽管如此，依然有两种测算普通股成本的常用方法：股利估价模型（DVM），以及资本资产定价模型（CAPM）。每一种方法都依赖于有关权益成本的不同假设，每一种方法都产生普通权益成本的不同估算值。

DVM规定，一股的价格 P 是其所有未来现金股息的现值，其中，未来股息以要求的权益收益率 r_e 贴现：[67]

$$P = \frac{\text{第一期的现金股息}}{(1+r_e)^1} + \frac{\text{第二期的现金股息}}{(1+r_e)^2} + \cdots \tag{3A-4}$$

如果这些股息是恒定的，那么普通股的成本（要求的权益收益率 r_e）从永久所有权的价值中得出。但是普通股股息通常不保持恒定。股息通常在增长。令 D_0 表示这一时期的股息。如果股息以恒定速率 g 永久增长，则普通股的现值为所有未来股息的现值。

$$P = \frac{D_0(1+g)^1}{(1+r_e)^1} + \frac{D_0(1+g)^2}{(1+r_e)^2} + \cdots + \frac{D_0(1+g)^\infty}{(1+r_e)^\infty} \tag{3A-5}$$

将下一时期的股息表示为 $D_1 = D_0(1+g)$，这一等式可以简化为熟悉的恒定增长股息模型（或者称为 Gordon 模型）[68]：

$$P = D_0 \frac{1+g}{r_e - g} = \frac{D_1}{r_e - g} \tag{3A-6}$$

重新编排该方程式，求解 r_e，得到：

$$r_e = \frac{D_1}{P} + g$$

表明普通股成本为下一时期股息收益 D_1/P，加上股息的增长率。

另外一种估算权益成本的方法就是采取略微不同的投资人收益率分析法：假定投资人要求的回报是对货币的时间价值和风险的补偿，可以采用 CAPM 来帮助确定普通权益成本。

在弄清楚投资人应该获得多少风险补偿之前，必须要认识风险的类型。CAPM 假定投资人持有多元化的资产组合。结果是，整个资产组合中遗留的唯一风险是与市场总体变化有关的风险。也就是说，唯一相关风险是市场风险。这一假设的重要性在于，因为投资人只承担市场风险，所以他们只需要获得市场风险的补偿。

假定所有股东都持有多元化的资产组合，在估价企业的权益过程中相关的风险就是市场风险。市场风险越大，对于承担该风险的补偿就越高（即收益更高）。

在 CAPM 中，普通股的成本是投资人的货币时间价值的补偿与投资人的股票市场风险的补偿的总和：

$$\text{普通股成本} = \text{货币时间价值的补偿} + \text{市场风险补偿} \tag{3A-7}$$

货币时间价值的补偿用预期的无风险利率表示。

如果某个普通股的市场风险与总体市场风险相同，那么该股票的市场风险的补偿就是市场风险溢价。市场风险溢价是预期市场收益率 r_m，和预期无风险利率 r_f 之间的差额：

$$\text{市场风险溢价} = r_m - r_f \tag{3A-8}$$

如果特定普通股的市场风险不同于总体市场风险，那么该股票的市场风险溢价必须要进行调整，以反映这一差异。假设市场风险溢价为 8%，如果股票的市场风险是总体市场风险的两倍，该股票的市场风险溢价就是 2×8%，即 16%。如果股票的市场风险是总体市场风险的一半，则该股票的市场风险溢价为 0.5×8%，即 4%。这一调整是对投资人为接受该股票的市场风险而需要的补偿的调整。调整首先从总体市场风险的基准开始，对该风险进行调整以反映市场对该股票的相对市场风险的溢价，从而得到该股票的溢价。

也就是说，以 β 表示调整因数：

$$\text{市场风险补偿} = \beta(r_m - r_f) \tag{3A-9}$$

通过确定货币时间价值的补偿和市场风险的补偿，普通股的成本 r_e 等于：

$$r_e = r_f + \beta(r_m - r_f) \tag{3A-10}$$

$(r_m - r_f)$ 表示投资人为承担拥有市场资产组合的风险所要求的风险溢价。β 乘数调整该市场风险溢价，以补偿与个体公司有关的市场资产组合。β 是特定证券（或一组证券）的收益率对市场收益率变化的敏感性的度量指标。[69]

假设公司股票的 β 值为 2.0，这意味着其市场风险是市场中的普通证券风险的两倍。如果预期无风险利率为 6%，预期市场收益率为 10%，那么该公司的普通股的成本为：

$$r_e = 0.06 + [2.0(0.10 - 0.06)] = 0.14 \text{ 或 } 14\%$$

在这个例子中，市场风险溢价为 4%（10% －6%）。4% 的市场风险溢价意味着，拥有的资产组合的风险与市场总体风险相同的投资人（即 β 值为 1.0%）希望获得 10% 的收益率，其中 6% 用于补偿时间价格，4% 用于补偿市场风险价格。对于 β 值为 2.0 的证券，投资人希望获得 14% 的收益率，其中 6% 用于补偿时间价格，8%（2.0 × 4%）用于补偿该证券的特定风险的价格。

3A.4　加权平均资本成本

资本成本是每一个来源的成本的平均值，以其代表的总资本的比例加权。因此，资本成本也被称为加权平均资本成本（WACC）。令 w_d，w_p 和 w_e 分别代表债务、优先股和普通股在资本结构中的比例，r_d^*，r_p 和 r_e 分别等于税后债务成本、优先股成本和普通股成本。加权平均资本成本于是等于：[70]

$$WACC = w_d r_d^* + w_p r_p + w_e r_e \quad (3A\text{-}11)$$

考虑资本的不同来源的以下权重和边际成本（见表 3-31）：

表 3-31

来源	权重	资本成本
债务	40%	8%
优先股	5	10
普通权益	55	12

该例子的加权平均资本成本为：

$$WACC = (0.40)(0.08) + (0.05)(0.10) + (0.55)(0.12) = 10.1\%$$

3A.5　加权平均资本成本计算中的问题

资本成本的认定看似简单直接——确定每一个资本来源的成本，以其在企业新资本中代表的比例进行加权。但是这一任务并没有那么简单，在确定一个企业的资本成本过程中会出现许多问题。

其中一个问题就是预测债务和优先股发行的未来成本。近期的债务和优先股发行可能有助于确定不远的未来的成本，但是在更遥远的将来，成本是多少呢？

另外一个问题就是权益成本问题。DVM 要求估算未来时期的股息的值。虽然这一模型可以经过调整后用于非恒定的股息，但是这一调整为未来产生非常模糊的估算值。对于 CAPM 而言，未来的预期无风险利率是多少呢？未来的预期市场收益率是多少呢？与市场收益率的敏感性相比，特定资产的收益率的预期敏感性又如何呢？为了回答这样的问题，通过分析历史数据来得出估算值，但是这种方法也有风险。

此外，存在可变利率上下限的债务的市场价值计算以及换汇交易、外币计价债务、租赁、权益挂钩债务和可赎回债券的市场价值计算也会出现难题。

资本成本的估算需要判断和认识与企业及其证券有关的当前风险和收益，还要认识企业及其证券的未来风险和收益。

附录 3B　净现值和内部收益率

净现值是项目的现金流的现值。这些现金流包括流入和流出，主要流出涉及项目开始时的投资支出。现金流入在项目寿命期内定期发生。用于将现金流换算为现值的贴现率是投资的资本成本。资本成本是资本供应者（债务和权益）针对项目所要求的收益率。这一要求的收益率反映了项目的风险性。项目风险越大，项目的资本成本就越高。

净现值可以采用求和符号表示，其中 t 表示任何特定时期。CF_t 表示时期 t 结束时的预期现金流，r 表示项目的资本成本，T 表示包含投资的经济寿命的时期数量：[71]

$$\mathrm{NPV} = \sum_{t=1}^{T} \frac{CF_t}{(1+r)^t} - I \tag{3B-1}$$

其中，I 是0时期（初始期）内的投资。对于任何未来时期 i，所有估算现金流（正和负）都被收集起来并求净值。现金流入是 CF_t 的正值，现金流出是 CF_t 的负值。

净现值是公司价值因为项目投资而可能发生的美元价值变化。正净现值表示投资项目产生价值。负净现值表示投资项目减少价值。

内部收益率是一个相关度量指标。内部收益率的计算涉及方程式中的内部收益率求解：

$$0 = \sum_{t=1}^{T} \frac{CF_t}{(1+\mathrm{IRR})^t} - I \tag{3B-2}$$

采用内部收益率进行决策时，需要将内部收益率与投资的资本成本进行比较。如果内部收益率超出资本成本，那么投资就是创造价值的，如果内部收益率低于资本成本，则投资是减少价值的。投资的资本成本因此成为一个障碍。另外一种内部收益率观点是贴现率导致净现值等于零。

在大多数情况下，净现值和内部收益率度量指标都产生项目盈利能力方面的相同决策，但是几种例外情况在大多数财务入门教科书中做了详细的阐述。如果净现值与内部收益率发生分歧，净现值是首选的度量指标。[72]

术语表

基本收益能力比（Basic earning power ratio） 经营收入（息税前收入）与总资产的比率，一种经营效力度量指标。

资本（Capital） 资本供应者对企业的净投资；企业的净资产为企业总资产与流动无息负债的差额。

投资现金流收益率（Cash flow return on investment，CFROI） 采用估算的通胀调整后总投资、通胀调整后现金总流量和通胀调整后不计提折旧资产计算的企业投资收益率。

比较优势（Comparative advantage） 一家企业在货物或服务的生产或销售的成本中相对于另外一家企业的优势。

竞争优势（Competitive advantage） 一家企业因为所在市场的结构而拥有的相对于另外一家企业的优势。

资本成本（Cost of capital） 额外的一美元资本的边际成本；企业为支持未来投资机会而预期筹集的资本的加权平均成本。

经济利润（Economic profit） 一段时期内的收入和成本之间的差额，成本包括费用支出、机会成本和正常利润。

经济附加值（Economic value added） 规定的时期内增加的价值的美元金额。也称为经济利润。

特许经营价格利润比（Franchise P/E） 企业的价格利润比超出基本价格利润率的金额，是考虑市场贴现率条件下的增长的价格利润比。

特许经营权价值（Franchise value） 企业归因于未来投资机会的价值，这种投资机会预期产生超出市场收益的收益。

自由现金流（Free cash flow） 企业现金流减去任何资本支出。

内部收益率（Internal rate of return，IRR） 使投资项目的未来现金流的现值等于投资成本的贴现率；投资收益率，假定所有中间现金流以相同的收益率投入到项目中。

市场增加值（Market value added）　企业的价值在一段时期内的增长；企业的市场价值与企业资本的价值之间的差额。

净现值（Net present value，NPV）　投资项目的未来现金流的现值减去投资项目现金流以资本成本贴现的现值。投资决策导致的股东财富增加值的度量指标。

正常利润（Normal profit）　企业为使资本提供者保持其在企业中的投资而必须要获得的最低收益。

经营资本（Operating capital）　资本减去商誉以及任何超额现金和可销售证券。

市盈率（P/E）　每股价格与每股的收益的比率；往往用作表示未来增长潜力。

资产收益率（Return on assets）　净收入与总资产的比率；资产收益率度量企业利用资产的效率和盈利能力。

资本收益率（Return on capital）　税后经营利润净额与资本的比率。

股权收益率（Return on equity）　净收入与权益的账面价值的比率；股权收益率度量股东在企业中的投资的收益。

投资回报率（Return on investment）　投资产生的利益与使用的资源的比率；投资收益率包括基本收益能力比率、资产收益率和权益收益率。

托宾 *q* 值（Tobin's *q*）　企业资产的市场价值与企业资产的重置成本的比率；它被解释为绩效度量指标，因为它表明了企业无形资产的价值。

加权平均资本成本（Weighted-average cost of capital，WACC）　来自不同来源（即债务、优先股和普通股）的企业资本成本的算术平均数，每一个来源的成本以其在企业目标资本结构中的比例加权。

注 释

1. EVA 和 MVA 是 Stem，Stewart & Company 公司的商标。
2. 比如，参见 Healy（1985 年）和 Holthausen，Larcker 与 Sloan（1995 年）中的证据。
3. 工资和绩效之间的关联在 Byrne 与 Bongiomo（1995）撰写的《商业周刊》特别报道中着重介绍。
4. 资本预算中的资本成本概念的关键要素是①成本是边际成本（下一美元资本的成本），②成本反映个体项目的风险。有关资本成本的更详细阐述，参见附录 3A。
5. 本文是他们在 Leibowitz 与 Kogelman（1990）中的工作的延续，另外参见 Leibowitz 与 Kogelman（1994）。
6. 附加值方法的详细描述参见 Stewart（1991 年）。
7. 另外一个重要的估价方法就是麦肯锡公司倡导的贴现现金流法，Copeland，Koller 和 Murrin（1994，p. 116）讨论了这一方法。这一方法是预测未来时期的自由现金流、预测企业在预测期结束时的续营价值、将未来自由现金流以及续营价值在企业的加权平均资本成本上贴现。因为这一方法涉及基于预测的估价，所以不适合用于评估绩效，但是它可以用来设定绩效指标。
8. 收益率在利润率和周转率方面的分解归功于 E. I. duPont de Nemours & Company，该公司的管理层开发了分解收益率的体系（美国管理协会，1960 年）。
9. 托宾 *q* 值是以其创始人 James Tobin 的名字命名（托宾 1969 年）。
10. 参见 Rosenberg，Reid，与 Lanstein（1985）；Chan，Hamao 与 Lakonishok（1990）；Fama 与

French（1992，1995）；以及 Harris 与 Marston（1994）。

11. 一些人用 MV/BV 表示权益的市场价值和账面价值之间的关系，还有一些人以 BV/MV 表示这一关系。我们采用 MV/BV 来简化分析的解释以及与其他绩效度量指标的比较：越高越好。这一表述并不意味着 MV/BV 高的企业未来将超过 MV/BV 低的企业。证据表明，MV/BV 高的企业（“增长型”企业）未来将落后于 MV/BV 低的企业（“价值”企业）。
12. 另外一种解释是，BV/MV 高的证券定价过低，因此，随后的收益对于 BV/MV 高的股票而言更高。但是，这一解释只有在市场没有效率的情况下才充分。这一解释没有得到 Harris 和 Marston（1994 年）等人的支持。
13. 最先倡导采用经济利润来补偿管理层的人之一是 Stewart（1991 年）。
14. 对于这一焦点的转变所产生的好处的讨论，参见 Rutledge（1993）；Stern（1993a，1993b，1994）；Sheehan（1994）；Jones（1995）和 Saint（1995）。
15. 资本成本是资金的机会成本，以债务和权益资本的边际成本的加权平均值计算。
16. 参见 Peterson（1994，第 9 章）和 Brigham（1995，第 9 章）。
17. 资本成本乘以资本是资本的美元成本。资本收益减去资本成本是差幅。
18. 好时公司的财务报表中没有提供坏账准备金和资本化研发费用变化方面的信息。因此，没有做出这些调整，这就指出了经济利润计算中的一个潜在问题。需要的信息可能在公开的财务报告中无法获得。
19. 1 000 万美元的永久持有权的现值每年都是 1.408 45 亿美元。以 7.1% 的贴现率将该价值贴现为 1993 年的价格后，就给租赁的现值增加了 9 995.3 万美元。
20. Copeland，Koller 和 Murrin（1994）建议针对其他非经营收入的税款进行调整，虽然金额通常较小。
21. 坏账准备、资本化研发费用和累积注销方面的信息在财务报表中无法获得。这些忽略的信息影响经济附加值的度量指标的程度是未知的，但是这些项目在公布的经济附加值例子中也被忽略，原因是无法获得数据，参见 Stewart（1991 年，第 99 页）中的沃尔玛公司的例子伴随的解释。
22. 有关持续时间的可比性的讨论，参见 Copeland，Koller 和 Murrin（1994，第 8 章）。
23. 参见 Copeland，Koller 和 Murrin（1994，pp. 260—261）。
24. 《价值线》中取用的 1.0 贝塔与 Compustat 报告的贝塔一致。
25. 除了估算企业的最近市场价值资本组成部分之外，还可以研究行业内其他企业的资本结构并考虑该企业的资本结构的长期趋势，因为企业在某个时点的资本结构可能不反映该企业的目标资本结构。
26. 失真程度取决于资本的市场价值与资本的账面价值之间的关系，换句话说，之前讨论的市场价值与账面价值比率。
27. 一个相关问题是，企业的管理层是应该努力将企业的价值最大化，还是应该将普通权益的价值最大化。市场增加值度量指标专注于前者，而更常见的度量指标（比如股票收益）则专注于后者。总体而言，企业价值最大化将导致股东财富最大化。
28. 对于好时食品公司，附加值的一小部分来自于债券收益变化导致的现有债务的市场价值增加。债券收益的变化（总体上超出了好时公司管理层的控制范围）因此影响市场增加值的估算值（并因此通过资本成本影响经济利润）。因此，这种对收益变化的敏感性是经济利润和市场增加值的弱点：企业管理层控制范围之外的因素影响绩效度量指标。

29. 比如参见 Stewart（1991，pp. 153—54）。
30. 参见 Walbert（1993，p. 65）。1992年MVA前十大企业中的其他矛盾包括美国电话电报公司（MVA排名为7）、埃克森公司（MVA排名为11）、辉瑞公司（MVA排名为17），所有这些公司都存在负经济附加值。
31. 如上文所述，资本成本估算值的略微差异会导致有关经济利润和绩效的结论发生很大差异。
32. 这些模糊不清的元素不是经济利润本身的毛病，而是计算的起点：报告的财务报表按照公认会计原则进行编制。
33. Stewart（1994）讨论了经济附加值计算针对特定企业和应用的定制。
34. 参见 Brossy 和 Balkcom（1994）以及“Stem Stewart 经济附加值圆桌讨论”（1994，p. 66）.
35. 比如，参见 Fama 与 French（1992）和 Haugen（1995）有关 CAPM 受到的质疑的讨论。
36. 只要企业的贝塔值接近1，按照经济利润对企业进行排序的做法就不应该受到风险溢价选择的重大影响，但是在贝塔值与1差异很大的情况下，风险溢价的选择开始影响企业的相对排名。
37. 两家公司采用霍尔特法开展咨询业务：HOLT Value Associates LP（主要从事资产组合管理）和 BCG/HOLT（主要从事公司管理）。这两家公司的投资现金流好收益率计算存在略微的差异。
38. 参见 Reimann（1988）和 Birchard（1994）有关这些度量指标的好处的讨论。
39. 将折旧加回去的另外一个理由是，折旧费用反映了一个要素，这个要素很容易被折旧方法的审慎选择而操纵。将折旧费用加回去会导致企业之间的收益更加具有可比性。
40. 在一些应用中，累计商誉被加回到 CEROF 的投入资本中。
41. HOLT Value Associates 的一个合伙人 Bartley Madden 提供了有关好时公司1993年计算结果的这些调整额的大致估算值。非折旧资产的现值美元调整的估算值为7 400万美元，现金总投资的现值美元调整额的估算值为6. 24亿美元。
42. 在货币的时间价值方面，现值是指现金总投资，定期现金流（付款）是现金总流量，未来价值是终值，资产寿命是时期数量。
43. 投资现金流收益率的计算简单直接，因为该收益率使现金总投资与未来现金总流量以及非折旧资产（终值）相等。因此，从货币的时间价值的角度，未来价值等于5. 229 68亿美元，现值=29. 258 63亿美元，付款=4. 271 56亿美元，时期数量=18。
44. 采用 HOLT Value Associates 提供的现值美元调整额的估算值，好时公司的投资现金流收益率为10. 254%，仍然超出了好时公司的资本成本。这一投资现金流收益率值没有被转换为实际值。但是，应该指出的是，HOLT Value Associates 通过采用不同于传统资本成本计算的方法来计算通胀调整后基准贴现率。
45. 因为市场增加值度量指标包括市场价值的变化，所以我们预计会发现，市场增加值与市场绩效基准密切相关。
46. 在该实证研究中没有研究投资现金流收益率度量指标，因为针对现值美元换算的主要调整具有专有性。
47. 我们选用了 Compustat 研究数据库中列出的企业以及年度工业数据库中的企业，以避免生存能力偏倚。有关生存能力偏倚的潜在问题的讨论，参见 Hagin（1988）与 Ross（1994）。
48. 附加值度量指标不适用于金融服务公司，因为这些企业对资本的定义有很大差异。附加值度量指标不适用于公共事业公司，因为这些企业受到的监管使之产生特定的资本收益。

49. 基于收益和附加值的一些公开的企业排名（比如参见 Tully，1993）不根据财年末来区分企业，这导致企业之间的数据错配以及与市场收益数据的错配。
50. 这一方法与 Fama 和 French（1992 年）以及其他人在研究中采用的方法相似，这些研究同时采用财务报表数据和市场数据。这一策略的目的是避免前瞻偏倚。因此，当我们报告样本年份 1990 年（举例）的股票绩效时，我们报告的是 1990 年 4 月 1 日到 1991 年 3 月 31 日之间的绩效，我们假定这一时期记录了针对 1990 财年发布的财务数据。
51. 我们采用了与 Lakonishok，Shleifer 和 Vishny（1994）中采用的方法相似的方法。
52. 非参数相关性与更加熟悉的参数相关性相似。非参数（或 Spearman）相关性涉及首先按照两个变量中的每个变量（在这个例子中是收益基准中的两个基准）对样本案例进行排序，然后检验排序是否相似。
53. 但是，实证研究中的经济利润与“附加值度量指标”中描述的经济利润之间的一个差异是，第 5 年之后的租金对于大多数企业而言不可获得，所以这一元素在实证研究中被忽略。换句话说，经营租赁的现值是报告的未来 5 年的租金的现值。
54. 在估算每一家企业的资本成本过程中，我们采用了以下假设和代理：①无风险利率由美国国库券 10 年期债券利率代表；②长期债务利率被假定为类似评级债务上的通行收益率；③优先股收益被成熟的优先股发行上的平均收益所代表；④普通股贝塔采用样本年份 3 月 31 日之前的 60 个月的每月收益率计算；⑤市场的风险溢价为 5%。所有债务和优先股收益都来自于穆迪公司投资者服务部门的“产业手册”（1989 ~ 1993 年）。平均资本成本在 1992 年的 8.12% 到 1988 年的 10.12% 的范围内变化。
55. 我们在经济利润和市场增加值的计算中采用年初和年末资本的平均值。这一方法与 Stewart 的方法（1991 年，第 173 页）。他采用年初资本来估算经济利润，采用年末资本来估算市场增加值。
56. 企业之间的标准化需求得到了 Stewart（1991 年，P_{167}）的认可。如果在多年之间进行比较，则需要进一步标准化。
57. 市场增加值变化的标准化需求得到了 Stewart（1991 年，P_{173}）的认可，如果长期比较，则需要进一步标准化。尽管承认了标准化必要性，但是许多公开的企业排名没有采用标准化。
58. 我们研究了具有极端负经济利润价值的企业。这些企业总体上规模相当大，而且当时正在经历稳定或下滑的收益。比如，1989 年，存在最大的负经济利润价值的五大企业分别是福特汽车公司、雪佛龙公司、西方石油公司、施乐公司和麦克唐纳道格拉斯公司。
59. 我们还根据期末资本计算了经济利润、资本收益和差幅，结果几乎相同。
60. 考虑以下例子。假设 A 公司的总资产为 1 000 万美元，产生经济附加值为 100 万美元，B 公司总资产为 1 亿美元，产生经济附加值 100 万美元。哪一家公司的业绩更好呢？按经济附加值排序的结果表明，企业的绩效相同。但是，事实上，A 公司能够产生与 B 公司相同的附加值金额，但是使用的资产要比后者少得多。虽然这一问题可能看似是一个小问题，但是企业一直以来都按照经济附加值和市场增加值的美元金额来排序。比如，参见 Tully（1993 年，1994 年）中的《财富》杂志排名。
61. 我们采用经济利润和市场增加值的绝对价值，因为开始的资本越大，经济利润或市场增加值就越大，不论其符号是正还是负。此外，权益的期末账面价值与总资产也与经济利润和权益的市场价值相关，相关性与表 3-12 中报告的相关性相似。
62. 比如，参见 Tully（1993，1994 年）中的《财富》杂志排名。

63. 该表可以根据市场增加值与公布的排名进行比较。
64. 在表 3-26 中，我们表明市场增加值度量指标和股票收益之间存在统计上显著相关性。虽然这一信息是正确的，但是相关性并不是完全相关。比如，市场增加值变化与股票收益之间的相关性 0.50 意味着股票收益变化中只有 25% 通过市场增加值度量指标的变化来解释（也就是说，因为 $R=0.50$，$R^2=0.25$）。虽然统计上显著，但是这一结果意味着 75% 无法被解释。不完全相关性解释了表 3-30 中显示的排名之间明显缺乏关系。
65. 可以假定分析人员采用传统度量指标做出一些调整，比如将可比较的公司放在相同的会计依据上。传统度量指标以最简单的形式用于这个实证研究中。
66. 但是，一家企业、一个部门或一种产品的经济利润的计算非常详细，而且应该以专业技能和谨慎的态度进行。此外，经济利润度量指标在绩效评估中的应用应首先认识到这些度量指标对于计算方法和假设的敏感性。
67. DVM 由 Gordon（1959，1962）开发。
68. 从每个项中提取今天的股息 D_0，就得到：

$$P = D_0\left(\frac{(1+g)^1}{(1+r_e)^1} + \frac{(1+g)^2}{(1+r_e)^2} + \cdots + \frac{(1+g)^\infty}{(1+r_e)^\infty}\right)$$

以加总符号表示该方程式就得出：

$$P = D_0\sum_{t=1}^{\infty}\frac{(1+g)^t}{(1+r_e)^t}$$

$\sum_{t=1}^{\infty}\frac{(1+g)^t}{(1+r_e)^t}$ 项近似等于：$\frac{1+g}{r_e-g}$。
69. 贝塔值大于 1.0 的普通股比市场中的普通证券的风险更大。贝塔值小于 1.0 的普通股比市场中的普通证券的风险更小。
70. 加权平均资本成本是不同资本成本的加权平均值，但是这些成本中的每一个成本都是边际成本，即采用该来源筹集额外资本所发生的成本。因此，加权平均资本成本是边际成本——筹集额外资本所发生的资本——在各种资本来源上进行平均而得出。
71. 我们采用 r 这个概念来表示企业对于投资项目的资本成本，该成本是对于该项目而言为筹集每一美元额外资本而发生的边际成本。附录 3A 中计算的加权平均资本成本是对于整个企业而言用于估算 r 的方法。实际上，加权平均资本成本用作特定项目的 r 估算的起点。比如，如果项目是一个新产品，这个新产品比企业的典型项目的风险更大，则 r 的估算值可能是加权平均资本成本加上 5%（举例）。
72. 在决策中，净现值和内部收益率之间存在一个矛盾来源，因为这两种方法采用不同的重新投资假设。净现值的计算假定所有中间现金流都重新投入到产生资本成本的项目中。内部收益率的计算假设所有中间现金流都重新投入到产生内部收益率的项目中。后者一般情况下是实际资本预算情境中更加激进的假设。

参考文献

American Management Association. 1960. “Executive Committee Control Charts.” *AMA Management Bulletin*, no. 6:22.

Birchard, B. 1994. “Mastering the New Metrics.” *CFO*, vol. 10, no. 10 (October):30–38.

Brigham, E.F. 1995. *Fundamentals of Financial Management*, 7th ed. Fort Worth, TX: The Dryden Press.

Brossy, R., and J.E. Balkcom. 1994. "Getting Executives to Create Value." *Journal of Business Strategy*, vol. 15, no. 1 (January–February):18–21.

Byrne, J.A., and L. Bongiorno. 1995. "CEO Pay: Ready for Takeoff." *Business Week*, no. 3421 (April 24): 88–119.

Chan, L.K., Y. Hamao, and J. Lakonishok. 1990. "Fundamentals and Stock Returns in Japan." *Journal of Finance*, vol. 46, no. 5 (December):1739–64.

Chung, K.H., and S.W. Pruitt. 1994. "A Simple Approximation of Tobin's *q*." *Financial Management*, vol. 23, no. 3 (Autumn):70–74.

Copeland, T., T. Koller, and J. Murrin. 1994. *Valuation: Measuring and Managing the Value of Companies*, 2nd ed. New York: John Wiley & Sons.

Fama, E.F., and K.R. French. 1992. "The Cross-Section of Expected Stock Returns." *Journal of Finance*, vol. 47, no. 2 (June):427–65.

———. 1995. "Size and Book-to-Market Factors in Earnings and Returns." *Journal of Finance*, vol. 50, no. 1 (March):131–55.

Gordon, M. 1959. "Dividends, Earnings and Stock Prices." *Review of Economics and Statistics*, vol. 41, no. 2 (May):99–105.

———. 1962. *The Investment Financing and Valuation of the Corporation*. Homewood, IL: R.D. Irwin.

Hagin, R.L. 1988. "Engineered Investment Strategies: Problems and Solutions." In *Equity Markets and Valuation Methods*. Edited by Katrina F. Sherrerd. Charlottesville, VA: Institute of Chartered Financial Analysts.

Harris, R.S., and F.C. Marston. 1994. "Value versus Growth Stocks: Book-to-Market, Growth, and Beta." *Financial Analysts Journal*, vol. 50, no. 5 (September/October):18–24.

Haugen, R.A. 1995. *The New Finance: The Case Against Efficient Markets*. Englewood Cliffs, NJ: Prentice-Hall.

Healy, P. 1985. "The Effect of Bonus Schemes on Accounting Decisions." *Journal of Accounting & Economics*, vol. 7, nos. 1–3 (April):85–113.

Holthausen, R.W., D.F. Larcker, and R.G. Sloan. 1995. "Annual Bonus Schemes and the Manipulation of Earnings." *Journal of Accounting & Economics*, vol. 19, no. 1 (February):29–74.

Jones, T.P. 1995. "The Economic Value-Added Approach to Corporate Investment." In *Corporate Financial Decision Making and Equity Analysis*. Edited by Randall S. Billingsley. Charlottesville, VA: AIMR.

Kogelman, S., and M.L. Leibowitz. 1995. "The Franchise Factor Valuation Approach: Capturing the Firm's Investment Opportunities." In *Corporate Financial Decision Making and Equity Analysis*. Edited by Randall S. Billingsley. Charlottesville, VA: AIMR.

Lakonishok, J., A. Shleifer, and R.W. Vishny. 1994. "Contrarian Investment, Extrapolation, and *Risk*." *Journal of Finance*, vol. 49, no. 5 (December):11541–1578.

Leibowitz, M.L., and S. Kogelman. 1990. "Inside the P/E Ratio: The Franchise Factor." *Financial Analysts Journal*, vol. 46, no. 6 (November/December):17–35.

———. 1994. *Franchise Value and the Price/Earnings Ratio*. Charlottesville, VA: The Research Foundation of the Institute of Chartered Financial Analysts.

Lindenberg, E.B., and S.A. Ross. 1981. "Tobin's *q* Ratio and Industrial Organization." *Journal of Business*, vol. 54, no. 1 (January):1–32.

Madden, B.J. 1995. "The Case for Cash Flow ROI in Linking Company Performance with Market Valuation." *Valuation Issues*, vol. 1, no. 3 (November):4–7.

Marshall, A. 1890. *Principles of Economics*. New York: Macmillan, vol. 1:142.

Myers, S. 1984. "Finance Theory and Financial Strategy." *Interfaces*, vol. 14, no. 1 (January–February): 126–37.

Perfect, S.B., and K.W. Wiles. 1994. "Alternative Construction of Tobin's *q*: An Empirical Comparison." *Journal of Empirical Finance*, vol. 1, no. 3/4 (July):313–41.

Peterson, P. 1994. *Financial Management and Analysis*. New York: McGraw-Hill.

Reimann, B.C. 1988. "Decision Support Software for Value-Based Planning." Planning Review, vol. 16, no. 2 (March/April):22–32.

Rosenberg, B., K. Reid, and R. Lanstein. 1985. "Persuasive Evidence of Market Inefficiency." *Journal of Portfolio Management*, vol. 11, no. 3 (Spring):9–16.

Ross, S. 1994. "Survivorship Bias in Performance Studies." In *Blending Quantitative and Traditional*

Equity Analysis. Edited by H. Russell Fogler. Charlottesville, VA: AIMR.
Rutledge, I. 1993. "De-jargoning EVA." *Forbes*, vol. 152, no. 10 (October 25):148.
Saint, D.K. 1995. "Why Economic Value Is a Yardstick for Numbers, Not People." *Financial Executive*, vol. 11, no. 2 (March/April):9–11.
Sheehan, T.J. 1994. "To EVA or Not to EVA: Is That the Question?" *Journal of Applied Corporate Finance*, vol. 7, no. 2 (Summer):84–87.
Stern, J. 1993a. "Value and People Management," *Corporate Finance*, no. 104 (July 1993):35–37.
———. "EVA: Share Options that Maximize Value." *Corporate Finance*, no. 105 (August):31–32.
———. "No Incentive for Bad Management." *Corporate Finance* (March):43–44.
"Stern Stewart EVA Roundtable." 1994. *Journal of Applied Corporate Finance*, vol. 7, no. 2 (Summer): 46–70.
Stewart, G.B. III. 1991. *The Quest for Value*. New York: Harper Collins.
———. 1994. "EVA: Fact and Fantasy." *Journal of Applied Corporate Finance*, vol. 7, no. 2 (Summer):71–84.
Thomas, R, and L. Edwards. 1993. "For Good Decisions, Determine Business Values More Accurately." *Corporate CashFlow*, vol. 14, no. 9 (September):37–40.
Tobin, J. 1969. "A General Equilibrium Approach to Monetary Theory." *Journal of Money, Credit, and Banking*, vol. 1, no. 1 (February):15–29.
Tully, S. 1993. "The Real Key to Creating Wealth." *Fortune*, vol. 128, no. 6 (September 20):38–50.
———. 1994. "America's Best Wealth Creators." *Fortune*, vol. 130, no. 11 (November 28):143–62.
Walbert, L. 1993. "America's Best Wealth Creators." *Fortune*, vol. 128, no. 16 (December 27):64–76.

CFA Institute 第4章

运用可支配股利法对股票进行估值㊀

阿尔弗雷德·拉帕波特（Alfred Rappaport）

股利贴现模型依赖于源自分析师对收益和股利支付比率所做的预测而衍生出来的股利预期。如果股利支付比率没有考虑预期经营状况、投资和关于一个公司股利支付能力的融资决策，那么可能会产生大幅的估值误差。

假定交易从一个公司的超速增长时期持续到正常成长时期，标准的股利贴现模型经常会低估正常成长时期的第一年公司能够支付的股利，因为该模型没有明确认识到一个放慢的销售额增长，也将会导致投资需求放慢。可支付股利方法明确地将任何非连续增长的现金效应纳入考虑，该方法可以修正这种误差并通常得出一个较大的股利计算结果（以及一个更高的预期回报率）。当预期销售额增长率有较大的变动以及公司是相对的投资密集型公司时，两种估值模型间的差异潜在地达到最大。

对股票持有者而言，将未来的现金流贴现是最为广泛接受的股票估值方法。现金流包括股利加上卖出股票所得收益。然而，卖出价格反映了下一个买家对未来股利的预期。因此，每股价值反映了预计股利的现值和所有的未来股东预期。基于该理论的股利贴现模型已成为运行在领先的经纪公司、商业银行、财富管理公司和机构投资部门中的股票研究团队的标准值。[1]

股利贴现模型用有两个基本目的：①为了从预计股利流和估计贴现率得到理论的股票价格；②从预计股利流和现行市场价格发掘出预期回报率（即隐含贴现率）。为了这两个目的，需要对股利进行预期。这些预期通常来自于分析师对收益和股利分配比例的预测。[2]

㊀ 摘自《金融分析师》（1986 年 7、8 月）：52 ~ 58。作者 Alfred Rappaport，，在该文发表时正是西北大学 J. L. 凯洛格管理学院名誉教授，Alcar 集团股份有限公司主席。

现金股利的计算结果来自于收益、权责发生制的会计流程以及股利支付比率。如果对股利支付比率的偏差没有仔细地评估，将可能会导致严重的估值误差。一个公司可以支付的股利终究依赖于它的计划销售额增长、现金销售额比率、营运资金以及为了实现销售增长和目标资产结构所需要的固定资产投资的现金效应。本章提出了一个“可支付股利”方法，该方法明确地考虑了预期经营状况、投资和关于一个公司股利支付能力的融资决策的现金效应。

4.1 可支付股利

一个公司的可支付股利是按照它的计划销售额增长、销售利润率和在不改变其目标资产结构下的投资需求，也就是说，不增发股票或增加超过其目标债务权益比率的债务，公司所能分配的最大额度。[3] 为了求解可支付股利，我们从以下的现金来源和用途的基本等式开始：

$$\text{净收入} + \text{折旧和其他非现金费用} + \text{债务总量的变化} = \text{资本支出} + \text{营运资本投资} + \text{股利} \tag{4-1}$$

假定折旧是仅有的重大非现金支出，式（4-1）可以改写为以下形式：

$$\text{留存收益} + \text{债务总量的变化} = (\text{资本支出} - \text{折旧}) + \text{营运资本投资} \tag{4-2}$$

如果一个企业更换现有的实物设施，且如果这些设施的费用保持不变，则资本支出减去折旧约等于生产力的真实增长成本。然而，资本支出仍然有可能因为通胀的力量和诸如环境保护之类的监管要求而上升。因此，资本支出减去折旧的数据不仅包含了实际增长的成本，还包括了价格变化、产品结构变化、监管和技术进步等因素。

式（4-2）作为得出可支付股利比率的基本等式，由以下的部分组成：留存收益、债务总量的变化以及固定投资和营运资本。式（4-2）也可以写成以下形式：

$$S_0(1+g)(r)(1-T)(1-d)+S_0(1+g)(r)\cdot(1-T)(1-d)L=S_0g(f+w) \tag{4-2′}$$

式中　S_0——去年的销售额；

f——每一美元的销售额增长所需的资本支出需求减去折旧；

w——每一美元的销售额增长所需的营运资本投资增加；

r——税前收益除以销售额；

T——现金收入税率；

d——股利支付比率；

L——目标债务股权比率；

g——销售额增长率。

式（4-2′）除以 $S_0(1+g)$ 得到如下结果：

$$(r)(1-T)(1-d)(1+L)=\frac{g}{(1+g)}(f+w) \tag{4-2″}$$

为了得到可支付股利支付比率 d^*，式（4-2″）除以（r）$(1-T)(1+L)$ 并整理得：

$$d^*=1-\frac{g(f+w)}{(1+g)(\gamma)(1-T)(1+L)} \tag{4-3}$$

让我们考虑 IBM 的案例作为说明。价值线估计 IBM 未来 5 年的年销售额增长率为 12%。基于近期的表现，每一美元的销售额增长所需的投资需求（$f+w$）大约为 0.8 美元。税前收益除以销售额（r）均值约为 22%。税率为 45%，目标债务股权比率假定为 20% 左右。因此，式（4-3）表明 IBM 的可支付股利支付率（d^*）将为 41%。

在支付比率为 41% 的水平下，留存现金收益加上新增债务刚好等于为了维持 12% 的销售额增长率所需的投资额。表4-1表明可支付股利率对销售额增量变化、利润率、每一美元的销售额增长所需的投资需求和杠杆率的敏感性。

表4-1 最大可支付股利支付比率

销售额增长率	税前收益/销售额 (r)	营运资本+平均一美元销售额增长所需资本支出								
		0.70 债务/股本			0.80 债务/股本			0.90 债务/股本		
		0.15	0.20	0.25	0.15	0.20	0.25	0.15	0.20	0.25
0.10	0.20	49.7%	51.8%	53.7%	42.5%	44.9%	47.1%	35.3%	38.0%	40.5%
	0.22	54.3%	56.2%	57.9%	47.7%	49.9%	51.9%	41.2%	43.7%	45.9%
	0.24	58.1%	59.8%	61.4%	52.1%	54.1%	55.9%	46.1%	48.3%	50.4%
0.12	0.20	40.7%	43.2%	45.5%	32.2%	35.1%	37.7%	23.8%	26.9%	29.9%
	0.22	46.1%	48.3%	50.4%	38.4%	41.0%	43.3%	30.7%	33.6%	36.2%
	0.24	50.6%	52.7%	54.5%	43.5%	45.9%	48.1%	36.5%	39.1%	41.6%
0.14	0.20	32.0%	34.9%	37.5%	22.3%	25.6%	28.5%	12.6%	16.3%	19.6%
	0.22	38.2%	40.8%	43.2%	29.4%	32.3%	35.0%	20.6%	23.9%	26.9%
	0.24	43.4%	45.7%	47.9%	35.3%	38.0%	40.5%	27.2%	30.2%	33.0%

4.2 可支付与常规股利

大部分股利增长模型将未来划分为两个或者三个不同的阶段。[4] 三阶段增长模型通常假定：①最初超过平均水平的增长阶段明确包含在分析师的预测范围内，②在第二阶段中收益增长率会下降到平均水平或正常增长率，③最后一阶段的正常的固定增长反映了公司已经成熟的事实。为了便于论述，我们集中于两阶段股利增长模型，该模型只包括了第一和第三阶段；模型的结论可以推广到任何多阶段股利模型。

超速增长公司的股票价格（P_0）通常由以下的公式决定：

$$P_0 = \sum_{t=1}^{n} \frac{(NI_0)(d_s)(1+g_s)^t}{(1+k_e)^t} + \frac{DIV_n(1+g)}{(k_e-g)(1+k_e)^n} \tag{4-4}$$

式中 NI——净收入

DIV——股利

d_s——超速增长阶段的股利支付率

g_s——超速增长阶段的销售额增长率

g——超速增长阶段后的销售额增长率

n——超速增长的年的数量

k_e——股本贴现率

式（4-4）的第一项代表超速增长期内股利的现值，第二项代表超速增长期末的股票价值贴现到目前的值。在这个常规的公式中正常增长阶段第一年的股利是超速增长阶段最后一年所达到的股利水平乘以正常增长率，即$DIV_n(1+g)$。这种常规方法存在的第一个问题是正常增长阶段第一年的股利通常会被低估，因为这种方法没有明确的认识到放缓的销售额增长也会导致投资需求降低。正如我们所见，这种股利低估会导致严重的估值误差。

可支付股利方法通过明确地将销售额增长的任何改变的现金效应纳入考虑来克服这个问题。

一个超速增长公司的股票价值可以运用可支付股利方法通过以下等式来估计：

$$P_0 = \sum_{t=1}^{n} \frac{(NI_0)(d_s^*)(1+g_s)^t}{(1+k_e)^t} + \frac{(NI_n)(1+g)(d_{n+1}^*)}{(k_e-g)(1+k_e)^n} \tag{4-5}$$

参照可支付股利支付比率的等式（4-3），并假定当公司由超速向正常增长阶段转变时，f，w，T，L 和 r 不发生重大变化，我们可以运用等式（4-6）来近似表示正常增长阶段第一年 d^* 的增长：

$$d^* = \left[\frac{g_s - g}{1 + g_s + g + g_s g}\right]\cdot\left[\frac{f+w}{(1-T)(1+L)(r)}\right] \tag{4-6}$$

需要注意的是，超速增长率和正常增长率之间的差异越大且投资系数 f 和 w 越大，可支付股利支付率的增加将会越大。

为了得到关于传统股利方法和可支付股利方法之间的估值差异的概念，考虑一个在最近年末资产负债表上有 929.5 万美元的负责和 3 718 万美元的所有者权益的公司。管理层计划维持其负债权益比率在当前 25% 的水平。目前负债的利息率是 11.1%，公司的风险调整的权益成本预计为 16%。最近年度的销售额是 10 000 万美元。表 4-2 展示了对 5 年的期超速增长期及之后的正常成长期的增长率预期。

表 4-2 对超速和正常成长期的预测

	1 ~5 年	第 6 年及以后
销售额增长率	0.12	0.04
息税前利润/销售额	0.120 5	0.120 5
每一美元的销售额增长所需的资本	0.53	0.53
收入税率	0.46	0.46

表 4-3 展示了可支付股利。需要注意的是，由于预期销售额增长率会从之前年度 12% 的水平下降到 4%，投资需求会相应的下降。反过来，这会导致可支付股利从第 5 年的 254 万美元增长到第 6 年的 790 万美元。可支付股利支付比率从前 5 年的 24% 增加到第 6 年的 72.5%。

表 4-3 可支付股利预期 （单位：百万美元）

项目	年份					
	1	2	3	4	5	6
销售收入	112.00	125.44	140.49	157.35	176.23	183.28
运营支出	98.50	110.32	123.56	138.39	155.00	161.20
息税前利润	13.50	15.12	16.93	18.96	21.24	22.09
息税前利润所得税	6.21	6.95	7.79	8.72	9.77	10.16
税后运营收入	7.29	8.16	9.14	10.24	11.47	11.93
税后利息支出	0.56	0.63	0.72	0.81	0.92	1.04
净收入	6.73	7.53	8.42	9.42	10.55	10.89
负债调整	1.27	1.42	1.60	1.79	2.00	0.75
投资（扣除折旧）	6.36	7.12	7.98	8.94	10.01	3.74
可支付股利	1.64	1.83	2.04	2.28	2.54	7.90
派息率	0.244	0.243	0.242	0.242	0.241	0.725
负债	10.56	11.99	13.58	15.37	17.37	18.12
所有者权益	42.27	47.97	54.35	61.50	69.50	72.49
负债权益比率	0.25	0.25	0.25	0.25	0.25	0.25

表 4-4 估计可支付股利流的值为最初 5 年期股利 3 789 万美元 -655 万美元加上之后第 6 年的

股利3 134万美元。表4-5展示了当从一个增长阶段移动到另一个增长阶段时，不包括可支付股利计算的估值结果。在这种情况下，传统股利估值方法的前5年股利假定与可支付股利估值方法的前5年股利相同，所以任何两种方法的估值差异均是由第6年股利的差异导致的。根据传统方法该公司的价值为1 703万美元。传统方法2 086万美元的低估（即3 789 - 1 703万美元）完全是由于对第6年股利的资本化价值的低估导致的。

$$\frac{7.90 - (2.54)(1.04)}{(0.16 - 0.04)(1 + 0.16)^5} = 20.86(\text{百万美元})$$

表4-4　可支付股利方法计算的所有者权益值　（单位：百万美元）

年度	股利数量/ $	现值系数 $1/(1.16)^t$	现值/ $
1	1.64	0.862 1	1.42
2	1.83	0.743 2	1.36
3	2.04	0.640 7	1.30
4	2.28	0.552 3	1.26
5	2.54	0.476 1	1.21
5年股利的现值			6.55
第5年股票价格的现值	$\frac{\text{第6年的可支付股利}}{(k_e - g)(1 + k_e)^5} =$		
	$\frac{7.90}{(0.16 - 0.04)(1 + 0.16)^5} =$		31.43
总现值			37.89

表4-5　传统股利方法计算的所有者权益值　（单位：百万美元）

年度	股利数量/ $	现值系数 $1/(1.16)^t$	现值/ $
1	1.64	0.862 1	1.42
2	1.83	0.743 2	1.36
3	2.04	0.640 7	1.30
4	2.28	0.552 3	1.26
5	2.54	0.476 1	1.21
5年股利的现值			6.55[⊖]
第5年股票价格的现值	$\frac{\text{第5年的股利}(1 + g)}{(k_e - g)(1 + k_e)^5} =$		
	$\frac{2.54(1.04)}{(0.16 - 0.04)(1 + 0.16)^5} =$		10.84
总现值			17.03

⊖ 假定该公司在最初的5年超速增长期内按可支付股利率支付股利。

表 4-6 展示了在传统股利方法下，第 6 年现金的来源和用途。与可支付股利方法的情况相对比，可支付股利方法的估值增长了 75 万美元，而此时负债事实上减少了 451 万美元。因此负债从第 5 年的 1 737 万美元减少到第 6 年的 1 286 万美元。另一方面，所有者权益从 825 万美元（净收入 1 089 万美元减去股利 264 万美元）增加到 7 775 万美元。由此所得的负债所有者权益比率 0.165(=1 286/7 775) 明显与目标比率 0.25 比率相距甚远，因此 16% 的贴现率也可能不恰当。总的来说，当一个公司改变其资本结构时，市场调整其负债和所有者权益的要求回报率。

表 4-6　第 6 年现金的来源和用途，传统股利方法　（单位：百万美元）

净收入	10.89	投资（扣除折旧）	3.74
负债调整	(4.51)	股利	2.64
	6.38		6.38

4.3　差异的重要性

领先的股权研究组织所采用的传统方法和可支付股利方法之间的差异有多重要？在传统方法的典型应用中，收益增长率预期将会逐渐减少至一个恒定的比率，同时股利支付比率相应地逐渐增加到一个恒定的比率。因为传统方法集中于收益和股利，没有明确考虑到销售额增长、投资需求以及资本结构，直接比较是困难的。然而，我们可以从等式（4-6）知道当销售额增长率预期有较大变化和所考虑的公司是相对投资密集型公司时，估值差异潜在地到达最大。

那些将股利贴现模型与现代投资组合理论结合起来的分析师经常认定股票预期回报率和市场要求回报率之间的差异即为股票的“阿尔法”值。简单地说，预期回报率就是让股票的预期股利的现值与现行市场价格相等的贴现率。市场要求回报率是无风险回报率加上由市场股权风险溢价调整后的个别股票预期风险。

预期回报率和市场要求回报率之间的差异是由分析师的预期股利时间表与市场预期之间的不同所导致的。如果分析师认为他具有优异的预测，且如果阿尔法是正的，则预计可以获得超过市场要求回报率的收入，因为市场的预期向他的预期收敛。阿尔法因此被用来衡量股票的相对吸引力。

由于传统方法和可支付股利方法会导致不同的股利预期，重要的是要观察到这两种方法可能会导致不同的预期回报率。不同的预期回报率反过来会导致阿尔法的不同。

为了估计预期回报率的潜在差异，我们考虑之前的案例，其中传统方法和可支付股利方法的贴现率均为16%，分别得出 1 703 万美元和 3 798 万美元的估值。表 4-7 展示了在假定现行市场价格范围为从 1 703 万美元到 3 798 万美元时，每种方法的预期回报率。可以支付股利方法的预期回报率始终大于由传统方法估计的预期回报率。

表 4-7　传统方法和可支付股利方法的预期回报率

现行市场价格/ $	预期回报率（%）	
	传统方法	可支付股利方法
17.03	**16.0**	25.5
20	14.3	23.2
25	12.3	20.4
35	10.0	16.7
37.89	9.6	**16.0**

事实上，如果这种偏差是一致的，那么利用传统方法而非可支付股利方法将会导致对阿尔法的系统性低估。但最终的分析中，可支付股利方法和传统方法的实际估值差异是一个实证问题。

4.4 账面价值与经济价值的权重

在股利估值分析中引入误差的可能性不仅可以从忽略可支付股利的概念得到，还可以从利用账面价值而不是经济价值权重来评估目标资本结构得到。运用账面价值会导致不当权重，并因此产生估值误差。这种误差可以运用与前面的例子相同的方式展示出来。

表 4-8 给出了直到第 6 年的每一年可支付股利和股本价值。我们运用价值权重而不是账面权重来衡量资本结构，第 0 年的股本价值是通过表 4-9 所给的现金流模型和表 4-10 所给的股利贴现模型计算出的。在每一种情况下，第 0 年的股本价值为 3 718 万美元。现金流模型和股利模型只有在负债和所有者权益的资本结构权重是由经济价值而不是账面价值衡量的时候，才能得到相同的估值结果。需要注意的是，这正是表 4-8 所做的事情，每个期间的负债所有者权益比率保持为 25%，或者资本结构包括 20% 的负债和 80% 的所有者权益。

表 4-8 可支付股利预期 （单位：百万美元）

项目	年份						
	0	1	2	3	4	5	6
税后营运收入（来自表 4-3）/ $		7. 29	8. 16	9. 14	10. 24	11. 47	11. 93
投资（扣除折旧）/ $		6. 36	7. 12	7. 98	8. 94	10. 01	3. 74
营运现金流/ $		0. 93	1. 04	1. 16	1. 30	1. 46	8. 19
－利息支出/ $		0. 56	0. 62	0. 70	0. 78	0. 88	0. 98
＋负债调整/ $		1. 12	1. 25	1. 40	1. 57	1. 76	0. 66
股利/ $		1. 49	1. 66	1. 86	2. 09	2. 34	7. 87
营运现金流现值/ $ （负债加所有者权益现值）	46. 47	52. 05	58. 30	65. 30	73. 13	81. 91	85. 21
负债占公司总价值 20%/ $	9. 29	10. 41	11. 66	13. 06	14. 63	16. 38	17. 04
所有者权益现值/ $	37. 18①	41. 64①	46. 64	52. 24	58. 50	65. 33	68. 17

①股东获得 16% 的年回报率。例如，第 0 年末投资 3 718 美元要求在第二年中获得 5. 95 美元的收益。因此，在第二年投资的价值为 37. 18 美元加上 5. 95 美元减去 1. 49 美元的股利支付，即 41. 64 美元。

表 4-9 展示了运用账面价值版本的可支付股利方法，相较于表 4-8 的 3 718 万美元，给出了 3 789万美元的所有者权益价值。这个差异相对较小，是因为我们假定在计算账面价值版本的可支付股利时，第 0 年的负债和所有者权益对账面价值和经济价值是一样的：即分别为 929 万美元和 4 647 万美元。如果这个假定放宽了，则可能会产生显著的差异。

比方说，假如所有者权益的账面价值只是其经济价值的一半，那么账面负债所有者权益比率目标会是 50% 而不是 24%。因为股本贴现率是直接根据市场价格估计得到的，唯一的改变是由增加的杠杆所导致的增加的股利。这种股利的上升反过来会产生一个比当账面和经济权重一致时所得到的 3 789 万美元更高的所有者权益价值。

表 4-9　运用现金流模型经济价值杠杆方法计算的第 0 年的所有者权益值

（单位：百万美元）

年度	营运现金流/ $	现值系数 $1/(1.14)^t$	现值/ $
1	0.93	0.877 2	0.82
2	1.04	0.769 5	0.80
3	1.16	0.675 0	0.78
4	1.30	0.592 1	0.77
5	1.6	0.519 3	0.76
5 年的现金流现值			3.93
第 5 年的公司价值现值[a]			
	$\frac{\text{第 6 年营运现金流}}{(k_a-g)(1+k_a)^5}=$		
	$\frac{8.19}{(0.14-0.04)(1+0.14)^5}=$		42.54
总现值			46.47
减去 20% 的负债			9.29
所有者权益现值			37.18

[a] k_a 等于加权平均资本成本，由以下方式得出：

	权重	成本	加权成本
负债	0.20	0.111 （1－0.46）	0.012
所有者权益	0.80	0.16	0.128
			0.140

表 4-10　运用股利贴现模型经济价值杠杆方法计算的第 0 年的所有者权益值

（单位：百万美元）

年度	股利/ $	现值系数 $1/(1.16)^t$	现值/ $
1	1.49	0.862 1	1.28
2	1.66	0.743 2	1.23
3	1.86	0.640 7	1.19
4	2.09	0.552 3	1.15
5	2.34	0.476 1	1.11
5 年的股利现值			5.96
第 5 年的公司股价现值			
	$\frac{\text{第 6 年的股利}}{(k_e-g)(1+k_e)^5}=$		
	$\frac{7.87}{(0.16-0.04)(1+0.16)^5}=$		31.22
总现值			37.18

4.5　结论

传统股利模型没有将预期营运、投资以及融资决策的现金效应纳入考虑，所以可能会错误地估值。如果没有对传统模型中分析师如何估计股利的值有一个详细的认识，将会很难确定误差的大小。但分析师建议较大的误差可能出现在具有以下特征的公司中：①期间与期间之间的销售额增长率差异相对较大，②相对较高的营运资本和固定资本投资需求，以及③负债和所有者权益的经济价值和账面价值之间的差异相对较大。

参考文献

1. See D. F. Hawkins and W. J. Campbell, *Equity Valuation: Models, Analysis and Implications* (New York: Financial Executives Research Foundation, 1978), pp. 31–50.
2. See, for example, R. L. Hagin, *Modern Portfolio Theory* (Homewood, IL.: Dow Jones-Irwin, 1979), p. 246.
3. A. Rappaport, "Inflation Accounting and Corporate Dividends," *Financial Executive*, February 1981, and "Selecting Strategies That Create Shareholder Value," *Harvard Business Review*, May-June 1981.
4. See, for example, J. B. Cohen and E. D. Zinbarg, *Investment Analysis and Portfolio Management,* fourth edition (Homewood, IL.: Richard D. Irwin, 1982), p. 397; Hagin, *Modern Portfolio Theory, op. ext.,* p. 248; Hawkins and Campbell, *Equity Valuation, op. cit.,* p. 42; and J. F. Weston and E. F. Brigham, *Essentials of Managerial Finance,* sixth edition (Chicago: Dryden Press, 1982), p. 455.
5. See R. Brealey and S. Myers, *Principles of Corporate Finance* (New York: McGraw-Hill, 1981), pp. 403–405.

第 5 章 CFA Institute

现金流贴现法在估值中的应用[⊖]

格雷戈里 A. 吉尔伯特，CFA

金融理论指出，一个持续营运中的企业的公平市场价值是其预期现金流的现值。这个概念框架称为现金流贴现（DCF）估值法。尽管 DCF 方法在理论上实施看似简单，但在实际操作中相当复杂且具有很强的主观性。它要求分析师在现金流、贴现率和终值的估计中要非常谨慎。幸运的是，客户主观性和让估值过程更加理性和客观的方法有很多。

根据金融的相关书籍，一个持续营运的企业的公平市场价值是其预期现金流的现值。这个简单的概念框架被称为现金流贴现（DCF）估值法。DCF 方法中必要的计算同样简单：将第一个每年现金流的个别估计值的现值相加直到无穷。尽管 DCF 方法在技术上是衡量一家公司价值的正确方法，且在理论的执行上看似简单，但在实践中，该方法相当复杂且非常主观。在本章中，我将会讨论尝试克服这种主观性和让估值过程更加理性和客观的方法。

5.1 DCF 方法的计算公式

图 5-1 中的式（1）所示为 DCF 方法的计算公式。每个时期（n）的现金流（CF）运用复利形式［$(1+i)^n$］贴现为其现值。公司的价值等于从一到无穷的每期现值之和。通过大量的工作，通常可以得出一个可接受的下一年现金流估计。每增加一年，在可接受的准确度内估计就变得更

⊖ 版权所有©1990 格雷戈里 A. 吉尔伯特，CFA。摘自 *ICFA Continuing Education Series*（1990）：23 ~ 30. 本章来自 1989 年 12 月 5 日在芝加哥举办的关联企业和不活跃交易证券的估值会议。作者格雷戈里 A. 吉尔伯特，CFA 在本文发表时正是企业估值公司的总裁。

困难。

在现实世界中，很难处理延伸到无穷并仍保持理性的时间期限问题。因而，当现金流贴现方法被用来估计一个企业的价值时，遥远的未来通常由一个代表较近时点上的卖出价格（终值）的估计值组合而成。因此，如果式（1）在 t 时期结束而不是持续到无穷，该公式可以修改为如式（2）所示。通常情况下，我们估算 5 年或 10 年的个别现金流（CF_1，CF_2，CF_3，CF_4，…，CF_t），然后估算期末公司能被卖出的价值（TV_t）。然后所有的这些估值采用标准的复利公式被贴现到他们在估值日的现值，现值加在一起得到所估计的值。

在简要地回顾了 DCF 模型方法背后的公式后，我们将着手考查公式的各个组成部分和估计他们的方法。

（1）DCF 公式

$$\text{公司价值} = \frac{CF_1}{(1+i)^1} + \frac{CF_2}{(1+i)^2} + \cdots + \frac{CF_\infty}{(1+i)^\infty} = \sum_{n=i}^{\infty} \frac{CF_n}{(1+i)^n}$$

式中 CF——现金流

i——贴现率

n——时间期限从 1 到无穷

（2）公平市场价格估计

$$\text{公司价值} = \sum_{n=1}^{t} \frac{CF_n}{(1+i)^n} + \frac{TV_t}{(1+i)^t}$$

式中 CF——现金流

i——贴现率

n——时间期限，时间——$1 \sim t$

TV——终值

图 5-1 公式

资料来源：Gregory A. Gilbert.

5.2 现金流的估计

DCF 过程中的第一步是估计个别的现金流。在这类分析中，现金流的定义很关键。大多数人使用自由现金流或净现金流的定义。这些可互换的术语，通常定义如下：①预期所得税调整后收入；②加上折旧及摊销；③减去必要的资本支出；④减去必要的营运资本增加；⑤减去债务本金偿还，有时还有⑥新发行债务调整。

简单地说，自由现金流（free cash flow）是现金来源，减去留在企业中并持续以预期增长率增长的必要资本支出之和。这些支出必须包括在内，因为如果一个公司的资本机器变得陈旧过时，或是若不增加运营资本就不能增长，那么这个公司就不能持续经营下去。我们的目标是估计经常性盈利以及与这些盈利相关的所有现金流项目，包括必要的资本支出。这些估计是 DCF 估值方法中主观性的第一个区域。

估计年现金流量的方法之一是使用该公司的财务历史作为预测的基础。使用历史数据的方法有很多。其中最好的方法是建立一个该公司的财务模型。该模型可能很简单，例如销售额和雇员之间的数学关系（以美元计算或以单位物品计算），或者它也可能相当复杂，将许多变量之间的非线性关系结合起来。估计现金流量的过程与制订 5 年或 10 年的业务计划相似。应考虑利润表中所有关键项目。

除净盈利估计外，它还应包括对所需资本设备，财务营运资本所需现金，以及任何额外债务的分析。

与做出详细的未来估计相似，评估师必须经常对会计收入作出调整以得到真正的经济收入，也就是由业务营运所产生的现金流。可能最常见的调整是确定所有者的补偿在经济意义上是否正确。评估师查看其他员工以及他们的补偿。工资单上真的需要所有者的祖母吗？如果产品是“祖母饼干”，而她是唯一一个拥有配方的人，那么祖母可能是非常重要的。否则，她可能对公司来说不是必要的。

与关联方的合同组成第二个方面的调整。租赁合同是这个类别中最常见的类型。通常情况下，企业所有者以个人名义持有的土地及建筑，并将它们租赁给企业。已经有很多的尝试想要使出租率接近公平市场价值率。然而，在某些情况下，租赁率太高；而在另一些情况下，租赁率太低。这样的安排往往取决于对所有者的个人纳税情况。评估师有责任调整实际出租率和经济租赁率之间的差异所导致会计收入。理论依据是一个新的买家可能会调整租赁（或其他类型的合同）到一个经济租赁率，并更准确地计算公司的营运的收入。

第三种类型的调整是从利润表中删除非营运资产相关的收入和费用，例如，一架飞机并非用于商业目的，但由公司拥有并维护。维护和运营该资产的成本必须从利润表中删除，以避免评估师估计该公司的营运收入失真。其他类型的资产可能有必须从利润表中删除的收入，还有一些资产可能有收入及支出。

第四组调整是针对非经常性收入和支出做出的调整。例如，如果公司因为一场官司产生 20 万美元的法律费用，而这些费用是不太可能在 5 ~ 10 年的时间跨度内再次出现，因此它们应该被删除。

分析师必须做第五类调整是资本不足（或盈余）。评估师必须确定公司的业务是否将需要更多（或更少）的资本和增加（或删除）该资本将如何将影响利润表。

最后，需要经常做调整来协调不同的会计处理方法。这些调整不仅是获得真正的经济收入或现金、数据过程的一部分，也是让公司的现金流估计符合计算贴现率所用的数据所必需的。遗憾的是，当企业是公有的时候，不可能总使得不同的会计处理方法协调。因此，有时这两个原因之间有冲突的。在这种情况下，不应当做任何调整。评估师必须确保公司的现金流量尽可能地接近那些公开上市公司推导贴现率所用的现金流。事实上，评估师有时必须构建两套估计的现金流报表：一个是调整后的报表，尽可能地使关联企业看起来就像一家上市公司，而另一个报表则试图表明经济现实。

5.3　贴现率

DCF 过程的第二步是确定贴现率。

5.3.1　定义

贴现率被定义为一个投资者需要从现金流贴现中推导出来的回报率。贴现率有六个重要的特点。贴现率：

1. 受市场影响；
2. 随时间变化；
3. 取决于被贴现的现金流；

4. 必须经风险调整；
5. 基于替代性投资的可获得收益率；
6. 经过通胀调整的。

5.3.2 外部因素

三个基本的外部因素影响贴现率：①总体经济条件；②替代性投资的可获得收益率；③行业状况及前景。分析外部因素的过程给评估师提供了什么可能影响贴现率的总体认知。几个基本问题的答案可能会提供丰富的信息。例如，行业可能会增长5%？10%？行业是稳定的吗？行业正在萎缩吗？行业的增长将如何影响现金流的期望？如果管理层表示，相关公司正打算在未来10年以每年10%的速度增长，但行业是稳定的或正在下降，该预期可能是没有意义的。

5.3.3 内部因素

有三个影响贴现率的内部因素：①财务风险，②经营风险，③现金流估计的相关风险。

1. **财务风险**有五个基本来源：杠杆、覆盖范围、周转率，回报和流动性。贴现率的调整作用是相当明显的；金融措施中的风险较高必定导致更高的贴现率。

2. **操作风险**有以下基本来源：管理、会计方法、市场的稳定性、客户群和竞争地位。在评估管理能力的时候，评估师必须将贴现率纳入分析，无论会计方法是保守的还是激进的等。例如，如果使用激进的会计处理，增加的风险都留在现金流预测中，则应该使用一个更高的贴现率。另一方面，一个非常稳定的客户群可能导致贴现率的降低。同样的，如果竞争很激烈，贴现率应该会更高；如果只有非常小的竞争，贴现率应该会较低。

3. **与现金流估计有关的风险**。如果围绕十年期的销售额和盈利预测有相当大的不确定性，如一个新创的公司，这将是真实的，考虑到这种风险贴现率必须更高。另一方面，如果公司有稳定的经营历史和良好合作关系，更大的预测的确定性应该反应在一个更低的贴现率。

5.3.4 组成部分

贴现率是一个由三个部分组成的函数：①无风险利率，②覆盖股票风险和行业风险的一般风险溢价，③公司特定风险的因素。

1. **无风险利率**是最容易确定的客观因素。有三种公认衡量无风险利率的方法：长期政府债券、中期国库券和短期国债。在构造贴现率中所使用的适当的无风险利率工具是与投资期限相匹配的那一个。对一个时间跨度很长的股权投资，30年期的债券可能比价适合。一个典型的金融期限通常是5~7年，在这种情况下，中期票据会比较适合。最后，如果评估师评估类似于专利的一些东西，只剩下几年时间就要到期，短期国库券可能是无风险利率的一个比较适当的衡量。一个分析师必须确定什么是合乎情理的。

2. 对评估师而言确定合适的**一般风险溢价**是困难的。评估师用来估计风险溢价的基本方法有四种：

- 四种常用的方法之一是**直接比较法**。这种方法包括从实际交易中得出贴现率。遗憾的是，总是很难找到所需的数据。
- 四种方法中的第二种是**股价现金流比率的倒数加上增长率**。这种方法包括四个步骤。第一步是寻找一系列被认为与被估值公司足够相似或可比较的上市公司，或者如果你真的很幸运，找到具有可比性的上市公司。第二步是计算相似的上市公司的股价现金流比率。

第三步是倒置股价现金流比率得到现金流股价比率。现金流股价比率是一个真正的资本化比率（注意：股价等于现金流除以资本化率，或者资本化率等于现金流除以股价）。资本化率和贴现率之间的差异就是增长率。它们之间的关系是资本化率加上增长率等于贴现率。第四步是根据相似的上市公司估计增长率。请注意，此处引用的增长率是预期的（没有观察到的）长期增长率。贴现率的推导的最后一步是将增长率加上现金流股价比率。

- 得到一般风险溢价的第三种方法是使用**历史的股市回报数据**。伊博森·辛克菲尔德（Ibbotson-Sinquefield）的研究都是历史回报率的常用来源。[1] 股票回报率和无风险利率之间的差被认为是应付给投资者的，因为承担股权风险而获得的额外回报的衡量。为了评估的目的，一般股权风险溢价估计通常是小型股和相同的政府债券收益率的算术平均值之间的差异。
- 第四种估计贴现率的一般风险溢价部分的方法是**资本资产定价模型**（CAPM）。这可能是评估师最常用的方法。资本资产定价模型的公式如下：

$$R_e = R_f + (R_m - R_f)B$$

式中 R_e——预期收益率

R_f——预期无风险利率

R_m——预期市场收益率

B——预期系统风险（通常被称为贝塔）。

CAPM 模型所需的输入要素可以从多个来源获得。市场回报率（R_m）通常来自历史股市回报（Ibbotson and Sinquefield，1989）。贝塔只公布上市公司的数据，因此适用于个别公司的贝塔必须去估计，通常采用类似的上市公司的贝塔系数。贝塔的选择对精确计算贴现率是至关重要的，但评估师在选择过程中能获得的指导很少。此外，CAPM 理论是基于对预期回报率（R_f和 R_m）以及预期贝塔值的估计。在实际操作中，我们只能利用历史回报和历史的贝塔系数。不幸的是，回报和贝塔都随时间而变化，使用历史的衡量数据会令人存疑。

在资本资产定价模型的理论框架中，特定的回报率（阿尔法）被假定为分散在高效组合中，但它可能仍然存在在相关的个股中。

我对使用 CAPM 模型来推导贴现率仍然持怀疑态度，因为模型的关键输入要素都是如此的主观。用像 CAPM 这样的模型来估计贴现率的原因是为了增加估值过程的客观性。具有讽刺意味的是，在 CAPM 的过程中的主观决策需求可能会增加最终贴现率的主观性而不是客观性。

3. 贴现率的确定中最难的部分是估计**公司特定风险溢价**。不幸的是，没有客观的数据以帮助获得合适的公司特定风险溢价（或者 CAPM 说法中的阿尔法）。经验是非常宝贵的。必须单独评估每个公司的情况，所有的风险因素必须得到识别并纳入公司特定的溢价。正如股票市场为各上市公司确定不同的贝塔，评估师必须为各标的公司确定不同的贝塔系数（或者用行业贝塔值加个体的阿尔法值）。

5.4 终值

一旦周期性的现金流量已被估计出及贴现率已被选定，图 5－1 中的式（2）的第一项可以计算出来。完成的贴现现金流计算所需的最后一条信息是终值。如前所述，如果公司在 t 年将会被出售，终值是其在 t 年的价值。有几种方法可以来估计终值。

最常用的方法是“资本化”预期的下一期（“$t+1$”期）现金流。在公式（1）中，如果现金流的增长率从第一期到无穷大的时间期限内是恒定的，且如果增长率相对于贴现率较小，公式（1）可以简化为：

$$公司价值 = \frac{CF_1}{i-g}$$

式中 CF_1——第一期的现金流（下一期）

i——贴现率

g——从时刻 $t=1$ 到时刻 $t=$ 无穷的固定增长率

这个公式基本上是戈登·夏皮罗（Gordon-Shapiro）模型。在业务考核中，它一般写成如下形式：

$$终值 = \frac{现金流_t - 1}{资本化率}$$

式中，资本化率 = 贴现率 - 增长率

在公式中使用的现金流是下一年的现金流。资本化率是风险调整和增长调整后的资本化率。其计算公式为单期资本。假定现金流同增长一样永远持续下去。由上式给出的终值是在未来的该时期且必须贴现到现在。具体来说，资本化的终值是在 t 年年底（而不是“$t+1$”，即使现金流必须是“$t+1$”年的），并且必须贴现到评估基准日的现值。

资本化率是一个非常重要的变量。在 DCF 方法中，50% ~80% 的计算值来自剩余价值项的情况并不少见。但是仍需十分谨慎，因为资本化率通常在 10% ~30% 范围内之间，资本化率的微小变化将对估值结果有重大影响。

资本化利率与贴现率一样，是由市场决定的，随时间变化，取决于被资本化的对象，并有一个很长时间范围的预期增长率。DCF 方法中现在时刻的资本化率的一般选择方法是采用之前得到的贴现率，并减去长期增长率的估计值。增长率的长期性不能被过分强调。如果长期通胀率预期为 4% ~5%，增长率将最低为 4% ~5%，也就是说，没有真正的增长。如果在此之上有真正的增长，分析师必须判定公司能以大于人口增长率的增长速度增长多久，人口只有 1% ~2%，以及如果从超过 50 年的时间跨度来看额外的增长均值将会是多少。IBM 和麦当劳都以高于人口增长率加通胀率的速度增长了很长一段时间，但他们是非常特殊的公司，大多数企业无法做到这一点。

作为估计终值的资本化过程的一种替代，人们可以假设，在时刻 t 结束的时候公司的价值符合其账面价值。如果一个公司的价值一直符合其账面价值，时刻 t 可能与其他任何时刻一样；至少是几年的时间之后。（然而，检查时刻 t 的预期资本收益率以查看账面价值是不是账面价值的一个合理估计值。但是如果你正在预期一个从现在起 10 年内中的股本回报率，不要使用账面价值作为终值，因为 10 年后的行业回报率是现在的两倍）。未来的账面价值必须贴现至其估值日的现值。

计算终值的另一种方法是使用行业的经验法则。如果你使用经验法则，必须确定它是有道理的，或至少不会违反常识。

5.5 结论

DCF 估值法是理论上最“正确”的估值方法。评估师在估计现金流量、贴现率、终值的时候非常谨慎是有必要的。预期现金流量必须严格由所有可用的数据获得，且所有可用数据均支持该结论。

CAPM 模型可能有助于评估师，但该模型在识别和量化投资风险时必须有相应的智慧和经验。公司特定风险不能被遗漏。同样，其他的方法也可以用来帮助获得贴现率，或通过利用 CAPM 模型对所获得的贴现率进行证实。

估计终值可能是 DCF 方法中最关键的部分，因为通常情况下的最终评估值的一半以上来自终值。资本化率和增长率是得到准确的终值过程中至关重要的部分。

5.6 问答部分

问　　题： DCF 分析中应该使用什么范围内的贴现率？

吉尔伯特： 答案取决于具体的公司。当你正面对一家初创公司，你预期风险资本家的预期收益率，也许高达每年 100%，甚至更多。事实上，除其他原因外，如果贴现率很高意味着你对被贴现的现金流没有太多信心。对于非初创公司，贴现率通常低至 10% ~30% 的范围内。

问　　题： 贴现率应该是税前的还是税后的？

吉尔伯特： 答案取决于现金流量是否扣除税费。大多数评估师使用自由现金流量及税后贴现率。

问　　题： 终值计算时采用一个较高的贴现率，认为目前较高的风险也适用于未来是否合适？

吉尔伯特： 在概念上，采用一个更高的贴现率非常合理，但在实际中你几乎没有看到过这么做的。

问　　题： DCF 分析导出的估值是一个少数股东的股票价值还是一个控制者的股票价值？

吉尔伯特： 这个价值取决于你所使用是控制者贴现率还是少数股东贴现率。例如，如果你调整所有者补偿，并加回一个巨大的增量，因为所有者采取过度补偿，那么你可能已经抓住了现金流（分子）中一大部分的主流溢价。同样，如果你估计少数股东的股票价值，且你也没有调整过度所有者补偿（基于少数股东权利去要求控制者拿较低的工资的理论），很多少数股东权益贴现都是在分子中。

问　　题： 如果在现金流量预测中，使用的营运现金流或净收入，而不是使用净自由现金流作为分子，哪一个是恰当的贴现率？

吉尔伯特： 通常情况下，我只需增加 5 个百分点。这是是一个完全实证的方法。5 个点是没有理论依据的，只是大部分时候似乎得出的结果是正确的。

问　　题： CAPM 模型有什么不妥？

吉尔伯特： 我将从有效市场理论开始讲起。我不认为有效市场理论存在其强有效形式或半强有效形式中。我也对其他 CAPM 模型的相关假定存在疑问。我不喜欢当理论要求预期性的数据时，我们必须用历史数据这个事实。我也不喜欢任何人都可以在无风险利率借贷的假设，这不是一个现实的假设。此外，我不相信对只是普通股票的投资组合使用 CAPM 模型是有效的。毕竟，这个理论是从由每种资产组成的资产组合中得出的，不只是容易计量的金融资产。若把 CAPM 模型运用在一个单一的公司上使得该理论向前推进了一步。

紧接着，存在一些与贝塔有关的问题。首先，它们是不固定的。其次，我不知道我们是否正确的量度了贝塔。价格波动是不是风险的正确衡量方式？盈利波动或股利波动也许会更好？这一系列的问题还有很多。

问　　题： 如果收益率曲线是反转的，你仍然会使用 20 年或 30 年期政府债券作为长期无风险利率？

吉尔伯特： 是的，虽然我不喜欢在长期股权估值中处理一个反转的收益率曲线。

问　　题： 你指出 DCF 估值方法是非常主观的。在选择比较对象和调整报表时需要主观判断的市场方法难道不也是主观的吗？给出 DCF 分析在许多方面，也就是说，收入和利润预期、贴现率、终值估计等方面的主观程度，DCF 分析能不能精确到被用作其他估值方法的敏感性测试？

吉尔伯特： 主观性是很重要的。没有主观性，我的电脑会做一切事情，这个房间里的每个人都将会失业。每一种评估办法中有很多的主观性。当涉及选择正确的乘数时，市场法有很大的主观性。一套好的数据将缩小合理设置的选择范围，但最后一步，从缩小的范围内到“真实”的值，取决于主观性。

问　　题： 为少数股东的估值做收入调整合适吗？

吉尔伯特： 如果你做出调整，一些控制者溢价可能会包含在调整内。所以，如果你正在做一个少数股东评估，你必须要考虑少数股东贴现率。如果你不为少数股东估值做收入调整，那么大部分少数股东贴现可能会包含在现金流内，因此，你不需要像大多数股东贴现率一样做少数股东贴现率。

问　　题： 必要的资本性支出是标准 DCF 公式中分子的一部分吗？如果是这样，你采用一般公认会计原则（GAAP）的资本开支还是经济资本支出？例如，你怎么建议处理如飞机或卡车车队等通过经营租赁融资的资本支出？

吉尔伯特： 假定租赁是良好的、公平的市场价值的第三方租赁，那么租金应该已经包含在现金流中。我更喜欢使用经济资本支出而不是 GAAP，因为 GAAP 会计准则与估值反面不是很相关。

问　　题： 如果使用乐观估计的现金流量，贴现率是否应比用于保守估计的现金流量的贴现率更高？

吉尔伯特： 是的，当然可以。

问　　题： 你是否使用概率树作为调整贴现率的另一种方式来反应估值误差？

吉尔伯特： 这取决于观众：切勿使用概率树作为判定结果。另一方面，如果你有一个非常学识渊博的企业的 CFO，他可能了解概率树，那么你可以使用它。

问　　题： 估计或有负债的价值最好的方式是什么？

吉尔伯特： 处理或有负债像一场可能会使公司破产的官司最好的方式是，在或有负债之前对公司进行估值，然后根据或有负债调整估值结果。对这种事情，概率树是很好的选择。当然，最大的问题是分配概率。

注释

1. See Ibbotson and Sinquefield (1989); data is updated annually by Ibbotson Assoicates.

第 6 章 CFA Institute

股权价值分析的个案研究：默克公司（Merck & Company）[一]

兰德尔 S. 比林斯利（Randall S. Billingsley），CFA

认识油画工具是一回事，而用它们完成一幅油画却远非那么简单。公司股权价值评估也是如此，知道价值评估的方法是一回事，而运用它们来评估股权价值又是另一回事。本章通过默克公司这个案例，向读者介绍如何运用价值评估的知识对该公司股票进行评价。我们会发现，价值评估知识本身虽是一门科学，然而运用评估工具却是一门艺术。

比尔·库雷斯（Bill Kurious）是一位宏观理念投资管理（Grand Concepts Investment Management）的初级分析师，也是一位准 CFA。他被指派了一项关于默克公司普通股价值评估的任务。默克公司是全球最大的化工制药企业，集开发、研制、生产、营销于一体，生产人、动物的保健品和精细化工品。该公司以其卓越的资产和销售回报而持续进入美国《财富》杂志全球企业 500 强排名，也被视为美国“最佳”公司之一。

库雷斯希望这次的表现能给其上司艾米·兰德尔（Amy Randall）留下好印象，而这也是他第一次完成一份现实的价值评估报告，经验的不足和期望良好表现之间的冲突使得库雷斯耿耿于怀。兰德尔之前要求他在分析中运用多种价值评估方法，同时所有的假定都要运用敏感性分析明确严格地评价。兰德尔还进一步指示，要求库雷斯在分析过程中，形成投资意见之前，讨论其所用评估工具的优势和弊端。

[一] 摘自 AIRM 会议记录：股票分析及价值评估，1993（12）：63～95。该报告来自 1993 年 3 月 1～3 日在东京举办的股票分析及价值评估会议。作者 Randall S. Billingsley，CFA，在该文发表时任投资管理研究协会（AIMR）副主席。

当月正值总统克林顿宣誓就职，这件事带来的影响增加了库雷斯评估工作的难度。众所周知，新任总统更青睐于能为更广泛群体提供可承受的医疗服务，因此美国的医疗保健制度无疑将会进行巨大变革。不少分析师认为新政府将对药品施行更严格的限价政策，这必然致使药品行业风险大增。事实上，因政策的不明朗给药品行业未来带来的风险已使很多投资者和分析人士对该行业信心不足。

尽管面临困难，库雷斯依然将运用CFA课程中的各种价值评估工具完成这项任务。他决定设置一系列问题，以便有条不紊地引导自己的评估过程。随着问题的展开，他开始对默克公司、药品行业以及相关互补的股价评估方法进行系统全面的考察，并完成了如下的调研报告。

6.1 默克公司近年年报

截至1993年1月，默克公司有约38 000名员工以及91 000名股东。1989年和1990年，各海外子公司的销售量占比47%，而1991年为46%。公司最主要的产品包括抗高血压和心绞痛药Vasotec（沃热泰克）和Prinivil（赖诺普利片剂），抗生素Primaxin（皮平马科星）和Mefoxin（头霉噻吩甲氧头孢菌素钠），抗消化性溃疡药Pepcid（法莫替丁），Recombivax HB（重组乙型肝炎疫苗），以及抗溃疡病药Prilosec（奥美拉唑缓释剂）。默克公司的财务数据详见附录6A。

6.1.1 战略目标

默克公司的最大战略目标在于药品的研发、生产和销售，引领科技和医疗的进步。年度目标包括：在销售量增速、每股收益、资产收益率（ROA）上保持行业领先。操作上，默克相信科技和研发（R&D）是长期发展的关键。事实上，该公司1991年在R&D上的投入是10亿美元，这个投入占当年全美药品业R&D投入的10%，也占当年全球R&D投入的约5%。据默克公司1991年年报，该公司将在1992年增加R&D投入至16%。

6.1.2 结构重组

默克公司意识到，药品行业在研发、生产和营销上正日趋国际化。基于此，公司决定展开全球范围内的重组，以增强生产力，并注重发展战略联盟。此次重组影响到其海外销售、疫苗出口以及生产。

特别地，默克公司创设了一个人类健康部（Human Health Division），负责处方药的全球销售。该部门的设立使默克公司在美国及全球的营销得以加强。该部门之所以创设，也因默克公司洞察到如下事实：美国医疗保健服务系统的改变正使得传统营销技巧变得过时，管理型医疗保健企业、健康维护组织（HMOs）、医疗机构等在默克公司客户群中的占比正在增加。疫苗部的设立，旨在通过内部科研和国际战略联盟寻求发展机会。生产部联合了31家化学和制药厂，合并成为一家全球性组织。

1991年，默克公司的主要战略联盟包括与阿斯特拉公司（Astra AB）、杜邦公司（DuPont）、强生公司（Johnson & Johnson）的联合投资。阿斯特拉·默克公司联合生产抗消化性溃疡药Prilosec（奥美拉唑缓释剂）、抗高血压药Plendil（波依定）。杜邦·默克制药公司生产的心脏造影剂Cardolite（卡德莱）、抗凝血制剂Coumadin（香豆定），以及IV Persantine（双嘧达莫 IV），同时还对治疗阿尔茨海默病的药物进行联合研发。强生/默克消费者制药公司的基本发展战略是将默克公司的某些处方药开发出非处方版本，第一种试开发的药物是默克的 Pepcid（法莫替丁）。

6.1.3　医疗改革中的定位

默克公司发现，以美国社会可承受的成本来实现人人享受医保的愿望极具挑战性。1991 年，美国全年医保账单近 7 500 亿美元，比 7 年前增了一倍。不仅如此，当年仍有 3 400 万美国人缺少甚至没有医保服务。

默克公司强调，药品是医保系统中最能体现成本 - 效益的部分，因其可避免不必要的高价诊疗。在过去 20 年中，药品花费占医保账单的比重在持续下降。

该公司原则上主张每位公民应该获得必要的医保服务和药品，并承诺将与各公共机构和私营机构合作解决此问题，以及保持一种创新和勇于承担风险的行业环境。

6.1.4　展望

默克公司预期未来仿制药和海外企业带来的竞争将会加剧。此外，该公司预期传统的医疗保健服务模式将进一步转变，更多转移至保健服务组织。该公司认为这一趋势将使私人医疗领域及政府资助医疗领域的成本增速放缓。默克公司期待通过获取审批、研究合作以及其他战略联盟的方式获得新产品。该公司正计划着适应欧洲共同市场上的经济一体化，并呼吁各成员国在新药的管理审查、药品定价、医疗偿付系统、药品责任、专利恢复法方面采取统一的政策。

6.2　美国制药行业的基本信息

在梳理完默克公司自身的特点之后，库雷斯将注意力转向了该公司所处的制药行业。美国主要制药公司的相关数据请详见附录 6B。

6.2.1　制药公司的定价和需求

制药公司的需求价格弹性相对缺乏。由于第三方支付（如政府、保险公司和大型企业雇主）承担了绝大部分的医疗费用，美国消费者对药品价格并不十分敏感。需求缺乏弹性意味着制药业是具有抵御衰退能力的行业。

药品需求对重大的人口结构变化较为敏感。美国 65 岁以上年龄段的人口一直在增加。这个被称为“美国老龄化”的现象预示着对药物需求的增长。然而，药品费用的第三方支付在老年群体的覆盖范围有限且支付不统一，因此，这些老年人相对于普通人群而言对药品的需求更具价格弹性。

6.2.2　整合和合资企业

在历史上就有着低于平均行业集中度的美国制药业由大量的中型制药公司组成。然而最近几年，合并的趋势在减少公司数量的同时又壮大了制药公司的规模。著名的收购兼并案例有：史克·贝克曼公司（SmithKline Beckman）与必成集团（Beecham Group）高达 160 亿美元的兼并；布里斯托尔·迈尔斯公司（Bristol Myers）以 115 亿美元收购施贵宝（Squibb）制药；瑞士霍夫曼·罗氏制药公司（Hoffman-La）以21亿美元收购基因泰克公司（Genentech）60%的股票；马里昂实验室（Marion Labs）与梅里尔·道医药公司（Merrell Dow）的合并；美国家用产品公司（American Home Products）以30亿美元并购了A. H. 罗宾斯公司（A. H. Robbins）。

这种整合的趋势将放缓，取而代之的是更多合资企业。具体的例子包括：默克公司与Repligen公司合作开发一种艾滋病疫苗；强生公司与默克公司合资销售非处方药；默克公司和杜邦公司共同研发和销售心脏病和高血压药物。

6.2.3 市场趋势

1984年的《沃克斯哈奇法案》（Waxman-Hatch Act）简化了对于仿制药的监管审批过程，使得制药企业更容易在市场中销售仿制药。美国仿制药市场因1988年的《医疗保险大病保险法案》（Medicare Catastrophic Coverage Act）而迅速增长。此外，未来几年将会有一批关键药物的专利保护到期。同时，医疗改革的推行将会增加廉价仿制药的需求。而大型制药公司也会加大仿制药的生产以减轻仿制药使用增加所产生的利润压力。

美国健康维护组织（HMO）通过广泛的决策能力和强大的购买力组织并建立了药物使用方案。此外，调查发现患者在药物选择过程中正从被动接受者向主动参与者转变。因此，制药企业必须考虑的不仅仅是吸引医生，还包括患者本人。

6.2.4 国际竞争

美国制药企业生产了世界药品市场大约40%的药物。尽管大多数其他国家采取了价格和（或）利润监控来限制药品价格，美国至今为止没有类似的管控。例如，欧洲国家过去20年药品价格的涨幅大约是一般通货膨胀率的一半。比较起来，美国同期药品价格的增长超过一般通货膨胀率的三倍，这样的定价差异给非美国的制药公司创造了巨大的机会。美国的药品市场同样被增速惊人的非法专利规避和出口限制所侵蚀。

美国公司对国际销售的显著依赖也意味着药品行业利润受到美元对其他货币价值波动的影响。美元走强将导致美国出口药品竞争力减弱从而损害医药行业，因为非美国产品会变得相对便宜。

6.2.5 美国政治、监管环境

克林顿政府强调更广泛的医保政策可能带来药品销量的增加，这在一定程度上缓解了业内对该政府更严厉药品限价措施的担忧。Value Line评级系统表明，在克林顿政府下，相对于通过涨价来获取利润的公司而言，那些依靠大量销售的公司更容易获得成功。（*Value Line Investment Survey*，Ratings & Report，November 6，1992，P. 1257）

目前，美国制药公司在波多黎各[⊖]的营业收入可免除美国联邦所得税。一些立法者认为，这种减税优惠政策至少在一定程度上造成了制药行业的暴利现象。总统当选人克林顿以支持减少该行业减税优惠政策的计划而出名。

1992年4月，美国食品药物管理局（Food and Drug Administration）宣布了一项新的计划，用

⊖ 波多黎各（Puerto Rican），正式名称为波多黎各自由邦，是美国在加勒比海地区的一个自治领地，面积8 959平方千米，位于加勒比海大安的列斯群岛东部，北临大西洋，南濒加勒比海，东与美属、英属维尔京群岛隔水相望，西隔莫纳海峡同多米尼加共和国为邻。

以加快新药制造及审批过程。美国食品药物管理局的程序修订，预期将把目前药品测试和获批的平均时长从10年缩短至少6年。

6.3 需要完成的任务

库雷斯将根据上述默克集团及制药行业的信息，着手准备他要提交给兰德尔的报告。考虑到医疗保健行业的不确定因素，他打算从最有可能、最坏、最好这三个角度入手，同时兼顾各种增长假设。他计划从以下几个方面进行分析：

1. 简要介绍当前药物营销方面所涉及的问题。

2. 应用波特（Porter）提出的竞争策略分析框架，来描述美国药物行业的竞争结构。图6-1简要描述了波特模型（关于波特框架的更多介绍，详见附录6C）。

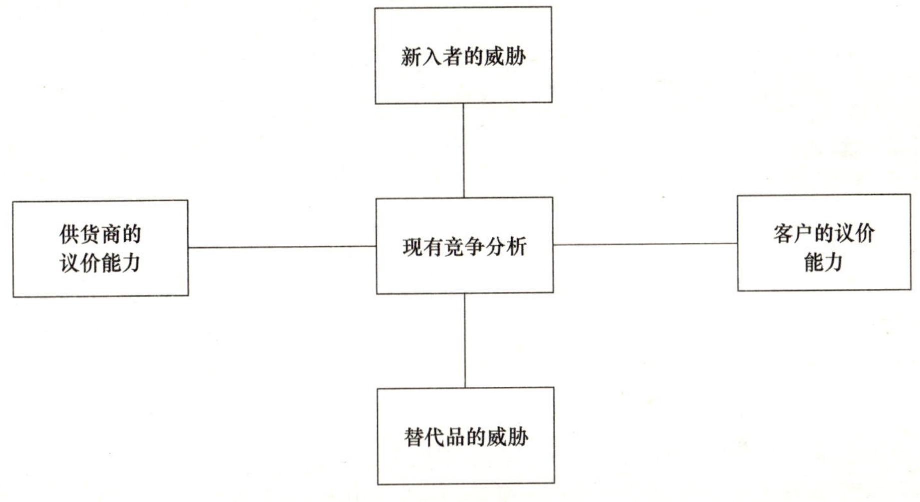

图6-1　竞争策略分析框架

3. 波特模型提到三种竞争策略，用来评估一个行业的竞争结构，据此分析默克集团对各种策略的依赖程度。

4. 使用表6-1提供的杜邦（DuPont）股权收益率（ROE）分解技术来评估默克集团最近的股权收益率表现（关于杜邦技术的更多介绍，详见附录6D）。请参考表6-2中所提供的财务比率完成股权收益率分析。

表6-1　股权收益率分解技术：默克集团，1987～1991

年份	股权收益率%	税负%	利息负担	营业利润率%	总资产	杠杆率
1991	43.16	67.0	0.978 8	37.61	0.905 7	1.932 1
1990	46.45	66.0	0.974 8	36.09	0.955 4	2.094 1
1989	42.47	65.5	0.977 2	35.66	0.969 5	1.919 2
1988	42.26	64.5	0.960 7	32.79	0.969 3	2.145 6
1987	42.82	64.5	0.961 4	28.88	0.891 1	2.683 4
行业均值（1991）	27.6%	71.7%	1.34	13.50%	1.12	1.90

资料来源：Calculations are based on the financial statements provided by Merck's 1991annual report. The industry average is calculated based on the data from "Annual Statement Studies, 1992," by Robert Morris Associates, and *Dow Jones News/Retrieval*.

表 6-2 比较财务比率：默克集团对比美国制药行业，1987～1991

比率	1991	1990	1989	1988	1987	行业均值（1991）
流动性						
流动比率	1.53	1.33	1.78	1.80	1.40	1.70
速动比率	1.18	1.02	1.38	1.43	1.06	1.14
盈利能力						
资产收益率	24.2%	24.1%	23.2%	20.4%	16.8%	13.9%
杠杆率						
利息备付率	18.0×	17.5×	19.3×	17.2×	21.3×	18.7×
总资产/普通股	1.93	2.09	1.92	2.15	2.68	1.90
营运能力						
资产周转率	0.91	0.96	0.97	0.97	0.89	1.5
应收账款周转天数（天）	64.7	63.2	69.6	62.0	76.6	67.6
存货周转率	1.95	1.99	1.99	2.32	2.19	3.8

注：年度均值。

资料来源：Calculations are based on data from Standard & Poor's *Industry Surveys*, RMA's "Annual Statement Studies, 1992," and *Dow Jones News/Retrieval*.

5. 使用现金流贴现法（DCF），计算从当前算起五年前的价格（P_5）估值，并由此计算出默克集团的内在价值。此处 DCF 模型要求将 P_5 的现值计入五年之前预期股息的现值当中。

在计算内在价值时，要进行敏感性分析，假定初始股息 d_0 = $1.00，贴现率 k = 0.142 4。注意，增长率 g_{1-5} 的范围来源于分析师的预测报告，见表 6-3，此外，当时政策的不确定性有可能使得增长率远远低于分析师的预测，预测报告中则提供了对这种可能性的概率估算。g_{long} 的估值反映的是初始五年期之后的潜在长期（即不确定的时间范围）的收益率。

表 6-3 五年收益增长率预测：大型制药公司（单位：%）

公司	均值	最高值	最低值
默克	17.1	19.0	14.0
百时美施贵宝	13.4	19.2	10.0
马里昂－梅里尔·道	10.4	17.5	3.0
美国家用产品公司	11.6	13.5	10.0
葛兰素	16.5	22.0	11.0

资料来源：Zacks Investment Research, as reported by *Dow Jones News/Retrieval*, January 1993.

库雷斯知道，不管是单步骤、多步骤现金流贴现法，还是 H 模型，都需要分析师确定最恰当的风险修正贴现率。他在 CFA 课程中学到的知识中，有两种方法可以用来计算贴现率：资本资产定价模型（CAPM）和套利定价理论（APT）。虽然 CAPM 的有效性一直以来都是争论的热点，但库雷斯认为它相对来说更直观、简便、易于使用，并且可以帮助自己更好地理解定价过程。尽管他也意识到很多分析师和研究者认为 APT 模型能更准确、更全面地反映投资风险，但是他觉得相对而言，APT 模型比 CAPM 更难以应用和解释。因此，他决定使用 CAPM 方法。

使用如下矩阵：

g_{long} \ g_{1-5}	0.190	0.171	0.140	0.100
0.120				
0.100				
0.080				

（1）估计 P_5 的值；

（2）使用 Part a 估值计算默克集团的内在价值。

6. 根据表 6-4，表 6-5，以及图 6-2 中的数据，应用两步骤现金流贴现法，依据价值线（*Value Line*）和分析师的预期增长率来估计默克集团的内在价值。

表 6-4　默克集团的资本资产模型贴现率数据

无风险利率（美国 30 年期长期国债，93/11/1）	7.44%
历史平均股票市场风险报酬率（$R_m - R_f$）	6.80%
β 系数（价值线）	1.00
贴现率 $k = R_f + \beta(R_m - R_f) = 0.0744 + 1(0.068)$	14.24%

资料来源：The30-year Treasury rate is from the *Wall Street Journal*, January 1993. The equity market risk premium is from Ibbotson and Sinquefield, *Stocks*, *Bonds*, *Bills*, *and Inflation*: *Historical Returns* (1926－87), Charlottesville, Va.: The Research Foundation of the Institute of Chartered Financial Analysts, p. 77.

表 6-5　默克集团现金流贴现估值模型数据：最有可能的情形

“超速”增长率①	17.10%	当前股息③	$1.00
1997 年预期价格②	$92.50	当前市场价格（93/11/1）	$43.25

①Zacks Investment Research，5 年的一致预测。

②*Value Line*，1995～1997 年的预测，最高 = $100，最低 = $85，均值 = $92.50（假定 P_5 = 均值）。

③最新的年度支付股息。

7. 根据第 6 项所提供的敏感性分析，精确估计默克公司的内在价值。分析必须说明估值结果在贴现时，对假设因素的敏感性。此外还要说明内生因素的变化对估值的影响，下列矩阵列出了最有可能、最坏和最好三种情形下各因素的取值，请在表格中填出不同情形下的估值结果：

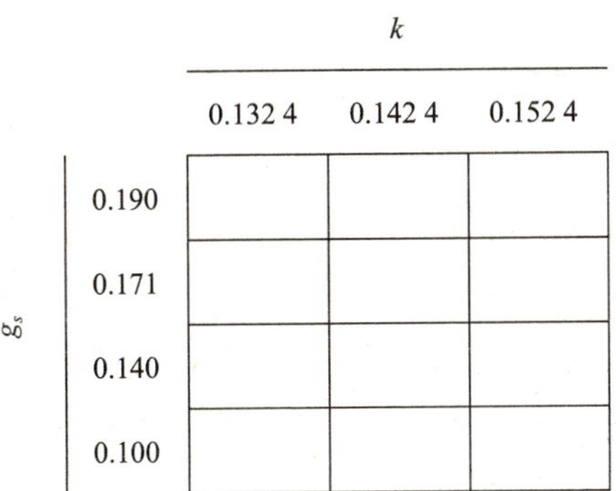

前三个 g_s（“超常”增长率的释义，详见附录 6E）分别对应正常情况下较高、适中和较低的预期增长率，而第 4 个 g_s 则可能是因不稳定的政策环境而导致大幅下降的预期增长率。假设在最有可能的情形下，P_5 = $92.5；在最坏的情形下，$P_5$ = $85；在最好的情形下，$P_5$ = $100。

MERCK & CO. NYSE-MRK

RECENT PRICE 44 | P/E RATIO 19.6 (Trailing: 21.3 Median: 17.0) | RELATIVE P/E RATIO 1.30 | DIV'D YLD 2.5% | VALUE LINE 1269

TIMELINESS (Relative Price Performance Next 12 Mos.) 3 Average
SAFETY (Scale: 1 Highest to 5 Lowest) 1 Highest
BETA 1.00 (1.00 = Market)

	1982	1983	1984	1985	1986	1987	1988	1989	1990	1991	1992
High:	5.7	4.8	5.8	5.4	7.7	14.4	24.8	19.9	26.9	30.4	55.7
Low:	4.2	3.8	4.5	4.3	5.0	7.5	13.6	16.0	18.8	22.3	27.3

(1992 column: 56.6 / 40.5)

Target Price Range 1995 | 1996 | 1997

1995-97 PROJECTIONS

	Price	Gain	Ann'l Total Return
High	100	(+125%)	25%
Low	85	(+95%)	20%

Insider Decisions

	J	F	M	A	M	J	J	A	S
to Buy	0	0	0	0	1	0	0	0	0
Options	0	2	1	0	1	0	0	2	1
to Sell	0	2	0	0	0	0	0	2	1

Institutional Decisions

	4Q'91	1Q'92	2Q'92
to Buy	214	179	280
to Sell	234	308	319
Hld's(000)	651693	626813	604580

Percent shares traded 9.0 / 6.0 / 3.0

3-for-1 split; 2-for-1 split; 3-for-1 split; 15.0 x "Cash Flow" p sh; Relative Price Strength; Shaded areas indicate recessions

Options: CBOE

1976	1977	1978	1979	1980	1981	1982	1983	1984	1985	1986	1987	1988	1989	1990	1991	1992	1993	© VALUE LINE PUB., INC.	95-97
1.22	1.27	1.46	1.76	2.03	2.20	2.30	2.44	2.74	2.81	3.36	4.28	4.89	5.52	6.61	7.42	8.35	9.20	Sales per sh	15.00
.23	.26	.28	.34	.36	.38	.40	.44	.50	.56	.71	.94	1.19	1.45	1.75	2.06	2.40	2.85	"Cash Flow" per sh	4.70
.19	.21	.23	.28	.31	.30	.31	.34	.37	.42	.54	.74	1.02	1.26	1.52	1.83	2.15	2.55	Earnings per sh A	4.20
.08	.08	.09	.11	.13	.14	.16	.16	.17	.18	.21	.27	.43	.55	.64	.77	.94	1.12	Div'ds Decl'd per sh B	1.90
.11	.13	.11	.13	.19	.24	.22	.21	.21	.19	.17	.21	.31	.37	.58	.80	1.00	1.30	Cap'l Spending per sh	2.50
.81	.94	1.07	1.23	1.39	1.50	1.66	1.83	1.98	2.09	2.09	1.79	2.40	2.97	3.30	4.24	5.50	6.95	Book Value per sh	13.00
1369.4	1360.0	1360.5	1365.1	1345.4	1332.3	1330.9	1331.0	1297.9	1263.1	1227.6	1162.0	1190.2	1166.2	1161.0	1159.5	1155.0	1150.0	Common Shs Outst'g C	1150.0
21.2	14.6	14.2	13.3	13.2	16.2	13.7	14.9	13.2	14.5	19.8	25.2	18.0	18.6	17.4	22.0	Bold figures are	Value Line	Avg Ann'l P/E Ratio	22.0
2.71	1.91	1.94	1.92	1.75	1.97	1.51	1.26	1.23	1.18	1.34	1.68	1.49	1.41	1.29	1.40	estimates		Relative P/E Ratio	1.70
2.0%	2.7%	2.9%	2.8%	3.1%	3.0%	3.6%	3.1%	3.4%	2.9%	2.0%	1.5%	2.3%	2.3%	2.4%	1.9%			Avg Ann'l Div'd Yield	2.1%

CAPITAL STRUCTURE as of 6/30/92

Total Debt $1122.3 mill. Due in 5 Yrs $755.9 mill.

LT Debt $596.1 mill. LT Interest $52.8 mill.

(10% of Cap'l)

Pension Liability None

Pfd Stock None

Common Stock 1,153,516,477 shs. (90% of Cap'l)
(Adjusted for 3-for-1 stock split paid 5/22/92)

1982	1983	1984	1985	1986	1987	1988	1989	1990	1991	1992	1993		95-97
3063.0	3246.1	3559.7	3547.5	4128.9	5061.3	5939.5	6550.5	7671.5	8602.7	9665	10600	Sales ($mill)	17200
24.5%	26.4%	26.6%	28.3%	29.9%	31.2%	34.9%	37.5%	37.9%	39.2%	46.5%	42.0%	Operating Margin	43.0%
121.1	135.2	151.6	163.6	193.9	210.0	204.9	221.7	254.0	263.6	280	330	Depreciation ($mill)	575
415.1	460.9	493.0	539.9	675.7	906.4	1206.8	1495.4	1781.2	2121.7	2485	2935	Net Profit ($mill)	4860
31.0%	35.4%	37.7%	37.0%	37.0%	35.9%	35.5%	34.5%	34.0%	35.0%	32.0%	32.0%	Income Tax Rate	32.0%
13.6%	13.9%	13.8%	15.2%	16.4%	17.9%	20.3%	22.8%	23.2%	24.7%	25.7%	27.7%	Net Profit Margin	28.2%
860.3	734.8	1076.5	1106.6	1094.3	796.3	1480.3	1502.5	938.2	1496.5	1675	2220	Working Cap'l ($mill)	3400
337.3	385.5	179.1	170.8	167.5	167.4	142.6	117.8	124.1	493.7	600	575	Long-Term Debt ($mill)	500
2204.0	2434.6	2544.2	2634.0	2569.1	2116.7	2855.8	3520.6	3834.4	4916.2	6360	7990	Net Worth ($mill)	14600
16.9%	16.5%	18.4%	19.5%	25.0%	40.0%	40.8%	41.2%	45.1%	39.6%	36.0%	34.0%	% Earned Total Cap'l	31.0%
18.8%	18.9%	19.4%	20.5%	26.3%	42.8%	42.3%	42.5%	46.5%	43.2%	38.0%	36.5%	% Earned Net Worth	32.5%
9.4%	9.9%	10.6%	11.8%	15.8%	27.0%	24.6%	24.0%	26.9%	25.0%	21.0%	20.5%	% Retained to Comm Eq	18.0%
50%	47%	45%	44%	41%	37%	42%	43%	42%	42%	44%	44%	% All Div'ds to Net Prof	45%

CURRENT POSITION ($MILL.)	1990	1991	6/30/92
Cash Assets	1197.3	1411.8	1059.1
Receivables	1345.8	1545.5	1696.6
Inventory (LIFO)	892.8	991.3	1086.5
Other	330.6	362.2	406.7
Current Assets	3766.5	4310.8	4254.9
Accts Payable	1138.4	1400.4	1296.2
Debt Due	793.0	338.4	526.2
Other	895.7	1075.5	1187.0
Current Liab.	2827.1	2814.3	3009.4

ANNUAL RATES of change (per sh)	Past 10 Yrs.	Past 5 Yrs.	Est'd '89-'91 to '95-'97
Sales	12.5%	17.0%	15.0%
"Cash Flow"	17.0%	24.5%	18.0%
Earnings	18.0%	28.0%	18.5%
Dividends	18.0%	28.5%	18.5%
Book Value	10.0%	11.5%	24.5%

Cal-endar	QUARTERLY SALES ($ mill.) Mar.31	Jun.30	Sep.30	Dec.31	Full Year
1989	1571	1585	1632	1761	6550.5
1990	1758	1899	1914	2099	7671.5
1991	2048	2122	2117	2313	8602.7
1992	2223	2373	2464	2605	9665
1993	2450	2625	2625	2900	10600

Cal-endar	EARNINGS PER SHARE A Mar.31	Jun.30	Sep.30	Dec.31	Full Year
1989	.29	.33	.33	.31	1.26
1990	.34	.40	.40	.38	1.52
1991	.42	.48	.48	.45	1.83
1992	.49	.57	.55	.54	2.15
1993	.58	.67	.66	.64	2.55

Cal-endar	QUARTERLY DIVIDENDS PAID B Mar.31	Jun.30	Sep.30	Dec.31	Full Year
1988	.089	.107	.107	.123	.43
1989	.123	.137	.137	.15	.55
1990	.15	.15	.15	.187	.64
1991	.187	.187	.187	.21	.77
1992	.21	.23	.23	.25	

BUSINESS: Merck & Co., Inc. is a leading manufacturer of human and animal health care products and specialty chemical products. Important product names include *Vasotec, Prinivil* (angiotensin converting enzyme (ACE) inhibitor agents for high blood pressure and angina); *Mevacor, Zocor* (cholesterol-lowering agents); *Primaxin, Mefoxin* (antibiotics); *Pepcid* (anti-ulcer agent); *Recombivax HB* (hepatitis B vaccine); and *Prilosec* (gastrointestinal). Int'l business: 46% of sales, 18% of pretax profits. R&D, 11.5% of sales; labor costs, 32%. 1991 deprec. rate: 4.7%. Est'd plant age: 8 yrs. Has 37,700 empls., 91,180 stockholders. Directors own 1% of stock. Chairman, Pres. & C.E.O.: P.R. Vagelos. Inc.: NJ. Address: P.O. Box 2000 (R32-43), Rahway, NJ 07065. Tel. 908-594-4000.

We think the nearly 20% drop in Merck's valuation over the past three months has been excessive. Given top and bottom lines that are on the rise due predominantly to unit volume gains (rather than price increases) and a sales mix that already includes a substantial amount of business with managed care buyers, we think the concern over a Clinton presidency—a likely eventuality as we go to press—has been vastly overdone. This is especially true when one recognizes the fact that prescription pharmaceuticals, in addition to only accounting for merely five percent of the nation's healthcare bill, represent an appreciably cost-effective alternative to hospitalization and surgery. Early prescription numbers for *Proscar*, and a recent medical journal editorial on the enlarged-prostate treatment drug, have also exerted some downward pressure. Considering the time necessary to educate the medical community on new treatment alternatives and Merck's broad and deep product pipeline (discussed below), we remain confidant about *Proscar's* prospects and the company's healthy growth profile.

Indeed, at current price levels, we think Merck stock represents a very attractive investment selection, and look for it to outperform most equities over the next three to five years. The company has one of the most productive R&D programs in the industry. It has a very broad product line, with 19 drugs in 9 therapeutic areas contributing more than $100 million each in 1991. It also has two billion dollar-plus sellers (*Vasotec* and *Mevacor*), which, with approval for additional indications, have considerable upside possibilities. Also, a number of potentially significant compounds, including *Fasamax* (for the treatment of osteoporosis) and *Losartan* (for hypertension and heart failure), are in phase III testing. Profits have been, and are likely to continue, expanding at a 15%-20% clip through '95-'97; investors should also note the stock's high Earnings Predictability score.

George I.H. Rho *November 6, 1992*

Restated Sales (and Pretax Margins) by Business Line

	1989	1990	1991	1992
Human/Animal Health	6068.1(35.8%)	7120.5(36.1%)	8019.5(37.4%)	[illegible]
Spec Che Envir	482.4(12.0%)	551.0(12.3%)	583.2(13.4%)	[illegible]
Company Total	6550.5(33.9%)	7671.5(34.4%)	8602.7(35.7%)	[illegible]

(A) Based on average shares outstanding. Next earnings report due late January. (B) Next dividend meeting about Nov 26. Goes ex about December 1. Dividend payment dates: January 2, April 2, July 2, October 1. ■ Dividend reinvestment plan available. (C) In millions, adjusted for stock splits.

Company's Financial Strength	A++
Stock's Price Stability	90
Price Growth Persistence	100
Earnings Predictability	100

图6-2 默克公司的价值线，1992/11/6

8. 根据第7项的敏感性分析，讨论所得出的结论。

9. 根据图6-2提供的默克公司1995～1997年市盈率和每股收益的价值线，估算默克公司当前的内在价值。运用现金流贴现中的市盈率贴现法，见附录6E，来进行价值估计。假设 $d_0 = \$1.00$，$k = 0.1424$，$g = 0.171$。

10. 根据表6-6所提供的默克公司股价营收比、市净率和市盈率相关数据，对价值分析进行讨论。

表6-6　近期价格表现：默克公司和美国处方药行业（1993年1月）

项目	默克公司	处方药行业
52周内的最高值/$	53.57	47.74
52周内的最低值/$	40.50	33.17
5年内的最高值/$	56.53	44.92
5年内的最低值/$	15.96	14.38
最近期的市盈率/$	20.2	18.7
市盈率5年内的最高值/$	24.9	22.7
市盈率5年内的最低值/$	15.8	15.3
市净率/%	986	515
股价营收比/%	512	249

资料来源：*Dow Jones News/Retrieval*, January1993.

11. 运用附录6E中的H模型，估计默克公司的内在价值。请使用表6-7中的数据。

表6-7　默克公司H模型现金流贴现数据：最有可能的情形

“非常态”增长率①/%	17.10	现金股利（d_n）③/$	1.00
“常态”增长率（g_s）②/%	12.00	H估值④/年	5

①Zacks Investment Research，5年的一致预测。
②可能逆转到等于或低于当前节点的平均增长率。
③最新的年度支付股息。
④假设“非常态”增长期为10年。

12. 对第11题中的H模型进行敏感性分析。假设 $d_0 = \$1.00$，H＝5，在不同情形下，内生变量取值不同时的估值结果请填写在下面矩阵中，以说明内生因素的变化对估值结果的影响：

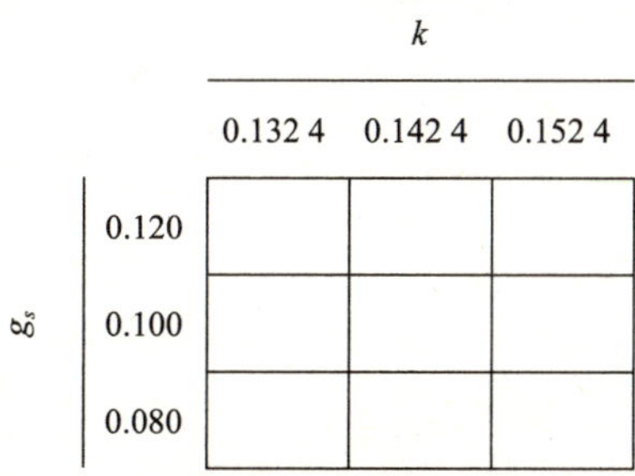

假设在最有可能的情形下，$g_s = 0.171$；在最好的情形下，$g_s = 0.141$；在最坏的情形下，$g_s = 0.190$。

13. 判别H模型中哪些变量的变化对估值结果影响最大。

14. 为默克公司准备一份全面的估值意见和投资建议。明确陈述你的分析中，如何估量风险。

附录6A 默克公司财务数据

表6A-1 资产负债表（1989年12月31日~1991年12月31日）

（单位：百万美元）

项目	1991	1990	1989
资产			
流动资产			
现金及其等价物	$797.7	$806.4	$685.1
短期投资	613.9	390.9	458.4
应收账款	1 545.5	1 345.8	1 265.6
存货	991.3	892.6	779.7
预付款项	362.2	330.6	221.0
流动资产合计	$4 310.8	$3 766.3	$3 409.8
财产、厂房及设备			
土地	195.7	169.5	162.1
建筑	1 483.3	1 258.4	1 129.1
机器、设备和办公家具	3 002.2	2 660.6	2 417.2
在建工程	925.6	542.0	285.5
财产、厂房和设备合计	$5 606.8	$4 630.5	$3 993.9
累积折旧	2 102.3	1 908.8	1 701.4
净财产、厂房和设备	$3 504.5	$2 721.7	$2 292.5
投资	1 043.7	1 012.3	737.2
其他资产	639.5	529.5	317.2
总资产	$9 498.5	$8 029.8	$6 756.7
负债和所有者权益			
流动负债			
应付账款	$1 400.4	$1 138.4	$937.2
短期借款	338.4	793.0	327.3
应交税费	831.7	679.0	464.8
应付股利	243.8	216.7	178.0
流动负债合计	$2 814.3	$2 827.1	$1 907.3
长期应付款	493.7	124.1	117.8
递延所得税和非现金负债	679.7	694.9	701.1
少数股东权益	594.6	549.3	509.9
总负债	$4 582.3	$4 195.4	$3 236.1
所有者权益			
普通股			
授权 - 900 000 000 股			
发行 - 455 524 308 股	185.7	166.4	152.4
留存收益	7 588.7	6 387.3	5 394.2
所有者权益合计	$7 774.4	$6 553.7	$5 546.6
减去库藏股			
68 533 112 股 - 1 990			
60 116 101 股 - 1 989	2 858.2	2 719.3	2 026.0
所有者权益合计	$4 916.2	$3 834.4	$3 520.6
负债和所有者权益合计	$9 489.5	$8 029.8	$6 756.7

由于Zocor近期刚推出，可能与1991年美国的销售收入略有差异。

资料来源：Merck annual report，1991.

表6A-2　收入表（1989年12月31日～1991年12月31日）

（单位：百万美元）

项目	1991	1990	1989
销售收入	$8 602.7	$7 671.5	$6 550.5
成本费用			
材料和生产费用	1 934.9	1 778.1	1 150.3
市场和管理费用	2 570.3	2 388.0	2 013.4
研究和开发费用	987.8	854.0	750.5
其他净支出（收入）	(57.0)	(47.4)	(46.7)
利息收入	(162.5)	(152.6)	(147.9)
利息支出	68.7	69.8	53.2
汇兑损失	51.6	9.6	18.5
少数股东权益	25.2	31.5	37.7
其他净收入	(20.0)	(5.7)	(8.0)
合计	$5 436.0	$4 972.7	$4 267.5
税前利润	3 166.7	2 698.8	2 283.0
所得税	1 045.0	917.6	787.6
净利润	$2 121.7	$1 781.2	$1 495.4
每股净收益/$	5.49	4.35	3.78

资料来源：Merck annual report，1991.

表6A-3　留存收益表（1989年12月31日～1991年12月31日）

（单位：百万美元）

项目	1991	1990	1989
期初结余	$6 387.3	$5 394.2	$4 580.3
净收入	2 121.7	1 781.2	1 495.4
支付股利	(920.3)	(788.1)	(681.5)
期末结余	$7 588.7	$6 387.3	$5 394.2

资料来源：Merck annual report，1991.

表6A-4　现金流量表（1991年12月31日）

项目	百万美元
经营活动产生的现金流量	
净收入	$2 121.7
根据经营活动产生的现金流调整净利润	
折旧	263.8
递延税收	1.2
其他现金流	(13.0)
资产和负债的净变动	
应收账款	(194.7)
存货	(98.7)
应付账款	226.2
应交所得税	157.8
非流动性负债	(49.5)

（续）

项目	百万美元
其他	19.2
净经营活动产生的现金流量	2 434.0
投资活动产生的现金流量	
资本性支出	(1 041.5)
购买证券、子公司和其他投资支出	8 800.6
卖出证券、子公司和其他投资收入	8 518.9
其他	22.6
净投资活动产生的现金流量	($1 300.6)
筹资活动产生的现金流量	
短期借款净变动	(590.6)
发行短期债务	559.8
支付短期债务	(94.1)
购买国债	(184.1)
股利分配	(893.2)
执行股票期权收入	48.3
其他	15.8
净筹资活动产生的现金流量	($1 138.1)
汇率变化对现金及其等价物的影响	(3.8)
现金及其等价物的净增加（减少）	(8.5)
现金及其等价物年初量	806.4
现金及其等价物年末量	797.9

资料来源：Merck annual report，1991.

表6A-5 最近运营表现（1991、1992年） （单位：百万美元）

项目	1992	1991
第四季度末		
销售收入	$2 601.1	$2 313.9
净利润	609.1	529.8
平均流通股	1 146.8	1 159.5②
每股净利润/$	0.53	0.46②
年		
销售收入	9 662.5	8 602.7
利润	2 446.6	2 121.7
会计变更	(462.4)①	
净利润	1 984.2	2 121.7
平均流通股	1 153.5	1 159.9②
每股利润/$	2.12	1.83
每股净利润/$	1.72	1.83②

①会计变更的累积影响

②1992年5月3股折1股的股票股利支付调整

注释：心脏药品Vasotec和Zocor让默克公司1992年第四季度的销售收入增长了12%，净利润增长了15%，即每股53美分。1992年的销售收入为96.6亿美元，默克公司的利润下降了6%至19.8亿美元，即每股1.72美元。在三种会计费用影响之前，利润增长了17%至26亿美元，即每股2.15美元。

资料来源：*Wall Street Journal*，various issues，1992，1993.

表 6A-6 主要财务数据（1987 年～1991 年）

年度	每股盈利 /$	年股利支付 /$	股利支付比例 /%	每股账面价值 /$	ROE /%	ROA /%
1991①	5.49	2.31	42.1	12.72	48.5	24.2
1990	4.56	1.91	41.9	9.90	48.4	24.1
1989	3.78	1.64	43.4	8.91	46.9	23.2
1988	3.05	1.28	42.0	7.20	48.5	20.4
1987	2.23	0.82	36.8	5.37	38.9	16.8

①1992 年 5 月 3 股折 1 股的股票股利支付影响。
注释：基于该年的平均流通股数量。
资料来源：Value Line, *Standard & Poor's* Industry Surveys, *and Merck annual report*, 1991.

表 6A-7 财务指标分析

比率	趋势	1991 年的相关产业
流动性		
流动比率	1988－90↓；1991↑	较有利
速动比率	1988－90↓；1991↑	相近
盈利能力		
ROE	正常情况下↑	优于
ROA	正常情况下↑	优于
杠杆性		
利息保障倍数	不确定	相近
总资产/普通股	不确定	相近
营运能力		
资产周转率	不具有太多的可变性	不利
平均回收期	不确定	更低/相近
存货周转率	1987－88↑；1989－91↓	不利

表 6A-8 默克公司和美国处方药行业的股利和盈利情况（1987～1991）

项目	默克公司	处方药行业
每股收益增长率/%	22.5	14.6
股利增长率/%	30.6	16.7
平均股利支付比率/%	42.0	48.0

资料来源：Dow Jones News/Retrieval, *January* 1993.

表 6A-9 默克公司美国的专利到期情况（1992～2002）

药品	到期时间	1991 年美国的售价①（百万美元）
Dolobid（二氟尼柳）	1992 年 4 月	35
Timoptic（青眼露）	1997 年 3 月	140
Ivermectin（维菌素）	1997 年 4 月	257
Noroxin（诺氟沙星片）	1998 年 3 月	75
Prilosec（奥美拉唑缓释剂）	1998 年 3 月	208
Plendil（波依定）	1998 年 4 月	25
Mefoxin（头孢西丁钠）	1999 年 8 月	110
Mevacor①（洛伐他汀）	1999 年 11 月	878
Vasotec②（依那普利）	2000 年 2 月	745
Pepcid（法莫替丁）	2000 年 8 月	362
Zocor（辛戈他丁）	2001 年 4 月	NM
Prinivil（赖诺普利片剂）	2001 年 12 月	154
Primaxin（亚胺培南－西拉司丁钠）	2002 年 9 月	159

NM 表示无意义
①摩根斯坦利研究估计。估计的 1991 年的销售收入与表 6B-6 的实际销售收入存在显著差异。
②由于 Zocor 近期刚推出，可能 1991 年美国的销售收入略有差异。
资料来源：FDA, as reported by Morgan Stanley, 1992.

附录 6B 医药行业统计数据

表 6B-1 美国出口药物制剂量（1989～1990） （单位：百万美元）

类别	1989 年出口量/＄	占总体比重/%	1990①年出口量/＄	占总体比重/%
肿瘤，内分泌，代谢性疾病	2 507	8	2 784	8
中枢神经系统	6 441	20	7 291	21
心血管	4 875	15	5 321	15
呼吸系统	3 286	10	3 918	11
消化系统	4 363	14	4 940	14
皮肤	1 452	5	1 549	4
维生素等	2 672	8	2 663	8
寄生，感染性疾病	4 936	16	5 612	16
兽药	1 071	3	1 023	3
合计	31 604	100	35 101	100

①最新数据。

资料来源：Department of Commerce，as reported in “Healthcare：Basic Analysis，” Standard & Poor’s *Industry Surveys*（August 20，1992），p. HI8.

表 6B-2 主要制药公司生产线的销量和利润（1991 年） （单位：百万美元）

公司名称	生产种类	销量/＄	利润/＄
美国氰胺公司	医疗产品	2 642	383
	农产品	1 206	190
	化学制品	1 138	32
美国家庭用品公司	保健品	6 220	1 561
	食品	859	129
百时美施贵宝	医药	5 908	1 844
	医疗器械	1 559	354
	非处方保健品	1 901	435
	洗浴用品及家居用品	1 791	306
礼来	生命科学产品	5 726	1 315
梅尔・道公司	医药	2 851	849
默克公司	人类/动物保健品	8 020	2 996
	特殊化学品	583	78
诺和诺德公司	保健品	1 119	NA
	生物产业产品	461	NA
辉瑞公司	保健品	4 998	814
	消费品	696	85
	农产品	526	42
	特殊化学品	730	57
罗纳普朗克	医药	3 824	486
先灵葆雅	伦理药品	2 895	785
	消费品	721	156
史克必成	医药	4 619	1 298
	动物保健品	595	118
	消费品	2 539	434
	临产实验用品	1 008	127

（续）

公司名称	生产种类	销量/ $	利润/ $
兴泰克	医药	1 622	518
	诊断用品	195	27
普强	普强	2 740	715
		662	65
沃纳兰波特	医药	2 014	488
	保健品	1 960	336
	糕点	1 085	134

NA 表示数据不可获得。
①财政年度于 1991 年 7 月 31 日结束。
资料来源：Company reports, as reported in "Healthcare," Standard & Poor's *Industry Surveys*, p. H18.

表 6B-3 美国主要制药公司海外销量（1989～1991） （单位：百万美元）

公司名称	1989		1990		1991	
	海外销量/ $	占总销量比重/%	海外销量/ $	占总销量比重/%	海外销量/ $	占总销量比重/%
雅培	1 838	34	2 245	36	2 501	36
美国家庭用品公司	2 021	30	2 168	32	2 202	31
百时美施贵宝	3 685	40	4 421	43	4 786	43
强生	4 876	50	5 810	52	6 199	50
礼来	2 192	52	2 470	48	2 732	48
梅若道公司	45	8	675	27	850	30
默克	3 201	49	3 782	49	4 157	48
辉瑞公司	2 575	45	2 933	46	3 141	45
先灵葆雅	409	45	1 433	43	1 498	41
兴泰克①	437	32	475	31	561	31
普强	1 096	40	1 200	40	1 290	38
沃纳·兰波特	1 947	46	2 242	48	2 444	48

①财政年度于 1991 年 7 月 31 日结束。
注释：所报告的海外销量经过区域调整。
资料来源："Healthcare," Standard & Poor's *Industry Surveys*, p. H22.

表 6B-4 美国主要制药公司的研发费用（1989～1991） （单位：百万美元）

公司名称	1989		1990		1991	
	研发费用/ $	占销量比重/%	研发费用/ $	占销量比重/%	研发费用/ $	占销量比重/%
雅培	502	9	567	9	666	10
美国家庭用品公司	789	9	881	9	993	9
百时美施贵宝	719	7	834	7	980	8
强生	605	14	703	14	767	13
礼来	751	11	854	11	988	11
梅若道公司	531	9	640	10	757	11
默克	327	10	380	11	426	12
辉瑞公司	772	9	759	8	808	9
先灵葆雅	245	18	271	18	316	17
兴泰克①	245	18	271	18	316	17
普强	407	15	427	14	491	14
沃纳兰波特	309	7	379	8	423	8

①财政年度于 1991 年 7 月 31 日结束。
资料来源："Healthcare," Standard & Poor's *Industry Surveys*, p. H24.

表 6B-5 美国处方药市场销量最大的药品（1991 年） （单位：百万美元）

产品名称	制造商	零售量		1990～1991 年变化比例/%
		1990	1991	
Mevacor（洛伐他汀）	默克	372	505	36
Procardia（硝苯地平）	辉瑞公司	411	510	24
Premarin（普雷马林）	惠氏	236	307	30
Prinivil（赖诺普利片剂）	默克	57	80	41
Zestril（捷赐瑞）	斯图尔特	72	99	36
Hytrin（特拉唑嗪）	雅培	52	74	42
Axid（爱希）	礼来	66	90	36
Ergostat（酒石酸麦角胺）	派德	1	2	46
Anafranil（安那芬尼）	巴塞尔	11	21	93
Duricef（头孢羟氨苄）	美赞臣	63	108	72

资料来源：Pharmaceutical Data Services，as reported in "Healthcare," Standard & Poor's *Industry Surveys*，p. H26.

表 6B-6 1991 年美国零售市场销量靠前的处方药 （单位：百万美元）

产品名称（公司名称）	作用	1991 年的销量	1988～1989 年的变化比例/%
Zantac（葛兰素）	抗溃疡	916	14
Procardia（辉瑞）	心血管	510	24
Mevacor（默克）	降低胆固醇	505	36
Cardizem（梅若道）	心血管	475	4
Celor（礼来）	抗生素	429	16
Prozac（礼来）	抗抑郁	426	5
Vasotec（默克）	抗高血压	404	12
Tagamet（法国史克）①	抗溃疡	351	3
Xanax（普强）	抗焦虑	338	15
Naprosym（兴泰克）	抗关节炎	323	9

①法国史克是史克必成的一个子公司

注释：产品根据总销量排序。

资料来源：Pharmaceutical Data Services，as reported in "Healthcare," Standard & Poor's *Industry Surveys*，p. H26.

附录 6C 竞争策略分析框架

本附注对迈克尔·波特（Michael E. Porter）很有影响力的书《竞争策略》（New York：The Free Press，1980）展示的分析框架进行总结。

6C.1 决定行业竞争力的因素

1. 新进入者的威胁

（1）进入壁垒

1）规模经济。单位成本随着每期的绝对产量上升而下降。

2）产品差异化。已成立的公司具有一定的品牌识别度和客户忠诚度，这使得他们的产品与该行业的其他产品区别开来。差异化通过让新入者花费资源去战胜已有的客户忠诚度而产生壁垒。

3）资本需求。例如研发、生产机器、客户信任和存货等都需要大量的资金。

4）转换成本。当买家从一个供应商的产品更换到另一个时，有极高的一次性成本，这些成本便是一种壁垒。转换成本包括，例如雇员再培训成本、新的辅助工具成本以及产品再设计成本。

5）获得分销渠道。新进入者需要保证它的产品有分销渠道，这也是一种进入壁垒。

6）与规模无关的成本劣势。已经建立的公司可能比潜在进入者具有与规模和已实现的规模经济无关的、无法复制的成本优势。例如专有的生产技术、获得原材料的有利渠道以及地理位置优势等。

7）政府政策。政府可以通过例如许可证要求、对获得原材料的限制等管制措施来限制进入。例如对美国的货运、铁路、酒类零售以及货运代理等行业的调整。政府对新入者的限制也可能来自于对于例如空气和水等要素的污染以及生产安全的调整。

（2）对已存在的竞争者的预期。进入的威胁受潜在进入者对已存竞争者面对一个新进者的反应预期的影响。

2. 已存在竞争者激烈竞争的条件。

（1）大量的或者同等相当的竞争者。

（2）行业发展缓慢。

（3）高固定成本或储存成本。

（4）差异化程度低或转换陈本低。

（5）资本以较大的增量增加（取决于规模经济的程度）。

（6）多种竞争者。不同的策略、起源、个性的公司会相互影响各自的运营。

（7）高战略入股。当取得成功的高风险公司的数量增加时，竞争变得更具有易变性。

（8）高退出壁垒。包括例如特殊资产、退出的固定成本、战略的内在联系以及政府管制等。

3. 来自可替代产品的压力。替代品通过对价格设置一个上限从而限制一个行业的潜在回报率。替代品的影响可以通过行业的整体需求弹性来测量。

4. 有影响力的买家存在的条件。

（1）一个买家的购买量占一个卖家销量的大部分。

（2）所购买的产品代表了买家支出或购买力的大部分。

（3）所购买的产品是标准化的或无差异化的。

（4）买家面对很少的转换成本。

（5）买家只赚取很低的利润。

（6）买家形成一个向后整合的可信威胁。

（7）行业的产品对买方的产品或服务的质量没有重大影响。

（8）买方具有完全信息。

5. 有影响力的供应商团体存在的条件。

（1）供应商由几个公司控制，且供应商比采购行业更集中。

（2）供应商不用担心有销售给该行业的替代品。

（3）购买行业不是供应团体的重要消费群体。

（4）供应商的产品是购买商业务的一个重要原料。

（5）供应商团体的产品是差异化的，或者存在较大的转换成本。

（6）供应商团体形成一个向后整合的可信威胁。

6C.2 通用竞争策略

1. 完全成本领导者策略

（1）描述：成本领导需要建立效率规模设施，从经验、紧缩成本和控制开销以及研发、销售和广告等方面的成本最小化。

（2）结果。

1）低成本不仅可以带来强竞争力还可以获得高于平均回报率的收益率。

2）低成本往往要求更高的相关市场份额或其他的广告。

3）这个策略可以对那些竞争的特性已成为历史，竞争者不准备追求成本最小化的行业可以进行改革。

2. 差异化策略

（1）描述：差异化要求被创造出的产品或服务在整个行业内被认为是独一无二的。

（2）实现差异化的方法。

1）设计或品牌形象。

2）技术优势。

3）良好的客户服务。

（3）差异化和市场份额。差异化可能阻碍获得高的市场份额。

3. 集中策略

（1）描述：集中于一个特定的购买群体、生产线的一个分段或者地域市场。这种策略的前提是这个公司可以比其他广泛竞争的竞争者更有效或更高效的为策略目标服务。

（2）集中策略的形式。

1）对目标群体实行差异化策略。

2）对目标群体实行成本领导者策略。

6C.3 追求不止一个通用策略

1. 企业通常需要对其所采用的通用策略做一个选择，或者选择成为“中立者”。追求不止一个通用策略，对各单位是严格区分开来的企业来说是更加可行的。

2. 实现成本领导者和差异化往往是不一致的，除非：

（1）竞争者都是“中立者”。

（2）成本受市场份额或相互影响很大。

（3）一个企业的领导者人是一个富有创造力的人。

6C.4 可持续性和高于平均水平的表现

一个通用策略不会带来高于平均水平的表现，除非这种策略可以可持续的面对企业的竞争者。竞争优势必须能够持续抵抗来自竞争者的行动或者行业的革新所带来的冲击。

附录 6D 回顾杜邦财务比率分析方法

杜邦财务比率分析方法侧重于解释一个公司如何通过管理其利润率、总资产周转率、税收负担和杠杆决策，从而实现它的股权收益。图 6D-1 描述了这些财务比率、可持续增长率和公司整体的资产负债表和利润表之间的关系。

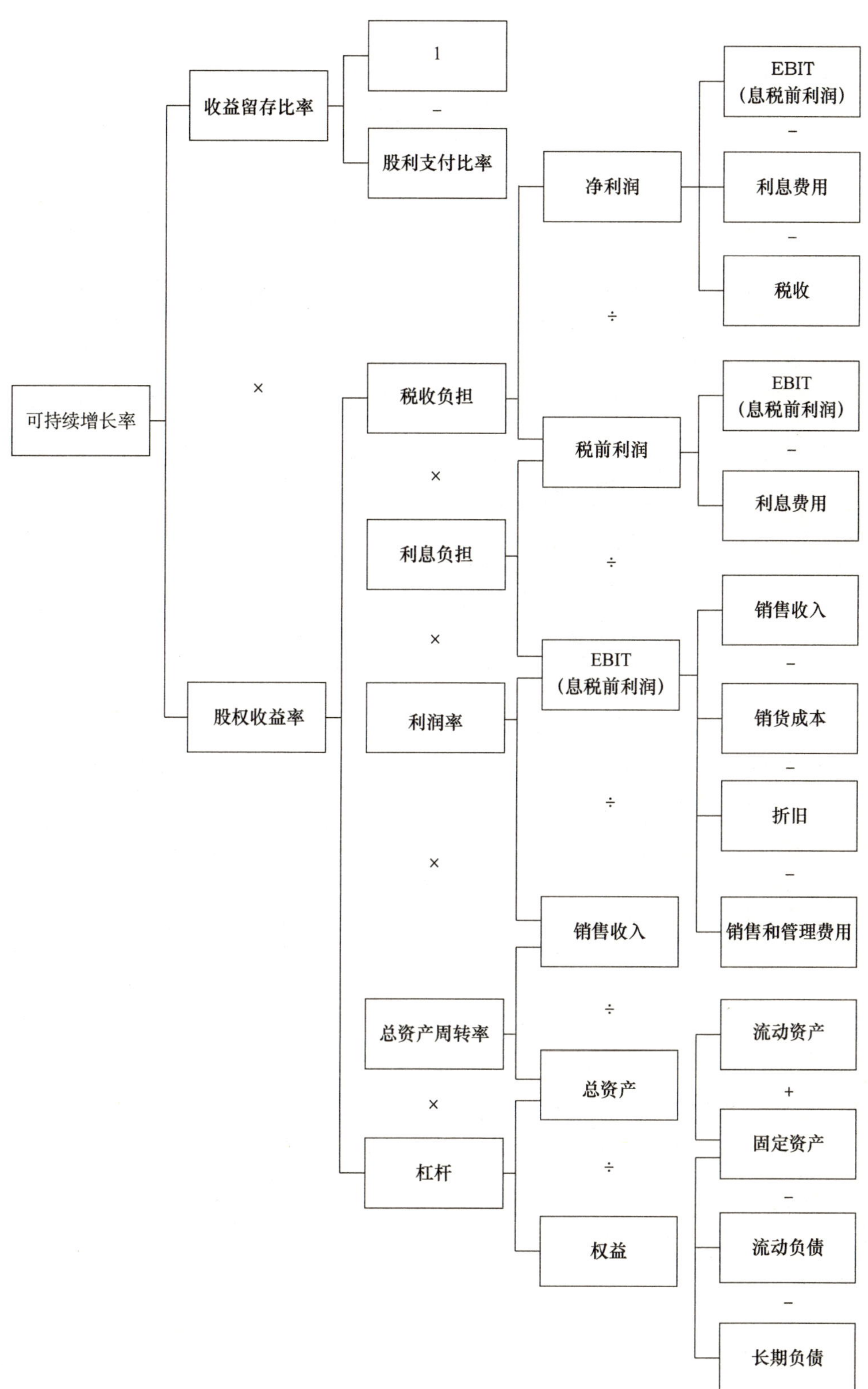

图6D-1　杜邦分析和可持续增长率

注：EBIT——息税前收益

附录6E 几种估值方法

本附录对六种广泛使用的估值方法进行回顾：单阶段固定增长现金流贴现模型、多阶段现金流贴现模型、H模型、市盈率方法、市值销售比方法以及市净率方法。

6E.1 单阶段固定增长率现金流贴现模型

单阶段固定增长率现金流贴现模型，通过对投资项目的预期现金流贴现的方式对股票进行估值。在实际中，这种方法意味着投资者或分析师必须对公司未来的每股收益进行估计，预测未来收益中被当做股利派发的比例，并通过合适的风险调整的贴现率计算预期现金流的现值。这种单期方法假定预期增长率对所有期限保持不变，且贴现率应大于增长率（即增长是“正常的”）。这个模型的基本形式为：

$$
\begin{aligned}
P_0 &= \sum_{t=1}^{\infty} \frac{d_t}{(1+k)^t} = \frac{d_1}{(1+k)^1} + \frac{d_2}{(1+k)^2} + \cdots + \frac{d_N}{(1+k)^N} \\
&= \frac{d_0(1+g)^1}{(1+k)^1} + \frac{d_0(1+g)^2}{(1+k)^2} + \cdots + \frac{d_0(1+g)^N}{(1+k)^N} \\
&= \sum_{t=1}^{\infty} \frac{d_0(1+g)^t}{(1+k)^t}
\end{aligned}
$$

式中，P_0 表示当前适当的或内在的股票价值，d_t 表示第 t 期的预期股利，k 表示适当的风险调整的贴现率，d_0 表示期初的股利，g 表示预期固定股利增长率。

模型的等价形式如下，侧重于方便进行必要的计算：

$$
P_0 = \frac{d_0(1+g)}{k-g}
$$

这种形式的单阶段贴现现金流模型仅在 k 大于 g 的假定成立下才有效。且这种形式及随后所讨论的其他形式的现金流贴现模型没有对按季度支付的股利进行调整。

6E.2 多阶段现金流贴现模型

许多分析家认为假定公司的发展经过多个阶段且每个阶段表现出不同的增长率更符合实际。这种观点便于分析包含暂时“超速”增长的时期，即 g 大于 k 的情况。考虑该模型存在两阶段情况，其中在前 N 年股利以超速增长率 g_s 增长（$k<g_s$），然后在第 N 年后的所有期限中，恢复到一个正常的增长率 $g_n(k>g_n)$。g_n 对估值的影响被嵌入在第 N 年末的预期股票价格。因此，股票的当前价格，P_0 为：

$$
\begin{aligned}
P_0 &= \sum_{t=1}^{N} \frac{d_0(1+g_s)^t}{(1+k)^t} + \frac{P_N}{(1+k)^N} \\
&= \left[\frac{d_0(1+g_s)}{k-g_s}\right] + \left[1-\left(\frac{1+g_s}{1+k}\right)^N\right] + \frac{P_N}{(1+k)^N}
\end{aligned}
$$

6E.3 H模型

H模型认为一般意义上，异常高的增长率不可能持续很久。因此，该模型更符合实际地假设一个超常的增长率经过一段时间就会下降或衰退，而不是直接立即从一个增长率移动到另一个，这与两阶段现金流贴现模型的假定相一致。特别是，H模型对假定在预测的（2×H）期的时间框架内，超速增长率 g_s 以一个固定的速率衰退的股票可以进行估值。从而，在H时刻，增长率预计为期初的一半。H模型可以被表示为：

$$P_0 = \frac{d_0(1+g_n)+d_0(H)(g_s-g_n)}{k-g_n}$$

6E.4　财务比率方法

许多财务比率被作为估值工具使用。其中最基本的有市盈率、市值销售比及市净率。

1. 市盈率（P/E）

市盈率被看作是市场对一只股票的发展前景的总体看法。例如，它反映了市场的乐观和悲观程度。市盈率分析是一个相对的而非绝对的估值方法。它通常被用来识别在一定的基准（例如整个市场、整个行业或同等公司的市盈率）下受欢迎或不受欢迎的股票。

许多分析师利用市盈率方法来衡量普通股票的价值。基本的方法是估计未来时刻市场适用的预期收益和市盈率乘数。收益和市盈率乘数的预期结果代表了被估值的普通股的价值。

这种方法可以通过探究现金流贴现模型和市盈率之间的关系得到。单阶段现金流贴现模型表明：

$$P_0 = \frac{d_0(1+g)}{k-g}$$

式中 E_i 被定义为第 i 期的预期收益，b 被定义为收益留存比率，ROE被定义为股权收益。因此，上述表达式可以等价的表示为：

$$P_0 = \frac{E_0(1+g)(1-b)}{k-g} = \frac{E_1(1-b)}{k-g} = \frac{E_1(1-b)}{k-(\mathrm{ROE})b}$$

因此有：

$$\frac{P_0}{E_1} = \frac{(1-b)}{k-g} = \frac{(1-b)}{k-(\mathrm{ROE})b}$$

上述表达式表明了市盈率和上文中的现金流贴现模型的内在价值的关系。这个分析表明 $P_0=(P_0/E_1)E_1$。该模型可以被推广到用于估计未来任何期的股票价格。应用这种方法的唯一限制是预测数据的可信度。

2. 市销率（P/S）

财务报告收益组件所解读出来的市盈率困难激发了一些分析师用市销率来进行估值。使用这种方法是因为大部分公司的销售报告比收益报告更连贯。跟市盈率分析方法一样，市销率也是一种相对估值方法。

3. 市净率法（P/B）

股价除以每股账面价值把一只股票的市场现值与普通股的资产负债表上报告的每股净现值联系起来。账面价值被认为是一个公司的资产、净负债、公司现金流的历史价值的反映。因此，许多分析师宣称账面价值代表了一只股票价格的上限。市净率法也历来被当作一种相对估值法使用。

6.4 参考解答：默克公司案例

6.4.1 目前医药营销中存在的问题

医药营销中存在的最主要的问题，可以从对定价和销量的预期中看出来。以这种方式看待营销问题的理由是，定价分析必须确定默克的增长是否会持续，以及公司未来将会如何增长。通过案例我们发现对医药的需求是相对缺乏价格弹性的，因为大部分的医药费用是由第三方机构支付的。另一个观察到的结果是近几年内药品价格的增长率大概是美国通胀率的三倍。因此，营销问题的讨论围绕默克公司未来增长主要来自价格上升还是销量的增长。

价和量的问题可以通过讨论 4 个最近的发展方向来评估：有管理的医疗保健计划的增长、老龄化的美国人口、消费者（患者）角色的变化以及美国政治环境的变化。

1. 有管理的医疗保健计划的增长

健康维护组织（HMOs）的数量在增长，并且正在建立有广泛的决策权的药物使用方案。默克公司对这种趋势的应对策略是创立一个医疗保健管理事务部来与主要的健康维护组织发展联系。这种组织的广泛会对医药价格产生向下的压力。

2. 老龄化的美国人口

被称为“变灰的美国”表明对药品的需求会有所增加。因此，老龄化的美国人口表明销量有预期的增长。

3. 消费者（患者）角色的变化

在药品的选择过程中，患者从被动的接受者向积极的参与者转变。默克公司的应对策略是增加让消费者参与其中的举措。其中一个例子是增加使用以患者为本的包装和广告。这种角色的转换会对价格弹性有不利于默克的预期的影响。

4. 美国政治环境的变化

1993 年 1 月，投资团体评估了克林顿政府选举对美国医药行业的影响。之前的主要观点是新的行政部门很难对药品定价产生影响。重点是更加全面、包容的医疗保健会促进药品的销售量。事实上，这种政策目标会让美国政府未来成为默克公司产品的最大的购买者。政府的产品替换需求会极大地增加整个药物市场的份额。更大的政府参与度也可以带来包括成本控制目标的报销政策，这也会限制药品的价格。

目前一致认可的观点是：默克公司未来的增长最可能来自于销售量的增长而不是价格的上升，这与过去的情况相一致。

6.4.2 美国医药行业的竞争结构

运用波特（Porter）方法分析的默克公司的竞争地位概要分析如图 6-3 所示：

1. 客户的议价能力

客户的议价能力目前较低，但预期未来会成长到一个重要的水平。这种增长是由更加突出的健康维护组织和政府作为一个药品购买者，更多地参与医药市场所带来的购买者整合而引起的。这种增长的客户议价能力会给医药价格带来向下的压力。

2. 替代品的威胁

由近期政府的立法和监管变化所带来的价格压力预期将会导致仿制药品的市场规模极大增

加，这种可能性将会伤害那些极度依赖处方药市场的公司。默克公司正在提升非处方药品的营销能力，例如它与强生的联营企业。

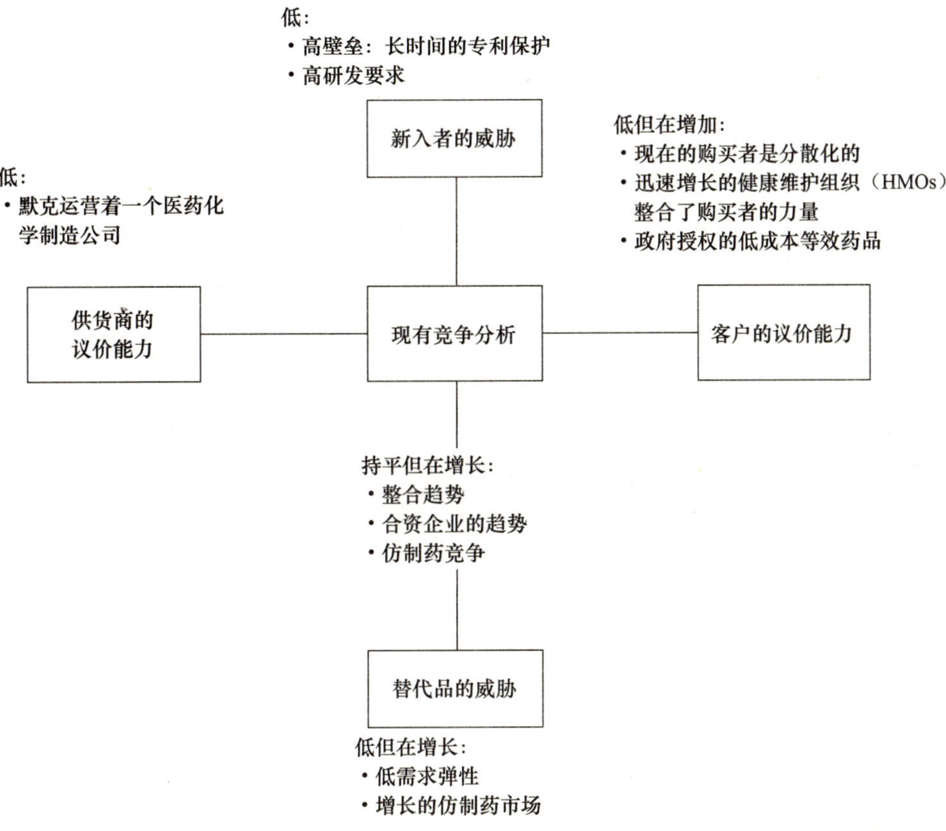

图 6-3　默克公司在美国医药行业的竞争地位

3. 现有竞争分析

医药行业不断增加的大量合并与收购将会导致更强的竞争对手。尽管如此，这些商业合并和不断增加的联营企业会产生卡特尔效应，并将会在一定程度上降低这个行业的竞争程度。

联营企业为这个行业呈现了有趣的可能性。尽管这些企业分散了风险，具有较低的研发要求，大医药公司通过帮助较小的公司越过重要的进入壁垒可能会创造一个更强大的竞争者。另外，通过使得小公司依赖于大公司的分销能力，联营企业可能阻碍小公司的分销能力的增长。

6.4.3　波特模型以及默克公司

波特定义了三种竞争策略：完全成本领导者、差异化以及集中策略。

1. 完全成本领导者

默克公司从未采用过这种策略，因为定价灵活性与新药品长时间专利保护有关。

2. 差异化

特别是默克公司和道德药品行业通常具有很高的差异化的产品。这种差异化不仅仅体现在产品上，还与专利保护过程和研发支出有关。默克公司也正在试图将它在消费者心目中的形象差异化，因为它认为消费者在药品选择的过程中将会起会成为日益活跃的参与者。差异化是默克公司采用的主要策略。

3. 集中

默克开始集中于在整合购买力量越来越重要的健康维护组织。这将导致一个更加集中的传播关于它的产品的信息。集中策略是一个默克公司逐渐重视的策略。

6.4.4 默克公司的最近资产收益率表现评价

财务比率分析中常常需要考虑的两个基本维度：趋势分析，在这种分析中，分析师评估一个给定的公司财务比率随着时间的推移如何表现。以及比较或同类分析，在这种分析中，分析师研究一个给定的公司财务比率在给定的时间点与同类公司的同一个指标或者行业的一个相对平均值进行对比。这些指标应该互相联系起来构成一个公司整体表现的蓝图，而不是独立的解释单个指标的意义。理想情况下，财务比率分析将会产生揭示微妙估值议题的问题。

1. 资产收益率的表现趋势

根据表6-1，默克公司在1987～1991年之间的资产收益率趋势大致是正向的。在这期间资产收益率从未低于42%，只在1990～1991年间出现了下降。同样，总资产周转率1987～1989年有所增加，1990年小幅降低，1991年出现了显著下降。税收负担比率被定义为净利润除以税前利润的比率，在1987～1991年期间出现了连续增长，而利息保障倍数在这段期间内仅出现了小幅增长。分析结果表明默克公司的税务责任在持续降低。运营利润率持续上升。财务杠杆率是杜邦变量中最不稳定的。杠杆率在从1987～1989年出现了明显的下降，接着1990年出现上浮，在1991年仅回落到其初始水平。

2. 资产收益率表现的对比或同行业分析

在1991年内，默克公司的资产收益率和营业利润率与整个行业的平均值相比丝毫不逊色（见表6-1）。财务杠杆比率大致相当，利息保障倍数、税务负担比率以及总资产周转率都比各行业均值低。

表6-2所展示的财务比率对比与杜邦资产收益率所揭示的格局相一致。在1991年内低于均值的总资产周转率伴随着用现金比率衡量的低于均值的流动性。低于均值的利息保障比例与行业的该比率相当，财务杠杆比率也是如此。默克公司1991年的平均回收期限比行业的均值短。

3. 财务比率分析的整体说明

默克公司的突出资产收益率表现的主要来自于1987～1991年期间，营业利润率在一个已经很高的水平上保持稳定增长的能力。默克公司的成就反映了它的产品结构合理。与这个行业的其他大多数公司相比，默克公司不仅只是一个纯粹的道德药品公司。道德药品相较于其他药品有更高收益率。例如，行业中的一些公司有利润率很低的消费品业务。另外有一些公司出售医疗用品作为产品结构的一部分，医疗用品也只有很低的利润率。因此，默克公司的高营业利润率和整个行业的平均值之间的对比必须十分谨慎，因为默克公司和其他公司的产品结构存在差异。

在解释默克公司的总资产周转率的下降和更低水平的意义时必须谨慎。当资产周转率下降时，一个公司通常被认为存在运行效率的问题。例如，存货周转率明显下滑或处于相对比较低的水平都被认为是负面的。但是，总资产周转率并不能如此简单地解释。由于一个公司进行大量投资来保证未来的效率时，这个比率也会下降。因此，在短期内，资产周转率和资产收益率会降低，但从长期来看这种投资会十分有益。

默克公司令人羡慕的高资产收益率背后，其潜在的影响对于明确1993年美国医药行业面临的极度不确定的政治环境十分重要。自1988年以来，默克公司的资产收益率从未低于42%，这样高的回报可能使其被那些怀疑什么样的企业需要如此高盈利的监管部门，视为诱人的目标。不确定的政治环境也对默克公司保持其营业利润率持续增长的能力产生影响。

公司的预期未来增长想必十分依赖于持续增长的利润率，利润率是近几年里最主要的增长来源。然而，在1993年，新闻界正在刊登有关高药价和实施成本控制的需要的报道。故而，默克公司依靠富有侵略性的产品定价和由此暗示着的高利润率来提高未来增长能力实在令人存疑。

6.4.5　计算默克公司的内在价值

以数据的形式表示的内在价值估计工具是：

$$P_0 = \sum_{t=1}^{5} \frac{d_0(1+g_{1-5})^t}{(1+k)^t} + \frac{P_5}{(1+k)^5}$$

$$= \frac{d_0(1+g_{1-5})}{k-g_{1-5}} + \left[1 - \left(\frac{1+g_{1-5}}{(1+k)}\right)^5\right] + \frac{P_5}{(1+k)^5}$$

这种工具需要估计 P_5 的值，这可以通过以下的公式得到：

$$P_5 = \frac{d_6}{k-g} = \frac{[d_0(1+g_{1-5})^5](1+g_{\text{long}})}{(k-g_{\text{long}})}$$

在预期现金流贴现模型下的预期 P_5 的值的敏感性分析如下：

		g_{1-5}			
		0.190	0.171	0.140	0.100
g_{long}	0.120	\$119.32	\$110.09	\$96.27	\$80.52
	0.100	\$61.91	\$57.12	\$49.95	\$41.78
	0.080	\$41.30	\$38.11	\$33.11	\$27.87

利用这些估计出来的价格对默克公司的内在价值的敏感性分析如下：

		g_{1-5}			
		0.190	0.171	0.140	0.100
g_{long}	0.120	\$66.98	\$61.79	\$54.45	\$45.85
	0.100	\$37.48	\$34.74	\$30.64	\$25.94
	0.080	\$26.89	\$24.97	\$22.09	\$18.79

6.4.6　用两阶段现金流贴现模型计算默克公司的内在价值

默克公司常用的两阶段现金流贴现模型的具体计算形式如下：

$$P_0 = \sum_{t=1}^{5} \frac{d_0(1+g)^t}{(1+k)^t} + \frac{P_5}{(1+k)^5}$$

$$= \sum_{t=1}^{5} \frac{1.00(1.171)^t}{(1.1424)^t} + \frac{92.50}{(1.1424)^5}$$

$$= 52.92(\text{美元})$$

图6-4 展示了运用简化的资本资产定价模型来解释上述估值的风险 - 收益的含义。默克公司的股票价格被认为是低估了，因为现行的市场价格43.25 美元比它适当的价格或内在价格52.92 美元低。从回报率的角度，默克公司的股票也被低估了，因为若按其市场价格购买股票，则隐含着的预期回报率，$E(k)$ 为19.16%，这超过了运用资本资产定价模型预测的适当的预期收益率14.24%。19.16%的预期收益率是通过求解以下方程计算得到$E(k)$：

$$\$43.25 = \sum_{t=1}^{5} \frac{100(1.171)^t}{[1+E(k)]^t} + \frac{92.50}{[1+E(k)]^5}$$

k——给定默克公司近期β为1时适当的或要求的收益率。

$E(k)$——给定默克公司股票现行市场价格时的预期收益率。

P_{mkt}——1993年1月11日默克公司股票的市场价格。

P_o——默克公司适当的或者内在价值。

R_f——目前的无风险收益率，即美国长期国债（30年期）1993年1月11日的收益率。

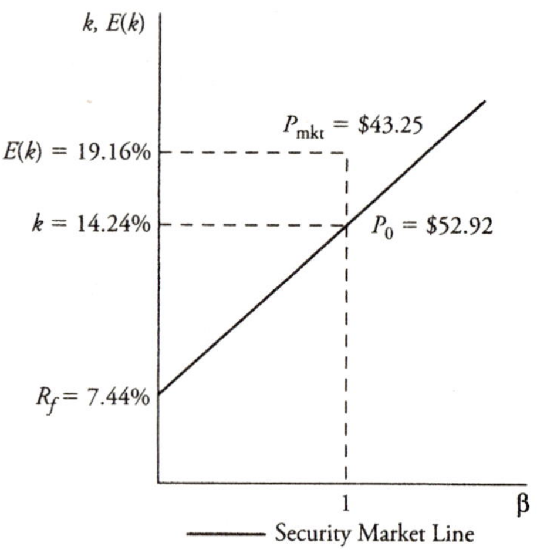

图6-4 默克公司估值的风险 - 收益含义：内阶段现金流贴现模型

6.4.7 内在价值敏感性分析

三种情景中每种情景的内在价值如下面的矩阵所示：

最有可能的情景

P_5 =92.50 美元

g \ k	0.132 4	0.142 4	0.152 4
0.190	\$55.49	\$53.20	\$51.02
0.171	\$55.21	\$52.93	\$50.76
0.140	\$54.78	\$52.51	\$50.35
0.100	\$54.26	\$52.01	\$49.87

最悲观的情景

P_5 =85.00 美元

g \ k	0.132 4	0.142 4	0.152 4
0.190	\$51.46	\$49.35	\$47.33
0.171	\$51.18	\$49.07	\$47.07
0.140	\$50.75	\$48.65	\$46.66
0.100	\$50.23	\$48.15	\$46.18

最乐观的情景

P_5 =100.00 美元

		k		
		0.132 4	0.142 4	0.152 4
g	0.190	$59.52	$57.05	$54.71
	0.171	$59.24	$56.78	$54.45
	0.140	$58.80	$56.36	$54.04
	0.100	$58.29	$55.86	$53.56

增长率是根据高、平均和低的一致增长率所预期的。第四列反映了在这个案例被写入本书时，由于不确定的政治环境使得出现严重向下变化的增长预期时可能存左的情况。

6. 4. 8　关于内在价值敏感性分析的讨论

各情景分析都包括了许多增长率、适当的要求回报率和未来五年的预期价格的假定，在所有的三种情景下默克公司股票的内在价值都超过了它的市场价格 43. 25 美元。

这些由现金流贴现模型得出的结果受到“价值线”的预期未来默克公司股票价格的严重影响。尽管五年的一致增长率预期很重要，但它们比预期的价格不重要得多。一种估计该值的方法是考虑接下来五年之后的增长率预期，这个收益率被五年内的预期价格（P_5）隐含着。在三种未来价格情景下的隐含长期增长率和假定的要求 14. 24% 的回报率的计算如下：

$$P_5 = \frac{d_6}{(k - g)}$$

因而，隐含的 g_{long} 等于

$$(d_0(1 + g_{1\text{-}5})^5/P_5) - k$$

隐含长期增加率如下所示（求解隐含增长率是一个迭代的过程，所以预期会存在一些取整误差）：

		P_5		
		$85.00	$92.50	$100.00
g_{1-5}	0.190	11.12%	11.37%	11.58%
	0.171	11.36%	11.58%	11.78%
	0.140	11.71%	11.91%	12.08%
	0.100	12.12%	12.29%	12.43%

预期未来价格在 85 美元到 100 美元之间变化。这个价格范围的缩小不允许给定五年预期增长率范围内的隐含未来（即长期或不定期）增长率出现重大变动。隐含增长率只允许在 11. 12% ~12. 43% 之间变动，与内在价值从 48. 15 美元到 57. 05 美元的变动范围相一致。

6. 4. 9　利用默克公司的价格收益比率和每股净收益计算股票的内在价值

图 6-2 展示了 1992 年 12 月 6 日，价值线预期 4. 2 美元的每股收益和 1995 ~1997 年期间 22. 0

的平均股价资产比。给定 $(P_0/E_1)E_1 = P_0$，则 $(P_{96}/E_{97})E_{97} = P_{96}$，且1992年默克公司股票的预期价格是92.40美元（22×4.20美元）。这与默克公司关于其1995～1997年的股价明确计划相一致：即高至100美元和低至85美元。介于最高和最低预期之间的均值为92.5美元，这与由市盈率方法利用价值线数据算出的1996年的隐含股价相一致。

内在价值的估计，由1996年的预期股价现值加直到未来特定时点所能收到的股利现值得到。为了简化起见，假定为4年。因此，在预期的假定下：

$$P_0 = \sum_{t=1}^{4} \frac{d_0(1+g)^t}{(1+k)^t} + \frac{P_{96}}{(1+k)^4}$$

$$= \frac{d_0(1+g)}{k-g}\left[1-\left(\frac{1+g}{1+k}\right)^N\right] + \frac{P_{96}}{(1+k)^4}$$

$$= \frac{1.00(1.171)}{0.1424-0.171}\left[1-\left(\frac{1.171}{1.1424}\right)^4\right] + \frac{92.40}{(1.1424)^4} = 58.51\text{ 美元}$$

6.4.10 关于估值分析的讨论

表6-6显示了默克公司的市值营业收入比高于行业均值约2.6倍，市净率高于行业均值约1.91倍，市盈率只比行业均值高1.08倍。显然，投资者更多是为了投资于用市值营业收入比和市盈率衡量的以资产为基础的增长源，而不是用市盈率衡量的默克公司的收益。前面工作中所展示的市盈率分析，并没有提供现金流贴现模型分析的那些收益率之外的信息。

6.4.11 用H模型计算内在价值

接下来的H模型估值

方法表明默克公司股票的内在价值为61.38美元。需要注意的是在不确定的政治环境的影响下默克公司的预期长期增长率可能会下降，此时假定长期增长率为12%是合理的：

$$P_0 = \frac{d_0(1+g_n) + d_0(H)(g_s-g_n)}{(k-g_n)}$$

$$= \frac{1.00(1.1200) + 1.00(5)(0.1710-0.1200)}{0.1424-0.1200}$$

$$= 61.38\text{ 美元}$$

6.4.12 H模型的敏感性分析

改变价格的基本决定因素的作用如下所示：

最可能的情景

g_5 =17.10%

g_n \ k	0.1324	0.1424	0.1524
0.12	\$110.89	\$61.38	\$42.44
0.10	\$44.91	\$34.32	\$27.77
0.08	\$29.29	\$24.60	\$21.20

最悲观的情景

$g_5 = 14.00\%$

		k		
		0.132 4	0.142 4	0.152 4
g_n	0.12	\$98.39	\$54.46	\$37.65
	0.10	\$40.12	\$30.66	\$24.81
	0.08	\$26.34	\$22.12	\$19.06

最乐观的情景

$g_5 = 19.00\%$

		k		
		0.132 4	0.142 4	0.152 4
g_n	0.12	\$118.55	\$65.63	\$45.37
	0.10	\$47.84	\$36.56	\$29.58
	0.08	\$31.11	\$26.12	\$22.51

6.4.13 H 模型的结果的分析

仔细评估 H 模型的敏感性分析结果发现 k 和 g_n 之间的差异对这个模型的定价有很大的影响。估值结果对预测的 g_n 比短期预测的 g_5 更敏感。

6.4.14 整体估值意见与投资建议

基于隐含在许多证据中的一些相对重要的凭证，我们可以对买卖的建议给出合理的论证。最终，估值意见还是侧重依赖于 Kurious（库雷斯）相信默克公司可以保持其令人印象深刻的营业利润率、收益增长率和资产回报率。

尽管估值总是包括预测和调整，但在这次的估值中，特别是不稳定的政治和监管环境，让默克公司的股票极其难以估值。对默克公司的分析应该包括定量和定性两方面的因素。

6.4.15 定量因素的考察

以下几点是关于定量方面的分析：

1. 杜邦资产收益率分析

默克公司令人钦佩的资产收益率水平，大部分是由近几年收益率均较高以及营业利润率的高增长率引起的。通过对市值营业收入比、市净率和市盈率的分析，可知默克公司的市场价格更多地受到以资产为基础的因素而非以收益为基础的因素的影响。但有意思的是，一致预期的五年收益增长率此时在 14% ~ 17% 的范围内。同样的，价值线方法预测默克公司 1995 ~ 1997 年的股票价格在 85 美元至 100 美元之间。估值模型提供了分析这种高预期增长率和未来价格的含义的途径。

2. 估值模型结果

最初的现金流贴现模型敏感性分析，集中于分析默克公司 5 年内的预期价格（P_5）。通过最初的现金流贴现模型敏感性分析发现，只有在长期增长率（g_{long}）大于或等于0.12时，默克公司股票的内在价值会超过在所有预期短期增长率（g_{1-5}）水平下默克公司股票的现值。当g_{long}预期为0.10和0.08时，对所有的g_{1-5}预期值而言，默克公司的股票价值均被高估。许多假定条件下的两阶段现金流贴现模型发现默克公司股票的内在价值都大于其现行股票价格43.25美元。许多假定条件下的H模型发现比两阶段现金流贴现模型更为复杂的结果。

根据库雷斯最有信心的正常增长率、超速增长率和贴现率，默克公司的股价可以被认为高估了也可以被认为低估了。尽管两阶段现金流贴现模型提供的证据表明默克公司的股价被高估，但最初的现金流贴现模型和H模型提供的证据是混合的且总体上不太支持这个估值意见。

3. 定量分析的陷阱

关于默克公司的定量分析仅与关于价值的基本决定因素所做的假定一样。在定量分析中考虑风险的基本方式是对贴现率的假定。因此，库雷斯必须判定在他的分析中所采用的预期增长率和贴现率的合理性。这个案例中所假定的贴现率可能因为仅仅运用简单的CAPM模型来估计而受到批评。尽管CAMP模型被认为是最好的方法，但是分析师需要用不同的方法来估计所需的参数。例如，一些人认为所选择的无风险利率的代表和风险溢价尤其是鉴于观测值在低利率时期风险溢价变化很大的取值存在问题。另外，有些人可能会认为另一个方法，例如APT方法会是更有效的估计贴现率的方法。

6.4.16 定性因素的考察

对默克公司股票的估值充分地说明了从历史数据进行推断所存在的潜在风险。默克公司是世界上最令人羡慕的公司之一，并且它创造了极好的投资成果。但是，一个分析师应当经常质疑过去的数据对于未来的适用性。这个问题通过判定默克公司过去的增长形成以及这种增长在未来是否能持续来回答。

如上面的注释所言，近几年内默克公司增长的主要来源是他的营运利润率。结合关于新的当局政策包括健康保健政策改革的含义所带来的重大不确定性，默克似乎不大可能会继续将它的增长依赖于显著的药品价格上涨。因此，默克公司未来的增长似乎更多地依赖于量的增长。默克公司传统的产品组合策略在一定程度上可能会抑制这种增长。另外，不利的立法发展，如去除美国医药公司的波多黎各税收庇护可能也会通过增加公司未来的税收责任而抑制默克公司的增长。默克公司未来也许不能保持它尤为高的增长纪录这一说法可能因此是令人信服的。根据库雷斯认为默克公司未来增长可能下降的程度，默克公司的股价可以被认为是高估了，也可以被认为是低估了。

第7章 CFA Institute

传统股票估值方法⊖

托马斯·马丁（Thomas A. Martin），CFA

传统股票估值方法简单地运用必要的方法对位于“便宜”和“贵”两个极值的中间区域的股票价值做出关键性判断。无论是用于筛选还是基础分析，传统股票估值方法都可以使投资者对重要估值参数可能出现的变化做出理性一致的评估。

估值即是做出判断。位于“便宜”和“贵”两个极端的股票价值是显而易见的，但是要确定位于这两个极端之间的价值，分析和判断至关重要。而传统股票估值方法则是运用简单的方法做出这种分析和判断。这些传统方法中，没有一种方法绝对优于其他方法。在一定程度上说，这些方法都可以针对具体的股票给出相似的买卖信号。但是我们仍然可以使用这些传统方法考虑股票，并且做出买卖决策。

虽然传统的估值方法比较简单，但是不容置疑的是分析师们知道这些方法在指示和表明什么。大多数时候，当分析师或者证券投资经理谈论估值、股票选择，或者是投资过程时，他们的决定最终都归结为选择便宜的股票。有时，基于某些因素的考虑，他们会认为某只股票便宜。当他们所考虑的这些因素并不错综复杂时，例如特许权价值、公司价值、经济附加值，或者是没有被会计计量所“歪曲”的一定量现金流，建立在会计计量基础上的传统的方法便是最好的方法。即使是一些较新的方法都要依赖这些传统方法。因此所有分析师都应该很好地了解传统估值方法。

⊖ 版权©1998 托马斯·马丁，注册金融分析师。本章来源于 AIMR 会议论文（1998年5月），21～35页。收录的会议报告来自于1997年12月9日在费城召开的股票研究和评估技术会议。本文最初发表时，托马斯·马丁是 INVESCO 资本管理公司的股票投资组合经理。

本章的目的在于让股票分析师们了解这些传统方法的本质——它们如何工作、如何有效运用，以及它们的不足之处是什么。本章将首先讨论估值的目的，然后将定义传统估值方法，并探讨如何运用这些方法来筛选、基础股票分析和估值。

7.1 目的

分析师们都想购买即将增值的股票，并抛售即将贬值的股票。股票价值的升降是由公司重要的重新评估、公司前景以及公司的运营环境所决定。世界上的任何变化或者是被认为发生了的变化都会带来这种重要的重新评估。或许，没有任何的模型能够直截了当地预测事实上发生的变化以及被认为发生了的变化。但是不管怎样，传统估值模型能捕捉到这些变化，是迄今为止能够达到这种目的的最佳模型。

诸多因素都会影响公司的价值。环境因素也不例外，比如通货膨胀、税收、各种资产的可用回报率，都会影响所有公司和所有估值。这些影响因素都是估值参数，因为它们在宏观层面影响公司。公司特有的一些影响因素，比如目前收益和这些收益的未来增长，同样也影响估值。事实上，简单地说，价值就是利润的持续累积。而且，公司承受风险的程度和趋势以及公司环境承受风险的程度和趋势都影响公司的估值。在股票分析师的所有工作中，风险评估应该是最难并且最不容易有效完成的任务。

因此，确定买入机会的过程包含确定这样的公司的过程：该公司基于当前价格的当前预期很可能低于实际发生情况。因此这时分析师需要模型帮助：①确定公司，该公司达成共识的未来预期收益比“真正”收益少；②或者该公司达成共识的预期风险比“真正”风险要高。

7.2 捷径

分析师们是如何解决哪些公司和股票有价值这样一个令人望而生畏的问题呢？能够获取的数据和信息是如此之多，世界是错综复杂的，这时捷径不仅有用，而且几乎是必要的。这些捷径可以分为两大类：预期模型和估值模型。

7.2.1 预期模型

预期模型的焦点在于所谓的动能指标：盈余惊喜（earnings surprise）、盈余修正（earnings revision）或者其他的技术指标。这些模型假设趋势保持不变。比如，拿盈余惊喜举例，过去的盈余惊喜的存在不能保证出色的业绩。我们只能这么说，过去的盈余惊喜能很好地预测下一个盈余惊喜的发生。显然，没有人会预期下一个盈余惊喜，因为市场会有效地调整预期。但是大多数时候，预期并没有得到适当地调整。因此在预期模型中，公司持续报道正面的盈余惊喜，分析师不断提高收益估计，直到公司遭遇瓶颈，宣布令人十分沮丧的消息。然后，所有以预期为导向的投资者纷纷抛售股票，股票价格在一天之内大幅滑落。

7.2.2 估值模型

估值模型主要是建立在均值回归或反向操作方法基础上。该模型假设当前的趋势会反向回归到某个平均值。例如，由于销售下滑和利润收缩，某公司收益下降。而销售下滑和利润收缩是由一些长期和短期因素共同引起。这时，盈利预期降低，股票价格受创。股票价格甚至会下降到比传统基准点更低的水平。均值回归表明股票价格反映过度，目前盈利预期太低，长远看来，公司股价会得以恢复。

7.3　传统估值方法

尽管预期模型和估值模型不同，它们试图达到的最终目的却是相同的：就是确定哪些公司基于当前股票价格的当前预期是错误的。传统的股票估值模型和方法就是试图做到这一点的简单而系统的方法。

股票估值模型的四大传统方法是运用市净率（P/B）、市销率（P/S）、市盈率（P/E）和股利贴现模型（DDM）进行估值。

7.3.1　市净率

账面价值（book value）是一种静态的历史衡量手段，它不考虑公司的持续经营价值。它计算的是与资产相关的价值，而不是计算产生利润的能力。市净率（P/B）不会明确或隐含地解释公司的增长和风险。同时由于它是通过公司的财务报表计算而得，它会受到大量会计计量误差的制约。在时间选择、存货清单、折旧、销账、资产减值、资本化与费用化、公司以什么价格重新购买及购买多少股票等方面，管理可以做出会计处理。接着是无形资产。如果无形资产，如品牌、专利、关系、雇员、技术、专门技能等，是公司资产的绝大多数组成部分，公司将体现比实际情况更低的账面价值。

如果账面价值在使用的过程中存在问题，人们可能会质疑使用它的逻辑。然而，市净率（P/B）能有效评估①优质资产公司，②非持续经营状况，③盈利基本为零或为负的成熟期公司或周期性公司。在后者的这种情况下，市净率（P/B）、净资产历史收益率和预期收益率（Return on equity，ROE）能够帮助估计标准化峰值收益（normalized peak earnings）和标准化收益范围（normalized earnings ranges）。换言之，当公司没有收益或收益不是直接价值驱动时，市净率（P/B）可以提供指导，它也同样可以用来区分同质行业中的公司。

7.3.2　市销率

同市净率（P/B）类似，市销率（P/S）不能明确解释公司的增长和风险。有时，市销率（P/S）被认为更好，因为它最不受所有传统估值方法中会计操纵的制约。然而，市销率（P/S）的数据含有最少的嵌入信息。在利润表上，销售线和每股收益线离得很远，两者之间会有很多的价值被创造或被损失。因此虽然市销率（P/S）可能不受操纵的影响，但是它可能会遗漏很多重要信息。

市销率（P/S）和市净率（P/B）可以以同样的方式来使用。对于一个盈利基本为零或为负的成熟期公司或周期性公司，市销率（P/S）和边际假定（margin assumption）可以确定下一个峰值收益的标准化水平和标准化收益。市销率（P/S）可用于评估拥有大的一次性收入基础的公司或者有很多无形资产的公司。同市净率（P/B）一样，市销率（P/S）可以用于区分同质行业中的公司。

7.3.3　市盈率

同市净率（P/B）、市销率（P/S）类似，市盈率（P/E）不能明确解释增长和风险。除此之外，市盈率（P/E）很难评估由于周期性、公司困境或公司处于生命周期早期而引起的每股收益率下降或为负的现象。但是市盈率（P/E）可能是最经常使用的估值指标。当我们说市盈率（P/E）衡量出一个公司股价便宜时，分析师们都清楚这意味着什么。市盈率（P/E）可以最有效地评估和比较比较处于生命周期晚期和成熟期的发展稳定的公司。

7.3.4 股利贴现模型

股利贴现模型（DDM）是评估公司价值最理想的模型。一般公式是次年的股利除以该年度适当的折现率，再加上第二年的股利除以该年度适当的折现率，以此类推。这个广义模型要求分析师估计从现在开始每一年的股利以及适当的折现率，而股利和折现率每年都会随着通货膨胀、另类投资预期回报、公司风险及市场本身风险的改变而改变。对于持续增长模型，股利贴现模型表明公司的股价等于次年的股利除以必要收益率 k 和永久预期股利增长率 g 的差值。股利贴现模型也有多阶段模型，从两阶段模型到 102 阶段模型不等。多阶段股利贴现模型通常有一个超常期，在此期间一个成熟公司的收益增长和股利增长比长期的平均值高。同样，它也有一个正常期，在该期间股利增长率回归到一个长期可持续的水平。最后多阶段股利贴现模型都会达到一个成熟期，在该期间股利增长率维持不变。

每一种股利贴现法都有一个优点：所有的参数假定（input assumption）都会像分析师们所要求的那样明确、复杂和具体。建立这样的模型会促使分析师们提出一些重要问题：公司在做什么？它生产什么样的产品？公司在销售、获利和回报等方面分别处于行业、公司以及产品生命周期的何种阶段？股利贴现模型让分析师们考虑这些因素，并把这些因素明确地放入该模型中，这是其他传统模型无法做到的。该模型的缺点是分析师需要作出很多的假设，而这些假设中有许多容易出错的地方。往往重要假设中很小的变动，尤其是在增长率和折现率上的变动，会对该模型所计算出的估值产生很大的影响。

7.4 筛选

这些传统的估值方法首先可能的运用就是将众多可投资的公司范围缩小到更少更合理的范围，这个范围里的备选公司更具有所期望的价值特征，这个过程就叫做筛选。

研究者们对所有的传统估值模型做过无数的研究，研究结果也不尽相同。研究者们认为如果投资组合经理只使用某个特定的估值模型，比如低市盈率（P/E）、低市销率（P/S）、或低市净率（P/B），他们会获得更好的业绩。事实上，研究表明忠实地使用任意一种方法都会在一段时间之后带来更好的业绩。然而，许多现实的原因会导致无法忠实地使用这些方法。也许最重要的原因是这些定量生成的投资组合展示了不适合多数投资者的其他特点。因此，虽然筛选可用于确定潜在的投资对象，分析师们必须认真理解建立投资组合时筛选因素带来的启发。

为了举例说明传统估值模型的偏差，我将通过以下 5 种模型：市净率（P/B）、市销率（P/S）、市盈率（P/E）、市盈率 - 增长率模型（P/E-to-growth，P/E 估值模型的一种）和股利贴现模型（DDM），来筛选出美国最大的公司中的 1 000 家。我首先生成了 5 种证券投资组合模型，每个模型投资组合包含了 50 只由特定估值方法确定的最便宜的股票。我们将从行业组成、估值、股权收益率（ROE）组成、增长率、风险、期望值和业绩这些方面来比较这 5 种投资组合。

7.4.1 行业组成

表 7-1 展示了这些证券投资组合模型的行业组成。供参考的标准普尔 500 指数（S&P 500）

是充分分散化投资组合，它代表的是一个合理的美国经济的资本加权截面（capitalization-weighted cross-section），也是很多股票经理对比的基准点。

表 7-1　依据传统估值方法建立的模型组合的行业组成，1997 年 9 月 30 日

	标准普尔 500 指数	市净率	市销率	市盈率	市盈率增长率	股利贴现模型
基础原料	5%	4%	2%	8%	8%	10%
资本品	9	4	8	4	8	2
通信服务	6	2	0	0	0	0
消费类周期	9	20	30	16	30	18
日常消费品	14	6	32	4	8	14
能源	9	0	6	2	2	0
金融	17	4	2	16	10	14
医疗	11	4	4	0	6	22
技术	15	2	6	6	26	20
交通	1	0	4	0	0	0
公用事业	3	54	6	44	0	2
总计	100%	100%	100%	100%	100%	100%

（灰色底纹）——每个投资组合中最大的比重

（方框）——每个投资组合中最小的比重

与此相反，以市盈率 - 增长率比率（P/E-to-growth ratio）为基础选出的 50 只最便宜的股票形成的投资组合包含30% 的消费类周期股、26% 的技术股，其余行业股均不超过 10%，这不是一个充分分散的投资组合。市净率（P/B）投资组合中含 54% 公用事业股和 20% 消费类周期股，其他类股票比重低。在市销率（P/S）策略中，日常消费品股的高比重表明其股价低，但是按照其他的衡量标准来看它们的股价并不便宜。市盈率（P/E）和市净率（P/B）投资组合很相似：两者的公用事业股和消费类周期股比重很大。市盈率投资组合是唯一一个显示金融股便宜的组合。市盈率 - 增长率（P/E-to-growth）投资组合是充分分散化的投资组合，但是它不包含公用事业股。股利贴现模型（DDM）投资组合是所有投资组合模型中分散地最好的组合，但是它也有所侧重，这可以让证券投资经理购买有很好增长特征的股票，如技术股和医疗股。

重要的一点是，大多数经理不会满足于这些投资组合中任意单个投资组合。无论是何种类型的投资组合，他们很难遵循使用单一策略的方法。取而代之的是，投资经理会考虑选择每个行业中最便宜的股票，然后使用标准普尔 500 指数权重。这时，投资经理将放弃使用纯数量估值策略，而会运用一定程度的判断。如果没有合意的定量指标，经理们需要作出多少更准确的判断呢？无论怎样，重要的一点是，在这个过程中判断是必要的。如果你更仔细地观察这些建立的投资组合，你会发现在估值分析和投资组合建立的过程中判断是多么的重要。

7. 4. 2　估值

证券投资组合模型展示了不同的估值。表 7-2 显示了每一种投资组合的不同估值方法的平均水平。股利贴现模型（DDM）投资组合在所有组合中估值最高。它有最高的市盈率（P/E）、市销率（P/S）、市净率（P/B）、倒数第二的股利生息率，以及中等水平的市盈率 - 增长率比率。市盈率（P/E）和市净率（P/B）投资组合更像是传统价值投资组合（所有组合最便宜）。市盈率 - 增长率比（P/E to Growth）一栏中体现了有趣的现象：投资者对市净率（P/B）和市盈率（P/E）投资组合中的单位增长出价很高，这一点很重要。就像之前提到过的，增长这个因素不

能明确解释这些模型。

表 7-2 证券投资组合模型中平均估值指标，1997 年 9 月 30 日

投资组合	市盈率	股利生息率	市销率	市净率	市盈率增长率
股利贴现模型	18.1	1.1%	3.4	4.0	1.6
市净率	11.9	4.2	0.9	1.1	3.4
市销率	14.2	1.7	0.3	1.7	1.6
市盈率	10.2	4.3	1.0	1.4	2.5
市盈率增长率	13.5	0.8	1.9	2.4	0.7

7.4.3 股权收益构成

表 7-3 显示的是由传统估值方法建立的投资组合的平均操作特征。例如，DDM 投资组合是由高利润和高杠杆率所驱动的更高股权收益率（ROE）的公司所组成，这一点不足为奇。同样，市净率（P/B）投资组合有最低的股权收益率（ROE），这是低周转率和较低杠杆率作用的结果。市销率（P/S）投资组合资产周转率最高，但利润最低，这表明这些公司有较高的经营杠杆。市盈率－增长率比率（P/E to Growth）投资组合是唯一一个拥有扩大营业利润率的公司的组合。

表 7-3 投资组合模型的股权收益（ROE）构成，1997 年 9 月 30 日

投资组合	5 年平均股权收益	负债总和①		资金周转		经营边际利润率	
		目前	5 年均值	过去 12 个月	5 年均值	目前	5 年均值
股利贴现模型	30.5%	213.9%	172.3%	1.1	1.2	24.3%	24.8%
市销率	9.6	101.8	99.1	0.9	0.9	15.1	16.2
市净率	11.8	95.1	87.2	2.7	2.6	3.7	4.3
市盈率	12.2	177.6	172.8	0.9	0.9	19.5	19.5
市盈率增长率	13.4	77.6	74.9	1.4	1.4	14.2	12.6

①负债总和占全部股权的百分比。

表 7-3 对每个投资组合中公司的运营特征以及传统估值方法的偏差提出了有趣的问题：为什么这些公司股票便宜？它们处于商业周期和产品周期的什么阶段？它们对将来的稳定性、增长和风险有何启发？比如，针对市盈率－增长率比（P/E to Growth）投资组合中的公司，它们的增长只是来源于扩大的边际利润（expanding margins），还是同样因为这些公司获得了单位量增长（unit growth）？这些公司的股票便宜是因为市场不愿意为扩大的边际利润买单，而更愿意为单位量增长买单？也许对于某个公司来说，扩大的边际利润是可持续的，而对另一个公司则不然。也许它对于某个公司来说是更持续的增长的来源，而可持续的单位量增长却是另一家公司的增长来源。在对具体公司进行投资的时候，关于这些问题的更多分析将会帮助我们更好地理解这些公司的基本风险。

7.4.4 增长

表 7-4 显示的是这 5 个投资组合模型的增长特征。所有投资组合中，DDM 投资组合的 10 年增长指标是最好的。这是否意味着这些增长率在今后也是可持续的？这并不一定。这样的结果可能是构成模型的方法所造成。为了建立该 DDM 模型，我使用了过去 10 年的信息来预测接下来的标准化值（normalized value）。因此 DDM 投资组合有最好的增长指标并不是巧合。这样的发现有力证明有必要关心评估模型参数（input）及这些参数带来的偏差。

表 7-4　投资组合模型增长特征，1997 年 9 月 30 日（百分比）

投资组合	I/B/E/S 每股收益率估值					可持续增长			每股销售额增长			每股账面价值增长		
	基本每股收益率增长		FY1－实际百分比变化	FY2－FY1 百分比变化	五年成长率预测									
	5 年	10 年				1 年	5 年	10 年	1 年	5 年	10 年	1 年	5 年	10 年
股利贴现模型	20.1	21.2	13.4	14.0	15.7	19.8	20.4	22.2	14.3	17.2	17.8	10.9	19.4	20.8
市销率	6.0	1.2	176.4	20.5	7.2	3.6	－1.7	0.0	7.4	4.1	4.7	24.7	5.4	6.2
市净率	6.3	4.6	15.9	29.2	12.9	7.0	6.2	6.6	17.0	10.8	10.4	15.7	8.6	9.3
市盈率	12.3	3.1	2.6	14.6	8.1	4.8	0.1	1.3	6.6	3.6	5.0	21.3	5.8	5.1
市盈率增长率	33.5	13.9	23.9	33.2	21.2	14.5	11.0	11.2	14.5	12.3	12.5	11.6	15.5	13.5

注：FY 代表财政年度

这些投资组合也同样体现了其他模型的偏差。在过去的一年中，市净率（P/B）投资组合的账面价值增长最快，市销率（P/S）投资组合模型同其他所有的组合相比，它的销售增长最快。市盈率－增长率比（P/E to Growth）投资组合当前和预期的每股收益率最好。市盈率（P/E）投资组合大体上表现出了所有组合中最低的增长纪录。因为市场具有前瞻性，也许这些公司的股票根本不便宜，只是相对低的增长预期来说定价适当。另一方面来说，也许增长预期很低是源于对过去不正确的推断。因此，表 7-4 指出了两点值得考虑的问题：①有必要认识到估值模型的使用会产生某些偏差；②有必要针对特定的公司展开进一步研究以了解这些公司潜在的风险和回报。

7.4.5　风险、预期和业绩

表 7-5 显示了投资组合的风险水平、预期及业绩特点。市盈率（P/E）投资组合和市净率（P/B）投资组合有最低的 β 系数和最低的标准普尔指数 500 跟踪误差（R^2），但相对于当前预期，它表现出最差的收益趋势。盈余惊喜和收益趋势估计等级两栏中，100 代表差，1 代表好。如果市盈率（P/E）投资组合和市净率（P/B）投资组合的这两栏中值为 1，它们将报出很好的正面盈余惊喜，估值也会上升。因此市盈率（P/E）投资组合和市净率（P/B）投资组合的收益趋势差。除此以外，从市盈率（P/E）投资组合和市净率（P/B）投资组合中股票的三年和一年业绩数据看来，虽然它们在过去的三个月价格略有回升，它们的股票仍然是价值很低。

表 7-5　投资组合模型的风险、预期和业绩特征，1997 年 9 月 30 日

投资组合	投资组合 β 系数	跟踪误差（R^2）	盈余惊喜等级	收益趋势估计等级	相对标准普尔 500 指数的价格变动		
					3 个月	52 周	3 年
股利贴现模型	1.11	0.86	52	49	0.60%	0.07%	8.12%
市净率	0.59	0.48	65	64	2.87	－15.65	－42.11
市销率	1.03	0.55	53	56	7.11	－2.14	－27.70
市净率	0.63	0.53	64	63	1.92	－17.15	－31.18
市净率增长率	1.22	0.57	57	64	－0.62	2.44	28.77

市销率（P/S）投资组合再次居中。它的 β 系数为 1.03，标准普尔指数 500 跟踪误差低至 0.55，收益和预期居中。所有投资组合中，市盈率－增长率比率（P/E to Growth）投资组合的 β 系数最高，这很有可能是由于它的技术股最多引起，但是它的跟踪误差（R^2）低。同样，该投资

组合中的股票在过去的一年和三年时间里价格增长最多。DDM 投资组合是一个保守的投资组合，这点可以从它的业绩特征看出。

表 7-1 至表 7-5 证明了重要的一点：每一种传统估值方法都会给股票选择带来不同的偏差，无论是从增长历史和前景到运营特点，还是到最近报道结果、股票业绩及分散化程度。分析师和投资经理必须认识到这些偏差，明白它们的启发，并且运用这些信息作指导，进一步研究和发现特定公司的风险和回报。

7.5 基本分析

除了将众多的股票筛选至更具操作性的范围之外，传统的估值方法还可以用来探寻在市场中股票是如何相对公司实际记录、历史记录以及将来经济表现预期进行定价。这个过程通常被称作基本分析。在这个过程中，股利贴现模型（DDM）经常被使用到。

7.5.1 增长和折现率

两阶段股利贴现模型（two-stage DDM）可以用来分离增长率和折现率的估值影响。简单起见，我们可以假设第一阶段为 10 年，并且公司这 10 年的增长率是超过了成熟期的增长率。第二个阶段是成熟期，假设该公司从第 11 年之后以标准普尔指数 500 的平均长期历史收益增长率上升。这样的前提下，分析师可以就观测中股票价格的增长率和折现率提出一些有趣的问题。

比如，将该两阶段股利贴现模型运用到微软公司和国际纸业公司的股票中。如表 7-6 所示，1997 年 9 月 30 日，微软公司股票价格是 132.31 美元，国际纸业公司股票价格为 55 美元。如果两个公司第一阶段每年增长常数是 6.50%（标准普尔指数 400 工业版长期增长率），而华尔街生成的第一阶段年增长率估值分别是微软 23.80% 和国际纸业公司 16.20%，那么两者的价格将分别达到 132.5 美元和 33.90 美元。有了每一个公司的**折现率常量**（constant discount rate），股利贴现模型（DDM）可以让分析师推断任意股票价格隐含的第一阶段增长率。比如通过 1997 年 9 月 30 日的微软股价可以推断出 23.78% 的第一阶段增长率，该增长率仅低于华尔街估值的 2 个基点。与此相反，依据 1997 年 9 月 30 日的国际纸业公司股价可推断出 22.67% 的第一阶段增长率，而华尔街的增长率估值是 16.20%。国际纸业股价是否过高？它是否能在接下来的 10 年以高于分析师所预期的 650 个基点的速度增长？此时，我们需要对这个模型进行判断和评估。如何才能将价格减半？会意味着怎样的增长率？如果微软公司增长率仅为 15.5%，它的股票价格会减半。这两只股票的价格是否会翻番？如果其他因素保持不变，要使两个公司股票价格翻番，在接下来的 10 年，它们必须以高于 32% 的增长率增长。最后，该分析表明由于假定在第一阶段微软公司根本不派发股利，它的价值不直接来自第一阶段的增长。然而国际纸业公司大约 20% ~30% 的价值是以第一阶段为基础，并且它的价值取决于考核的指标。

表 7-7 的分析几乎完全一致，只有一个小小的变化：第一阶段的增长率保持在华尔街估计的水平不变，生成具体股票价格的第二阶段增长率是确定的。再者，和表 7-6 中的情况一样，微软公司将以接近第二阶段增长率的速度增长来定价。国际纸业公司必须以高于微软公司的增长率增长（7.89% 比 6.49%），才能保持目前股票价格。7.89% 的增长率看起来也许不高，但是这是第二阶段（无限）增长率，相对于无限来说，7.89% 是可持续的高增长率。要使两个公司的股票价格减半，微软公司需要以 3.65% 的速度增长，而国际纸业公司需要以 5.43% 的速度增长。要使两个公司股票价格翻番，微软公司需要以将近 1.5% 的增长率增长，国际纸业公司则需要以将近

2.5% 的增长率增长，这两个增长率都高于长期的经济增长率。

表 7-6　第一阶段隐含增长率比较：微软公司和国际纸业公司

项目	微软	国际纸业
1997 年 9 月 30 日价格	$132.31	$55.00
当前估值的隐含价格	132.58	33.90
当前估值		
第二阶段增长假设①	6.50%	6.50%
第一阶段增长假设②	23.80	16.20
当前价格隐含的第一阶段增长率	23.78	22.67
第一阶段值百分比	0.00	25.92
1/2 当前价格隐含的第一阶段增长率	15.49	13.44
第一阶段值百分比	0.00	32.22
2 倍当前价格隐含的第一阶段增长率	32.66	32.25
第一阶段值百分比	0.00	21.42

注：1. 第二阶段折现率 =β 系数 × 风险溢价 + 无风险利率 = 股票 β 系数 1 ×3 +6.5

2. 第一阶段折现率 =β 系数 × 风险溢价 + 无风险利率 = 股票当前 β 系数 ×3 +6.5

①1963 ~1996 年期间标准普尔 400 工业指数的长期增长率

②I/B/E/S/表示未来 5 年的增长估值

表 7-7　第二阶段隐含增长率比较：微软公司和国际纸业公司

项目	微软	国际纸业
1997 年 9 月 30 日价格	$132.31	$55.00
当前估值的隐含价格	132.58	33.90
当前估值		
第一阶段增长假设①	23.80%	16.20%
第二阶段增长假设②	6.50	6.50%
当前价格隐含的第二阶段增长率	6.49	7.89
第一阶段值百分比	0.00	18.54
1/2 当前价格隐含的第二阶段增长率	3.65	5.43
第一阶段值百分比	0.00	37.10
2 倍当前价格隐含的第二阶段增长率	7.98	8.77
第一阶段值百分比	0.00	9.30

注：1. 第二阶段折现率 =β 系数 × 风险溢价 + 无风险利率 = 股票 β 系数 1 ×3 +6.5

2. 第一阶段折现率 =β 系数 × 风险溢价 + 无风险利率 = 股票当前 β 系数 ×3 +6.5

①I/B/E/S/表示未来 5 年的增长估值

②是 1963 ~1996 年期间标准普尔 400 工业指数的长期增长率

如表 7-8 和表 7-9 所示，同样的分析方法还可以运用来解决隐含折现率。通过保持两个公司第二阶段折现率常量为 9.50%，并且解决已有股票价格隐含的第一阶段折现率，我们可以得到一个有趣的结果。表 7-8 表明对于微软公司，第一阶段折现率无关，因为所有的股票价格都体现在了第二阶段价值，或者终值。相反地，国际纸业公司第一阶段的折现率在当前价格或更高股价下表现为负，这表明在增长假设之下，任何折现率都不能解释当前的股票价格。

在表 7-9 中，第一阶段折现率保持不变以解决隐含的第二阶段折现率。同样，微软的定价同表格中显示的预期一致，而国际纸业公司的定价同第二阶段折现率相比，偏差了 130 个基点。股票价格减半，利率必须大幅上升，但相对较少的利率下降会使股票价格翻番。

表 7-8 第一阶段隐含折现率比较：微软公司和国际纸业公司

项目	微软	国际纸业
1997 年 9 月 30 日价格	$132.31	$55.00
当前估值的隐含价格	132.58	33.90
当前估值		
第二阶段折现率假设①	9.50%	9.50%
第一阶段折现率假设②	10.34	9.83%
当前价格隐含的第一阶段折现率	na③	-7.30
第一阶段值百分比	0.00	56.92
1/2 当前价格隐含的第一阶段折现率	na③	32.84
第一阶段值百分比	0.00	13.83
2 倍当前价格隐含的第一阶段折现率	na③	-18.86
第一阶段值百分比	0.00	78.46

注：1. na 表示不适用

2. 第二阶段增长率是 1963～1996 年期间标准普尔 400 工业指数的长期增长率

3. 第一阶段增长率是以 I/B/E/S 未来 5 年增长估值为依据

①第二阶段折现率 = β 系数 × 风险溢价 + 无风险利率 = 股票 β 系数 1 × 3 + 6.5

②第一阶段折现率 = β 系数 × 风险溢价 + 无风险利率 = 股票当前 β 系数 × 3 + 6.5

③所有的值都是终值

表 7-9 第二阶段隐含折现率比较：微软公司和国际纸业公司

项目	微软	国际纸业
1997 年 9 月 30 日价格	$132.31	$55.00
当前估值的隐含价格	132.58	33.90
当前估值		
第一阶段折现率假设①	10.34%	9.83%
第二阶段折现率假设②	9.50	9.50%
当前价格隐含的第二阶段折现率	9.49	8.28
第一阶段值百分比	0.00	18.59
1/2 当前价格隐含的第二阶段折现率	11.51	13.44
第一阶段值百分比	0.00	58.64
2 倍当前价格隐含的第二阶段折现率	8.19	7.37
第一阶段值百分比	0.00	9.30

注：1. 第二阶段增长率是 1963～1996 年期间标准普尔 400 工业指数的长期增长率

2. 第一阶段增长率是以 I/B/E/S 未来 5 年增长估值为依据

①第一阶段折现率 = β 系数 × 风险溢价 + 无风险利率 = 股票当前 β 系数 × 3 + 6.5

②第二阶段折现率 = β 系数 × 风险溢价 + 无风险利率 = 股票 β 系数 1 × 3 + 6.5

类似的分析可以用于认识整体市场。目前市场的交易量是过去的很多倍，这让观察者得出市场价格高的结论。但其他的因素也发生了改变。在过去的 10 年，股权收益（ROE）增长，股息支付率（payout ratio）降低，因此公司的可持续增长率明显增加。同时，通货膨胀减少，这降低了折现率。

如表 7-10 所示，这些改变可能会让分析师们相信不同的增长率和折现率会影响市场的市盈率（P/E）。图中的例子使用了两阶段 DDM 模型来生成市盈率（P/E）。该图表明市盈率（P/E）会随着增长率的升高而增加，也会随着折现率的降低而增加。因此，我们可以得知市盈率（P/E）和增长率及折现率的关系是指数关系，而非线性关系。

表7-10　依据增长率和折现率的市盈率（P/E）

增长率	折现率										
	5%	6%	7%	8%	9%	10%	11%	12%	13%	14%	15%
2%	9.4×	8.5×	7.7×	7.1×	6.5×	6.1×	5.7×	5.3×	5.0×	4.8×	4.5×
3%	11.0	9.9	9.0	8.2	7.6	7.1	6.6	6.2	5.8	5.6	5.3
4%	13.0	11.7	10.6	9.7	8.9	8.3	7.8	7.3	6.9	6.5	6.2
5%	15.5	13.9	12.6	11.5	10.6	9.9	9.2	8.7	8.2	7.8	7.5
6%	18.6	16.7	15.1	13.8	12.7	11.8	11.0	10.4	9.9	9.4	9.0
7%	22.5	20.1	18.2	16.6	15.3	14.3	13.4	12.6	12.0	11.4	11.0
8%	27.4	24.5	22.1	20.2	18.7	17.4	16.3	15.4	14.6	14.0	13.5
9%	33.4	29.9	27.0	24.7	22.8	21.3	20.0	18.9	18.1	17.3	16.7
10%	41.0	36.7	33.2	30.4	28.1	26.3	24.7	23.5	22.4	21.5	20.7
11%	50.5	45.2	41.0	37.6	34.8	32.6	30.7	29.2	27.9	26.9	26.0
12%	62.5	56.0	50.8	46.6	43.3	40.6	38.3	36.5	35.0	33.7	32.7
13%	77.5	69.5	63.2	58.1	54.0	50.7	48.0	45.8	44.0	42.5	41.2
14%	96.3	86.5	78.7	72.5	67.6	63.5	60.3	57.6	55.5	53.7	52.2
15%	120.0	107.9	98.4	90.8	84.7	79.8	75.9	72.7	70.1	67.9	66.1
16%	149.8	134.9	123.2	113.9	106.5	100.5	95.7	91.8	88.7	86.1	84.0
17%	187.1	168.8	154.4	143.0	133.9	126.7	120.8	116.1	112.3	109.2	106.7
18%	234.0	211.5	193.7	179.7	168.6	159.8	152.7	147.0	142.4	138.6	135.6
19%	292.9	265.1	243.3	226.1	212.5	201.7	193.0	186.1	180.5	176.0	172.3
20%	366.6	332.4	305.5	284.4	267.8	254.6	244.0	235.6	228.8	226.4	218.9
21%	459.0	416.8	383.8	357.9	337.5	321.3	308.5	298.2	290.0	283.4	278.0
22%	574.7	522.6	482.0	450.2	425.2	405.4	389.8	377.3	367.3	359.2	352.7
23%	719.3	655.1	605.2	566.1	535.5	511.3	492.2	477.0	464.8.	455.1	447.2
24%	899.9	820.8	759.4	711.5	673.9	644.4	621.0	602.5	587.7	575.9	566.4

注：市盈率（P/E）计算假设：今天收益=1美元；固定股利支付率=40%；增长超过30年，DDM模型常量（constant DDM）用于计算7%增长率和10%折现率所得终值。

表7-6至表7-9提示了两阶段DDM模型分析的核心问题：多少价值会锁定在第一阶段，多少价值会来源于第二阶段？这个问题会在扩展后的表7-10中得以回答。如果投资者说他们想事先得到钱，因为这样风险更小，那么他们会很想从第一阶段获得绝大多数的价值，因为第一阶段的确定性比第二阶段更强。表7-10和表7-11中相同的假设表明，增长率和折现率都增长了，第一阶段创造的价值越来越少，因此风险就随着增长率和折现率的增加而增加了。

7.5.2　估值

估值的问题向后比向前研究更容易。换言之，确定一只股票是否便宜很难，但是之前微软公司和国际纸业公司的例子表明，确定保持公司目前股价的隐含增长率更为容易。

同样的逻辑可用于对整个市场的估值。表7-12显示的是纳斯达克综合指数和整个标准普尔500指数不同的估值方法。标准普尔500指数分为两组：依据市场资本总额（market capitalization）划分的前25只股票和后475只股票。分析所示，整个标准普尔500指数交易是收益的23.7倍，账面价值的3.9倍，销售量的1.6倍，股利生息率（dividend yield）约为1.6%。两种利息增长指标分别是10年价格隐藏的增长率（PIG，Price Implied Growth）和生长期。

表 7-11 依据增长率和折现率的第一阶段股利流占 DDM 总值的百分比

增长率	折现率										
	5%	6%	7%	8%	9%	10%	11%	12%	13%	14%	15%
2%	84%	83%	81%	79%	77%	76%	74%	72%	70%	69%	67%
3%	82	80	78	76	74	72	70	68	66	64	62
4%	80	77	75	73	70	68	66	64	62	59	58
5%	77	75	72	69	67	64	62	59	57	55	53
6%	75	72	69	66	63	60	57	55	52	50	48
7%	72	69	66	63	59	56	53	51	48	46	43
8%	70	66	63	59	56	53	50	47	44	41	39
9%	68	64	60	56	53	49	46	43	40	37	35
10%	65	61	57	53	49	46	42	39	36	34	31
11%	63	59	54	50	46	43	39	36	33	30	28
12%	61	56	52	47	43	40	36	33	30	27	25
13%	59	54	49	45	41	37	33	30	27	25	22
14%	57	52	47	43	38	34	31	28	25	22	20
15%	55	50	45	40	36	32	29	26	23	20	18
16%	53	48	43	38	34	30	27	24	21	18	16
17%	51	46	41	36	32	28	25	22	19	17	15
18%	50	45	39	35	30	27	23	20	18	15	14
19%	48	43	38	33	29	25	22	19	16	14	12
20%	47	42	36	32	28	24	20	18	15	13	11
21%	46	40	35	30	26	23	19	17	14	12	10
22%	45	39	34	29	25	21	18	16	13	11	10
23%	43	38	33	28	24	20	17	15	12	11	9
24%	42	37	32	27	23	19	16	14	12	10	8

注：市盈率（P/E）计算假设：今天收益 =1 美元；固定股利支付率 =40%；增长超过 30 年，DDM 模型常量（constant DDM）用于计算 7% 增长率和 10% 折现率所得终值。

表 7-12 多个指数的传统估值指标，1997 年，9 月 30 日

指数	跟踪 12 月收益市盈率（P/E）	市净率（P/B）	市销率（P/S）	股利生息	5 年期望增长率	10 年价格隐含增长率（PIG）	历史年度化增长率				保持市盈率标准普尔 500 指数比的时间（生长期）
							5 年	10 年	20 年	30 年	
纳斯达克	74.7	3.7	1.6	0.5%	21.5%	29.2%	729.8%	21.0%	17.7%	9.2%	22.7
标准普尔 500 指数											
总体指数	23.7	3.9	1.6	1.6	13.8	15.8	18.8	12.3	9.1	9.0	—
前 25①	25.4	5.8	2.3	1.5	13.9	14.3	17.0	14.9	11.2	10.2	从未
后 475①	23.0	3.3	1.4	1.7	13.8	12.9	20.1	10.6	7.6	8.1	-118.7

①根据市场资本总额（market capitalization）进行排名。

价格隐藏的增长率（PIG）提出这样的问题：该公司在接下来的 10 年应该保持怎样的增长率才能符合目前的市盈率（P/E）？价格隐藏的增长率模型简单地解决了两阶段 DDM 模型中第一阶段的年度化增长率。在第一阶段，公司或者指数股利（index dividend）是运用当前每股收益数据和当前股利支付率进行估值，我们假定当前每股收益数据和当前股利支付率为固定值。折现率（discount rate）是依据资本资产定价模型（CAPM，capital asset pricing model）框架，以 9.5% 市场回报率（market return），6.5% 无风险回报率和相关公司或者 β 指数进行计算。第二阶段假定的股利支付率为 38%，固定收益增长率为 6.5%，市场回报率和无风险回报率相同，β 系数为 1. 我们可以将 10 年价格隐藏的增长率同华尔街 5 年预期增长率进行比较。如果一个公司（或一组公司）的定价中价格隐藏的增长率高于华尔街的估值，也许这只股票就不便宜。如果它的定价中价格隐藏的增长率低于估值，也许这是一只有吸引力的股票。

比如，标准普尔 500 指数每年的价格隐藏的增长率（PIG）是 15.8%，但是分析师认为标准普尔 500 指数在接下来的 5 年增长率为 13.8%，这就表明当前的标准普尔 500 指数定价过高。但是当前的“便宜”只能在长时间标准普尔 500 指数的业绩范围中进行评估。在过去的 5 年，它的增长率为 18.8%；过去的 10 年，增长率为 12%，过去的 20 年是 9%，过去的 30 年为 9%。标准普尔 500 指数在接下来的 10 年能达到 15.8% 的增长率吗？这个估值方法让分析师开始思考这个问题。

生长期测量的是使单只股票（或一组股票）市盈率（P/E）和给定总体市场市盈率（P/E）的差值合理所需的年数。生长期公式如下：

$$
\text{生长期} = \frac{\ln\left(\frac{P/E_g}{P/E_m}\right)}{\ln\left(\frac{1 + G_g + D_g}{1 + G_m + D_m}\right)}
$$

式中　P/E_g——成长型公司的市盈率（P/E）

P/E_m——市场的市盈率（P/E）

G_g——成长型公司的预期增长率

D_g——成长型公司的股利生息率

G_m——市场长期预期增长率

D_m——市场的股利生息率

如果一个公司的预期增长率和市盈率（P/E）比标准普尔 500 指数高，生长期则可以预估公司的收益必须按照预期增长率（该预期同标准普尔 500 指数增长率相关）增长多少年之后才能保持该市盈率（P/E）。如果答案是需要许多年时间，那么股票的价格就可能被高估了。如果答案是只需要几年，那么也许股票价格就算便宜。

如表 7-12 所示，除了股利生息率和市盈率（P/E），纳斯达克综合指数和标准普尔 500 指数的“价格”相同。纳斯达克综合指数的股利生息率和市盈率（P/E）很高，几乎是收益的 75 倍。纳斯达克综合指数虽然有 21.5% 的 5 年预期增长率，但是它的定价要求它需要按照大约 29% 的增长率增长。在过去 5 年它按照这样的增长率增长，更长远地说来，则没有达到。同样，纳斯达克综合指数必须在将近 23 年的时间按照预期增长率增长，这与才能使它的市盈率（P/E）符合标准普尔 500 指数比。

标准普尔 500 指数两组的 5 年预期增长率几乎相同，但是由前 25 个公司组成的这一组市盈率

(P/E) 较高，25.4 比23.0。事实上，前25 个公司这一组有较高的市净率 (P/B)，市销率 (P/S)，以及较低的股利生息率。这一组的价格隐藏的增长率 (PIG) 也比预期增长率高，而后475 个公司组成的一组则相对较低。在过去的5 年里，后475 个公司比前25 个公司增长更快，然而更长期地看来前者不比后者增长快。市盈率 (P/E) 经过多少时间能达到相对整体标准普尔500 指数适当的值呢？前25 个公司组将永远达不到，因为它们的预期增长率不高于整体的标准普尔500 指数，并且它们的市盈率 (P/E) 更高。后475 个公司组已经比整个标准普尔500 指数低，这会带来负生长期。

即便是在大多数观察者认为是“成功”的公司中也会有定价过高和定价合理的情况，如表7-13所示。定价过高的公司组的平均交易量是过去12 个月收益的514 倍，是账面价值的19.1 倍，是销售量的24.3 倍，且没有股利生息率。5 年期望增长率大约为50%，10 年价格隐藏的增长率 (PIG) 是53.2%。然而大多数的这些公司都没有存在的很久，都没有很长的历史记录，这就使估值的任务变得更为复杂。分析的确表明这些公司如果需要使它们的市盈率 (P/E) 符合标准普尔500 指数，在增长率为50% 的情况下都需要13 年的时间。

表7-13 “成功”(High-flyer) 股票的传统估值方法，1997 年9 月30 日

股票代码	名称	跟踪12 月收益市盈率 (P/E)	市净率 (P/B)	市销率 (P/S)	股利生息率	5 年期望增长率	10 年价格隐含增长率 (PIG)	历史年度化增长率 5 年	10 年	20 年	30 年	保持市盈率对S&P500 指数比的时间 (生长期)
定价过高												
PCTL	PictureTel	345.8	1.4	0.8	0.0%	28.3%	51.5%	37.8%	NA	NA	NA	25.4
ABMD	Abiomed	90.8	4.4	5.9	0.0	35.0	32.5	NA	NA	NA	NA	8.6
YHOO	雅虎	1 002.5	20.5	44.0	0.0	64.2	68.5	NA	NA	NA	NA	10.6
RMBS	Rambus	618.1	50.1	46.4	0.0	75.0	60.5	NA	NA	NA	NA	7.8
平均数		514.3	19.1	24.3	0.0	50.6	53.2	NA	NA	NA	NA	13.1
定价适当												
MSFT	微软	49.7	15.2	14.3	0.0	23.8	24.8	30.4	38.5%	NA	NA	10.6
TLAB	泰乐通信	39.0	10.6	8.5	0.0	27.4	21.8	76.7	42.5	NA	NA	5.0
PSFT	仁科	106.7	21.0	10.6	0.0	45.5	34.7	64.7	NA	NA	NA	6.5
CSCO	思科	48.1	11.4	7.8	0.0	33.1	24.3	71.9	NA	NA	NA	5.0
INTC	英特尔	23.3	8.7	6.6	0.1	21.4	15.5	42.7	35.9	28.8%	NA	0.0
ASND	Ascend	27.2	7.3	5.3	0.0	40.3	17.5	NA	NA	NA	NA	0.7
平均数		49.0	12.4	8.9	0.0	31.9	23.1	57.3	39.0	NA	NA	4.6

注：NA 表示没有。

虽然很多的分析师都认为微软公司、仁科公司、思科定价过高，在定价适中这组中的这些公司交易仅仅是收益的49 倍，账面价值的12.4 倍，销售价值的8.9 倍，同样它们也没有股息收益率。32% 的5 年增长率大大低于定价过高的股票的增长率。但事实上，这些股票的定价似乎只需要以23% 的增长率增长，这比32% 的增长率更容易想象。这些公司中有一部分有5 年或10 年的历史。在过去的10 年，微软增长率为38%，即使在过去的5 年，作为一个较大的公司，微软仍

然能以 30% 的增长率增长。微软是否会按照价格的隐藏年增长率所推断的 25% 的增长率进行增长呢？也许。这组公司的平均生长期为 4.6，这表明增长地同样快的公司的股价定价合理，甚至是偏低。

表 7-14 中显示的公司在过去的 5 年、10 年、20 年和 30 年的增长率在每一个时期都超过了 10%。它们当中的一些定价偏高，有一些定价适当。在定价偏高的一组公司中，市盈率(P/E)是 30.4 倍，而定价适当一组的公司的市盈率（P/E）仅为 18.6 倍。定价过高一组的市净率（P/B）是 8.4，而定价适当的一组为 4.1。市销率（P/S）也是 3.6 比 1.7。从历史上来看，定价过高一组的估值几乎贵了两倍。两组的 5 年预期增长率几乎相同，但是定价偏高组的 10 年价格隐藏的增长率更高。该组的历史平均增长率也比较稳定，为 13%。但这些平均值都比定价适当组低得多。定价适当组的 10 年价格隐含年增长率为 10.9%，5 年预期增长率为 13.5%。定价过高组公司的生长期要么是无（它们的股价从来都不便宜），要么非常非常长（平均期是 74 年）。定价合理组平均值为负，这意味着这些公司相对于标准普尔 500 指数价格已经是很便宜的。

表 7-14　固定长期增长率股票的传统估值方法，1997 年 9 月 30 日

股票代码	名称	跟踪12月收益市盈率(P/E)	市净率(P/B)	市销率(P/S)	股利生息率	5年期望增长率	10年价格隐含增长率(PIG)	历史年度化增长率				保持市盈率对S&P500指数比的时间(生长期)
								5年	10年	20年	30年	
定价过高												
GE	通用电气	28.1	7.0	2.6	1.5%	12.9%	15.3%	13.2%	10.3%	10.6%	10.9%	Never
PBI	必能宝	24.3	5.8	3.0	1.9	13.0	13.1	11.1	12.0	11.6	12.4	Never
WAG	沃尔格林	29.1	5.6	1.0	0.9	14.6	16.6	13.7	13.5	14.7	14.1	234.0
WWY	Wrigley	33.2	9.1	4.8	1.5	12.4	16.8	13.8	14.3	15.6	11.5	Never
AUD	Automatic Data	27.8	5.5	3.4	0.9	14.7	16.0	14.2	13.9	15.7	18.1	98.6
KO	可口可乐	37.0	20.8	8.1	0.9	17.2	19.1	18.2	18.6	14.9	12.7	19.3
G	吉利	45.0	9.9	4.9	1.0	17.8	21.1	14.5	15.2	14.2	9.2	22.3
平均数		30.4	8.4	3.6	1.4	13.7	15.9	13.2	13.1	12.7	12.1	74.0
定价适当												
ABS	Albertson's	18.3	3.9	0.6	1.8	12.3	10.2	16.8	16.2	16.8	18.1	-23.1
DOV	Dover	19.7	4.9	1.7	1.1	11.2	12.1	27.3	13.8	10.7	14.0	-6.9
MCD	McDonald's	20.4	3.8	2.9	0.7	13.5	13.1	13.9	12.3	14.0	19.2	-14.2
NB	NationsBank	14.7	2.2	2.2	2.1	11.5	8.1	46.2	15.1	10.4	10.7	-30.6
NUE	Nucor	15.4	2.7	1.1	0.8	15.4	10.0	36.7	22.8	11.8	18.0	0.0
MO	Philip Morris	15.5	7.0	1.8	3.8	15.7	6.7	11.5	13.9	18.2	18.2	0.0
SHW	Sherwin-Williams	20.0	3.4	1.1	1.4	11.4	12.0	13.0	11.1	17.4	11.0	-7.2
HWP	Hewlett-Packard	24.7	4.7	1.8	0.8	16.8	15.1	29.7	16.2	13.4	17.2	2.1
平均数		18.6	4.1	1.7	1.6	13.5	10.9	24.4	15.2	14.1	15.8	-10.0

7.6 结论

估值模型取决于它的参数、生成这些参数的基本因素以及某种程度上这些基本因素背后的历史。这些模型能及时地输出“快照”，而这些输出中唯一真正重要的是同嵌入假设相关的变动。投资者们需要做的是使用工具去反映隐含的基本因素和嵌入假设，这可以让投资者对可能出现的方向和变动的大小作出理性一致的判断，以指导最终的买卖决策。传统的估值方法提供的就是这样一个工具。它同其他工具一样也有局限，但是它也是使用广泛和相对简单的工具。

7.7 问答部分

问题：如果一个公司不支付股利，我们如何使用 DDM 模型？

马丁：对于没有现金股利的公司，比如微软，我们不得不假设在它的超常增长期的第一阶段，该公司需要以一个高的股权收益率（ROE）将它所有的利润重新投资到公司中。然后在第二个正常化阶段（或成熟期），我们必须假设在哪个时间点公司变得足够的成熟，以作出支付一些股利的决定。我们同样也需要假设股利的利率是多少，以及支出的利率将会以何种速度增加以达到正常的支付水平。同样，DDM 模型也可以让我们明确地思考这样的公司处于它生命周期的哪个阶段，以及长时间后它的产品和利润率会如何变化。

问题：在传统模型中 β 系数有何作用？

马丁：除了 DDM 模型之外，β 系数在其他传统模型中没有作用。DDM 模型需要对折现率有明确的估计。折现率可以由多种方式得到，其中一种方法叫做资本资产定价模型（CAPM）。如果我们要使用资本资产定价模型，我们也必须使用公司的 β 系数来考虑每一只股票。

我们也可以通过一些方法来计算 β 系数。β 系数是用来表示一段时期以来股票价格相对于某个基点的波动幅度。但是通过价格计算来的历史 β 数据不能很好预测将来的 β 系数。我们都想知道它们的关系将如何发展，因此许多分析师开始使用基本 β 系数，这个系数类似于以公司特征为基础的多因素模型，比如负债与股东权益比率（debt to equity），销售增长和利润。因此，我们要使用资本资产定价模型，我们可以使用基本 β 系数来计算折现率。

问题：在你的模型中使用标准化收益吗？

马丁：使用 DDM 模型可以从标准化收益数据开始。我们如何获得标准化收益数据是问题的关键。周期性公司、稳定的公司和处于困境中的公司可能会有不同的标准化收益。处理方法之一是让跟踪这些公司的分析师们分析基本因素，并尽力提出一个标准化数据。处理方法之二是观察在一段时期内，比如在一个完整的商业周期、经济周期或利润周期公司做了什么，某些合理的依据可以帮助我们做出判断。规模大的稳定的公司可能会使用过去的结果来预测将来的结果，因为这种方法最不容易受到分析师预测错误的影响，但是公司越年轻或者流动性越强，我们的判断将会承受更大的压力。

问题：你使用的折现率范围是多少，并且你是如何将它们运用到不同的公司？

马丁：DDM 模型的大部分使用者都会解决公司内部的回报率，而不会把折现率运用到模型中解决一美元的内在价值。这样可以免去估计折现率的必要，从而避免估计过程中可能存在的大的误差。

问题： 你是如何看待将股价与现金流比率（P/CF）以及企业价值（Enterprise value）和EBITDA比率（息前、税前、折旧、分期付款盈余）作为估值方法？

马丁： 对于这些估值模型，我没有任何偏见，既不支持也不反对。我认为使用诸如EBITDA的数据可能比使用净收入数据要更好，因为我们真正想要得到的是一个公司持续产生运营利润的能力。因此我们需要去掉尽可能多的一次性和管理/会计决策项。但是即便是EBITDA也会受到操纵的影响。问题在于，这些公司，尤其是标准普尔500，在持续不断地改变它们的业务。我曾读到过一个研究，标准普尔500指数账面价值的绝大部分都在过去的10年里被注销，这是引起股权收益（ROE）和利润比过去高得多的原因之一。实质上，管理层犯了很多错误。然而他们没有减少它们或者是共同承担，而是将其注销，并指望华尔街不会注意到。通过注销这些损失，管理层认为他们能更好地进行盈利预测，并在接下来时间表现出良好的增长率。

CFA Institute 第8章

简单估值模型和增长预期㊀

莫理斯·丹尼尔森（Morris G. Danielson）

简单估值模型可用于公司在短期内投资**正净现值**（netpresent values，NPVs）项目。虽然之前的模型也做过类似的假设，但是这种模型可以简化成为简洁好用的形式。该模型可以帮助我们深入理解公司股票价格所隐含的预期，比如和公司市盈率（P/E）保持一致的增长模式，这可以指导对股票价格的深度分析。

这里要介绍的估值模型可以用简单、简洁的方式分析股票价格。这种模型和戈登（1997）描述的**有限阶段模型**（finite-horizon model）相似点在于两种模型都假设一个公司能够在有限的几年时间内投资正净现值项目。[1]这两种模型对**超出正净现值**项目投资量的收益部分的处理方式不同。在戈登模型中，公司将超出的收益部分以股利方式支付，而在新的模型中，公司将这些收益投资在正净现值等于零的项目中。虽然两种模式预测的股价相似，新的模型可以简化成为更容易操作的形式。这样的模型可以将**永续增长模型**（perpetual-growth model）的计算简便和更实际的有限增长假设相结合。

戈登使用**有限增长模型**（finite-growth model）来检验**资本资产定价模型**（capital asset pricing model）产生的期望股票回报。他使用预期回报的估值找到了支撑资本资产定价模型的有力证据。

本章节将讨论有限增长模型的另一种使用方法。该模型用于探究公司市盈率（P/E）和四个价值驱动的关系，四个价值驱动分别是：**风险调整后折现率**（the risk-adjusted discount rate）、**再投资率**（the reinvestment rate）、**新投资回报**（return on new investments）、和**竞争优势期长度**（the length of a period of competitive advantage）。竞争优势期指的是公司预期能够投资正净现值的项目的

㊀ 摘自《金融分析师》，1998年5、6月：P50－57。本篇论文最初发表时，莫理斯·丹尼尔森是美国天普大学商学院金融助理教授。

时间。

要预测这些遥远的将来的变量很困难，因此该模型不能对“正确”的股价或市盈率（P/E）进行精确的估计，但是它能让我们更加了解公司市盈率（P/E）隐含的预期。比如，分析师可以使用该模型确定和公司市盈率一致的未来增长模式。如果在接下来的 20 年里，公司每年的新投资回报率超过公司的资本成本 4.8%，或者在接下来的 10 年每年超过 9.9%，或者是在接下来的 5 年里每年超过 20.7%，这个模型表明无付息股票将会保持 30% 的市盈率。[2]

同样，分析师可以使用这个模型说明：①再投资率和必要新投资回报；②折现率和必要新投资回报之间的平衡。

模型提供的信息给我们提出了一些问题，这些问题可以指导我们更深度地分析股价。比如，公司是否有竞争优势使其新投资回报超过它资本成本 9.9%？在接下来的 10 年里，公司是否每年能够获得这样的新投资回报？尤其是公司的产品是否有足够的新市场来保证预期的增长？公司是否能在 10 年内保护这些市场免受竞争？在这点上说，该模型说明了股票估值概念如何能够和行业结构以及竞争优势的概念相结合（见 Porter，1980，1985）。

本章在概述了戈登的有限增长模型之后，会用两个例子来讨论新模型。在第一个例子中，公司不派发股利，将正净现值的项目 100% 的利润进行再投资。在第二个例子中，再投资率高于或者低于公司目前收益的 100%。结论部分会讨论如何运用该新模型评估公司的市盈率。章节末尾附录部分将对新模型和戈登的模型进行比较。

8.1 戈登模型

戈登的有限增长模型（finite-growth model）可描述为：

$$P_{t=0}=\sum_{t=1}^{\tau}\frac{E_{t=1}(1-\rho)(1+\rho R_N)^{t-1}}{(1+k)^t}+\frac{E_{t=1}(1+\rho R_N)^{\tau}}{k(1+k)^{\tau}} \tag{8-1}$$

式（8-1）使用了以下概念：

1. 公司目前股价为 $P_t=0$，要把 $P_t=0$ 解释成为有债公司股价，我们需要假设公司所有的新投资资金来源于债务，债务的比例等同于现有资产。

2. 公司在用资产会产生不断的（税后）每股股权现金流，也称收益，数量是 $E_t=1$。第一次现金流将会在第一年得到，为 $t=1$。

3. 每年公司可以将它的收益的 ρ% 重新投资到新项目中。在接下来 τ 年中，每一年新投资都会获得 R_N **股权收益**（return on equity），且该收益超出公司**风险调整后的股权收益**（risk-adjusted required return on equity），k。公司每年收益的剩余部分将会作为股利派发。比如，$t=1$ 时需要支付的股利为 $D_t=1$，可以计算为 $(1-\rho)E_t=1$。有了这些假设，τ 年中利润和股利将会以年增长率 ρR_N 增长，在此后的时间以年增长率 ρk 增长。整个**股利流**（dividend flow）以风险调整率 k 进行贴现。该折现率不受新投资的影响，一直保持不变。

式（8-1）表明有限增长模型可以简化为一个比较简单的形式。但是即便如此，公式 8-1 没有永续增长模型那么清楚。下一部分将讨论的模型表明，稍加修改后，有限增长模型可以简化为一个更简单、更容易使用的形式。

8.2 简单有限增长模型

下面的新模型用于两种情况：①公司不派发股利，将正净现值的项目全部利润进行再投资；

②公司的再投资率高于或者低于公司目前收益的100%。

8.2.1 情况一：所有收益再投资到正净现值项目

假设公司目前不派发股利，直到 $t=\tau+1$ 年之后才开始派发股利。公司现有资产会产生不断的（税后）每股**股权现金流**（perpetual after-tax cash flow stream）$E_t=1$，第一次现金流将会在第一年得到，为 $t=1$。这个现金流可以通过如下方法计算：会计收益加上非现金费用，比如折旧。同时，会计收益减去维持现金流水平的必要投资。如果 $t=1$ 商业的循环周期本质和一次性的会计调整引起**估计收益**（estimated earnings）异常高或异常低，这是则需要对会计收益进一步调整。

公司的竞争优势使其得以在接下里的 τ 年中每一年将所有收入投资到正净现值的项目。这些项目**股权收益**（return on equity）R_N 大于风险调整后的股权收益，k。从投资后当年年末开始，美元股本投资（dollar of equity）每年都会产生持续的现金流 R_N。模型假设通货膨胀率为零，收益增长仅来源于新的投资，k 也不包含**通货膨胀溢价**（inflation premium）。在这样的假设之下，$t=\tau+1$ 当年收益为

$$E_{t=\tau+1} = E_{t=1}(1+R_N)^{\tau} \tag{8-2}$$

$t=\tau+1$ 当年以及接下来的每年投资将会获得必要回报 k。因为无论公司在 $R_N=k$ 的每一年的投资政策如何，公司在这些年产生的现金流现值保持不变，因此，模型将运用使计算简化的假设，即是**股息支付率**（dividend payout）为100%。有了这样的假设，$t=\tau$ 的股价可以计算为 $t=\tau+1$ 收益量的**永续年金**（perpetual annuity）现值，折现率为 k：

$$P_{t=\tau} = \frac{E_{t=\tau+1}}{k} \tag{8-3}$$

$\tau=0$ 的股价是将式（8-2）带入式（8-3）后使用折现率 k 得到的 $t=\tau$ 股价现值。

$$P_{t=0} = \frac{E_{t=1}}{k}\theta^{\tau} \tag{8-4}$$

式中，

$$\theta = \frac{1+R_N}{1+k} \tag{8-5}$$

当重投资率等于1时，式（8-1）可以简化成为式（8-4），在这个例子中两个模型是相同的。

8.2.2 情况二：部分收益再投资到正净现值的项目

在这个例子中，公司的再投资率 ρ 可以为大于零的任何数。如果 ρ 下降至0和1之间，公司将会把新项目的部分收益再投资。收益的剩余部分可以以股利形式支付。如果 ρ 大于1，公司再投资的金额会超出新项目收益。

在竞争优势期里，接下来的 τ 年时间，公司的投资量可以等于正净现值的项目中的 ρE_t。这些项目中每一美元的投入回报是 R_N。模型假设超出 ρE 部分的收益不会按股利形式支付。这些超出部分的收益会投资到预期回报等于折现率 k 的项目中。这个假设将该模型和戈登模型区分开来，戈登模型的超出部分收益以股利支付，并且模型可以简化成更简单的形式。在这样的假设之下，公司 $t=2$ 的收益是由式（8-6）计算的美元数量 $E_{t=2}$，公司 $t=\tau+1$ 的收益是由式（8-7）计算的美元数量 $E_{t=\tau+1}$ 决定。

$$\begin{aligned} E_{t=2} &= [\rho E_{t=1}(1+R_N)] + [(1-\rho)E_{t=1}(1+k)] \\ &= E_{t=1}[1+k+\rho(R_{N-}k)] \end{aligned} \tag{8-6}$$

$$E_{t=\tau+1} = E_{t=1}[1 + k + \rho(R_N - k)]^{\tau} \tag{8-7}$$

在竞争优势期 τ 的每一年里，ρE_T 投资到正净现值的项目。同戈登模型相比，在新模型中，稍高的美元量每年以给定的再投资率 ρ（reinvestment rate）再投资到正净现值的项目。将 $(1-\rho)E$ 再投资到回报为 k 的项目会引起假定收益（hypothetical earnings）增长，并且部分收益增长被投入到正净现值的项目，因此正净现值的项目的投入增加了。附录讨论了这个假设是如何让两个模型产生不同的结果。

$t=\tau+1$ 及之后的任意一年的新投资都会得到必要的回报 k。因为无论公司的投资政策如何，这些年中每一年 $R_N=k$，公司这些年产生的现金流价值保持不变。因此模型采用了使计算简单化的假设：股利支付率为 100%。在这样假设的前提下，采用式（8-2）～（8-5）同样的步骤，计算出 $t=0$ 股价为：

$$P_{t=0} = \frac{E_{t=1}}{k}\theta^{\tau} \tag{8-8}$$

其中，

$$\theta = \frac{1 + k + \rho(R_N - k)}{1 + k} \tag{8-9}$$

当 $\rho=1$ 是，式（8-9）和式（8-5）计算结果相同，因此无股息公司模型是这个模型的一个特殊例子。

8.3 新模型和市场预期

新模型可以用于量化和公司股价一致的增长模式。接下来的部分将回答这样的问题：隐含增长如何对应其中的三个变量：市盈率（P/E）(P_0/E_1)、再投资率和折现率。用式（8-10）进行计算，该公式重新排列式（8-8）（或式（8-4））来表明在已有具体价值 $p_{t=0}$，$E_t=1$和 k 时如何计算 τ。

$$\tau = \frac{\ln[(P_{t=0}/E_{t=1})k]}{\ln(\theta)} \tag{8-10}$$

假定公司不派股利，图 8-1 使用公式 8-10来设置同三个市盈率 15、20 和 30 一致的增长模式。增长模式由以下两点定义：①竞争优势期的长度 τ，和②新投资的超额回报部分，R_N-k。因为图 8-1 考虑的是无付息股票，θ 由公式 8-5 确定。在两个例子中，k 假定为 8%。正如之前提到的，新模型不考虑由通货膨胀引起的收益增长，并且折现率中不包含通货膨胀溢价。这样的假设认为通货膨胀引起的任意收益增长的价值效应将完全抵消折现率中通货膨胀溢价的价值效应。[3]

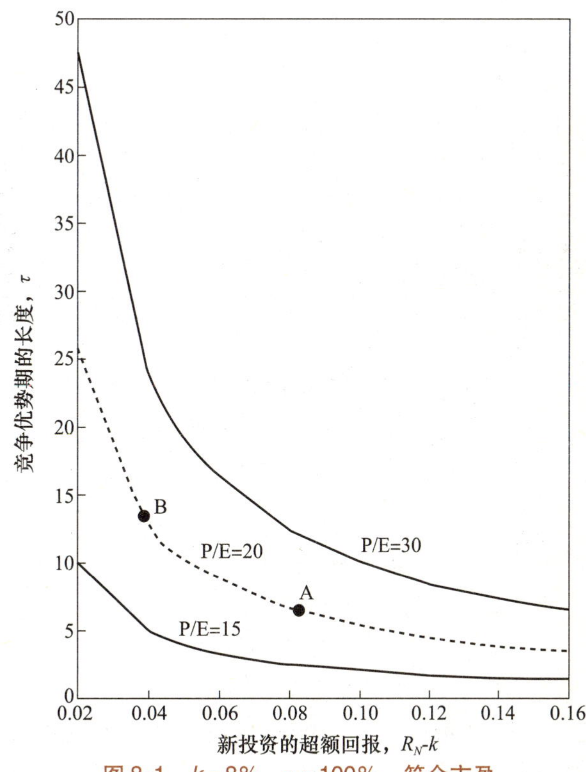

图 8-1 k=8%，ρ=100%，符合市盈率=15，20，30 的增长模式

如图 8-1 所示，每一个市盈率（P/E）

都和τ和R_N-k组成的（无限个）独特组合有关系。比如，我们来考虑市盈率为20的股票。如果公司在6.58年（点A）能够有16%的新投资回报收益（$R_N-k=8\%$），或者是在12.92年（点B）能够有12%的新投资回报收益（$R_N-k=4\%$），购买公司股票的投资者目前可以获得8%的回报。每个市盈率曲线将τ和R_N-k所有可能的组合分成两部分。特定市盈率曲线以东北向的区域可以用两种方式解释。首先，如果公司的实际业绩在这个区域，投资者的收益回报将超过k；其次，如果投资者预期公司的业绩会滑落到这个区域，投资者会得出股票定价低的结论。

结果表明市盈率=20不适合竞争很激烈的行业，当$k=8\%$时这样的行业不能产出经济利润。经济理论表明，在竞争很激烈的行业，要么$R_N-k=0$，要么$\tau=0$。如果两个条件都不满足，θ^{τ}等于1，公式8-4和8-8将简化为P/E=1/k。因此当$k=8\%$，有竞争力行业中的公司市盈率P/E将达到12.5。

图8-2指出了公司市盈率P/E和股利生息率的一种相关方式。图中指出了同样P/E为20，三个再投资率分别为$\rho=0.4$、0.4和1.2保持一致的τ和R_N-k所有可能的组合。这些组合可以通过公式8-10计算得来，其中θ的值由公式8-9确定。在两个例子中，$k=8\%$。如图8-1所示，所有P/E曲线将所有可能的τ和R_N-k组合分成两个区域。每条曲线东北向区域确定的τ和R_N-k组合可以使投资者获得超过8%的回报。曲线西南向区域确定的τ和R_N会使投资者的回报低于8%。图8-2表明随着公司的股利生息率（dividend yield）增加，公司必须在每一美元新投资中获得更大的回报（假定τ保持不变），这样才能符合给定的市盈率。

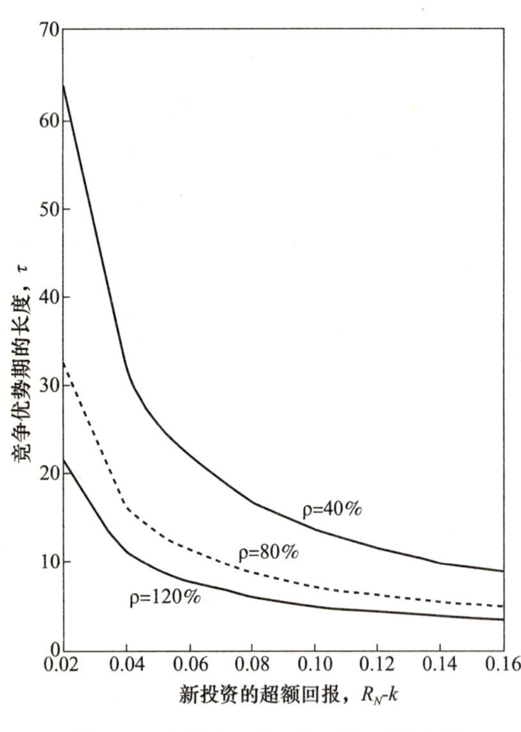

图8-2 市盈率=20，k=8%，符合再投资率=40%，80%，120%的增长模式

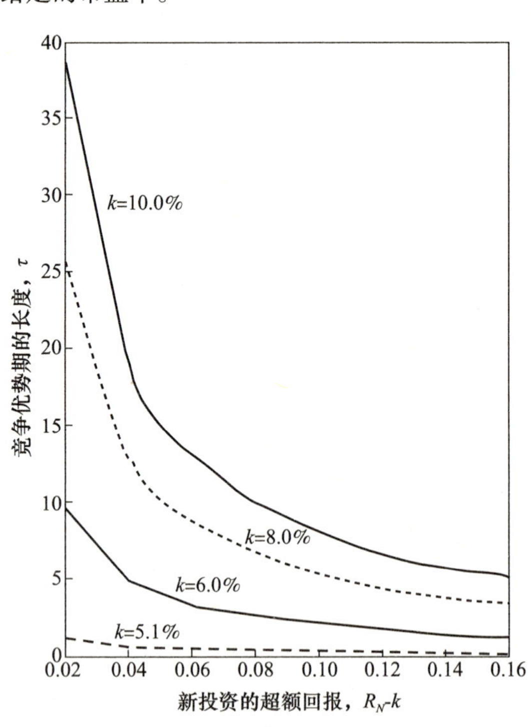

图8-3 市盈率=20，ρ=100%，符合折现率=5.1%，6.0%，8.0%，10.0%的增长模式

图8-3指出了保持市盈率不变，改变折现率带来的影响。该图指出了同P/E=20，四个折现率k分别为5.1%、6.0%，8.0%和10.0%保持一致的τ和R_N-k所有可能的组合。这些组合可以通过式（8-10）来计算，此时再投资率$\tau=1$。图8-3表明，只有当公司的竞争优势有意

义时，20的市盈率才同8%或者10%的预期实际回报率相符。如果公司处于一个竞争力很大的行业，预期回报率大约会是5%。如果 $R_N - k = 0$ 或者 $\tau = 0$，市盈率为20的股票会获得5%的预期回报。

8.4 评价市盈率的合理性

我们可以通过重新调整公式8-8来依据 θ^τ 和 k 表达市盈率：

$$\frac{P_{t=0}}{E_{t=1}} = \frac{\theta^\tau}{k} \tag{8-11}$$

式（8-11）指出，当 k 保持不变，市盈率将会随着 θ^τ 值的增加而增加。在一个竞争激烈的市场中，公司不能获得经济利润，因此 $\theta^\tau = 1$. 如果 θ^τ 的隐含价值大于1，某种公司类型和行业特征将允许公司投资新的正净现值的项目（positive net present values）。Porter（1980，1985）深入地了解了符合 $\theta^\tau > 1$ 的以下特征。

首先，行业必须增长，或者公司能够扩展到相关的正在增长的行业。仅仅通过增加市场份额来获取正净现值很难。为了从竞争者那里获取市场份额，公司必须杀价来降低保证金和投资回报。

其次，公司必须有一个竞争优势，这种竞争优势可以保证它在新市场中获得 $R_N > k$ 的投资回报。公司可能有非常好的产品，这种产品可以收取溢价，或者是公司有成本优势，这种优势使得它在不收取溢价的时候获得经济利润。

最后，新市场的竞争强度必须低。如果竞争强度低，公司才能有更好的机会获得收益回报 $R_N > k$。竞争强度取决于五个因素：

- 市场直接参与者之间的竞争强度；
- 新参与者进入市场带来的威胁；
- 替代商品的出现；
- 供应商的议价能力；
- 买家的议价能力。

为了评估 θ^τ 的隐含价值，分析师可以估计 R_N 和 τ 值。估计新投资回报率的时候，历史信息可以是一个很好的开始，但是分析师们需要记住在目前和新市场中公司的竞争地位可能不尽相同。比如，一家公司过去成本领先，但在新市场中它不一定仍然领先。过去有竞争优势的公司在新市场中可能会面对不同的直接或间接的竞争，这也将影响到它收取溢价的能力。这样的改变会使未来的回报不同于以前的回报。竞争优势期的长度 τ 取决于至少三个因素：①新市场的规模，②进入新市场的成本，③新市场已有竞争的强度。除此之外，新技术和政府调节的威胁也会限制 τ 值。

高 θ^τ 值适合独特的竞争环境。公司必须在一个增长的市场中竞争，这样的市场中可以从多年的新投资中获取经济利润。这种市场将会吸引最多的竞争，然后当新公司进入市场后，$R_N - k = 0$，τ 值会降低。

本节讨论了投资高市盈率股票的两个潜在危险。如果高市盈率公司的竞争环境符合低 θ^τ 值，预期回报则低。如果必要回报 k 值高，θ^τ 的隐含值可能高于公司合理预期的业绩。如果是这样，投资者的实际回报会低于必要回报。

8.5 高市盈率股票的过高估价

市盈率股票的低回报可能部分是由高市盈率公司没能达到增长预期造成。Fama & French (1992) 和 Jaffe, Keim & Westerfield (1989) 报道了股票市场回报和市盈率之间的负相关关系(或者更精确地说，回报和成本收益比之间的正相关关系)。[4]最新证据表明高市盈率公司的收益不能足够快地增长，以保持它们当前的价格。Lakonishok, Shleifer 和 Vishny (1994) 和 Fuller, Huberts, & Levinson (1993) 发现高市盈率公司比低市盈率公司的未来收益增长率更高，但是最快的增长只会持续一个较短的时间——8 年或者更短。

8.6 结论

分析师们量化股价隐含预期的方法之一就是考虑决定股价的五个因素：预期收益（现金流)、再投资率（reinvestment rate)、新投资回报（return on new investment)、风险调整后折现率（the risk-adjusted discount rate）和竞争优势期长度。我们讨论的模型可以让分析师迅速确定符合股价的变量组合。然后分析师可以使用这些信息来确定股价是否合理。为了达到这个目的，分析师必须回答如下问题：首先，公司是否具有竞争优势使它可以投资正净现值项目？其次，这些新项目会带来多大的利润？尤其是，$R_N - k$ 的规模多大？最后，公司对能提供这种回报的项目的投资时长是多长？或者换句话说，多长时间之后竞争会将新投资的经济利润减少到零？

这里讨论的模型背后的基本理念并不是初次提及。一些已有的模型采用的假设是公司可以在有限几年内投资正净现值项目。除了戈登模型，Miller & Modigliani (1961), Holt (1962) 和 Mao (1966) 都提出了有限增长模型（finite-growth model)。但是，这里讨论的模型可以被简化地比以前的模型更简洁、更容易使用。因此这种新模型更适用于本章讨论的的初步分析。

附录 8A 新模型与戈登模型之比较

这里讨论的新模型同戈登模型在对待超过净现值项目投资量的收益时处理方法不同。在戈登模型中，公司将这些超出的收益以股利方式支付。在新模型中，公司将这些收益投入到净现值为零的项目。正是由于这点区别，两种模型针对已知参数组的股票价格估值会略有不同。表 8A-1 比较了这两种模型几组参数预测到的股票价格。它对比了式（8-8）所估计的股价和戈登模型公式 8-1 估计出的股价。两种情况下，必要回报率 $k=8\%$，下一年的预期收益是每股 1 美元。因此价格估值即是市盈率估值。

表 8A-1 中 A 组表示：当竞争优势周期 τ 小于 10，这两种模型估计出的股价相近。对于面对竞争的公司，这个幅度恐怕是最实际的。而且戈登模型有证据表明分析师不能预测超过 7 年的非正常业绩。

表 8A-1 中 B 组表示：当新投资回报 R_N 比较接近 k 值，这两种模型估计出的股价相近。同样对于许多的公司，竞争使这个幅度很实际。

表 8A-1 中 C 组表示：两个模型所估计的股价区别会随着再投资率（reinvestment rate）ρ 从 0 上升到 1 而增加。式（8-1)、式（8-8）和式（8-9）指出当 $\rho=0$ 时，两种模型估计出的股价相同，因为这时没有新投资的增长。对于 C 组中的假设，当 $\rho=0.498$ 时，区别最大。当 ρ 逐渐接近 1 时，股

价的差别减少。正如之前所说，当$\rho=1$时，式（8-1）可以简化成为式（8-4）和式（8-5）。

表 8A-1　股价比较：新模型对戈登模型（$k=8\%$）

T	ρ	R_N-k	估价		
			公式 8-8	公式 8-1	区别
A：竞争优势期变化的影响，τ					
3	0.6	0.05	13.57	13.54	0.2%
5	0.6	0.05	14.34	14.23	0.7
10	0.6	0.05	16.44	15.94	3.0
15	0.6	0.05	18.85	17.64	6.4
20	0.6	0.05	21.62	19.32	10.6
25	0.6	0.05	24.80	20.99	15.3
B：新投资回报率变化的影响，RN					
10	0.6	0.01	13.21	13.12	0.7%
10	0.6	0.02	13.96	13.78	1.3
10	0.6	0.05	16.44	15.94	3.0
10	0.6	0.10	21.46	20.31	5.4
10	0.6	0.15	27.83	25.83	7.2
10	0.6	0.20	35.85	32.76	8.6
C：再投资率变化的影响，ρ					
10	0.0	0.05	12.50	12.50	0.0%
10	0.2	0.05	13.71	13.43	2.0
10	0.4	0.05	15.02	14.56	3.0
10	0.6	0.05	16.44	15.94	3.0
10	0.8	0.05	17.98	17.62	2.0
10	1.0	0.05	19.65	19.65	0.0

虽然表 8A-1 中的区别很大，这不意味着两个模型孰好孰坏。毕竟两个模型的假设都不能完全一致地描述所有（或任一）公司的投资政策。因此，两种模型所评估的价格只是对合适价格的一个大致估计。

致 谢

感谢约翰・达利、肯・科佩基、杰克・里奇、乔恩・斯科特对本章草稿的点评。

注 释

1. 戈登模型相当于 Miller & Modigliani（1961，脚注 15）描述的有限增长模型。
2. 本段落中的数据来源于本书“新模型和市场预期”部分的模拟。这些数据可以通过式（8-10）重新计算得来，其中必要回报率为 8%。
3. 8% 的折现率可以被看做是 2% 的真正（无风险）利率加上 6% 的风险溢价（Equity risk premium）。
4. 并不是所有研究都发现高市盈率（P/E）会表现不佳。比如，Siegel（1995）发现 25 年期的价格上涨和股利最终可证明一组 50 只股票的高市盈率（P/E）合理。

参考文献

Fama, E., and K. French. 1992. "The Cross-Section of Expected Stock Returns." *Journal of Finance,* vol. 47, no. 2 (June):427–65.

Fuller, R., L. Huberts, and M. Levinson. 1993. "Returns to E/P Strategies, Higgledy-Piggledy Growth, Analysts' Forecast Errors, and Omitted Risk Factors." *Journal of Portfolio Management,* vol. 19, no. 2 (Winter):13–24.

Gordon, J., and M. Gordon. 1997. "The Finite Horizon Expected Return Model." *Financial Analysts Journal,* vol. 53, no. 3 (May/June):52–61.

Gordon, M. 1962. *The Investment, Financing, and Valuation of the Corporation.* Homewood, IL: Richard D. Irwin.

Haugen, R. 1994. *The New Finance: The Case against Efficient Markets.* Englewood Cliffs, NJ: Prentice-Hall.

Holt, C. 1962. "The Influence of Growth Duration on Share Prices." *Journal of Finance,* vol. 17, no. 3 (July):465–75.

Jaffe, J., D. Keim, and R. Westerfield. 1989. "Earnings Yields, Market Values, and Stock Returns." *Journal of Finance,* vol. 44, no. 1 (March):135–48.

Lakonishok, J., A. Shleifer, and R. Vishny. 1994. "Contrarian Investment, Extrapolation, and Risk." *Journal of Finance,* vol. 49, no. 5 (December):1541–78.

Mao, J. 1966. "The Valuation of Growth Stocks: The Investment Opportunities Approach." *Journal of Finance,* vol. 21, no. 1 (March):95–102.

Miller, M., and F. Modigliani. 1961. "Dividend Policy, Growth, and the Valuation of Shares." *Journal of Business,* vol. 34, no. 4 (October):411–33.

Porter, M. 1980. *Competitive Strategy: Techniques for Analyzing Industries and Competitors.* New York: The Free Press.

_____. 1985. *Competitive Advantage: Creating and Sustaining Superior Performance.* New York: The Free Press.

Siegel, J. 1995. "The Nifty-Fifty Revisited: Do Growth Stocks Ultimately Justify Their Price?" *Journal of Portfolio Management,* vol. 21, no. 4 (Summer):8–20.

Q型竞争下的特许经营权估值[㊀]

马丁 L. 莱博维茨（Martin L. Leibowitz）

在考察一个公司的前景时，分析师们通常将利润的发展过程进行正式或直观划分，将其划分为一系列增长阶段，在每一增长阶段之前都经历了相对稳定的终端期。本研究的重点是竞争性在终端期所起到的作用。对于生产单一产品的公司的简化两阶段模型中，第一阶段的利润增长来自公司的整体股本回报向（通常更高）新增投资的股权收益增量。之后，公司将以一个高的股权收益值进入终端期，丰厚的股本回报率将吸引潜在竞争者的注意，他们会在原始资本成本的多重Q下复制该公司的产能或分销规模。在这种“Q型竞争”下，随着股权收益下降到一个更具竞争性的水平，会导致边际侵蚀和利润减少的结果。结论是，只有当一个公司具有多样性的产品/服务周期，或有其他特殊的方法来转移竞争压力，分析师应当注意Q型竞争对公司特许经营权的可持续性，以及对公司估值的潜在影响。

大多数估值模型认为，公司在最终进入一个处于“竞争均衡”的终端期之前，会经历各种具有不同增长特性的阶段。相对来说，人们对这种终端阶段的特性关注很少，然而，这个阶段所具有的不同特性会对该公司的估值产生实质性的影响。

在发展一个公司的估值模型时，分析师们面对的一个几乎不可抗拒的诱惑是：他们会将注意力集中到利润发展过程中令人兴奋的较早期增长阶段。

的确，目前从业人员对终端阶段所采取的典型处理方法是假定利润稳定在或回归到一般市场增长率。在理论文献中，如何对一个增长公司转变到均衡状态的过程进行建模的问题已经得到了

㊀ 摘自《金融分析师》（1998年11、12月）：62～74。本文首次出版时，作者马丁 L. 莱博维茨时任TIAA-CREF的副总裁兼首席投资官。

许多早期作者的关注。[1]本章将论证对终端阶段的复杂结构进行深入分析有多大的价值，我们从对销售驱动的专营权估值方法的最近研究结论中寻找答案（Leibowitz 1997a，1997b）。

在一个销售驱动的情况下，终端阶段可以被解释为销售增长最终稳定在某一水平上的时期，但在该时期中，随着定价利差向竞争性均衡水平移动，公司的利润可能继续变化。从资产重置成本占该公司账面价值的比率来考虑，这种利差平衡的过程就能被有效地描述，而这一参数与托宾 q 参数（Tobin 1969；Lindenberg and Ross 1981）相关。通常来说，在公司所属的整个行业中，较低的重置成本将导致不利的专营权变化，即“专营权费用”。在其他情况下，非常高的重置成本会导致进一步的利润增长，即使在所有销售增长已经到了尽头之后，或称为“专营权”。在大多数估值模型的文献中，包括该作者之前所做的相关工作，终端阶段中出现这种利润变化的潜在可能性似乎已经得到足够的认可。

当然，这种终端阶段效应产生的估值影响是完全依赖于公司业务的特性，及其所处的长期竞争态势。例如，处于从增长前利差扩大获取利润的公司，包括能够持续占领市场主导地位的公司，或许因为增长本身建立了一个相对来说毋庸置疑的有效率的规模；那些拥有的组织资产，渠道资产，或者技术资产远远超过一个更容易复制资本基础的公司；那些拥有足够专利保护和/或出色的品牌认可度以保证一年的专营权水平利差的公司；以及所生产的产品（例如前沿产品）本身能够促进后代更先进产品开发的公司。对于这些幸运的公司来说，投资者能够期望在未来的一个时期里，企业将保持高销售额，利差也会提高或者至少保持不变，最终会实现一个高的派息率。正是在这个平静的时期，耐心的投资者最终会得到丰厚的现金回报，这些回报形成了公司起初被赋予的价值的基础。

对于不那么幸运的成长型企业来说，随着时间的推移，进入壁垒确实会出现漏洞，原本较高的专营利差容易被侵蚀，高额的利润水平随着商品化而下降。对这类企业的分析必须考虑到“专营权费用”所导致的市盈率的下降。

对于实用性分析师来说，基本信息不会存在于特定的数值结果或者本文所建立的定量模型当中。当然，关键的发现在于，一个成长型专营企业随着时间的推移，如何发挥潜能的问题极为重要。这个发现暗示着分析师应该超出对一个公司的成长率和增长阶段的持续时间的估计。对于企业的资本需求有所减轻，并能够开始引导更大部分的已实现利润回到投资者手中的时期，分析师应给予认真的考虑，即使只是定性意义上的。在面对任何一个真正意义上的全球市场中总会出现的、不可避免的竞争时，除了那些可能很难实现或不可能实现的数值评估以外，分析师也许能提供一些对公司专营权持久性的洞察意见。任何这样的洞察会提供一个有益的新境界，使得投资者能预期一个公司，在那个遥远的但十分重要的时期里，能否享有增强的“专营权”，以面对代价高昂的“专营权费用”，或者在更多的“专营权”的路径中去发现自身。

9.1 一阶段无增长模型

最简单的估值模型用于处理这样一类的企业，它们现阶段利润水平稳定，但完全缺乏能产生超过资本成本的收益的投资前景。在这种最为简化的情况中，著名的结论是

$$P=\frac{E}{k} \tag{9-1}$$

式中，P 是公司的内在价值，E 是固定的利润水平，k 是资本成本。在这个无增长的例子里面，所有的利润都以红利的形式支付给投资者。[2]显然，所谓恒定的利润流的概念是人为假定的。

尽管如此，这种简单的情形能为研究复杂得多阶段增长模型提供便利。特别地，在很多估值模型中，不变盈利的假设是处理终端阶段的一个基础。

为了处理在特定形式的竞争均衡下公司的盈利发展问题，以及这种状态对公司的估值产生的多重影响，第一步就是重铸销售驱动方面的问题。从销售驱动专营权价值的术语上来说（Leibowitz 1997a），不变盈利模型可以被写成

$$\begin{aligned} P &= \frac{E}{k} \\ &= \frac{mS}{k} \end{aligned} \tag{9-2}$$

式中S是（不变的）年度销售额，m是净利润（为简单起见，假设没有赋税）。盈利和销售的现金流可以与公司的资产价值联系起来，通过B来建立这种关系

$$\begin{aligned} E &= rB \\ &= (mT)B \end{aligned} \tag{9-3}$$

式中，r是（无财务杠杆）的公司的净资产收益率（股权收益），T是指“销售周转率”（也就是每一单位账面价值对应的年度销售额）。

公司只有在股权收益大于其资本成本（即$r-k>0$）时才能享受“专营权收益”。

另外，在销售项目中，一个专营权利润率因素是fm，它被定义为超出覆盖年度资本成本所需盈利的销售额部分每一单位所对应的利润。可以被记为

$$fm = m - \frac{k}{T} \tag{9-4}$$

通常有这样的规律，当公司享有股权收益专营权时，fm会是正值。因此，公司在其能维持充分的定价权（或者生产成本优势）以实现超出k/T的利润范围内，能享有“专营权”。

这个原理激发了人们使用专营权利润率作为公司定价能力的一个衡量指标（即，它吸取超出了覆盖资本成本所需利润以外的利润的能力）。

9.2 Q型竞争性均衡

为了明晰起见，本章的讨论重点是“专营权费用”的黯淡情形：一旦增长阶段完成后，公司经历的一个利润侵蚀过程的情形。

在一个现代竞争环境中，技术的更新换代很迅速，产品周期收缩，资本广泛地投入有前景的项目，全球化降低了低成本生产基地的优势。在这样的环境中，保持长期的“专营权使用”状态是一个巨大的挑战。规模庞大，技术成熟且资金充足的竞争对手甚至潜伏在最明亮的专营领域阴影当中。理论上，当进入壁垒被侵蚀，这些竞争对手将乐意去复制该公司的产品或服务以获取恰好能覆盖其投资成本的收益。换句话说，在这个环境里，竞争（甚至是竞争的威胁）会趋势价格下降到一个使得专营利润率基本消失的水平（在该处有$fm\to 0$或$m\to k/T$）。

其他作者和我已描述了这种竞争的一些方面（Leibowitz 1997a，1997b；Rappaport 1986，1998），但我没有意识到这种利润的侵蚀会被一种形式的托宾q效应加剧。在我早期所做的工作中，一个隐含的假设是，一个新的竞争者要承担相同的资本成本以实现可与原来那些企业相比较的销售能力。但是如果竞争者由于某种原因（使用最新技术的机会，更精确的市场定位，或者仅仅是资本品市场上的价格变化），能够以较低的资本支出开发出新设备；换句话说，如果重置成本低于原来那些公司的账面价值将会怎么样？一个竞争者的重置成本占该公司的账面价值的比率用Q来表示。[3]

使用这个术语，Q 型竞争性均衡的定义为，一个或多个竞争对手仅通过支出资本 QB，其中 $Q\leqslant 1$，就可以取代原有企业的生产和销售能力的情形。[4]

现在考虑原有的公司和假想的竞争对手之间的盈利差距。原有公司的盈利为 $E=rB$，但是竞争对手仅通过支出资本 QB 就能实现相同的单位销售水平。如果竞争者公司能实现 kQB 的盈利水平以覆盖其资本成本，它便会因此被诱惑加入战局。因此，在完全竞争环境中，原有公司的盈利也会下降至 kQB。由于原有公司的资产代表已经花掉的资金，该公司将不得不应对这种竞争，无论由此产生的利润是否覆盖了资本的沉没成本。原有公司的内在价值会下降一个等于两个收益水平之比的因子：

$$\begin{aligned}\frac{kQB}{E} &= \frac{kQB}{rB} \\ &= \frac{kQ}{r}\end{aligned} \tag{9-5}$$

可以发现一些相同点，通过强调原有公司的盈利与其重置成本的比率可以被理解为一种“超额股权收益”，$E/QB=rB/QB$，

再最终结合市场利率 k，那么，公司定价将在目前“超额股权收益”的基础上减弱一个比率股权收益 k，变为：

$$\frac{k}{(rB/QB)} = \frac{kQ}{r} \tag{9-6}$$

最终得到相同的因子 kQ/r。

注意到这种分析方法是忽略某一因素对公司资本基础，B 的影响——不管是会计因素，流动价值，收益能力或者其他。关键不在于公司原始的资本基础，它只是一项沉默成本（也许或者只是人工计算的），然而实际的资本支出需要一个新的指标来衡量一个可进行比较的销售能力并且可以覆盖资金成本——那就是 QB[5]。尽管 Q 是根据原始公司账面价值 B 所定义的，但 QB 乘积代表的是为了达到目前的销售水平竞争者需要的单边资金开支。同理，无论 B 如何定义，r 只与“硬性”变量收益与账面价值比率有关。由于 Q 和 r 均由公司原始账面价值来定义，那么 B 就取决于比率 Q/r，决定了价格下降。如果潜在竞争者仅仅需要实现他们的资金成本，那么无论资产产生多少价值也无论其账面价值是如何计算，原有公司收益最终取决于因素 kQ/r。

收益的估值影响会减弱取决于专营权下跌的速度。最糟的情况是收益的突然下跌，会造成价格的价值

$$\begin{aligned}P &= \frac{kQB}{k} \\ &= QB\end{aligned} \tag{9-7}$$

换言之，公司的价值不会超过新的资产开支用来替换销售能力。[6]

在我们结束本节学习之前，来考虑一下专营权下滑是如何影响公司的 P/E。假设比率的分母是前期下滑的公司的收益。

$$\begin{aligned}\mathrm{P/E} &= \left(\frac{kQB}{k}\right)\left(\frac{1}{rB}\right) \\ &= \left(\frac{1}{k}\right)\left(\frac{kQ}{r}\right) \\ &= \frac{1}{k}\left(\frac{r_Q}{r}\right)\end{aligned} \tag{9-8}$$

式中 $r_Q=(E_Q/B)=kQ$ 是前期下滑的公司的股权收益值。[7]

9.3　一般衰退模型

之前的讨论是基于一个特殊的例子，将专营权直接引入激烈竞争的环境，从超额收益专营权到没有专营权的情况。现在需要引入一个更为现实和一般的情况，研究专营权在时间的因素下以某固定速度衰退的情况。最简单的方法就是建立模型，使用年固定衰退率 d，使得公司的收益从原有水平下降到最终完全竞争水平 E_Q。那么，第 t 年的收益可以表示为：

$$E(t) = \begin{cases} E(1-d)^t & t < D \\ E_Q & t \geqslant D \end{cases} \tag{9-9}$$

式中 D 表示达到 E_Q 所需要的时间长度，$E_Q = E\ (1-d)^D$，所以

$$\begin{aligned} D &= \frac{\log(E_Q/E)}{\log(1-d)} \\ &= \frac{\log(kQ/r)}{\log(1-d)} \quad \text{for} \quad 0 < d < 1 \end{aligned} \tag{9-10}$$

一般情况下 Q 值很大，这个“衰弱方向”必须扩展到可以达到一个边界值，该边界值就是使得竞争等式成立的某个年衰退率。

讲到这里，一个数值上的例子也许对理解有所帮助：例如：

$k = 12\%$

$B = 100$

$E = 15$（意味着初始股权收益是15%）

$Q = 0.75$

由于在一阶段模型中所有收益均为支出，没有再投资，且账面价值是定值。

在有竞争的情况下，收益假设以某一比率下降，该比率与股权收益相等

$$Qk = 0.75 \times 12\% = 9\%$$

收益 $E_Q = 9$。

如果选择的衰退比率是每年5%，40%的收益从15下降到9则需要10年的时间。收益随时间下降的曲线见图9-1。

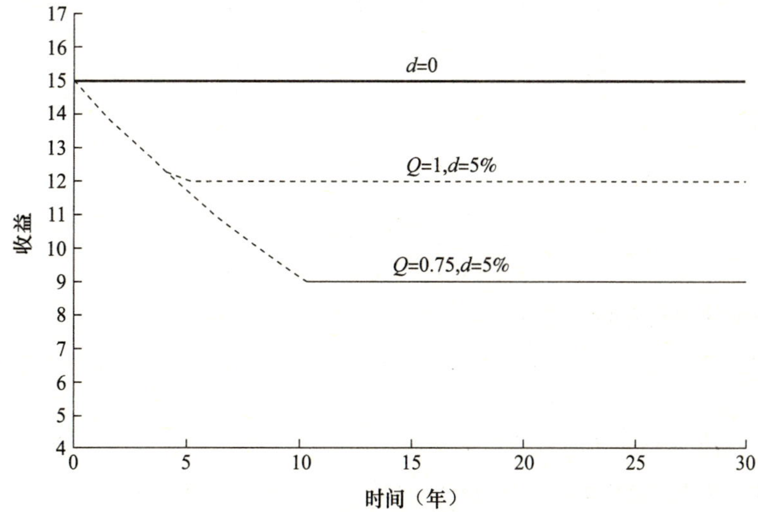

图9-1　两种竞争衰退情况下的收益模式：无增长模型

等式中年衰退率和时间的关系见图9-2。位于下方的无增长模型曲线表明衰退率从1%增长到5%使得时间跨度从50年显著缩短到10年。在中点2.5%的衰退率下，对应20年的时间跨度，这样长的时间跨度在很多情况下是不现实的。而上方的曲线会在之后进行讨论。

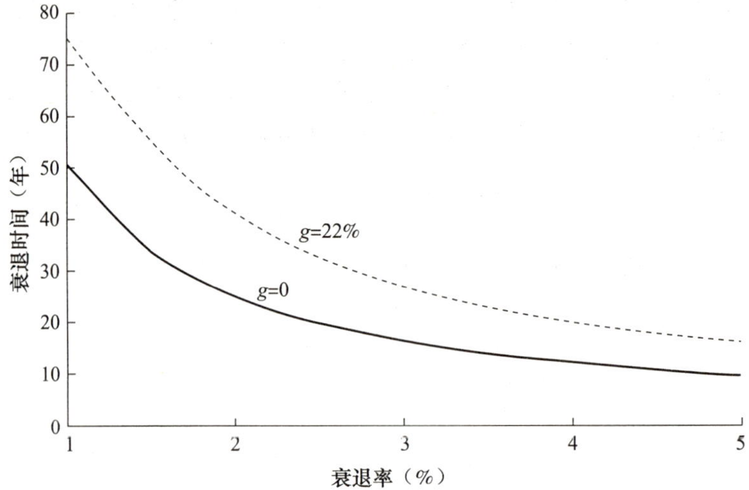

图9-2 无增长与增长模型的Q型竞争性均衡衰退时间：$Q=0.75$

那么固有价格，$P(Q,d)$，在“(Q,d) 衰退过程”中可以直接被定义为：

$$
\begin{aligned}
P(Q,d) &= \sum_{t=1}^{\infty} \frac{E_t}{(1+k)^t} \\
&= \sum_{t=1}^{D} \frac{(1-d)^t E}{(1+k)^t} + \sum_{t=D+1}^{\infty} \frac{E_Q}{(1+k)^t} \\
&= E\left(\frac{1-d}{1+k}\right)\left[\frac{1-\left(\frac{1-d}{1+k}\right)^D}{1-\frac{1-d}{1+k}}\right] + \left[\frac{E_Q}{(1+k)^D}\right]\left(\frac{1}{k}\right) \\
&= E\left(\frac{1-d}{k+d}\right)\left[1-\left(\frac{1-d}{1+k}\right)^D\right] + \left[\frac{E(1-d)^D}{(1+k)^D}\right]\left(\frac{1}{k}\right) \\
&= E\left(\frac{1-d}{k+d}\right) - \left(\frac{1-d}{1+k}\right)^D\left[\left(\frac{1-d}{1+k}\right) - \left(\frac{1}{k}\right)\right]\Big\}
\end{aligned}
\tag{9-11}
$$

或最终得到：

$$
\begin{aligned}
P(Q,d) &= E\left\{\left(\frac{1-d}{k+d}\right) + \left(\frac{1-d}{1+k}\right)^D\left[\frac{d(1+k)}{k(k+d)}\right]\right\} \\
&= E\left[\frac{1-d}{k+d}\right] + \frac{QB}{(1+k)^D}\left[\frac{d(1+k)}{k+d}\right]
\end{aligned}
\tag{9-12}
$$

该等式很好地使用到之前的结果

$$
\begin{aligned}
E(1-d)^D &= E_Q \\
&= kQB
\end{aligned}
\tag{9-13}
$$

注意参数 D 取决于 Q 和 d 的值。

衰退率变化区间内 P/Es 与 Q 的值所对应的图像见图9-3。当 $Q=0.75$，$d=5\%$，P/E是6.12倍，比在“无衰退”情况下的P/E值8.33，下降了27%（相反，临界值会使P/E值更高，例如

当 $Q=2$ 时，P/E 是 10.88——提高了 31%）。更快的衰退率会更显著地影响 P/E 值。但是要注意对于非常低的衰退率，不同的 Q 值只有很微弱的影响。原因在于衰退的现值（PV）影响只会在早些年有显著体现。如果对于高股权收益而言起点是缓和的，正如例子中提到的 $r=15\%$ 的情况下，那么，不管决定后来水平的 Q 比率是多少，所计算的早年的收益下滑会与最终的收益下滑值相等。[8]

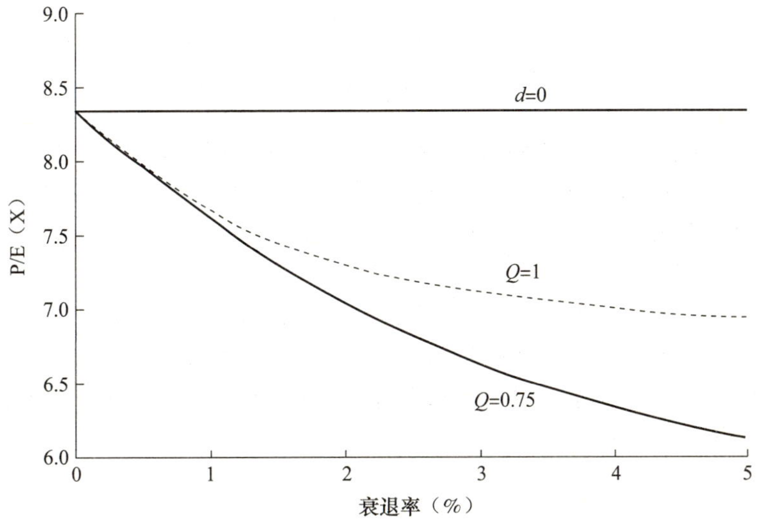

图 9-3　无增长模型下 P/E_s 与衰退比率的关系

9.4　现值等价股权收益（净资产收益率）

衰退过程可以被定义为现值等价收益，$E^*(Q, d)$，或者是股权收益等价，$r^*(Q, d)$，即

$$
\begin{aligned}
P(Q,d) &= \frac{E^*(Q,d)}{k} \\
&= r^*(Q,d)\left(\frac{B}{k}\right)
\end{aligned}
\tag{9-14}
$$

式中，B 是原有账面价值。那么有效股权收益值，$r^*(Q, d)$ 就可以从之前 $P(Q, d)$ 的表达式中很快计算出来：

$$
\begin{aligned}
r^*(Q,d) &= \frac{k}{B}P(Q,d) \\
&= \frac{k(rB)}{B}\left\{\left(\frac{1-d}{k+d}\right) + \left(\frac{1-d}{1+k}\right)^D\left[\frac{d(1+k)}{k(k+d)}\right]\right\} \\
&= \frac{kr(1-d)}{k+d} + r\left(\frac{1-d}{1+k}\right)^D\frac{d(1+k)}{k+d} \\
&= \frac{kr(1-d)}{k+d} + \frac{kQ}{(1+k)^D}\left[\frac{d(1+k)}{k+d}\right] \\
&= \left(\frac{k}{k+d}\right)\left[r(1-d) + Qd\left(\frac{1}{1+k}\right)^{D-1}\right]
\end{aligned}
\tag{9-15}
$$

或者表示为：

$$
\frac{r^*(Q,d)}{r} = \left(\frac{k}{k+d}\right)\left[(1-d) + \frac{Qd}{r}\left(\frac{1}{1+k}\right)^{D-1}\right]
\tag{9-16}
$$

这个比率会随着 r 的提高而明显下降。

最终，$E^*(Q, d) = r^*(Q, d)B$ 的等式关系可以被代入重新计算 P/E 值：

$$\frac{P(Q,d)}{E} = \left[\frac{r^*(Q,d)B}{k}\right]\left(\frac{1}{rB}\right)$$
$$= \frac{1}{k}\left[\frac{r^*(Q,d)}{r}\right] \tag{9-17}$$
$$= (\mathrm{P/E})\left[\frac{r^*(Q,d)}{r}\right]$$

该表达式表明专营权下滑的基本作用是通过一个因子来降低原来 P/E，该因子等于有效股权收益与原始股权收益的比值。例如，年衰退率为 5%，Q 水平为 0.75，那么等价股权收益为 11%，也表示从原始股权收益（15%）下降了 27%。这 27% 的下降等价于 P/E 从 8.33 下降到 6.12 的比率 27%。

该下降特征非常重要，因为它会在今后更为现实的多阶段定价模型中出现。更为重要的是，该固定收益公式会经常作为多阶段模型的极限阶段。一方面，极限阶段是用来反映一个竞争均衡状态，另一方面（Q，d）过程描述了专营权下滑的结果，在多阶段模型中的极限定价也会因某些因子的影响而下降。

9.5 基本两阶段增长模型

转而讨论一个基本增长模型，该模型与许多现实中遇到的公式类似。该模型包括两个阶段：第一阶段是以年率 g 的 H 年收益增长，第二阶段是在第一阶段末收益的全支出水平。获得最终的简化是将第一阶段视为所获得的再投资收益所需总额（也就是说，直到第二阶段开始没有任何现金支出）。图 9-4 中的上方曲线表示的是 10 年间以 22% 收益增长率的两阶段模型的收益的变化情况。

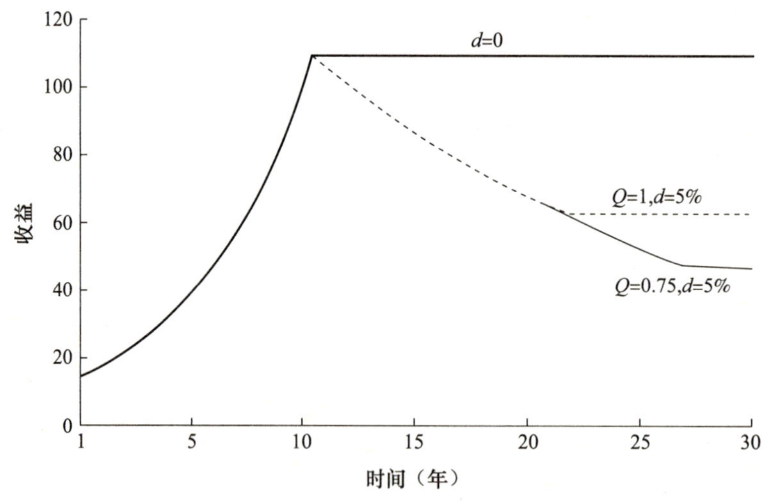

图 9-4 两阶段增长模型收益

第一步是在极限阶段仅有固定收益流的标准情况下，确定 P/E 的值。比率可以很容易被计算出：

$$P = 0\frac{E}{1+k} + 0\frac{E(1+g)}{(1+k)^2} + \cdots + 0\frac{E(1+g)^{H-1}}{(1+k)^H} + 1\frac{E(1+g)^H}{(1+k)^{H+1}} + 1\frac{E(1+g)^H}{(1+k)^{H+2}} + \cdots$$
$$= \frac{E}{k}\left(\frac{1+g}{1+k}\right)^H \quad (9\text{-}18)$$

继而，

$$\text{P/E} = \frac{1}{k}\left(\frac{1+g}{1+k}\right)^H \quad (9\text{-}19)$$

该两阶段模型用于反映增长和繁荣初始跨调度伴随竞争均衡下的两阶段回归。图 9-4 中位于下方的两条曲线反映的是将竞争均衡中（Q，d）代入第二阶段中获得的收益变化情况。第一阶段与标准模型相一致。然而，在第二阶段，收益与支出间呈现衰退路径。同样这种衰退过程会导致 P/E 显著下降。最关键的是，由于（Q，d）衰退引起的 P/E 显著下降最终取决于收益增长率，得出更高增长率导致更大比例的下降，这是反直观的一个结果。

9.6　增长驱动股权收益

可以通过举例说明来研究衰退效应，例如：$d=5\%$，$Q=0.75$，图 9-4 中的衰退时间在增长范围延展 16 年——比在无增长模型中的 10 年要更长（对比下方曲线，无增长曲线以及上方曲线，图 9-2 中的增长曲线说明在整个衰退率范围内，相比于无增长情况，增长情况下有更长的衰退时间）。对比图 9-1 与图 9-4，反映出在无增长和有增长情况向下，收益百分数下降是有很大不同：有增长情况下伴随着更大的收益下降。更高的增长率，收益自然地上升到更高的水平，因而随后下降至竞争水平的值也会更大。因此，对于给定衰退率的情况下，更高的增长率会导致更剧烈的 P/E 下降，和无衰退 P/E 有关。

要完全理解 P/E 效应，首先需要强调在任何增长模型中股权收益的特殊含义。一个非常有名的公式是，当收益的 b 部分以回报率 R 进行再投资，收益的增长率 $g=bR$。在最简化的增长模型中，所有收益会在第一阶段进行再投资，所以 $b=1$ 时 $g=R$（即，增长率与再投资收益的回报相一致）。由于股权收益增值几乎不是这种模型的准确答案，所以在 0 支出的情况下，一个假定的高增长率对应一个暗含的再投资收益高股权收益值，这样的结论几乎不被认可采纳（有正的回报——即 $b<1$—暗含股权收益实际上超过增长率）。

在任意时间 t，公司总股权收益，$r(t)$ 是再投资收入回报增量和原始股权收益的总和，$R=g$。图 9-5 中上方曲线表示在公司总资金基础上所得到的累计股权收益——初始账面价值加上新投资。当增长率超过初始股权收益（即 $g=R>r$），随着不断增长，加总股权收益值会从开始的 r 值增长到 $g=R$（如图 9-5 顶部直线）。在增长阶段末期，当 $r<r(H)<g$ 时，股权收益会达到值 $r(H)$。实际上，在增长区间在有效区间内（10 年或更长），已获得股权收益值 $r(H)$ 会十分接近增长率值。举一个基础的例子，$H=10$ 年，$r=15\%$，$g=22\%$，$r(H)=r(10)=20.7\%$。当第二阶段开始时，所有收入均被支出，收益停止增长，公司资金基础没有任何增加。最终，在没有任何竞争性衰退的情况下，即使这个阶段是永续的，在整个第二阶段股权收益的值都固定保持在 $r(H)$ 水平上（见图 9-5）。

需要记住重要的一点是在第一阶段末得等到“高水点”股权收益，之后隐含在终端收入流中。在标准模型中，公司的最终受益保持固定，但是并没有很多分析家赞成最终收益固定值是由 $r(H)$ 隐含决定（见图 9-4 中上方的直线）。$r(H)$ 并不是总是很大的数值，用来估算前 H 年的收入增长率，更重要的是，标准模型明确假定高股权收益会进入永续。

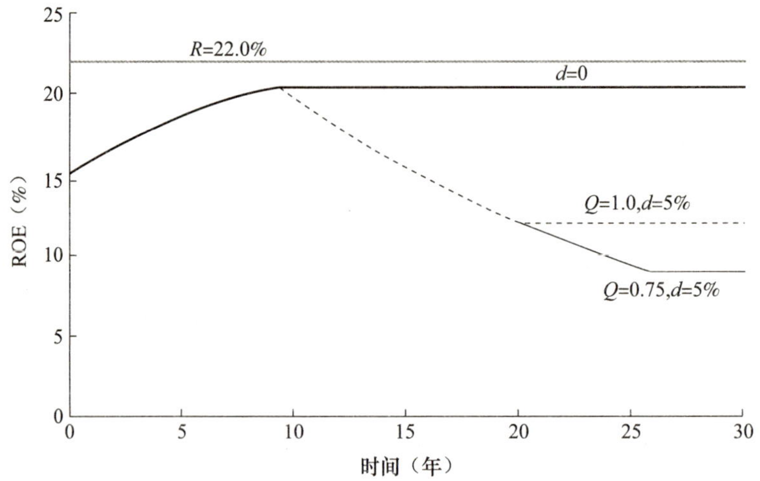

图 9-5 增长和回报阶段时间 t 的股权收益，$r(t)$ 的累计账面价值

9.7 Q 型竞争下的极限股权收益

两阶段模型适用于当预期公司将要经历一段时期内的收入暴增的状况。因为关键是在增长阶段，对于第二阶段的固定收入模式是正常甚至保守的选择。毕竟，在第二阶段固定收入会在增长阶段末终极估值生成一个相对低的 kP/E[9]。分析家使用 P/E“最小值”的意图是在初始增长阶段后形成一个十分简单的均衡，以传递公司形象，因此进一步强调公司估值的主要动力是初始增长阶段。

然而，在之前的一阶段模型中，相关竞争性水平不能仅从收入水平或者从缺乏进一步收入增长来确定。所以必须关注的远非是收入，而是产生收入所涉及的根本销售动力以及（或者）股权收益水平。

从根本有力的角度而言，增长过程驱动了连续增长股权收益，随着第一阶段延伸股权收益会接近增长率。在 Q 型竞争情况下，对于任何时间区间内（近乎永续），很难维持高的股权收益值。在销售框架下，增长过程可以被视为在整个过程中，为了维持相同边界值生成比率为 g 的销售增长。另外，在第一阶段末期一旦达到了销售顶点，那么第二阶段固定收入与假设相同，获得的高年销售额与全部利润在永续期维持。将该状况描述为“竞争均衡”确实是有挑战性的。

在说明这个悖论存在一个问题，是分析家们勉强面对这样一个预期，在任何竞争性均衡中也许都会伴随某些收入下降。

而找到一个简化，相对自由假设的步骤来表示收入下降会加强这种不情愿的产生。之前的（Q，d）衰退过程在本节会很有帮助。

这类增长模型中的第二阶段无异于最开始所提到的一阶段回报模型。增长阶段末期得到的股权收益 $r(H)$ 可以从属于以年衰退率 d 的同一过程，直到 $r(H+D)=Qk$ 达到均衡。股权收益结果见图 9-5 下方的两条曲线。

衰退过程通过现值均衡股权收益，r_Q^* 被再次证明，和之前获得的公式完全相同。且（Q，d）衰退过程的估值效应被再次简化记为：

$$
\begin{aligned}
P(Q,d/H,g) &= \left(\frac{1}{1+k}\right)^{H}\left[\frac{r^{*}(Q,d)B(H)}{k}\right] \\
&= \left(\frac{1}{1+k}\right)^{H}\left[\frac{r^{*}(Q,d)}{r(H)}\right]\left[\frac{r(H)B(H)}{k}\right] \\
&= \left(\frac{1}{1+k}\right)^{H}\left[\frac{r^{*}(Q,d)}{r(H)}\right]\left[\frac{E(H)}{k}\right] \\
&= \left(\frac{1}{1+k}\right)\left[\frac{r^{*}(Q,d)}{r(H)}\right]\left[\frac{(1+g)^{H}E}{k}\right] \\
&= \left(\frac{1+g}{1+k}\right)^{H}\left(\frac{E}{k}\right)\left[\frac{r^{*}(Q,d)}{r(H)}\right] \\
&= P(0,0/H,g)\left[\frac{r^{*}(Q,d)}{r(H)}\right]
\end{aligned} \tag{9-20}
$$

式中$P(0，0/H，g)$是H年以年收入增长率g的非衰退价格。用P/E的形式：

$$
\frac{P(Q,d/H,g)}{E} = \left(\frac{P(0,0/H,g)}{E}\right)\left[\frac{r^{*}(Q,d)}{r(H)}\right] \tag{9-21}
$$

因此，一旦$r(H)$确定，就可以通过之前得到的$r^{*}(Q，d)$表达式得出缩减因子。

计算中存在的问题更可能出现在$r(H)$上而不是通过$r(H)$来计算$r^{*}(Q，d)$。这个股权收益极限值几乎无法得到精确值，而且将初始股权收益值r_0和增长率进行混合计算会有些复杂（当然，对于特殊情况下$r_0=g$时，可以很快得到结果$r[H]=g$）。

计算$r(H)$的一种方法是通过原始账面价值和增加收入流再投资来观测公司账面价值$B(H)$：

$$
\begin{aligned}
B(H) &= B(0)+E+E(1+g)+\cdots+E(1+g)^{H-1} \\
&= B(0)+E\left[\frac{(1+g)^{H}-1}{g}\right] \\
&= B(0)+B(0)\left(\frac{r_0}{g}\right)[(1+g)^{H}-1]
\end{aligned} \tag{9-22}
$$

因此，当$r_0=15$，$g=22\%$的情况下，增长阶段累计账面价值从100增长到530。我们发现该增长表示了账面价值18%的年增长率（相对低于22%的收入增长率）。

$r(H)$就是极限收入，$E(H+1)=E(H)$除以账面价值：

$$
\begin{aligned}
r(H) &= \frac{E(H)}{B(H)} \\
&= \frac{E(1+g)^{H}}{B(0)\left\{1+\frac{r_0}{g}[(1+g)^{H}-1]\right\}} \\
&= \frac{r_0(1+g)^{H}}{1+\frac{r_0}{g}[(1+g)^{H}-1]}
\end{aligned} \tag{9-23}
$$

该表达式在特殊情况$r_0=g$时可以简化为$r(H)=r_0=g$。在很短的范围内，H接近于0，$r(H)=r_0$。相反，当增长范围变得很大，无论原始股权收益值是多少，$r(H)$都接近于g。以基础实例为例，图9-5说明了股权收益如何在10年间从最开始的15%（初始账面价值为100收入为15）增长到20.7%（总账面价值为530收入为110）。

为了准确抓住在增长时期股权收益的增长水平中的关键点，最感知的方法就是衡量一年内的增长时期。在该情况下，第一年的收入E_1被完全再投资，那么第二年的收入水平是$E_1(1+g)$，该收入在第二年年末以及随后的年份被支出，直到永续。在公司初始账面价值 B_0 的基础上增加第一年收入再投资值。因此，第二年年初账面价值为：

$$\begin{aligned} B_1 &= B_0 + E_1 \\ &= B_0(1 + r_0) \end{aligned} \tag{9-24}$$

（注意在简化的情况下，账面价值增长率为 r_0，而不是固定收入增长比率 $g > r_0$）一年范围内实现的股权收益是增长的收入超过账面价值：

$$\begin{aligned} r_1 &= \frac{E_1(1 + g)}{B_0(1 + r)} \\ &= r_0\left(\frac{1 + g}{1 + r_0}\right) \\ &= r_0\left[1 + \left(\frac{g - r_0}{1 + r_0}\right)\right] \end{aligned} \tag{9-25}$$

因此，股权收益可以被视为由于某因子而逐年增长，该因子取决于收入增长率超过初始股权收益的程度。[10]

$r(H)$ 越大，获得收益最大值与竞争均衡确定的最终收入水平之间的差距就越大。在图 9-5 中对于两条衰退路径下（$Q = 1.0$，$Q = 0.75$，两条路径衰退率均为 5%），股权收益专营权下降的量级就越强。随着越高的股权收益（以及收入）下降，在高增长的前提下，P/E 的影响越剧烈。该结论在图 9-6 中也很明显，表明了 P/E 与不同增长率和不同增长范围的关系，衰退率范围内均对应 $Q = 0.75$。

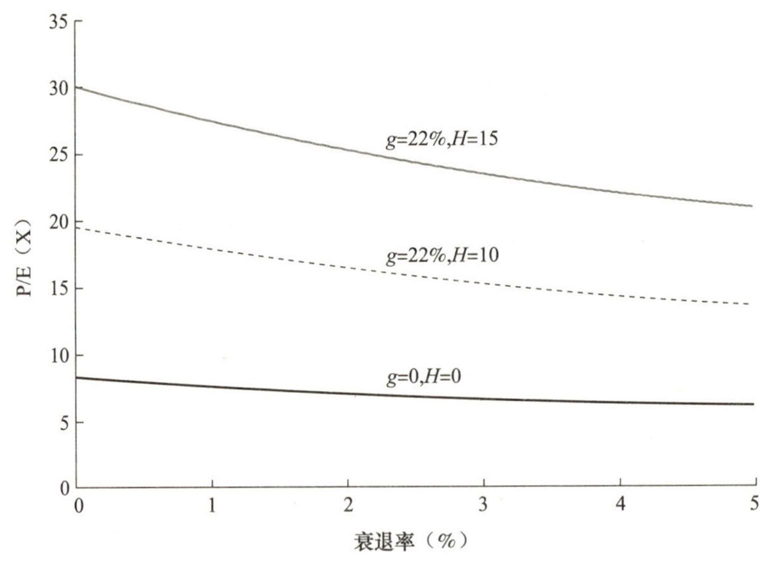

图 9-6 $Q = 0.75$，无增长和增长模型的 P/E 值

从图 9-6 可以发现如下几点。其一，在高增长的情况下无衰退 P/E 值非常高，由于更长的增长范围导致显著高水平——例如，10 年和 15 年分别对应 P/E = 19.60 和 30.05。其二，无衰退 P/E值越高，专营权下滑的反向作用越强。例如，衰退率 5%，P/E 降至 13.57 对应 $H = 10$，P/E 降至 20.75 对应 $H = 15$。即使衰退过程能延期到 15 年末，比起较短时间区间（10 年），长时间区间（15 年）有较高收入和股权收益增长，专营权下滑的 P/E 效果相当对较大（以比率为单位）。

当然，图 9-6 是基于 $Q = 0.75$ 这种临界缩小的情况。在临界扩大的情况下，年增长率 5%，

$Q=2$ 时，P/E 在 10 年会增长到 21.34，在 15 年会增长到 31.74。

前述的结果均基于一个高度简化的模型，即所有增长阶段收入保持或再投资。对于股息支付率为正值的公司，这些情况会不会从实质上被改变。

结果显示，尽管高的股息支付和较长的增长区间的影响不大，在较大范围增长情况下，这些极限阶段 P/E 效应显著。

P/E 效应的强健性从根本上来源于新投资回报。在本章 P/E 表达式中，衰退效应取决于 $[r^*(Q, d)]/r(H)$。现值等价 $r^*(Q, d)$ 反映"高标准"与最终竞争均衡 Q_k^* 股权收益之间的压力差。该股权收益差距越大，衰退效果越显著。继而说明股权收益差主要由新投资回报决定。高 R 值，公司总体股权收益，$r(t)$，会快速增长至 R。当 R 值高时，$r(H)$ 值趋于高，且竞争性股权收益水平下滑越快会导致较低的 P/E 值。

实际上，在任何生产性增长情况下，R 值高是一个固有的特征。在前期发展中，假设 $R=g$，高增长和高 R 值自动联合。甚至在有股息支付的通常情况下，R 值即为：

$$R = \frac{g}{b} \tag{9-26}$$

式中 b 为收入滞留因子。该公式清晰地说明，较高的股息支付（即 b 值较低）实际上意味着较高的 R 值。例如，滞留因子 0.4，10% 的收入增长率，对应的 $R=25\%$。如此高的股权收益值吸引了竞争市场的关注，却最终会导致股权收益急剧下滑。从该角度讲，增长前景与 Q 型竞争的脆弱性是相依相存的。

9.8 结论

该部分讨论的结果提出了很有趣的问题，关于高增长股票估值过程以及标准增长模型的精确含义。一个是深入探究公司增长模式，另一个是得出比起假设的标准增长模型，即使是简单的收入增长也与较复杂的过程相联系。起初，驱动收入增长的典型高再投资率也被附加至公司资本基础，增加产量以及生产力分配。由于生产力增强提高了销售额和收入，产生了高利润流，这是有益的，因为可以带来大量的利润。

问题在于当高利润收入移向竞争性均衡。该均衡的 Q 型定义，高利润流一定会降至边界水平以满足新的竞争者。从某种程度上讲，投资者想要开始得到大量回报只有在后增长时期，这样一个边界转换才真正影响公司估值。实质上，再投资驱动性增长代表了竞争性的易损收入杠杆效应。它就等同于反复双倍增长的赌博，面临逐步增大的风险。如果专营权使用可以被扩展，在新的或者现有产品的情况下，这些终极阶段影响会沉默。

本章重点介绍一阶段和两阶段估值模型，对多阶段模型也有部分论述，多阶段模型在终极阶段使用不变收入假设。在面临严重的全球竞争下，在终极阶段存在的高股权收益值如何进展的问题讨论不充分。在认识到该效应的重要性后，分析家们应该能够对一个公司的长期盈利进行更逼真的刻画，以便更好地进行估值。

致 谢

本章是纯分析性研究，作者通过运用假设性事例来说明研究目的。并不想就任一私人公司或者任一特定类普通股进行描述性研究。在此对给予本人宝贵意见的 Peter Bernstein，Paul Davis，Benson Burham，Hans Erickson，Scott Evans，Robert Ferguson，Eric Fisher，James Fleischmannn，

Wiliam Gray，Brett Hammond，Leo Lamp，Stanley Kogelman 以及 Richard Michaud 表示深深的感谢。我对最终的研究结果肩负责任。特别声明，该研究不代表任何 TIAA-CREF 的官方组织性。

注 释

1. 参见 Bodie 和 Merton（1998）；Damodaran（1994）；Danielson（1998）；Elton 和 Gruber（1991）；Fruhan（1979）；Gordon 和 Gordon（1997）；Gordon（1962）；Miller 和 Modigliani（1961）；Peterson 和 Peterson（1996）；Rappaport（1998）；Sorensen 和 Willianmson（1985）；Treynor（1972）；William（1938）。
2. 尽管估值模型可以由其他的流量变量（股息，收入，现金流等）进行计算，但是我在本章坚持用标准的"收入和股息"术语。我论证的基本方法是可以推广到基于其他方法的模型上。
3. 虽然托宾 q 法的概念在范围上更广泛，但是对于资本 Q 的选择仍然遵从该法。另外，由于仅局限于讨论竞争性，我发现比起于在经典托宾 q 法中作为分母，在我们设定的 Q 比值中将替代成本作为分子要更好。
4. 在更多通常情况下，较强的专营权障碍会导致将要成为竞争者资本开支定会远超过复制公司原始产品生产力成本。这种替代高成本会导致 Q 值远大于 1。
5. 在新旧资产对比下，Q 也许包含任何市场上通常的定价分歧。
6. 残酷的条件也不一定让公司走向运营失败。即使专利权利润是负值，销售利润也仍然是正值。
7. 该情况下的 P/E 值可以简化为 $P/E = Q/r$，但是我使用的是 P/E 较长的公式，$(1/k)$ (r_Q/r)，因为它可以在章节后边证明是有用的。对于充分大的 Q 值，$Q>1$ 时，更好的心理模型会视公司为利润增长到进入领域的竞争点。除了对公司动机有不同看法外，数学研究方法是相同的。
8. 这个简单的例子忽略了 d 与 Q 之间可能存在的相互影响（比如，高的初始股权收益值与低的 Q 值之间的力矩越大会伴随着更快的衰退过程）。
9. 只要在股权收益有不变的收入投入来覆盖资本成本，那么即使在留存收益只能投资于仅可覆盖资本成本的资产回报率的增长情况下，也会得到相同的后续增长率 $(P/E)/(1/k)$。
10. 另外，该公式和 $H=1$ 时的通用表达式是一致的。
11. 例如，比起单一产品公司，Q 型竞争对于多元产品公司的影响更小，尤其是存在异步产品生产周期的公司。

参考文献

Bodie, Zvi, and Robert C. Merton. 1998. *Finance.* Englewood Cliffs, NJ: Prentice Hall.
Damodaran, Aswath. 1994. *Damodaran on Valuation.* New York: John Wiley & Sons.
Danielson, Morris G. 1998. "A Simple Valuation Model and Growth Expectations." *Financial Analysts Journal,* vol. 54, no. 3 (May/June):50–56.
Elton, Edwin J., and Martin J. Gruber. 1991. *Modern Portfolio Theory and Investment Analysis.* New York: John Wiley & Sons.
Fruhan, William E. 1979. *Financial Strategy: Studies in the Creation, Transfer, and Destruction of Shareholder Value.* Homewood, IL: Richard D. Irwin.
Gordon, J., and M. Gordon. 1997. "The Finite Horizon Expected Return Model." *Financial Analysts Journal,* vol. 53, no. 3 (May/June):52–61.
Gordon, Myron J. 1962. *The Investment Financing and Valuation of the Corporation.* Homewood, IL: Richard D. Irwin.
Leibowitz, Martin L., and Stanley Kogelman. 1994. *Franchise Value and the Price/Earnings Ratio.* Charlottesville, VA: Research Foundation of the Institute of Chartered Financial Analysts.
Leibowitz, Martin L. 1997a. "Sales-Driven Franchise Value." Charlottesville, VA: Research Foundation of the Institute of Chartered Financial Analysts.

______. 1997b. "Franchise Margins and the Sales-Driven Franchise Value." *Financial Analysts Journal,* vol. 53, no. 6 (November/December):43–53.

Lindenberg, Eric, and Stephen Ross. 1981. "Tobin's *q* Ratio and Industrial Organization." *Journal of Business,* vol. 54, no. 1 (January):1–33.

Miller, Merton H., and Franco Modigliani. 1961. "Dividend Policy, Growth, and the Valuation of Shares." *Journal of Business,* vol. 34, no. 4 (October):411–33.

Peterson, Pamela P., and David R. Peterson. 1996. *Company Performance and Measures of Value Added.* Charlottesville, VA: Research Foundation of the Institute of Chartered Financial Analysts.

Rappaport, Alfred. 1998. *Creating Shareholder Value.* New York: The Free Press (first published in 1986).

Sorensen, Eric H., and David A. Williamson. 1985. "Some Evidence on the Value of Dividend Discount Models." *Financial Analysts Journal,* vol. 41, no. 6 (November/December):3–12.

Tobin, James. 1969. "A General Equilibrium Approach to Monetary Theory." *Journal of Money, Credit, and Banking,* vol. 1, no. 1 (February):15–29.

Treynor, Jack L. 1972. "The Trouble with Earnings." *Financial Analysts Journal,* vol. 28, no. 5 (September/October):41–43.

Williams, John B. 1938. *The Theory of Investment Value.* Amsterdam: North-Holland Publishing.

CFA Institute 第10章

增值以及现金驱动估值模型[㊀]

阿沃思·达摩达兰（Aswath Damodaran）

鉴于新的增值工具是传统贴现现金流模型的简单衍生，没有任何新的改进。当用于估值时，这些增值方法会同贴现现金流（DCF）分析法一样，存在一样的估算不当的关键性问题，例如：现金流，增长率，风险溢价。有效估值的关键不变：选择正确方法估计关键变量并理解价值产生的实质。

在过去10年，增值已经被视为咨询公司和投资银行的咒语，他们意识到这个概念是一个现金牛。为此，开始产生了多种新的增值方法，例如经济附加值（EVA）。

本章将通过重点强调现金驱动估值模型的基本原理来准确阐述增值的概念。第一部分说明了贴现现金流（DCF）模型的基本方面，并重新考虑了该类分析中可能出现的一些估算方面的问题。第二部分分析了公司可以实际创造价值的有限方法，并解释了投资者如何区分价值中立和增值行为。第三部分直接评价了最突出的增值概念，经济附加值（EVA），并将其与贴现现金流分析进行比较。

10.1 现金流贴现模型及估值

用贴现现金流的方法，资本价值是资本预期现金流的现值。DCF的基础等式是：

$$\text{资本价值} = \sum_{t=1}^{t=n} \frac{CF_t}{(1+r)^t} \tag{10-1}$$

㊀ 摘自AIMR会议记录：股权分析实例，2000年2月：4～17。本文首次出版时，作者阿斯沃斯·达摩达兰就任于纽约大学stern商学院金融学副教授。

式中　n——资本使用寿命

CF_t——t 时期的现金流

r——贴现率反映估计现金流的风险性

我们可以来讨论是否可以得到正确的现金流或贴现率，却没必要争议这个等式是否正确。该等式不是一个假设，该等式是完全成立的。

运用贴现现金流估值方法，我们要从税后营业收入中扣除再投资需求。债务偿还前以及再投资后的现金流被称为公司的净现金流。之后我们假设现金流以固定比率增长。从根本上来讲，该增长率是两个变量的函数——再投资额度以及再投资效果。再投资率乘以资本回报（或投入资本回报）得到预期增长率。

与有限寿命资产不同，公司估值所面临的问题是，公司从理论上讲是永续的，但是现金流无法进行永续规划。最终，我们假设在未来某一时间点，公司的现金流将以一个固定的比率增长；该增长率必须小于或者等于该公司所处经济体的经济增长率。该假设可以让我们估计该时间点的终值。使用退出乘数计算终值并不是贴现现金流估值中的一部分；它是将分析过程转化为相对估值。

在贴现现金流估值中，当现金流增长率小于或者等于整个经济体现金流和收入的增长率时，估算就变得困难，投资者应该更多地考虑该问题。高增长期长度是公司竞争优势强度的直接方程；其他条件不变的情况下，公司的竞争优势越强，公司持续保持高增长的时间就越长。

公司贴现现金流的贴现率实际是资本成本，是权益成本和负债成本的加权平均，以市场价值作为权重。资本成本现金流贴现提供公司经营资产价值。对于这个数值，我们加上现金值和非经营资产以及负债净值得到权益价值。许多公司没有非普通股股本，例如认股权证和管理期权。为了得到每股价值，用权益价值减去非普通股股本，再除以股数。

最终，公司价值可以由四个变量表示：公司当前净现金流，高增长期的时间长度，该时期内的增长率以及资本成本。

10.2　估算

估值真正的问题在于估算，而不是目前模型上的问题。投资者需要再思考贴现现金流分析所要求的估算基本面。在该过程中，会就估值问题提供一个更好的框架。

10.2.1　名义估值与实际估值

在贴现现金流分析中，尤其是对于除美国公司外的其他公司进行估值时，首要也是从基础上需要决定的是用名义估值还是实际估值。理论上来说，使用名义现金流和名义贴现率会得到相同的值，但是当通货膨胀率高于 10% 时，用贴现现金流中名义估值就不成立，因为它在假设条件下，会对很小的变动产生极大的敏感性。解决方法是使用实际估值法或者以不同的货币进行估值。

实际估值法中，研究现金流，我们首要考虑通货膨胀，将现金流以实际贴现率进行贴现，实际贴现率也是在通货膨胀前。以实际贴现率贴现的现金流是公司的价值。本方法最大的两个问题是，税额计算仍然是基于名义收入而不是实际收入，且估算实际无风险利率和风险溢价将会更加困难。

一种方法是使用更为稳健的货币进行估值。比如，在巴西，贴现现金流估值是以美元计算。

分析家认为运用该方法就不必担心巴西的预期通货膨胀问题。不幸的是，事情并非如此。例如，对于巴西主要的一家饮料公司 Brahma，现金流以美元计价意味着先要使用雷亚尔，然后再将其转换成美元。而转换成美元需要预期汇率。当然，简单地使用当前汇率是不够的。因为汇率间的变动是由本币和美元间的通货膨胀差决定的，分析家需要使用通货膨胀率来完成该转换。

一致性问题在估值上没有得到充分强调。必须保证现金流和贴现率能够被一致估计，且名义货币或实际货币要与之相匹配。

10.2.2 权益成本

权益成本估计最简单的方法，就是考虑估值中最根本的输入变量：

$$权益成本 = R_f + 权益\beta \times [E(R_m) - R_f]$$

式中，R_f 是无风险利率，$E(R_m)$ 是市场指数的预期回报（多种证券投资组合）。

估计权益成本需要三个输入值：无风险利率，风险溢价以及贝塔值。无风险利率通常使用短期政府债券利率。风险溢价取自历史风险溢价。贝塔值通常是做股票回报与市场回报的回归所得。然而，根据上述方法所得三个变量值都有误差。

1. 短期政府债券利率

对于无风险投资，必须知道投资周期内的准确回报。考虑到 8 年的现金流，六个月美国的短期国库券并不是无风险的。之所以不是无风险的原因在于，投资者必须在每个六月周期末以未知的利率进行再投资。为此，无风险利率应是 8 年零息票政府债券利率。

该要求暗示估值中每一笔现金流实际上都有一个不同的无风险利率，该无风险利率取决于何时到期。实际上，分析家可以使用持续匹配的一些变体。在美国，最佳的解决方法就是使用长期政府债券作为无风险利率。

美国投资者认为美国政府证券不存在违约，于是就采用政府证券率作为无风险利率。然而除美国外，该假设常被违反。巴西政府就无法被视为无违约风险的实体。所以，其中一个首要问题就是政府本身也许并不是无风险的。在这种情况下，无风险利率就成为一个问题。所以，除美国外，应用估值模型首先需要确定无风险利率。

2. 历史溢价

许多运用资本资产定价模型（CAPM）的人是通过历史溢价来确定权益成本。通过过去时期的证券及债券回报的历史数据，得出一段时期内债券和安全资产的平均回报，计算它们之间的差值，得到历史风险溢价。该数值通常由自身寿命决定，我们不去考虑风险溢价究竟具有什么含义。

只要投资者在估值中使用了历史风险溢价，就隐含了两个假设。第一个假设是在一段时间内，投资者的风险厌恶是不变的。即在某时间段内（通常是 1926 年至今）投资者的风险厌恶平均水平等于投资者在该时点的风险厌恶期望。第二个假设是在一段时间内计算得到的平均风险溢价是一致的。

困扰的问题在于，尽管使用相同历史数据，但是所计算得出的风险溢价却不尽相同。不同的投资银行，不同的估值权威机构使用不同的数值——5.0%，5.5%，6.0%。风险溢价可以高达 12.5% 低至 3.0% 均可以同时被使用。

如何计算历史风险溢价很重要。结果取决于几个因素：使用的历史区间是什么，什么类型的投资被定义为无风险利率，使用算术平均数还是几何平均数。例如，表 10-1 所示，1926 ~ 1996 年，短期国库债券的溢价算术平均值，得出的风险溢价是 8.76%，而长期国库债券的几何平均值是 5.91%。

表 10-1　不同历史风险溢价

历史时期	超过短期国库券溢价		超过长期国库券溢价	
	算术均值	几何均值	算术均值	几何均值
1926 ~ 1996	8.76%	6.95%	7.57%	5.91%
1962 ~ 1996	5.74%	4.63%	5.16%	4.46%
1981 ~ 1996	10.34%	9.72%	9.22%	8.02%

注：查看万维网（www.stern.nyu.edu/-adamodar）获取自 1961 年起的历史回报数据。

正如可提出证据加以证明的那样，对于长期国库债券利率最好是使用几何溢价，理由很简单。若要计算长期回报，以 10 年时间为例，关键是计算 10 年间的复利回报，而不是算术平均回报。使用统计学上的基本原理算术平均溢价无法进行充分说明。另外，如果采用长期国库券利率作为无风险利率，那么使用该利率来计算风险溢价是可取的。然而，如果将无风险利率与不同定义下计算得出的风险溢价相混淆则是荒谬不足取的。

使用越长的时间区间越好，这有一点反常规。毕竟，如果暗含的假设是风险厌恶保持不变，追溯到 1926 年还有意义么？追溯时间越远的原因在于表 10-1 中每一个历史风险溢价都有一个标准差。例如，对于一个 25 年估计，其标准差大概是 5% ~6%。计算标准差最简单的方法就是基于某基准年得出的标准偏差除以年数开方的值。该结果意味着估计区间很大。所以，历史时间区间越长，标准差越小。

该事实表明除美国外，市场历史风险溢价是不可靠的。这些市场在美国并没有足够可用的历史数据。对巴西或者印度尼西亚的历史风险溢价进行估计是不可能的，因为该估算的标准差远远超过估计本身。即使对于有 35 ~ 40 年历史的市场而言，比如德国，它的标准差通常也比基于历史数据估计得到的风险溢价标准差更大。

对于除美国外的市场进行风险溢价估算，简单的方法要更好。表 10-2 是不同拉丁美洲国家的评级情况。该评级衡量了这些国家发行的国家债券的违约风险。所需溢价是权益风险溢价，所以需要将债券评级转换成权益风险溢价。该转换有两个步骤。第一步，基于评级估算违约风险利差。该利差可以从两种方式中的一种来进行估算。一种方式是用相同评级的美国公司债券（对巴西而言，等价的美国公司债券是 BB 评级）并计算美国债券的利差。另一种方式是看国家长期国库券利差。对巴西的例子而言，使用的是巴西政府债券和与之匹配的美国国库券之间的利差。

表 10-2　拉丁美洲标准以及贫穷国家的评级，1998 年 6 月

国家	评级	公司利差	国家债券利差
阿根廷	BB	1.75%	2.58%
巴西	BB -	2.00%	2.87%
智利	A -	0.75%	NA
哥伦比亚	BBB -	1.50%	NA
巴拉圭	BB -	2.00%	NA
秘鲁	BB	1.75%	2.04%
乌拉圭	BBB -	1.50%	1.68%
委内瑞拉	B +	2.25%	2.60%

NA 表示不可获得

注：评级为国外货币评级。国家债券利差是基于布雷迪债券票面价值和美国公债的混合收益。

所以，第一步提供了固定收入利差。然而我们是需要估算权益风险溢价。债券比权益风险低，所以如果固定收入利差是 2% 或 2.5%，那么巴西的权益风险溢价就一定会更大。例如，估算巴西权益风险溢价，基于评级从 2% 的利差起，通过巴西权益市场的相对波动来衡量。例如，

在一个点，巴西证交所波动，巴西证券指数是巴西 C 证券波动的三倍。用这个衡量因子得出超过基准权益溢价的国家风险溢价。

换言之，对于除美国外的国家，风险溢价有两个组成部分。首先，基准权益溢价是通过成熟市场进行估计，比如美国。其次，一个国家的风险溢价是该市场风险性的函数。国家风险越高，权益市场越不稳定，国家风险溢价越大。以巴西为例，以 5.5% 为美国权益溢价，再加上 6.3% 的国家风险溢价得到总的权益风险溢价为 11.8%。通过考虑国家风险和当前市场波动率，该方法提供了估计市场风险溢价的方法。

国家风险溢价一旦计算出来，最后的一个组成部分就是权益成本。有三种方法来计算国家风险溢价。为了了解三种方法间的潜在差异，考虑下述实例，将这三种方法应用到巴西一家纸类及纸浆公司，Aracruz Celulose。该分析完全使用真实术语，所以这里的利率是真正的无风险利率，不是基于巴西货币。为了说明，无风险利率为 5%，贝塔估计值是 0.72，巴西国家利差为 6.29%，美国的基准溢价为 5.5%。

第一种方法假设一个国家的所有公司都面临国家风险，意味着在收益成本上加一个常数。用这种方法，得出预期回报为：

$$预期回报 = 无风险利率 + 国家利差 + \beta(美国风险溢价)$$

以巴西为例，该方法假设巴西所有公司都同等面临国家风险暴露。

用该方法对巴西公司 Aracruz 进行如下计算：

$$预期回报 = 5\% + 6.29\% + 0.72(5.5\%) = 15.25\%$$

本方法下，巴西公司 Aracruz 的权益成本为 15.25%。

第二种方法假设国家风险暴露与所有其他市场风险暴露成比例。将基准溢价与国家利差进行加和，再乘以证券贝塔值：

$$预期回报 = 无风险利率 + \beta(美国风险溢价 + 国家利差)$$

用这种方法，例子中巴西公司 Aracruz 得到如下形式：

$$预期回报 = 5\% + 0.72(5.5\% + 6.29\%) = 13.49\%$$

6.29% 加上 5.5% 得到国家风险溢价总值 11.8%。国家风险溢价再乘以贝塔值得到权益成本 13.49%。

第三种方法也是解决问题最灵活的方法，该方法假设国家风险暴露与所有其他风险暴露不同。为此，权益成本有三大组成部分：无风险利率，β 乘以成熟市场权益溢价，以及一个衡量国家风险暴露的 λ 值乘以国家利差：

$$预期回报 = 无风险利率 + \beta(美国风险溢价) + \lambda(国家利差)$$

该方法适用于给国家风险下过度暴露的公司加一个更高的溢价，或者给在国家风险下暴露不足的公司加一个较低的溢价。再次以巴西公司 Aracruz 为例进行计算：

$$预期回报 = 5\% + 0.72(5.5\%) + 0.4(6.29\%) = 11.47\%。$$

在这种情况下，λ 是通过划分一定比率的 Aracruz 收益来计算，该收益来源于一定比率巴西公司收益雷亚尔。Aracruz 以巴西货币获得收益的 20%，因为作为一家造纸和纸浆的公司，它销售到全球市场，大多数现金流是以美元的形式。隐含的假设是从本币获得收益比率越低，国家风险暴露就越小。以雷亚尔划分 Aracruz 公司的比例是按照巴西公司雷亚尔划分比率的平均值来确定。该计算得出 Aracruz 公司的 λ 值仅有 0.4，也就是说比起其他典型的巴西公司而言，Aracruz 公司的国家风险暴露更少，因为它的现金流更多是以美元形式。所以，运用该方法得出 Aracruz 公司的权益成本是 11.47%。

该方法是最灵活的一种，也是投资者估算权益成本首先考虑的方法。这个框架对于有大量海外收益的美国公司而言也同样有效。如果美国公司收益中的 75% 在亚洲，如果像其他任何一家美国公司一样，用美国市场风险溢价来进行估算是错误的。投资者必须将国家风险暴露的一些方法加入到贴现率中。这样做会影响估值。

计算风险溢价一个不同的方法（但是该方法在估值中不常用）是估算权益溢价。换言之，由市场来决定溢价是什么。

简单模型假设投资者可以利用以下数值——标普 500 指数的当前水平，全部指数来年股票回购的预期股息，未来五年内收入和股息的预期增长率。若假设增长率稳定，股票价值可以被写为基础戈登增长模型：

价值 = 来年股票回购的预期股息 /(股票必要报酬率 - 预期增长率)

价值是指数现有水平，预期股息是标普 500 的股票回购以及预期股息，预期增长率使用额是选取其中一个预测估算供应商，例如国际 I/B/E/S 或者 Zacks。该等式中唯一一个未知输入量是必要回报。解决必要回报率问题就好比计算资金预算问题中的内部回报率。必要回报率是隐含权益成本，即隐含回报率是权益投资者投资股票所要求的。

就 1998 年 12 月的数据进行快速估算，股票必要回报率约为 8.5%。换言之，在 1998 年 12 月，股票会基于一个隐含回报率 8.5% 定价。如果股票定价会赚 8.5% 且长期国库券回报率为 5.1%，那么这两个数值间的差值就是隐含权益溢价约为 3.4%。隐含权益溢价是计算风险溢价的一种非常不同的方法，这区别就在于历史数据不同。

对于证券组合经理人或权益分析师来说，当美国市场的隐含权益溢价接近 3.0% 时，使用历史溢价 5.5%，6.0% 或者是 7.4% 会导致许多证券被高估。若要求用市场中立估值法，该方法常用在证券组合管理——并不是要对整个市场进行判断，而是要找到那些相对当前市场而言被低估或者高估的证券——在贴现现金流建模中唯一的方法就是将历史风险溢价转换成隐含权益溢价。

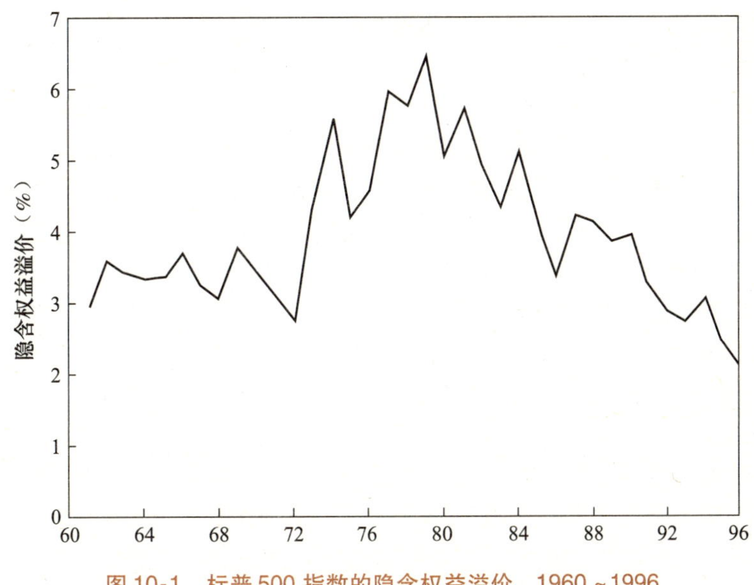

图 10-1　标普 500 指数的隐含权益溢价，1960 ~ 1996

通过估算隐含权益溢价的这种方法，图 10-1 是标普 500 指数自 1960 年至 1996 年，每年对应的隐含权益溢价。1997 年的值为 2.3%。可喜的是，根据时间来记录隐含权益溢价可以找到导致隐含权益溢价增长的基本面。例如，1960 ~ 1970 年，隐含权益溢价在 3% ~ 4% 之间。在 20 世纪

70 年代增长，在 1978 年达到最大值约 6.5%。所以，其他条件保持不变，当市场下滑，隐含权益溢价会上升。自 1978 年起，隐含权益溢价进入下滑趋势。

在 1997 年末，隐含权益溢价达到最低点，距 1960 年已过了 37 年，可以用两种方式来解读。一种解读方式是范式转移：人们思维变得不同，没有那么厌恶风险，有更多的养老金，更长的时间范围，更加全球多样化。尽管每一种情况都是事实，但是存在另外一种解释，即因为价格太高，隐含权益溢价才低。关于隐含权益溢价的争议在于股票是否被准确估值（隐含权益溢价是正确的），估值过高（溢价太高）或者是估值过低（溢价太低）。

隐含权益溢价的一个优势是它适用于任何市场进行估值，不需要历史数据。以阿根廷指数为例，使用 1998 年 6 月的指数水平和指数的股息收益。由于缺乏许多阿根廷证券预期长期收入增长率的数据，使用阿根廷美国存托凭证的估计增长率代表整体指数；阿根廷美国存托凭证的收入估计增长率（ADR）是 15%。因为整个分析是以美元计价，6% 作为长期国库券利率和 1998 年 7 月固定增长率（5 年后）。使用未来 5 年增长率为 15%，其后是 6% 的两阶段股息贴现模型，得到阿根廷权益必要回报率为 9.52%，减去 6% 得到隐含权益溢价为 3.5%。在那个时间点，美国的权益溢价约为 2.3%，所以阿根廷溢价值更大，并非使用历史数据得到的量级估计。

使用隐含权益溢价给分析家提供了一种不需要依靠历史数据就可以记录权益溢价的一种方法。分析家同样可以用该方法对任何市场预测隐含权益溢价，并及时对那个点进行市场中性估值。

3. 贝塔值估计

投资的贝塔值，至少在论文中，是来源于一个简单的回归。是股票回报与市场回报进行回归的斜率系数：

$$R_j = a + bR_m$$

式中，R_j 是股票回报，R_m 是市场回报。

经验表明贝塔值趋向 1，估算使用一些固定权值：65/35，60/40，70/30，67/33（如 0.65 乘以贝塔加 0.35 乘以 1）使贝塔趋于 1。

贝塔的标准差是另外一个显著的问题。对于美国公司估计贝塔值标准差的中位数是 0.25 ~ 0.30 之间。标准差增大，贝塔值不确定性范围就越大，以至于贝塔估计无效。

在大多数新兴市场有关贝塔存在另一种现象，就是最好的三四家公司占到指数的 60% ~ 70%。例如，对巴西电信公司（Telebras）与巴西证交所指数进行回归，得到贝塔的一个精确估计，R^2 是 70%，标准偏差是 0.07。然而 Telebras 占巴西证交所的 50%，是一个交易加权指数。因为 Telebras 在任何时点占实时交易量的一半，Telebras 的贝塔值会比自身回归值稍微大一点。

甚至对于发达市场，在很小的程度上，该问题也存在。例如，在德国，安联，戴姆勒克莱斯勒均占 DAX 的约 10%，DAX 是用来对德国公司进行贝塔估计的当地指数。

关键在于贝塔衡量的是相对于多种证券组合的风险。为了使 Telebras 贝塔值达到 1.11（该值是相对于巴西证交所指数估算出来的），加入证券组合的股票必须仅由巴西股票构成，需要在交易值占一定比例。因为对新兴市场公司的贝塔估计大多数使用的是到当地指数，如果包含在证券组合中的股票都不是当地股票，那么这些贝塔值是完全无意义的。想要有意义，每个公司的贝塔值估计不应该是就当地指数而应就全球指数而言。

贝塔值存在的一个更为麻烦的问题是新兴市场的贝塔值是完全反直觉的。最大型最安全的公司看起来风险最大；规模最小风险最大的公司看起来最安全。该现象是由指数控制引起的。所有证券的加权平均是 1。因为 Telebras 的贝塔值大于 1，所有指数上的其他 177 支证券的贝塔值都小于 1，最终的加权平均值仍是 1。可能性不仅局限于理论上。近来，巴西指数中只有 9 只股票的贝塔值大于 1，其他 169 只股票的贝塔值小于 1。

回归贝塔存在的问题有三种解决方法。首先，投资者可以修改回归贝塔值。有一种修改方法就是选择一个不同的指数。比如，可以用 ADR 和 S&P500 指数对 Telebras 贝塔值进行估计。许多美国投资者用这种方法，但是该方法仅限于存在 ADR 的公司。

解决回归贝塔问题的第二个解决方法是不使用回归的方法来估算一个公司的贝塔值。相对标准偏差是衡量相对风险的一个很好的替代，且不需要对股票价格和指数之间进行回归。该方法使用股票价格的标准偏差而不是回归。用市场均值将每个公司各自的标准偏差进行分割得到一个相对波动率的值，该值很像贝塔值。计算值约为 1；数值大于 1 表明高于平均风险；数值小于 1 表示低于平均风险。这个相对波动率不仅像贝塔值，而且可以完全当做贝塔值进行使用。资本资产定价模型（CAPM）中都是用相对波动率代替贝塔值。隐含假设是全部风险与市场风险是完全相关的，鉴于估算市场风险的麻烦很多，相对波动率是公司风险很好的近似值。

第三种解决方法是自下而上估计贝塔值。比起自上而下法，自下而上贝塔值被证实可以更好的估算公司贝塔值，也就是回归贝塔值。了解公司交易情况使得无须对特定公司进行回归就可以估算公司贝塔值。为了得到公司主要业务的无杠杆贝塔值，首先需要观察其他公司在这些业务的无杠杆贝塔值，要排除金融杠杆，因为公司也许存在没有负债或者负债很多的情况。计算这些无杠杆贝塔值的加权平均数（每类业务的营业收入比重作为权重）。然后，用权益负债率起到杠杆作用。

该方法通过替代产业平均贝塔值得到更高的精度，产业是由回归贝塔值的经营公司组成。使用平均值的优势在于大量噪声贝塔值的均值可以相当准确。即使行业个体贝塔值是有噪声的，噪声均值得出的贝塔估计值也是准确的。另外，该方法也反映了公司现有杠杆。

以 1997 年迪士尼公司为例。计算五年来的收益回报数据得到的贝塔值为 1.35。两年作为回归，迪士尼公司购买了 185 亿美元 Capital Cities/ABC 的股票。期间，迪士尼公司借款 120 亿美元，回归并没有完全反映杠杆。无法得到当前杠杆值也成为自下而上贝塔值有意义的部分原因。表 10-3 是迪士尼公司自下而上贝塔值估计。迪士尼公司有五项商业内容：创意性内容是的电影；零售业是迪士尼商店；广播节目是 CapCities 以及迪士尼空中频道；主题公园就不加赘述了；房地产是指迪士尼房地产企业。

表 10-3　迪士尼公司自下而上贝塔值估计，1997 年

业务	无杠杆贝塔	权益负债率/%	杠杆贝塔	无风险利率/%	风险溢价/%	权益成本/%
迪士尼	1.09	21.97	1.25	7.00	5.50	13.85
创新内容	1.25	20.92	1.42	7.00	5.50	14.80
零售	1.50	20.92	1.70	7.00	5.50	16.35
广播节目	0.90	20.92	1.02	7.00	5.50	12.61
主题公园	1.10	20.92	1.26	7.00	5.50	13.91
房地产	0.70	59.27	0.92	7.00	5.50	12.31

使用相比较公司，我们得到各产业的无杠杆贝塔值。对于前四个部分使用迪士尼公司的权益负债率，因为这四个部分并不是自己借款而是由迪士尼公司为其借款。唯一只有房地产部分有自己的权益负债率。由每部分的贝塔值和权益成本，得到这些贝塔值的加权平均，使用营业收入进行加权，得到迪士尼公司自下而上的无杠杆贝塔值为 1.09，杠杆贝塔值为 1.25。该方法的优势在于可移植性，可以运用到私立公司、小型公司、大型公司甚至政府公共部门。

10.3 价值创造

通过传统的贴现现金流模型，公司增值可以有四种基本方法。第一种方法，公司可以从现有资产增加现金流，可以通过增加资产税后收入或者减少维护这些资产的必要再投资。

第二种方法，公司可以提高预期增长率，可以通过提高再投资率或者增加再投资回报，后者要更好。

第三种增值方法是扩大高增长区间。在贴现现金流分析中，超额回报（即收入大于资本成本）促使增长。想实现该效果，公司就一定会遇到一些进入壁垒，因为在竞争市场环境下，超额回报就好比磁石。所以，延长高增长区间就需要找到增大进入壁垒的方法。

第四种增值方法是降低资本成本。公司可以通过降低投资和资产中的经营风险，改变金融组合或者改变融资结构来降低资本成本。

四种方法仅仅是创造价值的方法。逆命题从定义上来讲，不影响现金流，增长率，增长区间长度或资本成本的方法是不会对价值产生影响的。

10.3.1 价值中性行为

被证实，80%的公司所做的事情是价值中性。该方式也许会带来宣传，但是对价值没有任何影响。例如，一些会计决定会影响报表收入却不会影响现金流，包括：

- 将存货方式从先进先出（FIFO）变成后进先出（LIFO）或在财务报表反之亦然，并非出于税收目的。
- 改变财务报表（不是税单）中的折旧方式，从加速折旧变成直线折旧。
- 使用主要非现金重组费用来降低账面收入并不是可减免税。

这些方式是价值中性，因为它们并没有对现金流、增长率、增长区间长度或资本成本产生影响。

兼并行为是价值中性行为很好的例子。许多兼并被拒绝是因为兼并公司不能用权益法开展兼并行为。购买法和权益法之间的区别在于，权益法中，账面价值要加总，其中商誉无法分期偿还，因此不会影响收入水平。购买法中，商誉是支付价格和账面价值之差，再随时间进行分期偿还。

商誉分期偿还不会影响现金流，因为这并不是免税开销，不会影响税费。也不会影响预期增长率，因为无论是使用购买法还是权益法，边际投资是保持不变的。商誉分期偿还不会影响高增长时期时间长度，因为它不会增大竞争的进入壁垒。最后，它会影响资本成本。尽管决定使用购买法或是权益法是价值中性的行为，公司仍对兼并行为投入大量时间、精力和资源来试图获取权益法策略而不是购买法的策略。

10.3.2 增值行为

公司仅通过有限方法来创造价值。了解创造价值的真正途径对于投资者减少财政噪声以及关注重点领域进行投资至关重要。

表10-4是增值链。一个维度上是增值所影响的四个方面——现有资产现金流，预期增长率，高增长时期时间长度，财务成本。另一个维度包括四个方面上可能增值的方式。第一列是直接增值方式，不涉及任何交易。第二列是存在一些交易但可能会增值的方式。第三列是如果竞争者合

作才可以实现的方式。

表 10-4　增值链

增值类别	有直接影响	可能有效	一旦……即生效
现有资产中的现金流	剥离资产或剥离价值高于持续价值的项目	通过减少存货和应收账款或者增加应付账款来减少净流动资金需求	改变定价模型，以实现边际利润和换手率最大化
	清算价值高于持续价值的终极项目	降低现有资产资本保值开支	
	消除营运费用不产生当前收益也没有增长		
预期增长率	减少新资本支出，预期会低于资本成本	增加再投资率或者资本边际报酬率或公司现有业务中的两者	提高再投资率或者资本边际报酬率或公司新业务中的两者
高增长期长度	如果可以任何公司的产品或服务被授予专利或被保护	使用规模经济或成本优势来创作更高的资本回报	成立品牌
			加大非产品转换成本并降低产品转换成本
融资成本	使用互换和衍生工具将负债与公司资产得到更近地匹配	改变财政类型及使用创新型证券来反映被融资的资产类型	通过生产对消费者而言不那么任意的产品来降低营运风险
	进行资本重组以达到最优负债率	使用最优融资组合来给新投资提供新的资金	
		使成本结构更加灵活来降低营运杠杆	

以下讨论内容评价了包含各方面的可能增值方式。

现有资产（Assets in place）　对于现有资产的现金流，可以产生直接结果的增值方式是剥离资产以及削减成本。然而，剥离资产以及削减成本会有出乎意料的结果。例如，剥离资产策略也许是直接的，但是淘汰或削减最终的目标并没有那么明显。通常会错误地认为，增值策略只是简单地剔除差的项目或者剔除那些没能达到要求回报率的部门。这种观点是错误的，原因在于真正重要的不是投资在这些部门花了多少钱，而是一旦剥离它们将要值多少钱。

如果部门的剥离价值高于部门在公司继续留存的价值，那么剥离就是有意义的。问题主要是就剥离或清算项目，剥离或清算价值要超出持续价值的项目，淘汰那些存在营运支出却没有创造收益的项目。

就那些也许会得到结果的方法而言，公司可以通过削减净流动资金需求来增加现有资产现金流量，该方法确实影响现金流。存货从收益的 7% 削减到收益的 3% 会对价值产生很大影响。

另一种可能增值的方法是减少资本保值开支。资本开支有两个方面——现有资产保值以及创造未来增长。对现有资产进行减少资本保值开支的措施会增加资产现金流量，继而达到增值。

预期增长（Expected growth）　提高预期增长的直接方法是针对资本回报小于资本成本的情况削减新资本支出。这类开支显然是减值的。

一个可能有效的方法是提高公司现有业务的再投资率或提高资本的边际资本报酬率，或者两者并用，从而提高其增长率。

不太可能成功的方法是针对公司新项目提高再投资率或提高边际资产报酬率。

高增长期长度（Length of high-growth period） 延长高增长期长度都归结为增加进入壁垒。该部分唯一一个直接方法是对所有合格产品授予专利或保护。可能有效的方法是提高规模经济并加大成本优势。

最不确定的方法是成立品牌名称或者加大非产品转换成本并降低产品转换成本。品牌优势是进入一些市场的强劲壁垒，而且可以使公司保持高的资本回报和高价值。在高科技产业，也许一家公司得到了比微软 Excel 更好的电子数据表格程序，但是想要让现有消费者选择新的程序是很难得，因为转换成本很高，尤其是对于大的交易。

融资成本（Gost of financing） 有两种从融资成本方面直接进行增值的方法。第一，融资现金流应该和被融资的资产的现金流有着相同的特点。换言之，长期资产应该得到长期融资，美元资产应该有美元融资；等等。融资行为反映了资产架构会降低公司风险；降低公司风险会降低公司成本；降低公司成本继而增加了公司价值。第二种增值的直接方法则是达到最优负债率。

从融资成本上可能有效的增值方法有三种。第一种方法是改变融资类型，使用创新型债券以反映被融资的资产类型，第二种方法是用最优融资组合投资新项目，第三种方法是将成本结构灵活化。在过去 5 ~ 10 年里，美国公司一再强调灵活性，而事实上，他们仅是将成本架构定义为收益水平的函数。所以，如果公司可以将工资定义为公司运营情况（例如与工会协商）的函数，就可以增加在可变成本的比重。该方法的一个好处在于公司的贝塔值下降：固定成本的比越低，贝塔值就越小。大量固定成本会夸大风险。可以用大量可变成本来降低风险使成本结构更灵活——降低风险，降低资本成本。

长期来看，降低融资成本中“一旦……就可以生效”的方法是降低公司的营运风险。

本部分有效地描述并总结了所有可以增值的不同方法。增值一定会影响到其中某一块：现有资产现金流量、预期增长、高增长期长度或资本成本。以其他任何方式增值是不可能的。此外还需要重点考虑的就是后续提到的特别增值方法的可能性。在传统估值模型中，说明增值方法的效果是简单而直接的。

10.3.3 其他可选择的增值方法

一些强调简化优势的可选择的增值方法确实存在。可选择的方法是最大化一个与公司价值相关的变量。可能的变量是会计变量（且历史上也用过），比如收入或者投资回报；贸易变量，比如市场占有率；剩余价值衡量，比如经济附加值（EVA）。

关注并使用这些变量有风险的，因为这些变量与价值之间相关的这个基本假设有可能是错的。在 20 世纪七八十年代，日本公司着力增大市场占有率。他们认为增大市场占有率会增大价值，但是许多公司随后发现该假设并不完全是正确的。这种可选择方法的优点在于，与贴现现金流估值相比，该方法涉及较少的变量。缺点在于这种简化是有成本的。

10.4 经济附加值

经济附加值是衡量一项投资的剩余价值。该方法将资本回报定义为投资赚的“真正”现金流。同时将资本成本定义为投资融资不同的融资工具成本的加权平均值。经济附加值（EVA）有三个输入变量——投入资本、资本回报和资本成本。

$$经济附加值 = (资本回报 - 资本成本) \times (项目投入资本)$$

“项目投入资本”是衡量现有资产的投入资本额，项目是已启动的。如何衡量投入资本呢？

有人或许认为市场价值是一个可能的衡量手段。公司市场价值衡量问题之一是市场价值包括预期未来增长（附加现有资产）。所以，市场价值毫无疑问可以作为潜在的衡量手段。另外一个选择是账面价值。账面价值真的可以用来衡量现有资产的市场价值吗？不总是也不常用。从账面价值转向投入资本，基本要做四种调整方法：第一种是调整经营性租赁。The Gap 公司的资产负债表中只有权益——无负债。问题在于 The Gap 公司租赁了所有商铺，且将该租赁视为经营性租赁。从会计角度讲，经营性租赁不是营运开支，不会被列入资产负债表。The Gap 公司一年有 5 亿美元的经营性租赁，大约相当于四五十亿美元的负债。所以，想要得到 The Gap 公司的所有投入资本，要用账面权益加上目前经营性租赁值。这种确定投入资本的计算方法比简单地用资产负债表中资本账面价值要更加精确。

第二种投入资本的调整方法涉及研发费用。计算高科技公司的经济附加值，例如英特尔或者微软公司，会得出相当小的资本账面价值。原因很简单：至少在美国，按照会计惯例，研发费用必须被开支不能资本化。结果是，尽管一家公司或许有 20 亿 ~30 亿美元的研发费用，且可以用这笔费用创造非常有价值的资产，研发费用也绝不会列入资产负债表。所以，调整方法是将研发费用资本化。将一直以来的所有研发费用进行简单加总，将其视为与其他资产等同。

第三种方法是调整削减投入资本的一次性费用。商誉分期偿还就是一次性费用一个典型的例子。转销商誉会降低投入资本。在计算现有资产投入资本是，加回所有使投入资本更小的变量值。

第四种调整方法是会计调整。是将游戏方法改变——将先进先出（FIFO）变成后进先出（LIFO），或者将后进先出（LIFO）变成先进先出（FIFO），等等——发生在边际费用来改变营运收入，影响资本。

外部分析家的经济附加值估计比公司内部所做的经济附加值估计要差。例如，几年前，一家出版公司在出版部门得到了投入资本高回报，大概是 1.787%。数值高的原因在于出版部门的资产就是所有的版权和商标，几乎被有效分期偿还到 0。所以，当计算资本回报时，公司用营运收入除以一个非常小的数。

当然，在公司外工作的权益调研分析师或证券投资组合经理并没有该公司的每一项版权和商标的清单，因此在评估方面有局限性。他们必须使用账面资本并作出一定调整。公司历史越久，将账面资本作为衡量投入资本就越不精确。

经济附加值的另外两个组成部分是，“资本回报” 和 “资本成本”，同样具有局限性。分析师通常用现有投资回报作为资本回报的衡量方法。资本成本应该是资本成本的市场价值。有人是用账面价值对负债和权益进行加权来计算经济附加值，与使用账面价值衡量投入资本保持一致。该方法不合适，计算经济附加值所用的资本成本必须与贴现现金流估值中所用的资本成本完全相同，贴现现金流估值中的资本成本是用市场价值进行加权。使用账面资本成本会系统性夸大美国每家公司的经济附加值。

10.4.1　EVA 警告

当公司采用 EVA 值时，会基于本年 EVA 与预期数值相比较来评估经理人。换言之，只有当经理得到的来年 EVA 值比一些基准要高，他们就会得到奖励，通常在奖励方面没有上限。

公司可以得到比预期更高的 EVA 值—会让股东的情况恶化—用三种方式。第一种选择是“投入资本游戏”。降低公司投入资本会使 EVA 值看上去更良好，即使这种效果只是装饰性的，尤其是确实只起到装饰性作用的时候。增大股票回购或者增加重组费用会降低资本，增大

EVA 值。

第二种可能性是“增长游戏”换言之，公司可以通过借用未来增长使来年的 EVA 值看上去更好。削减研发费用或产生未来增长的费用可以提高短期 EVA 值同时减少长期价值。经理最终会得到将近，但是股东得到更低的价值。

第三种选择是“风险游戏”。公司价值是 EVA 的现值。所以，如果公司以一个更高的资本成本得到一个较高的 EVA 值，因为公司有更大的风险，股东的情况会变差因为公司使得股东的风险暴露更多。

投资者也面临 EVA 的使用警告。证券投资组合经理人无法以最高的 EVA 或 EVA 最大增长对公司进行投资，以得到超额回报。原因在于市场价格并不是取决于实际 EVA 值而是实际 EVA 与预期值。有最高 EVA 值的公司也许不是一个好的投资组合。而最大 EVA 值远高于预期值的公司要更为理想—因为股价是由预期所决定。

Richard Bernstein 与美林公司做了两项有关使用 EVA 的投资效果研究（Bernstein，1997 年和 1998 年）。首先，他根据 EVA 值购买了前 10 名公司的股票，并研究 12 个月的投资回报。该投资组合回报率约为 1%，低于该时期内所研究的 S&P 500 的回报。之后，他研究了在过去年份 EVA 增长最高的公司。由 50 家公司组成的投资组合回报率更低，这些公司选自 EVA 增长最高的公司中的 10%。

10.4.2 比较 EVA 与 DCF 估值

除了增值，EVA 也可以被作为传统估值工具。事实上，分析家可以将公司价值写作三部分之和现有资产投资加上现有资产的净现值（NPV）加上所有未来项目的 NPV。对 EVA 而言，公司价值可以写作投入在现有资产的资本加上现有资产 EVA 的现值加上所有未来项目 EVA 的现值。

为了了解 EVA 和 DCF 之间的联系，思考下列对比公司 EVA 估值与同一家公司的 DCF 估值。实例中的公司现有资产价值 1 亿美元。换言之，该公司在现有资产上投资一亿美元。现有资产税后营运收入是 1 500 万美元。15% 的资本回报率预期在未来会增长，公司资本成本为 10%。在未来每个五年的年初，公司预期会每次投资 1 000 万美元。这些投资预期会得到 15% 的资本回报，资本成本预期会保持在 10%。5 年后，公司会继续投资且收入每年增长 5%，但是新投资仅仅会得到 10% 的资本回报，同时也是资本成本。所有资本和投资预期是永续的。

1. EVA 估值

公司现有资产的 EVA 是 500 万美元（15% ~ 10% ∗ 1 亿美元）。在每次下一个五年的年初，公司会另外新投资 1 000 万美元，会赚取 5% 的差价，得到正值 EVA。为了简化，在 NPV 计算中，假设所有投资是永续的。第 5 年后，公司会继续发展，但是第五年后的投资恰恰赚得资本成本。所以公司 EVA 估值为 1.708 5 亿美元，计算如下所示：

现有资产投入资本	\$100.00
+ 现有资产 EVA 现值 = (0.15 - 0.10)(100)/0.10	50.00
+ 第一年新投资 EVA 的现值 = (0.15 - 0.10)(10)/0.10	5.00
+ 第二年新投资 EVA 的现值 = [(0.15 - 0.10)(10)/0.10]/1.1	4.55
+ 第三年新投资 EVA 的现值 = [(0.15 - 0.10)(10)/0.10]/1.1^2	4.13
+ 第四年新投资 EVA 的现值 = [(0.15 - 0.10)(10)/0.10]/1.1^3	3.76
+ 第五年新投资 EVA 的现值 = [(0.15 - 0.10)(10)/0.10]/1.1^4	3.42
公司价值	\$170.85

从该方法我们发现创造价值的不单单是增长率而是有超额回报的增长率。

2. DCF 估值

传统 DCF 估值是用税后营运收入减去净资本支出，以资本成本贴现回去。传统 DCF 估值得到公司价值为 1.708 5 亿美元，如表 10-5 所示。

表 10-5　现金流估值折现　　单位：（百万美元）

输入	年						
	0	1	2	3	4	5	终期
现有资产 EBIT（1 - t）	$0.00	$15.00	$15.00	$15.00	$15.00	$15.00	
第一年投资 EBIT（1 - t）		1.50	1.50	1.50	1.50	1.50	
第二年投资 EBIT（1 - t）			1.50	1.50	1.50	1.50	
第三年投资 EBIT（1 - t）				1.50	1.50	1.50	
第四年投资 EBIT（1 - t）					1.50	1.50	
第五年投资 EBIT（1 - t）						1.50	
EBIT（1 - t）总和		16.50	18.00	19.50	21.00	22.50	$23.63
净资本支出	10.00	10.00	10.00	10.00	10.00	11.25	11.81
未来现金流		6.50	8.00	9.50	11.00	11.25	11.81
未来现金流现值		5.91	6.61	7.14	7.51	6.99	
终值						236.25	
终值的现值	($10.00)					146.69	
公司价值	$170.85						
资本回报率	15%	15%	15%	15%	15%	15%	10%
资本成本	10%	10%	10%	10%	10%	10%	10%

注：EBIT = 息税前收入。

显然，DCF 估值方法得到的公司价值和 EVA 的现值得到的公司价值完全相等。如果使用同样的假设，那么 DCF 和 EVA 估值法得到的结果是一样的。最大化 EVA 现值的原则和最大化 DCF 值的是完全等价的。

10.5　结论

估值没有捷径。公司价值是公司现金流，预期增长率，增长期长度以及资本成本的函数。为了增值，必须从在这些变量中的一个变量变成更多个变量。任何可以提供捷径的创造价值的方法是不可取而有误导性的。

我们看到的许多新颖或不同的增值方法，其实没有什么创新和不同之处，所有这些方法都根植于传统现金流折现估值法。

10.6　问答部分

问　　题： 你喜欢用什么方法来确定风险溢价？

达摩达兰： 使用隐含权益溢价是最有用的方法，尤其是在新兴市场。在美国，如果保守估计可行，那么历史溢价是有用的，但是最好还是使用隐含溢价。如果想用均值回归或者如果你不喜欢当下隐含权益溢价很低的现状，那么可以用一段时间的平均隐含权益溢价。

问　　题：如果一家P/E值高的公司兼并一家P/E值低的公司，产生即时利润，你是如何看待兼并的资本成本?

达摩达兰：如果一家P/E值高的公司兼并一家P/E值低的公司，根据估值的方法来分析。兼并总体来说不会增加公司的现金流量。在加权平均的基础上不会提高增长率。对增长区间长度没有影响。而对于资本成本，如果使用复合资本成本，可以用加权平均。公司只有通过影响这四个组成要素中的某一个才可以创造价值。实质上，兼并的净现值是来源于公司价值。

问　　题：有许多公司采用EVA，他们知道使用资产负债表杠杆来回购股票是一种实现EVA的方法吗?

达摩达兰：这些公司仅知道提高EVA最容易的方法是削减投入资本。公司最初是想提高收入，这太费力了。取而代之，他们找到了一种更简单的方法来提高EVA。那些采用EVA的公司提出了账面资本逐步损耗，不管是通过股票回购或其他方式。这些公司知道在经营过程中他们的投入资本越少，看上去会经营得更好。

第11章 CFA Institute

财务经济附加值法[⊖]

沙维尔·阿德塞亚（Xavier Adserà）

佩雷·比尼奥拉斯（Pere Viñolas）

传统估值方法——经济附加值法（economic value added）、贴现现金流法（discounted cash flow）和MM模型（Modigliani and Miller models）在数学上是等价的，因此在输入变量相同的情况下使用这些方法应该得到相同的结果，但实际情况并非如此。由于这些方法关注不同的价值驱动因素，我们建议用一种可以提供必要性调整以达到一致结果的方法替代传统估值方法。我们推荐一种新的公司价值估计方法："财务经济附加值法"（或者财务经济估值法），该方法结合经济附加值法、贴现现金流法和MM理论，能够对公司金融经济价值驱动因素进行详细的分析。

金融分析师们面临着一个基本的问题：使用不同的估值模型对同一家公司进行价值评估将会得到明显不同的结果。由于经济增加值法（EVA）、贴现现金流法（DCF）和MM模型这三个主要的企业估值模型建立在相同的基本假设前提下，所以在一价法则下，如果使用相同数据，这些模型应该得到完全一致的结果。

本章中我们提出：只要合理应用，所有的传统估值模型都是数学等价的。因此根据一价法则其估值结果应该完全一致（精确到最后一位小数）。另外，我们对为得到一致估值结果需要做的调整进行了演示。上述工作使我们发现了一个新的问题：如果传统估值法是数学等价的，那么不同模型中不同的价值驱动因素能否同时包含在一种方法中呢？我们提供了一种名为"财务经济附

⊖ 摘自《金融分析师》，2003年3~4月：80~87页。当本文首次出版时，Xavier Adserà是Riva y Garcia金融集团的一位合作伙伴和总经理，西班牙巴塞罗那西班牙高等管理学院金融学教授。Pere Viñolas是Riva y Garcia金融集团的一位合作伙伴和总经理，西班牙巴塞罗那西班牙高等管理学院金融学教授。

加值”（FEVA）的方法，该方法将由 MM 模型和经济附加值法确定的公司价值分解为八个价值驱动因子，进而对每个因子的确切影响进行计量。因此一价法则在新公式中仍然成立，因为它和传统估值模型在数学上是一致的。

11.1 一价法则

为检验一价法则在实际情况下的适用性，我们将对四种可供选择的估值公式进行测试。这四个公式都是众所周知的，在现金流量分析下被用来估算价值终值。然而，本章所提出的公式添加了一个重要假设：营业利润的增长率在每次推算中保持不变。故而，实际上我们在倍数经营。

下文中，前两个公式是典型的贴现现金流模型[1]，这两个模型建立在净现值基础上，需要一个由资本资产定价模型（CAPM）确定的贴现率：

$$E = \frac{FCF_e}{k_e - g} \tag{11-1}$$

和

$$E = \frac{FCF}{k - g} - D \tag{11-2}$$

式中 E——股票市值；

FCF_e——流向权益投资者的自由现金流量[2]；

k_e——权益成本 $=R_f+\beta_e(R_M-R_f)$，其中，R_f 为无风险利率，β_e 是杠杆化的贝塔系数，R_M-R_f 代表股票市场风险溢价；

FCF——经营性自由现金流量[3]；

k——加权平均资本成本；

g——增长率；

D——负债。

注意，

$$k = k_e\frac{E}{V} + k_d\frac{D}{V} \tag{11-3}$$

式中，$k_d=i(1-t)$，其中 i 为公司债券预期收益率。

近些年来，基于经济附加值的方法已经成为分析师进行公司价值评估的首选方法。[4]尽管经济附加值法当前风靡一时，却也不能称其为一种新方法，因为它的基本理论早在几十年前就已经建立了（例如，Modigliani and Miller 1961；Solomon 1963；Walter 1956）。经济附加值分析的基本原理是，影响公司价值的主要因素为现有投资回报和平均资本成本之差。因此，该方法着重考虑资产负债表的左侧。经济附加值法把公司价值分为两部分。第一部分是除新增投资和增长机会以外的基础价值（对于一个新公司，基础价值可能等于实收资本）。第二部分是来源于新增投资的增长机会的价值；影响第二部分价值的关键因素是新增投资的收益和资本的机会成本之间的差额。

基本的经济附加值公式如下：

$$E = \frac{EAT}{k_e} + EAT\left(\frac{r_e - k_e}{r_e k_e}\right)\left(\frac{g}{k_e - g}\right) \tag{11-4}$$

式中，EAT 表示税后利润，r_e 表示新增投资（杠杆）收益率；即：

$$r_e = \frac{g(EAT)}{I - Dg}$$

式中，I 表示净投资（不包括折旧及摊销）。

第四个公式是 MM 方法（参见，例如 Modigliani and Miller 1958）的一个例子。20 世纪 50 年代，莫迪利安尼（Modigliani）和米勒（Miller）提出公司价值主要由三部分构成：无杠杆公司的价值、现有负债税盾的价值（基于利息费用可以从所得税中扣除的事实）和财务困境成本（源于高杠杆率对公司而言需要一定成本的事实）。模型如下：

$$E = \frac{EBIT(1 - t)}{k_u} + tD \tag{11-5}$$

式中 $EBIT$——息税前利润；

tD——现有负债的税盾；

k_u——无杠杆权益成本 $= R_f + \beta_u(R_M - R_F)$ 其中，β_u 是测度一个公司或一项资产经营风险的非杠杆化贝塔系数。

为什么上述这些模型不能得到相同的结果呢？我们认为，以下三个问题代表性地解释了这种非一致性：

第一，权益成本 k_e 通常情况下并未得到合理的杠杆化，而由资本资产定价模型可知风险取决于杠杆。收益的不确定性来源于公司的经营风险和负债权益比。权益风险最常用的方程式如下：

$$\beta_e = \beta_u\left[1 + \frac{D}{E}(1 - t)\right] \tag{11-6}$$

但是，如果考虑到债务风险 β_d 不为零的情况，将会更加复杂。[5]从业人员往往会忘记将财务风险考虑进去。

第二，当分析师定义公司产生的自由现金流时，他们的增长假说往往和所考虑的投资政策并不一致。

第三，上述所有的公式都需要将股票市值 E 作为输入变量，但是这个值同时又是所有公式的预期输出结果。

如果估值方法运用合理则不会出现上述前两个问题。第三个问题是一个循环论证。例如，式（11-1）中 E 取决于 k_e，而由外部信息我们可知 k_e 又取决于 E，如此便构成了一个循环论证。避免这种循环论证的方法在于找到一个不需要取决于股票市值的替代项。

如果估值方法运用合理则不会出现上述前两个问题。第三个问题是一个循环论证。例如，式（11-1）中 E 取决于 k_e，而由外部信息我们可知 k_e 又取决于 E，如此便构成了一个循环论证。避免这种循环论证的方法在于找到一个不需要取决于股票市值的替代项。

11.2 解决循环论证问题

莫迪利安尼和米勒（1963）提出公司价值取决于三个因素：无杠杆公司的价值、现有负债税盾的价值和潜在的破产成本产生的负价值。令人惊讶的是，经过一些微小的调整，你可以通过使公司价值取决于无杠杆自由现金流加税盾价值再减去潜在破产成本净现值，从而令典型的贴现现金流估值公式接近于 MM 方法。简而言之，我们可以通过一个简单的贴现现金流公式推导出如下的公式（具体推导过程参加附录 11A）：

$$E = \frac{EBIT(1 - t) - I}{k_u - g} + \frac{tDk_u}{k_u - g} - \frac{D(1 - t)(i - R_f)}{k_u - g} - D \tag{11-7}$$

式中 I——净投资（不包括折旧及摊销）[6]；

i——债务预期收益率；

R_f——无风险利率。

该方法有两点优势。首先，它通过把公司价值分为三部分为利用 MM 方法进行公司价值评估提供了新的见解。很显然，公式中第一部分是无杠杆公司价值：

$$\frac{EBIT(1-t)-I}{k_u-g}$$

第二部分可近似视为税盾的公式，因为税盾现值的计算公式如下：

$$PV_{tax\ shields}=\frac{tDk_u}{k_u-g} \tag{11-8}$$

式（11-7）的这部分表明，除现有负债 tD 带来的税收优惠以外，增长机会产生的更大的负债空间也可以产生税盾效应。[7]它还表明，税盾不是无风险的，应假定其包括一个非杠杆化的风险溢价。

式（11-7）的第三部分是对破产成本 bc 一个较好的近似估计，它以负债的预期收益率 i（而非承诺收益率）和无风险利率 R_f[8,9] 的差为基础：

$$PV_{bc}=\frac{D(1-t)(i-R_f)}{k_u-g} \tag{11-9}$$

因此，我们可以通过一个简单的贴现现金流估值公式得到完整的 MM 方法。

这种调整方法的第二点优势在于它的数学基础。权益价值不依赖于任何会产生循环论证问题杠杆化数据（例如权益成本或者资本成本）。同时，由于这种方法在数学上和贴现现金流法是等效的，所以，当对不同的公司估值公式进行比较时，该方法满足一价法则。最后，这种方法也使 MM 方法和经济附加值法间的数学等效成为可能，例如特许因子模型。

表 11-1 估值案例的公司数据

变量	数值（省略货币单位）
息税折旧及摊销前利润	600
折旧及摊销	-200
息税前利润	400
利率	-100
税前利润	300
税费	-120
税后利润	180
初始资本投入：C_I	3 000
总投资：I	300
$t=40\%$	$R_f=10\%$
利率 $i=10\%$	$R_M=10\%$
$\beta_u=0.9$	$g=5\%$
$D=1.000$	

下面我们对式（11-1），式（11-2），式（11-4）和式（11-7）进行实际演算。表 11-1 提供了一个虚拟公司的相关数据。首先，在对这家虚拟公司进行价值评估时，基本的 MM 方法（式（11-5））好像太过简单以致不能与其他估值公式保持一致。根据表 11-1 中的数据，我们可以利用资本资产定价模型得到 $k_u=9.5\%[5\%+0.9\times(10\%-5\%)]$。于是，我们利用公式 11-7 进行如下运算：

$$E=\frac{EBIT(1-t)-I}{k_u-g}+\frac{tDk_u}{k_u-g}-\frac{D(1-t)(i-R_f)}{k_u-g}-D$$

$$=\frac{400\times(1-0.4)-100}{9.5\%-5\%}+\frac{0.4\times1\,000\times9.5\%}{9.5\%-5\%}$$

$$=\frac{1\,000\times(1-0.4)\times(10\%-5\%)}{9.5\%-5\%}-1\,000$$

$$=2\,288.89$$

同样地，我们利用资本资产定价模型得出 $\beta_e=1.14$ 和 $k_e=10.68\%$。在合理定义 FCF_e（流

向权益投资者的自由现金流量）的条件下，根据贴现现金流模型（式（11-1））的计算过程如下：[10]

$$
\begin{aligned}
E &= \frac{FCF_e}{k_e - g} \\
&= \frac{EAT - I + D_g}{k_e - g} \\
&= \frac{180 - 100 + 1\,000 \times 5\%}{10.58\% - 5\%} \\
&= 2\,288.89
\end{aligned}
$$

最后，我们利用资本资产定价模型得出加权平均资本成本（$WACC = 9.26$）。在合理定义 r_e 的条件下，以加权平均资本成本和特许因子模型为基础对虚拟公司的计算如下：

$$
\begin{aligned}
E &= \frac{FCF}{k - g} - D \\
&= \frac{EBIT(1 - t) - I}{k - g} - D \\
&= \frac{400 \times (1 - 0.4) - 100}{9.26\% - 5\%} - 1\,000 \\
&= 2\,288.89
\end{aligned}
$$

其中，如果

$$
\begin{aligned}
r_e &= \frac{g(EAT)}{I - Dg} \\
&= \frac{5\% \times 180}{100 - 1\,000 \times 5\%} \\
&= 18\%
\end{aligned}
$$

那么，则有

$$
\begin{aligned}
E &= \frac{EAT}{k_e} + EAT\left(\frac{r_e - k_e}{r_e k_e}\right)\left(\frac{g}{k_e - g}\right) \\
&= \frac{180}{10.68\%} + 180 \times \frac{18.0\% - 10.68\%}{18.0\% \times 10.68\%} \times \frac{5\%}{10.68\% - 5\%} \\
&= 2\,288.89
\end{aligned}
$$

很明显，上述所有的公式都得到完全一致的结果；因此，式（11-4）和式（11-7）提供了研究公司价值驱动因子的视角。式（11-4）表明公司通过带来的经济附加值的成功的投资政策增加股东权益，因为投资收益率明显高于资本成本（18% >10.68%）。式（11-7）指出财务政策可以提高公司的价值，税盾的价值大于破产成本。因此，每股的杠杆价值大于无杠杆的价值。这两个公式得到和传统贴现现金流方法（式（11-1）和式（11-2））相同的结果。

正如上述例子所示，一价法则可以适用于广泛的公司估值模型，但是它似乎也表明一些公式太过简单以致不能进行合理的公司估值。[11]

11.3 财务经济附加值法

我们现在可以提出一个包含了传统估值模型中不同价值驱动因子的公式。基于表 11-1 的例题分析表明对公司价值进行评估的两种方法是可行的：

1. 遵循 MM 逻辑且体现财务政策通过财务结构决策增加公司价值的方法。

2. 遵循经济附加值逻辑且体现经济政策通过投资决策增加公司价值的方法。

我们的财务经济附加值公式旨在对这两种方法进行合并。虽然它与现存的公式没有本质上的区别，但是它从经济和财务的角度出发，遵循一价法则，对公司价值驱动因子进行了细分。故而，它可以完整地刻画公司创造价值的过程。财务经济附加值公式如下：

$$E = C_I = \frac{C_I(r_o - k_u)}{k_u} + \frac{EBIT(1-t)}{k_u}\left(\frac{r_u - k_u}{r_u}\right)\left(\frac{g}{k_u - g}\right) + tD + \frac{tDg}{k_u - g} - \frac{D(1-t)(i - R_f)}{k_u} - \frac{D(1-t)(i-R_f)g}{k_u(k_u - g)} - D \qquad (11\text{-}10)$$

式中 C_I——初始现金或资本投入；

$r_o = [EBIT(1-t)]/C_I$——资本投资收益率；

$r_u = [g(\text{EBIT})(1-t)]/I$。

根据财务经济附加值模型，八个价值驱动因子解释了权益的市场价值。其中三个实质上是经济相关的，另外五个是和财务信息相关的。经济驱动因子包括：

(1) 公司现金或资本投入 C_I；

(2) 当前经营性经济附加值，该值是无杠杆公司在无增长和后续投资情况下的经济附加值（该驱动因子表明即使没有新增投资，当前的经营性现金流也会提供一个高于（或低于）无杠杆资本成本 k_u 的收益率 r_o）；

(3) 特许因子，它体现了增长机会提供的经济附加值；新增投资无杠杆收益率 r_w 高于无杠杆资本成本 k_u。

财务驱动因子有：

(1) 根据 MM 模型，现有负债产生的税盾 $t(d)$；

(2) 增长机会产生的税盾，即增长机会相关的负债带来的额外税盾；

(3) 现有负债带来的破产成本现值，该值反映了当前预期负债收益率和无风险收益率之差是如何影响公司价值的；

(4) 增长机会带来的破产成本，该破产成本由新增负债引起；

(5) 负债的当前市场价值。

将财务经济附加值法应用到之前的例子（例如，表 11-1 中的数据）很简单。公司价值将通过以下过程计算得出：

$$\begin{aligned} E &= C_I + \frac{C_I(r_o - k_u)}{k_u} + \left(\frac{EBIT(1-t)}{k_u}\right)\left(\frac{r_u - k_u}{r_u}\right)\left(\frac{g}{k_u - g}\right) \\ &\quad + tD + \frac{tDg}{k_u - g} - \frac{D(1-t)(i-R_f)}{k_u} - \frac{D(1-t)(i-R_f)g}{k_u(k_u-g)} - D \\ &= 3\,000 + \frac{3\,000(8\% - 9.5\%)}{9.5\%} + \frac{400(1-0.4)}{9.5\%} \times \frac{12\% - 9.5\%}{12\%} \times \frac{5\%}{9.5\% - 5\%} \\ &\quad + (0.4 \times 1\,000) + \frac{0.4 \times 1\,000 \times 5\%}{9.5\% - 5\%} - \frac{1\,000(1-0.4)(10\% - 5\%)}{9.5\%} \\ &\quad - \frac{1\,000(1-0.4)(10\% - 5\%)5\%}{9.5\%(9.5\% - 5\%)} - 1\,000 = 2\,288.89 \end{aligned}$$

表 11-2 列出了用该方法计算得出的价值驱动因子。

公司管理层能创造价值，因为企业价值（3 288.89）大于投入资本（3 000）。但是价值是如何产生的呢？公司通过现营业务改变价值；原投入资本的回报率只有 8%，而与之相比的资本成本却有 9.5%。很明显，在新增投资的作用下，公司价值在经济角度上有所增加，其收益率（12%）高于无杠杆资本成本（9.5%）。总之，公司产生了小额的经济附加值。在财务的角度上，税盾的现值（844.44）高于破产成本（666.66），因此财务政策也增加了公司价值（虽然增加的价值部分取决于增长机会产生的税盾现值）。

表 11-2　财务经济价值案例

价值驱动因子	数额
A. 经济价值驱动因子	
ⅰ. 投入资本	3 000.00
ⅱ. 当前经营性经济附加值	-473.68
ⅲ. 新增投资特许因子	584.80
B. 财务价值驱动因子	
ⅳ. 现存负债的税盾	400.00
ⅴ. 增长机会产生的税盾	444.44
ⅵ. 当前负债破产成本	-315.78
ⅶ. 新增负债破产成本	-350.78
ⅷ. 当前负债	-1 000.00
公司价值总额	2 289.89

除了完整地刻画出公司价值的形成机制以外，将公司价值分解为不同价值驱动因子的另外一个好处在收购案例中表现明显。收购过程中，收购方有时会考虑到，由于新增投资预期带来的收益将在收购交易完成后才能实现，所以当前如果对所有的这些价值支付对价，成本会过高。在这种情况下，财务经济附加值模型允许分析师将公司价值分为两部分（分别从经济和财务的视角）：①现有事项产生的价值；②和增长相关的新增投资产生的价值。通过这种方式，公司价值可以描述为表 11-3 所示的情形：

表 11-3　收购案例：现时事项和新增投资价值驱动因子

价值驱动因子	数额
A. 现时事项价值驱动因子	
ⅰ. 投入资本	3 000.00
ⅱ. 当前经营性经济附加值	-473.68
ⅳ. 现存负债的税盾	400.00
ⅵ. 当前负债破产成本	-315.78
现时事项价值总额	2 610.54
B. 新增投资价值驱动因子	
ⅲ. 新增投资特许因子	584.80
ⅴ. 增长机会产生的税盾	444.44
ⅶ. 新增负债破产成本	-350.78
新增投资价值总额	678.36
ⅷ. 当前负债	-1 000.00
公司价值总额	2 289.89

这种分析方法在公司遇到的利用其他估值方法不能准确解释的复杂状况下特别有用。例如，财务经济附加值法因以下两个原因在对初创企业的估值中作用显著。首先，这些公司的价值来源于增长机会并且它们在创造价值前通常将其损耗。财务经济附加值法可以体现这类公司的价值所在。另外，一旦财务风险下降、公司成熟了，公司的财务结构和负债成本都将发生变化。因此，随着财务结构和负债成本的预测随时间的推移而变化，分析师必须及时改变这些参数。

作为总结，图 11-1 列示了价值构成因素和其相应的以表 11-1 中数据为基础基于财务经济附加值法和传统估值模型的数额。

11.4　总结

我们已经演示了经济附加值法、MM 模型和贴现现金流法在数学上的等效性。因此，这些方法在合理利用的情况下，应满足一价法则。为保持这种一致性需要做一些重要的调整，例如，对于 MM 估值方法，很明显地需要重新定义税盾和破产成本对公司价值的影响。模型间等价性的发现不仅仅是能进行更精确估值的技术进步，它也解释了公司的价值创造机制。

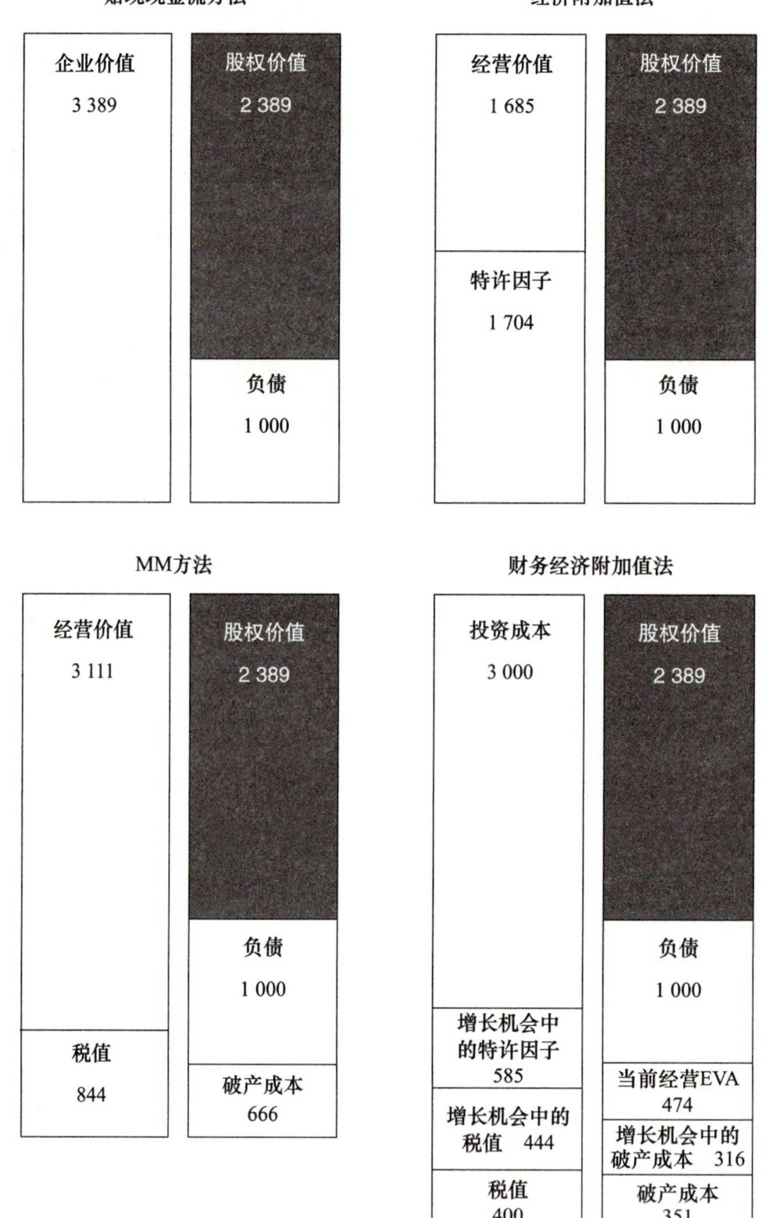

图 11-1　四种估值方法的构成

注：GO = from growth opportunities

除此之外，在传统估值方法间的数学等价的前提下，我们可以推导出一种新方法，该方法整合了 MM 理论、经济附加值发和贴现现金流法中所描述的各项价值驱动因子。财务经济附加值法将公司的价值来源分为八个价值驱动因子（从 MM 方法和经济附加值法中借鉴而来）并且精确计量了每个因子的影响。因为这个新公式和传统估值方法在数学上是一致的，所以该新方法仍满足一价法则。

附录 11A FEVA 公式的推导

式（11-7）可以由一个简单的贴现现金流模型推导出来，例如式（11-2）中提到的模型。同样的，式（11-7）和式（11-10）之间也存在简单的联系。首先，考虑式（11-7）和式（11-2）间的联系。式 11-2 为：

$$E = \frac{FCF}{k - g} - D$$

定义 E_p 为权益风险溢价（即 $R_M - R_f$），如果

$$\begin{aligned} k &= k_e \frac{E}{V} + k_d \frac{D}{V}, \\ k_e &= R_f + \beta_e E_p, \\ k_u &= R_f + \beta_u E_p, \\ \beta_e &= \beta_u \left[1 + \frac{D}{E}(1 - t)\right], \\ k_e &= R_f + \beta_u \left[1 + \frac{D}{E}(1 - t)\right] E_p, \\ k_e &= k_u + \beta_u (1 - t) E_p \frac{D}{E} \end{aligned}$$

且

$$k_d = i(1 - t)$$

那么，我们可以利用资本成本新的表述方式重新定义式（11-2）：

$$\begin{aligned} FCF &= V(k - g) \\ &= V\left(k_e \frac{E}{V} + k_d \frac{D}{V} - g\right) \\ &= k_e E + k_d D - gV \end{aligned} \tag{11A-1}$$

如果将 k_e 重新定义，式（11A-1）的左边变为：

$$\left\{\left[k_u + \beta_u \frac{D}{E}(1 - t)E_p\right]E\right\} + k_d D - gV = k_u E + \beta_u DE_p - \beta_u DE_p t + i(1 - t)D - gE \tag{11A-2}$$

如果加上 $R_f D$ 并减去 tDR_f，式（11A-1）的左边变为：

$$\begin{aligned} &k_u E + R_f D + \beta_u DE_p - tDR_f - \beta_u DE_p t - R_f D + tDR_f + i(1 - t)D - gE \\ &= k_u E + k_u D - gD - gE - tDk_u + D(1 - t)(i - R_f) \end{aligned} \tag{11A-3}$$

然后，对式（11A-1）进行进一步调整，我们得出本章中提到的式（11-7），如下所示：

$$E = \frac{EBIT(1 - t) - I}{k_u - g} + \frac{tDk_u}{k_u - g} - \frac{D(1 - t)(i - R_f)}{k_u - g} - D$$

式（11-7）和式（11-10）的联系如下。式（11-10）对式（11-7）中的价值驱动因素进行了进一步的分解。

- 公司的无杠杆价值像其在特许因子模型中的表述一样，分为当前经营带来的无杠杆价值和未来增长机会带来的无杠杆价值。
- 公司的无杠杆当前经营价值被分为投入资本和当前经营性经济附加值，这是无杠杆公司在无增长机会和投资政策情况下的经济附加值。这种分解表明，即使没有新增投资，当

前经营性现金流也可以提供一个高于（或低于）资本成本 k_u 的收益率 r_o：

$$\frac{EBIT(1-t)}{k_u} = C_I + \frac{C_I r_o - k_u}{k_u} \tag{11A-4}$$

- 式（11-7）中税盾的价值被进一步分为以 MM 模型为依据的现有负债的税盾 tD 和增长机会带来的税盾，这表明和增长相关的负债会提供额外的税盾：

$$\frac{tDk_u}{k_u - g} = tD + \frac{tD_g}{k_u - g} \tag{11A-5}$$

- 式（11-7）中破产成本的价值被进一步分为现有负债可能带来的破产成本和增长机会带来的破产成本，这表明和增长相关的负债会带来额外的破产成本：

$$\begin{aligned}\frac{D(1-t)(i-R_f)}{k_u - g} &= \frac{D(1-t)(i-R_f)(k_u+g-g)}{k_u(k_u-g)} \\ &= \frac{D(1-t)(i-R_f)(k_u-g)}{k_u(k_u-g)} + \frac{D(1-t)(i-R_f)g}{k_u(k_u-g)} \\ &= \frac{D(1-t)(i-R_f)}{k_u} + \frac{D(1-t)(i-R_f)g}{k_u(k_u-g)}\end{aligned} \tag{11A-6}$$

式（11-7）和式（11-10）间的联系表明了财务经济附加值法是如何与公式 11-1 和 11-2 中给出的传统贴现现金流公式相互关联的。

注释

1. 在将流向权益投资者的自由现金流量视为相同股利的情况下，式（11-1）亦为戈登股利固定增长模型（参见 Gordon，1962）。
2. FCF_e（即净收益 + 折旧及摊销 − 投资 + 新增投资的负债能力）是流向权益投资者的自由现金流。我们假定对新增投资负债能力的最优估计为 Dg。
3. FCF（即税后经营利润 + 折旧及摊销 − 投资 = 息税折旧及摊销前利润 − 投资）是公司的财务现金流量。
4. 我们将资本附加值作为适用于所有以投资收益和资本机会成本差额为基础的估值方法的一般表达。正如我们后来在本章证明的，我们选择莱博维茨（Leibowitz）的特许因子模型代表该方法。（参见，例如 Leibowitz and Kogelman，1990，1992，1994）。
5. β_d 适用于债券持有者和权益投资者共同承担经营风险的情况。风险存在（虽然很低），但是为了特定的目的，我们假定其为零。
6. 折旧及摊销应从总投资中扣除。因此，公式也可以表现为经营性现金流减去总投资（息税折旧及摊销前利润或经营性自由现金流）。
7. 财务经济附加值法体现了这一点。
8. 使用预期收益通过排除特定的违约风险缩小了破产成本的范围。使用预期收益而非承诺收益允许我们将发生支付违约的情景考虑在内。
9. 在我们提出的方法中，我们假设负债的贝塔值为零。如果假定负债存在系统风险，式（11-7）中第三部分中提到的差额将只能用于计算公司支付的预期收益和负债成本 k_d 之间的差异。
10. 我们在下文中将会提出，现金流必须包括增长机会带来的借债能力，我们将其定义为 Dg。
11. 参见 Adserà 和 Viñolas（1997）。

参考文献

Adserà, X., and P. Viñolas. 1997. *Principios de Valoración de Empresas.* Barcelona: Deusto.

Copeland, Tom, Tim Koller, and Jack Murrin. 1990. *Valuation: Measuring and Managing the Value of Companies.* New York: John Wiley & Sons.

Damodaran, A. 1994. *Damodaran on Valuation.* New York: John Wiley & Sons.

Gordon, M. 1959. "Dividends, Earnings, and Stock Prices." *Review of Economics and Statistics,* vol. 41, no. 2 (May):99–105.

———. 1962. "The Savings, Investment and Valuation of a Corporation." *Review of Economics and Statistics,* vol. 44, no. 1 (February):37–49.

Hamada, R.S. 1969. "Portfolio Analysis, Market Equilibrium, and Corporation Finance." *Journal of Finance,* vol. 24, no. 1 (March):13–31.

Leibowitz, M.L., and S. Kogelman. 1990. "Inside the P/E Ratio: The Franchise Factor." *Financial Analysts Journal,* vol. 46, no. 6 (November/December):17–35.

———. 1992. "Franchise Value and the Growth Process." *Financial Analysts Journal,* vol. 48, no. 1 (January/February):53–62.

———. 1994. *Franchise Value and the Price/Earnings Ratio.* Charlottesville, VA: Research Foundation of the Institute of Chartered Financial Analysts.

Modigliani, F., and M. Miller. 1958. "The Cost of Capital, Corporate Finance and the Theory of Investment." *American Economic Review,* vol. 48, no. 3 (June):261–297.

———. 1961. "Dividend Policy, Growth, and the Valuation of Shares." *Journal of Business,* vol. 34, no. 4 (October):411–433.

———. 1963. "Corporate Income Taxes and the Cost of Capital: A Correction." *American Economic Review,* vol. 53 (June):433–443.

———. 1969. "Reply to Heins and Sprenkle." *American Economic Review,* vol. 59 (September):592–595.

Myers, S.C. 1974. "Interactions of Corporate Financing and Investment Decisions—Implications for Capital Budgeting." *Journal of Finance,* vol. 29, no. 1 (March):1–25.

Solomon, E. 1963. *The Theory of Financial Management.* New York: Columbia University Press.

Stewart, G.B. 1991. *The Quest for Value.* New York: Harper Business.

Walter, James. 1956. "Dividend Policies and Common Stock Prices." *Journal of Finance,* vol. 11, no. 1 (March):29–41.

CFA Institute 第12章

选择恰当的估值方法（一）[㊀]

查尔斯 M. C. 李（Charles M. C. Lee）

在基于倍数指标的估值方法中，对类比公司的选择取决于估值时使用的倍数指标。使用必要指标法选择同类公司可以得到更好的结果。这种方法的一个好处在于它可以将相对估值技术和直接估值技术结合起来。

本章有两个目标。首先，我将解释估值模型间的关系，并对不同的权益估值方法进行一个简要的概述。特别地，我将侧重于基于倍数的分析法和贴现现金流法（DCF），并将论证它们在本质上是相同的。然后，我将讨论一种新的权益估值工具，该方法来源于学术研究，侧重于结合最新的研究，该研究以估值方法为依据选择合适的类比对象进行以倍数指标为基础的价值评估。[1]

12.1 正确估算权益价值

不同于珍稀艺术品，我们假定股票具有内在价值。我们很难确定凡·高的画的内在价值，一般即认为其价值是收藏者愿意支付的价格。但是当涉及估值的问题时，股票分析师考虑的是内在价值。我们可以想到权益投资者获得的未来期望支付的现值（PV）之和。不同的权益估值法的区别在于其采用的技术，但是它们有着共同的目标——估计流向权益投资者的支付的现值。

㊀ 摘自 AIMR 会议论文集：股票估值在全球背景下（2003 年 4 月）：P4 ~ 14 页。本文首次发表时，查尔斯 M. C. 李是亨丽埃塔·约翰逊·路易斯管理学教授，会计和金融学教授，康奈尔大学詹森管理学院帕克投资研究中心主管。

该定义一个明显的佐证材料是权益估值往往涉及预测。对未来现金流、折现率以及期权价值的估计全都涉及对公司将来事项的预测。一些技术或许不会涉及预测，如基于倍数指标的方法等。然而，在使用这些技术时，分析师们往往采取捷径，直接以预测公司未来经营状况为最终目标。实际上，从一开始就认识到权益估值不是一门精确的科学对我们或许有所帮助。它涉及有经验的推测，据此，分析师们展望不确定的未来并试图预测出一个公司的价值。

12.1.1 新经济的消失

何谓“新经济”呢？这一术语已经不常被人们提起。也就是在几年以前，人们准备淘汰传统估值模型，因为它们不能合理估算持续增长的市场价格。那时，人们就创造性地用“新经济”这一术语来描述当时新的估值环境。但是，在市场和估值过程中究竟什么发生了变化，什么又保持不变呢？

没变的是基本的估值理论，分析师们仍然在努力对不确定的未来现金流进行估值；不同的是异常迅速的变化速度，当前的世界中，花几年时间建立起的进入壁垒可以在几个月内轰然倒塌。这种环境下，预测工作将很难进行，特别是在遥远的未来某一时点前都不会出现正净现金流的成长型企业。在这个快节奏的世界，我们可以用来估计估值模型中主要输入项（例如，现金流、资本成本和无形资产价值等）的方法也在变化。

12.1.2 估值技术概述

首先进行一个整体的概述。当前可用的估值技术可以分为相对估值法和绝对估值法。相对估值法中，常用同类可比公司的市场指标对目标公司进行估值，这些参考因素包括市净率（P/B）、市销率（P/S）、市盈率（P/E）和企业价值对息税折旧及摊销前收益比率（EV/EBITDA）。绝对估值法包括资产负债表法、未定权益分析法和现金流预测法。资产负债表法通过评估资产负债表上的单项资产和负债项目对公司进行估价；未定权益分析法将公司作为一篮子实物期权进行定价；现金流预测法以公司预期流向权益投资者的现金流现值为基础对公司进行估值。上述每一种方法都有各自的优势和劣势。

在这三种绝对估值法中，有两种方法在操作中是视情况而定的，故而称不上估值的一般方法。资产负债表法经常用来做贷款决策和对破产清算或处于困境的公司进行分析。该方法最主要的一个缺陷是忽略了无形资产和在用资产（单项资产通过协作创造价值的事实）。换句话说，大多数经营中的企业价值高于其停止运营的价值。未定权益分析法虽然在概念上很吸引人，但在实际运用中却存在各种与参数估计相关的问题。由于这些问题的存在，本章将主要讨论剩下的两种方法——现金流预测法和市场指标法。

1. 现金流预测法

现金流预测法包括股利贴现模型（DDM）各种不同的派生模型，如贴现现金流模型（DCF）、爱德华兹 - 贝尔 - 奥尔森模型（EBO）、经济附加值模型（EVA）和剩余收益模型（RIM）。这些模型本质上都是相同的，就像照相机的牌子不同，但它们的工作原理是一样的。相对于尼康，一个摄影师也许更喜欢美能达，但是所有的相机都有相同的参数类别——进入镜头的光的总量取决于曝光时间和快门的速度。同样的，所有的现金流预测模型都遵循相同的原则。

这些模型具有相同的优势和局限：优势体现在它们具有坚实的理论基础并且适用于大多数公司，劣势就在于实际运用中需要对未来现金流和贴现率做出准确的预测。但是，这些局限性正在逐步得到改善。首先，现在我们对终值问题有了更好的理解——大部分价值产生于预测期的后几年，基于该认识，我们可以提高对终值估计的准确度；其次，我们在对资本成本的估计中也取得了一定的进步；最后，我们正致力于发展处理无形资产问题的技术，无形资产的问题源于这样一种事实——新生的以知识产权为基础的资产和其他无形资产有可能存在期权价值，而这一价值却无法在短期现金流预测中体现出来。但是，分析师们在估值工作中的首要任务是预测未来收益、现金流或者股利。做出富有经验的猜测将会赋予一个估值模型生命力，而这种能力大多（或许是幸亏）仍掌握在可以为该处理方法创造价值的人手中。

2. 终值问题

我们可以认为一个公司的价值，或者其预期现金流由两个独立的部分构成：明确的预测期间未来现金流的现值和预测期间外未来现金流的现值，即公司的终值或继续价值。

终值在公司总价值中的相对重要性取决于该公司的工业技术或生产技术。例如，同样是在八年的预测期中，烟草企业、体育用品公司和护肤品公司的后续价值在公司总价值中的占比分别为56%、81%和100%。[2]对于一个典型的高科技公司，后续价值甚至可以达到公司总价值的1.25倍，这意味着该公司前八年自由现金流的现值是负值。实际上，公司所有的价值都来源于前八年以后的预期现金流。在讨论贴现现金流模型时，终值估计才真正成为影响公司整体价值的“尾巴”。

图12-1阐明了不同估值模型处理终值问题的方法。图的左边是公司的产品市场和原料市场，右边是为公司提供资金的资本市场。公司内部包括两种资产——运营资产和金融资产。净营运资产（NOA）是公司价值的原动力。金融资产净值（NFA）是资金闲置待用的资产和负债。净营运资产随营业收入（OR）的增加而增加，被用来支付营业费用（OE）时减少。

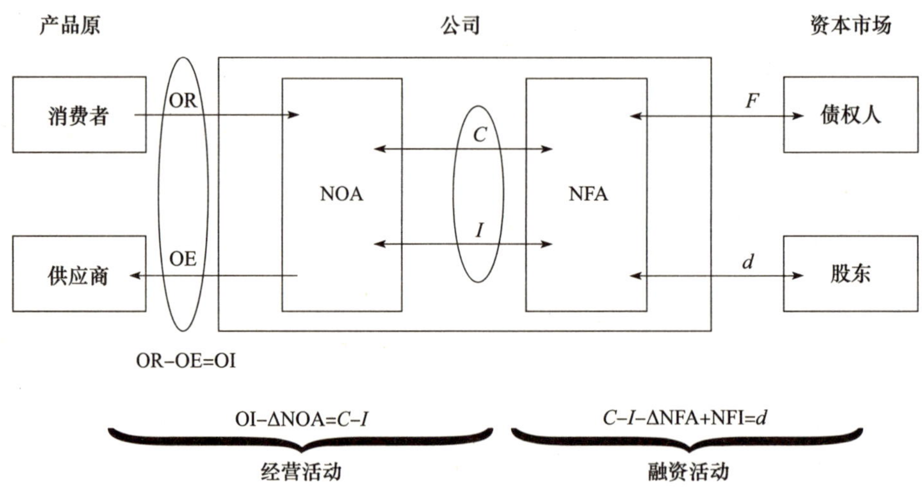

图12-1 三种估值模型处理终值问题的方法

图中主要体现了自由现金流或经营性现金流量和投资之差（$C-I$）的计量，亦即净运营资产和净金融资产之间的净现金流。流向权益投资者的现金流是在公司和投资者之间流动的净现金流，以净股利（d）或公司支付给投资者的新股融资净值的股利表示。流向债权人（F）的现金流是在公司和其债权人之间流动的现金流。因此，图12-1简便地总结了现金是如何流入、流出企业以及是怎样在企业内部流转的。

图12-2综合了贴现现金流模型、股利贴现模型和剩余收益模型各自关注的现金流指标。传统的股利贴现模型侧重于净股利。例如，戈登固定增长股利模型以预测的未来股利贴现得到的所有

股利现金流的现值为基础。[3]运用股利贴现模型的一个难题是股利的支付往往是任意的，并且事实上很多公司并不发放股利。

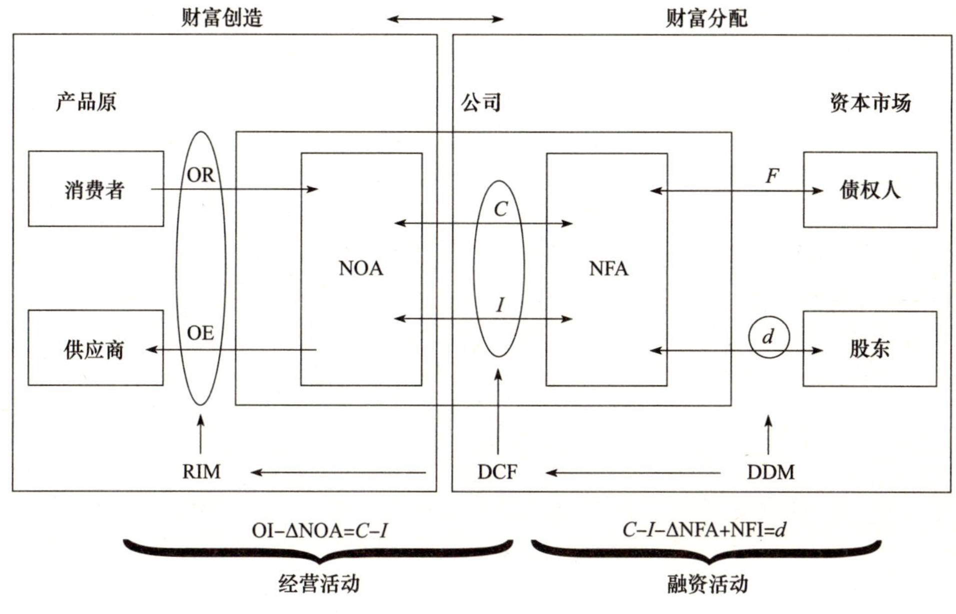

图 12-2　不同估值模型关注的现金流指标

贴现现金流模型的形成得益这样一个创新性的见解：真正重要的是公司发放股利的能力，并非其实际支付的股利。通过关注经营性现金流和投资之差（$C-I$）或自由现金流，贴现现金流模型致力于测评一个公司发放股利的能力，而不是关注股利支付本身的发生。该模型的基本理论是，现金是否以股利的形式发放并不重要，只要公司有足够的自由现金流以备公司在愿意的时候支付股利即可。

股利贴现模型和贴现现金流模型是相似的模型。它们唯一的区别在于关注现金流不同，更确切地说，是关注财富分配进程中不同阶段的现金流。股利贴现模型致力于估计公司已经分配给权益投资者的价值量，贴现现金流模型则试图估计公司将来可以分配给权益投资者的价值量。

在最新发展起来的剩余权益模型中，关注的焦点转移到财富创造周期的更早阶段。该模型关注的是营业收入和支出。经验告诉我们，这些以会计为基础的工作指标可以用来评估一家公司创造财富的能力，即使是在该公司创造自由现金流以前。剩余权益模型的目标和股利贴现模型以及贴现现金流模型一样，都是测量未来股利的现值。但是剩余贴现模型关注的是财富创造阶段，而另外两个模型则侧重于财富分配阶段。

在一家公司的存续期间内，其创造的财富和分配的财富是相等的。但是，通过财富分配对公司进行估值有点像通过一家工厂的垃圾桶来测度其经营活动一样。通过计算其生产过程中产生的垃圾可以让我们对该工厂的产量水平有一定的认识，但是这种方法不免有些迂回。同样的，一家公司的股利可以让我们对其创造的财富在量上有些认识，但也仅仅只是一种模糊的认识。又由于在存续期间内，一家公司总计发放的股利将等于其创造的总价值，那么更明智的做法是在公司创造财富时加以处理和计量。因此，我们看到随着投资者追求更好地获取企业价值创造来源的信息，估值模型的流行正逐渐从股利贴现模型转向贴现现金流模型，最终到剩余收益模型。

什么是剩余收益（RI）呢？简单来说，剩余收益就是给定期间内赚取的收入和为创造此收入占用的资本的成本（以美元计价）之差。资本成本指标由 r（资本成本百分比）和资产基础的乘积计算得出：

$$RI_{t+1} = 收入_{t+1} - (r \times 资本_t)$$

剩余收益是一个单时期工作指标，且有不同的叫法。爱德华兹、贝尔（Edwards and Bell，1963）和奥尔森（Ohlson，1992）称其为剩余收益，斯特恩·斯图尔特（Stern Stewart）称其为经济附加值，麦肯锡管理咨询公司（McKinsey & Company，1995）称其为经济利润模型，而帕利普（Palepu，1997）则称其为异常收益。

对于 RI，不管你喜欢叫它什么，它都有一个最有吸引力的属性——它将财富创造归结为三个最基本部分：利润、资本基础和资本成本百分比。这些基础组成部分缺失了任意一个，我们都无法对创造的财富进行度量。对公司进行准确估值的关键在于持续一致的定义剩余收益计算公式中提到的三个基本指标：资产基础 $Capital_t$；贴现率 r；以及占用资本预期赚取的现金流收入$_{t+i}$。

将单期剩余收益度量法转换为多阶段评估工具，我们需要估计未来期间的剩余收益并将其贴现计算出现值。然后，一个公司的价值可以被定义为未来财富创造活动（即其未来剩余收益）的现值加上现有的资本基础，即：

$$公司当期价值 = 当期资本基础 + 未来剩余收益的现值$$

可供选择的剩余收益模型对上述三个关键指标的定义各不相同。不同模型中定义的主要区别取决于估值的服务对象——债权人和股东或仅仅是股东。当我们从债权人和股东的角度对公司价值进行估计，资本基础可以通过以下三种方式定义（净营运资产、金融资产净值以及对通货膨胀以及其他项目做出调整的净营运资产），但资本成本一直是加权平均资本成本。当资本定义为净营运资产时，收入是指息前利润（EBI）或扣除相关税费的营业净利。实际操作中用到这些定义的模型包括斯特恩·斯图尔特的经济附加值模型和麦肯锡的经济利润模型。与所有者有关的调整主要体现在对利润的定义上，例如斯特恩·斯图尔特在其经济附加值模型中做出了超过 100 处的调整。

当资本定义为金融资产净值时，收入被定义为自由现金流。使用这组定义的模型包括 ALCAR 模型（由 Al Rappaport 创立）和传统的贴现现金流模型。当资本定义为扣除通货膨胀影响的净营运资产时，收入定义为对通货膨胀和其他项目做出调整的息前利润。郝特国际财务顾问公司（The HOLT Value Associates）的现金流投资回报模型（CFROI）即用了这类定义。再次，估值模型的选择的是一个见仁见智的问题，参考我之前关于相机的比喻，它就像在尼康和美能达之间做出选择一样。

当一个公司的价值只涉及其股东，资本定义为在当地一般公认会计准则（GAAP）规范下股东权益报告的账面价值。资本成本是权益的成本，收益被定义为可支付给权益投资者的债后净收益。换句话说，收益为管辖权国家一般公认会计原则下计算的净收入。此类情形的模型包括理查德·弗兰克尔和查尔斯 M. C. 李（Richard Frankel and Charles M. C. Lee，1998）以及彭曼等人（Penman，1998）提出的模型。[4]

如果公司价值的定义是股东的剩余权益，也被称为 EBO（爱德华兹和贝尔，1961 以及奥尔森，1995），[5]公司价值要么来源于其当前的资本基础（账面价值），要么来源于未来创造的剩余权益的现值。下面的公式解释了该方法：

$$P_t^* = B_t + \sum_{i=1}^{\infty} \frac{E_t[(\mathrm{ROE}_{t+i} - r_e)B_{t+i-1}]}{(1+r_e)^i}$$

式中 P_t^*——t 期权益价值；

B_t——t期账面价值；

r_e——权益资本成本；

ROE_t——t 期账面权益收益。

创造财富的公司的权益收益大于其权益资本成本 r_e，所以，上式括号中的项是正值。

12.1.3 市场倍数指标

现在我将讨论市净率（P/B）、市盈率（P/E）和企业价值营收比（EV/S）这三种常见倍数指标的主要驱动力及其分析结果。

1. 市净率

EBO 公式很有用，因为等式的两边同时除以账面价值，我们可以得到：

$$\frac{P_t^*}{B_t} = 1 + \sum_{i=1}^{\infty} \frac{E_t[(ROE_{t+i} - r_e)B_{t+i-1}]}{(1+r_e)^i B_t}$$

等式左边变为市净率，EBO 等式右边的第一项（账面价值）变为1。变换后的结果有助于解释市净率的经济驱动力。（通过这种方式，这个公式直接由将净剩余关系替换为股利贴现而得来。）[6]

第一个驱动力是公司的权益收益率（净收入和股东权益之比）和资本成本之间的差额。这个术语通常被称为“异常权益收益率”。可以将异常权益收益率视为异常的打击率。例如，在棒球比赛中，一个典型的三垒手的打击率可能为0.250。但像卡尔·利普金（Cal Ripkin）这样的球员可能达到，比如说，0.300。因此，以此类比，卡尔·利普金的异常权益收益率为0.05。第二个驱动力是账面价值的增长，即未来账面价值与当期账面价值之比。在棒球的类比中，这个元素相当于像卡尔·利普金这样的球员击出全垒打的概率。

账面价值的增长率也是未来权益收益率和净股利的函数。所以，一家公司的市净率主要是其预期未来权益收益率的函数。预期权益收益率高于其资本成本的公司的市净率大于1；预期权益收益率低于其资本成本的公司将会有一个负的分子，这使得其市净率小于1。换句话说，处于亏损状态的公司应以低于其账面价值的价格进行交易。

2. 市盈率

另外一个常用的倍数指标是市盈率。加入下一期收益，E 以 g 的增长率增长，那么股价等于该收益除以资本成本（r）和收益增长率（g）之差：

$$P = \frac{E}{r - g}$$

这种形式简单易用，且可以很容易看出：

$$\frac{P}{E} = \frac{1}{r - g}$$

市盈率指标多主要取决于资本成本和收益的增长率。举一个简单的例子，如果资本成本是12%，增长率为零，市盈率将为1/0.12，或8.3。如果资本成本是12%，增长率为7%，市盈率将为1/0.05，或20。保持资本成本不变，市盈率主要是预期收益增长率，g 的函数。往往期望在当期收益的基础上快速提高收益水平的公司会有较高的市盈率。

市净率和市盈率指标提供的信号不一定相同。高市净率表明市场预期会有一个相对公司资本成本较高的权益收益率。高市盈率表明，相对于当前收益，市场预计未来将有较高的收益。这两个指标间正相关，但它们提供的信息不完全相同。高市净率表明公司经营有利可图。然而，高市盈率则表明公司收益有较高的增长潜力。一个创造利润的公司有可能增长潜力有限。同样的，一个具有巨大增长潜力的公司有可能在短期内盈利能力有限。

表 12-1 是一个包含了六家鞋业公司市净率和市盈率参数的矩阵。我们将具有高市净率和高市盈率的公司称为“明星”；具有低市净率和低市盈率的公司称为“瘦狗”；具有高市净率和低市盈率的公司可以称为“流星”，这类公司有一定的盈利能力，但是没有太大的利润增长潜力；具有低市净率和高市盈率的公司被称为“恢复中的瘦狗”，这类公司有较高的期望收益增长率但是短期内权益收益率较低。

表 12-1　六家鞋业公司市净率和市盈率规格参数表，2001 年 9 月 10 日

市盈率	市净率	
	高	低
高	明星	恢复中的瘦狗
	锐步国际公司，耐克	狐狼世界
低	流星	瘦狗
	添柏岚	布朗鞋业公司，公新泰莱鞋业公司

构建表 12-1 矩阵的六个鞋业公司的市盈率和市净率数据列示在表 12-2 中。每个指标的中值是对公司进行分类的基础。布朗鞋业公司（Brown Shoe Company）和新泰莱鞋业公司（Stride Rite Corporation）被列为“瘦狗”，因为它们的市盈率和市净率都低于各自的行业中值。这些指标表明市场认为这两个公司的权益收益率和盈利增长前景比较黯淡。以其相关指标为依据，狐狼世界公司（Wolverine World Wide）被列为“恢复的瘦狗”——该公司具有相当高的市盈率和低于行业中值的市净率。在我编制这一数据时，狐狼世界公司只是勉强盈利但已开始复苏。锐步（Reebok International）和耐克（Nike）有相对于行业中值较高的市盈率和市净率，所以被划分为“明星”类公司。添柏岚公司（Timberland Company）被划分为“流星”，虽然该公司的产品享有一定的利润空间，但是它缺乏盈利增长潜力。总之，对于一家公司在该行业所在市场中所处的地位，市净率和市盈率都为我们提供了有价值的信息，但是它们涉及的信息却是不同的。

表 12-2　六家鞋业公司的市净率和市盈率数据，2001 年 7 月 10 日

公司名称	市盈率	市净率
布朗鞋业	8.0	1.04
新泰莱	14.1	1.31
狐狼世界	57.6	1.91
锐步国际	20.1	2.76
耐克	19.4	3.23
添柏岚	12.8	4.64
行业中值	16.7	2.33

3. 企业价值营收比

对公司估值有用的第三个倍数指标是企业价值营收比（EV/S）。企业价值营收比是经营利润的函数，受增长率和资本成本控制。营业利润（PM）是息税以及非经常性损益前的利润。对一个稳定的公司而言，一家公司的企业价值是其债务和权益的市场价值：

$$\mathrm{EV} = \frac{\mathrm{EBI}}{r - g}$$

息前收益（EBI）可以认为是销售额（S）和营业利润（PM）的乘积，因为公司收益产生于顶线销售额和经营利润：

$$\frac{S \times \mathrm{PM}}{r - g}$$

结合上述两式，有：

$$\frac{EV}{S}=\frac{PM}{r-g}$$

在这个倍数指标中，合适的分子是企业的价值，而不是价格，因为销售额是一个总额企业概念。销售额属于债权人和股东。一个无杠杆公司可以通过额外借贷扩大其销售规模。因此，以市销率（P/S）为基础进行分析时，相对其实际情况，杠杆公司看起来更具吸引力。市场上普遍反映了这一现象。事实上，你会发现，在进行大样本回归时企业价值营收比比市销率更合适。

由前文提到方程可以看出，公司的经营利润是企业价值营收比的一个关键驱动力。有较高经营利润的公司都有较高的企业价值营收比，但是以不受经营利润控制的市销率为估值指标时则会出现误导性的结果。图12-3刻画了构成道琼斯工业平均指数的30家公司的市销率和营业利润的关系。正如我们预期的，具有高营业利润的公司也有高价值营收比。

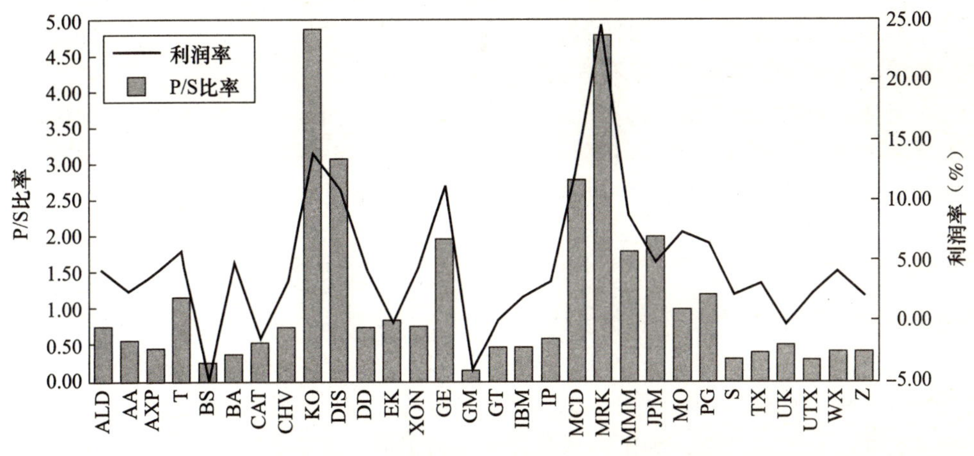

图12-3　道琼斯工业指数企业市销率和营业利润的关系，1993.3

4. 总结

基于倍数指标的估值方法是以同类公司为基础的相对估值工具。在使用倍数指标时，分析师不会随便预测目标公司的现金流。相反，目标公司的价值是以市场上同类公司的倍数指标为基础推断出来的。换句话说，在分析中我们假定，如果目标公司的业绩与同行企业的预计业绩一致，那么目标公司将会有一个确切的价值。

例如，使用市净率估价的隐含性实质问题是这样的：相对于其资本成本，如果目标公司可以和其同行企业获得同样的未来权益收益率，那么目标公司的价值为多少呢？当分析师使用市盈率指标时，隐含的问题是：如果目标公司和同类企业有相同的收益增长率，那么其价值是多少？对于企业价值营收比亦是如此，问题为：如果目标公司和同类企业有相同的经营利润和未来增长率，其价值为多少？不同的倍数指标将产生不同估值结果这一事实并不令人惊讶，因为每个比率代表不同的分析。

12.2　选择合适的类比公司

倍数指标可以简便地应用为一种估值工具，但是以此估计出的公司价值是主观的。这并不是说贴现现金流模型的估值结果就不主观，而是想说一个好的倍数估值方法的关键，在于明智而又审慎地选择的同类可比公司。所以，博杰拉吉（Bhojraj）和我（2002）为了估值的目的，运用估值理论，或者以评估为基础的方法，选择可以用于确定倍数指标中位数的类比公司集合。我们的方法是确定每个倍数指标的驱动因子，系统地找到以那些驱动因子为基础的最佳适用公司，进而以这些公司作为同类公司的集合。下一步是找到每个公司“必要的倍数指标”，然后根据这些指标与目标公司必要指标的接近程度对不同的公司进行比较。通过对类比公司的明智选择，倍数指标保留了其简便性的同时大大消除了其主观性。

12.2.1 两个关键问题

当用倍数指标进行估值时，必须决定两个关键问题。第一，应该用什么倍数指标。换句话说，应该选择哪个基本会计变量。最新研究表明，价格对在未来的两三年内产生预期收益的公司有最好的解释力，而销售额解释力最差。[7]中位数或调和平均数能最好地代表多家公司倍数指标的平均水平。调和平均数是所有指标数额倒数的算术平均数的倒数。因此，我们用的变量是市盈率的倒数（E/P）的平均数的倒数，而不是平均市盈率（P/E）。

第二，可比公司的选择。这个选择比对倍数指标的选择更难。过去，对类比公司最佳选择的研究以公司预期增长之间的相似性的和行业内比较为基础（基于标准工业分类法（SIC）下的三位数行业组别），但我们的研究着重于以必要的倍数指标作为选择类比公司的最佳方法。

12.2.2 定义倍数指标

倍数指标一个重要的特征是使用的会计变量一概为正。例如，计算一个宣告亏损的公司的市盈率是有问题的。截至 2000 年 5 月 29 日，拥有超过 1 亿市场资本和至少一年相关数据（不包括美国存托凭证）的 3 515 家美国公司中，有 776 家是亏损公司。亏损公司是近 12 个月非常项目前收益为负的公司。表 12-3 表明，为了得到符合要求的正值，有必要对其利润表进行调整。占比 22% 的亏损公司中，没有一家公司净收益为正，25% 的公司息税前利润（EBIT）为正，40% 的公司营运收入为正，47% 的公司息税折旧及摊销前利润（EBITDA）为正。因此，当将倍数指标定义为息税折旧及摊销前利润时，一半以上的亏损公司有负收益，故而当其用来计算估值倍数时将毫无意义。唯一符合正值要求的指标是销售额。账面价值大多也为正，94% 的亏损公司账面价值为正。因此，在我们的研究中，博杰拉吉和我使用销售额和账面价值作为我们的倍数指标中的会计变量。

表 12-3 相关指标为正的盈利和亏损公司的比例，2000 年 5 月 29 日

公司类型	数量/占比	净收益	息税前收益	营运收入	息税折旧及摊销前收益	利润总额	销售额	会计年度收益	账面价值
盈利公司	2 739(78%)	100%	100%	98%	100%	100%	100%	100%	99%
亏损公司	776(22%)	0	25%	40%	47%	87%	100%	34%	94%

12.2.3 倍数指标的驱动因子

市净率和企业价值营收比受相同的因素驱动：权益资本成本 r_e；短期收益增长率 g；股利支付率 k；营业利润和权益收益率。基本每个驱动潜在的经济直觉都很简单。权益资本成本反映了公司的风险；营业利润和权益收益率衡量公司的盈利能力；收益增长率预测公司未来的增

长前景；股利支付率表明公司内部的再投资水平。然而，在倍数指标中这些变量的影响程度不同。正如我们前面讨论的，企业价值营收比主要取决于营业利润，而市净率则主要取决于权益收益率。

12.2.4　研究设计

我们研究的第一步是估计一个可以确定必要企业价值营收比价值（WEVS）的模型。然后，我们通过进行一个大样本回归，在回归中利用估值理论确定有助于解释企业价值营收比差异的公司特征。[8]市场因素决定每个解释变量的权重并衡量每家企业的必要价值营收比。以必要价值营收比与目标公司最接近的公司作为同行公司。这些公司在盈利能力、增长潜力和风险组合等方面和目标公司都有最佳匹配度。

为了估计必要价值营收比，我们使用了以下 8 个变量（大部分变量同样适用于国际化环境）：

1. 行业价值营收比（Indevs）：同一行业中所有公司价值营收比的滞后中位数或调和平均数。

2. 行业市净率（Indpb）：同一行业中所有公司市净率的滞后中位数。

3. 行业内调整后的营业利润（Adjpm）：公司营业利润与行业营业利润之差。换句话说，营业利润高于行业值的公司有更高的倍数指标，营业利润低于行业值的公司有一个较低的倍数指标。

4. 亏损公司（Losspm）：$Losspm = Adjpm \times I$，如果该公司亏损公司，那么 $I=1$，否则 I 为零。这个变量体现了相对于盈利，损失对市场倍数指标的不同影响力。

5. 行业内调整的增长率（Adjgro）：公司预测的长期增长率与行业内的预期长期增长率之差。高增长率的公司应该有更高的倍数指标。

6. 杠杆（Lev）：账面负债或总负债与股东权益之比。杠杆率越高，公司的内在风险越大。

7. 净营运资产收益率（RNOA）：这个变量旨在包含除营业利润外反映公司盈利能力的其他因素。

8. 研究与开发（R&D）：总的研发支出和销售额之比；在其他因素相同的情况下，具有较高的研发支出的公司将会有更高的倍数指标。这种模式产生的原因有两个：一方面，公司长期以来根深蒂固的会计稳健主义在较高的研发支付条件下正逐渐被摧毁；另一方面，高研发支出代表了没被短期收益涵盖的潜在增长机会。

表 12-4 给出了 p 值检验下 8 个变量的估计系数。这些结果表明，以 1982 ~ 1998 年的年度截面数据进行的回归显示这 8 个变量对价值营收比的变动有较高的解释力度。调整后的拟合优度（R^2）约为 72，表明价值营收比在横截面数据中的变化有 72% 可以被这 8 个变量解释。影响最显著的解释变量为 Indevs，Indpb，Adjpm，Losspm，Adjgro 和 R&D。同时应注意报告的 p 值，这些 p 值表示每个系数显著异于零的偶然概率。

这些系数体现出特定公司的价值营收比是如何被预测出来的。特别地，行业倍数指标可以通过营业利润、预期增长率和研发水平加以调整（因为盈利空间大，增长潜力大和研发水平高的公司的价值更高）。回归系数表示应对这些公司每个特征赋予的权重。

表 12-4　8 个相关变量的估计系数和 p 值，1982 ~ 1998 年（括号内为 p 值）

Intercept	Indevs	Indpb	Adjpm	Losspm	Adjgro	Lev	RNOA	R&D	R^2
0.107 2	1.127 7	0.036 0	9.804 3	−6.716 2	0.033 0	0.018 4	−0.005 2	0.025 3	72.1
(0.007)	(0.00)	(0.031)	(0.00)	(0.00)	(0.00)	(0.23)	(0.00)	(0.00)	na

注：na 表示不适用；上表由年度横截面数据的回归结果整理得出。

前面的模型估计可以用来通过以下四种方法中的一种来确定同类公司。前两种方法基本上是简单的行业和规模比较，后两种则基于必要价值营收比：

IEVS：标准工业分类法下，所有具有相同二位数行业代码的企业的实际价值营收比的调和平均数。

ISEVS：同行业中具有最接近市场资本的四家公司的调和平均数。

COMP：当前实际价值营收比最接近的四家可比公司的实际价值营收比的调和平均数。

ICOMP：同行业中，当前实际价值营收比最接近的四家可比公司的实际价值营收比的调和平均数。

12.2.5 研究结果

我们发现，后两种方法产生的市值营收比预测结果更好。前两种方法，只是简单的行业平均或者调整后的规模平均，对当前市值营收比横截面数据的变动只能解释22%～24%，其拟合优度也只有22.94～23.46。但是当引入诸如经营利润和收益增长率等其他变量时，可以对价值营收比的变动进行更全面的解释。事实上，后两种方法COMP和ICOMP对当前价值营收比进行了约60%的解释。

检验估计变量的值的一种方法是评估其对未来价值营收比或市销率的预测能力。通过行业规模比较确定的同类公司对企业两年内的价值营收比的解释度大概只有18%。相对的，COMP和ICOMP对这些公司的价值营收比的解释可以达到50%左右，对三年内价值营收比的解释亦可以达到45%～50%。总之，通过选择用于倍数估值法的类比公司是提高预测能力的一大进步。

这种选择同行的方法同样适用于所谓的“新经济”股票——生物技术、科技和电信股。这类公司多为亏损公司。我们移动公司利润表和使用销售额作为倍数指标分母的方法对这类公司特别有效。事实上，我们的方法的年度预测能力能够达到58%～84%。估计模型中使用的系数与用于“旧经济”股票的系数不同。与“旧经济”中的主要影响取决于营业利润和权益收益率相对，研发对于这类公司的作用更加显著。主要影响力取决于研发支出对科技公司来说是有意义的，并且很符合现实状况，即使是对亏损公司而言。

12.3 总结

本章主要讲述了五个要点。第一，在基于倍数指标的估值方法中，对类比公司的选择很大程度上取决于选择的倍数指标。例如，为以市净率为基础的估值选择类比公司时取决于权益收益率，为以市销率为基础的估值选择类比公司时应取决于营业利润。

第二，使用必要倍数指标法选择同类公司可以得到更好的结果。这种方法以行业平均水平为基础，并根据营业利润、预期增长率和研发情况做出调整。由于这种方法是基于贴现现金流估价模型的，所以我们能够为估值目的找到整体上与目标公司最接近的匹配公司。

第三，必要倍数指标法同样适用于跨境情况。现在我们正在用同样的方法对七个最大的工业化国家（美国、英国、法国、德国、日本、意大利和加拿大）的一组企业进行价值评估。初步研究结果表明，该估值技术在国际化环境中亦可取得较好的工作效果。

第四，在同类公司以必要倍数指标为基础进行选择的条件下，有望对相对估值法和绝对估值法进行整合。“智能”的倍数的使用已经弱化了这两种技术之间的界限，倍数指标的“智能”来源于使用贴现现金流的思想选择同行公司。

第五，剩余权益模型和贴现现金流模型的思想是相似的。它们的目标是相同的，在特定的国际估值应用中，它们允许跨国选择类比公司。

12.4 问答部分

问题： 如果面值上升的同时权益收益率下降，该公式还有效吗？

李： 是的，数学公式仍然有效。但是问题的关键是你能对权益收益率做出合理的预测。这个任务对成长型企业更有难度，因为它们的自由现金流的大部分产生于遥远的未来。

问题： 预测期究竟多长才能通过估值模型得到最好的结果呢？

李： 我可以告诉你我们的做法，但这并不意味着我们的方法就是最好的。我选择的明确预测期足够长，这样我将不必在终值的基础上添加另一个增长率。通常情况下，一个大约 10 年的固定预测期完全可以满足这一要求。如果明确预测期足够长，我可以简单地假定终值的增长率等于名义 GDP 的增长率。

问题： 对于终值问题，用于计算明确预测期内现金流的现值和明确预测期以外现金流现值的贴现率分别是什么？

李： 对于所有的现金流期间我们使用相同的贴现率。有时，我们会对终端价值期间现金流的增长率做出调整，明确预测期间的现金流增长率并不做出类似的调整，所以或许会出现不同的贴现率，但形式上它仍为 $r-g$。

问题： 剩余收益模型需要净剩余会计关系，这需要对股利进行估计，那么为什么不直接使用股利贴现模型呢？换句话说，剩余收益模型相对于股利贴现模型的优势是什么？

李： 这是一个很好的问题：既然需要对未来股利做出预测，为什么不干脆用股利贴现模型呢？在现实中，一个纯粹的股利贴现模型是不会被用到的。一般来说，使用股利贴现模型时，必须从预测未来收益开始，因为收益是股利发放的基础。并且在贴现现金流模型的终端时期，必须假定所有收益都被于用来发放股利。剩余权益模型正逐渐取代贴现现金流模型，并日益普及，这是因为在较长的预测期间内对会计指标进行预测将会更容易。相对于为了使用股利贴现模型需要预测的长期增长率 g，会计收益率（如资产收益率 ROA 和权益收益率 ROE）的时间序列行为更容易预测。

问题： 所以，剩余收益可以得到质量更高的预测？

李： 通常情况下是这样的。例如，我们考虑传统的贴现现金流法，这种方法下你会逐年做出一个详细的 10 年预测。你怎么知道你做出的从现在到未来 10 年后的现金流预测是有意义的呢？你怎么确定并没做出一些与事实不符的假设呢？理论知识告诉你要分析得到的财务比率结果——从现在算起，公司 10 年后的资产周转率，营业利润和资产收益率。当你使用贴现现金流模型时，你仍然在预测会计数字。你计算出现金流，然后 10 年后通过检查会计比率来验证自己做的假设是否合理。

在剩余收益模型中，你要明确地预测财务比率。在假设条件合理一致的前提下，这两种方法应该得到相同的答案。但是，在选择正确的方法时，通常认为人们会对最有信心的参数进行预测。这种情况下，你想预测什么？是以 g 的增长速度不断增长的未来收益，还是逐渐淡出的未来的会计收益率（资产收益率或权益收益率）？预测你可以得到最精确置信区间的数据，并使用估值模型将预测转变为对公司价值的估计。

注释

1. Sanjeev Bhojraj and Charles M. C. Lee, "Who Is My Peer? A Valuation-Based Approach to the Selection of Comparable Firms," *Journal of Accounting Research* (May 2002): 407-439.
2. 基于汤姆·科普兰（Tom Copeland,），蒂姆·科勒（Tim Koller），杰克·穆林（Jack Murrin）的数据，*Valuation: Measuring and Managing the Value of Companies*, 2nd ed.（New York: John Wiley & Sons, 1996）.
3. 戈登固定增长股利模型的详细信息见"The Savings, Investment and Valuation of a Corporation," *Review of Economics and Statistics*（February 1962）: 37-49.
4. Richard Frankel and Charles M. C. Lee, "Accounting Valuation, Market Expectation, and Cross-Sectional Stock Returns," *Journal of Accounting and Economics* (June 1998): 283-319; Stephen H. Penman and Theodore Sougiannis, "A Comparison of Dividend, Cash Flow, and Earnings Approaches to Equity Valuation," *Contemporary Accounting Research* (Fall 1998): 343-383.
5. Edgar O. Edwards and Philip W. Bell, *The Theory and Measurement of Business Income* (Berkeley, CA: University of California Press, 1961); James A. Ohlson, "Earnings, Book Values, and Dividends in Security Valuation," *Contemporary Accounting Research* (Spring 1995): 661-687.
6. 净剩余关系是这样一个假设，账面价值的变动完全由收益和净股利决定，换种表达方式为，$B_{t+1}=B_t+\mathrm{NI}_{t+1}-\mathrm{DIV}_{t+1}$。
7. Jing Liu, Doron Nissim, and Jacob Thomas, "Equity Valuation Using Multiples," Working Paper, UCIA and Columbia University, December 1999.
8. 回归可以跨国进行，我们现在正在做这方面的研究。参见，Sanjeev Bhojraj, Charles M. C. Lee, and David Tat-Chee Ng, "International Valuation Using Smart Multiples," Working Paper, Cornell University, 2003.

第13章 CFA Institute

选择恰当的估值方法（二）[⊖]

罗伯特·帕里诺（Robert Parrino），CFA

在开始任何分析之前，分析师应该定义要求权和价值水平、估值日以及价值的定义和目标。在本质上，那些“定义”帮助分析师在众多估值方法之间做出选择。虽然可用的估值工具范围广泛，但是任何价值估计的质量最终取决于分析师对目标公司及其战略、竞争地位和未来前景的了解。

本章中，我将重点论述商业价值评估技术。在讨论过程中，我将介绍一些估值方法的基本思想。虽然很多人对这些方法都很熟悉，但仍然有必要系统地研究并讨论这些方法的基本思想，它们应用的合理性及其利弊相互联系。最后，我希望能够让读者对如何将这些不同的方法结合在一起以及各种方法最佳适用的情况有一个更好的了解。

13.1 确定估值因素

在某种特定的情况下，当试图决定使用哪种估值方法时，首先应确定分析的目的。换句话说，精确的定义估值问题很重要。本章将重点讨论三个问题：要求权和价值水平、估值日以及价值的定义和目标。定义估值因素的过程往往使得分析师能够对估值方法做出恰当的选择。

为了了解确定要求权的思想，需要讨论财务资产负债表。所有分析师都熟悉会计资产负债表，该表中资产的账面价值等于负债的账面价值加上所有者权益。财务资产负债表和会计资产负

⊖ 摘自CFA协会会议记录：股权投资的分析、研究和估值，2005（6）：15～28。文章首次发表时，作者罗伯特·帕里诺（Robert Parrino），CFA，是美国德州大学奥斯汀分校麦库斯商学院希克斯，缪斯，泰特 & 弗斯特私募股权融资中心的负责人。

债表类似，区别在于财务资产报表是前瞻性的，它以市场价值为基础，而非账面价值。图13-1对此进行了刻画。如图13-1所示，左边是经营资产的价值。资产的价值必须等于对那些资产的要求权的价值，资产必然有其所有者，所以这两个价值必然是相等的。对这个问题换个角度思考，经营活动现金流的现值在左边，对这些现金流的要求权的价值在右边。

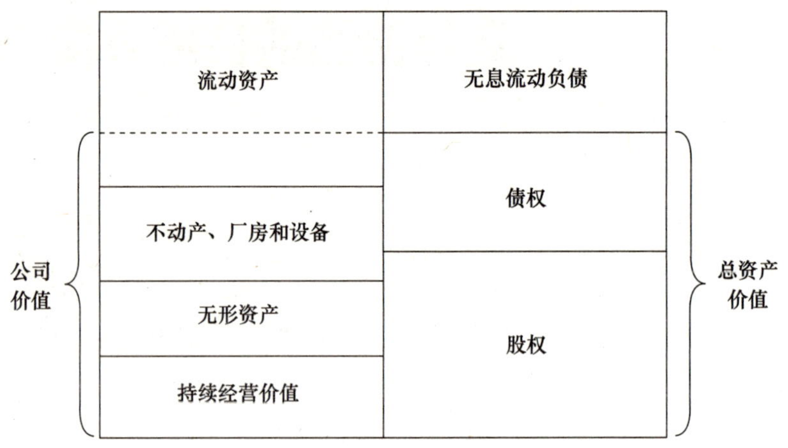

图13-1 财务（市场价值）资产负债表

分析师应该做的第一步是明确其定价对象。纯粹是商业业务，还是一些以经营业务为基础的要求权，如普通股，优先股或者负债等。如果定价对象是一种要求权，精确确定需要定价的比例很重要，是5%？20%？还是70%，或者其他？定义要求权很重要，因为定价中的特定要求权有助于对估值方法做出选择。它也对分析结果有所影响，这点在下文中将会提到。

需注意，“价值水平”是指流动和非流动要求权以及控股权益和少数股东权益之间的区别。例如，如果对一只在公开市场交易的股票的100股进行估值，极有可能你是在对可出售的（流动的）少数股东权益进行定价。

第二步是确定估值日。分析师做的估值分析中，大多以估值当天作为估值日。然而，在估值案例中，并不是所有的估值日都是当天。例如，在诉讼和税务争议的案例中，估值日往往是过去的某一天。提前确定估价日很重要，因为这个日期定义了对该分析适用的信息。即使分析师在对当天的股票进行价值评估，该价值估计也应确定估值日，这是因为企业、行业、整个经济体以及资本市场的环境都可以迅速发生变化并且对资产价值造成影响。换句话说，近期的估值由于环境的变化而有可能不再合理。

确定估价因素的第三步，是明确估值目标和由于没有衡量资产单一价值的指标而将会用到的价值的定义。一项资产可以有许多不同的价值。例如，考虑公平市场价值的概念（即价值的定义）。资产的公平市场价值被定义为买卖双方被告知相关事项后，根据自身利益，按自愿原则，在不存在任何胁迫行为的条件下，交易合理期限内在公开市场上待售资产的现金价格。基本上，这是一个自由交易的价值，资金转移交易中没有人是被迫的。分析师为了做出关于买入、持有或者卖出一家公司股票的建议，对该公司的股票进行价值评估时估计的就是其公平市场价值。通常没有特定的买方或卖方，在该例中分析师以一个典型买方为研究对象，对股票价值进行估计。

将公平市场价值与投资价值进行对比。一项资产的投资价值是该资产对于一个特定买方的价值。如果可以，对可能的买方的确定会影响对资产的估值。例如，对于一个已经拥有49.999 9%股份的投资者，一份股票的投资价值对其而言显著异于这份股票对于一个典型买方而言的投资价值。

分析师在对整个公司进行估值时，同样的原理可以类推适用。例如，假设 XYZ 公司宣布将出售一个部门。估测该公司出售该部门可能获得的价格的一种方法是在控股权基础上做公平市场价值分析。这种情况下，分析师估计的是了解此类业务并能胜任这类业务管理者的人愿意支付的价格。那么，这些人愿意支付的现金流的现值是多少呢？回答这个问题要在目标公司经营和财务政策在行业中无差异的前提下对公司进行估值。

上述情形和将 XYZ 公司的部门出售给一个很可能会通过其他业务拉动该部门业务的私人投资企业完全不同。这种情况下，公司将涉及大量的杠杆交易，并且公司的经营政策也会有所不同。这将会使该商业业务的价值和最终商定的销售价格出现不同的结果。

总而言之，定义上面提到的估值因素很重要，这是因为它们对估值方法的选择、相关信息的使用、做出的假定和估值方法应用的方式都有影响。

现有的估值方法很多，但是大多数可以划分在以下这三类中：资产市场成本法，市场法和收入法。我们可以通过考虑商业不动产来区分各类估值方法。资产成本法有可能在保障安全性的情况下被使用，例如它被用来确定替换一栋建筑物将耗用的成本。相对的，市场法以类比公司每平方公尺的售价为基础，并按照定价资产的特定性质加以调整的估值方法。收入法则涉及扣除所有费用和投资需要的净租金流的贴现现值。

商业价值评估中用的是相同的三类估值方法。它们通用于所有资产的价值评估。所以我要做的是分别在资产价格法、市场法和收入法的情景下进行论述。下文中，我将论述使用上述各种方法的估值方法，每种方法适用的情形、运用的方式以及每种方法各自的优缺点。除上文提到的三类主要方法外，我将对第四种方法——未定权益法进行简要的论述。未定权益法用来对基础资产的要求权进行定价。在这个意义上，我将这些方法与其他方法区分开来，它们单独对基础资产进行定价。

期权定价法是未定权益法的特例。未定权益法适用于商业价值评估情况下，所有权人对资产的现金流没有百分之百的要求权的情形。在此情况下，那些要求权看起来很像衍生品。事实上，通过下文可以看出，它们看起来很像期权。

由于这些方法的实用性，我将讨论如何用未定权益法进行权益定价。曾经有许多分析师对处于财务困境的公司进行贴现现金流分析而得到负的权益价值。当然，这意味着权益价值为零，因为权益不可能为负。如果这个例子中股票是以正的价格进行交易，那么它们是以期权价成交的有效交易。

13.2 资本成本法

这部分讨论了两种基本的资产成本法：账面价值调整法和重置成本法。

13.2.1 账面价值调整法

账面价值调整法的思想很简单。企业调整后的账面价值等于公司所有可确认资产的市场价值之和。权益价值等于该值与商业负债的市场价值之差。

此方法通常用于共同基金定价。如果分析师估值的经营公司有多个独立自主的单位，那么可以先对每个业务部门单独定价，然后对各个单位的价值进行汇总得出整个公司的估值数。

这种方法虽然简单，但是对于典型的经营性商业的价值评估却不是很有用，这是由于“持续经营价值”的存在使得典型的经营性商业公司的价值大于单独的可确认资产的价值总和。持续经营价值的大小取决于公司的商业组织结构和管理模式。例如，假设你正在开始装饰砖的制造业务，并且你拥有国家认可的特许经营权来出售制造的装饰砖。工厂选址时你会选在加利福尼亚还是堪萨斯？假定装饰砖在国内的运输成本很有可能比较大，那么你将会在堪萨斯州定址而不是在加利福尼亚州。这是因为如果你定址于西海岸，你将丧失在整个国家东半部的机会。因此，地点的选择也会影响企业的价值，因为它会影响到潜在客户的量（销售额）、成本和一定程度上，由于区域经济差异带来的风险。但是，在账面价值调整法下，即使持续经营价值完全不同，这两个不同的位置可能会产生相同的价值。经营政策、管理质量、组织结构以及许多其他因素都会影响持续经营价值，而在账面价值调整法下，并非所有的这些因素都得到了恰当的计量。

这种方法适用于估值对象有业务独立自治的资产，且这些资产之间没有协同作用的情形。另外，在估算公司清算价值时，该方法也很有用，顺便说一下，清算价值的估算通常发生在持续经营价值为负的情况下。

最后，这种方法可以用于对其他估价方法进行“合理性检验”，如稍后将讨论的贴现现金流法。账面价值调整法之所以能够被用在检查中，是因为它为商业价值提供了下限。所以，如果一个贴现现金流分析得到的估值结果，比调整后的账面价值还要低，那么这个贴现现金流分析很可能存在问题。有可能是分析师错误地估计了收入增长率、利润率，也有可能是选用的贴现率不恰当。如果贴现现金流分析没有问题，同时其估值结果低于调整后的账面价值，那么应该关闭目标企业，因为它正在损耗，而不是创造价值。

13.2.2 重置成本法

第二种资产成本法是重置成本法。重置成本简单地反映了在特定时点以资产当前的状态为依据重新取得与该项资产相同或与其功能相当的资产需要支付的成本。故而，它反映了资产的类型和状态。

虽然相对于其他目标，这种方法通常在保障安全性时更有用，但是在商业价值评估时，重置成本分析对买入或是自建某项资产的分析很有帮助。以 1999 年和 2000 年人们为域名支付的一些价格为例。以 10 亿美元为单位的价格并不罕见，但是他们只有在做出衡量后才会满怀希望地做出这笔支出，他们会问自己：我们可以以更低的成本通过这个域名在合理期限内提高消费者对自己商品的识别度进而创造消费意识吗？换句话说，不进行这项投资的机会成本是多少呢？

同样，如果一个公司宣布它将以一个特定的价格收购另一家企业，分析师应该做的第一件事就是考虑收购方的对价是否过高。所以分析师要考虑的是，如果收购方自行进行收购是否可以以更低的价格完成任务。当然，快速进入市场的能力具有一定的价值，但是，在这个特殊的时点和竞争对手追赶将会带来一定的风险。这些因素将使分析严重的复杂化。然而，分析师一旦得知某家公司有收购另一家公司的意图时，就应该进行这种类型的分析。

13.3 市场法

在这一部分中，我将讨论两种市场法：类比倍数分析法和类比交易分析法。

13.3.1 类比倍数法

投资分析师常用倍数分析法。这种方法涉及确定与目标分析公司具有相似的商业活动以及风险收益特征的公开上市公司。然后分析师用那些上市公司股票的交易价格来推断目标公司的相关信息，例如公司的股票被高估或者低估了。同样的，如果对股东人数有限的公司进行估价，类比指数分析法或许能够帮助分析师估计该公司证券的公平市场价值。

常用的权益估值倍数有市盈率（每股价格/每股收益）、本利比（每股价格/每股股利）、价格收入比（每股价格/每股收入）和市净率（市场价值/账面价值）。其他比率用现金流的代表变量去除企业价值，如企业价值/收入或企业价值/自由现金流。[1]企业的这些倍数指标可以用来进行商业价值评估。

使用类比倍数法在理论上很简单，但在实践中正确的运用却很难。例如，一个企业通常没有真正的同类可比公司，或是我们常说的“专营企业”。这样就很难处理，因为在这种情况下，倍数分析法将会得到多个难以调和的价值估计。理想的类比公司必须在多方面与目标公司匹配。例如，理想的类比公司应该与目标公司出售相同的产品，在同一市场的竞争，有相似的经营规模、收入增长前景、利润率以及管理质量。此外，如果分析师使用权益比率（如市盈率或本利比），类比公司的资本结构应与目标公司类似，因为，在其他特征都相等的情况下，资本结构对权益比率有显著的影响。

选择与目标公司类似的可比公司的重要性可以通过讨论决定公司市盈率的因素体现出来：

$$P_0 = \frac{DIV_1}{k_E - g} = \frac{EPS_1 b}{k_E - g} \Rightarrow \frac{P_0}{EPS_1} = \frac{b}{k_E - g}$$

式中 DIV_1——1期股利；
EPS_1——1期每股收益；
b——派息率；
k_E——权益成本；
g——股利/收益增长率。

该式是一个简单的固定增长模型。之后我将详细讲述这一模型，这里只是说明该模型经过调整可以把市盈率表示成派息率和权益成本与股息增长率之差的比。如果对公司相关留存收益投资计划的净现值做出相关假定，这个模型可以通过将 b 设置为1而得到进一步的简化。

关注决定市盈率指标的变量我们也可以看到，即使是在这样一种简单的情况下，选择合适的类比公司也有重要。公式中，权益资本成本，k_E 又是如何确定的呢？由资本资产定价模型（CAPM）可知，权益资本成本等于无风险利率加上贝塔倍的市场风险溢价。然而贝塔系数又是怎么确定的呢？贝塔系数是整体经营风险和财务风险（即资产风险和财务风险）之和。财务风险使杠杆率的函数。因此，如果类比公司的杠杆率与目标公司的不同，那么即使它们的基础业务是相同的，它们的贝塔系数也不同。影响一家公司业务风险的因素有产品、市场，利润率和增长率等。它们会影响公司相关资产的风险，进而影响资产的贝塔系数，并最终影响权益资本成本。增长率的形成过程亦是如此。所以，如果分析师不能在这些维度上使类比公司与目标公司相匹配，某种程度上就必须谨慎使用诸如市盈率这样的比率。

使用倍数指标法时，另外一件重要的事是应选用同期数据。之前我提到过，分析师应该事先定义估值日，因为任何价值的估计是针对一个特定日期的。这种思想在这里一样适用。对于倍数指标分析，分析师必须确保他们使用的倍数指标是在估值日的特定时间点获得的。

最后，分析师必须确保他们正在使用的所有比率的分子和分母是匹配的。换句话说，他们必须保证分子的价值和分母值流量测量的一致性。例如，如果分子是股票价格，那么分母必须是流向权益投资者的现金流的相关代表变量；如果分子是企业价值，那么分母必须是整个企业总现金流的相关代表变量。

这一规则的例外是价格收入比。我通常不建议使用这个比率，但它在某些情况下比较有用，如对一个刚成立不久，尚未产生利润的公司进行价值评估时；又如，高科技行业的公司往往以基于其收入的倍数进行交易。那些倍数指标背后隐含着对未来利润和收入增长的预期。在使用价格收入比时，分析师合理地假设估值对象的利润率和对上市类比公司定价时的市场预期利润率类似。

13.3.2 类比交易法

类比交易法是另外一种有用的评估工具。在交易分析中，分析师关注的是同类企业在合并和收购中收到的对价。有些数据库可以查到相关交易数据。问题是，交易数据通常不如倍数分析法中的可用数据那样更具可靠性和代表性，尤其是当类比交易法涉及私营企业的定价时。数据库可能会报告私营企业的收入，但一般不会报告其盈利相关的数据；可能会报告净收益，但没有足够的信息来估计其现金流。因此，很难计算一些主要的比率。

此外，交易法中的项目很难评估。上市公司的市盈率倍数指标体现了其公平市场价格；无论出于何种目的，市盈率对现金交易中可能获得的对价具有指示性作用。然而，类比交易法通常涉及现金、债务或权益支付的组合。这样一组难以估价的证券和承诺会包含在报告的交易价格中，并且对分析师而言可能不够明晰可辨。对这些证券和要求权的价值估计会因种种原因产生误差，所以分析师在使用这种方法时必须对这些问题保持警惕。

类比交易分析法得到一个以控股权为基础的价值估计，而类比倍数分析提供了一个以少数权益股东为基础的价值估计。通过交易分析，分析师可以确定对于一项业务人们愿意支付的对价，对于买方来说它至少值那么多，这至少提供了控股权价值的思想。当然，对于特定的买家，它还包括协同效应，在这种估值情形下该效应有可能是相关也有可能无关。

13.3.3 总结

市场法反映的是已经实际支付了的价格。因此，分析师考虑的是人们实际愿意为一项类似资产支付的价格。人们支付这样的对价的驱动因素或许不明显，但是其信息本身是有用的，而且是使用这种方法的一个很大的好处。类比倍数和交易分析法可以为其他估值方法提供有用的评估基准，例如下面将讨论的收入法。

13.4 收入法

在收入法类别下，我将讨论公司自由现金流法（FCFF）、股权自由现金流法（FCFE）和股利贴现法（DDM）。

13.4.1 公司自由现金流法

在公司自由现金流法下，分析师对公司预计将产生的自由现金流价值进行估值。这是财务资产负债表（如图13-1所示）左边的自由现金流，主要衡量了净营运资本（流动资产减去无息流动负债），不动产、厂房和设备（PP&E），无形资产以及持续经营价值。该模型不涉及公司的融资行为。

最常见的公司自由现金流法涉及使用加权平均资本成本（WACC）对公司的自由现金流进行

贴现，也可称其为加权平均资本成本法。具体来说，公司的总价值 V_F，是通过用加权平均资本成本对公司的自由现金流进行贴现的现值：

$$V_F = \sum_{t=0}^{\infty} \frac{\mathrm{FCFF}_t}{(1+\mathrm{WACC})^t}$$

式中，t 为收到现金流的时期。

在估计公司自由现金流时，分析师以净收入为基础并如图 13-2 所示，做出一些调整。分析师有代表性地通过预测图 13-2 中每个单独组成部分，然后依照图中所示方法进行计算来预测企业未来的自由现金流。计算得到的公司自由现金流由加权平均资本成本贴现至当期，加权平均资本成本估算公式如下：

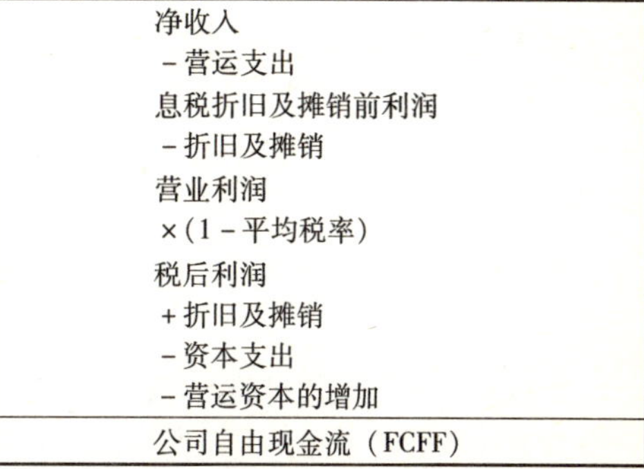

图 13-2 公司自由现金流：加权平均资本成本法

$$\mathrm{WACC} = k_E \frac{V_E}{V_D + V_E} + k_D(1 - t_C)\frac{V_D}{V_D + V_E}$$

式中 k_E——权益成本（通常用资本资产定价模型进行估计）；

k_D——债务成本（应当符合企业的财务政策）；

t_C——公司税率；

$V_E/(V_D+V_E)$——权益市场价值和资本总额市场价值之比（即权益融资比例）；

$V_D/(V_D+V_E)$——债务市场价值和资本总额市场价值之比（即债务融资比例）。

加权平均资本成本是公司使用的不同层面的融资的简单加权平均。式中第一项代表的是权益成本的比例（在实践中，实际上所有者权益的每个组成部分都有一个这样的项目），第二项为债务成本的比例。分析师使用这个方法的关键假设涉及公司经营的融资方式。例如，资本总额中有 80% 是权益融资，20% 是债务融资；或者有可能是 30% 的权益融资和 70% 的债务融资。

加权平均资本成本法通常用于对成熟的企业进行价值评估，假定在长期经营过程中，企业将成功使其资本结构达到某个目标负债水平。在这一假设前提下，分析师可以直接在公式中代入百分比，而不需要对 V_D 或者 V_E 进行实际估计。

如果公司的资本结构在未来将保持不变的假定不合理（例如若该公司当前杠杆率较高并且预计将会下降），那么加权平均资本成本方法是有问题的。对这类公司进行估值时，假设其资本结构固定不变将会得到错误的结果。我将讨论的其他一些方法可以用来解决这一问题，但是加权平均资本成本法是利用自由现金流最常见和最简单的方法。对于大多数相对稳定的大规模公开上市公司的价值分析，加权平均资本成本法就足够了。这类公司有时将其资本结构保持在一个可以接受的范围内，但除了为维持一个特定的债务信用评级，如果没有其他原因，这些公司将保持一个特定的资本结构。

如果公司以特定的资本结构为目标管理其财务政策的假定不合理，分析师可以使用另一种称为现值调整法（APV）的方法。该方法首先在其公司为 100% 权益融资的前提下进行商业价值评估，然后加上企业对该“无杠杆公司”的融资决策的影响的现值。

当公司的债务融资比例不断变化时，现值调整法用起来比加权平均资本成本法更简单。现值调整法也用到企业自由现金流——和加权平均资本成本法中用到的现金流的概念完全相同。然而，现值调整法下，为得到企业的无杠杆价值 V_{UF}，公司自有现金流贴现用的是无杠杆加权平均资本成本：

$$V_{UF} = \sum_{t=0}^{n} \frac{\text{FCFF}_t}{(1 + \text{无杠杆 WACC})^t}$$

如字面意思所言，无杠杆加权平均资本成本是公司无负债时的权益资本成本。如果用资本资产定价模型估计权益资本成本，无杠杆加权平均资本成本即为无风险利率加上资产的贝塔系数（或无杠杆贝塔系数）和市场风险溢价的乘积。即

$$\text{无杠杆加权平均资本成本} = k_F + \beta_A \times \text{市场风险溢价}$$

其中，k_F 为无风险利率；β_A 为资产的贝塔系数；市场风险溢价为预期市场收益率和无风险利率之差。

分析师估计出该公司的无杠杆价值后，开始计算公司的融资决策对企业价值的影响，并将其与公司的无杠杆价值相加，因此得到调整后的账面价值。账面价值调整法通常通过下面这种方式使用：

$$\text{APV} = V_{UF} + \sum_{t=0}^{n} \frac{\text{税率}_t \times \text{利润}_t}{(1 + k_D)^t}$$

上述等式中的第二项是企业预期通过债务融资实现的利息税盾的现值。它等于每年的税率和利息支出的乘积以债务成本，k_D，贴现的现值。债务成本通常在当公司能够对债务做出支付时企业实现其利息税盾的假定条件下被用于上述计算；因此，税盾和债务具有相同的风险。通过这种推理，债务成本对于税盾是一个适当的贴现率。

运用现值调整法时，分析师应该特别注意一个问题：在这种方法通常的应用方式下，一些事项会被遗漏。如果调整后的账面价值在坐标系中标记为负债的函数（即调整后的账面价值表示在纵轴上，负债水平表示在横轴上），则图像结果将是一条永远不会下降的向上倾斜的直线。当然，这意味债务越多越好。问题是，计算过程中遗漏了破产成本。通常情况下，一个公司的财务杠杆越高，其陷入财务困境的可能性也就越大。因此，财务困境相关的预期成本有所增加，这将使上文提高的向上倾斜的直线在某个点开始向下倾斜。因此，在使用现值调整法时，分析师应该确保不仅要考虑负债的好处（如税盾价值）还要考虑负债的成本（如破产成本和可能的债务发行费用）。

当公司的资本结构不断变化时，现值调整法用起来更简单，因为它预测的是美元支付利息，而不是债务比率，在以估算企业或其证券的价值为首要目标的情况下，负债比率的估算本来就很难。

例如，现值调整法在杠杆收购分析中特别有用。假设一家公司正在收购另一家公司，其杠杆率将上升至65%。此外，假定在未来的五六年内，公司将偿还债务使其达到一个正常的杠杆水平，之后则保持一个更加典型的资本结构。在这种情况下，融资发生在业务前端，分析师对将要支付的利息有一个较好的认识。每部分债务的成本和还款计划是已知的，因此分析师可以估计出债务成本和每年的税盾的现值。在这种情况下，现值调整法用起来比加权平均资本成本法更简单。

对公司自由现金流法的总结是，加权平均资本成本法在对分析师可以假定其保持固定资本结构不变的成熟企业进行估值时用起来相对比较简单，在企业资本结构不断变化的情况下，现值调整法用起来比较简单。

13.4.2 股权自由现金流法

股权自由现金流法和公司自由现金流法很相似，区别在于股权自由现金流法中分析师估计的是资产负债表右边的权益要求权，而不是左边的资产和业务。为发现股权自由现金流法和公司自由现金流法之间的联系，可以考虑一下这样的问题：如果你只想对企业的权益要求权进行定价，

你会如何对公司自由现金流法中的现金流进行调整？答案是，你会想要简单的剔除流向和来源于债权人的现金流。回想一下我们在财务资产负债表（如图 13-1 所示）中讨论过的公司的价值等于债务的价值加上股权的价值。剔除流向和来源于债权人的现金流后剩下的即为流向权益投资者的现金流。

因此，图 13-3 中的计算包括了公司自由现金流计算过程中不存在的三项。一项是利息费用，这是流向债权人的现金流。另外两个是和新增债务收入以及债务偿还相关的现金流。这种方法计算公司业务所有的现金流，扣除所有流向债权人的现金流，最后得到流向股东的现金流。

销售额
－营运支出
息税折旧及摊销前利润
－折旧及摊销
营业利润
－利息费用
×（1－平均税率）
净收入
＋折旧及摊销
－资本支出
－运营资本附加
＋新增负债的收入
－本金偿还
股东自由现金流

图 13-3 股东自由现金流

因为流向股东的现金流是剩余的现金流，在公司有财务杠杆的情况下，它们的风险比企业总的现金流的风险要大。因此，在使用股权自由现金流估价方法时，如果公司有债务，分析师必须使用与公司自由现金流法不同的贴现率——标准权益资本成本。

$$V_E = \sum_{t=0}^{\infty} \frac{FCFE_t}{(1+k_E)^t}$$

不幸的是，在实际操作中，这种方法用起来很难，特别是对成熟公司而言，因为它包括了我在之前的例子中提到的两种情形的最糟糕的情况。为了预测这些现金流，分析师必须预测公司融资每年实际发生的美元利息费用。为了估计折现率，分析师也必须以市场价值为基础预测公司每年的债务比率。我们之前提过权益资本成本是杠杆贝塔系数的函数。展望未来，随着待偿还债务美元价值的变化（或者即使不改变），负债与资本总额的比率可能随公司价值的改变而变化。为保证贴现率与现金流预测（包括对美元利息费用的预测）相一致，分析师必须估计与现金流预测中预测的美元利息费用相一致的未来的债务权益比率。因此，这种方法很难操作，可能需要经过多次迭代计算才能得到合理的结果。如果想进行权益估值，先使用加权平均资本成本法或现值调整法估计整个公司的价值，然后再减去负债的价值的方法要简单得多。

13. 4. 3 股利贴现模型法

股利贴现模型法是我将在本章讨论的第三种收入法。最纯粹的股利贴现模型形式估计的是股东预期收到的现金流的价值。而公司自由现金流法和股东自由现金流法用的是能够分配给股东的现金流。企业可能预期将可用现金流的全部或者部分发放给股东。

由于其模型的简单性，贴现现金流模型用起来很简单。但我想说的是，它们同样也很容易被滥用。它们可以用来对一些股票进行大概的估计，但在许多情况下，如果估值的目的是确定企业的内在价值，它们就不是那么有用了。

另一点需要注意的事项时，随着 20 世纪 80 年代后期到 20 世纪 90 年代末互联网股票泡沫后股利支付的减少，股利贴现模型的使用也变得更难了。这段时期内，市场估值和传统股利贴现模型蕴含的价值间有偏差。虽然自从 2000 年以来，股利支付某种程度上有所增加，股利收益率仍保持着历史较低水平。

然而，股利贴现模型使用的建模技术仍然很有用，因为它们可以用于诸如公司自由现金流法和股东自由现金流法等其他地方。在公司自由现金流法和股东自由现金流法中，分析师代表性地预测了每年的现金流，然后计算其在独立预测的最后一年的终值。这样，他们可以使用一个股利贴现模型简单地计算出现未来现金流的现值。

当分析师使用我很快将详细论述的固定增长股利贴现模型时，他们简单的假定股息的增长率将永远不变。两阶段模型中，分析师假定在一段时间内股息以一个增长率增长，之后的时间段中以另一个股利增长。这些都是可以应用于任何现金流的建模技术，当然也包括公司自由现金流和股东自由现金流，它们的区分取决于分析师对现金流随时间变化的判断。所以，作为一种独立的估值方法，股利贴现模型在某些情况下很有用；即使在分析师不易预测股息，或在他们认为股利不反映企业内在价值的情况下，股利贴现模型的方法也可以应用到其他现金流估值方法中。

1. 固定增长模型

固定增长股利贴现模型为大多数分析师所熟识：

$$P_0 = \frac{DIV_0(1+g)}{k_E - g} = \frac{DIV_1}{k_E - g}$$

式中 P_0——股票当前价格；

DIV_0——当期支付的股利；

DIV_1——下一期支付的股利；

g——股息增长率；

k_E——权益资本成本。

要注意到该模型中有许多隐含的假定条件，例如，其中一个假定是权益资本成本大于股息增长率。如果股息增长率大于权益资本成本，该模型将会得到一个负的股价。当然，这不可能会发生，因为权益是对企业基础资产的期权，而期权价值不可能为负。因此，如果股息增长率大于权益资本成本，该模型将失去效力，这是为什么只有股息增长率下降为某个长期内持续不变的比率时该模型才有意义的原因之一（另一个原因是，如果假设增长率高于预期通货膨胀率和经济实际经济增长率之和，那么即是在假定该企业将大于整个实体经济。记住，这个模型假定了一个永续不变的增长率）。

除无限的时间跨度外，该模型还假设其留存收益再投资的收益不变。很多人没有意识到在使用该模型时已经做出了这一假设。该模型假定，随着公司业务的增长和固定比例的收益的再投资（假定派息率固定不变），公司每年将获得相同的再投资资本回报率。因此，固定增长模型包括一些相当严格的假设。

2. 固定增长模型的可选形式

固定增长模型的一种替换形式有些复杂，但是却提供了一些有趣的见解：

$$P_0 = \frac{\text{EPS}_1 b}{k_E} + \frac{\text{EPS}(1-b)(\text{ROE}/k_E)}{k_E}$$

式中 EPS_1——下一期每股收益；

b——派息率（每股利息/每股收益）；

ROE——权益收益率。

该模型与传统的固定增长模型差不多，区别在于它对再投资做了不同的假定：该模型假定企业以收益的固定数额而不是固定比例进行再投资，并以此获得相同的收益率。

该模型一个有趣特点是，它将企业价值分为两部分。在假定收益和派息率保持不变的条件下，第一项是股息流的现值，可以将其视为现有股息流的价值。第二项是所有未来将再投入企业的收益的价值（留存收益），和在未来某一时点可能会产生的额外的分红。

公式中的第二项包括了权益收益率对权益资本成本的比率，即企业权益必要报酬率。如果权益收益率等于权益资本成本，那么 1 美元的再投资的价值为 1 美元。如果权益收益率大于权益资本成本，那么大于 1 美元的再投资的价值大于 1 美元。换句话说，如果权益收益率大于权益资本成本，1 美元的再投资投入的是一个净现值为正的项目。因此，这个模型明确确认或关注收益再投资创造价值的过程。它也为讨论决定商业价值的因素提供了有用的思考方式：企业价值是现有项目现金流的函数和未来投资创造的价值之和。

3. 固定增长股利贴现模型的应用

固定增长模型一个潜在的实用用途是计算权益资本成本。固定增长模型可以调整为：

$$P_0 = \frac{DIV_1}{k_E - g} \Rightarrow k_E = \frac{DIV_1}{P_0} + g = \frac{EPS_1 b}{P_0} + g$$

我们可以将当日的股票价格（P_0）、下期支付的股利（DIV_1 或 $EPS_1 b$）和股息增长率（g）估计值代入公式，以此获得由当日股票价格决定的权益资本成本。[2]只需牢记，估计的可靠性取决于模型对估值目标公司的适用性和该企业的股票市场定价的有效性。如果分析师认为该股票的市场定价有效，而且固定增长模型可用，那么这个分析对于确定贴现现金流分析中的权益资本成本是有用的。[3]

当分析师不确定当前的股票价格是否合理而对其进行核查时，这种方式推导出的权益资本成本的另一用途就体现出来了。在这种情况下，分析师对该模型确定的权益资本成本和其认为被分析股票应有的权益资本成本进行比较。图 13-4 画出了一条从无风险利率 k_F 出发的证券市场线（SML），资本资产定价模型认为预期收益率是贝塔的线性函数。如果利用股利贴现模型逆运算得出一些公开上市的股票的权益资本成本，并绘制隐含的预期收益和股票的贝塔系数的函数图像，大多数的点将不会落在证券市场线上。如果隐含的预期收益率的点在证券市场线下面，这意味着，股价被高估了，这是因为预期收益率过低。相反的，点在证券市场线上方的股票的价格被低估了。当然，该分析假定在给定的商业风险下，分析师认为其对适当的必要报酬率的估计是合理的。

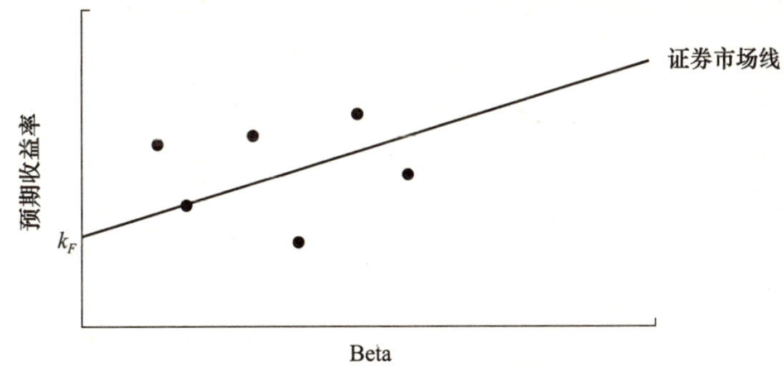

图 13-4　股利贴现模型估计出的权益资本成本的实际运用

4. 两阶段模型

有些公司的股利在短期内以一个较高的增长率增长，然后下降到一个在长期内持续不变的水平。用股利贴现模型对这类公司的股票进行估值时，你可以对高增长期的股利单独贴现，然后用固定增长模型对之后的股利进行估值。例如，如果假定一个持续 n 年的快速增长期的固定增长比率为 g_{stage1}，后期较低的固定增长比率为 $g_{terminal}$，那么可以使用一个常见的两阶段股利贴现模型：

$$P_0 = \sum_{t=1}^{n} \frac{DIV_0(1 + g_{stage1})^t}{(1 + k_E)^t} + \frac{\left(\dfrac{DIV_0(1 + g_{stage1})^n(1 + g_{terminal})}{k_E - g_{terminal}}\right)}{(1 + k_E)^n}$$

除了在初始阶段导致的复杂性的增加，两阶段模型在概念上和固定增长模型没有太大的不同。事实上，高增长阶段的股息的价值也是通过使用固定增长模型计算的。

和固定增长模型一样，两阶段模型足够灵活，所以可以用来帮助解决一些问题。进行相关案例分析，我使用彭博社公布的数据来计算 2004 年 11 月 16 日易趣网股价决定的现金流的增长率。在这个例子中，我假定每股自由现金流是每股股东自由现金流的合理估计，然后将彭博社公布的每股自由现金流，而非股利代入公式。机构经纪人预测系统（I/B/E/S）对每股收益五年的预测为 34.4%（彭博社称其为“长期增长”）。至于权益资本成本，我首先估计出资本资产定价模型中的市场风险溢价为 6%，然后将其与易趣网的贝塔系数 1.07 相乘，最后加上无风险利率 4.89%，这样得出权益资本成本为 11.31%（该分析中，我假定使用一个固定的权益资本成本是合理的，实际上这一假定不是很好，因为随着易趣网的发展，公司的风险将会发生改变）。这里假定易趣的异常增长期将会持续五年，之后很长时间内将以持续不变的增长率 4.5% 发展。4.5% 是通过将实际经济增长率 2% 和预期通货膨胀率 2.5% 相加得到的。现在的问题是：第一阶段的增长率为多少才能使得易趣网在 2000 年 11 月 16 日的股价为 108.08 美元。答案是增长率须达到 66.66%。

如果易趣网的每股现金流在未来的五年内预计将以每年 66.66% 的速度增加，之后将以 4.5% 的速度增加，且认为 11.31% 的固定折现率是合理的，那么 108 美元的价格是合理的。再次提醒一点：机构经纪人预测系统的预测刚刚超过 34%，远远低于 66.66%。所以，另一个问题可能是：公司每股自由现金流以每年 34% 的速度增加，要多长时间才能使股票价格达到 108 美元。答案是 10 年。该模型表明，如果易趣网的现金流以 34.56% 的速度增长 10 年，之后以 4.5% 的速度发展，108 美元价格也是合理的。

该模型和其他的股利贴现模型在帮助分析师分析市场价格中隐含的假设时很有用。换句话说，这些模型可以作为复核其他估值方法和检验直接估算股票内在价值的独立方法的基础。

13.5 未定权益法：期权估值法

我要讨论的最后一种估值方法使用了期权估值的概念。为了解期权定价的概念和权益定价之间的关系，我们假定一个公司只有发行的一年内到期、面值为 500 万美元的零息债券。假设 V_F^* 是一年后债券到期时企业资产的价值。

图 13-5 显示了上述例子中债券到期时债权人和股东获得的支付。如果公司的价值超过 500 万美元，那么债权人将得到全额偿付，股东将获得高于 500 万美元债券面值的剩余价值 F。如果公司的价值低于 500 万美元，债权人，至少是在理论上，获得该公司。换句话说，股东持有一份违约期权。股东权益的下跌以其对企业的投资为限，如果股东执行期权，债权人将获得公司的剩余权益。

考虑这一问题的另一方式是认为股东实际上对企业的基础资产有一个看涨期权。当债务到期时，股东在还债和违约之间进行选择。如果，企业的价值超过 500 万美元，股东可以偿还 500 万美元的债务并获得剩余价值，即使他们不想继续拥有该公司；它们通常会选择将公司卖掉以赚取差价。如果，企业的资产价值低于 500 万美元，股东会让他们的期权到期并抽身离开，将公司余留的价值留给债权人。

债权人拥有一个与看跌期权空头类似的收益函数。债权人卖给股东该企业的看跌期权，如果公司的价值小于其欠债权人的债务 500 万美元，股东有权将公司归还给债权人，迫使债权人承担损失。

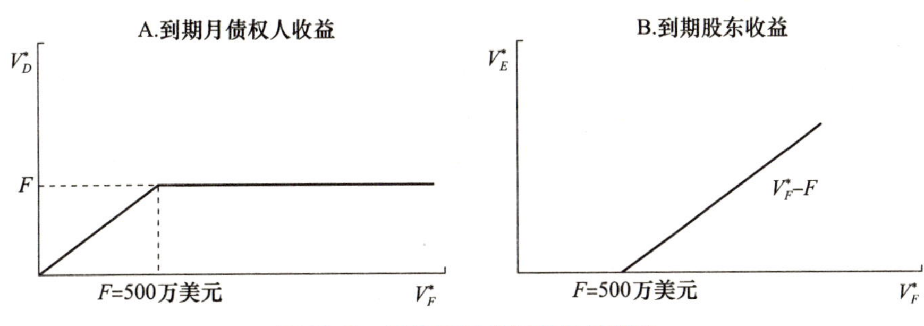

图 13-5　债务及权益要求权的特征

因此，负债和权益在本质上都是对企业基础资产的期权。当多方对一项基础资产都有要求权且求偿顺序不同时，分析师应该意识到他们或许是在处理期权问题。认识到这一点，在某些情况下，我们可以看到利用期权定价法对权益进行估值的思路。例如，下式所示的包含股息的布莱克－斯科尔斯模型的变形：

$$C = V_F e^{-\delta T} N\left[\frac{\ln(V_F/F) + (r_f - \delta + \sigma^2/2)T}{\sigma\sqrt{T}}\right] - Fe^{-r_f T} N\left[\frac{\ln(V_F/F) + (r_f - \delta + \sigma^2/2)T}{\sigma\sqrt{T}}\right]$$

式中　V_F——企业价值；

F——公司估值环境下的债务票面价值；

T——债务期限；

r_f——无风险利率；

σ——企业基础资产收益率的标准差；

δ——股息生息率。

请注意，上述六个变量决定了期权的价值。

现实世界中很可能存在通过贴现现金流分析得到的权益价值为负的公司，我在前面已经指出这是不合理的。通常这种情况下，股票仍以正的价格成交，尽管价格相对较低。仅仅由贴现现金流分析得到的意味着权益价值为零的负值，并不能判定该公司的股权是没有价值的。世事皆变。例如，整体经济环境的变化、行业环境的变化、企业状况的改变、配额和关税的变化以及资本市场环境的变化等。事实上，上述的变化可能发生在经营性公司当期和企业债务到期之间，企业的价值将会超过债务的票面价值，公司将会偿还债务，股东则会得到剩余价值。

由于公司风险的缘故，在贴现现金流环境下很难对那些可能性进行估值，因此当公司基本性质发生改变时，它的贴现率也随时间而变化。解决这一问题的一种方法是使用期权定价法。

上文中讨论的期权是清算期权，其中，股东有权免除其为破产公司弥补债务的责任。期权定价模型也可用来衡量延迟投资期权的价值。这类期权通常用于油气行业的估值，估值通过估计油田、气田的价值进行。例如，一个地主可能拥有开发储藏物质的自由选择权。对这样的期权进行定价时，分析师将会考虑期权的期限（即地主将于何时进行开采），预期现金流的波动，预期产生的现金流（将于石油价格挂钩）的现值以及地主的开采成本。因此，该案例中的敲定价格，或执行价格，是开发该油田的成本。该油田的价值是地主开始开采后所有的现金流的现值。

13.6　总结

本章讨论了不同的估值工具和方法以及它们适用的情形。理解这些概念对于分析师而言很重要。认识到任何价值估计的质量最终取决于分析师对目标公司及其竞争地位、经营策略和未来前景的了解也很重要。关于未来的各项预期决定了对现金流的预测，最终将决定分析师对企业价值估计的质量。实质上，任何价值估计质量都取决于可用信息的质量以及这些信息的使用质量。

13.7 问答部分

问　题： 可以详细说明一下对控股权益和少数股东权益的估值方法吗？

帕里诺： 对控股权益进行估值，你必须考虑控制权带来的价值增加额。调整的幅度视具体情况而定。它反映出一个公司的控制权使控股股东有权决定公司的战略方向，雇用和解雇管理人员，购买或出售资产，确定财务政策，等等。非控制股东不可以做这些事情。控制权带来的价值增加额对于拥有控制权的团体来说是特定的，其大小取决于企业的经营方式和融资方式。须知，当一个企业取得另一企业的控制权时，实际支付的价款反映了控制权的一些一般性好处以及对交易中的两家公司进行整合预计将实现的利益以及协同效应。通常很难将控制权溢价对企业价值的影响从协同效应等其他因素的影响中剥离出来。

对控股权益进行估值时，现金流预测和贴现率可能和估值少数股东权益时有很大的区别。此外，对控股权益进行估值时将会有关于如何使用诸如类比分析法等其他分析法的暗示。

问　题： 在自由现金流分析过程中，你会根据资产负债表外项目进行调整吗？特别是对有许多经营租赁活动的公司？

帕里诺： 是的，应该对资产负债表外项目加以反映。你想得到的是企业真正的经济实质，而资产负债表外项目在这方面是很重要的。在租赁经营的具体情况下，租赁相关的影响已经反映在了企业的经营费用中，因此，进而会反映在企业的收益或现金流中。对于租赁费用不同于市场水平并且很有可能应该进行调整的经营租赁情况，你应该小心处理。这种情况下，你必须在现金流预测中反映任何预计将做出的调整。

总而言之，你必须特别仔细地对资产表外项目进行处理，比如没有在经营性现金流中正常反映出来的负债，其中包括资产负债表外负债等。另一方面，分析过程中你也应该考虑资产负债表外资产。

问　题： 为了得到有意义的估值，总是意味着使用明显高于实际水平的目标负债比吗？

帕里诺： 如果一家公司的股票价格隐含着较高的杠杆，那么这可能表明市场会在未来的某个时点公司的财务政策将会发生改变。换种说法（我想您在提问的时候应该在想，这表明未定权益分析法可能比贴现现金流分析法更合适），价值增量可以和一些期权价值联系起来，甚至有可能是部分取决于较低的杠杆率的期权价值。

例如，许多高科技公司倾向于在资产负债表上保留大量的现金。即使是那些没有太多现金的公司也不倾向于过多的举债。关于这些保守的财务政策的一种解释是，这些公司经营的业务相对而言风险较大，财务杠杆化的成本也会较高。

维持低杠杆的另一个原因是，低杠杆公司拥有更多的财务灵活性。低杠杆水平允许公司抓住可能出现的具有吸引力的机会，如收购机会或资本投资机会。低杠杆还为公司提供了对抗竞争对手战略变动的能力，比如竞争对手改变定价策略的时候。这些好处可能会反映在股票价格中，但却很难通过贴现现金流分析体现出来，因为你不知道这些公司将来可能拥有怎样的期权。因此，很难对这种情况下的公司进行估值。

问　题： 在计算自由现金流量，需要对维护资本支出和增长的资本支出进行区分吗？

帕里诺： 是的，那是当然的。从预测的角度看，区分这两者是很重要的。作为反映企业规模的经营特征（例如收入）的一部分，在许多行业维护资本支出（CAPEX）相对比较稳定，这使得维护资本很容易预测。

增长的资本支出预测起来通常要复杂得多。在贴现现金流分析中我经常关心的一件事是确保我的预测在本质上是一致的。如果一个公司在99%负荷运行，而我预测其销量将会翻番，那么我必须确保在我的预测中资本支出有足够的增长以满足单位产品销售额的增长。通过区分维护资本支出和增长的资本支出，我有意识地去思考什么时候公司的生产力会增加，增加的生产力的成本又有多少。

问　题： 应该为使用股票为资本支出提供资金的公司做出调整吗？

帕里诺： 如果问题变为"如果公司股票的价值被高估或者低估了，并且股票被用来替代现金，是否会有影响"，那么答案很有可能是否定的。例如，在资本预算中，如果公司卖出股票为其他事项融资，如股利，公司可以实现相同的价值。这时，如果公司出售该价值被高估了的股票来为资本支出融资，那么使用出售股票所得的收益为资本支出融资时将会有相关的机会成本。这个机会成本等于出售股票实现的价值，并且应该在资本预算分析中加以考虑。

相同的理念一样适用于企业价值评估。用股票替代现金，只有使用股票有效地改变了投资成本时才需要做出相应的调整。

问　题： 在两阶段股利贴现模型中，关于终值的假定不是比一期增长阶段的假定更重要吗？

帕里诺： 或许是吧。这取决于企业的性质。有许多公司，价值的大部分来源于初始增长阶段以后。但这并不是说初始阶段不重要。例如，如果初始增长阶段持续期为五年，那么当你计算第六年的现金流时，分子中的数字将会和初始增长阶段增长率的假设密切相关。在前五年中改变初始增长阶段年度增长率的1%将会对终端价值的美元价值产生巨大的影响。

所以，我认为它们都是非常重要的。但不得不承认，在计算终值时，特别是对具有较大增长潜力、价值主要产生于未来较远时期的公司，你必须特别注意你在计算终值时做出的假设。

问　题： 对于使用每股收益作为每股现金流的估计，您觉得怎么样？

帕里诺： 每股收益可以提供一个很好的估算，至少就以下两个方面而言是不错的估计：①非现金支出和投资支出相对较小，或在很大程度上可以互相抵消；②公司经营现金业务，收入是实际运营现金流很好的反映。当然，任何估价方法或对特定行业或公司的假定的适用性取决于该产业或公司的特性。在一些情况下，诸如使用每股收益作为每股现金流的估计的捷径是合理的。其他情况下则不合理。

注释

1. 企业价值定义为普通股的市场价值加上优先股的市场价值加上负债的市场价值减去过剩的现金和现金等价物。
2. 估计这种情形下的增长率，或许会用到机构经纪人预测系统（I/B/E/S）和共识预测。
3. 其他更复杂的模型也可以用来完成这一任务，但是数学上有点复杂。
4. 所有的数据都是2004年11月16日的。

CFA Institute 第14章

流动性不足股票的估值方法㊀

爱德华·德尔（Edward A. Dyl）

乔治J. 江（George J. Jiang）

流动性不足的股票的价值低于可以直接出售的股票的价值，原因是投资者需要承担因资金被困所导致的机会成本。对流动性不足所导致的折价进行度量是估计一些股票价格所需要面对的重要问题，特别是为一些固定资产进行定价时。在此章中，我们将讨论前面章节所建立的用来估计丧失的“出售机会”的价值的模型，用在估计流动性不足的股票中，是否也是一个具有实用性的模型。

有些股票不能轻易地流通。比如有些公司的股票没有公开上市交易就是一个显著的例子。上市公司禁售股的限制性条款禁止其出售时，这些禁售股流动性也不足。当股票（即存信股票）发行时，一些正式的合约会限制其流动性，或者因为这些股票未在美国证券交易委员会注册时，这些股票也会流动性不足。上市公司的未注册股票受到规则144的限制而不能随意出售，这些规则规定了未注册股票有一年的禁售期，以及个人每三个月出售其股票的频率。[1]最后，当某只股票被大量持有，而使这只股票所面对的公开市场的规模相对这个持有量来说太小时，这些被持有的股票本质上也是流动性不足的。比如，二次分配的股票，其价格低于该股票的当前市价，使潜在的市场不具有足够的弹性在当前价格上吸收这些股票（Mikkelson and Partch，1985）。

流动性不足的资产的价格通常低于市场上此类资产的价格。投资者之所以重视流动性是因为如果资产流动性不足的话，会使资产持有者受到限制，无法及时将资产变现，从而增加他的机会

㊀ 摘自《金融分析师》（2008年7～8月）：40～47页。本文发表时，Edward A. Dyl是亚利桑那大学图森分校的Sheafe/Neill/Estes Professor，George J. Jiang亚利桑那大学图森分校的金融学副教授。

成本。也就是，投资者会由于持有该项资产而资金受困，因此受到该项资产价格波动的左右。而资产价格，尤其是股票价格，波动是非常大的。

流动性不足的股票价格估计是一个具有争议性的问题，而且通常涉及的资金量都很大。然而，在征收遗产税时的遗产估值、收购与兼并、离婚协议或其他合作关系解体以及其他一些价值估计结果对当事人财务产生影响的情况下，流动性不足的股票的价值估计都是必需的。流动性不足的股票的价值估计结果会导致一方的获得是以另一方的失去为基础，所以，价值估计常常发生在诉讼中。

流动性不足的股票其价值估计的技巧性掩盖了这个问题的重要性。主流的方法是计算过去售出的受限制普通股折价率的平均数或中位数，再将这个折价率运用到现在要价格估计的股票上。这个方法的有效性让人怀疑。而且，假设股票在市场上的折价率一直保持为某一常数也是让人质疑的。各个公司的流动性不足的股票的折价率差别非常大，而且我们目前没有发现任何一个针对流动性不足的股票的研究对某一时间某家公司市场价格的估计提供了一个可靠的依据。此外，目前很多的研究现在都已过时。最近的研究是 Bajaj，Denis，Ferris，and Sarin（2001），它调查了 1990～1995 年流动性不足的股票的非公开配售。[2]

在此章中，我们将研究 Longstaff 于 1995 年建立的一个模型，这个模型以期权为思路框架，估计某个投资者某个时间持有的某家公司股票的市场（即流动性）价格。

14.1 流动性的估值方法

Longstaff 的基本观点是流动性完全是由持有者选择是否出售资产的期权（即看跌期权）所构成。因此，流动性的价值可以用期权定价理论的方法来进行估计。Longstaff 的假设之一是具有完全流动性的资产可以在无摩擦市场中随时以恒为常量的无风险利率进行交易，之二是投资者会选择最佳时间出售资产，并将出售所得投资于无风险资产，以此将他投资组合的价值最大化。如果投资者受到限制，不能在时期 T 内出售资产，那么他就不能将他投资组合的价值完全最大化。

Longstaff 建立了一个模型用于计算资产由于流动性不足，不能在某段时期内出售所产生的机会成本，而造成的价值损失。该模型如下：

$$\text{最大损失} = \left(2 + \frac{\sigma^2 T}{2}\right)[N(d)] + \sqrt{\frac{\sigma^2 T}{2\pi}}\exp\left(-\frac{\sigma^2 T}{8}\right) - 1 \tag{14-1}$$

式中 σ——公司每日（年化）收益率的标准差；

T——股票流动性不足的时间长度；

$N(d)$——随机变量大于或小于（小于）d 的标准正态分布，其中，$d=\sqrt{\sigma^2 T}/2$。

这个模型计算了市场中，理性投资者所持有的股票，其日收益率的波动性为 σ，流动性不足的时间为 T 时，这只股票所发生的最高折价率。在每单位时间内，股票由于流动性不足所产生的机会成本是公司收益率波动性的函数，因此股票由于流动性不足所导致的全部折价取决于单位时内产生的机会成本和不能进行出售的时间长度。

表 14-1 展示了用 Longstaff 模型计算流动性不足的资产，由不同时间长度和不同收益率波动性所决定的折价率。在相同时间长度内，由于流动性不足所导致的折价会随着收益率标准差的不同而相差巨大。比如，在两年内流动性不足的两只股票，其中收益率标准差为 0.10 的股票，折价率只有 9.8%，而收益率标准差为 0.50 的股票，折价率却达到 58.7%（值得注意的是在美国股票市场中，很难见到日收益率的标准差达到 0.50 或甚至更大数值，只有纳斯达克中一些非常小型的公司，其日收益率的标准差可以达到这么大）。

表 14-1 缺乏市场性所导致的各个波动性对应的最高折价率 （单位:%）

流动性不足的时间	波动性（σ）					
	0.10	0.20	0.30	0.40	0.50	0.60
六个月	4.8	9.9	15.0	20.5	26.1	32.1
一年	6.9	14.1	21.8	30.0	38.7	48.0
两年	9.8	20.5	32.1	44.8	58.7	74.0
三年	12.1	25.5	40.5	57.2	76.0	97.0

股票之间，由于流动性不足所导致的折价率相差如此巨大，这合理吗？针对流动性不足的股票所作的经验调查证明，它们的折价率确实存在巨大差异。《机构投资者调查报》（SEC 1971）调查了 1966～1969 年，机构投资者购买的 398 只流动性不足的股票，这 398 只股票的平均折价率为 23%。然而，其中 93 只股票的折价率低于 10%，48 只股票的折价率高于 50%，所以样本的折价率相异是非常大的。Wruck（1989）对非公开配售股票进行了调查，发现注册股票和未注册股票的折价率差值的平均数（中位数）为 17.6%（10.4%）。Silber（1991）调查了 1981～1988 年的 69 只非公开配售的流动性不足的股票，它们折价率的平均数（中位数）为 33.75%（35%），但是最大值与最小值之间却相差了 84%。Hertzel 和 Smith（1993）调查了 1980～1987 年的 106 只非公开配售股票，发现流动性不足的股票比注册股票的折价率高 13.5%。Bajaj 等人（2001）调查了 1990～1995 年的 88 只非公开配售的普通股，发现这些股票折价率的平均数（中位数）为 22.2%（20.7%），而其中最高达 68.0%。

这所有的调查都具有一个共同的结论，那就是各个股票的折价率存在巨大差异，这也许和各个公司的股票各自具有的特性不同有关。Bajaj 等人（2001）在调查中用一些特殊股票的性质对折价率建立回归模型，发现模型中最重要的解释变量是股票收益率的标准差（即波动性）。所以，Bajaj 等人的调查结果和 Longstaff 模型的结论是一致的。

总的来说，Longstaff 的模型证明了股票流动性的价值其首要决定因素是收益率的波动性。表 14-1所展示的折价率的波动范围也是合理的，它与针对流动性不足的股票和其他类似的股票的折价率的经验调查结果也一致。

14.2 股票收益率的波动性

当涉及股票的溢价或折价时，有几个问题值得我们思考：①当我们运用 Longstaff 模型时，用什么来度量股票收益率的波动性最合理？②对于纽约证券交易所和纳斯达克的众多股票，我们怎么来具体表示它们的波动性？③波动性是否具有连续性？

14.2.1 波动性的度量

建立 Longstaff 模型需要股票收益率的波动性。用股票收益率波动性的历史数据来估计未来的波动性是最常用的办法。比如，美国财务会计准则委员会在《财务会计准则（修订）》第 123 条关于股利支付的条款中规定美国公司在对股票期权估值时，必须把波动性的历史数据作为估计未来波动性的关键因素。也就是说，如果基于该股票的期权实行了交易，那么该期权价格所暗含的股票收益率波动性就可以用于 Longstaff 模型中来估计该股票的折价率。除此以外，还有许多关于波动性的模型可以用来估计未来的波动性（见 Figlewski，1997）。而且，研究证明了波动性具有较强的连续性，这也说明用股票收益率的历史波动性来预测未来的波动性是可靠的。

我们用股票的每日收益率来计算股票收益率的历史波动性。[3]出于多方面的原因，这个过程还提出了股票价格波动的相关度量。第一，因为公开交易的股票可以在任意一天进行交易，所以股票价格每天的变化和股票由于流动性不足所产生的机会成本（折价率）相关。第二，采用每日价格和 Longstaff 模型所隐含的理念基础是一致的。绝大部分投资者不可能每小时都关注股票价格，但肯定也不只每个月才看一次。而且，报纸和其他媒体都会报道股票的收盘价，投资者能够非常容易地得知每日收盘价。第三，每日收盘价非常可靠，而且其形式可以直接用来计算波动性。[4]第四，采用股票的日收益率可以减少人们对度量方式的关注。尽管理论上股票在每天的任何时刻都可以进行交易，但事实上股票当天的收益率是很难确定的，因为有的价格区间没有任何交易发生，而且还存在买入卖出价差。最后，而且最重要的是，每日数据可以在很短的时间段内，提供收益率波动性的大量可靠的观测值。平均来说，一个季度有 63 个成交日，那么在计算波动性时，每三个月（每六个月）就有 63（126）个日收益率的观测值可用。充足的样本量使波动性的估计有效而且可靠。

本章中，波动性的估计都是将股票的日收益率带入以下模型计算得来的：

$$\sigma = \sqrt{\sum_{t=1}^{M}\left[(r_t - \bar{r})^2/(M-1)\right]} \tag{14-2}$$

式中，r_t 是第 t 日的股票收益率，M 是股票日收益率的观测值个数。由于 Longstaff 模型用的是年化收益率的波动性，而平均每年有 252 个交易日，所以我们需要将日收益率乘以根号 252 来将它年化。

14.2.2　股票收益率的波动性

表 14-2 的 A 面列出了 2005 年 10 ~ 12 月股票的平均市值和年化日收益率的波动性。波动性的计算采用了在纽约证券交易所和纳斯达克进行交易，并且市场价值大于 10 000 000 美元、连续三个月内日收益数据都是有效可靠的所有股票。在该时间段内，纽约证券交易所上市公司的股票，其平均市值要高于纳斯达克上市公司的股票。然而，纽约证券交易所上市公司的股票，其收益率波动性的平均数（中位数）也要更低些。平均来说，纽约证券交易所上市公司的规模是纳斯达克上市公司的规模的七倍，因此，两个交易所的上市公司的股票，其收益率波动性的差异与上市公司的规模有关。表 14-2 的 B 面列出了 2005 年 7 ~ 12 月，这六个月的数据，得出的结论和 A 面在本质上是一样的。

表 14-2　股票收益率的波动性

时间和指数			波动性（σ）	
	公司个数	平均市值（百万）	平均数	中位数
A. 2005 年 10 ~ 12 月				
纽约证券交易所	1 442	$7 833	0. 300	0. 277
纳斯达克	2 714	1 149	0. 440	0. 383
B. 2005 年 7 ~ 12 月				
纽约证券市场	1 432	$7 856	0. 293	0. 273
纳斯达克	2 672	1 147	0. 443	0. 389

为了更深入地研究公司规模与收益率波动性之间的关系，我们将纽约证券交易所和纳斯达克的上市公司分别按规模从小到大的顺序各自等分成五组，然后计算出每组收益率波动性的平均数。表 14-3 列出三个月数据的计算结果。不管是哪个指数，股票收益率的波动性都随着上市公司市值的增大而单调递减。纳斯达克第五组股票的市值大概相当于纽约证券交易所第四组股票的市值，但是纳斯达克第五组股票的收益率波动性的平均数和中位数都大于纽约证券交易所第四组股

票。排除公司规模这一因素，纳斯达克上市公司的股票收益率的波动性要更高些。

表 14-3 2005 年 10～12 月，分组股票的收益率波动性

指数	第一组（规模最小）	第二组	第三组	第四组	第五组（规模最大）
A. 纽约证券交易所上市公司（1 442 个）					
市值（百万美元）	303.00	912.00	1 864.00	4 326.00	31 798.00
收益率波动性的平均数	0.369	0.338	0.298	0.264	0.234
收益率波动性的中位数	0.334	0.327	0.287	0.244	0.205
B. 纳斯达克上市公司（2 714 个）					
市值（百万美元）	36.00	102.00	219.00	480.00	4 904.00
收益率波动性的平均数	0.591	0.440	0.418	0.411	0.337
收益率波动性的中位数	0.518	0.412	0.395	0.383	0.314

14.2.3 波动性是否具有连续性

因为我们只能观察到过去的股票收益率，所以任何的波动性度量方式都必定是用历史数据来估计的。表 14-2 和表 14-3 中的波动性历史数据是否与流动性不足的股票价值的估计有关？答案是肯定的，因为股票收益率的波动性通常是严格连续的。下面的分析就提供了充分的证据。

首先，我们计算出 2005 年第三季度（7～9 月）和第四季度（10～12 月），纽约证券交易所和纳斯达克所有上市公司股票的收益率波动性。然后，我们计算出 2005 年第三季度和第四季度，每个上市公司股票的收益率波动性的百分位。最后，我们用第三季度的百分位数据作为自变量，第四季度的百分位数据作为因变量，来建立回归模型。如果股票收益率的波动性是连续的，那么某只股票在第三季度（Q3）中具有较高（低）的百分位，则它在第四季度（Q4）中，也会具有相应较高（低）的百分位。那么，回归模型的 R^2 就会很大。图 14-1 展示了回归模型散点图和拟合图。R^2 为 60%。

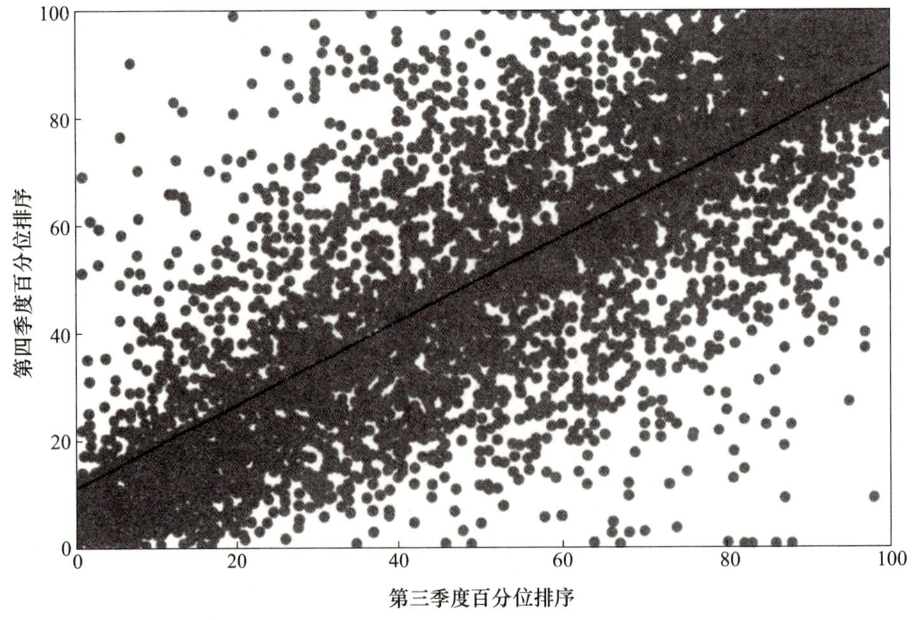

图 14-1 股票收益率波动性的百分位：2005 年第三季度对应 2005 年第四季度的散点图

当我们用第二季度股票收益率波动性的百分位数据作为自变量，第四季度的百分位数据作为因变量，来建立回归模型，得到的结果是类似的（书中没有画出此图）。R^2 为 55%，进一步证明了股票收益率的波动性具有严格连续性。另外，我们还计算了 2005 年上半年（1～6 月）和下半年（7～12 月）的股票收益率的波动性，并且分别对上半年和下半年的数据排列了百分位（书中没有画出此图）。用上半年股票收益率波动性的百分位数据作为自变量，下半年的百分位数据作为因变量，来建立回归模型，得到的 R^2 为 66%。用股票收益率波动性的百分位数据所建立的回归模型证明了，波动性在时间上具有严格的连续性，并且不像股票价格，它是可预测的。

2005 年 7～12 月，这六个月的股票收益率波动性的数据更进一步证实了波动性具有连续性。计算结果列在了表 14-4 中。该样本取样时间的后半段与表 14-3 中样本的取样时间重合。如果股票收益率的波动性在时间上是连续的，那么同一交易所、相同规模上市公司的股票，其收益率波动性的水平和形式应当是相同的。表 14-4 和表 14-3 的观察结果都一致证明了事实的确如此。它们都证实了上市公司的规模是股票收益率波动性的重要因素。

表 14-4　2005 年 7～12 月，分组股票的收益率波动性

指数	第一组（规模最小）	第二组	第三组	第四组	第五组（规模最大）
A. 纽约证券交易所上市公司（1 432 个）					
市值（百万美元）	310.00	930.00	1 891.00	4 416.00	31 798.00
收益率波动性的平均数	0.367	0.330	0.291	0.258	0.220
收益率波动性的中位数	0.345	0.313	0.276	0.240	0.197
B. 纳斯达克上市公司（2 672 个）					
市值（百万美元）	36.00	101.00	220.00	479.00	4 901.00
收益率波动性的平均数	0.609	0.449	0.427	0.398	0.333
收益率波动性的中位数	0.531	0.401	0.395	0.377	0.312

总之，在运用 Longstaff 模型时，以每日收益率的数据来估计波动性优于采用当日收益率或每月收益率的原因有两点。第一点，股票每日的价格能精确反映投资者出售股票这一机会的价值。第二点，日收益率波动性的历史数据是未来数据的精确估计。不管是纽约证券交易所还是纳斯达克，规模越小的公司，其收益率的波动性越大，并用收益率的波动性随着公司规模的增大而单调递减。然而，即使是相同规模的上市公司，纳斯达克的股票的收益率波动性也要高于纽约证券交易所。

14.3　案例

我们将在此阐述一个运用 Longstaff 模型来估计流动性不足股票价值的真实案例。[5]该案例是为了征收遗产税，而需要估计 Elite Financial Corporation 的股票的价值。Mary Hellmann 在 1998 年 9 月 27 日去世时，留下了 Elite Financial Corporation 的一部分股票作为其遗产。该份遗产持有 Elite Financial Corporation 的股票有 396 000 股。Elite Financial 的股票在 1998 年 9 月，市值约为 52 000 000美元。这些股票在纳斯达克公开交易。9 月 25 日（星期五）该股票的收盘价为 15.1875 美元，这也是 9 月 28 日（星期一）的开盘价。在此价格下，Mary Hellmann 持有的作为遗产的该公司股票的价值总和略高于 6 000 000 美元。该公司股票每日成交量的平均数为 4 113 股，中位数为 1 900 股，因此，396 000 股在当前的价格下，是无法售出的。[6]而且，这些股票未注册，因此，受

到美国证券交易委员会《规则144》（SEC Rule 144）（见备注1）的限制。Ms. Hellmann去世时留下的这些股票，其价值的真实估计必须体现出它们流动性的缺乏。

14.3.1 动性不足所导致的最高折价率

三个月内出售的股票必须少于在外流通的3 600 000股的1%（也就是36 000股）或截至出售当周的当年平均每周成交量这两者中的较高者。Elite Financial的股票从1998年1月1日到9月25日，平均每周成交量为20 555股，所以每季度能售出的股票的合理最高估计应该是36 000股。

由于每个季度最多能售出36 000股Elite Financial的股票，那么就需要11个季度，也就是2.75年，才能将396 000股全部售出。如果假设每三个月售出36 000股，那么售出所有股票的平均时间就为1.375年，即346个交易日。也就是，346个交易日是该股票完全流动性不足的平均时间长度。为了简单方便，我们把估计的Elite Financial的股票流动性不足的时间长度和流动性不足所导致的折价率都全部以每股为单位。

该模型的另一个参数是用年化的股票收益率构成的标准差所度量的股票收益率的波动性。我们用1998年9月之前六个月，该股票年化后的日收益率来计算波动性。从1998年4~9月，Elite Financial的股票，其日收益率的波动性为$\sigma=0.605$。尽管这个计算结果要高于2005年所有股票的平均波动性，但在纳斯达克上市的小规模公司中，它并不算是特别高（见表14-3和表14-4）。

现在，我们已经预备好了运用Longstaff模型来计算Mary Hellmann的遗产中Elite Financial的股票由于流动性不足而导致的折价上限值所需要的两个参数：Elite Financial的股票的年化日收益率的标准差是0.605；股票流动性不足的平均时间长度T，是346个交易日。把这两个数值带入公式14-1，算出Elite Financial的股票，在1998年由于流动性不足所导致的最高折价率为59%。

用这个估值模型计算出的结果有两个优点，第一，计算过程非常客观，适用于Elite Financial的股票在1998年的具体情况；第二，计算过程中运用的参数全部可以通过观察获得。该模型是以出售资产的看跌期权的价值为基础，进行严密的理论分析建立起来的。而且，该模型在估计股票的折价率时，采用的不是针对流动性不足的股票的研究所得的陈旧数据，而是该股票（在本案中，采用的是1998年，Ms. Hellmann的遗产中的股票）的具体特性（波动性和流动性不足的平均时间长度）。

然而，59%只是该股票由于流动性不足所导致的折价率的上限值。要想合理地估计遗产中Elite Financial股票的折价率，还应当考虑其他的因素。

14.3.2 确定最终折价率

尽管Longstaff模型已算出折价率的上限为59%，但我们想要得到最终的折价率，最好还是观察现实中其他股票通常的折价情况。而修正Longstaff模型的数据需要通过经验调查来获得，但不幸的是，就我们所知，目前并没有实行这样的调查。

Bajaj等人（2001）搜集了1990~1995年，88个非公开配售股票的数据，建立了一个关于股票折价率的回归模型，并估计了模型中的参数，该模型含有四个变量，而收益率标准差就是其中之一。可惜的是，模型中并不含有股票流动性不足的时间长度。然而，这个回归模型，以及Bajaj等人的假设，使我们能够对年化日收益率的标准差为0.605的股票的折价率有一个粗略估计。根据Bajaj等人的回归模型，我们粗略估计Elite Financia的流动性不足股票的折价率约为23%。Elite Financial的股票在1998年9月27日的价格为15.1875美元，如果遗产中的这396 000股是完全具有流动性的，那么它们的总价值就为 6 014 250. 00 美元。在由于流动性不足而折价 23%，即减少 1 383 277. 50 美元后，这些股票的总价值就为 4 630 972. 50 美元。

在 1998 年，3 000 000 美元以上的遗产税边际税率为 55%，所以对遗产中的股票折价 23% 后，至少可节省税收 760 000 美元（见 Johnson and Mikow，2002）。当然，这个估值还需要得到美国国家税务局或税务法庭的认可。而根据实践经验看，财务专家的估值通常是与美国国税局（IRS）谈判的起点。

在具体的案例中，特定的环境会使某只股票的折价率比类似的其他股票高些或低些。比如，如果遗产继承人持有 Elite Financial 的股份足够多，使他能够对公司具有控制权，并且能够享受控制权带来的实质利益（即跟该公司有涉及经济利益的工作关系），那么这个出售资产的看跌期权在公开市场上对那些特定的投资者来说，其实是没有太多价值的。这种情况下，折价率就会很低，甚至为零。

但如果 Elite Financial 的股票占了 Hellmann 遗产的大部分，而且遗产的受益人是 Mary Hellmann 信托基金的未成年子女，那么情况就会大不一样了。当基金受托人是遗产受益人时，他就有义务谨慎地处理基金所持有的资产，有义务将资产多元化，以降低发生重大损失的风险。在这种情况下，这 396 000 股 Elite Financial 的股票的价值就远远低于其市价 6 000 000 美元，甚至不值之前模型的计算结果 4 600 000 美元。再考虑到 Elite Financial 是一家风险性很强的公司，而且 Longstaff 模型算出的 59% 是指如果出售这些股票，其折价率的最高值。受托人是否愿意接受 3 000 000 美元现金来代替高风险而且流动性不足的 Elite Financial 的股票呢？这完全可能！如果他们愿意接受，那么在估计遗产中这些股票的价值时，采用的折价率或许应当等于甚至大于 50% 才合理。

14. 4　总结

我们用 Longstaff 模型作为指导思想，估计股票流动性的价值。尽管该模型没能得出股票流动性价值的精确折价率，但是它得出的折价率上限对我们估计股票流动性的价值是一个非常好的起点。该模型不但简练、完整，而且只需要两个参数，即股票收益率的波动性和股票缺乏波动性的时间长度。

采用引入了收益率波动性的模型，比我们直接通过观察来估计折价率更易理解，因为模型明确地考虑到了流动性资产所暗含的看跌期权。之前的研究分析了流动性不足的股票的折价率与公司规模、财务杠杆这些变量之间的关系，但这些分析是具有特殊性的。流动性不足的股票比具有流动性的股票价值更低，因为投资者需承担因持有流动性不足的资产，资金被套而产生的机会成本。机会成本是由股票的价格波动引起的，而股票收益率的波动性就是对股票价格波动的一个很好的度量方式。

最后，我想指出 Longstaff 模型的框架对分析其他资产的流动性、风险性和收益率之间的关系也非常有用，比如对冲基金和有限合伙制的私募基金。比如，Liang and Park（2007）在文献中指出，许多对冲基金就对投资者设置了各种各样限制流动性的条款，比如禁售期和赎回费用。所有类型的对冲基金的禁售期通常为六个月。也就是说，对冲基金向投资者提供的流动性一般要少于共同基金。这个情况非常地类似于流动性不足的股票，流动性不足的股票也是有一段禁售期，在此期间，投资者可能会因为资产价格的扭曲而蒙受损失。因此，相比于共同基金，投资者在估值对冲基金时考虑一定的折价是合理的，或者要求对冲基金提供更多的收益率。事实的确如此，

Aragon（2007）以及 Liang 和 Park（2007）分别在他们的文献中都指出，流动性紧收的对冲基金确实向投资者提供了更高的收益率。这些文献的作者都提出了证据证明，由于对冲基金并不需要向投资者提供流动性，相比于共同基金，它们会更倾向于投资流动性较差的资产来获得更高的收益。[9]

还有一个问题就是对冲基金提供的非流动性溢价是否足以补偿投资者。要回答这个问题，就必须量化各种限制流动性的条款导致的折价率。Longstaff 模型根据日收益率的波动性或股票价格的波动来计算流动性不足所导致的折价率，有助于我们理解这个问题。我们把运用 Longstaff 模型来计算对冲基金由于流动性不足导致的折价率留待以后再研究。[10]

注 释

1. 每个人在三个月内出售的流动性不足的股票不能超过在外流通股票的 1% 和申请出售之前四个周证券市场上平均周成交量中的较高者。
2. 早期的研究者有 Hertzel and Smith（1993）、Silber（1991）和 Wruck（1989）。
3. 我们采用日收益率构成历史波动性是为了方便起见（因为日收益数据容易获得）。
4. 比如，美国证券价格研究中心的数据库会公布公开市场上所有股票的收盘价或收盘时买入卖出的平均价。
5. 出于对个人隐私的保护，文中的名字为化名，但案例为真实事件。
6. 另外，由于当时大多数的交易都有经销商在参与，所以纳斯达克对外公布的成交量是被夸大了的，也就是说 Elite Financial 真实的成交量并不像对外公布的那么多。参考 Anderson and Dyl（2005，2007）。
7. Bajaj 等人（2001）研究中的其他变量还有发行股份的百分比、公司的 Z 得分（度量公司健康程度的指标）和表示股票是否注册的虚拟变量。对 Elite Financial 的股票运用该回归模型时，前两个变量采用的是样本平均数。我们假设股票是未注册的，然后将收益率标准差的系数排序，这样模型就可以用年化日收益率的标准差为变量，并且将标准差的取值为 Elite Financial 的标准差（$\sigma = 0.605$）。
8. 财产受托人的行为必须遵循谨慎的原则，也就是他的每个决定“在任何情况下都应熟练、小心、慎重并竭尽全力，他的所作所为要像一个有责任感并有娴熟能力解决此类问题的谨慎人的行为”［ERISA，sec. 404(a)1(B)］。
9. 参考 Lerner and Schoar（2004）关于流动性和私募股权投资的讨论。
10. 可惜的是，对冲基金每日收益率的数据通常难以获得，所以收益率的波动性也难以计算。

参考文献

Anderson, A.M., and E.A. Dyl. 2005. “Market Structure and Trading Volume.” *Journal of Financial Research*, vol. 28, no. 1 (March):115–231.

Anderson, A.M., and E.A. Dyl. 2007. “Trading Volume: NASDAQ and the NYSE.” *Financial Analysts Journal*, vol. 63, no. 3 (May/June):79–86.

Aragon, G.O. 2007. “Share Restrictions and Asset Pricing: Evidence from the Hedge Fund Industry.” *Journal of Financial Economics*, vol. 83, no. 1 (January):33–58.

Bajaj, M., D.J. Denis, S.P. Ferris, and A. Sarin. 2001. “Firm Value and Marketability Discounts.” *Journal of Corporation Law*, vol. 27, no. 1 (Fall):89–115.

Figlewski, S. 1997. “Forecasting Volatility.” *Financial Markets, Institutions & Instruments*, vol. 6, no. 1:1–88.

Hertzel, M., and R.L. Smith. 1993. "Market Discounts and Shareholder Gains from Placing Equity Privately." *Journal of Finance*, vol. 48, no. 2 (June):459–485.
Johnson, B.W., and J.M. Mikow. 2002. "Federal Estate Tax Returns, 1998–2000." *Statistics of Income Bulletin*, vol. 21, no. 4 (Spring):133–186.
Lerner, J., and A. Schoar. 2004. "The Illiquidity Puzzle Theory and Evidence from Private Equity." *Journal of Financial Economics*, vol. 72, no. 1 (April):3–40.
Liang, B., and H. Park. 2007. "Share Restrictions, Liquidity Premiums, and Offshore Hedge Funds." Working paper, University of Massachusetts.
Longstaff, F.A. 1995. "How Much Can Marketability Affect Security Values?" *Journal of Finance*, vol. 50, no. 5 (December):1767–1774.
Mikkelson, W.H., and M.M. Partch. 1985. "Stock Price Effects and Costs of Secondary Distributions." *Journal of Financial Economics*, vol. 14, no. 2 (June):165–194.
SEC. 1971. "Discounts Involved in Purchases of Common Stock." In *Institutional Investor Study Report of the Securities and Exchange Commission*. Securities and Exchange Commission, H.R. Doc. No. 64, Part 5, 92nd Congress:2444–2456 (see revision at www.nber.org/chapters/c3534.pdf).
Silber, W.L. 1991. "Discounts on Restricted Stock: The Impact of Illiquidity on Stock Prices." *Financial Analysts Journal*, vol. 47, no. 4 (July/August):60–64.
Wruck, K.H. 1989. "Equity Ownership Concentration and Firm Value: Evidence from Private Equity Financings." *Journal of Financial Economics*, vol. 23, no. 1 (June):3–28.

第三部分

收益和现金流分析

CFA Institute 第15章

盈利的计量和披露对股票估值的影响⊖

D. 埃里克 赫斯特（D. Eric Hirst）

帕特里克 E. 霍普金斯（Patrick E. Hopkins）

尽管有大量文献论证了会计信息——特别是出现在财务报告中收入方面的数据与证券价格之间的密切联系，而且大部分研究都分析了会计信息与市场整体价格走势之间的关系。但是却鲜有研究对用收入数据精确估计股票价格的实际操作参考意义。在此章中，作者将向读者简单介绍收入的类型，意在帮助分析师提高对收入特性和持续性的判断能力。而且，他们将介绍两个原创的实验，来展示实际操作中股票分析师是如何运用收入数据来研究股票——判断其价格走势的，而且他们撰写的报告对分析师判别投机性收益管理提供了宝贵的经验。

前言

在很长的一段时间内，证券分析的核心作用被认为是用作预测未来的会计收入，以备估值之需。但是近来的估值分析，尤其是技术分析，引发了许多投资者对会计收入的质疑。许多研究人员声称应该用现金流来取代会计收入。D. 埃里克 · 赫斯特和帕特里克 E. 霍普金斯对这个至关重要的问题进行了详细研究，并提供了可靠的证据证明会计收入对股票价格具有持续的相关性。

除了关于会计收入和股票价格之间重要关系的文献，赫斯特和霍普金斯还提出了一个收入分

⊖ 版权© 2000 CFA 协会研究基金会，获准转载。当本文首次发表时，D. Eric Hirst 为得克萨斯大学奥斯汀分校 McCombs 商学院的会计学副教授，Patrick E. Hopkins 为印第安纳大学凯利商学院的助教和 OLIVE 有限合伙人。

类的综合纲要，便于分析师判别哪些是一次性收入，而哪些是会对未来价值产生影响的经常性收入。赫斯特和霍普金斯采用了大量真实的案例来说明收入的分类，并解释分析师在基本面分析中如何理解它们。

然后，赫斯特和霍普金斯展示了两个独创的控制性实验的结果，评估会计收入在买方分析中的重要性。第一个实验揭示了分析师常常被投机性收入所误导，因此他们更应当关注的是收入的来源和性质。第二个实验展示了对收入构成部分的综合解析有助于减轻投机性收入的问题，帮助分析师更好地评估股票投资的价值。后一个实验的结论是极力建议专业人士促进政策制定者要求公司在财务报告中对其收入信息更加的公开、透明。

本章不管对初学者还是专家来说，都是证券分析的基础知识。而且，任何想要对会计收入与股票价值之间的关系有清楚而深刻理解的专业投资者，都会从赫斯特和霍普金斯的著作中受益匪浅。《盈利的计量和披露对股票估值的影响》非常荣幸地得到了研究基金的支持。

马克·克里茨曼，CFA
课题负责人
投资管理与研究协会研究基金

致谢

感谢投资管理与研究协会研究基金为我们提供机会撰写此章内容，感谢 Keith Brown 对本课题的支持。我们还收到了来自得克萨斯大学奥斯汀分校和印第安纳大学的有益反馈——特别感谢 Daniel Bneish，Michael Clement，Roger Martin，Bob Parrino，Curt Rogers 和 Jim Wahlen。我们在康奈尔大学、佛罗里达大学、伊利诺伊州立大学、印第安纳大学、俄亥俄州立大学、犹他大学和弗吉尼亚理工学院的研讨会上，收到了对该课题提出的各方面意见。来自 IU-NDU-PU 夏季研讨会，第八届金融经济学年度会议、得克萨斯大学夏季自助研讨会、美国财务会计准则委员会专业发展会议、1998 年中西部 AAA 会议、1998 年管理中的行为决策研究会议、1998 年美国会计学会年会和 1998 年《会计研究》杂志会议的参与者也对我们的课题提出了宝贵的意见。Lynette Wood 对我们的研究提供了大力支持。

我们尤其感谢 Jeff Lucado，Walter Koom，Thomas Pence 和 Gary Stratten 认真策划和执行《买方股票分析如何用收入进行估值》中所引用的实验。我们还感谢专业研究人员和基金经理无私地奉献他们的时间为我们完成案例材料。

特别申明我们对文中的所有错误和疏漏承担全部责任。

声明

此章内容来自于我们家庭对我们的支持和鼓励。我们谨以此章献给他们。

致谢：
Patty，Kevin 和 Matthew
Laura，Maggie 和 William

引言

许多教材对股票估值简明扼要的介绍给学习者和分析师一种错觉，使他们低估了实际估值的复杂程度。股票估值既充满科学又富含艺术，既需要剖析过去又需要预测未来——整个过程令人振奋却也困难重重。一方面，令人振奋的是从大量的资料中搜集并提取的有关信息，可以运用到估值之中。这是个人或机构投资者决定买入、卖出或持有证券的奠基石。而另一方面，困难的是估值过程充满了不确定性。首先，操作过程就具有不确定性。比如，我们采用的模型是否恰当？价格是否过高？市场什么时候才能认同我对未来价格的判断？另外，分析师发现他们自己在和公司的财务报告玩猫鼠游戏。分析师无法直接使用财务报告中的账面信息是股票估值变得更加困难的又一原因。

美国的公认会计准则（GAAP）为公司管理者有效地掌握公司的财务状况和运营状况提供了充分的权限。而同时，准则也为管理者向竞争对手、分析师和其他公众保密公司的财务信息提供了一定的灵活性。理论上，公司管理者对财务信息是否公布的决定，是对此行为潜在利益（即减少资本成本，因为信息披露会减少不确定性）和潜在成本（即将公司的具体信息暴露给了现在的和潜在的竞争对手）的权衡。另外，公司管理者明白财务报告及其构成部分的披露会对公司的各种合约产生影响，包括报酬契约。因此，公司管理者有对外勾勒一个有利于自身的公司形象的强烈的动因。谨慎的分析师会对财务报告提供的信息持谨慎态度，应仔细斟酌信息的来源和内容。

本章内容的目的很简单：我们希望加强分析师对财务信息的理解，明白如何运用利润表和公司披露的其他财务信息来评估公司经济活动真实的优良性和持续性。我们相信最近人们之所以热衷于“现金收益”的估值模型主要是由于需要判别所谓的新经济股的价格是否飙升过高，而且人们对公认会计准则中度量收入的缺陷也反应过于夸张。可是，从长远来看，现金收益模型并不像人们所描绘的那样是适用于一切情况的灵丹妙药。[1] 而财务数据为我们深刻洞察公司的内在价值提供了丰富的原始材料。要想很好地利用这些信息就需要理解它们的优点和缺陷。我们相信运用恰当的工具，以及对财务报告中各种参数的透彻理解，证券分析是能够精确而深刻地估值股票的。

本章的框架结构如下。在15.1《会计收入与股票价值相关性的证明》中，我们将简要介绍财务信息与证券价值之间关系的研究的大体情况。尽管我们只节选研究的主要部分，但并不妨碍我们掌握整个事件的思路：财务数据——特别是财务报告中的收入数据——与证券价格之间有密切关系。我们认为那些批评财务数据影响不大的观点是站不住脚的。我们还将重新审视“现金为王”和会计收入只是“虚有其表”的说法，我们还会通过强有力的实证分析来证明权责发生制的财务信息的重要性。

在15.2《财务报告中的会计收入与股票估值》中，我们将考查：什么是收入？我们将通过概述权责发生制中一个非常重要的估值模型来展开讨论。我们还会阐述会计人员是如何区分经常性收入和一次性收入的。然后，我们会解释实际披露中的收入类型，并讨论公司管理者的意见是如何使财务报告利于自身。当分析师对公司的财务报告以及它内在的优、缺点有了真正的了解之后，他就拥有了对公司过去的业绩进行评估的良好开端。而且这些了解还会改进我们对未来的预测。

在15.3《买方股票分析如何运用会计收入进行股票估值》中，给出了对100多个专业分析师调查的两个全新的实证分析的结果。讨论的目的是说明基本面分析和股票估值真正的困难。我们的研究结果显示了，与流行的观念相反的是，财务数据的报告方式会对分析师的估值判断产生潜在影响。

最后以一个对此章内容的简要总结作为结束。

15.1　会计收入与股票价值相关性的证明

在此部分，我们将考察会计收入与股票价值之间相关性的其中三方面的实验性证据：收入数据与股票价格之间的关系、含有收入数据的信息与含有现金流信息之间的关系、估值过程中收入数据的作用。

事实上，不管是公司管理者、分析师还是投资者，在评价财务报告中收入的重要性时，都不需要对资本市场中会计收入的作用进行正式的研究。因为各类商业文献已经非常关注公司的季度或年度财务报告。而且，公司管理者会极力解释收入数据形成的各种原因，并会试图引导分析师对收入的期望。比如，最近几年，频频发生的是公司管理者会在财务报告公布的前几周，“降低”投资者对收入的预期，而当财务报告真正公布出来时，真实的收入增长率就高于人们的预期了。他们的办法有散布“小道消息”和“事先宣布”收入情况。另外，很多商业杂志会定期地用收入乘数（比如市盈率）对公司价值进行综合分析。即使是那些公布公司季度财务报告的文章也含有大量的调整和限制，目的就在于引导公众投资者对公司（遥远的）未来的收入达到某种预期。

也许关于会计收入与证券价值之间相关性的轶事非常引人入胜，但到底是用会计收入还是用现金流来计算计算价值这个问题最好还是通过观察股票价格与这两者之间的关系来作出明确的定论。庆幸的是，会计和财务领域的学者已经做过研究会计信息如何影响股票价格及其波动的调查。

下面描述了几个说明会计信息对股票价格作用的经典案例。[2] 然后，我们将考察将会计收入或现金流对股票价格影响进行直接比较的研究，而且大部分的讨论都指的是市场决定的股票价格。在此节的最后部分，我们将引用分析师在实践中如何运用收入方面的相关信息来估值股票的研究的几个结论作为结尾。在讨论中，我们还会提及实验的内容，而具体的描述出现在 15.3 一节中，关于研究会计收入对买方分析师的股票价格判断的影响的那一部分。

15.1.1　收入数据与股票价格

三十多年来，会计和财务领域的研究人员对会计收入与证券价格之间的关系进行了认真的分析研究。这项研究的重要性并不是使学者或从业人员预先筛选出价格即将上涨的股票，而是为了解释股票价格历史波动的原因。此项研究的基本问题是收入的历史数据是否或者是在何种程度上对股票的收益率或价格产生影响。如果研究证明了收入的历史数据能解释股票的当前价格，那么任何从事基本面分析的分析师都应该重视像下一节 15.2 中涉及的模型那样，在估值中明确纳入未来收入的期望值。

1. 非预期收入和股票价格的变化

鲍尔和布朗（1968）的研究最早提供了会计收入传达了证券内在价值的重要信息的相关证据。他们的研究为后来会计和财务领域收入方面的学术研究奠定了基础。鲍尔和布朗提出了是否非预期收入的增加会导致股票价格上涨，而非预期收入的减少会导致股票价格的下跌。尽管很多因素都会对证券价格产生影响，但鲍尔和布朗控制了其他变量，研究在其他变量不变的情况下，收入的变动对价格的影响。这样的研究方案控制了其他因素变动而非收入变动对股票价格的影响。

鲍尔和布朗研究了1946~1966年261个上市公司的净收入和股票价格。因为市场已经使股价消化了收益率的预期，因此他们认为这一年之中，每只股票价格的变化是受收益率的非预期部分的影响。[3]他们将样本分成两组——非预期收益率为正值或非预期率为负值。他们的研究结果有力地支持了收益率有重要作用。更具体地说，如果公司的收益率预期将增加，平均来讲，会使股票的收益率在调整后的市场收益率的基础上上涨7个百分点。而如果公司收益率的预期将减少，平均来讲，会使股票的收益率在调整后的市场收益率的基础上下跌9个百分点。

2. 非预期收益的大小与股票价格的变化

比弗、克拉克和赖特（1979）扩充了鲍尔和布朗的研究，他们不只分析了收益率变化方向的影响，还分析了收益率变化程度带来的影响。比弗等人研究了1960~1975年，276个上市公司的净收入和股票价格。他们根据每年每个公司净收入残差（即非预期收益）变化的百分比，将所有的样本分成了25组。最后每组包含了106个公司的年观测。

表15-1中列出了比弗等人[4]的实验中，排名最前5组和排名最后5组的收益率的平均残差变化和股票价格的平均残差变化。组合1是非预期收益在一年内下降最多（即-154.8%）的股票组合；组合10是非预期收益在一年内上升最多（即185.1%）的股票组合。组合1~组合5在盈余意外为负的一年，价格下跌了10%以上，而组合6~组合10在盈余意外为正的一年，价格上涨了10%以上。而且，对盈利预期大小的度量展示了很多鲍尔和布朗在其实验中尚未观察到的收入形式。即股票收益率的最大负值为-17.5%（鲍尔和布朗的研究负的最大值为-9.0%），最大正值为29.2%（鲍尔和布朗的研究中最大正值为7.0%）。

表15-1 前5名和后5名投资组合每股收益平均残差变化和股票价格平均残差变化，1960~1975年

组合	观测数	每股收益率（EPS）的残差变化（%）	每股价格的残差变化（%）
1	107	-154.78	-17.51
2	107	-44.69	-12.40
3	106	-31.23	-14.69
4	106	-22.92	-11.76
5	106	-17.47	-11.33
6	106	28.70	10.44
7	106	36.28	11.79
8	106	49.72	15.76
9	106	72.06	22.23
10	106	185.08	29.16

资料来源：改编自比弗等人（1979）的表3。

比弗等人的实验中，正负盈利预期对股票收益率的不对称作用（最大正值为29.2%，负的最大值为-17.5%），引发了一个疑问，那就是收入的不同来源和不同水平对股票价格的作用是不一样的。在15.2一节中讨论构成净收入各种项目的来源和持续性时，正负盈利预期的不对称作用并不令人感到吃惊。确实，如果一家公司那一年的净收入已经为负的话（即“遭受损失”），他们会有动机去注销未来的费用，所以比弗等人的研究中，排名最前和排名最后的非预期收益对股票价格的影响是与我们的直观判断相吻合的。

3. 价格变动的决定因素

尽管比弗等人的研究结果和直观判断相吻合，但是作者们并没有回答在给定的非预期历史收入的水平下，股票价格的响应程度有多大这一重要问题。这个响应通常被称为“收入响应系数”

（ERC），它是非预期收入与非预期股票收益之间的斜率。比如，如果公司预期净收入为 2 美元每股，但事实上净收入是 3 美元每股，那么非预期收入就是 1 美元。如果公司的股票价格在此收入公告中，上涨了 5 美元每股，ERC 就是 5。如果所有的非预期收入都相等，那么至少在公司水平上，ERC 的取值就为常数。但是直观判断告诉我们有的非预期收入是经常性的，而有的非预期收入是一次性的。

科曼迪和利普（1987）首次研究 ERC 是否能由某期的非预期收入转化为未来的预期收入的程度来解释。[5] 也就是，他们认为公司 ERC 的大小由盈利意外的比例所决定（至少是部分决定），即盈利意外变为未来正常收益的比例。他们发现，确实是未来收入的持续性越好，ERC 也就越高。换句话说，因为收入的变化是未来收入业绩的标志，所以股票价格对收入变化的反应最大。

尽管已经证明了有很多因素会影响非预期收入与股票收益率之间的关系，但是科曼迪和利普的研究结果，以及后来的研究人员都认为这个关系在一定程度上取决于收入未来持续性的预期。这些结论表明分析师在将收入数据运用到估值模型中时，应该仔细分析收入构成的来源和预期时长。

4. 长期关系

尽管鲍尔和布朗以及比弗等人提供证据表明会计收入与股票定价有关，但是会计收入与股票价格或股票收益之间的相关关系却非常弱。用非预期股票收益作因变量，非预期公司收入（年盈利率）作自变量建立的模型，得到的 R^2 非常小，很难超过 10%。[6] 这意味着，短期内股票收益率的主要影响因素并不是公司这一年的会计收入，而是其他因素。伊斯顿、哈里斯和奥尔森（1992）研究了较长一段时间内会计收入和股票收益之间的关系，并解决了这个问题。

伊斯顿等人对会计收入与股票收益之间关系的解释做了两大贡献。首先，他们发现在较长的时间段内，不但收入可以积累，而且偶然收入平移造成的白噪声和可选择性会计方法造成的不可比性也会由此减弱，这样一来，公司收益率的解释力就会随着时间段的增长而增强。也就是说，在较长的一段时间内，权责发生制下的各种收入项目最后得到的会计收入总和是相同的。其次，他们发现在长窗口下研究股票收益与总收入之间的关系是可行的。大多数对会计收入的研究（比如鲍尔和布朗，以及比弗等人）通常都只研究短期内非预期收入（或者会计收入的变化）与股票收益的关系。

伊斯顿等人提取了电子计算机会计数据库从 1987 年起 20 年的数据，研究股票收益和会计收入之间的相关关系。[7] 他们发现 10 年期样本建立的股票收益与会计收入的模型的 R^2 大于 60%——这对短窗口下的解释力有显著改善。此外，他们还对会计收入与股票收益的长期关系进行了研究。长窗口下，总的历史收益率对估值的作用表明了，预测长期的未来期望收益率对估值是很有用的，甚至对预测公司的账面净值也有潜在的作用。[8]

5. 股票价格与会计收入的相关性最近几年是否下降

尽管伊斯顿等人指出长窗口下会计收入能在相当大的程度上解释股票收益，但是许多学者和分析师抱怨季度和年度会计收入对解释普通股的收益率已经变得越来越不重要。例如，许多人抱怨说公司一次性项目的经常性报告越来越多了。艾略特和汉娜（1996）证实了，截至 1994 年，报告中大金额的一次性项目，尤其是大金额的**负冲销**（large negative wire-off）在 20 年内急剧增加。[9] 例如，1975 年，少于 5% 的公司在其财务报告中有大金额的负勾销，而 1994 年，这样的公司却多达 21%。艾略特和汉娜（1996）同时还证实了，最有可能记录这些冲销的公司是那些在以前的报告中也记录了类似冲销的公司。作者证明了研究人员讽刺季报和年报中“非经常性项目经常性发生”是有道理的。他们的研究结果指出，定期财务报告中结算的净收入在估计公司价值中的作用越来越微乎其微。

柯林斯、梅德和维斯（1997）指出，导致单期收入的影响下降的因素，也可能导致对公司进行估值时，对账面净值的影响增加。为了检验这一命题，他们在1993年研究了40年内账面净值的增额解释力与股票收益。他们用超常收益折现模型（DAE）的估值框架研究账面净值和股票收益之间的相对重要性。简单地说，DAE模型表明，一个公司的权益总价值可以用未来的超常收益与当前报告期的账面净值来表示。[10]从估值的角度来看，这个模型框架的重要贡献在于它可以解释和预测股票价值（即股票价格），而不是股票价值的变动（即收益率），股票价值的变动早在过去就已经有很多的会计研究分析过了。

柯林斯等人发现当估值模型中含有会计收入和账面净值时，年均 R^2 的波动范围在0.5～0.75。也就是说，会计收入和账面净值一起解释了股票价格变化的50%～75%——比例相当大。此外，他们发现在过去的40年里，结算线上净收入的增额解释力的确越来越弱，这符合那些坚持认为会计收入变得越来越不重要的观点。这一发现强调了估值收入项目构成的重要性，否定了对利润总额度量的过分执着。而且柯林斯等人发现了，在这一时期，账面净值的增额解释力越来越强。让那些认为会计信息对估值越来越不重要的人感到惊讶的是，净收入联合账面净值的解释力在过去40年里明显变得越来越强。简而言之，柯林斯等人的研究结果表明，权责发生制的会计信息对解释股票价格水平有重要作用。

综上所述，这些研究强有力地证明了权责发生制下的收入信息可以用作股票价格的解释。事实上，这些研究结果有力地说服了分析师在估值过程中运用引入会计收入作为变量的模型。

15.1.2 含有会计收入或现金流的会计信息

现金为王。

——科普尔、罗勒和默林（1996）

常识告诉我们，会计信息与股票估值相关。

—布伦南（1995）

这些引用，每一句都出自杰出的金融著作的作者，都说明了在金融领域，权责发生制的会计信息在股票估值中的重要作用。第一个观点，基于观察得出一项资产的价值等于其产生的未来现金流量的现值的观点。如果要得出一项权益所产生的现金流的公允或内在的价值，我们为什么不直接估计这些现金流？从这个角度来看，分析师的分析思路是先估计现金流折现后的现值，然后预测其在未来的变化（或保持）。

布伦南的引用所表明的观点是基于观察所得，即财务报告的作用就是为了提供会计信息（即会计收入的数据），而这些信息总结了在一段时间内，公司经营活动所产生的当前现金流与未来将发生的现金流。而且，分析师可以重点关注那些会对一段时间内公司的核心业务产生影响的经济因素，并估计这些因素在未来会有多大程度的变化或者保持不变。事实上，正如我们在《财务报告中的会计收入和股票估值》一节中所指出的，会计人员将收入分类有助于我们的研究。

有些分析师、基金经理和学者认为现金流才是估计公司价值的真正指标，并非会计收入。而我们前一部分对估值的讨论中，会计收入作用的阐释并没有解决他们的疑惑。他们说，尽管会计收入与估值有关，但是这些数据仍然逊色于现金流的直接度量。

财务专家不愿使用财务报告中的会计收入来估值，通常是因为他们相信公司能够通过篡改应计项目来管理收入数据。然而，这个角度来看，他们忽略了一个重要事实，即财务报告必然是基于权责发生制来编制的：公司当然也可以轻松地篡改现金流的时间。

权责发生制为基础的净收入的重要特点之一就是，它本来是用来量化某一报告期内的交易或事件将产生的现金流的期望效益。尽管公司可以操纵财务报告中的净收入，但是权责发生制下的净收入是计算公司在某段时间内经营活动所产生的现金流和未来将产生的现金流的总现值的一个重要起点，不管这些经营活动产生的是现金流入还是现金流出。因为已经实现的现金流和未来现金流的期望没有关系，所以在对公司进行估值时，现金流所提供的信息不及会计收入。进一步说，因为权责发生制下的净收入与公司本身的创收活动有关，所以总结公司在某段时间内创造的价值时，会计收入比现金流更有用。

德肖（1994）在一项直接比较会计收入和现金流的重要性的研究中，估计了截至 1989 年的 30 年内，会计收入和现金流分别对股票收益的解释能力。[11] 她发现，会计收入与股票收益之间的关系强于一段时间内现金流与股票收益之间的关系。而且当公司正在经历营运资本需求的变化、或投资活动与融资活动的变革的时候，会计收入与股票收益之间的关系会更强烈。[12]

斯隆（1996）扩展了德肖的研究，他的策略是度量用当前会计收入和用净现金流来分别预测未来净现金流的能力。在分析中，斯隆将公司按净现金流（定义为营运现金流加投资现金流）和净收入进行排序。并将每个数据都除了公司的总资产，以使度量的数据更有效。然后，他再将修正后的净现金流和会计收入进行排序，并提取出占了所有样本公司前 10% 和后 10% 的组合——也就是，净收入（NI）除以总资产后，排名前 10% 和后 10% 的组合，以及净现金流（FCF）除以总资产后，排名前 10% 和后 10% 的组合。把公司按净现金流和净收入分级（定义为运行现金流及投资现金流）。总资产除以每个性能度量，以提供更有效的相对绩效衡量。接着，他观察每个组合随后 5 年相对净现金流的作用。当前净收入排名靠前的组合与当前净现金流排名靠前的组合比较，前者比后者更能在未来持续地产生更高的净现金流。类似地，当前净收入排名靠后的组合与当前净现金流排名靠后的组合比较，前者比后者在未来产生的现金流更少。

有趣的是，当期会计收入和现金流的综合排名似乎提供了度量公司产生未来现金流的最佳方式。正如斯隆所指出的那样，综合排名的优越性表明了过分的收入累计和延期政策会对收入的预测产生不良影响。如果明确考虑净现金流，那么过分的收入累计就会被发现。换句话说，虽然当期的净收入作为预测未来净现金流的指标要优于当期 FCF（净现金流），但同时考虑两者，效果会更好。

斯隆的调查结果显示，分析师应该在股票分析中使用联立的估值模型。具体来说，他的研究结果提供的证据表明，分析师明智的做法是首先采用引入了会计收入的估值模型（比如超常收益的折现模型），并用基于现金流的分析诊断前面模型所引入的变量的有效性。他的研究结果还证明了在证券分析中，基本的财务分析具有重要的作用。斯隆的研究结果对粗略划分公司的方式有重要意义。对会计收入和现金流的进一步分析可以得到更深刻的结论。

15.1.3　如何运用会计收入进行估值

我们的研究现在讨论的焦点集中在现金流和权责发生制的财务信息对股票市价的解释能力上。会计收入对分析师的估值有重要作用，这一点已经得到大量的奇闻轶事的证明，但研究人员却不明白分析师是如何运用这些信息的？与会计收入相关的信息中，哪一点对分析师的估值判断最为重要？

会计收入一类的财务信息的需求大户是专业的分析师。卖方分析需要历史的收入数据，因为对未来收入的预测（以及价值估计和买、卖、持有股票的决定）是他们分析活动的重要结论。预测的精确度在很大的程度上，能决定分析师是否能登上全明星榜，在较小的程度上，能决定他们的奖金。卖方分析师的报告通常含有对会计收入及其组成部分的详细讨论，但却很少涉及价值评估的具体内容。而且，证据表明，卖方分析师的报告并不只是表达了对未来的预测，它还会受到目标公司与分析师雇主之间潜在关系的影响，因此出自于卖方分析和基金经理的报告，其质量其实是要打折扣的。[13]

而当买方分析师和基金经理分析会计收入对估值的重要性时，与卖方分析师相比，他们提供的信息来源就会更独立。并且像《巴伦周刊》一类的出版社，对买方分析师的采访也表明，会计收入对他们来说是非常重要的。然而，买方分析师的报告通常只属于其客户。因此，研究人员很难直接在他们的报告中观察到价值驱动的需求，或他们在分析中如何运用会计收入的相关信息。此外，买方分析师的日常工作都是争分夺秒的。想要联系他们非常的困难，并且他们也很难挤出时间来配合学者的研究，因此，只有少量的研究调查了会计收入和其他会计信息在估值中的作用。[14]

米尔和弗斯（1987，1990）发表了一系列的文章回答了在买方分析师的估值分析中，会计收入有什么作用。他们的文章依据的是对 38 个买方分析师和基金经理做的单一实验。他们对每个分析师提供了 30 个类似的短小案例，在每个案例中他们改了 9 个公司信息（即公司的利润率和市盈率）和 1 个行业信息。因为每个分析师要考虑 30 个案例，所以这些信息都是高度总结的形式。

在米尔和弗斯 1987 年发表的文章中，他们研究了分析师是否会有利己心理，影响他们判断在风险分散的投资组合中，某只股票的期望风险和 12 个月的期望收益。他们发现收入相关的（即利润率）会计信息是分析师收益评价中的最重要因素和风险评价中的第二重要因素。尽管这些材料对分析师来说是非常简单的，而且作者也没有提供现金流的信息，但是这个研究结果表明了会计收入是买方分析估值时的重要变量。

在米尔和弗斯 1990 年发表的文章中，他们发现把分析师按投资类型进行分组后，会计收入的相关信息仍然是股票估值的重要变量。

15.1.4 总结

30 多年来，会计和财务领域的学者用大量的材料证明了会计收入对股票价格及其变动的重要影响。尽管有人认为会计收入数据的作用每况愈下，但最近的研究证明了事实刚好相反，会计收入和账面价值的综合解释能力在过去 40 年并未下降。还有些研究结论证明了如果某人的目的是预估未来的净现金流，那么当前的会计收入会比当前的净现金流更有用。而当前会计收入和当前净现金流综合起来预测未来净现金流的能力就更好了。

最后，米尔和弗斯提供了重要的证据，证明会计收入方面的信息在分析师的评估中具有重要作用。然而，他们的研究方案并不能对本章提出的一系列关于价值的讨论得出明确的结论。特别要注意的是，米尔和弗斯没有向参与的分析师提供现金流的信息，所以我们没法推测会计收入与现金流的重要性比较结果。此外，因为米尔和弗斯只提供了概括性的利润率，所以他们无法总结分析师运用利润表评估在给定的净收入水平下公司盈利的能力。在接下来讨论的实验中，我们就可以解决这些问题。

15.2　财务报告中的会计收入与股票估值

耐克时代又回来了吗？……华尔街似乎是这么认为的。亚历克斯·布朗根据市场业绩分析推荐该股；摩根斯坦利也强烈地看涨该股；高盛也认为耐克的涨势胜过大盘。为什么它们都青睐耐克？事实上，耐克一个子不花地赢得了分析师们的好评。真是好样的！耐克去年每股收益为 52 美分，而今年每股收益为 4 美分，总收入下降了 3 个百分点，世界范围内的订单减少了 13%，而它在亚洲市场的下滑也没复苏的迹象。哦，对了，这些收益数据还不包含它 130 000 000 美元的重组费用。如果将这些重组费用包含进来，那么耐克公司亏损了 67 700 000 美元，这比它十年来的亏损总额还多。(但是我们知道重组不是真实的钱。) 但这些都没有关系，因为耐克今年的股价只有 52 美元，而去年是 58 美元。所以，除此以外的其他数据都相对上升了，因为耐克降价了！难道你没听说过相对价值吗？

——瑟威尔（1998）

我们只想让你记住会计收入是只狡猾的动物……你对它提前防备其实就是提前警告。

——布雷利和迈尔斯（1991）

在 15.1 中，我们提供证据证明了会计数据与证券价格及其收益率之间的关系。在此部分的开头，我们将简要讨论个估值模型，这个模型从股利折现模型演变而来，并用会计数据直接作为其自变量。这个模型的基本作用是它符合传统的以现金流为基础的估值方法，但是又不需要分析师去预测实际现金流的时间，或担心未来收益的影响与会计信息相反。不管是从理论角度还是从实践角度，这个以会计信息为基础的估值模型可以被看作是分析师进行股票分析的首选工具。

不管用什么估值模型，分析历史收入都是预测自变量的重要先导。[15]但是什么是相关的历史收入？是净收入，营业收入，未付特殊项目前的收入，还是综合收入？当然，答案明显是：看情况。什么时候用什么信息取决于人们想要知道什么，以及知道来做什么。比如说，如果分析师想要了解收入是为了与债券契约或补偿协议中的条款进行比较，那么他就需要明确协议中对收入的定义。如果主要目的是为了进行股票估值，那么分析师或许就希望评估出管理者过去的业绩，这样他才能预测公司未来的业绩。而他想要通过过去的业绩来评估未来的业绩，那么他得分辨出收入中哪些构成部分会在未来保持不变，而哪些部分又不会再发生。不幸的是，与这些工作相关的收入并没有一个明确、唯一的定义。然而，如果分析师了解财务报告中各种收入数据的本质，以及哪些信息能够对这些数据进行补充，那么他们就能对未来的收入做出个较明确的预测。

在讨论完以会计收入为基础的估值模型之后，我们将概括介绍当前美国财务报告中收入方面的各种数据。并用一些公司的财务报告来说明我们的观点。正如读者将看到的，不是所有对收入有影响的数据都会出现在财务报告中。而且，有些或许不能构成未来收入的项目会包含在当期的净收入中。我们的目的是对利润表中各种类型的项目进行综述，这样分析师就能评估出报告中净收入的真实质量。[16]与布雷利和迈尔斯在开头的引用一致，我们相信对会计收入的深入理解有利于我们的分析。

15.2.1　净现金流模型更好还是以收入为基础的模型更好

我们最好记住，现金是真实的，而收入是构想的。

——拉帕波特（1998）

现金流贴现（DCF）模型蒙蔽人们，使人们认为现金流是“真实的”，而会计收入是虚构的。但是DCF真的配得上皇冠吗？如果现金真是国王，那么这个国王统治不了任何东西。

—彭曼（1992）

尽管鲜有人质疑诸如股利折现模型或净现金流模型（FCF）等以现金流为基础的模型的理论价值，但是前面两段引言却显示了关于会计收入在每天的股票估值中所起作用的根本分歧。我们的观点是如果运用得当，以会计收入为基础的模型在证券分析中能发挥重要作用，并且这个观点得到了越来越多的实证研究的证明。这类从股利折现模型直接演变而来的模型能用于证券估值。以收益为基础的模型的关键优势就在于它能将直观的经济理念融入到它的参数中，它能与综合的财务分析模型（比如分析股权收益率的杜邦模型）相融合，这样的处理方式就不存在FCF模型中“终值问题”。

有些人认为FCF模型比以收入为基础的模型要好，因为FCF模型用的是对股东来说重要的“真实”流量——现金流。[17]他们认为，会计收入容易受到管理者的操控，遭受会计标准的保守偏见，有时还会漏掉经济收入中的重要因素。尽管大部分观察者承认公司管理者可以通过安排支付（有时是收到）现金的时间来管理现金流，但他们还是认为现金流是真实的，而会计收入并非如此。[18]比如，科普尔、科勒和梅里姆（1996）就声称，因为人们不可能用收益（只能用现金）来购买商品，所以分析师应该用DCF而不是收益来计算公司的价值。这个观点的关键是它假设当前的现金流（而不是当前的会计收入）能很好地度量未来的现金流。当然，这是一个经验性的命题，而15.1中，研究证据证明了这个假设是值得怀疑的。事实上，研究证据证明的是当前的会计收入才是对未来现金流更好的度量。

假如以会计收入为基础的估值方法的潜在好处是成立的，那么现在的首要问题是如何建立一个逻辑严密而表述有效的模型。幸运的是，最近会计领域新发展的理论提出了一个估值模型可以用会计数据直接作为其参数。[19]这个模型即为异常盈利折现模型（DAE模型），它以两个基本关系为基础。首先

$$B_t = B_{t-1} + E_t - D_t \tag{15-1}$$

式中 B_t——期末股票的账面价值；

B_{t-1}——期初股票的账面价值；

E_t——当期的会计收入；

D_t——当期的股利。

式（15-1）被称为“干净收入关系”。它表达的是期末股票的账面价值等于期初股票的账面价值加当前会计收入再减去当期股利。[20]

第二个基本关系是

$$E_t = \mathrm{ROE}_t \times B_{t-1} \tag{15-2}$$

即当期收入可以表示为当期的股权收益率（ROE_t）乘以期初股票的账面价值。

这两个关系式不具有争议性。它们只是依据基本的财务公式和收入的基本定义建立的。当我们把干净收入关系的公式重新整理（算出股利），再带入股利折现模型，就可以得到一个联系会计数据与股票价值之间的模型。

$$P_0 = \sum_{t=1}^{\infty} \frac{D_t}{(1+r)} \tag{15-3}$$

式中 P_0——0时刻公司股票的内在价值；

D_t——t 时刻的期望股利；

r——权益资本成本。

式（15-1）带入式（15-3）后得

$$P_0 = \sum_{t=1}^{\infty} \frac{E_t - (B_t - B_{t-1})}{(1+r)^t} \tag{15-4}$$

股利折现模型再整理得[21]

$$\begin{aligned} P_0 &= B_0 + \sum_{t=1}^{\infty} \frac{E_t - rB_{t-1}}{(1+r)^t} \\ &= B_0 + \sum_{t=1}^{\infty} \frac{\mathrm{ROE}_t - rB_{t-1}}{(1+r)^t} \end{aligned} \tag{15-5}$$

也就是，0 时刻公司股票的内在价值等于股票的账面价值加上未来超常收益的现值，或超过账面价值收益之外的收入（即 $[\mathrm{ROE}_{t-r}] \times B_{t-1}$）。[22]因为这个模型主要讨论的是普通股股东的收益，所以这里恰当的折现率是股权资本成本。

DAE 估值技术的一个重要优点是它为估值问题所构造的框架。公式 15-5 中显而易见的是，它所需要的参数不是未来的股利（即价值分配），而是未来收入与未来账面价值（即价值创造）之间的关系。

这个模型的另一个关键作用是它描述了未来的超常收入与竞争性均衡之间的关系。当公司达到竞争性均衡后——很难想象大部分公司难以在短时间内达到这个水平[23]——公司的零超常收入（即 ROE-r）就不再对公司价值产生影响。因此，用股利折现模型或 FCF 模型来预测终值是不现实的。而 DAE 模型用了一个当前可观察的度量，即公开账面价值，来代替终值。事实的确如此，如果财务报告是用来预测公司达到竞争性均衡后的时期，那么终值的问题就自然而然地不存在了。

需要明确的是，当公司的超常收益为零，或者会计方面的 ROE 高于或低于股权资本成本时，它们是不可能达到竞争性均衡的。在前一个情景中，公司处在的行业有进入门槛，或它已经在该行业中具有了竞争性优势。在后一个情景中，会计方面的保守报告事实上高估了 ROE。比如，美国的制药公司被要求研究和开发成本必须马上投入使用。当研究开发预期会产生利润时，这个要求就导致了当前的股票被低估。当未来的利润兑现时，将它们与被低估的 B_{t-1} 进行比较，所得的 ROE_t 就会超过股权资本成本。这些“超常收益”不过是会计度量方式误差的作用，而并非真正经济活动所产生的利润。注意，当股票的账面价值等于其市场价值时，那么竞争性均衡的 ROE 就会等于股权资本成本。不管账面价值与市场价值之间孰高孰低，DAE 模型总的来说减轻了终值问题的影响，并改进了对它的解释。

最后，DAE 模型对 ROE 的强调是非常明显的。事实上，对未来超常收益的预测取决于分析师对未来 ROE 的预测。像杜邦分析法这些广为人知的 ROE 分解法使分析师能够重点关注为什么 ROE 能够达到某个水平，以及它为什么能够保持（或不能保持）它的增长率。[24]因此，估值结果与分析师对公司营业利润率和效率、杠杆率、税率和其他等看法息息相关。这一特征将细致的商业分析明确地穿入到了估值过程之中。

一个模型是如何忽略现金流不计，而用会计数据来估量价值的呢？权责发生制的收入数据本身就是用来度量价值创造的。但是每个人都知道公司可以操控收入，而会计数据可能会扭曲经济现实。事实的确如此，高盛公司（Goldman，Sachs & Company，1997）指出，当运用经济附加值——DAE 模型的一个版本——来估计股票价值时，会计数据有 160 处需要调整（尽管高盛用的是一个小得多的资产集)。DAE 模型是如何捕捉会计数据中的这些扭曲的? 答案在于账面价值和超常收入之间的互补关系。图 15-1 展示了此关系，并举了具体的例子说明为什么收入实现方式的不同并不会影响 DAE 模型的估值结果。

这种分析方法的一个重要条件就是分析师必须考虑会计数据编制的规则。比如，如果公司实现收入的方式比较积极，那么如图 15-1 所展示的，只有当分析师合理地估计了那些使收入提早实现，而在未来的超常收益中应删除的项目，DAE 的估值结果不会受到影响。更普遍地说，这种分析法要求分析师仔细考虑“会计的质量”，并判别过去报告中的数据会如何影响未来报告中的数据。如果财务报告积极的编制方式使分析师高估了未来的超常收益，那么 DAE 模型是不会奇迹般地自动纠错的。[25]

假设一家公司当 $t=0$ 时，其账面价值为 1 000 000 美元。在之后的两年，这家公司的总收入达到 5 000 000 美元，总的净收入达到 220 000 美元。第二年年底，这家公司清算，而所有收入的获得和所有成本的支付都已在第二年年底前完成。假设这家公司的股权资本成本为 10%。

我们来考察两个情景。第一种，两年内每年的收入是相等的。第二种，这家公司第一年的收入为 4 000 000 美元，收入为 176 000 美元，第二年，收入为 1 000 000 美元，收入为 44 000 美元。

情景	计算	
公开账面价值		\$1 000 000
情景 1		
第 1 年		
超常收益	\$110 000 − (1 000 000 × 10%) = \$10 000	
超常收益的现值	\$10 000 × 1.10^{-1}	9 091
第 2 年		
超常收益	\$110 000 − (1 110 000 × 10%) = − \$1 000	
超常收益的现值	− \$1 000 × 1.10^{-2}	−826
股权价值		\$1 008 264
情景 2		
第 1 年		
超常收益	\$176 000 − (1 000 000 × 10%) = \$76 000	
超常收益的现值	\$76 000 × 1.10^{-1}	69 091
第 2 年		
超常收益	\$44 000 − (1 176 000 × 10%) = − \$73 600	
超常收益的现值	− \$73 600 × 1.10^{-2}	−60 826
股权价值		\$1 008 264

图 15-1 积极的会计选择对 DAE 估值结果的影响

注：假设在第二年年末，公司清算，因此支付的股利终值等于账面价值，即 1 220 000 美元。而这股利的现值为 1 220 000(1.10^{-2}，即 1 008 264 美元）美元。

会计体系其实是一系列的规则，这些规则将可见或不可见的经济事件与财务报告联系起来。尽管并不完美，但会计报告本身是向分析师提供信息，以用来预测未来的收入和现金流的。事实的确如此，我们下面将阐述的会计分类就是为分析师提供信息所用的。对财务报告中账面价值和收入（即其发生的原因）的理解能帮助分析师预测未来收入和账面价值的形式——而这正是 DAE 估值模型的参数。

15.2.2 利润表的分类

在美国，利润表分类的标准遵循排除原则。最重要的是，会计准则用的是总括法，意味着当期的所有收入、费用、盈利和损失都必须全部记录在当期的利润表中。在此结构下，会计准则就演变出了对正常项目和超常项目、继续经营和停止经营的区分。这些分类是为了帮助财务报告的读者判别各种收入构成项目的来源并评估其持续性的。

利润表通常包含下面这几个大类和总结项：

销售收入

产品销售成本

　总利润

其他营业收入和费用

经常性和非经常性项目

营业收入

财务和其他费用

　持续经营的税前收入

持续经营的所得税

　持续经营的收入

停止经营的税后收入（分成经营结果和处置损益）

超常项目，净税收

会计变更的税后影响

净收入

表 15-2 展示了 Harnischeger 公司 1995 年利润表的详细分类。

表 15-2　Harnischfeger Industries 的利润表

（单位：千美元，每股数据除外）

	1995	1994	1993
收入			
销售收入	$2 152 079	$1 551 728	$1 409 204
其他收入	61 865	23 301	9 040
总收入	$2 213 944	$1 575 029	$1 418 244
销售成本	1 671 932	1 195 851	1 083 846
产品的开发费用、销售费用和管理费用	330 990	279 016	259 831
重组费用	—	—	67 000
非经常性费用	—	—	8 000
营业收入（损失）	211 022	100 162	(433)
利息支出，净值	(40 713)	(47 366)	(48 313)
与 Joy[①] 合并的合并费用、备付税款（抵免）和少数股东权益前的收入	$170 309	$52 796	($48 746)
与 Joy 合并的合并费用	(17 459)	—	—
备付税款（抵免）（包含 6 075 美元合并费用抵免）	53 500	13 979	(16 497)
少数股东权益	(7 230)	(2 224)	4 799
继续经营的收益（损失）（扣除合并相关的 11 384 美元所得税净支付）	$92 120	$36 593	($27 450)
出售停止经营的税后收入（损失）	(31 235)	(3 982)	7 760
债务清偿的税后超常损失	(3 481)	(4 827)	—
会计变更扣除所得税和少数股东权益后的累积影响	—	(81 696)	—
净收入	$57 404	($53 912)	($19 690)

①久益采矿设备公司。

注：截至每年 10 月 31 日。

来源：Harnischfeger Industries1995 年的年度财务报告。

用总括法来记录收入，使净收入包含了股东权益的所有变化，但股东之间的交易除外。也就是说，净收入和股利使期初和期末的收入有如下关系：

资产 - 负债 = 股东权益（即实收资本 + 留存收益）

因而，

$$\Delta A - \Delta L = \Delta \text{实收资本} + \Delta \text{留存收益}$$
$$= \Delta \text{实收资本} + \text{净收入} - \text{股利}$$

然而近几年，会计准则使一些项目可以不通过利润表而直接影响股东权益的变化（即“肮脏收入”）。近来，按此方法处理的主要项目是一些外币相关的特定项目（根据《财务会计准则公报》第52条），金融工具相关的特定项目（根据《财务会计准则公报》第80条），退休金负债相关的特定项目（根据《财务会计准则公报》第87条），有价证券相关的特定项目（根据《财务会计准则公报》第115条），和衍生工具相关的特定项目（根据《财务会计准则公报》第133条）。

1998年以来，SFAS第130条《综合收入的记录》要求公司财务报告中要有能体现净收入和肮脏收入变化的收益数据。因为这些附加项目的持续性通常很低，所以它们不应该影响分析师对未来超常收入的预测。然而，综合收入包含了估值相关的其他信息，这应当被视为谨慎的基本分析中的一部分。因此，我们将以最重要的价值相关数据——继续经营的收入，作为我们讨论财务分析的开端，并在此章末尾详细讨论综合收入。

持续经营的收益。顾名思义，持续经营的收入是指管理者期望会在未来继续经营的业务中产生的利润。它不应该被理解为永久收入或经常性收入，因为在公司的财务体系中，它下面的某些项目的合理预期是只发生一次。有时是因为会计规则的限制，有时是公司管理者出于“战略报告”的考虑。比如，一个普遍信念是管理者在与股东和商业杂志交流时，会强调公司的一次性损失，而不会强调公司的一次性收入。[26]所以，分析师需要不断地学习这些条文和文献，才会无偏差地评估公司的经常性收入。其他更常见非经常性项目有非常项目和重组费用。

15.2.3　非常项目

公正地说，IBM公司将一次性费用经常性记录的政策事实上使收入估计值变得更不确定，但是它也确实使收入数据看上去出奇的好，因为这些费用不但重新塑造了过去，还使未来的美好前景变得更加令人信服。

——Abelson（1996）

像“停止经营”和“非经常项目”这些术语是会计准则有明确定义的利润表上的分类，但是“非常项目”却是一个包罗万象的术语，它涉及所有没有明确定义的项目。因为“非常项目”没有严格的定义，所以管理者经常将某项收入描述为“非常”的，以引起读者的注意。实际上，这些项目会出现在利润表上，并被贴上“非常”的标签，或者出现在一些条文或管理方面的讨论和分析中，并被充分描述。

比如，在表15-2，Harnischfeger Industries1993～1995年的利润表中，这家公司1993年就记录了67 000 000美元的重要费用和8 000 000美元的“非常项目”（我们将在15.3中讨论重组费用）。1995年，公司单独记录了一项与近期合并有关的成本（以及相关的税收成本）。如果分析师想要根据公司的继续经营来判断它的收入趋势，那么他就必须知道如何处理这些项目。

最简单的选择（除了完全忽略它以外）就是把它们（以及它们相关的税收）从分析中剔除。分析师用这个办法分析，依赖于管理者把这些项目分为一次性的还是经常性的。

然而，经验告诉我们深入的分析通常是值得的。深入分析的目的是判断这些费用的含义，它们是否会经常发生，是否只和过去有关系，还是包含了与未来有关的成本。此外，分析师能判断出利润表中“被埋没”的项目——也许应该被认为是非常的，但管理者没有明确提示的项目，这样的工作对他们也是有利的。

如果一个人想要从事此类研究，他在哪里可以获得这些必要的详细数据？财务报表的附注和年度报告中管理层的讨论与分析都是非常不错的起点。比如，Harnischfeger 在 1995 年财务报表的附注中说明了 1993 年的非常费用是重估某些准备金，如图 15-2 所示。

> 公司 1993 财年记录了一项由于重新估计开采设备部的准备金所产生的费用。这项费用使税前收入减少了8 000美元。这项一次性费用是对公开的保证金索求和客户要求、新产品的矿场经验和新系统由于建造、设计和生产的改变所提供的附加数据进行深入分析后所得到的。公司长期以来所建立的准备金方法是根据它的性质，由公司管理层决定的，而不是根据精确的数学计量和精算基础建立的。所得的准备金会定期重估，并反映出准备金的估计在生产改进中的精化。

图 15-2 Harnischfeger Industries1993 年对一次性费用的解释

资料来源：Harnischfeger Industries1995 年的年度报告。

这个解释说明前些年的费用被低估了（积累的准备金不够充分），而且为了合理的分析，该项目应该调高。光用附注中的这条信息用来判断前期所受的影响是不够的，如果分析师了解公司正常的准备金水平，那么他们就能够做出一个合理的估计。

要想对这些估计有更好的了解，分析师可以请公司管理者或私人投资关系提供更详细的费用信息。这些答案可以为准备金问题的长期影响提供线索。比如，这是否是公司产品或设计质量下降的标志，或者是顾客对公司产品偏好发生改变的标志？理所当然，这些因素对分析师预测未来的结果是非常重要的。

当分析师阅读 Harnischfeger1993 年的收入数据时，还注意到公司决定重新估计准备金的时间刚好就是它发生了重组费用的那一年，这只是一个巧合吗？多疑的分析师不单不会忽略这些费用，还会质疑公司是否想在 1993 年将数据“洗澡”，即将所有坏消息全部塞进利润表，期望在后期不会被发现。一如既往，分析师需要根据公司以前采用的会计方法来思考会计估计中预期以外的调整。

区分非常项目。财务报表的附注和管理层的讨论与分析会帮助分析师发现那些在财务报告中没有特别标注为“非常”但又可以被看作是一次性的项目。比如，Harnischfeger1995 年财务报表的附注中就说明了“其他项目”中含有出售联营公司股票所得的 29 000 000 美元收入。管理者不会像宣扬它的一次性损失那样宣扬它的一次性收入，但是这个项目应该看作是一次性的，如果要对公司进行分析，那么这一项就应该从经常性收入或营业收入中剔除。有趣的是，Harnischfeger1996 年的利润表中，它就像对待近期发生的合并费用那样，单独披露了它 1995 年的收入（以及它的税收）。这样的处理使报告阅读者更容易评估收入的持续性——并刚好降低了收入的“期望”标准，也就是降低了 1996 年收入比较的标准。

另外一个在非常项目的例子表明了公司的价值并不单纯就像利润表上所体现的那样。在道达尔石油（北美）（Total Petroleum，North America）1994 ~ 1996 年的财务报告中，就有大量潜在的非经常性项目被埋没在了利润表中的大类下，只在附注中略述了一下。1994 和 1995 年，公司没有在利润表中特别提到它的非常项目，而这些项目分别占了各期净收入或净损失的 10% 以上。显而易见，如果分析师忽略了这些附注，将后果自负。

如上面这些案例所表明的那样，通常的非常项目是重组费用，而这就是我们接下来将讲述的内容。

15.2.4 重组

但是，一些投资者和批评者指出 AT&T 公司十年来的第四次重组——继 1986 年、1988 年和 1991 年完成的大规模重组后——使他们对这家通信巨头到底挣了多少钱感到非常困惑和迷茫。

——Smith 和 Lipin（1996）

近年来，重组费用在许多公司的利润表中所占的分量越来越重。[27]

比如，让我们回顾表 15-2 中，Harnischfeger 在 1993 财年所记录的 67 000 000 美元重组费用——如此巨大的数目足以使公司的营业收入变为负数。这些费用和“未来将做不同事情”的决定典型相关，它们通常涉及解雇员工、关闭工厂和注销资产。处理这些重组费用的难点并不在于能否发现它们。一般情况下，它们在利润表有明显标记。难点在于明白它们意味着什么和它们对未来有什么意义。事实的确如此，财务会计准则委员会的紧急会计问题工作组仔细研究过这个问题，因为小组成员相信许多公司在他们的重组费用下安置了些不适宜的项目。于是，从 1994 年开始，就有了关于重组费用的严格指导，详细阐述了哪些可以、哪些不能包含在重组费用下、什么时候记录以及怎么披露的问题。[28]

对于应该何时记录重组、费用中应该包含什么等问题的决定充满了不确定。当管理者认为投资者和分析师会对重组费用的影响打折时，他们会企图增加此项费用：“它现在已经是 1 000 000 000美元了，为什么不把它调整到 1 200 000 000 美元呢?”。这样的处理方式，会使成本在未来冲抵重组债务而不是重组收益。如果重组费用在当年记录过高，那么在之后几年会重新调整到收入里，也许目的正是提高或平滑后来的收入。

EITF（紧急会计问题工作组）94 - 3 号文件（以及美国证券交易管理委员会的会计公告〔SAB〕第 100 号文件）试图为包含重组费用在内的这些费用的类型统一标准——特别是为了阻止公司将一些与未来相关的费用计入到重组费用中。[29]比如，只有当下面的条件全部符合时，解雇的费用才可以记入重组所产生的负债或费用。

- 在财务报告公布日之前，管理者有一定的权利敦促员工离职，可以将企业交付退休计划，并制定遣散福利让现有员工愿意离职。
- 在财务报告公布之前，与员工详细交流过福利待遇。
- 解雇计划明确清楚解雇人员的数量、工作类型和作用以及如何安置。
- 在解雇计划完成之前此计划不会有重大变化。

在记录其他类型的重组费用时，也需要达到类似的一些标准。

一般来讲，收入的记录遵循保守原则，但和这些通常的会计准则不同，这个指导事实上推迟了费用的确认。准则如此的主要原因是有些公司已经在重组费用中记录了各种未来的费用（比如公司“新形象”的市场推广，更新安装的信息系统，强调重组后公司的生产力，等等），目的是希望分析师将这些全部费用当作一次性事件来考虑。费用提早确认的结果将会是未来的收入变得更高。

从会计的观点看，重组既不是非常项目也不是停止经营。正如我们即将看到的，报告中记录的是这些项目的税后结果，以及每股数据。准则制定者担心公司会试图模糊重组费用和其他项目之间的区别。因为根据原则，重组从概念上不同于停止经营（重组的意思是用新方式继续经营，而停止经营的意思是不再参与某项经营活动），并且是不寻常和不经常的（非常项目的会计定义），它们的披露不应该造成项目分类的混淆。出于以上原因，准则制定者总结了重组费用必须符合以下条件：

- 利润表中，承诺日重组债务确认的结果应记录在继续经营的收入中，而不能记录在利润表的税后净收入中。
- 每股收益的结果不能披露在利润表中。
- 停止经营的收入和相关成本费用不能构成收入，或被记录为收入的单独部分。

此外，在提供材料时，下面这些信息也必须披露：

- 对退出计划的主要活动、将停止的活动及其处置办法、预计完成日的详细阐述。
- 对确认为负债的退出费用的类型和数量、这些费用在利润表中的分类的详细阐述。
- 对已经支付、但没有记为负债的退出费用的类型和数量的详细阐述。
- 负债的任何调整的数量。
- 对于划分的所有时期，如果停止经营的活动可以单独识别，那么停止后所产生的收入和净损益。

处理重组费用的关键是要明白它们是用来做什么、为什么需要以及未来将有什么不同。要明白这些问题会是一个重要而耗时的任务。在评估未来所有可能的变化时，分析师需要了解这些费用是否有持续下去，或者这家公司是否是那些“经常性记录一次性项目”的公司之一。这些判断取决于分析师与这家公司打交道的先前经验，以及这家公司以前的信息披露。如果这家公司有经常性记录一次性项目的历史，那么分析师就要对这家公司报道和披露的信息保持适量的怀疑态度。

分析公司的重组费用有两个重要步骤。第一步，明确哪些费用和过去相关，哪些费用和未来相关，这样才能对公司发展趋势的判断做恰当的调整。在阅读财经书刊、公司的发布信息和分析师的研究报告时，有时人们会觉得处理重组费用的最佳方法是忽略它们。分析师要抵制这种想法，因为这些费用通常会反映出公司过去对一些应该记录却未记录的项目累积到现在的结果。比如，当一项费用表示的是公司关闭工厂或处置设备的成本时，它表明前期的折旧费用太低，从而前期收入过高。一个简单的处理办法就是将此项费用分配到过去五年来重新估计。尽管这个办法有些随意，但总比将它们全部忽略的好。Lowenstein（1997）建议分析师应该将过去五年的重组费用加总起来，算出每年的平均数，再平摊到每个季度，然后在未来的期望收入中减去这个平均费用。他的逻辑针对的是大部分商业人士常犯的错误，并且，尽管这个误差并不是每 90 天都会发生，但最好还是有个心理准备。分析重组费用的第二步是监督准备金及其前期的使用，评估前期信息披露的精确性、过去的重组再次重演的可能性以及过去的节约计划的执行情况。

要注意的关键一项是过去重组费用的变更记入当期收入。当过去的重组费用在后来发生变更时，公司会非常注意他们所谓的以前重组时的一次性费用，他们声称这些费用不会再次发生。[30]谨慎的分析师需要仔细检察这些淹没在销售成本和管理费用中的变更。

在一些情况下，重组费用的处理思想类似于公司的某些停止经营。从会计的观点看，重组与停止经营之间的主要区别在于目的和范围。重组是公司重新安排过去的商业活动，有时它还意味着与关闭设施和缩减相关的退出费用。然而，公司并未退出它们所参与的商业活动。停止经营涉及退出整个商业流程，我们将在下节详细讨论这个问题。

15.2.5 停止经营

MacMillan Bloedel 说，他同意以 850 000 000 加元向一批投资者出售其造纸公司……并说，这次交易产生的 350 000 000 ~ 45 000 000 加元费用，将被记录在第二季度的停止经营活动里。

——Chipello(1998)

分析师应该留意被分类为停止经营的重组业务。重组业务可以将过去的会计处理，从管理的角度，修改为对未来有效的处理方式。通常情况下，这样的一些改变意味着前期的处理是有误的。例如，以前对资产的使用年限估计过短，导致折旧过快。因此，重组业务中所包含的一些成本本该是每年定期发生的，结果却被折合到一年处理了。除此之外，由于这些费用的处理都典型地带有会计估计，而估计中任何的改变都会导致预期和前期处理的修改，但这些修改却又没有被重新处理。为此，明智的分析师应慎重考虑会计估计中任何改变导致的结果。

停业经营和重组业务不同，它涉及经营方面的改变，因为有些处理也许在以前的确很有用，但将来却很有可能并不是这样。会计师要重申以前处理方式的结果，以及依据特殊处理方法所得的盈利和亏损。相应的，公司管理者鼓励将归类为重组的费用转为停止经营的费用所进行的会计处理。因此，细心的分析师应留意这些灰色地带，并仔细检查被披露为停止经营的费用的性质。这些活动的会计处理可参考《会计原则委员会》（APB）意见第 30 条："处理结果的记录——处置企业部门，以及特殊的、临时的和不常发生的事件或交易结果的记录"。

公司购买或废弃生产线是其正常业务过程中的一部分。有关出售或转让部分业务的收入和支出，产品或营销活动的转型或转移地点，逐步淘汰其产品或服务，以及技术改进导致的任何改变都不应被视为停止经营范畴。因为这些是持续经营的正常成本。对于处在当今商业环境中的企业来说，避免这种成本的同时要保持竞争力，是很难想象的。相比之下，公司可能会决定为了整体组织的运行，从根本上改变经济活动的构成，并处置掉整个业务分部。

如果被出售或转让的被定性为企业分部，那么就需要特殊的会计处理。《会计原则委员会》（APB）意见第 30 条将"企业分部"定义为，作为实体的一部分，其经营活动具有独立流程的主要部分或针对某一类客户群。意见第 30 条给出了一些应被视作处置企业分部的一些例子：

- 一个多元化的公司出售负责电子行业唯一的经营活动的主要部门。
- 一家肉类加工公司出售其名下按权益法记账的专业足球队 25% 的股权。而该公司其他所有经营活动都属于肉类加工行业。
- 一家通信公司出售它所有的广播电台。而剩余业务是三家电视台和一家出版社。所有有关广播电台的资产和运营结果不管是在物质上、经营上还是财务上，都是清晰可分的。
- 一家食物批发商出售其两个分部中的一个。其中一个部门主要是针对超市的食品批发。而另外一个部门是针对快餐店的食品销售，这些快餐店有些是连锁的，有些是隶属于某些公司的。这两个分支部门都是食品批发，但针对快餐店的销售和针对超市的销售是完全不同的。因为客户群的不同，该公司拥有两个分部。

然而以下这些处置就不属于企业分部的处置：

- 一家矿业公司出售其在海外某个国家经营银矿的分公司，该分公司的银矿业务是集团公司在这个国家的全部业务。而事实上，该集团公司在其他国家也有银矿业务，这表明了出售的这个分公司只是其整个业务链中的一部分。
- 某石化公司出售其在石化工厂 25% 的股份。因为该公司仅仅出售了化工厂 25% 的股份，它剩余业务的经营范围并没改变，所以这笔交易只出售了其业务范围的一部分，而非主体。

- 一个多元化的公司出售了一家生产家具的分公司。但该公司已保留了其他家具制造分公司。因此，只出售这个分公司，并不属于出售公司分部的交易，只是出售了业务范围中的一部分而已。这种处置是伴随公司整个业务改革所发生的。
- 一家服装生产厂出售了其生产男式羊毛西服的所有资产，目的是去掉其生产男式西服的业务，集中从事合成面料的服装生产。这项交易只是算作是处置了一条产品生产线，而不是处置了其业务的主体部分。

停止经营的信息披露有两个重要日期，衡量日和出售日。**衡量日**（measurement date）是公司决定停止经营的日期。**出售日**（disposal date）就是该业务被出售或放弃经营时的日期。有时候这两个日期是同一天，但通常情况下，他们是不同的。介于这两个日期之间的时间段叫做**退出期**（phase-out period）。在包含衡量日在内的报告期内，公司要披露从继续经营的业务和净税收中，分离出来的停止经营的业务在衡量日之前的经营结果。前期的数据需要重申。这些处理使分析师能更清楚地估计继续经营的发展趋势。

此外，出售的收益或亏损的记录时期和衡量日相同。盈利或亏损的计算取决于出售日和衡量日是否重合，出售日和衡量日是否在同一时期内，以及预期是净收益还是净亏损。当衡量日和出售日重合时，税后的收益或亏损是分开披露。当衡量日和出售日虽不重合，但在同一时期内时，衡量日和出售日之间停止经营的结果是用出售净资产的税后损益来得到出售业务的税后损益。而每个构成部分的细节都要记录下来。

当这两个日期在不同的时期内时，管理部门需要估计到出售日为止时的经营业绩（可能未知）以及净资产出售的收益或亏损。当衡量日之后停止经营的（预期）合并结果，加上出售净资产的损益，这两者加起来所得的结果为净亏损时，那么全部金额积累到衡量日所在的时期。因此，只要经营的预期净损益和出售净资产的预期净损益的加总结果为净亏损时，这个亏损结果只是一个保守报告，而且这些金额有可能发生在后期。当预期为净收入时，这个收入只是目前已经实现了的。

从股票分析的角度来估值一家公司，停止经营的信息披露提供了一次将公司收入分为持续性和一次性的机会。在大多数情况下，资产出售发生在一个相对较短的时期内。当停止经营要延展到未来，而且金额具有实质影响的时候，分析师就需要分开估计继续经营的业务的价值和停止经营的业务的价值。停止经营的净资产的会计信息披露和继续经营结果的披露都可以用 DAE 模型进行分析来实现。

如果会计人员在决定某个项目是否为非常项目，或是否属于停止经营的范畴的时候拿捏不准时，可以将其列入利润表中的“非经常项目”下。根据 APB 意见第 30 条，“非经常项目”所指的事件或交易应是“不寻常并且不常发生的”。[31] “不寻常”意味着这类事件或交易是非常异常的，与企业日常的经营活动鲜有或偶有关系。“不经常”意味着这类事件或交易在可预见的未来预期不会再发生。

非经常项目。评估一个项目是否是为不寻常、不经常的时候，需要考虑其产生的背景。例如，人们可能会认为，埃克森·瓦尔迪兹石油公司发生如此严重的阿拉斯加港湾漏油事件是不寻常、不经常的。然而，进一步想想，人们会发现原来这些主要的石油公司可能每天都有石油泄漏事故。事实上，石油企业毫无疑问地投入了部分风险管理，以确保漏油事件成本收益的权衡结果是有利于自身的。有鉴于此，这也就并不奇怪为什么埃克森公司没有把石油泄漏当作非经常项目来记录它的费用。相反，如表 15-3 所示，该公司把该项目在利润表上单独列了一项（即非常项目）。

表 15-3 埃克森公司的利润表 （单位：百万美元）

	1988	1989	1990
收入			
销售收入	87 252	95 173	115 794
股权收益及其他收入	1 311	1 112	1 146
总收入	88 563	96 285	116 940
产品销售成本			
原油及成品油采购	33 558	39 268	50 746
营业费用	9 968	10 535	11 995
销售费用、一般费用和管理费用	5 824	6 398	7 776
折旧	4 790	5 002	5 545
勘探费用	979	872	957
利息费用	944	1 265	1 300
瓦尔迪兹条文	—	2 545	—
所得税	3 124	2 028	3 170
消费税	7 695	8 517	10 275
其他税项及关税	16 151	16 617	19 894
优先股股利	270	263	272
总成本	83 303	93 310	111 930
递延所得税调整以前的收入	5 260	2 975	5 010
递延所得税	—	535	—
净收入	5 260	3 510	5 010

注：每年至 12 月 31 日

资料来源：埃克森美孚公司 1990 年年度报告。

APB 意见第 30 条表明，不应被当作非经常项目来处理的有：

- 应收账款、存货、设备出租、递延研究和开发成本，以及其他无形资产减记或注销；
- 外币兑换的收益或损失，包括兑换中外币升值或贬值所造成的收益或损失；
- 出售业务分部所产生的收益和损失；
- 出售生产中废弃使用的固定资产所造成的其他收益或损失；
- 罢工的影响，包括针对竞争对手和主要供应商的罢工；
- 长期合约中，应计项目的调整。

总的来说，大多数事件和交易都不满足对“非经常性项目”的定义。[32]

当有非经常性项目发生时，它的税后净收入被记录在利润表的单独一栏里。另外，还要记录项目的每股效益。如表 15-2 中 Harnischfeger 的利润表，以及表 15-3 中的财务报告。在 1994 财年和 1995 财年中，公司提早清偿了债务，但此行为的成本超过了债务的账面价值，所以导致了损失的产生。当分析师阅读财务报告，看到此项非经常性损失时，就会问：为什么公司要选择重新融资？重新融资是怎么做到的？这对未来会有什么影响？比如，公司是否用更便宜或更宽松的债务重组债务？公司是否重新安排了还款日，使收入更平滑？公司重新融资是否因为它违反了契约（或为了规避违反契约）？[33]

15.2.6 会计制度变更

现在人们通用的会计准则（GAAP）是允许适当的灵活性的。尽管一直以来有一个假设，就是公司的会计制度要保持一致，但是也允许公司在另一财年中采用别的会计制度。这种会计制度的变更可以分为两类——强制的和自愿的。

1. 会计制度的强制性变更

会计制度的强制性变更是由新的会计准则颁布所引起的。有时候新准则要求对过去的处理进行调整（即就像新准则早在以前就已经生效了一样，要将过去的财务报告重新编制），有时候需要对预期的处理进行调整（即从颁布日开始，新准则生效。）当新准则开始实施（比如，最近有关所得税和退休金的准则），就需要进行一次性的调整，将过去几年“补上”。

注 7：长期负债，银行信贷，利息费用（摘录）
1994 年 12 月 29 日，Joy 发出要约，以 101% 的现金购买任何及所有未偿付的 101/4% 的优先票据。这份要约 1995 年 2 月 10 日到期，并根据要约每张票据将兑现 270 美元。在此次邀约之前，公司曾在卖方报价的公开市场以 11 350 美元的价格购买过未偿付的 101/4% 的优先票据。在支付银行中介费用和票据价格之后（见下文），公司记录了债务清偿的税后非经常性损失，3 481 美元，即 0. 08 美元每股，主要包含未推销费用和赎回溢价。 1994 财年，该公司记录了 4 827 美元非经常性税后费用、Joy 未偿付的 A 组长期贷款的预付款存在于现有的银行融资中以及 Joy12. 3% 的次级债券。这笔费用由注销的未摊销折价和未摊销的融资成本、赎回成本及其他费用构成。 未偿还的银行信贷在 1994 年 11 月 29 日全部付清，使公司与 Joy 完美合并。A 组长期贷款的利率比 LIBOR 高 2. 125 个百分点，B 组长期贷款的利率为浮动利息，对 Joy 的选择是，基准利率加 2 个百分点或欧洲美元的利率加 3 个百分点。银行信贷协议，包括其循环信贷协议，都随合并同时终止。

图 15-3 Harnischfeger 公司的非经常性项目披露

LIBOR（伦敦银行间同业折借利率）。

资料来源：Harnischfeger 公司 1995 年年度报告。

比如，美国通用电话电子公司 1992 年的利润表，其中就有一项本期收入的费用 240 亿美元。这项金额就和公司采用美国会计财务准则第 106 条《雇主对退休金外的养老金的会计处理》（此条款通常被称作 OPEB，其他养老金）有关。这些标准要求公司将医疗保健福利从以前的账单到期即付制（实际上就是现金制）转变成权责发生制。这些转变意味着以前应计的退休金从来没有作为费用或负债记录下来过。美国会计财务准则第 106 条要求公司对以前的此项费用做一次性调整，而不需要重新估计过去每年的成本和年底的负债或重新编制财务报告（即不需要重新编制过去的资产负债表和利润表）。所以，通用公司本期的利润表有两处记录了 OPEB（其他养老金）费用。第一处是在 1992 年的营业费用中，OPEB（其他养老金）根据权责发生制进行记录。这种记录方式难以和以前几年的 OPEB（其他养老金）费用进行比较，因为以前是按账单到期即付制来记录的。第二处是在 1992 的本期利润中一次性扣除以前未记录的费用。

常常有些公司和分析师认为这种一次性调整可以忽略。他们说，毕竟这些费用是“一次性的”而且是“非现金的”。如果简单地忽略了一种次性调整，尽管并不会对本期业绩分析造成影响，但却没考虑到过去的成本少报了。由此，当每年的增长趋势、业绩水平需要调整的时候，那么分析师就需要思考如果过去的财务报告也是如此记录，那么所呈现的结果会是怎样。公司很少会对这种调整提供精确的数字。但是，如果能知道本期调整的结果，那么就可以把这个结果对应地应用到过去的财务报告中，可能还需要用通胀率进行调整，而在 OPEB（其他养老金）的情况下，还要考虑劳动力水平。这种策略与我们建议处理重组费用和其他所谓的一次性事件类似，其实，这种策略有可能夸大了前期业绩（参考 Lowenstein 1997）。[34]

2. 自愿的会计变更和会计估计的变更

自愿的会计变更需要小心对待。分析师需要判断为什么公司要变更它的会计政策。合理的解释包括采用通常竞争对手都用的政策、将诸如合并所导致的不同政策理顺。虽然这些理由是正当的，但是分析师还是应该思考一下公司变更政策的时机，并根据其他影响收入的问题来评估这些变更。

比如，1996 财年，B/E Aerospace 变更了它工程费用的计价方式。公司没有将这些成本资本化和摊销，而是像它的竞争者那样立即花费。多疑的分析师会质疑变更的时机。在这个案例中，这家公司这一年的盈利状况很差。它是否是将所有的坏消息全部一次发布？新方法是否对公司的报告有利？

自愿的会计变更一般情况下需要重申之前的结果，但有些公司认为这些不同政策所造成的区别并不重要。会计方法的自愿变更不同于会计估计的变更。存货成本的分配从 FIFO（即先进先出法）变为 LIFO（即后进先出法），或者折旧方法从加速折旧变为直线折旧。变更陈废存货估计和设备使用年限都是估计变更。估计变更是会对未来产生影响（即前期的结果不用重申）。有时候，会提试算报表。和自愿的会计变更一样，分析师面对的重要问题是思考估计变更的原因、是否是为了改进披露的质量、或者是为了误导分析师。估计变更的时机可能是为了将数据“洗澡”，减少公司在未来几年需要推销的费用。

15.2.7 综合收入及其构成

从 1997 年 12 月 15 日开始的之后几个财年，公司被要求在其主要的财务报表中，要将净收入与综合收入进行对账。SFAS（财务会计准则公告）第 130 条对综合收入的定义如下：

工商企业在交易和其他事件中，以及非公司所有人所引起的权益净资产的变化，它包含了一个时期除投资者注资或股利分配以外的，所有的权益变化。[35]

如果利润表上的损益全来自于非公司所有人的交易，那么综合收入就等于净收入。

要求将综合收入与净收入进行详细对账的部分原因是账务报表中出现了越来越多与收入相关的项目。SFAS 第 130 条是为了减轻在报表中寻找和分析与业绩相关的项目的负担。FASB 没有具体规定综合收入对账的格式和在账务报表中的位置，所以有些公司将信息放在利润表的外延部分，或业绩的单独陈述，或权益变化的陈述部分。大部分公司选择将其报告在权益变化的陈述部分。

通常权益变化的直接原因是在资产负债表中记录的是资产和负债的市价（或修正的市价）。比如，当可供出售的证券记录的是市场价格，未实现的收入和损失在资产负债表上是“累计的其他综合收入”，而在净收入与综合收入的对账中，是“其他综合收入”。当这项证券售出之后，所得的收入或损失就被记入利润表。为了避免将此项收入重复记录为当期的净收入和前期的综合收入，在收入实现的时期，“其他综合收入”下就还有个次级分类调整。

综合收入下的其他项目有因汇率变化所做的调整、最小退休金负债的调整以及衍生工具的对冲活动。对账中的大部分项目都在管理者的控制之外（即公司虽然可以管理汇率风险，但是它们却不可能影响汇率）。只有一个例外，就是可出售证券未实现的净收入。也就是说，尽管公司不能够影响证券价格，但是它可以具有战略性地选择出售证券的时机，获得之前未实现的收益或损失（这个行为被称为“选出最佳项目”）。出售时机的战略性选择不会影响综合收入，因为次级分类的调整使这项收益权不会在综合收入中记录两次（一次为综合收入，一次为净收入）。比如，如表 15-4 所示 First Indiana Corporation1997 年在报告综合收入时所做的调整。[36]

然而，当期净收入可以通过战略安排售出可出售证券的时机来进行管理。[37]因此，对可出售证券（其他综合收入的一个组成部分）的清楚报告能帮助分析师评估公司财务报表中净收入的质量。

15.2.8 总结

要判断收入的持续性和质量并不容易。这不仅需要对公司的竞争策略、行业地位以及与竞争者的深入了解，还要具备编制财务报表的会计知识。谨慎的分析师应该清楚地意识到管理者既有意图也有能力通过某些收入因素的分类和时机来实现投机性的收益管理。只有将对财务报告附注的分析、对管理层讨论与分析的仔细阅读以及适量的怀疑全部加起来，才能使我们对公司过去收益的趋势以及管理方面的问题有所了解，才能帮助我们建立对未来的预测结果。

我们相信会计分类是我们理解收入的性质和持续性的一个非常良好的开端。然而，对分析师来说，重要的是要透过会计分类去了解事件的本质意义。在这一节中，我们略述了在 U. S. GAAP 里，收入报告中收入的典型分类。我们阐述了分类的规则，提供了指导，目的是解释数据并在基本面分析中重申它们。分析经常性项目和一次性项目的关键是区分它们对未来收入和现金流的影响，以此来估计公司的价值。

表 15-4 First Indiana Corporation1997 年的综合收入披露

（单位：千美元，每股数据除外）

项目	普通股		实收资本的溢价	留存收益	累计的其他综合收入	库存股	总权益
	股票数	金额					
1994 年 12 月 31 日的结余	12 974 854	131	31 867	88 981	(120)	(141)	120 712
1995 年的综合收入							
1995 年的净收入	—	—	—	17 267	—	—	17 267
可出售证券未实现的税后收益（351 美元）以及次级分类的调整[2]	—	—	—	—	515	—	515
综合总收入							17 782
严格的股票计划下发行的普通股的推销[13]	—	—	268	99	—	—	367
推迟薪酬方案后发行的普通股	—	—	—	(21)	—	—	(21)
股票期权执行	120 830	1	536				537
股利——0. 32 美元每股	—	—	—	(3 877)	—	—	(3 877)
库存股的购买	(687 199)		—	—	—	(6 203)	(6 203)
1995 年 12 月 31 日的结余	12 408 485	132	32 671	102 449	395	(6 350)	129 297
1996 年的综合收入							
1996 年的净收入	—	—	—	13 704	—	—	13 704
可出售证券未实现的税后收益（320 美元）以及次级分类的调整[2]	—	—	—	—	(467)	—	(467)
综合总收入							13 237
严格的股票计划下发行的普通股的推销[13]	—	—	195	278	—	—	473
推迟薪酬方案后发行的普通股	—	—	—	(20)	—	—	(20)
股票期权执行	47 701	—	331	—	—	—	331
股利——0. 38 美元每股	—	—	—	(4 644)	—	—	(4 644)
库存股的购买	(1 064)	—	(16)	—	—	—	(16)
1996 年 12 月 31 日的结余	12 455 122	132	33 181	111 767	(72)	(6 350)	138 658
1997 年的综合收入							
1997 年的净收入	—	—	—	17 744	—	—	17 744
可出售证券未实现的税后收入（271 美元）以及次级分类的调整[2]	—	—	—	—	397	—	397
期权执行的税收收益	—	—	—	—	656	—	656
综合总收入							18 797
严格的股票计划下发行的普通股的推销[13]	43 500	—	1 088	(725)	—	—	363
推迟薪酬方案后发行的普通股	—	—	—	(24)	—	—	(24)
股票期权的执行	201 306	2	866	—	—	—	868

（续）

项目	普通股		实收资本的溢价	留存收益	累计的其他综合收入	库存股	总权益
	股票数	金额					
股利——0.40 美元每股	—	—	—	(5 063)	—	—	(5 063)
普通股赎回	(29 823)	—	(501)	—	—	—	(501)
库存股的购买	(6 000)	—	—	—	—	(132)	(132)
库存股的增发	4 591	—	40	—	—	42	82
零星股的支付	505	—	(12)	—	—	—	(12)
1997 年 12 月 31 日的结余	12 668 191	134	34 662	123 699	981	(6 440)	(153 036)

以下的表格包含在财务报表的附注 2 中

	12 月 31 日		
	1997	1996	1995
在此期间持有的未实现收益（或损失）	614	(186)	568
净收入中收入的次级调整	(217)	(281)	(53)
可出售证券的未实现收益（或损失）	397	(467)	515

注：股东权益的合并陈述

资料来源：First Indiana Corporation 及其分公司 1997 年年度报告。

15.3 买方股票分析如何运用会计收入进行股票估值

在这一节中，我们会进行一个实验，向买方股票分析师提供一家虚构公司的财务信息，让他们对这家公司进行估值，并在实验后记录下实验结果。财务和会议领域的大部分估值研究都是建立在复杂的数学模型的基础上（即分析研究），或者涉及对历史数据的调查，比如股份和公布的会计信息（即文献研究）。尽管很少有人进行对照实验（即实证研究），但是对照实验能为公司价值的因果关系提供有力的补充。在此章所描述的实验中，我们向所有小组的分析师提供这家虚构公司的收入信息，每个小组的信息略有不同，但是其他的财务信息是相同的（即资产负债表和现金流量表）。这个分析方法不仅能推测收入在估值中的总体地位，还能分离出收入及其构成部分对股票分析中价值影响的增量。[38]

尽管这个实验包含所有人们想概括的本质因素，但是它能精确控制人们感兴趣和不感兴趣的因素。这个作用使该研究方法具有与文献研究相比的重要优势。比如，在该报告中的这个实验，我们设计了一系列的案例题材，在这些题材中，需要进行估值的公司的情况是一样的，只是每个小组的题材中，公司的收益管理方式不同。这个方法使我们只研究我们关心的会计收入及其构成部分，减小了因为公司“真实”的总体状况不同造成的分析师对股票价格判断的差异。实验也允许当文献数据不够或无法获得时，分析师对经济现象进行调查。在这项调查中，我们可以研究各种类型的财务数据在买方分析师的估值分析中所起的作用，而真实的买方分析师的估值活动通常是对外保密的。

最后，尽管文献研究法可以展现出各种信息通过股票收益率对投资者的决定（即买方报价和卖方报价）在“现实世界”中的影响，但是传统的研究方法无法为决定的判断过程提供证据。在我们的实验中，我们可以研究收入和其他财务信息在对股票价格进行判断的分析中的影响。对买方分析师来说，买盘和卖盘执行后所形成的交易数据构成了这些判断的唯一证据，是文献研究可获得的证据。

分析师是会计信息的重要消费者。理解分析师运用了哪些和收入相关的信息，以及这些信息事实上是如何被纳入价值估计中，能帮助分析师在理解和使用会计信息时，意识和避免一些常见的陷阱。此外，清楚了解分析师如何在估计价值中运用会计信息能帮助财务会计准则委员会（FASB）和美国证券交易委员会（SEC）评估新制定的和以前颁布的财务报告规则。

15.3.1　目标和过程

在通常的基本面分析中，预测一家公司未来收入的一个合理开端是公司最近的历史收入数据。要预测未来的收入，分析师需要评估这家公司历史收入的各个构成部分，并判断哪些构成部分会再次发生，如果会再次发生，那么什么时候发生。过分地关注公司结算线上的结果而不去评估净收入的每个构成项目，会造成对公司未来收入潜力估计的过分乐观或过分悲观。因此，我们实验的目的之一就是研究分析师能够在何种程度上意识到收入构成部分的持续性和其中重要的一次性项目。

本节内容的一个重要基本假设就是买方分析师在现实中运用财务报告中的收益数据来估计公司的价值。尽管股票分析的主要部分并不是完全只取决于以收益为基础的估值方法，但是卖方分析报告和财经杂志中对收益数据和市盈率（P/E）的大量引用说明了财务报告中的收益数据是价值估计中的重要参数。因为很少有关于分析师运用收益数据和收益数据对他们的重要性的直接证据，所以这项实验的另一个目的就是评估收益数据的重要性和财务报告中其他潜在的有用信息。

财务报告分析是一项困难而繁重的任务。除了将财务状况反映到股票估计中这一过程本身的不确定性外，使这一过程变得更加困难的还有公司报告的财务信息有可能并不代表它当前“真实的”经营状况和未来的盈利潜力。认同这一可能性的还有财经杂志和学术期刊中的大量文章，它们指出公司能操控他们的收入来影响投资者对公司的印象。[39]如果分析师没有发现公司过去的收入报告中的投机性收益管理的话，那么他们对公司未来收入的预测就会过于乐观或过于悲观。如果分析师在估值模型中直接使用历史收益数据或使用了未来收入的有偏估计，那么他们的评估结果也可能过于乐观或过于悲观。

为了研究买方分析师在估值中对收益数据的使用，我们将实验设计成某些收益数据具有系统性变化，然后请分析师估计公司的证券价值。我们还特别地改变了每组案例题材中投机性收益管理的水平，目的是为了判断不同的报告策略对分析师价值估计的潜在影响。尽管收益管理的方法很多，但我们的研究仅限于有价证券已实现的收入对分析师估值判断的影响。

美国大部分工业企业的“可出售”投资组合中都持有大量的有价证券。在当今的会计实际操作中，可出售的有价证券在资产负债表上记录公允价值。以公允价值记录的资产都会有一个共同的基本问题，那就是如何处理公允价值变动时持有资产的损益。[40]根据《财务会计准则公告（SFAS）》第 115 条，债券投资和权益证券投资的会计处理，这类证券的持有收益暂不记入利润表，直接记为股东权益的增加。只有当这些证券售出时，公司才可以将之前累计的收入记入净收入。[41]所以，如果公司估计营运收入会低于预期，那么它可以通过出售溢价的有价证券来拉高净收入。这些一次性收益很难被发现，因为公司一般会将这类收益和利润表中其他混杂收入或费用项目放在一起。比如，Dell Computer Corporation 1996 年年度报告的利润表中就有一项“财务及其他税后收入（费用）”。如果对财务报告的附注深入挖掘，就会发现利润表中包含了有价证券的已实现收益。尽管没有证据证明 Dell 出售这些证券的目的是为了对 1996 年的年度报告进行收益管理，但是大量其他公司出售有价证券获得收益的目的就是为了提升净收入。商业杂志以前也广泛讨论过这类“摘樱桃（随意选取）”，例如参考 Staubus(1992) 和 Wechsler Linden(1990)。

图 15-4 概括了实验中三个版本的题材。[42]

情景	描述
无收益管理（NEM）	该公司的净收入为正，但前三年的收益增长率为0。它的可出售有价证券具有持有收益，但是由于这些证券一直未售出，所以收益未体现在财务报告的净收入中。
收益管理（EM）	该公司的净收入为正，而且前三年的收益增长率为11%。该公司和NEM公司的总体状况一致，但有个要点不同。EM公司通过售出（并随后买入）可出售有价证券，实现了持有收益，使财务报告中的净收入增长了11%。因为EM公司是一家工业企业，所以净收入中实现的持有收益并非未来收入的可持续来源。
销售收入增加（IR）	该公司的净收入为正，而且前三年的收益增长率为11%。该公司和EM公司的总体状况一致，但有个要点不同。IR公司的收益增长率来自于销售收入增长，而非售出有价证券。因为IR公司是一家工业企业，所以不同于EM公司中的持有收益的实现，IR公司的销售收入增长是未来收入增加的可持续来源。

图 15-4 三个版本的收益管理

该实验的一个关键特征就是三个版本的题材除了公司收益增长的数量和来源以外，其他信息完全一致。NEM（没有收益管理）公司是一家工业企业，它的财务报告之前增记了可出售有价证券的持有收益，并且继续持有这些证券。根据SFAF第115条，这些持有收益不能记录为股权权益中的留存收益。因为NEM公司没有售出这些溢价的有价证券，所以持有收益并未实现，也未使净收入增加。由于这些收益没有实现，该题材中NEM公司三年的净收入没有增加。

题材的第二部分是公司的财务信息，这些财务信息和NEM公司相同，只有一条除外，即EM（收益管理）公司像NEM公司那样，先增添记录了可出售有价证券的持有收益，并且数量和NEM公司相同，但是它有策略地安排了在未来三年出售这些有价证券的时机来实现它的持有收益。而且，EM公司在售出持有的有价证券后又立即购买了类似数量的有价证券。这样的决策使此案例中公司未来三年的净收入增长了11%。另外，这个案例的一个重要特征就是EM公司和NEM公司的总体状况完全相同。也就是说，尽管EM公司的财务报告中净收入增长了11%，而NEM公司的财务报告中净收入没有增长，但事实上两家公司有价证券的持有损益是相同的，而且它们当前的可出售证券组合的账面价值和市场价值也都是相同的。而两者唯一的不同就是EM公司将升值的证券售出并购入类似的证券，然后将持有收益从权益的累计账户转移到净收入，最后使收益率增长。[43]

比较分析师对EM公司和NEM公司的价值分析非常有趣，因为两家总体状况相同的公司未来超常收益持续性的潜力应该也是相同的。然而，如果分析师没有调整对EM公司收益管理的评估，那么他们就会认为这家公司未来的收益率会更高，对它股票的估值也会更高。就事情本身而言，EM公司更高的股份并不一定就意味着分析师错误地判断了收入的持续性。如果收益率的增长来自公司的核心生产力，那么公司价值的增长也会有一个上限。为了对比EM公司和NEM公司，我们设计了第三个案例（表示为IR，代表销售收入增加）。在第三个案例中，NEM公司的净收入增长率也是11%（因而，净收入的增长方式和EM公司相同）。然而，在这个案例中，收益率的增长来自于营业收入的增加，而不是售出有价证券的一次性收入。

对典型的工业企业的科技公司来说，营业收入的增加所带来的收益增长通常比售出有价证券实现的一次性收入更具有持续性。相应地，在这个实验中，IR案例里的收益增长率是未来收入的更好的指示。如果要将历史的收入数据直接用于估值，那么IR案例应该在估值模型中设计一个更高的乘数。因此在IR案例中，不管分析师有没有留意EM公司的收益管理，都设计了一个价值底线。表15-5展示了提供给分析师的三个版本的近年的利润表和资产负债表信息。另外，每个版本的财务报告都有三年的数据对比，每个分析师只会收到其中一个版本，而且并不知道还有其他版本。

表 15-5　现场实验中，三种收益管理的利润表和资产负债表信息

项目	NEM 题材	EM 题材	IR 题材
近年的利润表信息			
收入			
销售收入	$181 630	$181 630	$184 650
成本和费用			
产品销售成本	101 195	101 195	101 195
销售费用、一般费用和管理费用	38 142	38 142	38 142
研究和开发	18 890	18 890	18 890
利息和其他财务费用	11 006	7 986	11 006
总成本和费用	$169 233	$166 213	$169 233
税前收入	12 397	15 417	15 417
税收	4 351	5 411	5 411
净收入	$8 046	$10 006	$10 006
每股收益	$0. 81	$1. 00	$1. 00
发行在外的股份	9 985	9 985	9 985
近年的资产负债表信息			
短期资产	$32 697	$32 697	$32 697
现金	138 551	138 551	138 551
可出售证券	47 362	47 362	47 362
应收账户	41 371	41 371	41 371
存货	259 981	259 981	259 981
固定资产	61 479	61 479	61 479
其他非流动资产	32 266	32 266	32 266
总资产	$353 726	$353 726	$353 726
负债			
应付账户和其他短期负债	90 178	90 178	90 178
长期应付票据	97 576	97 576	97 576
其他非流动负债	47 109	47 109	47 109
总负债	$234 863	$234 863	$234 863
股东权益			
普通股	1 997	1 997	1 997
资本公积	71 948	71 948	71 948
留存收益	36 600	39 794	36 600
可出售投资的未实现净收入	8 318	5 124	8 318
总权益	$118 863	$118 863	$118 863
负债和权益总额	$353 726	$353 726	$353 726

此项研究要完成的任务有两个部分，一个是股价估值，另一个是回答实验后的问题。该案例中公司的具体信息是虚构的一家电子测量公司（标准行业分类码 3825）。这些信息是以美国证券

交易所的一家真实公司为基础。我们所选择的行业和公司来自 1995 年的电子计算机会计数据库。我们特别地找了一些资产负债表上，有价证券的未实现损益——相对于净收入，有大幅增长的公司（电子计算机会计数据库第 238 条数据）。[44]我们从 LEXIS-NEXIS 数据库中搜集了这家公司的财务报告，将其修正后制作了三个版本的案例题材。

47 位买方股票分析师和基金经理参与了此项研究。[45]这些分析师平均有 14 年的财务分析经验（85% 持有 CFA 执照），而且他们平均 40% 的工作时间都在进行股票证券分析，另外 47% 的工作时间在做投资组合管理。另外，这些分析师分析过的公司的平均数为 52（中位数为 40）。他们直接管理的投资组合的平均规模为 810 000 000 美元（规模的中位数为 150 000 000 美元），他们所在的公司管理的资产平均为 16 000 000 000 美元（资产的中位数为 1 500 000 000 美元）。

案例中，公司的背景材料都提供给了参与的分析师，包括公司所有的行业、行业平均市盈率和范围、历史财务信息摘要。[46]参与者还会收到对公司年度收入进行报告的一系列新闻公告（如彭博咨询公司发布的信息）。这些新闻公告还含有当年的财务报告和重要会计政策的概要。在收到的新闻公告上记录了公司的背景信息和财务报告，参与者被要求对公司普通股的价格进行估计，并提供他们进行判断的书面材料。在完成这一任务后，他们还要回答一系列此案例中财务方面的问题，而有些问题是为了判断他们是否意识到这家虚构的公司在操控收入。此外，他们还要提供判别中他们对数据的处理。

15.3.2 股票估值分析

因为我们将案例材料中，公司的财务状况（即资产负债表）和现金流在每个题材里都设计成相同的，所以分析师对股票价格的估计差异反映的是在估值过程中，历史净收入的影响程度。并且，三个题材的唯一差异是公司增长率的不同（0 或者 11%）和净收入增长来源的不同（有价证券售出或者主营业务收入）。表 15-6 的第一栏列出了每个题材中，分析师估计价格的平均数。对比每个题材中，分析师给出的价格估计，就可以看出估值过程中净收入的重要性。

在增长率为 11% 的两个题材（即 EM 和 IR）中，分析师给出的平均价格是 16.02 美元。在增长率为 0 的题材（即 NEM）中，分析师给出的平均价格是 11.25 美元。价格比较（EM 和 IR 与 NEM 进行对较）的 t 检验显著（$t=4.47$；$p=0.0001$），这证明了增长率为 11% 的题材中股票的平均价格高于增长率为 0 的题材中的股票。因为三个题材中的主要不同点在于公司净收入的水平不同，所以这个实验强有力地证明了净收入是分析师估值过程中的重要参数。当然，有人可能会说，11% 的增长率说明了这两个题材中，公司的经营状况要优于增长率为 0 的题材中的公司。如果这个说法成立，那么分析师可能就不会将历史收益数据明确纳入到股价中，而可能会认为基本面更好的公司净收入的增长率也会更高。我们将收益管理的问题纳入到实验，是为直接解决此问题，并揭示估值分析中净收入到底有多重要。

对比 EM 和 NEM 题材中，分析师给的价格，是进一步强调了股票估值中净收入历史数据的重要性。这个对比非常有意义，因为 EM 和 NEM 题材中，公司的总体状况完全相同，除了关键的一点：EM 公司售出了溢价的可出售有价证券，并回购了相同数量的证券，然而 NEM 公司只是一直持有这些证券。基本逻辑说明了，因为 EM 公司和 NEM 公司的总体状况相同，所以分析师在估值中所使用的不同的净收入数据是他们价值判断明显差别的原因。如表 15-6 第一栏所显示的，EM 题材中的平均价格为 15.78 美元，NEM 题材中的平均价格为 11.25 美元。两个价格的差异进行 t 检验，检验结果显著（$t=4.53$；$p=0.0006$），这说明了分析师对 EM 题材中公司的价值估计显著高于 NEM 题材中公司的价值。

表 15-6 现场实验的结果

案例题材的版本	控制变量		
	价格判断	对公司财务报告质量的评估	对公司未来净收入潜在增长力的评估
IR			
平均得分	\$16.31	9.64	7.66
标准差得分	3.95	1.99	2.77
观测数	13	12	12
EM			
平均得分	\$15.78	8.66	8.63
标准差得分	2.99	2.07	2.42
观测数	16	15	16
NEM			
平均得分	\$11.25	9.14	6.37
标准差得分	3.80	1.87	2.70
观测数	18	16	18

IR 题材和 EM 题材的对比说明了分析师在何种程度上考虑了有价证券的收益管理的影响。IR 题材中的平均价格为 16.31 美元，NEM 题材中的平均价格为 15.78 美元。两个价格比较的 t 检验并不显著（$t=0.40$；$p=0.694$），这说明了针对两种情况，主营业业务引起的 11% 净收入增长率和有价证券出售引起的 11% 净收入增长率，分析师给出的估值结果是一样的。这个研究结果说明了结算线上的净收入数据是买方分析师估值判断的重要参数。[47]

在分析师给出了他们估计的股票价格后，他们还将公司的财务数据按 15 分制进行评分。通过评分，我们就可以更好地理解分析师对三个版本的题材给出的股票价格估计的缘由。另外，这个评分还能有助于消除此实验中股票价格估计结果的其他混杂因素。比如，分析师股票价格判断模式的另一个解释就是他们认为三个版本的题材中，公司财务报告质量的水平不同。为了研究这一可能性，我们设计了四个指标代表公司财务报告质量，然后请分析师对这四个项目进行评分。特别地，分析师要对公司财务报告中净收入的水平（从低到高）、公司财务报告的明晰度（从完全不清楚到完全清楚）、公司财务报告的可信度（从非常不可信到非常可信）和公司通过财务报告勾画的长期财务业绩概况的方式（从非常具有误导性到非常值得信赖）。

因为这些问题是设计来度量公司本质特征的，所以我们将四个度量值简单平均，构造成一个综合指标，用来度量分析师对公司财务报告质量的评价。[48]如表 15-6 第二栏所示，IR 题材中报告质量的平均得分为 9.64，EM 题材中报告质量的平均得分为 8.66，NEM 题材中报告质量的平均得分为 9.14. 对三个题材中报告质量的平均得分进行 F 检验，表明三个版本中的报告质量得分没有显著区别（$F<0.5$）。这个检验结果说明三个题材中报告质量的水平是类似的，而股票价格的判断差异是由于净收入的水平不同，而不是分析师对公司财务报告质量的不同评价造成的。

造成分析师对股票价格的判断在各个题材中存在差异，还有个原因就是他们对公司增长潜力的想法不同。[49]为了收集此因素的数据，我们请分析师对公司未来收益增长的潜力按 15 分制进行打分（从低到高）。如表 15-6 第三栏所示，分析师为 EM 题材中的公司所给的分数为 8.63，为 NEM 题材中的公司所给的分数为 6.37，并且 EM 题材中公司未来收益增长的潜力显著优于 NEM

题材中的公司（$t=2.51$；$p=0.016$）。相反，分析师认为 IR 题材中公司的平均得分为 7.66，这与 EM 题材中公司的平均得分没有显著差异（$t<1$）。这些检验结果说明了 EM 题材中管理者的投机性收益管理成功地使分析师认为该公司未来收益增长的预期要优于 NEM 题材中的公司，尽管事实上两个题材中公司的总体状况是一致的。此外，EM 题材中，公司管理者的投机性收益管理使分析师认为该公司未来的收益增长预期和靠营业收入带动收益增长的公司（即 IR 题材中的公司）是一样的。

15.3.3 实验的启示

实验的结果说明买方股票分析师在股票证券的估值过程中高度依赖净收入。尤其是对分析师股票价格判断和书面说明的研究，表明了分析师对价格进行估计的主要因素并不是现金流或资产负债表。

收入在估值中所体现的重要性既是一个好消息又体现了我们关心它的理由。好消息就是分析师在估值中对净收入的运用说明了他们很愿意在估值中使用收益数据，而且如果他们对收入的质量更细心一些，就会收获更多。如我们在 15.2 节指出的，以收益为基础的严谨模型（如超常收益的折现模型）使分析师有可能专注于公司的生产活动和竞争环境，而不会因现金流的预测而分散注意力。尽管收入的预测是净现金流模型实际运用中的关键参数，但是收入预测的重要性常常被其他的项目所掩盖，从而影响模型效果的体现，比如对非现金项目的过分关注违背了用收入预测值来预测净现金流的目的，或者是过分关注净现金流是否再投资到 NPV（净现值）为零的项目中。当把注意力停留在公司收益率持续性的估计上的时候，分析师就可以消除估值过程中毫无意义的重重困难。

当然，要恰当地运用超常收益折现模型（DAE）——或其他类似的估值模型，就要仔细考虑模型的参数。尤其，如果是要预测未来收入，那么分析师就要特别注意历史收益数据的质量。由于 DAE 模型需要预测未来收入，这就使该实验产生了一个让人为难的结果：公司可能会对收入进行投机性管理，而且不会被分析师察觉。[50]

如果公司对收入进行了投机性管理，那么分析师怎样才能在估值中避免陷阱？这个问题不易问答，因为财务分析是一项困难而耗时的工作，它很难得到一个对公司单一、清晰而包罗万象的结论。此外，如我们之前所提到过的，参与我们研究的分析师平均研究过 52 家公司，他们的时间主要都用在分析和投资管理上。由于时间要求，公司管理收入方法的多样性，以及财务信息的复杂性，分析师不可能发现投资性收益管理的每个例子。如果分析师能获得更多更清晰的披露有价证券交易的信息，那么他们更有可能发现公司的投机性收益管理。我们将在后续研究中检验这一可能性。

15.3.4 后续研究

在 15.2 节中，FASB 最近颁布了综合收入的报告准则。SFAS 第 130 条的颁布有助于对公司收入业绩的逐项评估。尤其是，一些准则建议者建议权益中所有和业绩相关的变化都应该在一个单独的表中列出，这样，分析师才更容易发现所有对价值有影响的业绩相关项目。确实，在我们的实验中，如果业绩报告里有有价证券损益的详细账目，那么分析师能可能更容易发现 EM 题材中公司的投机性收益管理。相应地，我们做了一个后续研究，调查综合收入报告的新准则使分析师能有多大的可能性发现公司通过有价证券来进行投机性收益管理，从而修正他们的价值估计。

SFAS 第 130 条有一个有趣的特点，那就是它并没有具体规定综合收入报告的格式和位置。事实上，新准则唯一的硬性要求就是公司必须在它的主要财务报告中披露综合收入的信息。虽然 FASB 更倾向于公司将综合收入单独地做一个业绩报告（与他们最初公司的准则草案一致），但是大部分公司都将综合收入报告在所有者权益变动表（SCE）中。由于现在分析师都将 SCE 视为财务报告中用处最小的资料（布朗 1997），因而将综合收入记录在 SCE 中，就不如单独记录在一个业绩表中有用。

为了明确综合收入新准则的潜在好处，我们将做一个实验，看公司更愿意将综合收入记录在一个单独的业绩报告中还是记录在 SCE 中，哪种方式更容易让分析师修正他们在 EM 题材中价值估计的偏差。[51]我们设计了四个附加的实验情形（即在表 15-6 所示的 EM 和 NEM 情形的基础上，在 EM 和 NEM 情形中，综合收入没有披露，但可以从财务报告中推出）。每个公司都赋予了两个情形，并且提供了综合收入和净收入的对账，如表 15-7 所示。在一个情形中，对账是在利润表后面尾随着列了一个单独的业绩表。在另一个情形中，对账是包含在所有者权益变动表中。总的来说，我们分析了六个情形：有收益管理但没有对账（EM-No-CI）；没有收益管理也没有对账（NEM-No-CI）；有收益管理并在 SCE 中对账（EM-CI-SCE）；没有收益管理但在 SCE 中对账（NEM-CI-SCE）；有收益管理并在利润表后面单独的表中对账（EM-CI-IS）；没有收益管理但在利润表后面单独的表中对账（NEM-CI-IS）。总共有 96 个买方分析师参与了此项研究——34 人参与最开始的 No-CI 情形，另外 62 人参与 CI-SCE 情形和 CI-IS 情形。

我们预计 EM-CI-IS 情形中，对其他综合收入因素的详细披露可以使分析师发现公司的收益管理，从而得到对 EM 公司和 NEM 公司相同的估值结果。由于 EM-CI-SCE 情形中，对其他综合收入因素的披露不如 EM-CI-IS 情形中那么清楚，但又比 EM-No-CI 情形中清楚，所以我们没有预测这种披露方式能否有效地使分析师发现收益管理，从而合理地估计公司的价值。

表 15-7 后续研究中，CI-IS 情形下，净收入和综合收入的对账表

综合收入披露	EM-CI-IS 情形	NEM-CI-IS 情形
净收入	$10 006	$8 046
其他综合收入		
可出售证券的未实证收入		
未实现收入总额	1 379	1 379
所得税	(484)	(484)
未实现收入净额	895	895
净收入中可出售证券已实现收入的次级分类调整		
已实现收入总额	(3 020)	0
所得税	1 060	0
已实现收入净额	(1 960)	0
其他综合收入总额	($1 065)	$895
综合收入	$8 941	$8 941

注：数据来源于赫斯特和霍普金斯（1998）。

如我们预期，综合收入及其构成在单独表中（即 CI-IS 情形）的详细报告使分析师意识到了 EM 题材中公司的投机性收益管理，并且估值的判断结果接近于分析师对 NEM 题材中公司所做的价值判断。分析师对 EM-CI-IS 情形中股票价格估计的平均值为 13.40 美元，而对 NEM-CI-IS 情形中股票价格估计的平均值为 12.57 美元。这两个价格平均值的差异在统计上不显著，t 统计量为 0.66。这个研究结果说明当分析师意识到公司是通过投机性收益管理达到 11% 收益增长率（EM

题材）时，他们就会在估值中考虑此因素，从而修正他们的估值结果。有趣的是，将综合收入及其构成记录在 SCE 中，并不会减少 EM 题材和 NEM 题材中价值估计的差异。分析师对 EM-CI-SCE 情形中所给出的价格估计的平均值为 14.81 美元，而对 NEM-CI-SCE 情形中所给出的价格估计的平均值为 12.49 美元（$t=1.85$；$p=0.034$）。

研究结果表明将综合收入披露在单独表中比披露在 SCE 中作用更大，这一结论和布朗（1997）的数据调查结果是一致的。特别地，布朗指出分析师认为 SCE 是公司的财务报告中用处最小的资料之一。在我们的研究中，分析师明显忽视了 SCE 中价值相关信息的潜在重要性。分析师忽视 SCE 的一个原因可能是在综合收入的报告准则颁布以前，尽管大部分只记录在 SCE 而未记录在别的报告中的交易非常重要，但是分析师可能在财务报告公布以前就已经知道了这些信息。随着 SCE 中有用的披露越来越多，分析师或许应该多留意一下 SCE。后续研究的结果表明忽视 SCE 可能会使某些收益管理被忽略。

15.3.5 总结

我们做了两个实验研究买方分析师如何运用收益数据进行估值。第一个研究结果发现有时分析师不能发现公司的投机性收益管理，说明分析师应该多留意收入的来源，而不应只关注收入的数量。单独的后续研究测试了综合收入及其构成的不同报告方式会对分析师发现公司的投机性收益管理有影响，此实验的研究结果证明了对所有业绩相关项目的详细披露能使分析师更易将价值相关的信息融入到价值估计中。

15.4 结论

我们以回答分析师“什么是收入?”为目的而展开了该研究。人们可能会说这个答案对两个会计学教授来说简直太简单了。但是在我们思考如何组织我们的答案的时候，我们很快意识到这其实是一个重大问题。在美国，会计领域的学者将 20 世纪的大部分时间都花在了回答这个问题上，而这个问题从学者的理论视角来看，引发了很多对此定义的深刻见解以及如何衡量“真正的”经济收入的讨论。然而，少有研究能直接有益于现实的股票分析。因为股票分析首先最重要关心的是价值，所以我们撰写此章内容的首要目标就是阐明财务报告中的收入，并解释如何将它最好地运用到价值估计中。

在 15.1 一节里，我们从一个大规模的学术研究中总结出重点内容，证明会计信息对证券价格的作用。研究的主体内容证明了不仅结算线上的净收入有重要作用，其构成部分也同样很重要。如果目的是为了预测净现金流，那么当期的会计收入比当期的现金流更有用。然而早期的大多数研究都是针对会计数据与合计项、市场数据之间的关系，比如股票价格和收益率，但是很少有研究调查价值判断的过程和分析师个人如何决策。

和任何模型一样，以收入为基础的模型所得的结果质量要好必须得它所用的参数质量也好。为了改善估值过程中会计参数的质量，15.2 这一节概述了收入构成的会计分类，并举例说明了这些分类如何帮助分析师判断历史收入的质量和持续性。为了使分析师看清潜藏在管理者提供的财务数据中的误差，我们强调了明白会计分类标准的重要性。在清楚地了解会计数据是如何编制之后，分析师才能更有效地使用这些数据。

在 15.3 这一节中，描述了两个实验，这两个实验是研究买方股票分析师的价值判断的。最初的实验提供了直接的证据证明公司的会计收入水平能影响专业买方分析师的价值判断。但是，一个令人苦恼的结果是分析师似乎没有察觉公司是否有通过策略性地安排出售或回购有价证券的时机来管理他们的收入。

我们假设这一结果是由于会计数据的报告方式对分析师的影响所导致的。尽管有效市场假说认为数据的报告方式不会对证券价格产生影响，但是我们指出由于证券分析师的工作性质（即分析的公司数量很多，给出的分析时间很短），如果他们想将这些数据用于股票价格判断，那么他们需要此类交易更清楚的披露。在后续研究中（赫斯特和霍普金斯，1998），我们调查了这个假设，发现综合收入的更清楚的披露方式的确有利于分析师发现收益管理。我们提供了证据，建议财务会计准则委员会从分析师的角度出发，改进会计准则，并向 FASB 提供了证据说明综合收入新准则的影响。

我们希望分析师能从什么是收入以及如何在股票估值中运用收入的讨论中受益良多。此外，我们还希望读者能感谢参与实验的分析师在研究中所做的价值判断和估值决定。我们认为，在此领域中的不断研究能帮助我们明白分析师是如何完成他们的工作、初学者和专家的区别在哪里、怎样才能改进我们对分析师的教育和培训，最重要的就是如何在实际操作中改善股票分析。

注 释

1. 不管我们在估值过程中用的是现金流还是净收入，有句话叫作“你的度量方式决定了你的管理方式”。运用现金流进行管理简单点说不过是将支付给供货商的款项或广告费用推迟或提前一周。
2. 尽管财务或会计的研究人员已经做了不计其数模拟和测试会计收入与股票收益率或股票价格之间关系的研究，但此部分的内容主要是讨论这些研究给我们带来的最重要启示。如果想要了解研究会计收入或其他类型会计信息的关联的详尽推理，请参考伯纳德（1989）、列夫（1989）、列夫和奥尔森（1982）、鲍曼（1996）。
3. 鲍尔和布朗用了三个指标来度量非预期收入，而每种度量方式的结论都是一样的。我们在此只讨论收益的随机游走，简单点说，也就是收益率下一年与上一年相比的变化。鲍尔和布朗还分析了每只股票的超常收益率。所谓“超常收益率”是指股票的实际月收益率与资本资产定价模型（CAPM）模型的预测结果之间的差值。
4. 比弗等人的实验中，收益率残差的变化是用来度量公司的非预期收益，而股票价格残差的变化是公司股票的实际月收益率用资本资产定价模型（CAPM）计算出的期望值调整后的数值。
5. 科曼迪和利普发表的这篇文章在会计领域引发了对 ERC 的激烈研究。有关 ERC 研究更深刻的观点请参考赵和荣（1991）。
6. 不严格地说，R^2 是因变量的变化能用自变量的变化解释的百分比。如果 R^2 为 1，说明两个变量完全相关，而如果 R^2 为 0，说明两个变量完全不相关。
7. 他们 20 年的样本数据可以构成 10 个 10 年连续的收入样本。每个 10 年连续的样本平均包含 1 045 家公司。
8. 账面净值为公司的资产减负债（即权益）。除非股东注资或撤资，账面净值是随公司的收入而变化的。因此，账面净值是对公司积累的收入的度量。布伦南（1995）指出“收入积累所导致的账面价值的增加最终会反映到股价上。会计收入不但并非一无是处，反而是像布伦南强调的那样，它在长期内对股票收益有重要影响”。
9. 艾略特和汉娜把大金额的冲销定义为超过总资产的 1%。
10. 我们将在“收入与权益的报告”中讨论 DAE 模型。
11. 关于会计收入和现金流的信息重要性更深刻的分析，请参考斯隆（1996）。

12. 另一方面，人们可以认为当前的收益不代表未来的收益的时候，现金流比会计收入更重要。程、刘和谢菲尔（1996）做了一项研究，证明当收益只是暂时性的（不是长期的），即收益的构成项目需要特殊对待的时候，现金流更能解释股票收益。
13. 有大量研究对卖方分析师的报告做过分析。比如，普雷维茨、布里克、罗宾逊和杨（1994）研究过479份卖方分析师的报告，他们指出在卖方分析的报告中，引用最多的因素就是会计收入相关的信息。他们（1995）调查发现这些因素能决定卖方分析是否会将某家公司评价为拥有“高水平的”盈利能力。
14. 在20世纪80年代（即安德森，1988）在一些研究建立了一个分析师的小样本，分析了他们运用会计信息的模式。这些研究提供了证据证明专业分析师搜集信息的方式，但是却没有回答会计信息（即会计收入）在分析师的估值中有什么特殊地位。
15. 比如，在广泛应用的净现金流模型中，需要用公司当前的收入来预测未来的收入。在算出未来收入的估计值之后，分析师需要剔除其他非现金项目的预测值，只保留收入的预测值来，以此估计未来的现金流。
16. 我们用“质量”一词来表示用当期收入来预测未来收入的程度。
17. 我们相信“现金为王”的观点过于极端，特别是对于现金流模型（包括FCF模型）在实践中的典型应用。在现实世界的典型应用中，要算出期望的未来净现金流通常要先预测出未来的利润表和资产负债表。而且，运用最广泛的预测未来财务报表的起点就是历史的财务报表。仔细思考这个估值过程中的一系列步骤，就不难发现分析师运用FCF模型分析和预测的数据竟是这个模型刻意回避的数据——权责发生制的会计数据。所以，尽管这个模型要得到净现金流并不会受到收益预测值的限制，但这个模型事实上高度依赖公司业绩的会计度量的结果。
18. 正如会计收入容易被操控，现金流也同样容易被操控——而且哪怕是对现金流发生的时间安排得很偏激，也不会在审计时招致麻烦。比如说在当期增加现金流的一个简单办法就是：在下一期的第一天向供应商支付货款。尽管显而易见的是，公司都会试图使期末的现金流变得很好看，但审计人员不会强迫公司将（下期的）现金支付记录到当期。如果公司在这一年享受了某项服务（而且下一年很有可能不会再继续消费），那么就有应付款项发生，审计人员这时当然就会要求公司记录下相关的费用，并从当期的利润中扣除。事实的确如此，权责发生制要求公司当前消费的商品和服务的费用必须要从公司利润中扣除。
19. 比如，参考奥尔森（1995），费尔特姆和奥尔森（1995），以及爱德华兹和贝尔（1996）的文献。伯纳德（1995），弗朗西斯、奥尔森和奥斯瓦德（2000），以及彭曼和桑格安尼斯（1998）的文献，也提供了经验性证据支持这个模型能用于价值估计。
20. 有两点需要阐明。第一，公式15-1中的收入是干净收入。因此，从学术的角度讲，“综合收入”（不是“净收入”）才是对公司业绩的正确度量。（我们将在后面的章节中详细讨论综合收入）第二，这里所说的股票是我们通常所指的股票加上回购的再减去增发的。
21. 怀特、索迪和弗里德（1998）将 $B_t/(1+r)=B_t-rB_t(1+r)$ 与公式15-1和公式15-2合并，得到公式15-5。这个过程需要将公式15-4中 $t=1$ 和2扩展，并带入之前提到的关系式 $Bt/(1+r)$，最后将得到的公式进行化简并将 $t=3$ 扩展到 $t=\infty$，就得到了公式15-5。
22. 注意经济附加值（EVA）和DAE都是“剩余收益”模型。即，它们都试图描述公司将收益分配给所有的资本提供者之后，所创造的价值。会计收入通过利息支出的方式向债权人提供收益，但由于会计收入中不包含股权资本成本这项费用，所以它夸大了剩余。要清楚考虑股东投资的股权资本所产生的收益，就可以用EVA和DAE来描述剩余收益。如何用剩余收益来评估公司的价值可以推溯普瑞恩瑞奇（1938）所著的文献。

23. Palepu，Bernard和Healy(1996)文献中的图3-1显示了美国大部分的工业公司最近的ROE为10%～14%，而如果它们某年的ROE异常地高于或低于这个水平时，它们在三年内会回到10%～14%这个范围。

24. 尽管杜邦分析法有很多形式，但其中一个有效的方法就是将ROE分解成NI/CSE = NI/EBT × EBT/EBIT × EBIT/Sales × Sales/Assets × Assets/CSE，其中NI是净收入，CSE是普通股权益，EBT是税前收入，EBIT是息税前收入。ROE分解中的第一项是税后收入比例（即1－平均税率）。第二项是缴纳税收和利息前，股东收入的比例。第三项是销售产品的营业收入。第四项是总资产周转率。最后一项是杠杆率（即负债/CSE + 1）。这个模型把股权收益率中的CI换成NI，再加上一个除式（CI/NI），就能把综合收入（CI）引入到ROE中，这个结果描述了其他综合收入项目对ROE的税后影响。

25. 让我们来思考一下Laing（1998）的文献中，Sunbeam Corporation的案例。这家公司被指控用各种积极的会计选择，以及“预售”产品来操控它1997年的盈利数据。预售的形式很多，包括在季末向经销商提供高折扣，提供宽松的退货政策，向还未装运的商品开具发票。Sunbeam被指控向经销商支付一个月的费用，将燃气炉存放在经销商的仓库中。此外，这些商品还有非常宽松的退货政策。《巴伦周刊》评论说这种销售方式类似于寄售（寄售在一般情况下是不会记录收入的）。只有当分析师意识到这些过去的收入可能不会在未来实现时，DAE模型才能做出相应的调整。积极的年末折扣和会计方式导致了当前高额的超常收益，但是由于这些做法会使账面价值增高，因此要保持如此高的收入水平，那么未来的超常收益也相应地必须提高。因为前期积极的收入实现方式意味着这些收入在后期不会再有记录，所以未来高额的超常收益的可能性是大大降低了的。

26. Schr和Walther(2000)发现管理者倾向于提醒投资者公司的收益而非损失。他们指出这种惯例事实上具有战略性；也就是说，公司试图给人们建立什么才是合理业绩的概念。他们发现在季度收入报告中，管理者喜欢强调公司之前处置固定资产的收入，以降低人们对当前收入的潜在标准。管理者不会强调前期处置这些项目时的损失，这样就最大可能地扩大了公司季复一季的收益率。提醒投资者前期的收入目的是为了降低他们的标准，而忽略前期的损失是为了使他们的标准保持在低水平。

27. 退出成本或重组费用根据财务会计准则委员会紧急会计问题工作组第94－3条：“解雇补偿和其他退出（包含重组产生的费用）成本的债务确认”的定义是公司退出一项无未来经济利润的活动时所花费的成本。必须同时满足以下三个项才能记为重组成本：
   (1) 该项成本与继续经营的活动无关或不会使其受益。
   (2) 该项成本在退出计划的承诺日之后不会与公司收入有关或不会产生收入。
   (3) 该项成本符合下面两条标准中的一条：
      1) 该项成本的核算应该增加到公司承诺日之前的活动所产生的其他成本上，并且是退出计划直接产生的（即公司停止经营后，将对产品的保修义务分包出去所产生的成本，或员工的遣散费用和关闭工厂所产生的其他成本）。
      2) 这个成本代表了合同约束下，在到期日之前完成退出，也会继续产生的成本费用，或者是退出合同义务的违约金（即合同违约金或由于企业退出后，出租品无法在合同到期前再次出租所产生的成本）。

28. EITF第94－3条（参考前面脚注）有该指导意见的说明。另外，EITF第96－9条“存货减记的分类和其他重组相关费用”，EITF 第 95－23 条“测试长期资产折旧程度时的场地或环境恢复的退出费用”，以及 EITF 第 95－3 条“并购业务中的债务确认”中都有该方面指导意见的说明。在美国证券交易管理委员会的《重要性公告》第 100 条中，SEC 就重申了只有当严格而完全地策划和执行某项经营活动的退出计划时，才可以记录重组费用。SEC 的该条款彻底摧毁了公司企图将大量费用记录在盈利状况不佳的时期，使这些大量的费用在以后的财务分析中不会被察觉的希望。要记录某个重组业务的各项目需要公司高层管理者签署的正式批准文件。另外，在后期的半年度和年度财务报告中，财务报告的附注和管理层的讨论与分析还要进一步地披露应计项目（以及它们的注销）的作用。

29. 尽管 EIFT 试图收紧规则，但是一些多疑的分析师和商业杂志常常发现重组费用下会有些可疑的项目存在。比如，Laing（1998）就曾质疑 Subbeam1996 年重组费用的构成项目，因为他发现公司诉讼费用和可疑账户下的津贴大幅增加。《巴伦周刊》上的文章将此归功于对 CEO Al Dunlap 的解雇和证券交易管理员会对公司会计方法的调查。
30. 一旦重组费用超过预估时，就会产生这些变更。哪怕退出计划已经完成，但是刚开始记录的债务仍有部分保留。变更这些债务会导致“负”费用的产生。大部分分析师不会将此项目当作经常性收入。
31. 这个定义和国际会计准则上对“非经常项目”的定义稍有不同。国际会计准则将“非经常项目”定义为“由企业的不寻常、不经常，并与企业平常活动明显不同的交易或事件所产生的收入或费用”。这两个定义的不同突出了我们争论的焦点，即利润表的项目除了用于合约，基本无用。重要的是，分析师认为这类事件的经济意义本身就值得怀疑，对企业利润的影响也有理由推敲。
32. 有些项目会明确地定义为“非经常性项目”。但有意思的是（如我们将在 Harnischfeger 的案例中看到的），根据定义，债务的提前清偿所造成的收益或损失是被当作“非经常性项目”来处理的（根据美国财务会计准备第 4 条，债务清偿的收益或损失）。
33. Hand(1989) 的研究表明，公司进行债转股是为了平滑每股收益非预期的暂时下降。这个研究结果可以推广到其他的债务活动。多疑的分析师会问，公司提早清偿债务是否是因为管理者想评估过去进行这项交易的经济意义或会计意义。
34. 而且，对于管理层来说，新的会计标准提供了新的信息，这会致使他们做出不同的决定。我们应相信新的 OPEB（其他养老金）处理要求使许多公司改变了他们对 OPEB（其他养老金）费用的管理。
35. 中括号中的内容为原文。
36. 1997 年，First Indiana 的净收入为 17 744 000 美元，综合收入为 18 797 000 美元。差额主要来自于两项。第一项是，公司在执行某些股票期权时，得到了一些税收优惠。虽然这些交易不会对收入产生影响，但是税收优惠会对股东产生积极影响。第二项是，公司记录了一项可出售证券投资组合的一直持有、尚未实现的（税后）净收入 614 美元。这项尚未实现的收入体现在权益中，但没有出现在利润表上。当这些证券售出时，实现的收入出现在净收入中，进而体现在留存收益中。为了避免重复记录这些收入（即一次是未实现收入，另一次是已实现的收入），之前在权益中记录为累计的其他综合收入的未实现收入就要冲销。First Indiana 1997 年冲销的累计其他综合收入（并包含在净收入中）为 217 美元（税后）。
37. 当然，我们不是说所有可出售证券的售出都是通过战略安排，并为了管理收益。然而，显而易见的是，有些分析师寻找的就是这类活动。一系列使 Citicorp1997 年第四季度的收益增长 12% 的一次性收入被称为“汉堡帮手”，此话是一个分析师引用《华尔街日报》中《股闻天下》专栏里的说法，它的意思是 Citicorp 挑出一个原因解释为什么这一时期的收入不尽理想（参考 Frank 和 Browning 1998）。最近，微软公司因为可出售证券的活动水平增加而被严格审查（参考 Bank 2000）。

38. 我们没有分析卖方分析的报告，原因是他们除了对股票进行估值和评价以外，通常还会对后期收入进行预测。所以，哪怕卖方分析师在估值中完全忽略收入（即采用纯粹的股利折现模型或净现金流方法），但是为了证明报告对后期收入预测的可靠性，人们也会在报告中看到很多对公司过去收入业绩数据的引用。

39. Smith，Lipin 和 Naj（1994）在关于通用电气公司收益管理的文章中，是这样定义收益管理的："通过精心策划损益发生的时机来平滑收益的起伏，尤其是为了避免收益的下降。"根据这个定义，我们将讨论集中在公司的投机性收益管理上。

40. 为了简化本节后部分的阐述，我们将讨论仅限于公允价值上涨所引起的持有收益的增加。我们的讨论也隐含了对公允价值下跌所引起的持有损失减记的考虑。

41. 在发布新的综合收入披露要求之前，要分析未实现的持有损益的变化需要相当地细心。Smith 和 Reith（1996）最近所做的分析表明年度报告中公允价值的调整很难平衡，因为公司经常直接将其加到其他的权益账户中。SFAS 第 130 条要求公司对这一领域的活动要详细披露。

42. 尽管本节描述了三个版本的题材，但要注意的是参与研究的每个分析师都只会看到其中的某一个版本。这类实验设计——被称为"被试者间设计"，可以对分析师股价预测差异的原因进行强推论。

43. 两家公司都在持有收益的当期记录递延税款。尽管"真正的"税款是在证券实际售出的当期记录，但是 NEM 公司的递延税款和 EM 公司已支付和未支付的递延税款总额是相同的。

44. 该项目的大幅增加意味着可出售有价证券的持有收益相对于净收入很高。

45. 全部分析师都是从 1996 年（AIMR 美国投资管理与研究协会）的会员目录中，根据他们的工作自述招募的。在收到他们的参与确认后，我们通过速递将材料寄给了 65 位分析师，72% 的人进行了回复。另外 62 位股票分析师和基金经理参与了 FASB 综合收入报告新要求实用性的后续研究（参考赫斯特和霍普金斯 1998）。我们将在本节的最后部分讨论后续研究。

46. 提供的市盈率数据表明了公司股票价格的波动在合理的范围内。而实际股票价格在材料中并未提供，因为如 15.1《会计收入与股票价值相关性的证明》中，鲍尔和布朗（1968）指出的，净收入的大部分信息都在信息公布的早期被股票价格消化。

47. 然而，对无法证明分析师判断收入是来自于产品销售还是证券出售的策略安排这一研究结果，有些读者感到困惑不解。这个问题我们会在本节后面的后续研究中讨论。

48. 克朗巴赫 alpha 系数得分为 0.78，证明了分析师对这些项目的反映高度相关，并说明了四个问题衡量的是一个统一的本质特性。

49. 分析师被要求在给出他们的股票价格判断之后，还要提供他们如何形成判断的简要说明。对分析师的说明研究后发现许多分析师都采用了以收益为基础的乘数（即 P/E）。当然，股票价格与收入之间关系的一个重要决定因素就是分析师对公司收益增长预期的评估。

50. 怀疑论者可能会说我们的实验结果在"现实世界"中不可信，因为实验中分析师没有足够的动机去严肃对待参与的任务。我们反对这种说法有三个原因。首先，参与者是以个人名义联系并同意参与研究。他们知道研究人员能鉴别他们的回答，因而具有一种高度的责任感。其次，他们承认在研究中他们各自所采用的估值模型正是他们各自日常工作中常使用的。最后，他们在研究中所用的时间并不代表他们在自己的投资管理中所用的时间。这些理由都说明了数据的可靠性和在现实环境中的真实性。

51. 该实验最早由赫斯特和霍普金斯（1998）发表。

参考文献

Abelson, A. 1996. "Big Blue Sky." *Barron's* (January 22):3.

Anderson, M. 1988. "A Comparative Analysis of Information Search and Evaluation of Professional and Non-Professional Financial Analysts." *Accounting, Organizations and Society*, vol. 13, no. 5 (September):431–446.

Association for Investment Management and Research. 1993. *Financial Reporting in the 1990s and Beyond.* Charlottesville, VA: AIMR.

Association for Investment Management and Research. 1997. *1996 Membership Directory.* Charlottesville, VA: AIMR.

Ball, R., and P. Brown. 1968. "An Empirical Evaluation of Accounting Income Numbers." *Journal of Accounting Research*, vol. 6, no. 2 (Autumn):159–178.

Bank, D. 2000. "Microsoft Net Tops Estimates, Boosted by Portfolio Gains." *Wall Street Journal Interactive Edition* (January 19).

Bauman, M.P. 1996. "A Review of Fundamental Analysis Research in Accounting." *Journal of Accounting Literature*, vol. 15:1–33.

Beaver, W., R. Clarke, and W. Wright. 1979. "The Association between Unsystematic Securities Returns and the Magnitude of Earnings Forecast Errors." *Journal of Accounting Research*, vol. 17, no. 2 (Autumn):316–340.

Bernard, V.L. 1989. "Capital Markets Research in Accounting During the 1980s: A Critical Review." In *The State of Accounting Research as We Enter the 1990s.* Edited by T.J. Frecka. Urbana-Champaign, IL: University of Illinois.

———. 1995. "The Feltham-Ohlson Framework: Implications for Empiricists." *Contemporary Accounting Research*, vol. 11, no. 2 (Spring):733–748.

Brealey, R.A., and S.C. Myers. 1991. *Principles of Corporate Finance.* 4th ed. New York: McGraw-Hill, Inc.

Brennan, M.J. 1995. "A Perspective on Accounting and Stock Prices." *Journal of Applied Corporate Finance*, vol. 8, no. 1 (Spring):43–50.

Bricker, R., G. Previts, T. Robinson, and S. Young. 1995. "Financial Analyst Assessment of Company Earnings Quality." *Journal of Accounting, Auditing and Finance*, vol. 10, no. 3 (Summer):541–554.

Brown, P.R. 1997. "Financial Data and Decision Making by Sell-Side Analysts." *Journal of Financial Statement Analysis*, vol. 2, no. 3 (Spring):43–49.

Cheng, C.S.A., C.S. Liu, and T.F. Schaefer. 1996. "Earnings Permanence and the Incremental Information Content of Cash Flows from Operations." *Journal of Accounting Research*, vol. 34, no. 1 (Spring):173–181.

Chipello, C.J. 1998. "MacMillan Bloedel to Sell Paper Unit for $593.6 Million." *Wall Street Journal* (April 24):A6.

Cho, Y.J., and K. Jung. 1991. "Earnings Response Coefficients: A Synthesis of Theory and Empirical Evidence." *Journal of Accounting Literature*, vol. 10:85–116.

Collins, D.W., E.L. Maydew, and I.S. Weiss. 1997. "Changes in the Value-Relevance of Earnings and Book Values over the Past Forty Years." *Journal of Accounting and Economics*, vol. 24, no. 1 (December):39–67.

Copeland, T., T. Koller, and J. Murrin. 1996. *Valuation: Measuring and Managing the Value of Companies.* 2nd ed. New York: John Wiley & Sons, Inc.

Dechow, P.M. 1994. "Accounting Earnings and Cash Flows as Measures of Firm Performance: The Role of Accounting Accruals." *Journal of Accounting and Economics*, vol. 18, no. 1 (July):3–42.

Easton, P.D., T.S. Harris, and J.A. Ohlson. 1992. "Aggregate Accounting Earnings Can Explain Most of Security Returns." *Journal of Accounting and Economics*, vol. 15, no. 2/3 (June/September):119–142.

Edwards, E.O., and P.W. Bell. 1961. *The Theory and Measurement of Business Income.* Berkeley, CA: University of California Press.

Elliott, J.A., and J.D. Hanna. 1996. "Repeated Accounting Write-Offs and the Information Content of Earnings." *Journal of Accounting Research,* vol. 34 (Supplement):135–156.

Feltham, G.A., and J.A. Ohlson. 1995. "Valuation and Clean Surplus Accounting for Operating and Financial Activities." *Contemporary Accounting Research,* vol. 11, no. 2 (Spring):689–731.

Francis, J., P. Olsson, and D.R. Oswald. 2000. "Comparing the Accuracy and Explainability of Dividend, Free Cash Flow and Abnormal Earnings Equity Value Estimates." *Journal of Accounting Research,* vol. 38, no. 1 (Spring):135–156.

Frank, S.E., and E.S. Browning. 1998. "Assortment of One-Time Gains Help Boost Citicorp's Earnings." *Wall Street Journal* (January 28):C1.

Goldman, Sachs & Company. 1997. *EVA: A Primer.* (September 10).

Hand, J.R.M. 1989. "Did Firms Undertake Debt-Equity Swaps for an Accounting Paper Profit or True Financial Gain?" *Accounting Review,* vol. 64, no. 4 (October):587–623.

Hirst, D.E., and P.E. Hopkins. 1998. "Comprehensive Income Reporting and Analysts' Valuation Judgments." *Journal of Accounting Research,* vol. 36 (Supplement):47–75.

Kormendi, R., and R. Lipe. 1987. "Earnings Innovations, Earnings Persistence, and Stock Returns." *Journal of Business,* vol. 60, no. 3 (July):323–346.

Laing, J.R. 1998. "Dangerous Games." *Barron's Online* (June 8).

Lev, B. 1989. "On the Usefulness of Earnings and Earnings Research: Lessons and Directions from Two Decades of Empirical Research." *Journal of Accounting Research,* vol. 27 (Supplement):153–192.

Lev, B., and J.A. Ohlson. 1982. "Market-Based Empirical Research in Accounting: A Review, Interpretation, and Extension." *Journal of Accounting Research,* vol. 20 (Supplement):249–322.

Lowenstein, R. 1997. "Stocks Worth Writing Off." *Smart Money,* vol. 6, no. 12 (December): 67–70.

Mear, R., and M. Firth. 1987. "Cue Usage and Self-Insight of Financial Analysts." *Accounting Review,* vol. 62, no. 1 (January):176–182.

———. 1990. "A Parsimonious Description of Individual Differences in Financial Analyst Judgment." *Journal of Accounting, Auditing and Finance,* vol. 5, no. 4 (Fall):501–526.

Ohlson, J.A. 1995. "Earnings, Book Values, and Dividends in Equity Valuation." *Contemporary Accounting Research,* vol. 11, no. 2 (Spring):661–687.

Palepu, K.G., V.L. Bernard, and P.M. Healy. 1996. *Business Analysis & Valuation Using Financial Statements.* Cincinnati, OH: South-Western College Publishing.

Penman, S.H. 1992. "Return to Fundamentals." *Journal of Accounting, Auditing and Finance,* vol. 7, no. 4 (Fall):465–483.

Penman, S.H., and T. Sougiannis. 1998. "A Comparison of Dividend, Cash Flow, and Earnings Approaches to Equity Valuation." *Contemporary Accounting Research,* vol. 15, no. 3 (Fall):343–383.

Preinreich, G.A.D. 1938. "Annual Survey of Economic Theory: The Theory of Depreciation." *Econometrica,* vol. 6, no. 3 (July):219–241.

Previts, G.J., R.J. Bricker, T.R. Robinson, and S.J. Young. 1994. "A Content Analysis of Sell-Side Financial Analyst Company Reports." *Accounting Horizons,* vol. 8, no. 2 (June):55–70.

Rappaport, A. 1998. "Three Ways Stock-Market Investors Can Stack the Odds in Their Favor." *Wall Street Journal* (February 26):R6.

Schrand, C.M., and B.R. Walther. 2000. "Strategic Benchmarks in Earnings Announcements: The Selective Disclosure of Prior-Period Earnings Components." *Accounting Review,* vol. 75, no. 2 (April):151–177.

Serwer, A. 1998. "Street Life." *Fortune.com* (July 1).

Sloan, R.G. 1996. "Using Earnings and Free Cash Flow to Evaluate Corporate Performance." *Bank of America Journal of Applied Corporate Finance,* vol. 9, no. 1 (Spring):70–78.

Smith, P.A., and C.L. Reither. 1996. "Comprehensive Income and the Effect of Reporting It." *Financial Analysts Journal,* vol. 52, no. 6 (November/December):14–19.

Smith, R., and S. Lipin. 1996. "Odd Numbers: Are Companies Using Restructuring Costs To Fudge the Figures?" *Wall Street Journal* (January 30):A1.

Smith, R., S. Lipin, and A.K. Naj. 1994. "Managing Profits: How General Electric Damps Fluctuations in Its Annual Earnings." *Wall Street Journal* (November 3):A1.

Staubus, G.J. 1992. "Cherry Pickers' Friend." *Barron's* (December 7):16–17.

Wechsler Linden, D. 1990. "If Life Is Volatile, Account For It." *Forbes* (November 12):114.

White, G.I., A.C. Sondhi, and D. Fried. 1998. *The Analysis and Use of Financial Statements.* 2nd ed. New York: John Wiley & Sons, Inc.

现金流分析及权益估值[⊖]

詹姆斯 A. 奥尔森（James A. Ohlson）

虽然现金流估值并非对所有估值都有效，但是关注现金流确实能在很多方面让权益估值更加清晰。运用现金流可以避免收益基础评价方法所面临的各种计量问题，同时对于股票价值的估算也可以围绕自由现金流概念重新构架分析。

现金流量分析一般被看做是股利折现模型的延伸，甚至可以替代股利折现模型，但实际上现金流量分析被夸大其词了，此方法并不能解决所有估值问题。我们承认，关注到现金流量确实可以对权益估值在某些方面更加的明显，因此投资者和分析师应对强调现金流量分析所体现出的特有洞察力有最基本的认识。

此章阐明了自由现金流量（FCF）分析的一般方法，包括对应用现金流量分析的解释，一些实际应用问题的阐述及局限性的说明。本章也同时讨论了包括在收益基础评价法在内的，对于如何应用自由现金流量（FCF）对股票进行估值的解释及案例。

16.1 自由现金流（FCF）法

任何估值公式目的都是为了揭示公司股票的内在价值，第一步需要把公司分解成经营和金融语言来体现，因此公司的权益等于 FCF 的预期现值减去金融负债，包括任何被动资产。被动资产即那些不需要在日常营运中用到的资产，类似于金融负债。

价值 = FCF 的预期现值 − 净金融负债

⊖ 本文转载自 AIMR 会议论文集：股权研究与估值技术（1998 年 5 月）：36 ~ 43 页。这篇报告来自于 1997 年 11 月 9 日在费城举行的股权研究与估值技术会议。本文首次发表时，James A. Ohlson 为哥伦比亚大学商学院的会计教授。

在这个公式中，现值由资本的加权平均成本（WACC）来进行折现，换言之，是公司权益成本或者说是税后借贷成本。公司权益成本由资本资产定价模型或者套利定价理论推导而来，就是定义一下 beta，风险预期以及无风险的利率。所以 FCF 的预期现值通常包括两个部分：一定时间段，通常是 7～10 年，加上在这个时间段终止时公司继续经营或者结束时的价值。

这个公式在操作实施方面的问题解释了估算经营期限是需要强调的，但是估算继续经营的价值是很困难的。虽然如此，但是此方式的优势还是非常明显。财务政策显得不是很相关，因为此公式关注的是产生现金的能力。负债是需要被剔除的，金融资产需要加入公司内在价值的估算。公司的内在价值等于 FCF 的预期现值减去负债及资产的收益净差值。分红政策、股票回购、杠杆率的改变等会改变风险因素，但不会影响现金流。FCF 是经营产生现金的底限。这些现金在借贷者和股东之间如何分配，就要看公司的财务政策了。

16.1.1 修正的自由现金流法

在财务政策不相关的假设下，FCF 公式与股息折现模型完全一致，FCF 的优点就体现在让投资者对于公司表现的最重要的方面变得很容易。

有些研究者说此公式没有变通，但是，变通是存在的，有可能在不同的阶段会有不同体现。研究者同时指出关注 FCF，会计问题，尤其是随意的估算甚至人为操作都可以避免。

FCF 分析的首要理论支持就是“现金为王”，而问题在于大部分人认为现金是唯一的组成就不对了，正确的观点是现金是作为研究者唯一可以看到并且很少存在测量误差的东西。然而其他抓不住的因素一样重要，只是它们更难于定价。因此现金为王的信条对于 FCF 分析来说关注现金，估算的错误不是一个影响因素了，数字的变化与会计的核算可以分开来看也不是那么敏感，公司长期关注的只剩下现金。

16.1.2 实际问题

尽管自由现金流法有其显著的优点，但同时也存在一些问题。在投资实践中，总是需要处理以下具体问题：

- 如何定义自由现金流（FCF）？
- 资本的加权平均成本（WACC）怎么衡量？
- 时间序列式怎么定义的？
- 持续经营价值如何估算？

揭示上述问题是非常关键的。第一，FCF 是个棘手的工作。进行数字运算导出现在的 FCF 是很容易，但是增加附加值对于需要应用 FCF 预算的人来说就困难了，比如相关人员会说：“要求我做预测，可是我又没有比较优势，所以我为什么做这个？我做出的东西是不是对于分析师来说有意义？”如果分析师对于业务了解并且理解管理策略，这些预测分析是有价值的。但问题在于如果分析师只是看公司财务报告或者其他研究报告，这些可能没有意义。

第二个问题是，一般来讲，公司的价值估值一般都是建立在永续经营的基础上，这样来讲会让 FCF 分析在某些地方不适用。如果去估算永续经营的价值，一般来讲会用两个方式。第一个是按照时间序列，假设一定的预期的增长率，来估计 FCF 的趋势。第二个被很多分析师用到的公式，就是在期初设定项目的税后营运利润。显然，由这两个公式推导出的估值差别不大，但两个公式都清晰的体现出是根据之前的经验值来推导今后的经验值。所以分析师可以预测在持续经营的基础上，未来 5 年的 FCF 的现值，实际上是建立在不是很确定的假设上的。所以这些预测并不是很准确主要是受到边际估值的影响。

第三个也就是最后一个与 FCF 分析相关的因素是估值结论与折现率的选择有关。实际上一个分析师的买卖行为是根据他判断市场平均折现率与项目折现率进行对比。举例来说，如果一个分析师假定 IBM 的折现率超过 10%，那么他的结论一定是卖出。无论他对经济是乐观还是悲观，IBM 的折现率超过 10% 都是不太可能的。

16.1.3 实施的问题

坦率来讲，很多人可能发现 FCF 不是很实用，很有可能两个分析师在应用 FCF 后会得出截然相反的结论。他们可以做 FCF 预测，估算 WACC，设定一个起始年，设定永续经营，做敏感性分析。但是这些结论是如何得出的呢？其实最大的问题是通过 FCF 分析，他们得出结论该股票是贵还是贱，是基于市场平均水平而言，其实只要盯住上述问题，就可以看出结论的得出是非常的困难的。

由于上述问题，经过多年的分析后，分析师逐渐转向了关注对收入的预测。最基本的方式是尽量低价的购买未来的收入。这个方式可以直接导向很多的应用。关注到未来收入的最大的优点在于，投资者可以看到他们做的与其他市场有何不同，检查对于未来的收入的预期和市场收入的预期做比较还是相对容易的。相反，对于预期的 FCF 与市场体现出的 FCF 做对比，就难得多了。

16.2 关注收入带来的问题

分析师和投资者是不是已经通过分析 FCF 转移到分析收入而解决了问题？答案是否定的。一般来讲，收入的确认要遵循 GAAP 的规定，公司可以通过选择不同的会计政策来影响收入确认，而且很可能他们会把收入的确认放入 GAAP 的附注里面。因此投资者会怀疑，会计的数值和收入不匹配，从而无法反映公司的真实情况。最终，投资者遗留的两个问题：①公司真实经营活动创造的价值；②应用会计准则来管理的业务。

一般来说需要决定目前的收入水平是否是可以当做未来收入的参考指标。无论如何，对公司来讲，估算未来的收入水平都很困难。对于通过 EPS 来比照经济的真实性，也是通过会计准则的应用来影响公司 EPS 得出的。

16.2.1 折旧和摊销

对于折旧和摊销的问题已经广为周知。折旧是基于假设的，假如一家快速成长的公司使用保守的会计政策，在前期的折旧费用上将会显示很高，其他公司可能相反。有很多种折旧方法与标准定义不同。例如分析师随机挑选一家公司，来比较他们的资本费用和折旧费用，有时会发现折旧费用占到资本费用的 30%，可是这家公司可能并非快速发展的公司。可能公司的折旧需要 5 ~ 10 年来摊销，但是却无法反映出需要维持公司正常生产的所需要的规模，同时折旧在会计上的影响还是比较大的。

16.2.2 重组费用

重组对于公司的会计报表来讲是个诅咒。公司细化通过大笔的核销和重组来显示公司的快速成长。投资者看来这些不经常发生，所以一般不去理会。但是公司如果一而再地进行这样的操作，就像金佰利公司最近的手法一样，是非常危险的。一般来说，当大规模重组费用发生时，公司将在利润边际贡献上显示出非常大的提升。

16.2.3 盈利和损失

盈利和损失对于交易管理是相当随意的。盈利与损失自身是不可循环的，但是对未来的利润循环确实有影响。盈利和损失可以被逐步采用或者加速采用，这取决于公司的交易架构。一家合理组织交易的公司可以加速与该交易相关的盈利和损失。

16.2.4 研发费用

研发费用在美国的经济中将越来越重要，因为它是公司可以持续获得未来稳定收入的源泉，也可以提升公司的评级。

16.2.5 递延费用

递延费用的确是会计面临的问题，而且有很大的随意性。假如公司想要增加或者减少50%的费用，通过递延费用可以很快实现，还好，这种变化我们可以在会计附注中看到。

对于未来收入的扭曲，实际上无法通过对FCF的转变分析得出。会计上所说的收入，不仅仅是会计准则导出的，同时也是业务实际操作得出的。

所以投资者和分析师如何去除这些问题来评估公司的收入？很多公式都被提及但是都有局限性，但是一条基本的原则应该被记住：技术分析用于一般的资产收益比率。假如一家公司过分强调收入，会提高利润边际贡献，会提高存货周转率。假如一家公司减低了资产周转率，可以从另外的角度看到他的预期边际贡献率会低于目前的边际贡献率。

会计报表附注也可以帮助分析。一般来说，这些附注都是对会计政策实施变化的说明。很多收入分析会回归到FCF分析，出于无奈，分析师和投资者决定把重点放在现金流量，现金的流转时不太会失真的数据，也可以更加接近真实的估值。

16.3 股票估值中的自由现金流分析

对FCF分析有了充分的了解，FCF看来可以用于对公司的估值或者股票的估值了。虽然FCF不能代替传统的分析方法，但是可以作为一个很好的补充，可以很好的评估目前公司的价值是高于股票估值还是低于股票估值。一个简单的FCF分析可以分成以下五步进行：

16.3.1 估算当前的FCF

第一步是估算当前的FCF。很多分析师认为估算当前FCF需要看公司现金流量表，但实际上却不是。最好的估算当前FCF的方法是用NOPAT减去资本金账面变化：

$$\text{FCF} = \text{NOPAT} - \Delta\,\text{投入资本}$$

NOPAT是从上到下，从净收入开始的，接下来进行外币收入调整，接下来加入负债的利息，由现金产生的收益和可流动的证券。作为最基本的原则，净利息可以算作税后成本。

资本金账面价值加上优先股加上短期和长期负债减去现金及现金等价物，如果再考虑应付应收，将会更有说服力。假如资本金变化没有被考虑，FCF可以简单看作是经营收入减去税款。

这样FCF的现值就得出了，得出的结果不是按照会计准则。公司可能会使用FIFO或LIFO来估算存货价值，直线或者加速折旧或者其他会计公式，但这些对FCF都没有影响，FCF的结果是倚重于公司未来盈利增长的基础上的。

16.3.2 估算 FCF 的增长预期

第二步是估算 FCF 的预期增长。对于会计核算要确定销售和销售增长，利润和利润率的变化是太难了，一个公司的业务依赖于复杂的方面。专注于销售基础上的想法，公司的长期 FCF 依赖于长期的销售趋势，以及当前和近期销售经验值。此外，在投入资本的增长不应该与目前的销售增长有重大差异。如果是的话，那么有些调整可能是适当的，因为资本投资的增长往往作为未来销售增长的领先指标。一个合理但主观的，FCF 中的预期增长中，投入资本的增长占到三分之一的权重，近期的销售增长占到三分之二的权重。

16.3.3 推导在无杠杆情况下的预期回报

在估算了近期的 FCF 和 FCF 预期增长后，FCF 的现值可以按如下公式计算：

$$\text{FCF 现值} = \frac{1 + \text{预期增长率}}{r - \text{预期增长率}}(\text{当前的 FCF})$$

式中 r 是预期折现的指标，等式的核心在于用股息贴息模型来计算 FCF。

折现率不能被假设而是要推导，那么应该如何推导呢？正确的步骤是看现在 FCF 和未来增长预期，导出隐含的投资回报率。公司的价值等于市值权益加上净负债，所以应该等于 FCF 的现值

$$\begin{aligned}\text{公司价值} &= \text{市值权益} + \text{净负债}\\ &= \text{FCF 现值}\end{aligned}$$

认识到了公司的价值等于 FCF 的现值，那么 r 应该如下推导

$$\text{公司价值} = \frac{1 + \text{预期增长率}}{r - \text{预期增长率}}(\text{当前的 FCF})$$

因此，预期的回报是预期增长的一个功能，当前的 FCF，无杠杆的公司价值，因此，r 应该等于预期销售的增长加上现金的溢出。

$$\begin{aligned}r &= \text{预期增长率} + (1 + \text{预期增长率})\frac{\text{当前的 FCF}}{\text{公司价值}}\\ &= \text{预期增长率} + \frac{\text{当前的 FCF}}{\text{公司价值}}\\ &\quad + \text{预期增长率}\left(\frac{\text{当前的 FCF}}{\text{公司价值}}\right)\end{aligned}$$

因此，经过上述推导，r 对于目前市场的价格来说是有效的。r 可以被用来作为一个买卖决定：一个相对高的 r 是建议买入的信号，一个相对低的 r 是建议卖出的信号。

16.3.4 计算杠杆率 r

第四步是进一步细化的程序：计算杠杆而非杠杆企业的 r 值。预期股本回报率涉及前面推导的 r，但需要调整需要反映出目前已经存在的杠杆水平。

这些计算程序很常规。如果一家公司有杠杆存在，那么隐含的股本投资回报将更高，这个由借贷成本和杠杆的程度而定。

16.3.5 估算权益风险相关的 r

第五步是最后的细化，使某种隐含的风险调整。一种方法是运行用 β 值来解释推断的股权价值的回归模型。残差可以检查迹象表明，股票被高估或低估的。作为一个替代的过程中，分析师可能简单地参照相近的基准来对比公司权益的 r 值。例如，如果一名分析师认为合理的风险调整折现系数应不超过 8% 的公司和隐含股权 $-r$ 的等于 10%，则该分析师也应该给出买入决定。无论用何种方

法，在整个过程中，需要作出调整风险可能是最后一步，这是非常困难的，也非常主观。

无论何种风险调整方式被运用，风险调整这点事明确的。假设权益 r 是 $X\%$，是否就意味着 $X\%$ 可以评估一个公司的真正风险？或者说两个差不多的公司，一个有更高的权益 r 就更值得投资？更进一步，如果两个公司有相近的权益 r，是不是投资低风险的就是一个更好的投资。

16.4　FCF 案例

一个例子有助于说明自由现金流分析的简单而全面的本质。表 16-1 是高露洁棕榄公司的 1996 年 12 月 31 日的年报。这里的重点完全是在步骤 1、2 和 3，其在本质上具有相当的客观性，因而可以推广。步骤 4 和 5 在分析师执行分析的一部分过程中，需要更多的主观判断。（对于这个特定的公司，最后也证明，第 4 步是不必要的，因为杠杆是无关紧要的。）

表 16-1　高露洁棕榄公司财务报表的数据，1996 年 12 月 31 日

（金额单位：百万美元）

项目	1996	1995	1994	1993	1992
销售收入	8 749.00	8 358.20	7 587.90	7 141.30	7 007 20
目前的年增长率	5%	10%	6%		
5 年的增长率	25%				
年平均（几何平均）	6%				
最近 3 年的增长率	15%				
年平均（几何平均）	7%				
普通股	1 641.40	1 276.30	1 414.50		
优先股	392.70	403.50	408.40		
长期负债	2 786.80	2 992.00	1 751.50		
短期负债	282.70	241 40	207.90		
减：现金	248.20	208.80	169.90		
减：可转让证券	59.60	47.80	47.60		
投资资本	4 795.80	4 656.60	3 564.80		
目前的年增长率	3%	31%			
近 3 年的增长率	35%				
年平均（几何平均）	16%				
净收入	635.00	172.00			
优先股股利	21.40	21.60			
普通股净收入（NICS）	613.60	150.40			
调整综合收益	(21.70)	(73.70)			
综合普通股净收入	591.90	76.70			
净利息支出（税后）①	110.47	119.07			
NOPAT	723.77	217.37			
净投资资本差额	139.20	1 091.80			
自由现金礼	584.57	(874.43)			
目前的年增长率	(167)%				
1996 年 12 月收盘价（$）	46.125				
股票数量	294.27				
市场资本化数量	13 573.20				
RNOA	16%	7%			
RNOA（CO）	15%	5%			
ROCE	42%	11%			
ROCE（CO）	41%	6%			

①4%（债务减去现金及有价证券）。

资料来源：根据高露洁棕榄公司 1996 年报数据。

步骤1。1996年的NOPAT为723 770 000美元，由外汇收入和财务项目调整后的净收入计算得出。投入资本是股票、优先股、长期负债和短期负债减去现金及有价证券的账面值总和。投资资本从1995年~1996年的变化是139 200 000美元。因此，1996年的自由现金流量是584 570 000美元（723 770 000美元~139 200 000美元）。

步骤2。1996年，销售额为8 749 000 000美元；销售额的5年平均增长趋势为6%，且三年的趋势为7%。因此，销售额增长率的一个合理的范围为5%~8%。至少粗略的来说，这个范围也对应着投入资本的增长率。

步骤3。1996年底股票的市值是1 357 3200 000美元。净债务是3 154 400 000美元（4 795 800 000美元~164 1400 000美元）。然后，高露洁棕榄的价值是16 727 600 000美元（13 573 200 000美元+3 154 400 000美元）。1996自由现金流量为584 570 000美元，所以公司的现金收益率是3.5%（584 570 000美元/16 727 600 000美元）。也就是说，伴随着7%预期的增长率（步骤1），然后，无杠杆增长率变成10.5%（增长率7%+现金收益率3.5%）。

这一分析表明，投资者的预期回报率有两个组成部分：增长与现金收益。如果一个公司不产生增长，那么它必须生成当前FCF。若它不产生当前FCF，那么它必须产生增长。

16.5 结论

FCF分析提供了一个实用简单的权益估值的起点。这个方法虽然有些局限，但是，于很多估值方法一样，核心是预估的增长。分析师和投资者可以系统的估计增长，但对于其他不具备优势的情况而言，FCF分析可以组织起一个链条来连接公司的表现和股票的表现。FCF可以演变成很多的方式，无论如何，FCF可以清晰的构架出公司未来的潜在盈利预期。

16.6 问答部分

问　题：为什么你在计算时要排除营运资本的变化？

奥尔森：没有排除！我这是在倒推，就像资产负债表。我们都知道借贷双方是相等的。因此，通过建设投资资本从财务角度的变化，必须，等于投资资本从操作角度的变化。一个可以使用的方法，当然。这个号码永远是只要我们在资产负债表中的行项目的处理是综合性和相互排斥的相同。

问　题：FCF方法如何被应用到一个快速增长的小公司或者是一个由收购驱动的公司？

奥尔森：它不能很好地应用在快速增长且现金流为负的情况下。每当我们尝试对一个增长因子超过折现因子的公司进行估值时，我们将遇到非常困难的问题，因为没有增长率会永远超过折现因子。在沿线某处，我们需要做一个标识，当增长率开始下降，逐渐下降并最终低于贴现因子。但，即使是这种方法也并没有完全解决如何对目前负现金的企业进行估值的增长率问题。这种情况总是带来严峻的估值问题。

收购驱动的公司呈现了类似的问题：如果我相信收购将要改变一个公司的内在的经济利润，那么我认为，目前的财务报表并不能帮助我预测和了解未来的财务状况。在一定程度上，当前的财务状况不能给我一些未来财务状况的信息，我没有或很少有利用FCF方法的基础。我认为，适用于任何的估值方法都有这种限制。

问　题： 在以短期目标为导向的华尔街市场上，你如何使用这些以长期目标为导向的方法？

奥尔森： 我认为所有的估值技术，既没有标准的方法，也没有对的或最好的方法。它们经过思维加工从而形成不同的方案。我认为要想寻找估值“圣杯”的想法是危险的。这种可能性不存在，也永远不会有。任何模型我们都必须带入一些关键参数，但它们更接近于构想，所以我们不用过分在意这些模型。

问　题： 现金流真的可以独立于会计方法使用吗？

奥尔森： 是的。如果你是用我说的方法计算FCF，它不依赖于折旧费用。原因何在？因为，一方面，折旧费用会对税后净运营利润（NOPAT）产生影响，另一方面，折旧费用会对投资资本的变化产生影响。这两种影响正好抵消，其他费用也有同样的效果，如养老金费用。当然也有例外，如行政补偿方案，但总的来说，当我们在计算FCF时会计问题不出现。例外情况是在处理资本贡献和扣除时测量不当造成的。期权就是一个例子，对员工持股计划会采用另外的测量方法。这些项目虽然可以做，但很少值得投入过多的精力。

CFA Institute 第17章

会计估值：盈余质量的问题？⊖

布雷福德·康纳尔（Bradford Cornell）

韦恩 R. 兰德曼（Wayne R. Landsman）

关于何种估值方法是评估业务权益最好方法的激烈争论已持续了几十年。在实践中，企业往往更喜欢使用会计和监管部门所制定措施提出备考措施的价值，而不是结果。作者在这篇文章中认为，如果它们被准确并持续地贯彻应用，实际上各种估值方法之间的区别几近于无。但如果使用持续使用不同的方法，得出不同于传统会计盈余数字的结果就是可能的。本质上来说，最好的盈利方法是一个分析师在研究基础上所得出的结论，这可以被认为是在评估业务权益中应用谨慎判断而不是用盲目的方法评估商业利益。

两股力量融合在一起，在增加企业收益质量报告的问题上集中注意力。一方面，越来越多的公司在财报中公布形式上的收益以及净收益数字。有一种解释是，相比净收益，形式上的数字更能反映公司的真实盈利能力。[1] 一些分析师们回应公司，支持这种"街"的收益估计方法。

另一方面，监管机构担心潜在的误导质量非一般公认会计准则（一般公认会计原则）收益的措施。例如，美国一位前首席会计师，林恩·特纳（2000）挑战了形式收益的理论，认为其经常似乎想导致投资者远离现实和净值。

为回应这些担忧形式收益的看法，财务会计准则委员会提出在 2001 年 8 月一个称为"报告信息的企业财务绩效"的新议程项目。FASB 引用了三个问题：①没有共同定义的元素的财务业

⊖ 本文转载自《金融分析师》（2003 年 11、12 月）：20～28，最初发表时，康奈尔是美国银行金融学教授，加州大学洛杉矶分校安德森管理学院毕业；韦恩是毕马威会计教授，在北卡罗来纳大学的凯南—弗拉格勒商学院工作。

绩。例如，没有一个形式上的收益由公司公布的措施是专门定义的。事实上，国家投资者关系协会宣布在 2002 年 1 月 17 日（新闻发布见 NIRI 2002），以 133 家公司为样本公布形式收益数字。②不仅企业越来越依赖于形式上的性能，在财报公布和投资者之间进行交流，但分析师和其他财务报表使用者越来越接受这些措施在评估公司绩效时的作用。③没有达成哪些性能措施应在财务报表使用的共识。

这里已经产生了大量实证研究。基于估值信息，利用回归分析方法估计“质量”竞争的收益措施结果喜忧参半，这取决于样本公司的选择和指标的使用。然而，总的结果是信息传达的差异竞争的定义的收益——包括公认会计准则收入，EBITDA（未计利息、税项、折旧和摊销），营业收入和形式上的收入并不大。然而，非一般公认会计准则的问题不明确定义和收益，不同的公司有不同的形式的收入计算方法。

我们的观点是，从估值角度看，整个辩论有关收益质量在理论上无法解析。因此，试图通过使用经验技术解决它将会被误导。简单地说，没有意义的方式一直凝结了所有历史财务数据预测未来业绩的相关成为一种测量（或一种时间序列的衡量）。此外，尝试通过监管机构或会计准则制定机构（如财务会计准则委员会和国际会计准则委员会）来确定一个适当的定义，将人们的注意力从形式上的收入等关键问题转移到涉及遗漏和模棱两可的组成项目收益的任何措施上去。

争论的盈利质量是基于一个更基本的问题。监管机构和标准制定者是在资本市场正常运转有效分配资本的，一个先决条件是市场有效配置值，而资本配置是建立在最大限度反映真实经济值的基础上。这个前提要求投资者估值尽可能精确。菲尔特姆·奥尔森和奥尔森（1995）的研究表明，估值模型可以基于自由现金流、营业收入或会计收益等。只要一个方法清除会计盈余，不同的措施之间的差异的收入抵消在现值（PV）的关系，所有这些措施的收入相等的“质量”就在前进，只要他们满足清除顺差条件和光伏模型的使用。

在这方面，我们提出两个论点。第一，没有任何的收益指标，包括美国通用会计准则，能够完全地凝结财务报表信息用以预测。预测未来的现金流（或收入或营业收入）需要对一个公司的各个部件基础都很了解。必须回答的基本问题有：收入是如何随时间增长的，以及为什么？产生这些收入的边际支出和资本性支出是什么？过去的支出为公司未来发展提供了什么样程度的发展机会？历史财务信息需要回答这些一般不能被凝结为任何收益衡量指标的一个时间序列的问题。

第二，没有标准确定是否存在一个收益指标比另一个更好，即使对一个特定的公司也是如此。然而，因为一旦预测已被开发，选择最好的历史收益衡量是无关紧要的。此外，最好的措施将两公司根据不同的情况具体化，我们将发现不同的历史收益将有不同的措施关系到未来的预测。因此，称之为“最好”而用以衡量能否确定为所有企业和在所有时间上的方法是具有误导性的。

17.1 收益衡量与估值

对收益质量的争议，是因为两个相互矛盾的解释动机的附属公司发布自己形式上的收入数字。第一个观点简洁地给出了更好的洞察基本操作的业务原则，形式上的数字为投资者提供了更准确的指导未来的收益和现金流。第二个观点表达了不同的收益措施是为了提供一个例子。

这场争论是由亚马逊自主选择的估值方式而突显出来的。正如布拉德肖和斯隆（2002）指出，亚马逊选择报告的预估收益不包括商誉及其他的无形资产的摊销、公司的非固定资产损失、股权补偿成本、并购成本、各项成本、长期债务利息支出。但尽管不包括权益法损失，亚马逊包括了非现金交易的相关受益，在这些非现金交易中公司获得了广告和促销服务的权益性证券。鉴于每一个这些决定都增加了测量的报告收益，就很容易理解为什么特纳至少是可疑的。

雪上加霜的是，监管的关注加剧了使用和支持收益估值措施的发展迅速。不仅公司发布的估值版本增加，而且分析师的分析师预测数据（包括 First Call I/B/E/S 公司和 Zacks 公司）主要集中于分析估值而非公认会计准则的收益预期。分析师和公司给出的用于预测数据的共同原理是公认会计原则方法衡量收益，包括临时和非经常性项目，相对于集中于盈利的永久组成部分的预估方法，该方法为公司未来盈利能力提供了一个有噪音的信号。

越来越多的使用非一般公认会计准则收益衡量方法，使监管机构十分困扰的一个方面是，当定义预估和营业收入时，对于应该排除在此外的临时项目，没有普遍接受和贯彻应用的定义。更糟糕的是，个别公司所公布的预估估计方法随着时间而改变它们的定义，例如，亚马逊最近才开始在预估盈利数字中不包括长期债务的利息支付。这种盈利的定义这种变化使得我们很难在不同公司之间进行比较，甚至是同一个公司不同时间的比较。这也使得我们难以构建所公布的收益衡量方法乘数，因为两家具有可比性的公司的乘数所基于衡量方法可能不同。

尽管这些问题，他们随身携带，暗示一些适当的、“高质量”的定义存在形式上的收益。我们的论点是，事实上从估值的角度来看，没有单一的定义的历史业绩，甚至对于一个独立的公司而言。图 17-1 解释了这个观点。

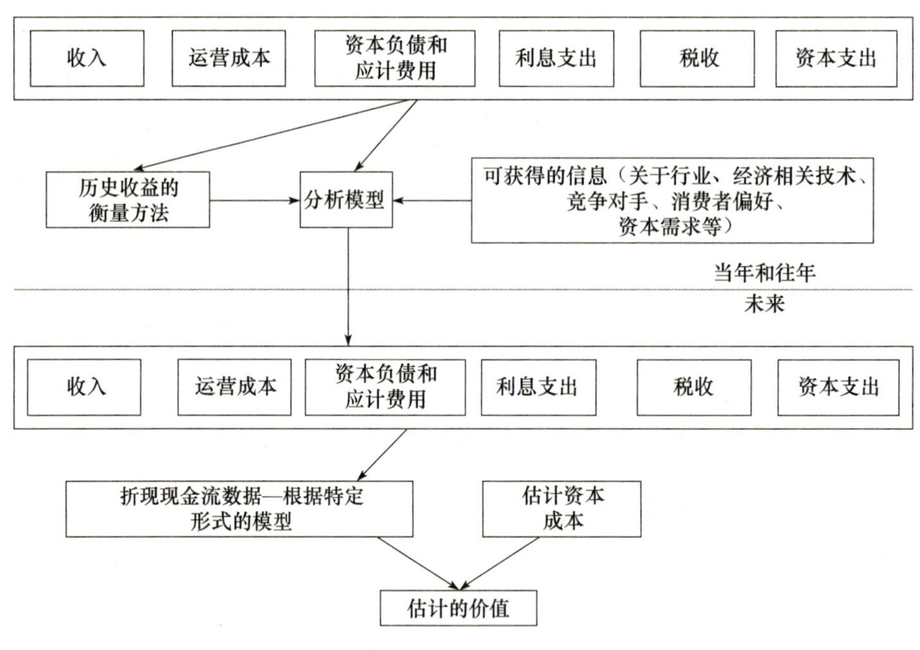

图 17-1 会计信息与估值

（图 17-1 是一个通用的插图的贴现现金流估值过程。特定的应用程序依赖于形式的估值方程使用。）如上所述，PV 方程可以表示从股息（Gordon，1962），自由现金流（Gornell，1999）、资本现金流（Ruback，2000），或会计收益（Ohlson，1995）。只要清除盈余会计和适当的折现率，使用这些模型是等价的。此外，他们都遵循相同的基本流程见图 17-1：估值分析取决于预测的组成项目未来的利润表和资产负债表及折现率的选择。反过来，取决于过去的分析公司的财务表现结合考虑等因素预测的经济增长、产业发展、技术创新、客户偏好的变化、竞争对手的反应等，其中每一个都可以影响过去的结果之间的关系和未来的表现。这些预测被送入任何解析模型是适当的分析师确定组件的生产预测项目未来的资产负债表和利润表。从这些未来的财务报表，计算现金流量测量是贴现是一个算术练习。

基本的问题是：什么优势提供聚合成一个测量的历史信息的“收益”作为估值过程（如图 17-1）呢？这种聚合是潜在有用的两个（相关的）的原因。

第一，它减少了大量的组件的财务数据来安排一个时间序列。这个还原使分析大量公司计算成为可行。这是否为计算援助目前尚不清楚，然而关键的问题是没有一个衡量收益却又能了解测量与未来的现金流。

第二，收入措施提供了一个度量来比较估值的公司。在康奈尔大学（1993）的描述中，多个估值分析基于比较数据是最常见的一种技术应用到投资银行家和其他金融从业者评价公司。

对于一个收益衡量是有用的在比较估值，然而，这项措施应该捕获尽可能有效地持续盈利的组件。一次性费用会产生特殊变化，没有反映在相对估值上。结果会产生因人而异的倍数，这将产生不必要的错误分析。

这一方面表明多个分析应该总是基于一定的形式上的收益而不是公认会计准则。但也有一些并发症。最重要的是持续的概念组件的收益远远超出会计。尽管（形式上的拥护者争辩）公认会计准则收入可能谎报持久的元素，因为一次性费用收益或冲销等事件有关合并或重组，公布财报收益也可能不同于经济原因。

例如，一个公司可能会降低价格或提供特殊融资来刺激销售。这类事件可能有非持久的影响收益。此外，这些事件的影响可能是隐藏的，如果分析师关注收益，不深入研究收入和成本。同样，当前的收益可能暂时受内部事件，如执行营业额的影响。调整预测考虑这些经济来源的临时扰动是一样重要的会计调整费用。与会计调整不同的是，经济调整需要详细地分析组件的财务报表中的项目，只是改变收益增加或排除特定的物品是不足够的。

在实践中，安全分析师通常走捷径通过判断来决定哪个是最合适的衡量盈利发展倍数。因此，不同的度量方法用于不同的行业。例如，弗朗西斯，施佩尔，文森特（2001）提出了证据表明，分析师对于一些行业使用 EBITDA 的首选措施而选择其他行业是资金从操作。作者还指出，某些行业，组件数据优先于任何衡量收入的发展（例如对于住宅建筑，倍数价值的新订单和零售餐厅，同店销售的倍数等）。

在最基本的层面，目前尚不清楚，预估价值的倡导者所认为的，孤立的历史盈利的持续性成分在任一或多个贴现现金流估值分析中是有用的。对大多数美国主要公司而言，这些存续意义和识别部分的公司价值归因于品牌、管理人才、经验在独特的产品系列，所以在账户超过一半的市值。对于许多公司，特别是在高科技行业的公司而言，部分超过 75%。评估这些公司的关键是评估价值的增长选项。对于这样的一个锻炼，隔离持久性组件的过去收入的边际收益。关键的问题是识别和评估的因素，确定增长的价值选择。如果历史财务数据被用于这个分析，分析师将需要分解数据，提供洞察这个收入和相关成本实施公司的策略，分析过去的财务表现和未来增长的价值选择。

从估值角度看，没有一般方法存在不同的收益排名质量措施。收益的衡量主要用于投资者预测未来的现金流。在某些情况下，事实上，投资者可以选择把精力集中到组件的财务数据上。在这些情况下，公司应免费提供自己的指导适当的措施与估值，唯一的限制是，非一般公认会计准则计算的方法选择需要清晰解释。

17.2 收益质量的实证检验

理论问题都未能阻止研究者从试图等级质量的竞争收益的措施。实证研究的目的是确定哪些措施在实践中效果最好。这个任务当然需要一个定义意味着什么是“工作最好的”。在字面意义上，以下标准已经被使用。

17.2.1 价值相关性方法

价值相关性判据是基于单独的回归市场价格在每个竞争收益的措施。最好的措施是定义最重要的边坡系数、或边坡系数最符合预期值（Barth，Beaver，and Landsman 2001）。根据研究问题和统计问题，改变变量（而不是变量的数量水平）也可用于估计回归（Landsman and Magliolo 1988）和在长期观察期间的可能数据（Dhaliwal，Subramanyam，and Trezevant 1999）。价值相关性也可以定义为增量的形式。在这种情况下，各种方法（他们的数量级或者数量级的变化）已经分别添加到市场价格的回归中，且这个回归包含了其他竞争的方法所没有包含的变量。

17.2.2 信息内容方法

信息内容标准是基于股票价格对其他竞争的会计方法与预期变动的反应，股票价格一般是由风险调整的（净市场）回报衡量的。

根据相关股指研究，最后的收益衡量方法是能够得到最大的调整后的 R^2 和斜率系数最大的方法。据研究，网络在股票价格的运动是在不同时间间隔的计算。这里的问题是及时性的问题（即在一些收益衡量方法中的一个与预期变动在何种程度上解释了净股票回报率在很短的时间间隔的横截面的变化）。一些写作者，包括 Brown 与 Sivakumar（2001）和 Lougee 与 Marquardt（2001），使用一个短期的窗口（通常情况下，两个或三个交易日）周围释放盈利信息；布拉德肖和斯隆则使用一个长期（60 交易日）窗口。意想不到的变化的定义在会计变量也可以有所不同。在 Brown 和 Sivakumar 中，它的区别是宣布措施和分析师的预估中值。

17.2.3 预测能力的方法

这个标准是用来衡量过去的价值收益衡量预测未来值的测量。可以实现的标准在不同的方式取决于精确预测的性质。一个简单的方法是使用去年的措施来预测明年的措施。测量最小平均绝对或均方预测误差，认为是最好的。这样的测试是明显歧视 GAAP 收益。

17.2.4 方法比较

三种方法中，价值相关性已受到最多关注，无论什么情况下，应用程序是不太可能决定哪些衡量形式上的收益是高质量的，最基本的问题是概念上的。

简单地说，没有理由相信股票价格之间的关系和会计收益可能会稳定一段时间，历史会计数据与其他信息生产投资者预测未来的现金流是复杂和动态的。例如，投资者可能视快速的收入增长作为一个关键指标，加大未来现金流。如果是这样，任何收益度量，反映了收入增长的变化。不过，投资者可能认为控制成本的能力是最好的预测。事情很复杂，历史会计数据的相关性也取决于行业甚至整个经济的发展。例如，控制成本的能力可能是一个更好的预测未来现金流的数据。这些例子并不详尽，当前的收益水平定义和预测未来的现金流可能存在于不稳定的时间和不同的公司。

另一个基本的问题是，信息回归模型必须使用的会计措施是如此相似，回归不可能发现有意义上的差异。基本的会计组件包括——收入、销售成本、销售额、一般和管理费用、经营资产、营运资本、折旧、一次性费用以及对一个公司进行估值所需要的基本信息组件。各种收益衡量指标就是这些主要组件的线性组合。图 17-1 意味着所有包含在主要组件中的信息通过其对未来现金流估计的影响，而在估值的过程中扮演一个角色。此外，在某种程度上说，企业利润衡量指标是彼此相关的，因为它们包括基本上相似的内容。

鉴于收益衡量指标存在不稳定性和相关性的问题，回归研究的结果应该是高度样本相关的。而事实上，实证研究中冲突的结果报告是符合这个解释的。例如，Lougee 和 Marquardt 比较了 GAAP 的相关价值和公司披露的预估估值，研究结果显示，从价值相关性的角度来看，GAAP 收益有相等或较高的质量。另一方面，Brown 和 Sivakumar 以及 Bradshaw 和 Sloan 比较了 GAAP 和分析师预估的估值，发现收益的直接衡量方法质量更高。最后，Francis 等人提出结果具有行业敏感性。在某些行业，GAAP 收益具有更多的价值有关性；在其他行业中，EBITDA 和经营活动的现金流被视为具有较高的品质。

虽然到目前为止我们一直在关注价值相关性，同样的评论标准也适用于信息内容。因为信息内容回归基于净股票价格的波动，它们基本上相当于价值相关性的回归，变量用来代表它们的水平。

17.2.5 经济收益的衡量

由企业发布的和在实证研究中所检验的预估的收入数据绝非所讨论的盈利的唯一衡量指标。整个行业在“以价值为基础的管理”[14]方法下已成长起来。该行业的一个目标便是开发收益的经济衡量方法，并可用于制定管理人员薪酬和其他领域。这些方法通常是从收益中扣除资本成（以美元衡量）的估计值。

此外，折旧的经济估计经常被使用。这种类型中最广为人知的方法是经济增加值，这在很大程度上可以归咎于 Stern Stewart & Company（see Stern，Shiley，and Ross 2001）．这家咨询公司的努力。EVA 也成为许多学术研究的焦点，这类研究通常使用价值相关的回归来检验 EVA 是否比传统的收益衡量方法与股市价值更加密切相关。

在未来，企业可以选择采用其中一些经济收益的衡量指标，作为他们报告的数据。这种方法从分析本章的角度来看是合理的。

17.2.6 组件数据

在某些情况下，这些语句不同于会计准则在项目中包含的收益。例如，收入可能被调整为一次性的物品。如果组件数据已经调整，偏离会计准则必须明确给投资者。投资者可以自己决定什么产品是最有益的在预测未来的现金流，但它们只能如果他们意识到整个菜单可供选择的项目。一个简单的方法来通知他们是为企业会计和报告都并排形式上的数字，一个明确的解释如何映射到另一个。

到目前为止的讨论并不意味着一个和解的公认会计准则，给投资者一个充分理解财务数据的组件。公认会计准则规定，企业可以满足那么宽的要求而不提供足够的历史数据对组件成本、收入和资本要求投资者产生有意义的预测未来的现金流。决定哪些组件应提供财务数据都是一个独立的和复杂的问题。这里的观点是，如果投资者给予足够的组建金融数据的方式，它被聚合为措施称为“收益”很大程度上是无关紧要的。

安然事件提供了一个很明显的例子。市场没能正确的给安然定价，不是因为公司定义收益的方法，而是由于该公司未能提供有关各行项目充分和足够的分列信息。通过从资产负债表上去掉许多资产和负债项目，并高度聚集其他活动的收入数据，包括盯市衍生工具合约，安然有效地从市场上隐藏了部分财务数据。因此，投资者无法构建自己有意义的盈利措施，或产生未来现金流量的可靠预测。

17.3 政策影响

从这个分析中可以得出两个政策影响。主要结论是，努力确定哪种收益衡量指标，对一个公司来说消除宣传的误导比较合适。没有明确的理论和实证基础证明一种方法一直优于另一种方法。作为投资者估值分析的输入变量“收益”的定义也会在公司之间一直改变。在某些情况下，投资者会发现基本的项目，如收入、成本和所使用的资金，比计算收益的任何方法更有效。关键是构成收益衡量指标的基本元素是否呈现出足够的清晰度，并在足够的水平下分解，使得投资者可以回答这些基本问题：什么是由经营产生的收入？相关成本多少？需要多少资本来生成这些收入？如果有足够的信息可以回答这些问题，投资者可以把信息整合到一个他们认为是最适合预测未来现金流量的盈利衡量指标。在企业财务信息报告的提议中，财务会计准则委员会（FASB）（2001）建议，将考虑要求财务报表分别列出相关的各项性能指标，包括折旧、利息、税金、研发费用、资产减值损失以及持有的金融工具的收益/亏损的项目。我们同意这项建议的要求，但要求 FASB 扩大规定披露的范围，包括所有理解我们所提出的基本问题的信息。

从这个分析中得出的第二个政策含义是，虽然公司应该免费提供任何他们认为适当的盈利总额的衡量指标，但他们应该遵循一些基本准则。因为任何替代 GAAP 收益的指标都没有精确定义或贯彻应用，即公司发布非 GAAP 数据应该解释数据与美国通用会计准则的差异。围绕什么类型的项目被排除或添加到 GAAP 的盈利指标中应该没有任何歧义。同样，在没有澄清定义已发生变化和说明了该变化对当前和过去的财报的影响，企业不应该被允许改变他们使用的指标。显然，如果公司的“预估盈利”的定义每季度都不相同，特别是如果它经常这样做的目的是为了掩饰经营问题，那么混乱将一直存在。

虽然在这里限制了我们围绕预估盈利的讨论，我们的推理也适用于当前 SEC 和 FASB 考虑的其他政策问题。一个突出的例子是与安然有关的“综合会计”。在安然事件发生中的一个关键问题是，分析师和投资者并没有足够的有关该公司的信息来好好评估它。具体的问题是，由于未能合并专用机构（SPEs），安然阻止投资者发现公司的真实财务状况，特别是它的盈利能力和债务融资的程度。FASB 近日发出征求意见稿收紧合并 SPEs 的规则，“合格特殊目的机构和转让资产的隔离”[15]，但确定什么时候机构应当合并是一个更广泛的问题，仍然是一个关键的政策问题。为了正确的对企业进行估值，投资者必须有足够的有潜在的业务关系的关联公司的信息披露。

致 谢

感谢美国银行和北卡罗来纳大学金融与会计研究中心的慷慨的财政支持。

注 释

1. 参见“企业不同的利润报告制造混乱”（1999）。
2. Brown and Sivakumar (2001); Bradshaw and Sloan (2002); Francis, Schipper, and Vincent (2001); Lougee and Marquardt (2001).
3. 参见，Bernard (1995)。

4. 虽然有些作者包括 Bernard 和 Frankel 和 Lee(1999)，将 Ohlson 模型解释为实证模型，但是将其解释为股息贴现模型的转变更为恰当。所以，在实证的结果中，有两种对于模型结果与市场价格不是完美拟合的解释。其一是研究人员所使用的市场折现率和市场现金流预期包含着测量误差。其二是市场价格可能不理性，所以任何形式的现值关系都不能描述股票以哪种方式估值。在本章中，我们假定市场是理性的。因此，给出相关预期值和折现率，我们将现值关系作为一个标志。
5. Beaver(1998) 在完全市场中提出有关收入和市场价值的类似观点。也就是说，一旦市场价值是已知的，收益的测量是多余的。
6. 此外，计算可行性不可能成为一个引人注目的问题，因为分析师拥有国家的最先进的计算机和上市公司财务报表信息的宇宙实时访问。
7. 我们的意思并不是说，会计调整是从经济调整中分开。例如，GAAP 提供的一些当前和未来的经济效应被反映在当前的会计调整中，包括会计的资产减值，资产报废责任，以及与衍生工具对冲关系相关的预期交易的例子。
8. 原则上，估值回归可以包括各种财务报表数据，除了盈利 - 资产负债表信息，未确认的资产及负债（例如，养老金资产和负债），以及其他非会计信息。研究背景通常决定了要包括在估计方程中的回归量。为简约起见，我们假设收益，无论以指标测量，是唯一的解释变量。
9. 具体而言，股票价格的变动净额由观测期间内的累计平均残差衡量。
10. Brown，Hagerman，Griffin，和 Zmijewsld(1987) 表明当同一标的盈利的多个代理变量都在回归中显著时，这可能表明，各变量包含显著的测量误差。
11. 参见 Barth，Beaver，and Landsman and Holthausen and Watts(2001) 对估值的相关文献的综述。
12. 原因之一是，各种统计问题可以在用会计盈利指标对股票价格进行回归时产生（见 Barth，Beaver，and Landsman，第 4. 2. 1 节，摘要）。
13. 与此讨论相关的两个结论在 Barth，Beaver，Hand，and Landsman(1999，2002) 中进行了说明，他们分析了与股票价值相关的盈利的构成，包括现金流量和应计成分。他们发现，第一，分解的盈利比总收益更能解释股价横截面上的变化。其次，他们发现，在这特别的应计项目与股价的相关关系具有行业相关性，并受应计费用在信息上与其他应计费用相关性，以及它们预测未来收益的持久度的影响。
14. 参阅，例如，Eccles，Herz，Keegan，and Phillips(2001)。
15. 可参看 www. fasb. org/draft/ed_gspe. pdf。

参考文献

Barth, Mary E., William H. Beaver, and Wayne R. Landsman. 2001. "The Relevance of the Value Relevance Literature for Financial Accounting Standard Setting: Another View." *Journal of Accounting and Economics,* vol. 31, nos. 1–3 (January):77–104.

Barth, Mary E., William H. Beaver, John R.M. Hand, and Wayne R. Landsman. 1999. "Accruals, Cash Flows, and Equity Values." *Review of Accounting Studies,* vol. 4, nos. 3–4 (December):205–229.

———. 2002. "Accrual Components, Earnings Forecasting, and Equity Values." Working paper, University of North Carolina and Stanford University.

Beaver, William H. 1998. *Financial Reporting: An Accounting Revolution.* Upper Saddle River, NJ: Prentice-Hall.

Beaver, William H., Richard A. Lambert, and Dale Morse. 1980. "The Information Content of Security Prices." *Journal of Accounting and Economics,* vol. 2, no. 1 (March):3–28.

Beaver, William H., Richard A. Lambert, and Stephen G. Ryan. 1987. "The Information Content of Security Prices: A Second Look." *Journal of Accounting and Economics,* vol. 9, no. 2 (July):139–157.

Bernard, Victor L. 1995. "The Feltham-Ohlson Framework: Implications for Empiricists." *Contemporary Accounting Research,* vol. 11, no. 2 (Spring):733–747.

Bradshaw, Mark T., and Richard G. Sloan. 2002. "GAAP versus the Street: An Empirical Assessment of Two Alternative Definitions of Earnings." *Journal of Accounting Research,* vol. 40, no. 1 (March):41–66.

Brown, Lawrence D., and Kumar Sivakumar. 2001. "Comparing the Quality of Three Earnings Measures." Unpublished working paper, Georgia State University.

Brown, Lawrence D., Robert L. Hagerman, Paul A. Griffin, and Mark E. Zmijewski. 1987. "An Evaluation of Alternative Proxies for the Market's Assessment of Unexpected Earnings." *Journal of Accounting and Economics,* vol. 9, no. 2 (July):159–193.

Cornell, Bradford. 1993. *Corporate Valuation.* New York: Business One Irwin.

———. 2001. "Is the Response of Analysts to Information Consistent with Fundamental Valuation? The Case of Intel." *Financial Management,* vol. 30, no. 1 (Spring):113–136.

Dhaliwal, D., K.R. Subramanyam, and R. Trezevant. 1999. "Is Comprehensive Income Superior to Net Income as a Measure of Firm Performance?" *Journal of Accounting and Economics,* vol. 26, nos. 1–3 (January):43–67.

Eccles, Robert G., Robert H. Herz, E. Mary Keegan, and David M.H. Phillips. 2001. *The Value Reporting Revolution: Moving beyond the Earnings Game.* New York: John Wiley & Sons.

FASB. 2001. *Reporting Information about the Financial Performance of Business Enterprises: Focusing on the Form and Content of Financial Statements.* Norwalk, CT: Financial Accounting Standards Board.

Feltham, Gerald A., and James A. Ohlson. 1995. "Valuation and Clean Surplus Accounting for Operating and Financial Activities." *Contemporary Accounting Research,* vol. 11, no. 2 (Spring):689–731.

Francis, Jennifer, Katherine Schipper, and Linda Vincent. 2001. "The Relative and Incremental Information in Alternative (to Earnings) Performance Measures." Unpublished working paper, Duke University.

Frankel, R., and Charles M.C. Lee. 1999. "Accounting Diversity and International Valuation." Unpublished working paper, University of Michigan.

Gordon, Myron J. 1962. *The Investment, Financing, and Valuation of the Corporation.* Homewood, IL: Irwin.

Holthausen, Robert W., and Ross L. Watts. 2001. "The Relevance of the Value Relevance Literature for Financial Accounting Standard Setting." *Journal of Accounting and Economics,* vol. 31, nos. 1–3 (September):3–75.

Landsman, Wayne, and Joseph Magliolo. 1988. "Cross-Sectional Capital Market Research and Model Specification." *Accounting Review,* vol. 63, no. 4 (October):586–604.

Lougee, Barbara A., and Carol A. Marquardt. 2001. "Earnings Quality and Strategic Disclosure: An Empirical Examination of 'Pro Forma' Net Income." Unpublished working paper, University of California at Irvine.

NIRI. 2002. "NIRI Releases Survey: An Analysis of Corporate Use of Pro Forma Reporting." Pres release, National Investor Relations Institute (17 January 2002): www.fei.org/download/NIRI_Survey_Pro_Forma_Earnings_Use.pdf.

Ohlson, James A. 1995. "Earnings, Book Value, and Dividends in Security Valuation." *Contemporary Accounting Research,* vol. 11, no. 2 (Spring):661–687.

———. 1999. "On Transitory Earnings." *Review of Accounting Studies,* vol. 4, nos. 3/4 (December):145–162.

Ruback, Richard. 2000. "Capital Cash Flows: A Simple Approach to Valuing Risky Cash Flows." Unpublished working paper, Harvard Business School.

Stern, Joel M., John S. Shiley, and Irwin Ross. 2001. *The EVA Challenge: Implementing Value-Added Change in an Organization.* New York: John Wiley & Sons.

Turner, Lynn E. 2000. Remarks to the 39th Annual Corporate Counsel Institute presented by Northwestern University School of Law (12 October 2000): www.sec.gov/news/speech/spch418.htm.

"Varied Profit Reports by Firms Create Confusion." 1999. *Wall Street Journal* (24 August):C1.

第18章 CFA Institute

收益质量分析和权益估值[⊖]

理查德G. 斯隆（Richard G. Sloan）

许多年来，一个普遍的观点是市场是有效的，基本面分析是徒劳的。但是在一系列市场异象陆续发现后，基本面分析的技术探索开始登上历史舞台。基于收益质量分析的简单量化交易策略表现良好。尽管这种特殊的时机必然因套利而消失，但仍然证明了基本面分析的有效性。

一直以来我都对基本面分析很感兴趣，但是最开始我学到的知识是市场是有效的，因此基本面分析是徒劳的。而后来，学者们开始发现有些现象似乎与市场的有效性相背离，比如规模效应和一月效应。这些市场异象带给我的印象是相当的技术和机械。研究基本面分析是否可行的大门就这样开启了。

最开始的时候，我在收益质量分析的基础上进行简单的定量观测（稍后将对此进行更细致的论述）。当我第一次对比美国股票数据来检测这种观测数据时，我发现我犯错了。我得到的可能仅是被描述为对冲基金回报的东西。在观测的过去30年的数据中，每年平均回报率高于市场回报率10%。仅有2年的数据中回报低于市场。从来没有公布过那样规模的预期回报；基于规模效应和一月效应的策略回报则小了很多。有趣的是，在我初始研究的十年里，这个观察始终有效。事实上，这个技术已经更加进步能获得更高的收益。毋庸置疑，它已经在量化投资领域激发了很大的热情。

对我而言，这个技术说明将简单的基本面分析与基于收益质量分析的机械交易规则相结合的

⊖ 摘自CFA协会季度会议纪要，2006年9月：52～60。本报告来自2005年11月1日～2日在波士顿召开的“股权研究与估值技术会议”。本文首次发表时，理查德G. 斯隆是维克多L. 伯纳德普华永道大学会计学教授、金融学教授，同时也是密歇根大学罗斯商学院Toxzi电子金融中心主任。

概念是可行的。而且，我相信这仅是良好的基本面分析所能做到的冰山一角。尽管随着时间流逝，简单量化交易会因套利而失效，但重要的是这种收益在深入挖掘下发现，即通过理解会计过程和公司的商业模型及它们如何相互适应。

18.1 为什么要分析收益质量

一个很自然的问题就是为什么要分析收益质量。当然，每个人都知道收益数据是可以操控的。因此，一些从业者的立场是仅关注于现金流，并在这些数字的基础上进行内在价值分析。收益和基本的主观假设是不相关的。我认为收益质量分析的效果之所以如此好，是因为尽管收益有不足和缺陷，大部分市场仍然是看收益的。如果你有个水晶球可以看到现在开始一年或一季度内某种变量的值（除了股票价格），你最好的选项就是收益。通过与当前公认的预期进行比较，你就能够形成一个强有力的交易策略。即使你的水晶球告诉了你某只股票真正的内在价值，知道那个数字并不足以帮助你在短期内形成交易策略，那是因为，如果有可能的话，股票价格需要很多年才能回到那个内在价值。对于那些想要预测未来 3 ~ 12 个月股票收益的人来说，知道未来的收益比知道内在价值要好得多。

目标收益质量同样重要，因为它使投资者关注于我称之为“连续进化”的商业经营和会计假设。对一个公司进行正确的会计记录，关键取决于它所从事的行业，它的经营方式，以及它如何与竞争者抗衡。以 Krispy Kreme Doughnuts（卡卡甜甜圈）公司为例，它的股票在过去几年里经受了重大的损失。Krispy Kreme 在甜甜圈生产设备上投入巨资，并且在设备的使用寿命期 10 ~ 15 年内对其采取直线折旧法。对 Krispy Kreme 而言，这种折旧方法是错误的。我对甜甜圈设备的物理寿命没有任何质疑。但是对我而言，这似乎是个潮流产品。请记住，Krispy Kreme 首次开设新店的时候，人们会在店外排长队来购买甜甜圈。Krispy Kreme 还在其新闻发布会上宣传了这一现象，早期的股票价格会高一些。但很显然，这种现象将很快消失。无疑，两三年后人们不会再在新店开张时排队等候。Krispy Kreme 不可能使用向前负载折旧的会计政策而计入利润，并与甜甜圈机器产生的现金流一致。

接下来是另一个案例。通过邮件租赁 DVD 的 Netflix 公司，看起来经营的非常好。它给大片带来激烈的竞争。但是它过去 18 个月的大部分的利润来源却是，被称之为“后台目录”的 DVD 图书馆（那些不是新发行的 DVD）的折旧期从一年延长至三年。Netflix 这样做是因为它认为这些 DVD 能保存较长时间，而且今后三年仍然有市场需求。这种做法与 AOL（美国在线公司）在 1990 年代后期对其用户取得成本的做法相似，最后不得不减低账面价值。

有人可能会辩解 Netflix 面临类似的情况。今后三年，如果视频的需求和网络电影下载确实可行，对 Netflix 公司的邮寄服务的需求会大大减少。那么，了解商业活动才能做出正确的会计记录，这也是为什么定量分析从没能够得出一个筛选股票的机械方程的原因

18.2 超预期盈利的影响

众所周知，股票价格确实会带来超预期收益，如图 18-1 所示。纵轴表示季度异常收益，是大样本公司季度预测误差（实现收益与用股票价格调整过的 I/B/E/S 平均预测）的函数。结果是一条 S 形非线性曲线。对于成长股票，每 1% 的超预期盈利所占价格诱因的比例在上方增加 12%，在下方下降 15%。如果能够精确的预测这些超预期收益，就能产生 27% 的对冲组合回报。收益

质量分析在预测这些超预期收益方面非常实用，非常强大。

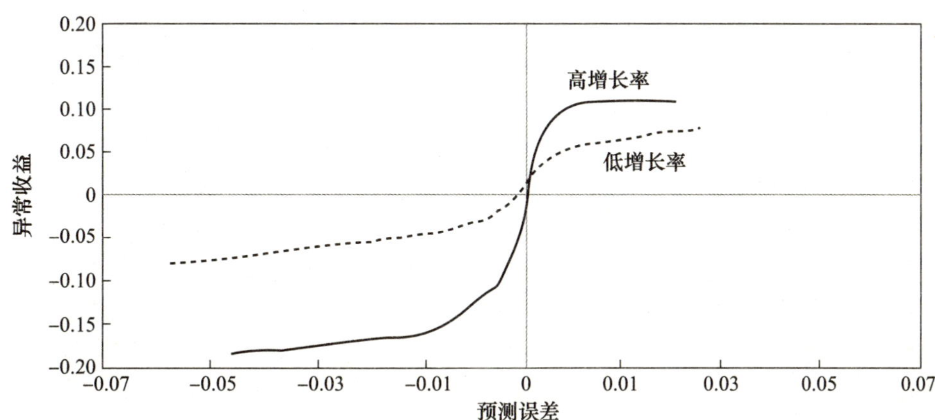

图 18-1　高增长和低增长股票超预期收益函数：季度异常收益 VS 季度预测误差

我想要强调一下高成长性股票图形不对称的本质。收益质量分析最大的作用在于从成长股票（如那些通过激进的会计手段以高估值交易的成长股票）中挑出“收益鱼雷”。这些公司的管理者们会对这些估值产生依赖。管理者融资时它们很好用。同时当管理者拥有公司股票头寸时，它们也很好用，因为他们就会成为推动执行会计假设的一员。当公司最终不得不调低账面价值时，价格就崩溃了，即使公司仅仅是稍微忽略了一致性。因此，这些技术在分析成长股票时特别有用。

18.3　收益质量的界定

为了开发收益质量评估技术，首先我需要理解会计看起来是在一个“完美的”世界里。在我看来，公司可以看作一个投资项目组合。假如我是一个公司的经理，并知道这些投资项目的未来现金流，那我就能算出内部收益率（IRR）。甚至，用适当的折现率将现金流折现，我就能估算出基于项目投资要求的隐含的收益类别和它们未来产生的现金流。在我完美的会计系统中，我设定账面价值等于投入资本，而会计收益率等于 IRR。

18.4　简单的股息收益案例

我们将给出一个简单的案例解释收益时怎么样揭示不良的会计记录的。这个案例最初是一项投资机会，初始投资仅需 100 美元。我不准备增加投资，所以以后每年我仅投资 100 美元。并且我将跟进投资五年。而这项投资今后只产生一期收益。回报以现金的形式发放，是投资的 165%，而现金成本是 55%。因此，我今天投资 100 美元现金，将在期末得到 110 美元，然后投资终止。而这项投资产生 10% 的资本回报率再加上下一期 10% 的回报，因此该投资项目的 IRR 就是 10%。在正确的会计方法下应该是很明显的。显然，我应该在投资期内投入全部数量，然后在下一期将其消费。如果我这样做了，投入资本就等于账面价值，而会计收益率等于我的 IRR，即 10%。

接下来我将展示保守的和激进的会计假设如何影响这些结果。在保守会计假设的情况下，我的初始投资仅为投资量的 80%。很讽刺的是，这种不良的会计方法正是金融会计标准委员会对公司研发（及营销）支出的要求。这是一项实际投资，会产生未来收益，但是我需要立刻将其全部支出。另一方面，我假设了激进会计记录的情景，这种条件下我投入了更多的成本，即投资量的 120%。在实际中，我会通过运营成本资本化来实现，这正是世界通讯公司（WorldCom）的做法。

表 18-1 展示的是中性会计的情景，即“完美的”会计情景。每年的投资是 100 美元。我投入全部 100% 的资本，然后在接下来盈利状态的下一年内将其计为摊销费用。从第二年开始，我得到 10 美元的会计利润，正好等于经济利润。经营业资产（NOA），即经营资产减去经营负债，正好等于资本资产。每一年，我将上一年度的投资进行摊销，并将新一年度的费用资本化。而分析的关键所在——收益，仅表现为 NOA 的变化。第一年之后，投资达到一种稳定状态，收益总是 0。因此，公司是一种稳定增长状态，有稳定的商业模式。如果会计是完美的，收益就是 0。表的底部表示现金流状态。它表示第一期之后的自由现金流（FCF）总是 10 美元（另一种获得收益的方法是取收入和 FCF 的差值）。高收益暗示了公司具有高收入但是缺乏现金流来支撑这些收入。在会计是完美的，公司是稳定状态的前提下，是没有收益的。

表 18-1 中性情况下的财务数据

项目	年份				
	1	2	3	4	5
投资增长率		0.0%	0.0%	0.0%	0.0%
投资	$100	$100	$100	$100	$100
资本化运营成本	$0	$0	$0	$0	$0
资本化投资成本	100	100	100	100	100
合计	$100	$100	$100	$100	$100
销售	$0	$165	$165	$165	$165
运营费用	0	55	55	55	55
投资费用	0	0	0	0	0
兼并费用	0	100	100	100	100
净营业收入	$0	$10	$10	$10	$10
净营业资产（NOA）	$100	$100	$100	$100	$100
股息	100	0	0	0	0
净营业资产回报率（RNOA）		10.0%	10.0%	10.0%	10.0%
现金流入	$0	$165	$165	$165	$165
现金流出	100	155	155	155	155
自由现金流（FCF）	- $100	$10	$10	$10	$10

注：在中性会计下，100% 的投资费用在 3 年内实现资本化。

表 18-2 展示的是保守情况下的会计情形。要注意，保守的会计假设仅在第 3 年使用，并且将在以后的年份扭转。因为我未能将投资中的 20 美元资本化，营业收入下降 20 美元，我报告的营业收入是 -10 美元，这是可以预测到的。但是我们来看一下在下一年，即第 4 年发生了什么，这时保守的会计假设已经被扭转。我只需要摊销 80 美元，而不是原来的 100 美元。结果就是我得到 30 美元净收入，直接影响了净营业资产回报率（RNOA）。在第 3 年，RNOA 是 -10%，而第 4 年是 37.5%。也就是说，保守的会计假设降低了假设实施年份的会计收益率，而在接下来的一年，则发生相反的影响，使得会计收益率上升。因此，如果我能挑选出一个正在使用保守会计的公司，我就知道在接下来的一年，它的收益将会增长，这就是收益质量分析的有用之处。

表 18-2　保守情况下财务数据

项目	年份				
	1	2	3	4	5
投资增长率		0.0%	0.0%	0.0%	0.0%
投资	$100	$100	$100	$100	$100
资本化运营成本	$0	$0	$0	$0	$0
资本化投资成本	100	100	80	100	100
合计	$100	$100	$100	$100	$100
销售	$0	$165	$165	$165	$165
运营费用	0	55	55	55	55
投资费用	0	0	0	0	0
兼并费用	0	100	100	80	100
净营业收入	$0	$10	- $10	$30	$10
净营业资产（NOA）	$100	$100	$80	$100	$100
股息	100	0	-20	20	0
净营业资产回报率（RNOA）		10.0%	-10.0%	37.5%	10.0%
现金流入	$0	$165	$165	$165	$165
现金流出	100	155	155	155	155
自由现金流（FCF）	- $100	$10	$10	$10	$10

注：在保守会计下，80%的投资费用在第 3 年实现资本化。

表 18-3 表示的是激进的会计情形，与保守会计相反。在这种情况下，我在第 3 年资本化了过多的资金，即营业成本中的 20 美元。这样一来，我的营业成本从 55 美元降到 35 美元。与中性情况相比，我的收入从 10 美元变为 30 美元，而结果是在第 3 年，我高估了会计收益率收入。当第 4 年发生反转时，我不得不将额外的 20 美元摊销。这样一来，净营业收入变为 -10 美元，是保守情形的镜像。就是说，最初收益过高，然后可以预见接下来以前，收益将会下降。

表 18-3　激进情况下的财务数据

项目	年份				
	1	2	3	4	5
投资增长率		0.0%	0.0%	0.0%	0.0%
投资	$100	$100	$100	$100	$100
资本化运营成本	$0	$0	$20	$0	$0
资本化投资成本	100	100	100	100	100
合计	$100	$100	$120	$100	$100
销售	$0	$165	$165	$165	$165
运营费用	0	55	35	55	55
投资费用	0	0	0	0	0
兼并费用	0	100	100	120	100
净营业收入	$0	$10	$30	- $10	$10
净营业资产（NOA）	$100	$100	$120	$100	$100
股息	100	0	20	-20	0
净营业资产回报率（RNOA）		10.0%	30.0%	-8.3%	10.0%
现金流入	$0	$165	$165	$165	$165
现金流出	100	155	155	155	155
自由现金流（FCF）	- $100	$10	$10	$10	$10

图 18-2 是对这三种会计情形的图解。因此，通过进入市场，观察收益是正（激进会计信号）还是负（保守会计信号），我就能预测下一期收益将会反转，这就是我简单方法的全部内容。

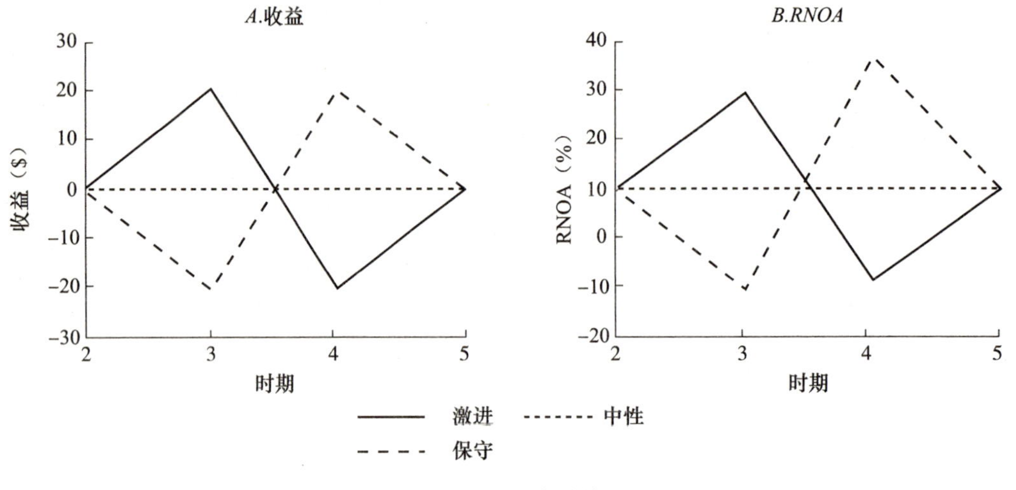

图 18-2 三种会计情形

如果世界是这个简单的企业如果没有增长，他们的商业模式保持不变，这将导致一个简单的策略分析。分析师们会看着一个完美的应计盈余质量测量的尺寸。不幸的是，世界没有那么简单。在投资合法的增长也将明显引起大量资本化的资产负债表上增加而引起应是积极的。相反，负增长，利润将是否定的。

如图 18-3 所示，展现了增长的三种情形。也就是说，当我的投资从 100 美元增加至 200 美元，将会发生什么。当然，我的资本资产从 100 美元增加到 200 美元。如果我的投资回报是持续不变的，那么收益上的增加不会对净营业资产回报率（RNOA）产生任何预期的变化。因此，我需要把相关业务的收益管理或不当收益与合理增长区分开来。要清楚地认识到一家公司经营模式或竞争环境的变化，对公司收益的影响是不可预期的，这也再次证明了这种分析方法并非放之四海而皆准。

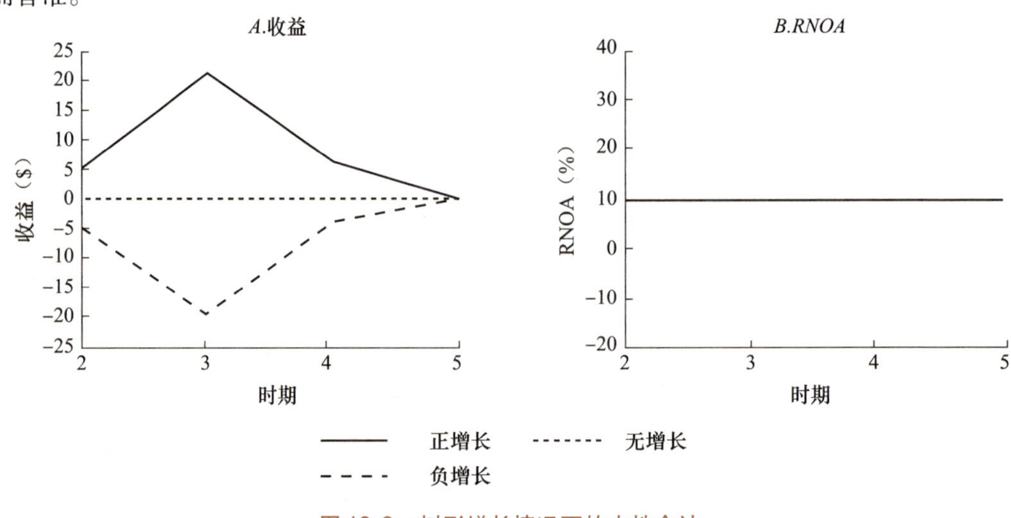

图 18-3 树形增长情况下的中性会计

18.5 收益分解

收益分解的观点直接来自于本杰明・格雷厄姆和戴维・多德的《证券分析》（1934 年版）。广义上看，收益可分解为账面价值（留存收益）加上股息，我把它广泛地定义为现金股利的支付，包括股票回购和更少的现金将通过资本交易的任何现金，如二次股票发行。

账面价值的变动可以深入分解。请记住账面价值的变动等于资产变动减去负债变动——或者 NOA（收益）的变动加上库存现金变动减去借款的变动。结果就是，收入可以分解为 NOA（收益）的变动加上 FCF。结果是两部分收入：不变部分，即 FCF，和可变部分，即 NOA 的变动，先前演示过的在会计假设下的结果（这也是推动会计突破的领域）。因而，我观测收益的聚集效应，NOA 的变动，来评估收益的质量。

更具体地说，我的经验法则是，如果 NOA 的变动除以 NOA 的平均值结果超过了 5%，就该竖起红旗。在安然公司和世界通讯公司的情况被公众了解之前两年，已经超过了 5%。这个简单的指标能把他们两个都挑出来。

为了进一步说明这个指标的益处，我用了 30 年的历史数据，选择出这个收益指标中最高的 10% 和最低的 10%（第 0 年表示公司落入极端的 10% 的年份）。在这个样本中，我构造了一个高收益组合和一个低收益组合。如图 18-4 所示，高收益的公司在以前年份收入不断上涨，该指标在高收益年份达到高点，然后在接下来的一年暴跌。因此，可以预测今天拥有高收益的公司，明天的收益就会低得多；反之，今天的收益比较低的公司，可以预测其明天的收益会高一些。正如图 18-2中面板 B 的案例给出的建议，这个指标在预测未来收益变动方面表现良好。但是当然，投资前景中重要的问题是市场是否注意到这些可预计的收益变动（如市场是否真的有效）。

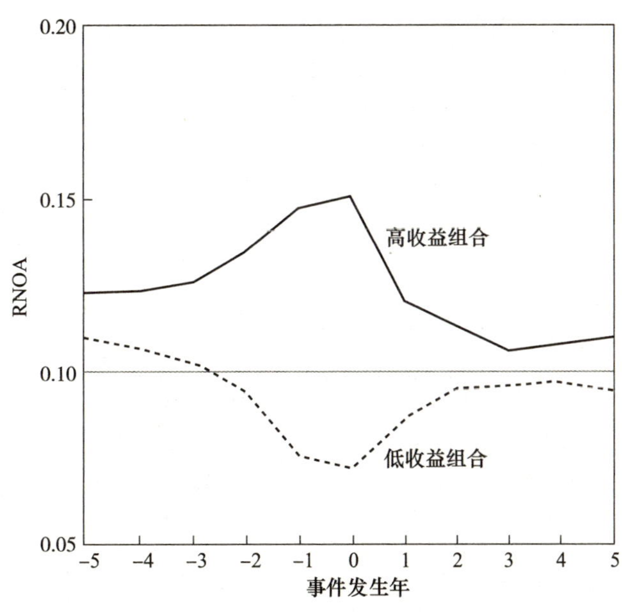

图 18-4　收益与账面收益率 1972 ~2002 年

图 18-5 以每年的收益排名对股票收益进行排列。图中所示，市场似乎没有看到正在发生这些改变。高收益股票在其实现高收益年份之前很多年都表现良好。在高收益年份，它们的表现就是市场均值或者稍微高一点。然后，它们就如预期般走低了。通常，在接下来的一年，它们比市场

均值大概低600个基点，而在接下来的两年中分别低300个基点和100个基点，这是因为其中某些收益需要多于一年的时间才能反转。当然，低收益的公司表现正好相反，他们的收益增长，相应的股票价格就会提升。图中两条线间的面积就是预期套利组合回报。显然，股票价格的表现就仿佛投资者没有注意到这些预期收益改变的来临。这张图提供了关于市场有效性的令人信服的证据。而且，自我第一次记录下来之后这种“异常”一直持续了十年。

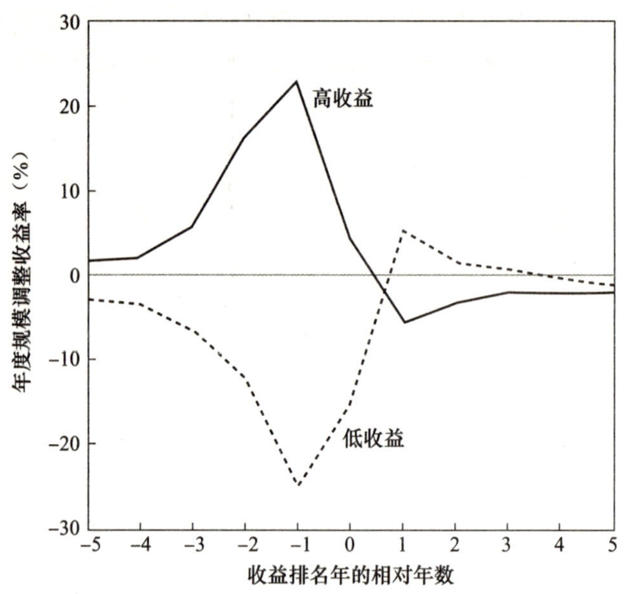

图 18-5 极端收益组合年度规模调整收益率 1972～2002 年

作为一个检验指标，我收集了100家由美国证交会作为操纵利润观测对象的公司为样本。第0年是证监会声称发生了收益操纵的年份，不是证交会公布强制措施的年份，也就是强制措施在收益操纵发生数年，大众普遍得知之后才会发生。图18-6显示，第0年的收益值最高，然后在接下来的一年骤然下跌。图中细实线几乎完美的呼应了图18-2中A部分关于激进会计的实线。

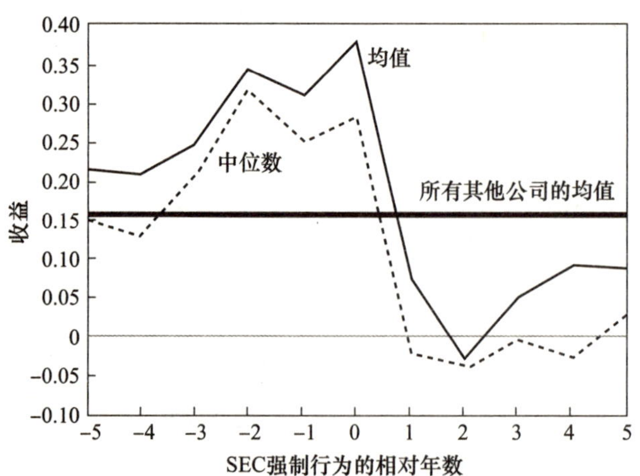

图 18-6 收益与 SEC 强制行为 1987～2002 年

我想要强调的是，收益提高只不过是竖起了红旗。比如，假如某公司存货增加，这有可能是废旧存货的不良征兆，但也有可能是公司正在成长的良好信号。可能帮助解决这两种可能性的最明显的方式是分析应付账款。如果增长的存货是为了满足增长的销售，那么应付账款就会相应增加。当存货增加而应付账款没有同比例增加时，就很有可能发生由陈旧存货带来的收益质量问题。用这种方法，资产负债表中负债部分就可以用来判断表中资产部分的质量，这正是大部分收益质量问题的根源。

18.6 结论

本章展示的简单的收益质量分析技术在过去半个多世纪中在生成超额股票收益方面表现得非常好。尽管这种定量分析模型表现得很好，它很有可能使套利机会消失。而且，我相信采用优秀的基本面分析，通过理解会计和公司战略及它们如何相互适应配合去发现会计失真，将会一直是投资管理领域附件价值一个令人难以置信的重要来源。

18.7 问答部分

问题： 在保险公司和银行的世界里，他们的账面一半都是利润。这种分析方法适用吗？

斯隆： 他们确实也有资产和负债，但是很难从作为标准的财务数据来源的有价证券和债务中区分出我所称的“专有资产”和“专有负债”，如债券或某家银行发行的商业票据。你必须要做的就是识别出“专有资产”和“专有负债”，并且把注意力放在它们上面。

对于保险公司，你必须专注于再保险应收账款和再保险应付账款之间的脱节以及由索赔储备形成的负债；这些就是“专有资产和负债”。接下来我们要关注的一个重要领域就是那些财务公司，它们发放贷款，特别是按揭贷款和消费贷款，然后将其证券化并出售，并持有这些贷款的剩余权益。

这些剩余权益包含了大部分的风险，因为它们是在发生违约时首先不兑付的。它们是这些公司资产负债表的一小部分，因为剩余权益的金额不大，但是风险巨大。因此你可以在 10 亿应收款项中持有 2 000 万剩余权益，将 10 亿贷款的风险集中在 2 000 万的应收账款上。

假设房地产市场发生衰退，人们的贷款违约，这些剩余权益就会快速的蒸发掉。你可以对银行和保险公司作出同样的分析。只是有一点会变得更重要，就是要进行细致的财务分析和基本面分析来区分高风险资产和负债和低风险资产及负债，其中，高风险部分正是需要判断分析的所在，而低风险部分则是有价证券和普通债务。

问题： 兼并与收购能带来更大的收益主体吗？

斯隆： 我们已经验证过这一点了，我们从现金流量表中排除股票交易并将收购作为一个单独的行项目剔除。通过消除兼并与收购（M&A）行为，我们得到了收益质量的清洁测度。结果显示，该测度实际上效果有点差。我认为原因在于这些股票并购大部分是在公司的股票最被高估的时候以换股并购的形式进行的。因此，反应该并购的资产负债表本来的优点就变得极其主观，而且常夸大其资产。从表面看来，它看上去可能是你要的；但是抽离开来看，实际上，我们发现将 M&A 行为单独剥离出来对该测度的帮助会更大。

问题： 对于未来收益，我们最应该关注哪些领域呢？

斯隆： 这正是基本面分析对比定量分析有如此大的竞争优势的原因。由于新业务出现，会计准则改变，而它仅是观察事物的一个不同角度。

我首次对此感兴趣时最喜欢的一个案例之一是 Boston Chicken 及其应收账款。在许多案例中，应收账款不是个问题。然而在这个特别的案例中，应收账款的规模超过 Boston Chicken 整个资产负债表的一半，当然是超过资产的一半。当时加盟商造成了巨大的损失，而他们遭遇的唯一原因是 Boston Chicken 借钱给他们，然后他们以使用费的方式还款。

一般的，当我分析一个公司时，我会观察这个公司并发现它最大的资产是什么。如果那是一项（专有资产），涉及主观判断，那就是我的工作范围了。在安然公司的案例中，它的股权投资和非股权投资的数量巨大，因为很多这类交易都发生在表外实体中。如果把它们都表现在表中，那将会是一个单行整合型条目。因此，那是我一般情况下不会注意到的一种情形，但是在安然公司的案例中，那正是表示公司问题的一个指示。

第19章 CFA Institute

估值中“现金为王”？㊀

刘劲（Jing Liu）

多伦·尼斯姆（Doron Nissim）

雅各布·托马斯（Jacob Thomas）

与通常认为经营现金流在解释股票估值时优于会计收益的观点相反，最近的研究表明基于报告收益的估值较之基于报告的经营现金流更接近于交易价格。本文讨论的问题是，当考虑以下因素时，天平会不会向现金流倾斜：①预测而不是报告数据，②分红而不是经营现金流，③个别产业而不是所有产业联合体，④非美国市场的公司。在所有研究案例中，收益在经营现金流和分红中占有重要位置。

产业倍数在实践中经常用到，包括提供卓越的“应急”价值评估以及更为复杂的贴现现金流估值。为了得到一个公司的估值，一种办法是用公司相应的产业倍数乘以价值驱动因素（比如收入），这样的产业倍数基于一组做比较的公司的股价与价值驱动因素的比值。价值驱动因素的选择范围包括各种现金流量值—现金流、账面价值、利润和收入，但利润和现金流是目前用得最多的价值因素。在本论文中，我们将利润倍数的价值表现和两种现金流倍数的价值表现进行比较（经营现金流与红利，来自十个不同国家的公司数据）。

价值表现在本文中并不指错误估价。我们关注的重点是基于行业倍数的估值是如何接近交易价格。我们的目标是提供一种对于是利润还是现金流能更好地代表定价方法的广泛研究。

在概念层面，利润应该是更具代表性的价值驱动因素，因为利润反映价值变化，无论现金流

㊀ 摘自《金融分析师》（2007年3、4月）：56～58。本文首次出版时，作者 Jing Liu 为洛杉矶加利福尼亚大学的会计学副教授，Doron Nissim 为哥伦比亚大学会计学副教授，Jacob Thomas 为耶鲁大学会计与金融学教授。

何时产生。例如，承诺日后支付的保健福利金，当员工退休后，是一种补偿成本，类似于现金工资。目前的现金流不受此承诺的影响，但是此承诺递延补偿的费用折现值从利润中减去，与此相反，以现金购置库存将减少经营现金流，但是利润并不受影响，因为这一购买行为并不改变价值。然而，许多执业者认为，利润包括自由裁量权，经常应用于利润处理，而不是现金流。同时，他们指出，比如折旧费和摊销费实际上偏离实际费用，因为它们基于特别的估计，反过来，采自毫无意义的历史潜在成本。

在 Liu，Lissim，Thomas(2002) 中，我们发现，基于报告的盈利倍数优于基于各种报告经营现金流。这些发现是基于报告的盈利和现金流价值，但是，在一个受限的样本（满足广泛数据要求的美国公司），在本论文中，我们拓展了分析，以确定是否在考虑以下几点时现金流优于利润：①预测，而不是报告数据②分红以及经营现金流③个别行业而不是所有行业汇总④美国市场以外的公司。

我们进行第一次拓展研究是因为报告经营现金流经常反映一次性支付或收入，这使得现金流与价值之间的关系变得模糊。例如，一个公司也许从事大量的证券化交易，从而经营现金流高于平时水平。如果这些短暂的影响被排除在现金流预测之外（因为分析师不可以，也不能预测那样的交易），我们将看到从使用报告现金流到使用预测现金流相应的业绩改善。

我们进行第二次拓展研究是因为预期分红比预计现金流与股价更直接相关（Williams，1938）。此外，管理层可能通过分红选择长期前景，尽管许多 .COM 公司不支付红利（只有 30% 的上市公司在 2003 年支付股票红利）。对于支付红利的公司而言，红利也许优于经营现金流。

第三次拓展研究，我们观察在各行业中利润和现金流的表现哪一个更好（以下，“现金流”包括经营现金流和红利），大量的争论在于为何现金流在某些行业表现佳，而其他行业则不同。

我们最后的拓展研究，对于非美国市场，现金流预测对于非美国公司驱动较强，同时也允许我们证明在交叉市场里面利润、经营现金流和分红表现更好。

19.1 基于倍数的价值评估

基于行业倍数的价值评估将一个复杂的贴现率和未来现金流函数变成了一种简单的比例关系：预测值等于公司价值驱动因素乘以相应的行业倍数。因为行业倍数是行业现有公司的股价与价值驱动因素之间的一个比例系数。如果行业中的这些公司相对而言类似于股价与价值驱动因素比率，基于行业倍数的预测值会比较接近股票交易价格。换句话说，我们研究的问题可以比较直观的看作：是否同一行业中的公司其市盈率（P/Es）或者股价与现金流比率（P/CFs）更相近？分开来讲，如果我们把一个行业的市盈率和股价与现金流比率的柱状图绘制出来，有更严格分配的价值驱动因素将得到更好的价值，因为更严格的分配意味着行业中各公司之间比率更为接近，因此，就更接近行业平均值。然而，尽管比较公司间分配的严格程度使得我们可以将行业的盈利根据现金流进行分级，但这并不能确定价值背离盈利程度，价值背离现金流程度，以及行业倍数背离股票交易价格的程度。使得我们可以那样做的方法将在下节阐述。

对于每一个价值驱动因素而言，我们首先计算每一个基于股价的公司的行业倍数，计算行业中其他公司的价值驱动因素（在计算行业倍数前将目标公司从行业中删去是必要的，以免其股价影响目标公司估值）。为了得到一个行业倍数，分析师通常采用该行业股价与价值驱动因素比率的平均值或者中间值。在学术研究成果的基础上，我们使用平均值，这种平均值通过计算价值驱动因素与行业股价之间首次比率，再得到它的倒数。

举例说明，假设1989年5月澳大利亚钢铁行业有5家公司，编号是1、2、3、4、5，每股收益1.5、3.0、2.5、0.5元，股价分别是20、35、45和30元。假设我们想要计算的行业倍数与公司Z相关，$Z=3$，如果我们使用行业剩余四家公司的股价与每股盈利比率的平均值，行业倍数将是：

$$\text{平均市盈率}=\frac{1}{4}\times\left(\frac{20}{1.50}+\frac{35}{3.00}+\frac{25}{0.50}+\frac{30}{2.00}\right)=22.5$$

但是如果我们采用市盈率的平均值，当$Z=3$时，行业倍数是其余4家公司利润率的倒数。

$$\begin{aligned}\text{调和平均市盈率}&=\frac{1}{(1/4)\times[(1.50/20)+(3.00/35)+(0.50/25)+(2.00/30)]}\\&=16.17\end{aligned}$$

两个行业倍数（22.5与16.17）之间最大的差别在于$i=4$的公司市盈率为50（=25/0.50）。没有这家公司的话，行业平均倍数将是13.33，行业倍数平均值将是13.19，这一数字彼此之间更为接近。当暂时较低的每股收益导致一些较高的市盈率时，平均行业倍数被那些公司扭曲推高。行业倍数平均值提供了一种降低那些公司影响的方法，就是在找出平均值之前先将市盈率倒过来得到它的倒数，从分母到分子移动较低的每股收益，这样就减少了他们对行业倍数的影响。

得到一个目标公司的行业倍数之后，我们用行业倍数平均值乘以每股收益计算这家公司的预测值。公司2和公司3的预测值相等，为\$40.43（=16.17×\$2.50）。最后，我们从实际价格中减去预测值来计算定价误差或估值误差（比如，公司3的估值误差是：\$4.57=\$45-\$40.43）。为了使不同价值股票的估值误差可比，我们通过股价对所有估值误差进行调节以得到价格调整估值误差（如公司3，其价格调整估值误差为10.2%=\$4.57/\$45）。

然后我们对行业中其余公司再重复这一过程，在本例中，得到澳大利亚钢铁行业1989年5月一组基于EPS的价格调整估值误差数据。对相同公司的经营现金流和股息进行计算得出一组类似的价格调整估值误差数据。整个过程被重复应用于每个国家的其他行业，然后在其他几个月中不断重复。

当比较一个国家或行业的两种价值驱动因素的时候，我们会根据价值驱动因素把一个国家或者行业的价格调整估值误差数据汇集在一起。因为我们希望价格调整估值误差的均值为零，估值误差较小的价值驱动因素的估值误差分布更紧密，许多公司接近于零。实际上，价格调整估值误差分布的离散情况可作为衡量不同价值驱动因素业绩表现的简易方法。

19.2　美国证据：利润分配

在Liu et al.（2002）一书中，我们研究了1982～1999年期间19 879个公司年度样本，得出一大组倍数用于计算定价绩效。表19-1反映出选定行业的价格调整估值误差倍数分布统计：账面价值（BV），经营现金流（OCF），息、税、折旧和摊销前利润（EBITDA），每股利润（EPS），收入（SALES），一年和两年EPS预测分析（EPS1和EPS2）。

表 19-1 美国工业企业倍数的价格调整估值误差分布，1982 ~1999

价值驱动	均值	中位数	标准误差	75% ~25%	90% ~10%	95% ~5%
BV	-0.016	0.066	0.560	0.602	1.266	1.710
OCF	-0.042	0.150	0.989	0.777	1.652	2.355
EBITDA	-0.017	0.066	0.573	0.553	1.163	1.631
EPS	-0.009	0.023	0.421	0.442	0.941	1.317
SALES	-0.032	0.163	0.859	0.738	1.645	2.357
EPS1	-0.005	0.015	0.321	0.348	0.744	1.037
EPS2	-0.004	0.021	0.290	0.317	0.677	0.935

注：BV——账面价值；OCF——经营现金流；EBITDA——息、税、折旧和摊销前利润；SALES——销售收入；EPS1——一年每股利润（EPS）预测；EPS2——两年每股利润（EPS）预测。样本为 19 879 个公司所有变量的年度数据。EPS 数据来自机构经纪人预测系统（I/B/E/S）的实际收入。

研究标准误差和三个非参数离散指标（四分位差范围：75% ~25%，90% ~10%，95% ~5%）得出以下倍数排名。利润预测效果最好，他们表现出的定价误差的离散程度最低。这一结果从直觉来看是有效的，因为利润预测对未来盈利能力的影响要比历史数据更有效。与前面推理一致，随预测年限的增加业绩表现提高：2 年预期每股利润（EPS2）的离散程度小于 1 年预期每股利润（EPS1）。在历史或报告的价值驱动因素中，收益数据的表现优于其他所有价值驱动因素，销售收入（SALES）和经营现金流（OCF）表现最差，息、税、折旧和摊销前利润（EBITDA）和账面价值（BV）表现居中。这些结果通常与权责发生制会提高利润和价值之间联系的观点一致；利润优于收入，因为利润包含相关费用，利润优于现金流，因为利润忽略与价值不相关的当期现金流，而包含与价值相关的发生在其他期间的现金流。

19.3 国际案例

我们从机构经纪人预测系统（I/B/E/S）国际概要文件获得预测数据，从 I/B/E/S 国际实际文件获得报告（或实际）数据。这些文件每月提供分析师公认的各种价值驱动因素的预测和报告数据。实际数据大多来自于最近公布的年度报告，预测数据是对下一个完整会计期间的月度数据的公允（平均）预测。例如，一家美国公司 1990 年 5 月的实际每股利润是指该公司每股利润（EPS）在 1989 年的报告值（通常在 1990 年初公布），而预测 EPS 指的是对 1991 年 EPS 的公允预测，预测基于 1990 年 5 月第三个星期五可获得的数据。[3] 我们还从 I/B/E/S 获得每股价格的数据。虽然我们把前一年的 EPS 视为实际或报告 EPS，但实际上 I/B/E/S 为移除一些分析师没有预测的一次性项目而经常调整这些数据。由于经营现金流来自于利润，所以 I/B/E/S 公布的实际经营现金流可能为移除某些一次项目而进行了调整。I/B/E/S 对实际股息未作调整。

I/B/E/S 目前收集了 63 个国家或地区的预测值，但很多国家或地区的观测数据相对较少。我们认为以下 10 个国家或地区可供利润预测的数据最多：澳大利亚、加拿大、法国、德国、中国香港、日本、南非、中国台湾、英国和美国。我们分别对这些国家或地区的 EPS 估值表现进行分析，但为了比较利润和现金流的倍数，我们使用的是这些国家或地区中选择误差对结果影响最小的子集。

预测经营现金流和股息不像盈利预测那样常见，所以存在潜在的选择偏好，尤其是在某些国家和部门。[4] 几乎所有的分析师都会提供盈利预测，但对于经营性现金流和股息的预测似乎是一个可选的项目。特别地，现金流预测通常在那些利润预测信息较少而现金流预测信息较多的部门提供（例如，在 DeFond 和 Hung2003 的报告中为美国公司提供经营性现金流预测）。现金流预测是否有效具有非随机性，为减少由此而带来的选择偏好，被列为经营现金就和股息样本的国家必须满足以下两个条件：①该国应拥有大量可进行有效运营现金流和股利预测的公司，②这些预测的行业分布应类似于盈利预测相应的分布。在第一种情况下，我们要求 30% 的盈利预测意见也有现金流的预测（红利）。第二个条件，我们计算的盈利预测和经营现金流量相应的百分比在每个部门的样本公司的百分比之间的差的绝对值（股息），我们要求的平均绝对差在所有行业，国家应小于 2%。我们还研究了国家年分布的三个价值驱动因素确认的预测并没有集中在某几年。

具备有效和典型的经营现金流预测的国家或地区有：澳大利亚、法国、中国香港、中国台湾和英国。具备有效和典型的股利预测的国家或地区有澳大利亚、法国、德国、中国香港、日本、南非和英国。我们用这些国家或地区的利润预测，分别与经营现金流和股息预测作比较。

通过比较关于收益和经营现金流预测的公司年度和样本中剩余的公司年度数据表明包含平均来说较大市值的公司的子集，P/Es 更具有可比性。同样，包含收益和股息预测具有更大的市值的公司的子集，尽管差异比现金流样本小，在 P/Es 更具有可比性。

附录 19A 告诉我们 I/B/E/S 通常如何计算每股利润（EPS），每股经营现金流（OCPs）和每股股息（DPS），并在表中总结了这些变量在不同的国家如何计算，以及它们与 I/B/E/S 的标准之间有何区别。样本中股息的计算相互可比，经营现金流定义大体一致（约等于现金流量表中经营现金流量），而每股利润的测量则因各国会计规则和会计期间的不统一而不同。在德国，分析师们按照自己的习惯计算收益，而非当地的会计准则。[5] 如果公司的运作建立在稀释的基础上，我们将使用 I/B/E/S 的稀释因子将每股变量转化为最初的基础。

为了便于举例，我们将概要文件和实际文件合并，然后我们选择观测值：价格、流通股价值和可获得的价值驱动因素的实际值与预测值（I/B/E/S 分别报告每一个价值驱动因素的观测值）。[6] 接下来，我们分别定义相对应的六个变量：每股利润（EPS）、每股经营现金流（OCPS）、每股股利（DPS）的实际值与预测值，创建一套公司月观测数据。为了保证每个价值驱动因素有尽可能大的样本，我们确保公司月度数据观测值六个变量中至少有一个为正。[7] 最初的样本包括 25 843 家公司的 1 559 421 个观测值，样本期间从 1987 年 1 月到 2004 年 9 月。

当两两比较时，我们的数据要求如下：①两个价值驱动因素都为正，②至少六个观测样本满足来自同一个国家 - 产业 - 月组合的第一个要求（因此至少五家公司均提供用于计算产业的倍数的价值驱动因素）。我们使用由 I/B/E/S 分类的部门/行业/组中间行业分类，因为由肉眼判断的包括在同一产业的公司的行业分类过于宽泛而不能筛选出同质的公司，而公司在不同群体的数量列表限制又表明，组分类过于狭窄，不能列入足够的可比公司。采用两两比较，相对于如果我们已要求非缺失数据的所有变量，能给我们留下了足够大的样本，这反过来又增加了到我们的研究结果可以推广的程度大得多的样本。

19.4 国际结果

首先，我们将五个样本国的利润与经营现金流的相比，然后，我们再将七个样本国的利润和股利相比。我们最终的结果，展示了 10 个国家基于盈利预测倍数估值法的业绩表现。

我们用价格调整估值误差的四分位（*IQ*）间距分布来衡量各种价值驱动因素的业绩表现。之所以这样做是因为四分位间距法不像其他分布测量法对异常值那么敏感，比如标准差和均方根误差。然而，当在两个范围中选择（10% ~90% 和 5% ~95%），得到的结果与这里呈现的结果类似。我们同样证实了，不同的四分位间距定价误差分布与均值的距离接近于零。当比较两个价值驱动因素 1 和 2 时，我们会得到两个变量的定价误差四分位间距（*IQ*1 和 *IQ*2）。我们通过计算［% IMP = 100% ×(*IQ*1 − *IQ*2)/*IQ*1］，可得到变量 2 对于变量 1 的相对改善程度（% IMP）。我们还通过一种引导方法计算了% IMP 的 *t* 统计值（详见 Liu 等人 . 2002）。

19.4.1　运营现金流与收益

表 19-2 中的第 1 ~4 列为盈利预测与经营现金流量预测的结果比较。第 1 列和第 2 列为四分位间距下的定价误差，第 3 列表明了第 2 列相比第 1 列的改善程度（负值表示更低的四分位间距，即第 2 列的价值驱动因素比第 1 列有更好的业绩表现），第 4 列为每个国家或地区的样本数量。第 1 列最后两行的数据为盈利预测定价误差四分位间距分布的均值和中位数（0. 524 和 0. 548），均显著低于第 2 列的现金流预测四分位间距的均值和中位数。第 3 列中五个国家或地区的% IMP 均为较大的负值，英国接近 26% 为最高，中国台湾接近 18% 为最低，表明在该时期盈利预测的效果优于现金流预测的程度（所有差别在统计上的显著水平均为 1%，特殊情况另做说明）。[8]

第 5 ~8 列用同样的方法将经营现金流量的实际值和预测值进行比较。预测值的四分位间距（第 6 列）低于实际值的四分位间距（第 5 列），从第 7 列的% IMP 值也能清楚地看到。

后面的四列（第 9 ~12 列）用同样的方法将盈利的实际值与预测值进行比较。同经营现金流预测值一样，预测值的四分位间距（第 10 列）明显低于实际值的四分位间距（第 9 列），通过第 11 列% IMP 的均值和中位数也可以看出，分别为 21. 59% 和 22. 95%。

我们可以得出重要的结论：两种价值驱动因素的预测值均比实际值效果好，但是在盈利因素上效果更为明显。

将第 10 列和第 1 列进行比较，它们同为盈利预测的四分位间距，但分别是与每股利润的实际值和每股经营现金流的预测值相比。第 10 列的四分位间距（均值和中位数为 0. 478 和 0. 481）低于第 1 列中的数值，这就说明了盈利预测的效果比经营现金流预测值效果相对更好。

表 19-2 中的最后四列是实际盈利和实际经营现金流的比较。虽然第 15 列的% IMP 数据表明实际盈利的效果明显优于实际经营现金流（中国台湾除外，差别不显著），但实际盈利优越性的明显程度低于预测盈利（第 3 列中的% IMP 为更大的负值）。

为了证明表 19-2 的结果，即预测盈利的效果完全优于预测经营现金流，我们将各个国家或地区的行业间对比数据总结在表 19-3 中。在本部分的研究中，我们将每个行业的定价误差百分比合并在一起，并选择四分位间距较低的价值驱动因素。表 19-3 展示了经营现金流优于每股收益的行业比率（预测值与实际值）。第一列中较低的均值和中位数表明超过三分之一的行业，将 EPS 预测值作为倍数的基础比使用 OCF 预测值更准确。[9] 此外，第 1 列的数据均低于第 2 列的数据也证明了表 19-2 的结论，从行业的角度来看，盈利优于经营现金流，预测值优于实际值。

表 19-2 国家或地区多个行业的价格调整估值误差，基于 OCPS 和 EPS，1987 年 1 月 ~2004 年 9 月

国家或地区	*OCPS* 预测值与 *EPS* 预测值				*OCPS* 预测值与 *OCPS* 实际值				*EPS* 预测值与 *EPS* 实际值				*OCPS* 实际值与 *EPS* 实际值			
	四分位间距				四分位间距				四分位间距				四分位间距			
	EPS	OCPS	%IMP	N	实际值	预测值	%IMP	N	实际值	预测值	%IMP	N	EPS	OCPS	%IMP	N
	1	2	3	4	5	6	7	8	9	10	11	12	13	14	15	16
澳大利亚	0.467	0.564	-20.86%	20 885	0.698	0.537	23.14%	18 069	0.538	0.400	25.65%	36 534	0.526	0.672	-27.79%	16 637
法国	0.548	0.665	-21.21	20 595	0.791	0.666	15.81	20 139	0.624	0.481	22.95	43 449	0.659	0.759	-15.24	16 754
中国香港	0.572	0.713	-24.71	5 926	0.794	0.707	10.90	4 886	0.606	0.518	14.60	17 878	0.655	0.766	-16.86	4 198
中国台湾	0.578	0.681	-17.75	8 663	0.781	0.679	12.97	7 929	0.733	0.581	20.72	22 965	0.734	0.754	-2.80a	7 257
英国	0.453	0.570	-25.84	53 320	0.690	0.560	18.86	52 685	0.541	0.411	24.02	159 747	0.540	0.680	-25.88	48 653
平均数	0.524	0.639	-22.07	21 878	0.751	0.630	16.34	20 742	0.608	0.478	21.59	56 115	0.623	0.726	-17.71	18 700
中位数	0.548	0.665	-21.21	20 595	0.781	0.666	15.81	18 069	0.606	0.481	22.95	36 534	0.655	0.754	-16.86	16 637

表 19-3 不同国家或地区行业间每股现金流与每股收益比较结果，1987. 1. ~2004. 9.

国家或地区	% OCPS 优于 EPS 的行业	
	预测值	实际值
澳大利亚	24.1%	24.0%
法国	6.7	34.5
中国香港	33.3	35.7
中国台湾	35.7	57.1
英国	15.8	7.9
平均数	23.1	31.8
中位数	24.1	34.5

19.4.2 股利与盈余

表 19-4 中每股收益-每股股利（EPS-to-DPS）比较类似于表 19-2 中的每股收益-每股经营现金流（EPS-to-OCPS）的比较。本表也意在通过以百分比表示的定价误差的四分位数间距（四分位数），即统计学中把所有数值由小到大排列并分成四等份，处于三个分割点位置的得分就是四分位数，第 25% 的数字叫做"第一四分位数"，第 50% 的数字叫做"第二四分位数"，又称"中位数"，第 75% 的数字叫做"第三四分位数"。四分位数间距（InterQuartile Range）是第一四分位数与第三四分位数之差，该间距可反映数据变异程度的大小。来表示各指标的预测稳定度。第 1 列和第 2 列分别是对每股收益和每股股利预测值差的四分位数间距。第 3 列是指标表现提升比率（%IMP），表示两个对比指标（即 EPS 和 DPS）的预测稳定度比较，以第 1 列除以第 2 列的数据得到。第 4 列提供了每个国家或地区的样本大小。七个国家或地区各指标定价误差的四分位数间距的平均数和中位数来看，每股收益的误差大大低于股利预测误差。指标表现提升比率（%IMP）在七国间呈现出现双峰分布，而其平均值和中值大且为负。七个国家或地区中指标表现提升比率（%IMP）均为负，其中四个国家或地区具有较大的绝对值，而另外三个（中国香港，日本和南非）绝对值较小。然而所有的差异，只在 1% 水平上显著。

第 5 – 8 列是对每股股利的实际值误差与预测值误差的对比，数据信息证实，运用预测值替代实际值将提升基于股利计算的工业倍数（industry multiples）的指标表现。第 7 列中是两者的指标表现提升比率（%IMP），其中相对低提升比率值的国家中，大多数具有股利"黏性"的现象（即随着时间的推移变化不大），因此以预测股利计算的工业倍数比起以实际股利计算的倍数，并无明显优势。然而，指标表现提升比率（%IMP）相对大的澳大利亚（23.1%）和中国香港（21.5%）的股利的价值相关性在某些重要的层面上与其他国家不同。（对该差异的进一步分析将随后呈现。）

每股收益的实际值误差与预测值误差比较结果罗列在 9 – 12 列，其结果类似于表 19-2 中相应的列报。与经营活动现金流计算的相应结果比较，我们发现，虽然从实际值到预测值每股股利（DPS）和每股收益（EPS）的表现都有所改善，但每股收益（EPS）的预测改善更大。与表 19-2 的结果比较，在第 10 列为更大样本的公司收益预测中（这些公司样本与第 1 列的公司样本相关，后者是子集，在第 1 列中也有收益预测），较低的四分位数间距显示，对收益的预测相对优良，而股利预测并不常用；对第 1 – 4列的比较也能得出结论，以偏差大小表现的指标性能，每股收益预测具有更大的优势。

在表 19-4 中的最后四列展示了公布的实际收益与实际股利的比较结果。类似于在第 3 列指标表现提升比率（%IMP）中观察到的双峰分布，第 15 列显示的指标表现提升比率表明，澳大利亚，法国，德国，和英国的每股收益明显优于每股股利，中国香港和南非优势较低，日本的情况中两者的优劣正好相反（以正的 12.8% 指标表现提升比率，差异显著）[10]。同表 19-2 中相应的现金流比较结果一样，第 15 列呈现出比第 3 列相对低的结果表明，每股收益相对每股股利的优势，实际值计算结果不如预测值计算结果明显。

表　19-4

国家或地区	*OCPS* 预测值与 *EPS* 预测值				*OCPS* 预测值与 *OCPS* 实际值				*EPS* 预测值与 *EPS* 实际值				*OCPS* 实际值与 *EPS* 实际值			
	四分位间距				四分位间距				四分位间距				四分位间距			
	EPS	OCPS	%IMP	N	实际值	预测值	%IMP	N	实际值	预测值	%IMP	N	EPS	OCPS	%IMP	N
	1	2	3	4	5	6	7	8	9	10	11	12	13	14	15	16
澳大利亚	0. 408	0. 485	-18. 9%	25 748	0. 565	0. 434	23. 1%	22 193	0. 538	0. 400	25. 7%	36 534	0. 479	0. 555	-15. 9%	21 051
法国	0. 518	0. 684	-32. 0	26 537	0. 769	0. 661	14. 1	23 083	0. 624	0. 481	22. 9	43 449	0. 618	0. 753	-21. 9	21 191
德国	0. 568	0. 727	-28. 1	14 920	0. 730	0. 656	10. 2	11 628	0. 685	0. 561	18. 2	35 219	0. 640	0. 746	-16. 6	10 904
中国香港	0. 570	0. 606	-6. 3	11 947	0. 711	0. 558	21. 5	10 504	0. 606	0. 518	14. 6	17 878	0. 633	0. 701	-10. 8	9 609
日本	0. 598	0. 646	-8. 0	104 340	0. 668	0. 646	3. 2	134 920	0. 755	0. 598	20. 9	127 036	0. 753	0. 657	12. 8	89 388
南非	0. 557	0. 615	-10. 4	9 465	0. 675	0. 590	12. 6	7 881	0. 601	0. 506	15. 7	22 700	0. 612	0. 649	-6. 0	8 166
英国	0. 463	0. 632	-36. 5	87 201	0. 713	0. 621	13. 0	89 284	0. 541	0. 411	24. 0	159 747	0. 560	0. 703	-25. 7	80 456
平均数	0. 526	0. 628	-20. 0	40 023	0. 690	0. 595	14. 0	42 785	0. 622	0. 496	20. 3	63 223	0. 613	0. 681	-12. 0	34 395
中位数	0. 557	0. 632	-18. 9	25 748	0. 711	0. 621	13. 0	22 193	0. 606	0. 506	20. 9	36 534	0. 618	0. 701	-15. 9	21 051

表19-5显示了工业对工业比较结果，第1列相对低的平均值和中值再次表明，3/4以上的产业中基于收益预测的乘数要比基于股利预测的乘数结果正确度高[11]。同样，第1列数值比第2列小，这一结果在产业水平范围内再次证明了关于优劣的结论：每股收益的可用优势强于每股股利指标，而比起实际数据，运用预测数据时该优势更加明显。

表 19-5

国家或地区	% *OCPS* 优于 *EPS* 的行业	
	预测值	实际值
澳大利亚	22.6%	37.0%
法国	21.9	30.0
德国	25.0	22.7
中国香港	31.8	52.6
日本	33.3	66.7
南非	19.0	40.0
英国	2.9	6.1
平均数	22.4	36.4
中位数	22.6	37.0

以实际报道值预测的股利在中国香港和澳大利亚两地提升值相对较大，（表19-4的第7列）表明这两地区中股利对价值的变动更敏感，进而表明两地区的股利黏性比别的国家少（随时间推移有较大变化）。根据股利税收优惠的测算La Porta，Lopez-de-Silanes，Shleifer，and Vishny(2000)，比起本文样本中的其他国家，这两地区的税法中对股利带来的资本收益的税收倾斜最少。其他国家的公司倾向于遵循黏性的股利政策，因为股利的追随者将基于投资者税率进行选择——面临高（低）税收的投资者将选择低（高）股利的股票——因此在澳大利亚和中国香港的股利便表现出较低黏性。因此，在澳大利亚和中国香港的实际股利包括重大的短期影响因素，而实际和预测股利也可能有较大区别。如果说预测关注股利的永久影响成分（因为短暂的影响因素难以预测），因此在澳大利亚和中国香港观察的运用预测数据的每股股利（DPS）相比运用实际数据带来的改善，可间接归因于这两地区中支付股利带来的税收优惠。

检验这个解释，我们创建了一个子样本，由整年观测到的实际每股股利（DPS）和每股收益（EPS）为正的公司组成，这些并且这些公司上年的DPS和EPS值也存在。为提供股利水平的信息，我们在表19-6中展示了单位股价和单位收益之上的股利，即分别是D/P（股利/股价）和D/E（股利/收益）[12]。为提供股利支付的时间序列变化的信息，我们展示了股利变化的四分位数间距，分别以单位股价股利变化AD/P（四分位数间距/股价）和单位收益股利变化AD/E（四分位数间距/收益）来表示。La Porta等（2000）提供的税收优惠测算也在表中罗列出，作为参照。它们代表着个人投资者可得的税后收益比例，从一美元的税前股利到相应收益留存在公司中的每一美元的相关收益。事实上，表19-6中，该比率最高的澳大利亚和中国香港在资本收益上受到的最少的股利税收。我们的分析结果发现，澳大利亚和中国香港不仅拥有最高的股利水平（从均值和中位数的较高值得出），而且其股利黏性也最少（从其更高的四分位数间距得出）。

表 19-6

国家或地区	样本数	平均数		中位数		智商范围		股息税收优惠
		D/P	D/E	D/P	D/E	ΔD/P	ΔD/E	
澳大利亚	1 829	0. 044	0. 796	0. 042	0. 660	0. 037	0. 492	0. 900
法国	1 595	0. 019	0. 370	0. 017	0. 307	0. 021	0. 280	0. 640
德国	762	0. 021	0. 417	0. 018	0. 357	0. 024	0. 353	0. 860
中国香港	852	0. 035	0. 592	0. 033	0. 394	0. 032	0. 336	1. 000
日本	3 339	0. 011	0. 549	0. 010	0. 249	0. 009	0. 263	0. 700
南非	627	0. 032	0. 398	0. 028	0. 349	0. 028	0. 233	0. 850
英国	4 758	0. 032	0. 520	0. 029	0. 414	0. 028	0. 293	0. 830
平均数	1 966	0. 028	0. 520	0. 025	0. 390	0. 025	0. 321	0. 826
中位数	1 595	0. 032	0. 520	0. 028	0. 357	0. 028	0. 293	0. 850

19. 4. 3 预期每股收益的完全估值表现

我们现在把研究点放在预期每股收益的相对表现上（相对于每股经营现金流和股利），我们将对这 10 个国家的预期收益绝对性能进行探讨。我们的目的是检测基于预期收益的行业乘数是否是可以迅速估值的合适途径，这种行业乘数的方法已经在一批美国公司的子样本中有很精准的估值表现（如，Kim 和 Ritter，1999）在上市公司中的运用），我们将检测对于其他的美国公司以及在其他市场的公司工具是否依然可靠而高效。我们在图 19-1 中展现了样本中每个国家或地区通胀调整后的股价估值误差的四分位数间距的分布，而不是简单给出各自的值。

图 19-1 的横轴是每 0. 1 宽度的中值（如 0. 05 表示通胀调整后的股价估值误差落在 0 ~ 0. 1 范围内，也即 0 到 10% 的范围），纵轴表示每个国家或地区中落在该误差范围的样本比例。我们可

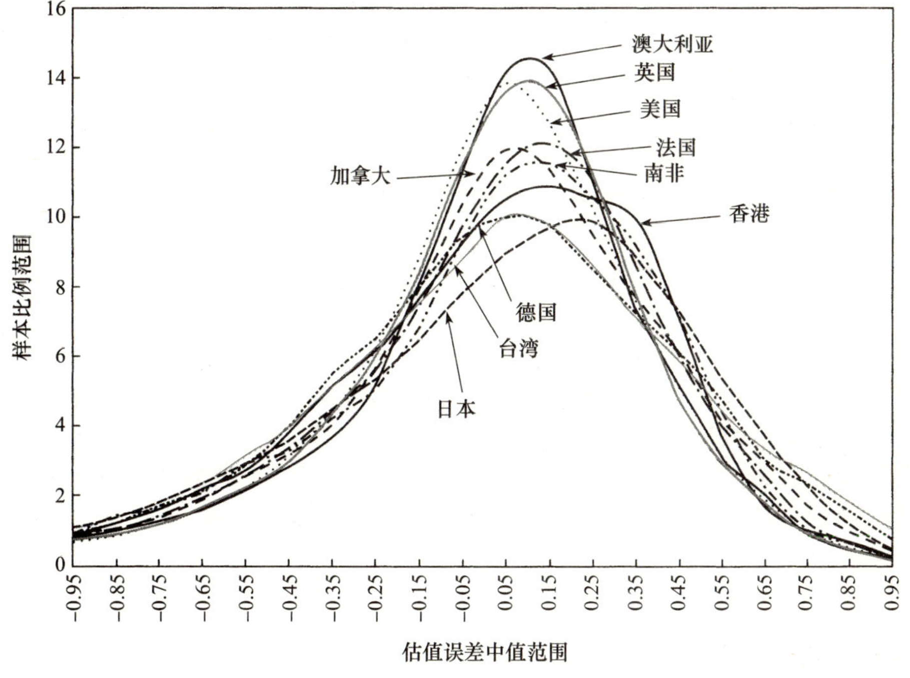

图 19-1

以清晰地看到，在澳大利亚、英国和美国，每股收益（EPS）的预测表现非常优异（因为在这些国家或地区峰值更高且分布更集中），可以作为价值指标。而在德国、日本、中国台湾，EPS表现较为欠缺。结合包含在两个范围-0.05和0.05中的样本百分比表明，预期EPS表现较好的三个国家或地区中约25%的样本落在±10%的估值误差范围内。相对应地，日本只有17%的样本落在±10%的误差范围内。将毗邻的范围囊括在内（即0.15～0.15），我们发现，预期EPS表现较好的三个国家或地区中，将近50%的样本预测误差在±20%范围内。即便是在预期EPS表现最差的三个国家或地区中，约50%的样本的估值误差落在了30%的范围内。这一骄人的业绩表明，①预期每股收益（EPS）与股价高度相关，②尽管简约和粗陋，但行业乘数是一种合理准确的估值途径。

19.5 结论

在股权价值评估中真的现金为王吗？我们的分析证明答案是否定的。在刘（Liu）等人（2002）的文献中，我们发现，以公布的真实收入现金流支配着公布的现金流，并成为美国主流的估价措施。在目前的研究中，我们的分析扩展到其他市场，并运用预测的经营现金流量、股利和收益进行估价。我们发现，当我们将预期数据替代公布的实际数据进行预测时，不仅提高了每股经营性现金流的预测性能，而每股收益的表现在更大程度上提高了。在所研究的5个国家中，预期EPS显示出是比经营性现金流明显更好的综合性指标，并且这种优势在多数行业中都可以观察得到。在一个来自于常用股利预测的7个国家的样本中，我们把股利，而非经营性现金流，与收益相比较时，我们再次发现，相对于股利预测，收益预测在所有的国家和大多数行业中是一个更好的价值的综合性指标。并且，我们还发现，用预期数据替代公布的实际数据时，收益比股利表现得更好。

总之，我们的结果表明现金流乘数的拥护者应该考虑使用收益乘数替代，因为对相当多的公司来说，基于收益预测的估值有着显著的精确度。收益预测不断增加的可用性应该是使用收益乘数的一个推动力量。

我们的结论有三个注意事项。第一，由于基于乘数的估值只有在价值驱动因素为正的情况下才能被计算，所以我们不包括那些所考察的乘数（收益、经营现金流或股利）为负值的公司。因此，我们的推论不适用于价值驱动因素为负的情形。但是，尽管这个要求排除了许多公司的大多数价值驱动因素，但在大多数情况下，收益预测为正，这满足我们对于用于乘数的收益预测的要求。第二，非盈利预测很可能会在部门提供，其中非盈利预测相对于盈利预测具有更多的信息（见DeFond and Hung，2003）。尽管我们关注于现金流预测使用相对广泛的公司，但是在我们的样本中也可能存在选择误差。然而，这种误差也支持了我们的结论，因为我们使用现金流预测表现优于平均水平的观测值，仍然发现了收益相对于现金流的明显优势。第三，注意事项与我们采用市场价格作为内在（“真实”）价值的估相关。在某种程度上，市场效率低下与收益或现金流的信息相关，收益乘数和现金流乘数的定价准确度的差异可能部分来自于市场的非有效，而不是乘数估值的能力。然而，之前的研究表明，尽管市场非有效可能导致股票收益率检验的持续误差，但是股票价格层次分析的误差的大小很可能被忽略，因为错误定价的截面变化很可能比内在价值的截面变化小（Aboody，Hughes，and Liu 2002）。

附录19A 变量界定

以下为I/B/E/S对各变量的界定。在表19A-1中，给出了作为研究样本的10个国家的收益和经营现金流的定义。

19A.1 每股收益（EPS）

一个公司通过持续经营而获得的净收益（如扣除非持续经营、特殊费用和其他非运营项目的收入）除以当年已发行股份的加权平均数。

19A.2 每股经营现金流（OCPS）

净收入加折旧，加摊销，加净运营资本，除以当年已发行普通股的加权平均数。

19A.3 每股股利（DPS）

一个公司一年的普通股股息除以当年已发行普通股的加权平均数。在美国，每股股利在税前预提计算，但在某些非美国公司中，每股股利税后计算。

表19A-1 各国价值驱动因素变量的定义

国家或地区	收益	运营现金流
澳大利亚	常规	常规
加拿大	常规	常规
法国	优先股股利发放前	常规
德国	经过德国金融分析师协会（DVFA）调整	净收入 + 固定资产折旧 - 固定资产附属物 ± 养老金及其他长期准备的调整 ± 特殊储备项目的调整 ± 不涉及支付的有物质意义的其他费用和收入 ± 涉及支付的有物质意义的额外费用和收入的调整
中国香港	常规	常规
日本	含XI，减股利	净收入 + 折旧和摊销
南非	常规	常规
中国台湾	含XI	扣除负债的现金变化净值
英国	常规	常规
美国	常规	常规

注：每股收益和每股运营现金流为报告值除以公司当期已发行普通股的加权平均数。“常规”指其与I/B/E/S的定义相同。XI——特殊项目。

注释

1. 例如，当投资者运用短线（长线）操作高于行业中值的市盈率（P/E）的股票的投资策略时，其获得的回报可以用来衡量估值技术的估价性能。这种衡量基于如下论据：价值被高估（或低估）的股票将会有相对高（低）的市盈率（P/E）。
2. 贝克（Baker）和罗贝克（Ruback）(1999）指出，随着价格增加定价误差幅度有增大的倾向，因此价格的调和平均数是一个比估计为算术平均数或中位数更好的估计行业乘数的指标。在其文章里计算调和平均数的例子中，对价格价值驱动比相对高的公司赋予较小的权重，因为较高的驱动比意味着这些公司特有的更高的绝对估值误差。事实上，很多研究（如Beatty，Riffe和Thompson 1999；Liu等2002）都证实：调和平均价格在最小化通胀调整后的定价误差方面非常有用。
3. 尽管分析师也可提供1990年整年的预期值，我们却选择了不去用它，因为他们代表的是该过渡期（1990年）已经报告的和剩余时期预测的混合“实际”值。
4. I/B/E/S用使用专有的分类方案，根据业务线将企业分为同质群组。在美国，一个类似于标准普尔500指数的行业归类方案被采用。对于非美国公司，使用的是基于松散的摩根斯坦利国际资本的行业分类系统。I/B/E/S 分类系统从三个层次对公司进行划分：领域（sector）、行业（industry）、团体（group）。领域（sector）又能划分成各个行业（industry），相应的，行业（industry）又能划分成各个团体（group）。

5. 德国金融分析师协会，Deutsche Vereinigung fur Finanzanalyse und Asset Management（DVFA），已经开发出一种系统，分析师（或咨询公司）可用以调整财报数据，以提供一个接近永久或核心盈利的测度。这种调整方法会用到财报数据和公司内部数据。
6. 为防止重复，我们删除了所有带有“二级”标签的观察值（实际值和预测值都这样操作）。同时，以确保公司合并前后的一致性，我们删除了那些实际值所对应的财政年度与预测值对应的财政年度相差不足24个月的观测值。
7. 因为价格是正的，乘数方法要求：对比公司和目标公司都有正的价值驱动因素。观察值中拥有负数值的实际（预测）EPS和OCPS的占比分别是15%（5%）和8%（1%）；实际的和预测的DPS中没有负的观察值。价值驱动因素为0的情况很少，只出现在股利的观测中（实际股利中占比16%，预测股利中占比10%），并且偶尔出现在实际OCPS中（1%）。
8. 见图19-1及其相关讨论，以图解方法来说明的估值指标性能的差异。
9. 由于一些行业的样本非常少，特别是在一些国家只有少量预测，因此这当中的某些比较结果可能带有误差。
10. 在日本出现这种相反的结果，主要原因在于财报中实际收益的拙劣估值性能表现，而非股利本身的优良估值能力；日本财报股利估值误差的四分位数间距与其他国家或地区的平均值相近，但日本财报收益的相应值却显著高于其他国家或地区的相应平均值。见 Charitou，Clubb 和 Andreou（2000）为在日本观察到的财报收益与股价相关性低的现象做出了一个可能的解释。
11. 由于一些行业的样本非常少，特别是在一些国家只有少量预测，因此这当中的某些比较结果可能带有误差。
12. 结果样本的规模小于之前表格中的样本，主要原因在于“公司年度”在表19.6中只出现一次。

参考文献

Aboody, D., J. Hughes, and J. Liu. 2002. “Measuring Value Relevance in a (Possibly) Inefficient Market.” *Journal of Accounting Research*, vol. 40, no. 4 (September):965–986.

Baker, M., and R. Ruback. 1999. “Estimating Industry Multiples.” Working paper, Harvard University.

Beatty, R.P., S.M. Riffe, and R. Thompson. 1999. “The Method of Comparables and Tax Court Valuations of Private Firms: An Empirical Investigation.” *Accounting Horizons*, vol. 13, no. 3 (September):177–199.

Charitou, A., C. Clubb, and A. Andreou. 2000. “The Value Relevance of Earnings and Cash Flows: Empirical Evidence for Japan.” *Journal of International Financial Management and Accounting*, vol. 11, no. 1 (Spring):1–22.

DeFond, M., and M. Hung. 2003. “An Empirical Analysis of Analysts’ Cash Flow Forecasts.” *Journal of Accounting and Economics*, vol. 35, no. 1 (April):73–100.

Kim, M., and J.R. Ritter. 1999. “Valuing IPOs.” *Journal of Financial Economics*, vol. 53, no. 3 (September):409–437.

La Porta, R., F. Lopez-de-Silanes, A. Shleifer, and R. Vishny. 2000. “Agency Problems and Dividend Policies around the World.” *Journal of Finance*, vol. 55, no. 1 (February):1–33.

Liu, J., D. Nissim, and J. Thomas. 2002. “Equity Valuation Using Multiples.” *Journal of Accounting Research*, vol. 40, no. 1 (March):135–172.

Williams, J.B. 1938. *The Theory of Investment Value*. Cambridge, MA: Harvard University Press.

第四部分

期权估值

员工股票期权和股权估值[⊖]

马克·兰格（Mark Lang）

越来越多的公司开始转向采用员工股票期权（employee stock options）来应对让雇员和股东利益一致的挑战。但是，这些股票期权导致了一些棘手的问题：股票期权代表了一种对公司的重要要求权，这种要求权应当反映在股票期权的定价中，但是对员工股票期权定价是非常复杂的。幸运的是马克·兰格在这章提供了一个为这些要求权定价的出色框架。这个定价框架在公司为流通期权和未来的补助金提供融资与期权的激励效应带来的好处做了一个平衡。

20.1 序言

公司治理的最大一个挑战就是使得雇员和股东的利益一致，并且越来越多的公司采用员工股票期权来应对这个挑战。股票期权给予了雇员一个与公司命运相关的直接利害关系，因此，雇员受到激励来从事提高公司价值的活动。这有益于股东。然而这种逻辑上的清楚简明却掩盖了在员工股票期权的执行和估值中的复杂性。

马克·兰格最初从一个负责公司估值的分析师的视角讨论了员工股票期权的重要问题，尽管他也从雇员的角度看待过这些问题。他从描述一个典型的员工股票期权开始，衡量它对股东拥有的权利。接着兰格讨论了与员工股票期权相关的会计问题。对于这些要求权的重要性，他认为是毫无疑问的，并特别提出在2000年，期权的减税金额超过了标准普尔

⊖ 版权©2004 CFA协会研究基金会，获准转载。当本文首次发表（2004年6月），Mark Lang为小托马斯W. 胡德森/德勤公司的有限合伙人，北卡罗来纳大学凯南－弗拉格勒商学院特聘教授。

100 指数中最大的 100 家公司中 8 个公司的净收入并且平均来看，超过了纳斯达克 100 指数中的所有公司。

兰格接着回顾了那些使得员工股票期权与商业期权不同的特征。因为通常雇员都被禁止通过出售相应的股票来为这些期权套期保值，所以提前行权是常见的。这意味着为了正确地为期权估值，确定行权的方式是重要的。兰格查阅了已有的有关行权方式的经验文献，其中大部分是他贡献的。他注意到随着市场价格与执行价格的比率上升，提前行权的数量就增加了。但是随着期权临近其到期日，雇员行权的比例会低一些。雇员也往往会在波动率上升的时候（因为他们是风险厌恶的）以及在行权等待期㊀之后（因为在行权等待期之前的时间里流动性需求逐步增强）行权。兰格观察到的一个最有趣的现象是之后的公司回报和行权的发生率是负相关的，这表明公司内部人员拥有公司发展前景的特权信息。

兰格讨论了盛行的对员工股票期权估值的方法。通过假定行权发生在距离到期日的中间，许多公司修改了布莱克 - 斯科尔斯定价公式。但是与另一个认为行权发生在到期日之前任何时间的更现实的假设比较，该假设通常高估了期权的价值。如果公司忽略了行权的倾向如何依赖于市场价格与行权价格的比率，一个更大的偏差将会产生。最后，为了减少开销，一些公司通过选择一些关于预期行权和波动的特殊假设导致了偏差。

兰格无疑地认为股票期权代表了对公司的一种重要的要求权，这种要求权应当反映在股票期权的定价中。同时他也无疑地认为对员工股票期权定价是非常复杂的。幸运的是他提供了一个为这些要求权定价的出色框架。这个定价框架在公司为流通期权和未来的补助金提供融资与期权的激励效应带来的好处做了一个平衡。研究基金会特别高兴提供“员工股票期权和股权估值”这章。

马克·克里兹曼（Mark Kritzman，CFA）
CFA 协会研究基金会研究室主任

20.2 前言

在薪酬方面一个最显著的发展就是员工股票期权计划的重要性在不断提高。股票期权计划在美国公司中无处不在并且在国际上也越来越重要。因为期权要求现有股东付出巨大的成本而且它会影响管理决策，所以理解期权的作用对于公司的理解和估值是重要的。此外，期权会计是非常有争议的。随着期权的影响范围和有关期权的争议越来越大，研究这些问题的文献也越来越多。

员工股票期权的起源反映了把薪酬与雇员业绩联系在一起的努力。霍姆斯特姆（Holmstorm，1979）正式提出一种观念，该观念认为公司在给予风险厌恶的雇员薪酬方面存在基本的权衡取舍。一方面，通过薪酬与业绩挂钩来使得雇员的激励与股东的激励相一致，激励的效果会提高。另一方面，如果雇员是风险厌恶的，以业绩为基础的薪酬给他们带来了风险，雇主就必须为承担的这些额外风险提供额外的期望薪酬。

授予期权开始是作为高管的薪酬，因为激励效果对于那些有能力对股价产生重大影响的个人才会更加清晰。对以激励为基础的薪酬的重视，有利的税收政策以及其他原因导致了随时间推移

㊀ 行权等待期（vesting）是指期权持有者在等待期一直持有期权直到某些条件满足以后才有权利行使期权。——译者注

期权的使用越来越多。今天，期权是薪酬的一个重要组成部分，也是许多公司做生意的重要花费。

因此，理解股票期权薪酬及它的含义对于理解公司和公司的价值是重要的。在这章里，我的目标是提供一个关于期权的概述。我将使用来自经验研究文献的证据和戴尔电脑公司的财务信息来阐述不同的观点。尽管人们可以采用多种方式来评估这些文献，但我会围绕期权对于现有股份定价的含义来组织讨论。我会关注期权对于股权估值的可能影响的文献，而不是试图对所有期权研究文献的回顾。[1]

20.3 员工股票期权基础

为了建立一个期权和股票定价的讨论框架，考虑一个典型的员工股票期权的特征和一个基本的期权定价方法是有用的。在这个章节，我阐述一个简单的期权例子来强调期权对于现有的股东的经济意义。然后，我把从这个例子中得到的启示运用到一个标准的贴现现金流模型中，以此来强调员工股票期权在股权估值中的作用。在最后的章节里，我运用来自期权例子和股权估值方程式中获得的洞见来强调研究中股权估值的重要性。

20.3.1 一个典型的员工股票期权

尽管期权期限长短随着公司的不同而不同，一个典型的期权有 10 年的期限。此外，这个典型的期权是在平值的时候给予的，也就是说期权行权时候的执行价格和在给予期权时候的股票价格是一样的。因此，如果股票价格在期权的整个生命周期内都低于授予期权时候的价格，这个期权期满后将没有价值而且这个雇员也不会获得任何收益。但是如果这个股票价值上升，雇员有权利执行这个期权并且在期权合约规定的执行价格获得这些股票。通常，期权包括一个行权等待期，比如在期权生命周期前四年的每年末行使 25%，直到行权等待期后行使权利。至于期权的寿命，股份行权计划（Vesting Schedule）随着不同的公司而不同。

当雇员行使他们的期权，他们支付执行价格来获得股票。维持了市场价格和执行价格的价差（通常被称作期权的“内在价值”）之后，他们可以保留股票或者以市场价格出售股票。因为雇员通常为了流动性执行期权或者为了减少风险，所以他们一般不会选择持有股票。雇员宁愿进行“无现金”的行权，这通常由雇主或者经纪人提供便利，雇员不会去买股票而是简单地获得期权的内在价值。

因此，如表20-1 所示，人们可以根据二叉树来概念化期权的支付。二叉树描绘了在最初授予日（第 0 年）之后期权的潜在价值，这些情形中期权或者处于平值或者处于实值。为了方便，我假设股票价格每年向上或者向下波动。在任何节点行权，雇员获得现在股票价格与执行价格的差价。为了进一步的方便，样本股票价格和期权的内在价值列在表的右侧。因此，设想股票价格在授予日是 10 美元，价格可以在每个时段上升 1 美元或者下降 1 美元。那么，在第 0 年（授予日），如果期权被执行，那么它将没有价值（市场价格和执行价格一样，因此内在价值为 0）。一年之后，股票价格可以上升到 11 美元（期权可以执行，内在价值为 1 美元）或者下降到 9 美元（内在价值为 0），等等。

表 20-1　一个典型员工股票期权的二叉树

												股票价格（$）	内在价值（$）
											X	20	10
										X		19	9
									X		X	18	8
								X		X		17	7
							X		X		X	16	6
						X		X		X		15	5
					V		X		X		X	14	4
				V		X		X		X		13	3
			V		V		X		X		X	12	2
		V		V		X		X		X		11	1
	V		V		V		X		X		X	10	0
年	0	1	2	3	4	5	6	7	8	9	10		

注：这个表格演示了一个股票期权可能的内在价值（也就是说，股票价格和执行价格的差异）。该期权授予时的执行价格是 10 美元，当时市场价格也是 10 美元。股票价格低于 10 美元的情况没有包括在内，因为此时内在价值为 0。

为了进一步简化，我假设期权可以在 4 年以后行使（尽管在实践中他们通常会每年行使 25%）。进一步假设执行过程没有交易费用。从这个角度看，期权提供了一种激励来让人们采取行动使得股价上升到执行价格以上，这样期权在执行就处于实值。在这个二叉树里，标有 V 的节点是没有达到行权要求的，所以行权不能发生。只有标有 X 的节点行权才能发生。

这个表中有几点值得注意。首先，尽管在平值时发行，期权也有价值，因为在未来它们有可能有正的支付并且出现负支付的概率为 0。尽管一些人认为财务会计标准委员会（financial accounting standard boards，FASB）的内在价值方法假设暗含平值期权在授予日没有价值，因为如果当时就执行它们就没有价值，但是它们确实有预期的价值，因为它们有上涨的可能却没有下跌的可能。

其次，也是更重要的一点，雇员持有期权带来的预期利益是以牺牲现有股东的利益为代价的。这个观点需要详尽阐述，因为一些人提出期权不是现金，所以在贴现现金流方法下不构成股东的真正成本。例如，当股票价格是 15 美元，如果雇员行使执行价格为 10 美元的期权，那么雇员就从股东那里获得了 5 美元的利益。这很清楚地是无现金的行权。假设雇员行使期权并且立刻卖掉股票，赚了 5 美元。因此，雇员获得了 5 美元的报酬，而公司获得了额外 10 美元的实收资本和多一股流通的股票。忽略税收和交易费用，要是公司在公开市场上以 15 美元出售股票并且支付给雇员 5 美元，那么所有的各方都在本应该处在的位置。

在那时，公司或者可以允许额外的发行在外的股票，或者在公开市场上回购。然而期权对于股票估值的作用是显而易见的，如果人们设想公司通过以 15 美元回购这些股票避免股权被稀释的话。要是支付给雇员 5 美元的薪酬（甚至税收的影响也考虑在内），那么基本的经济事实不会改变。那样，公司会支付净的 5 美元，雇员收到净的 5 美元，流通的股票数目也没有改变。

然而公司是否选择回购股票，期权的成本都会累加到股东身上。如果公司回购股票来满足期权行权，那么它避免了稀释股权但是减少了现金。如果公司选择不回购反而增发股票，它保留了现金但是稀释了股权。假设市场是有效的并且那些用于回购的现金本应当投资于零净现值的项目，那么现有的股东会对这两个选择表现出无差异。如果我假设当雇员行使期权的时候，公司支付给雇员市场价格和执行价格之间的差价，那么问题就简化了（不会改变结论）。

20.3.2 股权估值中的期权

这个例子提供了一个思考期权在股权估值中的结果的框架。首先，期权设立了一种对现有股东的要求权。此外，根据在执行时期权的内在价值，可以考虑贴现期望现金流的方法来考虑这个义务的重要性。

其次，期权给公司的股东创造了一个潜在的利益。更直接地，期权薪酬可能取代其他形式的雇员本来要求获得的薪酬制度。一般，期权薪酬改变了激励制度，这也会影响公司的预期现金流。

当对一个公司的股权估值时，一个可能很容易考虑的方法是采取一种现金流的观点并且假设公司回购股票来发给那些执行期权的雇员。于是，期权的现金流含义就清晰了，不会掺杂有股权稀释的作用。

同样的，构建这个问题最简单的方法是把公司分解为资产，负债和所有者权益：

$$\text{资产} = \text{负债} + \text{所有者权益} \tag{20-1}$$

跟随索弗（Soffer，2000），如果人们假设没有非营运资产，现存的股权价格可以解释为净营运资产（net operating assets）的价值（减去营运负债后）减去现存的计息（非营运）债务。

如果公司以工资和奖金的形式提供所有的薪酬，一个标准的折现现金流方法就可以运用了，公司现有股权的价值可以用下列公式表示：

$$\text{普通股价值} = \text{PV}(\text{期望营运自由现金流}) - \text{现存债务} \tag{20-2}$$

式中，PV(期望营运自由现金流）是期望营运自由现金流的现值，现存债务是现存的付息债务，包括优先股（preferred stock）。

下一个步骤是纳入期权。在考虑期权对股权估值的作用时候，一起考虑例如稀释股权这样的成本以及提高激励这样的利益是重要的。例如，如果在估计未来的营运现金流时候将现在和未来授予的期权的现金流的好处包括进来，那么这些期权相关的成本也要考虑进来。首先，我会假设期权授予占薪酬的一个固定比例；然后，再放松这个假设。[2]

粗略地讲，期权会影响式（20-3）至少三年。第一，直接来说，现存的期权代表了公司的一种义务。这种义务不会自然地反映在营运自由现金流里，而是隐含地包括在里面。例如，从现金流的观点来说，期权从融资看是一种现金流出（从为了满足期权授予而回购股票的程度上），也是一种现金流入（当期权执行时，收到执行价格）。但是从股权估值的角度看，流通期权的成本也应考虑在内。尽管这个义务并不满足负债的会计定义，但是它代表了对公司股权的一种潜在的重要要求权。这从概念上与负债非常相似。特别地，它至少部分代表了一种声明，表示利益至少部分已经收到了。此外，如果公司打算中止发行期权，流通的期权也代表了对公司的一种不可回避的要求权。它们是或有负债（contingent obligations），因为只有在股票价格满足一定条件下它们才会被执行。如同一个典型的负债，流通的期权能够以期望支出的现值来定价。

第二，可能的未来期权授予也要考虑。正如先前讨论过的，这是考虑问题一致性的一个方面。从预测现金流应当包括预期的期权收益来说，定价也应当考虑它们的成本。尽管从一开始把期权薪酬同其他薪酬分开看有些古怪，事实是期权同其他形式的薪酬不同，因为他们通常不会反映在利润表（income statement）里。因此，净收入被高估了，因为做生意的一个重要成本被忽略了，但是期权的确代表了一项花费并且应当被考虑在内，无论是以期望的营运自由现金流形式还是单独来看。我将会把期权单独来看，并假设股权估值的起点是以报告的净收入为基础的期望自由现金流，因此忽略了期权。

第三，考虑期权对预期的未来营运现金流的影响是重要的。这个调整会被自然地考虑在内，因为它会直接影响这个公司的营运自由现金流。例如，如果一个公司一致认为应该授予期权，那么在未来，过去的产生营运现金流的经验将会成为典型。同样的，期权的好处会反映在净收入中，所以收入的预测应当纳入期权的激励作用。另一方面，如果公司已经改变了薪酬政策，明确地将期权的激励效应考虑进去是十分重要的。潜在的调整体现在两个方面。首先，期权代替了其他薪酬，所以如果公司一直在提高期权薪酬，那么它的报告盈利的增长将会被人为夸大，因为其他形式薪酬的减少是作为利润表薪酬支出的一部分。其次，期权有激励效应，这会影响未来现金流的轨迹和风险。

总结一下，当一个公司授予期权，股权估值的公式应当补充一些项目来反映现存和未来期权的预期成本和预期收益：

$$
\begin{aligned}
\text{普通股价值} = & \ \mathrm{PV}(\text{没有期权时的预期营运自由现金流} \\
& - \text{现存债务} - \mathrm{PV}(\text{现存期权的预期成本}) \\
& - \mathrm{PV}(\text{未来期权的预期成本}) \\
& + \mathrm{PV}(\text{预期期权的现金流入增量}) \qquad (20\text{-}3)
\end{aligned}
$$

20.4 期权的预期成本

从概念上看，当给一个公司的股权估值时，纳入现存期权的一个方法是考虑它对预期的营运现金流的影响。例如，在未来的每一段时期，未包括期权的营运现金流可以估计并且期权执行的成本可以作为现金流的一部分纳入。

但是，在实践中，同其他营运现金流分开单独地考虑期权部分的估值可能更容易，因为期权的执行是很难预测的并且单独地考虑期权的价值允许人们使用现有的期权估值模型。特别是，一旦期权估值模型给出参数值的信息，人们就可以为流通的期权定价，以此来判断义务的大小。

但是在开始之前，我将回顾股票期权的会计和披露准则。这会巩固股权估值和文献回顾的讨论。

20.4.1 股票期权的会计准则

财务会计的首要目的是提供给投资者能被他们用来为公司股权估值的信息。股票期权会计准则的挑战是如何提供最好的信息。投资者能够利用这些信息把期权纳入到股权估值中去。

最初，美国财务会计准则委员会（FASB）和它的前身会计原则委员会（APB）发现期权对评估公司价值是重要的。随着期权作为薪酬工具运用的重要性的增强，寻找一种最佳的在财务报表中反映期权的需要也在增强。

通过对期权会计的深入讨论，有两个事实逐渐清晰。首先，尽管期权现在不是实值，这个期权仍然有预期价值（和对现有股东的预期成本）。如果股票价格上涨，期权就有利可图；如果股票价格没有上涨，雇员不会得到什么。但是雇员也不会损失什么，所以预期收益是正的。类似地，流通的期权代表了公司的一种义务。

其次，期权是作为一种薪酬授予的。雇员会发现劳动合同的期权非常有吸引力并且可能牺牲其他薪酬来换取期权。事实上，劳动合同常常详细说明期权的价值来作为总薪酬的一部分。很明显，期权的价值代表了做生意的一部分成本。

根据期权代表了一种给予雇员努力以回报的观点，美国财务会计准则委员会得出结论，期权应当代表一部分薪酬费用从而在财务报表中反映出来。然而更困难的问题是寻找一个最佳的方法来估计这种薪酬的价值。

1. 计量和记录期权费用

第一个强调的问题是时间：什么时候测量和记录这些费用？从概念上看，至少有两个存在的测量时间。一个可能是等待期权执行，通常在授予数年之后，然后测量在执行时候期权的价值作为一种费用。这个方法是应用于非激励型股票期权的税收方法。这留待以后讨论。不幸的是，当在财务报表中把这种方法作为基本的期权会计法则运用时，两个问题就显现出来。首先，就财务报表而言，它没有让期权的收益与支出匹配。期权激励效应的好处通常在执行之前的时段就获得了。其次，它没有准确反映交易的经济学。为了与对待其他薪酬一致，期权应看作为赚得的收入的一项费用，以便在不考虑合并时，能以相同的基础来看待两家拥有相同薪酬制度和相同价值的公司。

另一个方法是依据在授予日测量期权的价值（授予日会计）。会计原则委员会，最近的美国财务会计准则委员会和国际会计准则委员会（IASB）选择授予会计，认为期权的公允价值是在授予日确定的。然后期权价值在它的服务期间内费用化，这种观点认为期权应该看作是雇员获得的一种权利。

授予日会计最主要的缺点是期权的价值必须在授予日估计出来，这导致在期权会计中最困难的问题—如何为一个员工股票期权定价。面对众多费用化股票期权的建议者的首要考虑是选择适合的期权估值方法的问题，以及决定适当的方法的困难是过去什么导致期权不被看作一项费用。问题一直持续到现在，美国财务会计准则委员会表明支持费用化期权，但是仍然会讨论适当的期权估值方法。

在这方面，考虑会计原则委员会的第 25 号文件关于期权的传统会计方法是有启发的，它是在 1973 年完成的，这个时间也是布莱克和斯科尔斯（Black and Scholes，1973）和默顿（Merton，1973）的论文发表的时间。会计原则委员会面临的问题正如表 20-1 的二叉树一样。尽管考虑期权定价的一般方法看起来是清晰的（贴现未来期望的期权价值），但是实际运用确实困难的。比如，在表 20-1 中，只存在有限的几个可能的未来股票价格。但是在实际中，伴随的是股票价格一直在以很小的幅度在改变，一种几乎有无限种可能的未来股票价格结果必须考虑在内，因此这使得计算复杂化。同样的，一个正确的贴现利率问题也是复杂的。所有这些因素使得依从许多会计标准的基本观念变得十分困难—这些结果都必须合理且客观地计算出来并且包括在财务报表中。

在会计原则委员会的第 25 号文件发布时，会计原则委员会认为期权具有价值并且应当看成一种费用，但是得出结论认为期权估值方法没有足够地发展完善来使应用这些期权估值模型合理化。它选择了一种以内在价值为基础的方法。这个方法中，具有固定期限的期权在授权日就被估价，依据的是股票市场价格与执行价格的差异（内在价值），至少直到有一种更普遍接受的方法为止。因此，以平价发行的期权被认为没有费用，这主要是对没有一个接受的期权估值方法的回应。

2. 期权费用化的争论

随着布莱克－斯科尔斯模型以及其他为公开交易期权定价的模型的普遍接受和实践中期权运用的不断增长，期权估值的问题变得更紧迫。许多评论员注意到股票期权和其他形式的薪酬在会计方法上的不一致。事实上，即使有股票期权，依据期权定价模型，对非雇员的授予物（比如商品和服务）也应该看作一项费用，只有授予雇员的期权需要特别对待。发放大量非期权薪酬的公司认为它们因为期权的特殊对待而受到不公平的待遇。因此，美国财务会计准则委员会决定重新考虑期权问题。

尽管有许多关于期权费用化的争论，但是最激烈的是：①期权费用化后的经济后果，②期权价值不会被精确地估计。[3]

考虑到经济后果，一些批评者确信即使现在的会计方法是不正确的，但是改变它的成本（考虑到损害竞争以及高科技公司的资本筹集能力）会太高。但是美国财务会计准则委员会已经表明在众多问题中（比如研究和发展费用化以及退休后收益的会计），经济后果不是一个主要的考虑点而且会计应当是中立的（也就是说，会计应当报告经济后果而不影响它）。美国财务会计准则委员会认为现在的期权会计不是中立的，因为公司似乎改变了期权合同的结构（比如在平值发行期权）来避免费用的确认。

3. 期权定价的担忧

期权定价的担忧是很多的。正如许多评论员注意到的，现有的期权定价模型一般是建立在非员工股票期权的假设上的。此外，尽管期权定价模型对于公开交易期权很管用，但是它们不一定对员工股票期权也有效。

在来自各方面的压力下，美国财务会计准则委员会发布了股票薪酬会计方法（SFAS No. 123, Accounting for Stock-Based Compensation）来鼓励公司用公允价值费用化期权，但是披露其他方法。[4]更重要的是，从股权估值的角度看，美国财务会计准则委员会建立了一系列披露措施告知价值，以便即使公司选择不费用化期权，足够的细节也能提供给投资者来估算现有期权和未来期权的价值。由此产生的披露包括这段时期内有雇员获得的期权的公允价值和已发行的期权特征的信息。

为了理解这些披露，明确地考虑在模型（比如布莱克－斯科尔斯期权定价模型）中输入的数据是有益的，因为设计这些披露是为了帮助投资者利用这些模型来自己估算价值。

如下是基本的不支付股息的股票的布莱克－斯科尔斯模型：

$$C = SN(D_1) - Ke^{-rt}N(D_2) \tag{20-4}$$

式中 C——期权价值

S——股票现在市场价格

K——执行价格

t——期权到期前剩余时间

$N(\bullet)$——累积标准正态密度函数

r——无风险利率

σ——股票收益率标准差

$$D_1 \equiv \frac{\log(S/K) + (r + \sigma^2/2)t}{\sigma\sqrt{t}} \tag{20-5}$$

$$D_2 \equiv \frac{\log(S/K) + (r + \sigma^2/2)t}{\sigma\sqrt{t}} \tag{20-6}$$

公式的第一项可以认为是以期权实值时为条件下在执行时候股票价格的现值，第二项是以期权实值时为条件下支付的执行价格的现值。它们的差异就是期权的价格。

如果公司打算支付股息，布莱克－斯科尔斯模型可以经过调整以适用于支付股息的情况。特别地，因为通常期权并不受股息保护的以及因为股息代替了资本利得，所以期权的价值在股票发放股息后会相比于不发放股息的股票下降。这种调整基本代表了持有期权而不是标的股票会损失的股息的现值。如果人们假设股票以一个固定的股息率连续发放并且期权一直持有到期满，那么期权定价公式可以调整，在布莱克－斯科尔斯模型中用$S_{Dividend}$代替S，其中

$$S_{Dividend} = Se^{-\delta t}$$

δ表示每年的股息率，是以现在的股票价格百分比衡量的。[5]

布莱克－斯科尔斯模型非常适合估计期权的价格，因为它提供了一种估计期权未来回报的现值的方法。因此，它不要求预测期权的潜在价值并且贴现，而是允许价值从输入的数据中推测——比如现在市场价格，期权执行价格，无风险利率，预期股票波动率，股息支付和预期的执行日——来计算期权的价值。

20.4.2 戴尔案例

为了理解在实践中这个方法如何使用，我将把它运用到戴尔公司。附录提供了戴尔2002年年度财务报告的财务报表和披露，包括期权附注。

1. 附注披露

注意到期权附注代表了5个基本信息。第一，它提供了关于这个期权的条款。比如，它提示有两个期权计划——一个针对管理层，一个针对非管理层员工（广泛的期权计划）。根据期权的税收处理，广泛的期权计划受限于非激励型期权。管理层计划包括非激励型期权和激励型股票期权。戴尔的期权通常有10年的期限和5年的行权等待期。这些信息有助于估计期权的价值。

第二，它提供了过去年份里关于期权授予，执行和取消的信息。例如，在2002年起始，已发行的期权就有344 000 000，授予的有126 000 000，执行的有63 000 000，取消的有57 000 000，这样在年末已发行的期权就只有350 000 000。[6]假定有2 602 000 000份股票发行在外，具有期权的标的股票占发行在外股票的13.5%。另外，辅助披露还显示了各组期权的平均执行价格。例如，在2002年授予的期权的平均执行价格是23.24美元，而那些执行了的期权的平均执行价格是3.11美元，这表明股票价格在这些期权授予以后上涨了大约647%。此外，取消的期权的执行价格是32.86美元，表明当雇员离职时，期权大部分是虚值的（out of the money）。这些信息对于预测期权未来的活动十分有用。

第三，披露提供了在财务报表日发行在外期权的情况的总结。特别是，已发行的期权以执行价格范围分类，戴尔也披露了加权平均执行价格和剩余的合同期限。期权被分成可以执行和不可以执行的（通常是没有经过执行等待期）。这些信息提供了期权定价模型中的参数数据。

第四，附注提供了关于公允价值估计和这些估计的假设的信息。特别地，附注表明戴尔估算出在2002年财政年度已授予的期权的平均公允价值是13.04美元，分别相比于2000的22.64美元和2001年的20.98美元下降了，主要是因为较低的股票价格。此外，附注提供了如果期权费用化后，分别以税前，税后和每股为基础收入减少量的估计。在2002年，费用化期权会减少税前收入946 000 000美元，税后收入减少694 000 000美元。

假设报告的税前利润是1 731 000 000美元，费用化期权会使收入减少56%。根据股权估值框架，这个信息对于考虑现有期权的密集度[㊀]（和盈利性）十分有用，并可以作为估计未来期权费用的方法。在这个意义上，期权在利润表上就像其他形式的薪酬了，并且作为估计未来盈利性的手段，附注提供了将期权纳入考虑后的现有盈利性的信息。

㊀ 期权密集度（option density）是指一家公司使用期权数量的多少。——译者注

最后，关于公允价值估计的假设，附注表明新授予的期权的预期寿命是5年（相比于10年的合同寿命），无风险利率是4.63%，股票价格波动率是61.18%，并且没有股息发放。

2. 已发行期权的价值

根据戴尔提供的信息，参数的估计列于下面，利用式（20-4）可以估计发行在外期权的价值：

S——现有股票价格

K——期权执行时支付的执行价格

t——期权期满前的时间

r——无风险利率

σ——股票收益率的标准差

δ——年股息率

正如前面提到的，附注给出了在2002年年末下面期权的假设信息：

（1）无风险利率（布莱克－斯科尔斯模型中的r）是4.63%。

（2）股票收益率的标准差（模型中的σ）是61.18%。

（3）预期股息率（模型中的δ）是0。

附注也披露了各种不同期权条款的信息。例如，有30 000 000份流通中的期权的平均合同期限是3.49年，执行价格（布莱克－斯科尔斯模型中的K）是0.96美元。这个执行价格可以同戴尔2002年财政年度26.80美元的股票价格（模型中的S）相比较。

计算2002年末期权价格的唯一缺失的数据是预期的剩余寿命；然而对于剩余寿命，一些信息仍然是可以获得的。首先，戴尔的披露表明通常期权授权时，预期的时段是5年。其次，这组里面的期权通常距离授权已经超过5年了并且有3.49年的合同寿命。因此，对于这个特殊组里面期权的剩余寿命不可能超过3.49年。尽管我会在后面章节讨论更复杂的期权执行时间的期权估计方法，这里我假设期权在剩余寿命的一半时执行（对于这组期权是1.745年）。

利用可以得到信息和布莱克－斯科尔斯定价模型，每份期权的价格是25.91美元。期权的价值非常接近内在价值（市场价26.80美元－执行价0.96美元＝25.84美元），因为期权处于深度实值并且接近它的期末，因此它非常可能被执行。乘以30 000 000，这组期权价值大约777 000 000美元。

相似的计算可以用于其他组的期权，并且为了继续进行的方便，假设期权在它们剩余寿命的一半时间点上执行，流通中期权的总价值是5 257 000 000美元。正如后面会详细讨论到的，因为执行通常会导致税收减少，对现金流的影响没有负债的那么大。但是假设一个28%的税率，税后负债大约为3 785 000 000美元。

在2002年末，戴尔有8 841 000 000美元的负债；因此，期权会使得负债上升43%。假定2002年市场化的价值是69 734 000 000美元，那么流通中期权的税后价值是戴尔流通股权市场价值的5.4%。如果期权被当作负债，那么期权将会是公司最大的一个义务之一。

3. 未来期权授予

如果人们认为营运现金流估计没有明确纳入期权的影响，那么应当考虑未来期权授予。根据附注披露，股票期权应该对戴尔的报告利润有重大影响。特别的，披露预测表明2002年稀释后的每股收益减少了0.27美元——从0.46美元下降到0.19美元。换句话说，根据戴尔使用的估值方法，期权构成了做生意的一项重大费用。加上刚演示的估值方法，人们可以利用信息（和以前年份期权的信息）来估计支持过去会计利润需要的期权数量和获得关于未来期权使用密集度的认识。

戴尔的报表显示，2002 年的预估期权费用是 964 000 000 美元，但是这个数字包含了一种混合效应。首先，它包括了在过去五年中每年授予的一部分期权（因为戴尔有一个 5 年的等待期并且期权费用在等待时间内分摊）。因此，964 000 000 美元反映了 1997 年以来授予的期权，这也部分解释了最近几年内预估期权费用急剧上涨。在 SFAS No. 123 中，美国财务会计准则委员会建立了一个过渡准则，附注的费用是依据即将授予的期权，所以第一年只包括那一年的期权授予。随着时间流逝，额外授予的期权加入直到计算结果在等待时间的末尾达到稳定状态（在戴尔的例子中是 5 年）。因此，历史数据中的预估期权费用趋势并不必然具有代表性。其次，在 SFAS No. 123 下，期权的价值要根据作废的期权调整。公司估算在等待时间内每份期权的价值和可能作废的期权。剩余的数量就在等待时间内分期摊销。因此，964 000 000 美元会受到过去 5 年内授予的期权和作废期权的影响。

在 2002 年，戴尔公司期权的总价值是 1 643 000 000 美元(126 000 000 份授予的期权 × 每份期权价值 13. 04 美元)，在 2001 年，期权价值是 1 132 000 000 美元(22. 64 美元 ×50 000 000)。授予期权的波动性使得在这种情况下预测非常困难，公司有关期权计划的信息对于预测是重要的。但是起初，2000 年到 2002 年授予的期权的平均价值是 2 002 000 000 美元。在这相同的三年中，戴尔期权的平均作废率是 33%。尽管平均数可能高估了作废的作用，因为它包括了虚值期权，这些期权被作废但本会在期满时处于虚值状态，但是它至少提供了一个考虑期权的标准。假设 33% 的期权最终作废并且戴尔的规定有效税率是 28%，人们可以发现税前期权价值是 1 341 000 000 美元，税后是 966 000 000 美元。

在 2002 年戴尔发生的期权费用大约是 966 000 000 美元这个事件至少表明该是时候考虑未来的期权费用的问题了。如果期权密集度保持相对稳定，那么以期权为基础的薪酬费用可能会预期以销售增长率的水平增长。以 966 000 000 美元作为基准开始，假设 3% 的永续增长率和 8% 的折现率，经计算未来授予的期权将大约为 19 315 000 000 美元。加上先前讨论的现有期权的义务，现在和未来期权的总义务将会是 23 100 000 000 美元。同戴尔年终市场价值 69 734 000 000 美元比较，期权费用明显是巨大的。

当然，前面是基于相当特殊的假设，在实践中需要针对未来事件的预期进行调整，特别要针对未来期权的授予。例如，包括戴尔在内的许多公司已经宣布要在以后减少期权使用密集度。但是即使这样，像戴尔这样的公司可能不得不用其他形式的薪酬来代替这部分期权薪酬。因此，高估期权薪酬的作用会潜在地因低估其他薪酬而减轻。极端的情况是，如果其他薪酬以一对一方式代替期权薪酬，那么期权不精确的估计并不会必然造成价值的不精确估计。但是正如早些讨论的，这项交易不一定是一对一的，因为要考虑到像风险厌恶这些因素。

20. 4. 3 税收问题

从股权估值的观点来看，引入员工期权的税收作用十分重要，因为减税会极大地减少期权的成本。当分析税收问题时，人们必须考虑两类主要的股票期权—激励型股票期权（incentive stock options，ISOs）和非激励型股票期权（nonqualified stock options，NQOs），尽管 ISOs 的重要性下降了。

激励型股票期权受到限制，因为它们必须满足某种美国国税局（IRS）标准，包括在期权授予后两年内，标的股票不能出售和期权执行后一年内不能出售这些要求。ISOs 对发行公司不提供减税并且在执行时对雇员不提供应税收入。但是，当标的股票出售时，雇员必须为出售价格和购买价格（期权执行价格）的差价纳税，税率通常是资本利得税率。

非激励型股票期权没有这些限制，并且当期权执行时，雇员只需要为市场价格和执行价格的差价纳普通的收入税。此外，公司同时也得到相同数额的减税。在1996年租税改革法案之前，许多期权是ISOs，因为个人普通收入税比资本利得税和公司所得税高很多。但是1996年的租税改革法案使得ISOs的吸引力下降了。

尽管一些公司仍然有ISOs，大部分流通的期权是NQOs。而且那些继续持有ISOs的公司通常不把它们同NQOs分开。例如，戴尔注意到它的广泛股票期权计划只包括NQOs。比较之下，高管计划是ISOs和NQOs的结合，但是拆分没有规定。此外，戴尔的股东委托书表明，授予高管的期权只占授予所有雇员期权的10%，所以我假设所有的期权是NQOs。

股票期权的税收从概念上与其他形式薪酬的税收没有不同，因为其他形式薪酬在雇员获得以后也通常提供了减税。但是两个重要因素使得NQOs分开。首先，NQOs的税务处理是根据执行日法则，然而财务会计处理是根据授予日法则。因此，在期权授予雇员的时候，它们的价值就代表了一项费用或者（更一般地）在附注中注明依据预期回报和修正的布莱克－斯科尔斯模型得出的价值。但是，从税收看减税是依据执行时的内在价值。因此，即使以财务会计费用化期权，税收的会计处理从时间和数量上也会大大不同。其次，如果经历了一次巨大的股票价格上涨，期权减税的数量对一家公司来说也会是巨大的。不仅执行的每股的减税很多，而且执行期权也会更频繁。

对于一家有相对适度的股票期权计划并且轻松赚钱的公司，处理股票期权的税收影响非常简单。因为期权的价值是在执行时的预期内在价值确定的，这也代表了预期减税额，所以税后期权的价值可以通过用税前价值减去在期权执行时可能的税收收益（预期公司税率乘以预期内在价值）来估计。这正是早期用于估计戴尔股权价值的方法。

如果公司在期权执行期间可能会遭遇税收损失，那么情况就变得更加复杂了。尽管这个税收损失对任何的减税都是一个问题，这对股票期权特别明显，因为有这种可能，一个盈利的公司在股票期权减税太多以至于公司报告了税收损失。

甚至对于大公司期权的税收效应也会是巨大的。例如，沙利文（Sullivan，2002）计算出2000年美国最大的40家公司有8家的期权减税额超过了净收入：微软，美国在线服务公司，思科，安进，戴尔，升阳，高通，朗讯科技公司。格雷厄姆（Graham），兰格（Lang），沙克尔福德（Shackelford）(2004）估计出在2000年期权减税额占到了标普100指数公司税前收入的10%。更引人注目的是，2000年纳斯达克100指数公司总的期权减税额超过了总的税前收入（尽管有些的确纳税了，因为对一些公司来说，减税额并没有超过税前收入）。因此，人们不能假设使用期权密集的公司有正的应税收入，即使它们在会计上是盈利的。

1. 期权的税收效应对现金流的影响

现有的会计和披露制度为理解过去期权的税收效应造成了挑战，因为如果期权不被看作财务会计中的一项费用，那么它们也不会减少收入税。这种平行处理的目的十分明确。如果期权减少了收入税费用但是不减少税前收入，那么发行期权的净效应将会是提高收入（减少税收费用但不减少税前收入）。此外，有效税率会显得不合理地低，因为税收费用会由于期权的效应而减少，但是税前收入不会减少。

相反，股票期权的税收收益不会直接影响利润表上的税收费用，只有授予期权或者期权被执行的情况下才会发生。此外，因为它们不会影响税收费用，通常递延税款不会发生。因此，期权的税收差异不会相反，所以一个公司可能在利润表有巨大的税收费用却从不交税。进一步，递延税款账户的改变不会说明期权的税收作用，因为通常没有要求开设递延税款账户。

税前收入存在相同的问题。因为发行时期权不会作为费用扣除，它们也不会直接影响税前收入。最后，因为期权的税收收益会影响现金流量表的经营活动部分，公司可能会报告高额利润甚至更高的营运现金流。

在一些情况下，从现金流报表或者股权报表中能够得到期权税收效应的大小。特别地，当行使期权时，一个典型的对税收效应的会计处理如下：

借：应付税款

贷：实收资本增加

理论上，人们应该可以从股东权益报表中推测出税收收益额。但是许多公司在同一行结合了不同效果的期权。比如，通过阅读戴尔的财务报表，投资者会知道 2002 年戴尔拥有 853 000 000 美元在员工计划下发行的股票，包括税收收益。，但是投资者不会知道期权行使本身带来了多少（这也会影响实收资本增加）或者税收收益是多少。

同样的，现金流量表的披露也是不一致的，并且期权的影响不会分开，特别是对于小额的数额。例如，汉隆（Hanlon）和谢夫林（Shevlin）(2002) 发现纳斯达克 100 指数公司中只有 63 家分离了股票期权的税收收益，尽管它们也可能是期权使用密集的。此外，解释有关期权的税收收益的信息是复杂的特别是营业亏损抵后（operating loss carryforwards）和纳税评估津贴（tax valuation allowances)。因此，汉隆和谢夫林提倡使用税收附注信息来估计期权的税收效应。

从戴尔的股票期权附注中可以清楚地看到期权的税收效应是很大的。例如，人们可以通过每年执行的股票数量来估算期权减税的规模，然后可以估算期权处于实值的程度。附注提供了加权平均执行价格的信息而不是市场价格。然而，如果公司通常以平值发行，或者它能依据这年内的实际股票价格走势，在执行时对市场价格的估算可以根据当年授予的期权的加权平均执行价格。

利用附注的信息，戴尔 2002 年的期权减税额是 1 268 000 000 美元[63 000 000 ×（$23. 24 - $3. 11)]，这可以同利润表上 1 731 000 000 美元的税前收入比较。因此，戴尔似乎在会计报表上看起来比报税表上更盈利。同样的计算显示 2001 年戴尔有 3 297 000 000 美元减税，3 194 000 000 美元的税前收入，2000 年是 3 109 000 000 美元减税，2 451 000 000 的税前收入。因此，尽管在 2000 年和 2001 年有巨大的税前会计收入，戴尔收到了税收基金。

同上述结果一致，戴尔现金流量表的补充披露表明戴尔不仅在 2000 年和 2001 年没有支付收入税，而且在 2000 年收到了 363 000 000 美元，2001 年 32 000 000 美元的现金退还（先前付的税款的退还)。假设 28% 的税率，戴尔利用期权分别在 2000，2001 和 2002 年获得了 871 000 000，918 000 000 和 355 000 000 美元的税收收益。这些数据可以同现金流量表上报告的期权执行的税收收益，分别是 1 040 000 000 美元，929 000 000 美元和 487 000 000 美元。这些差别至少部分反映了期权执行的月份和付税月份之间的时滞以及对税率和股票价格的假设。

也应当注意到附注中预计的减税也大大不同。例如，即使在 2001 年利润表中已经把期权费用化了，早先估算的 3 279 000 000 美元的减税额也会比附注中标注的 620 000 000 美元的财务费用大很多。原因当然是财务费用代表了当年雇员持有期权的事前（ex ante）价值而报税表代表了当年执行的期权的事后（ex post）价值。620 000 000 美元代表了一年中授予的期权的最终价值（贴现到现在)。3 279 000 000 美元代表了过去授予的期权最后执行时的价值。尽管相比于 2001 年授予期权（154 000 000)，很少的期权在 2001 年执行了（95 000 000)，事实是 2001 年执行的期权价值大大超过了 2001 年那些费用化的期权，这反映了从期权授予到执行期间的每股溢价（从 3. 26 美元到 37. 78 美元)。

为了获得一个事前和事后价值的理解，人们可以利用戴尔有关 2001 年期权授予的信息，这些期权平均执行价格37.78美元，平均公允价值20.98美元或者说执行价格的56%。运用2001年执行期权的相同比例（并且假设其他用于期权定价公式的数据大概一致），2001年执行的期权的每份公允价值是每份期权1.81美元（$3.26×0.56）或者当它们授予是价值172 000 000美元（$1.81×95 000 000）。换句话说，当授予期权时的事前费用是大约172 000 000美元，这些期权最终会提供3 279 000 000美元的减税。同样，如果股票价格不上涨，那么价值172 000 000美元的期权期满后将一文不值。

这个阐释也澄清了把期权的财务会计和期权的税收会计相匹配的困难。172 000 000美元代表了期权授予时的现值，3 279 000 000美元代表了实现的价值。如果戴尔允许从财务报表的角度费用化期权，那么戴尔会显得非常有盈利性，但是从税收的角度，它的盈利性是非常低的。这个税收差异不会反转，因为财务会计记录的是期权在授予时的价值（授予日会计），并且不会在执行日调整它的最终价值，而这正是期权减税依据的准则（执行日会计）。因此，一个公司可以从财务会计角度看是盈利的却很少或者不纳税。

也应当注意到不同时期的减税额也会相差非常大。例如，估计的期权减税额从2000年的3 109 000 000美元上升到2001年的3 279 000 000美元，然后下跌到2002年的1 268 000 000美元。同样，现金流量也是易变的，根据我的估计，从2000年的871 000 000美元，到2001年的918 000 000美元，再到2002年的355 000 000美元。

此外，尽管戴尔在2000年面临大量的实值期权（在今年年初363 000 000份期权，执行价格5.40美元，这年的平均股价是42.86美元），在2002年年末，流通的期权通常已经接近平价了（350 000 000份期权，执行价格26.36美元，平均股价23.24美元）。因此，来自期权的巨大现金收益不太可能重新发生，除非戴尔的股价迅猛上涨。

从股权估值的角度，重要的问题是预测期权的税收对未来现金流的影响。正如从戴尔的例子中可以清楚看到，期权减税现金流不可能保持稳定，因为它们对股票价格变动非常敏感。但是期权定价模型提供了一个计算期权减税现值的有效方法。假设一个稳定的税率（在戴尔的例子中是28%），人们可以把税率运用到期权的公允价值中来计算预期税收优惠（tax shield）的现值。当我假设税后期权的义务是总的72%时，那个因素是隐含的。

不幸的是，假设期权减税可以被完全利用对许多公司可能是不实际的。正如先前的例子阐明的，甚至像戴尔这样盈利的公司也会面临期权减税会超过税前收入的情况。在某些情况下，许多公司因为税收损失的原因不会面临巨大的税收负担。事实上，巨大的期权减税的出现造成了一种可能性，那就是从会计上盈利的公司一旦把减税纳入进来可能会报告税收损失。

因为免税代码的移前扣减（carryforward）和移后扣减（carryback）特征，4个潜在的情景会显现，情景1和2代表了少数公司可能会面对的特殊情况。情景3和4是更可能的。

（1）从税收角度看一个公司总是盈利的（在世界上所有国家以及从现在起之前3年到之后20年的这段时间）并且能够在执行日利用减税。这种情况下（假设固定的税率），减税额可以用税率乘以期权的价值，税后期权义务可以用1减去税率再乘以税前期权义务来计算。然而这种情形描绘了那种最稳定最盈利的公司。

（2）从税收角度看一个公司总是不盈利的，所以期满时减税没法利用。在这种情形下，减税没有价值而且税后期权价值和税前一样。这种情形不太可能描绘大多数公司，因为所考虑的公司应该有很大概率是盈利的。

（3）公司在期权行使的年份里有税后利润（至少在某些情况下），但是在其他年份没有盈利。

(4) 公司在期权行使的年份里有税收损失（至少在某些情况下），但是在其他年份有盈利。

在最后的两种情形下，税收收益的现值将决定于期权行权年份里公司是税后盈利的并且最近前后几年也是盈利的。甚至像戴尔这样不寻常的盈利性公司都存在期权减税超过应税收入这样的年份，以至于一些减税额不能用于当年。但是如果公司过去几年是盈利的，那么公司就能把超出期权减税额的损失移前来得到以前税收的退还。因此，公司仍然得到了全部的税收收益。

同样，如果公司在执行年份里是盈利的，但是未来可能没有盈利，减税最初会产生税收收益。但是当公司变得不盈利时，这些税收收益将消失，因为节省的税收会返还。

2. 格雷厄姆、兰格和沙克尔福德的发现

格雷厄姆、兰格和沙克尔福德发展了一种在股票期权下预测相对边际税率的方法。他们的问题同我的有些不同，因为他们试图估计期权的有关负债的税收收益的作用。他们考察了 2000 年实现的期权减税并且试图估计一家公司面临的边际税率，这些估计是在未来税前收入和依据过去经验的期权执行情况的模拟。他们关注标普 100 和纳斯达克 100 公司，运用期权附注的信息来预测期权的移前和移后扣减额。他们使用了一个模拟，利用过去股票价格，税前且不考虑期权的收入分布来预测以后可能的税收状况。给定那些信息，可以形成一个概率加权期望，需要考虑①期权减税发生的概率；②可能减税额的大小。

他们做了几项重要的观测。首先，即使是标普 100 的样本，期权减税总共是 63 000 000 美元，而税前不含期权的收入是 349 000 000 美元。因此，公司面临一个比利润表上显示的收入税费用更少的税收负担。但是考虑到期权减税，标普 100 的公司平均来说仍然面临 35% 的边际税率，这表明尽管减税额很大，标普 100 的公司仍然能够充分利用期权减税。即使在某些情况下（如戴尔）减税会超过税前收入，标普 100 的公司可以通过税损移前扣减（tax loss carrybacks）来获得以前所缴税的退税或者税损移后扣减来抵消未来的税收。

相比之下，纳斯达克 100 的公司拥有 35 000 000 美元的期权减税，而税前不含期权的收入是 13 000 000 美元。换句话说，尽管忽略期权后纳斯达克 100 的公司总体上看是盈利的，但是当考虑期权后，那种看法将会改变。但是因为一些公司在把期权考虑进来后仍然是盈利的，而其他公司却有大的亏损，所以一些纳斯达克公司仍然会纳税。

更重要的一点，当忽略期权时，纳斯达克 100 的公司平均有 31% 的边际税率，表明大部分公司面临相对较高的税率。但是纳入期权以后，边际税率降到 5%，其中几乎 60% 的纳斯达克 100 的公司面临小于 10% 的边际税率。

一种解释这个结果的方法是大部分公司至少能够利用部分 2000 份的期权减税（因为在将期权减税考虑进来之前它们是盈利的），但是许多公司不能使用它们所有的期权减税额（因为把期权减税考虑进来以后它们会预计到将来一些时候会不盈利）。在某些情形下，边际税率的减少反映了一个事实：公司在未来许多时间里将不会利用减税的好处（因为未来一段时间可能没有盈利），因此会牺牲货币的时间价值。但是在极端情形下，公司在过去没有盈利并且在可预见的未来也不会盈利；因此尽管期权产生了巨大的税收减免，但是这些减税将没有任何作用。

这个结果的含义是尽管期权会提供巨大的减税来抵消它的部分成本，但是人们不应该假设所有的减税都可以被利用。在稳定盈利的公司中，期权的税后成本可以用税前成本乘以 1 减去公司税率得到。但是在不太稳定不太盈利的公司中，期权减税可能会没有用或者在未来许多时段内也没有用，从而损失了货币的时间价值。

格雷厄姆、兰格和沙克尔福德也考察了公司在进行金融决策时是否会像它们了解期权减税作用那样行事。特别地，他们考察了为什么一些公司发行很少的债务，尽管它们有很高的会计利润

（假设债务会减少税收负担），并且假设许多这样的公司不会缴纳太多的税。因此，如果在所以其他公司的决策完成后观察债务政策，从会计角度看一个盈利的公司实际上认为自己不太可能纳税，因此会认为债务没有吸引力。和上述结果一致，格雷厄姆，兰格和沙克尔福德证明了当忽略期权的作用时，负债水平和边际税率没有关系。但是纳入期权以后，债务和税率存在很大的关系，因此这强化了当考察公司的金融决策时考虑期权的重要性。

尽管期权代表了做生意的一项重要费用，但是这项成本被期权提供的税收收益减轻了。此外，当理解现在的现金流和预测未来现金流时，对期权税法的全面理解是重要的。

20.5　期权行使的模式

每一个期权定价方法都假设了雇员执行期权时遵循的形式。考虑图 20-1 中的二叉树。在大部分情况下，期权是实值的、可执行的，只是由雇员决定何时执行。但是为了使期权定价具有可操作性，需要一些如何执行的假设。

20.5.1　执行的假设

一个巩固针对交易期权的传统布莱克－斯科尔斯模型的主要见解是可以推测期权执行。特别地，对于以不支付股息的股票为标的的交易期权，提前执行通常不是最优的。[7]因此，对于大部分交易期权，执行可以假设发生在期满期权处于实值时，没有提起执行。所以期权定价可以基于预测股票到期权期满期间的走势，附加概率以及贴现到现在来发展。就图 20-1 而言，这些假设暗含执行发生在第 10 年（条件是期权处于实值）。

某种程度上，最优执行发生在期满反映了这样一个事实：除了被执行，公共交易期权可以出售或者对冲，所以个人的风险预测和流动性需求不必进入计算。相反，员工股票期权通常不能出售，雇员因而不能通过持有短头寸来抵消长头村规避风险。尽管雇员可能愿意出售期权，但是出售期权会损害授予期权的激励作用，因为新买家通常不会有同样的能力去影响公司价值。

因此，像雇员的风险容忍度和流动性需求这些因素会影响期权执行，因而提高了预测期权执行的复杂性。例如，雇员需要现金进行大购买或者减少对公司股票的风险暴露，他们没有选择只能执行期权，即使这时候的合同期限还很长。为了准确计算期权价值，预测可能的员工股票期权的执行行为是必要的。

20.5.2　执行时间

不幸的是，雇员不太可能同时或者基于同样的原因执行期权。执行可能由雇员个体事件触发。例如，因为风险规避或者流动性需求，雇员可能提前执行，并且风险规避和流动性需求因人而异。此外，员工股票期权的执行可能是非自愿的（或者部分非自愿），比如当雇员离开公司，因为在离开公司一段特定时间后没有执行的期权会被取消。

因此，通过设想每个节点执行的概率会更准确，而不是确定这些节点中哪个点执行是绝对最优的。例如，可以设想执行概率会随着期权的剩余寿命，市场价/执行价比，或者最近的股价波动率这些因素改变。

执行模式不仅会影响期权定价，也会对公司的现金流需求有影响。例如，公司选择回购股票来满足期权执行的需求（因而避免稀释股权），这时如果许多深度实值的期权被执行，那么公司会有巨大的现金流需求。同样，通过发行新股来满足期权执行的公司会有巨大的现金流入，因为执行价格是从雇员那里获得的。在戴尔的例子中，2002 年执行的 63 000 000 份期权以执行价产生了大约 196 000 000 美元的现金（$3.11×63 000 000）。正如先前讨论的，2002 年期权执行也会产生大约 355 000 000 美元的税收节减。但是如果戴尔选择回购股票来避免股权稀释，假设期权以当年新授予的期权的价格购买，它将支付大约 1 464 000 000 美元（$23.24×63 000 000）。因此，回购股票来满足期权执行将会花费戴尔 913 000 000 美元，这是减去执行价格和期权税收收益之后。2001 年相似的计算表明，减去执行价格和期权税收收益之后，需要花费 2 361 000 000 美元来回购股票满足期权执行。即使像戴尔这样的盈利性公司，回购股票产生了巨大的现金流出。

一个清楚的事实是提前执行是一个重要的情形且必须要考虑。偶然的观察和学术研究表明提前执行的普遍性。执行通常发生在期权寿命的一半时间，正如戴尔的例子中，执行假设平均发生在期权 10 年寿命的第 5 年。此外，10 年期的期权对公司的成本大大高于 5 年期的期权。在戴尔的例子中，假设期权持有至到期，此时期权的价格是 17.15 美元，相比较而言，假设的 5 年期期权的价格是 13.04 美元。

因此，美国财务会计准则委员会意识到任何期权定价方法应当允许使用比合同寿命更短的假设寿命。最近 SFAS No. 123 的指导意见要求期权定价依据预期寿命而不是合同寿命（修正的布莱克－斯科尔斯模型）——在戴尔的例子中是 5 年。根据二叉树模型，戴尔的期权寿命假设表明如果期权处于实值，所有的执行发生在期权寿命的第 5 年，不会是其他时间。

不幸地，这种描述可能会因至少三个理由而发生错误。第一，即使平均来看期权执行发生在第 5 年，它也很可能是逐渐随时间发生而不是同时发生。第二，当期权执行时，它也很可能集中在二叉树的某个区域。比如，深度实值的期权更可能比那些接近平值的期权提前执行。第三，假设期权的寿命是 5 年忽略了这样一个事实：处于虚值的 10 年期期权在第 5 年仍然有价值，因为它们在未来 5 年可能进入实值。但是多说一点，实践中描述雇员的执行行为是重要的。

20.5.3 实证检验

识别雇员执行期权的行为模式是困难的，因为在年度报告中能获得公共期权执行数据只是总体水平上的。赫达特和兰格（Huddart and Lang，1996）获得了 7 个公司的超过 50 000 名雇员期权执行行为的专有数据集，这为理解雇员执行行为打开了窗户。他们关注了四个问题：

（1）提前执行有多普遍？

（2）提前执行如何预见？

（3）什么因素能解释提前执行？

（4）提前执行在组织中不同层次中会不同吗？

赫达特和兰格把风险厌恶作为提前执行的预言器，这与赫达特（1994）发展了一个分析模型预测在风险厌恶下执行何时会发生一样。赫达特表示当提前执行的价值损失相对较小并且他们的风险厌恶程度相对较高时，风险厌恶的雇员往往会提前执行分散风险。

赫达特和兰格（1996）的结果表明提前执行是普遍的。在他们的样本公司中，执行通常发生在期权寿命的中间，与戴尔的例子一致。为了评估这个结果的经济意义，依据布莱克－斯科尔斯期权定价公式，假设到期执行相对于内在价值通过提前执行获得，作者估算了提前执行的损失。

雇员提前执行通常损失了理论上布莱克－斯科尔斯期权价值的一半，这表明了极大的风险厌恶。此外，雇员提前执行损失了巨大的价值这个观点也和戴尔的例子一致，这里期权持有到10 年的合同寿命（17.15 美元）比期权在 5 年后执行（13.04 美元）的价值高 31%。在某些方面，假定一个典型的雇员缺乏多样性，依据公司特有的人力资本以及通过养老金和员工股票持有计划投资公司股票，他们的命运与雇主仅仅联系在一起，这个发现也许不是特别令人吃惊。因此当面临选择时，雇员选择通过执行期权和多样化来分散部分风险。

就执行模式而言，赫达特和兰格观察到当一个给定的雇员执行时，他或她通常立刻执行所有可获得期权（与逐渐执行相反），这表明雇员可能意识到执行的一些固定费用，从而促使他们等到准备好时一起执行所有期权。然而就授予多个雇员的期权来看，执行往往遍布各个时间，因为个人在不同的时间执行，这与每个人的风险厌恶水平和流动性需求不同一致。因此，一个绝对的假设（如戴尔假设所有执行发生在第 5 年）不可能反映实际的执行模式。

就可预测性来看，期权执行时间在授予后也是变化的，给估计典型期权的寿命带来了噪声。像戴尔这样的公司，个体层面上的实际执行经验可能大大偏离 5 年的假设。这个结果不会令人吃惊，因为在股价升值受到限制的情形下，往往会导致更长的期权寿命。

这些发现表明依据过去的行为来预测未来期权执行行为时要小心，同时期权执行的假设会给期权定价带来巨大的噪声。

为了更正式地模型化期权执行的决定因素，赫达特和兰格依据会导致突然执行的风险厌恶变量，估计了一个典型月份里期权执行比例的回归。比如，赫达特预测风险厌恶的雇员会依据市场价/执行价比来建立一个障碍，因为处于深度实值的期权会遭遇较小的价值损失并且允许雇员摆脱更多的风险。另外，他预测当期权接近到期时，此时执行会损失少量价值，市场价/执行价比会降低。

为了避免不符合经济特征的期权执行发生，赫达特和兰格仅考虑了至少 15% 处于实值的期权。就特殊变量而言，他们发现了以下结果。

- **执行正相关于市场价/执行价比，负相关于市场价/执行价的平方。**市场价/执行价比体现了这样一种认识：如果未来期权处于实值，执行会更多，因为当期权处于深度实值，损失的价值更少（也就是说，更少的下行保护），期权的价格是易变的，几乎和股票的步调一致。市场价/执行价的平方纳入了市场价/执行价和执行之间的潜在非线性关系。例如，市场价/执行价比从 1 变到 2 可能会比从 10 到 11 对执行的影响大。结果表明执行会随着市场价/执行价比的上升而上升，但是上升速率是减慢的。
- **执行正相关于流逝的期权寿命。**这个发现是根据赫达特的观点，当期权接近期满时，市场价和执行价比会下降，因为提前执行的价值损失的比例减少了。因此，拥有处于寿命后期的实值期权的公司可能会经历更多的执行行为。

上述观点在戴尔授予的未清算期权的背景下更容易看出。例如，戴尔的三千万份期权有 3.49 年的到期日，0.96 美元的执行价格。它们自然是提前执行的候选者，因为如果持有至到期，布莱克 - 斯科尔斯价值是 25.91 美元，内在价值是 25.84 美元。因此，一个拥有期权组合寻求流动性或者风险规避的雇员自然会被这些期权吸引，因为它们的价值同股票价格实际变动的一样并且提前执行也不会损失预期价值。而 41 000 000 份拥有 9.02 剩余寿命和 22.94 美元执行价格的期权就不同了。它们即将开始等待期，依据 26.80 美元的年度股价，如果执行其价值是 3.86 美元。但是因为它们接近平值并且有很长的剩余寿命，如果持有至到期，它们的布莱克 - 斯科尔斯价值是 19.72 美元。因此，提前执行需要极端的风险厌恶和流动性需求。此时，一个需要通过执行来满足短期流动性需求的雇员最好通过执行其他期权或者借钱会更好。

- **执行正相关于最近股价的波动率。**如果雇员是风险厌恶的，波动时期会使得他们执行期权，因为波动会持续（至少在某种程度上），所以过去的波动表明了未来的波动。同样的结论可以从亨默、松永和谢夫林（Hemmer，Matsunaga and Shevlin，1996）得出，他们发现在股价容易波动的公司，经理人的期权寿命会更短。

- **执行正相关与最近的行权等待时期。**在行权等待期限后的几个月里，执行往往会增加，因为行权等待限制对于希望提前执行的雇员具有约束力。例如，在拥有很长行权等待时期的公司，一些雇员可能太过于风险厌恶以至于一有机会他们就会执行。同样，在那些处于深度实值并且即将达到行权等待期限的期权里，执行会在行权等待期限后变得很多。
- **执行正相关于期权的作废数量。**尽管作废至少部分在雇员的掌控之外，需要认识到巨大比例的提前执行发生是因为雇员必须在他们离开公司的一段规定时间内执行期权，否则他们会面临期权的作废。因此，即使在雇员愿意持有至到期的情形下，在突然的雇佣终止事件下，执行也会更多。
- **执行正相关于最近股票回报。**最近股价上涨的公司（在执行月期间并且有15天到达执行月）更有可能经历执行。依据赫达特提供的一个模型，这些执行很可能发生，因为雇员会根据他们的风险厌恶程度在脑海里形成一个市场价/执行价触发比率。正的回报会带动那个触发点。又或者，正如希思，赫达特和兰格（Heath，Huddart and Lang，1999）讨论的，行为金融的研究表明个体通常在短期是持相反立场的，认为股价在短期是均值回复的（mean reverting）。因此，他们会在股票价格上涨后几天执行来保留收益。[8]所以，更多的执行应该可以预期股价的上涨。
- **执行负相关于长期的股票回报。**拥有长期股票价格上涨的公司（在执行月的15到60日之间）不太可能出现执行。尽管这是比最近的价格上涨更弱的一个效应，但是这种看法认为雇员拥有实值期权并且经历了股价的上涨趋势，他们不太可能执行，也许是相信这个趋势会持续。正如希思，赫达特和兰格讨论的，这个信念与行为金融的一个发现一致，那就是个人投资者像是认为长期趋势会持续那样行事。

根据赫达特和兰格（1996），雇员的执行行为会因在公司的地位不同而不同，然而这个关系的方向并不是十分清楚。例如，一方面，高级雇员通常有与公司业绩挂钩的薪酬。另一方面，他们也许拥有更多的外部财富，因此他们有更少的执行期权来获得多元化的需求。此外，考虑到他们在公司的关注程度，他们会意识到提前执行带来的难以忍受的压力。作为一个经验问题，由赫达特和兰格提供的证据表明低级别雇员的行为像是比高级雇员对风险厌恶更敏感，也更可能提前执行。

希思，赫达特和兰格使用了同赫达特和兰格（1996）相同的数据来检验同过去股价路径有关的影响执行决定的行为因素。他们认为雇员会回应决策中的行为暗示并且关注了雇员使用过去极端的股价来作为执行决定的一个参考的可能性。这些行为更可能发生在广泛的期权计划中，因为低级别雇员在财务上不成熟并且可能会根据过去极端的股价来作为交易的暗示。

- **当股价超过52星期的高点，执行会增加。**这个结果是引人注目的，因为它表明除了简单的经济解释，行为因素也在雇员的执行决定中有重要作用。科尔和盖伊（Core and Guay，2001）也在一个更大的拥有管理层期权计划的公司的样本中得出了相同的结论。就预测未来的执行而言，这些结果表明不寻常的高股价会激发更多的执行。

希思、赫达特和兰格关注相对于52星期高价的价格，尽管他们也考察了其他指标。没有证据表明现在处于52星期高点的股价会预测未来回报，但是52星期高点是一个在媒体中频繁提到的统计数据因而会和一些雇员有关。

最后，赫达特和兰格（2003）考察了雇员的期权执行决定是否能预测未来的回报。尽管有大量关于交易决策和未来回报的研究，但是大部分的证据是依据美国证交会内幕交易备案，包括了股票的买卖，并且证据是混合的。广泛的期权计划中的执行很少受到关注，因为低级别雇员执行期权时并不需要向证券交易委员会提交文件。赫达特和兰格考察了股票期权计划中所有级别的雇员的执行决定和未来股票回报的关系。

- **执行负相关于未来回报。**这个结果很有趣，因为它表明雇员通常拥有公司前景的预知并且很可能在产生负回报之前执行。因为大部分雇员执行并立刻套现，这个证据表明雇员似乎利用关于公司前景的私人信息优势来交易。此外，预测回报不是集中在执行决心后的几个星期里，而是延续 3 个月，这说明雇员不是对即将发生的消息而是关于公司前景的一般知识作出反应。

有趣的是，执行和未来回报的关系延伸至了组织深处的雇员，这说明相当普遍的以信息为导向的交易。不幸的是，公开可获得关于广泛期权计划的期权执行数据太过于宏观，在实际中不能用于预测未来回报。

20.5.4　含义

雇员执行决定的研究提供了一些有用的信息。例如，考虑在 2002 年戴尔附注 49 000 000 份期权，加权执行价是 44.69 美元，7.89 年的剩余年限。先前的讨论假设如果要为这些期权定价，执行应该发在 3.95 年。但是股票价格高的时候 30 多美元，低的时候 20 多美元，期权在三年内处于实值满足执行要求的可能性非常低。即使期权处于实值，研究结果表明期权执行也会很少直到期权处于深度实值才会变多。因此，一个接近合同寿命的预期寿命会有优势。

然而对于戴尔的处于深度实值的期权，提前执行是可能的，因为相较于把收益重新投资到更广泛的资产而分散掉的风险，损失的价值是很小的。特别地，在期权处于深度实值并且股价处于 52 星期的高点，执行是更显然的。面临股价上涨波动的公司也会遇到执行增加，授予大量期权的公司也一样。尽管没有一个简单的公式把这些因素纳入执行的预测，但是记住它们是重要的。

20.5.5　期权定价模型

股票期权最具争议的一个方面是决定一个合适的期权定价模型。尽管对员工股票期权使用标准的期权定价方法有几个问题，但是最令人烦恼的是提前执行的假设，因为正如前面部分阐述的，期权执行是许多因素的函数，掩盖了简单的假设。

1. 修正的布莱克 - 斯科尔斯模型

根据期权预期寿命的提前执行在 SFAS No. 123 中包括进了修正的布莱克 - 斯科尔斯模型。但是这种方法假设所有的执行发生在平均的执行年份。戴尔采用的是修正的布莱克 - 斯科尔斯模型。假设预期寿命是 5 年，无风险利率是 4.63，波动率是 61.18%，并且没有股息。输入这些参数后，期权的价值是 13.04 美元。

但是期权执行的经验研究表明修正的布莱克 - 斯科尔斯模型可能在几个方面受到违背。首先，授予发生在数年之间而不是一个时间点。如果期权价值和预期寿命的关系是线性的，那么使用平均预期寿命来给员工股票期权定价就不会有问题。但是期权价值在期权寿命内是凸的，相较于分别估计不同期权寿命类别的价值，然后把这些类别的价值加总计算总价值，用预期寿命来代替执行寿命会低估期权价值。不精确估计的程度取决于实践中执行的分类。赫达特和兰格（1996）的研究表明执行分散在期权的整个寿命期间，从期权等待期满开始执行持续到期权到期，而不是聚集在某个特定的月份。

忽略这个事实并且假设执行聚集在某个特定的年份，这个决定会使得期权定价出现偏差。亨默、松永和谢夫林（1994）讨论了忽略期权执行多样性的后果。他们的结论非常直接。如果期权执行分散在整个时期，把逐渐执行纳入期权定价中会得到一个更精确的结果。例如，戴尔假设所有的执行发生在第5年末，这样得到的价值是13.04美元。然而如果假设执行分散在整个期权寿命期间，并且从第1年末开始每6个月执行一次一直持续到第9年年末，那么平均寿命也是5年，但是期权的价值降到12.43美元。因为实践中期权执行是分散的，根据一系列的执行来为期权定价会更准确。此外，假设期权执行分散在整个期间，这样计算期权价值也不是一个复杂的问题。

2. 赫达特模型

尽管亨默、松永和谢夫林的方法包含了分散在整个期间的执行，但是它假设执行不会受到期权到底处于什么程度的实值的影响。可实际上，执行的确与期权处于何种程度的实值有关。正如库拉蒂拉卡和马库斯（Kulatilaka and Marcus，1994）讨论的，讨论期权价值关于其寿命的凸性是相对明确的，但是强调执行同股票价格有关的可能性是更重要且更复杂的。赫达特模型包含了风险厌恶并且预测了当期权处于深度实值的时候，期权执行会更普遍。

雇员通常会更愿意执行处于深度实值并且接近到期的期权，因为提前执行损失的价值比例（根据布莱克－斯科尔斯价值同内在价值的比例）会相对较低，所以提前执行和多样化的收益超过了损失的价值。因此，赫达特预测雇员会建立一个市场价/执行价的执行目标并且当股价超过那个临界值就执行。此外，市场价/执行价临界值会随着期权剩余时间的减少而减少。这个发现是重要的，因为它违背了SFAS No.123的一个假设：提前执行会聚集在一个预期寿命附近。但是如果提前执行会由于一些赫拉特预期到的因素而触发，那么根据一个给定公司的过去的股价走势和到期的剩余时间，执行会分散在整个期间。这个预测也与经验证据一致，那就是执行会随着市场价/执行价比的增加而增加，随着期权剩余时间的减少而减少。

就期权股价而言，赫拉特研究了同考虑了因风险厌恶而触发的提前执行比较，修正的布莱克－斯科尔斯模型是否高估了期权价值。他的模型表明正如修正的布莱克－斯科尔斯模型一样，忽略执行的决定因素会高估期权价值，可是准确的价值是很复杂的，因为风险厌恶程度和期权条款的函数。尽管他的模型在实际中更难实现，赫拉特展现了如果在高市场价/执行价比例时期权执行的集中被忽略的话，期权会被高估10%～20%。

3. 研究模型

其他关于期权执行的假设会产生不同的结果。例如，如果员工离职与过去的股价变动有关，那么执行在二叉树的某个部分会更普遍。如果雇员通常在公司表现良好时套现然后离开，那么提前执行会发生在高市场价/执行价比的时候。或者，当公司表现糟糕时，雇员会被解雇，由此期权执行会在低市场价/执行价比时增加或者废除。

准确预测执行的困难导致一些批评者认为员工股票期权的价值不可能可靠估量，因此不应该费用化。但是因为一些提到的原因会使得修正的布莱克－斯科尔斯模型高估期权价值，其他一些原因会被低估，所以实际中期权估值方法的偏误程度不是很清楚。

马奎特（Marquardt，2002）研究了这个问题。他比较了1963～1984期间966个期权样本的事前预期成本和事后成本。她依据SFAS No.123和修正的布莱克－斯科尔斯模型，经过凸性调整计算了期权价值，与同样的期权的事后实际支出相比较。她的结果提供了几个见解。首先，期权定价模型估计事后价值时受到许多噪声影响。这个发现并不令人惊奇，考虑到股价的易变形暗含了多种潜在的结果，所以任何预期价值的估计往往会与未来实现的价值有很大误差，特别是对于波动的股票。然而更重要的是，修正的布莱克－斯科尔斯模型估计的价值不会有很大偏差，这表明尽管它在理论上忽略了重要因素，比如风险厌恶，估价的结果是相当有限的（至少相较于期权估价中的固有噪声)。

卡朋特(Carpenter, 1998)用期权执行行为对 40 家公司做了同样的分析。她比较了考虑了风险容忍的赫拉特模型,假设任意外生执行和废除的一个简单模型以及 FASB 修正的布莱克 - 斯科尔斯模型。她发现简单模型和复杂的纳入风险容忍的复杂模型表现得几乎一样好。

有关模型选择的结果非常有趣,因为许多关于期权费用化的争论在于不能达成一个普遍接受的,理论上正确的期权定价模型。尽管研究指出了修正的布莱克 - 斯科尔斯模型的潜在缺陷,但是通过使用更复杂模型获得的发展十分有限。更重要的是,不清楚修正的布莱克 - 斯科尔斯模型是系统上高估还是低估了期权。尽管它对最终实现的价值的估计有很大偏差,但是这个缺点是从一系列易变数据中预测价值过程中固有的。

因为 FASB 认识到给期权定价的困难以及关于修正的布莱克 - 斯科尔斯模型的担忧,其最近提议会允许公司采用更复杂的方法来得到更精确的价值估计。例如,二叉树模型会被使用,因为它允许执行发生在哪个节点的特殊假设。尽管计算会比布莱克 - 斯科尔斯模型更加困难,二叉树定价模型允许许多关于执行时间的假设。

4. 模型中的潜在偏差

除了确定一个合适的期权定价模型,人们必须考虑不同方法或者数据的选择是否会使期权费用产生偏差。使期权计算产生偏差的诱惑可能对公司有吸引力,因为价值通常没有校准来反应在此期间发生的改变。[9]当信息结果出来以后,大部分会计假设会调整,这意味着任何假设的偏差会最终消失。但是低估像期权寿命这样的数据最初会减少期权费用,而不会直接影响未来费用。[10]

期权费用的计算至少在两个方面会被操纵。首先,公司可以选择一个产生低费用的期权定价方法。SFAS N0. 123 根据二叉树模型给出了几个可选择的期权定价模型。例如,寻求低薪酬费用的公司可以采用亨默、松永和谢夫林(1994)的方法来纠正凸性对期权价值的作用,或者赫达特的方法来纠正一个事实:雇员往往会在期权处于深度实值时执行。这些方法的吸引之处在于它们提供了一个更低但是更准确的期权费用的度量方法,因而是允许的。但是它们也减少了公司之间的比较。鉴于公司必须披露它的期权假设,用修正的布莱克 - 斯科尔斯模型计算期权价值会简单,也考虑到了公司之间的一致性。

考察了在标普 500 指数,标普 400 中型公司指数,标普 600 小型公司指数的公司期权费用决定因素,阿布迪、巴斯和卡斯尼克(Aboody, Barth and Kasznik, 2003)表明公司几乎不使用除了修正的布莱克 - 斯科尔斯模型之外的其他方法。但是如果利润表确认的要求改变了,采用其他期权定价方法的激励也会增加。

其次,也是更令人烦恼的是输入模型的数据会被操纵来减少在预计披露中的期权费用,这也会减少用于个人计算期权费用或者未结算期权价值的披露假设的有用性。例如,使用一个较低的假定无风险利率,较低的波动率,更多的股息支付,或者更短的寿命会减少期权的成本。

利率假设很难被操纵,因为按规定它是同期权有着相同剩余期限的美国政府零息债券的隐含利率。然而波动率依据的是同期权寿命相称的最近期间,如果现有的信息表明未来有理由相信与过去不同,那么波动率就会修改。同样,股息收益也要考虑历史的股利政策和期权寿命期间可能的改变。因此,波动率和股利政策应当审慎对待,它们会受到一些操纵,比如波动率过去非常高,很可能会下降,或者公司未来会增加股息。

阿布迪、巴斯和卡斯尼克(2003)考察了 1996 ~ 1998 年期间样本公司的利率,股息率和波动率的假设,他们发现没有证据显示它们的假设存在偏差来减少报告的期权费用。这个发现可能不会令人吃惊,考虑到这些假设都具有法律效力。

预期期权寿命是最可能被操纵的数据，因为期权价值对期权寿命十分敏感并且大部分公司没有很长的历史来估计平均寿命。例如，如果预期寿命从5年减少到3年，戴尔2002的期权价值会从13.04美元下降到10.33美元。此外，没有同过去已实现的期权寿命比较的披露，所以证明事后的预期寿命有偏差是困难的。正如赫拉特和兰格（1996）证实的，已实现的期权寿命会随着像过去股价波动这样一些因素的不同而不同。因此，有时会看到期权迅速变成实值并且在等待日结束附近有大量的执行，其他期权大部分时间处于平值或者虚值并且有很长的寿命，这些都是常见的现象。

理论上，预期期权寿命应该依据"常规"执行来决定。但是公司很少经历"常规"股价变动（特别是因为期权通常寿命很长并且是最近的一个现象）。因此，对于一个讲信用的公司来说知道如何估计期权寿命也是困难的。但是从公司起初依据20世纪90年代的牛市经验来估计期权寿命来看，可以预期随着公司因为低股价很少发生提前执行，期权寿命会在接下来的几年内增加。因此，预计的期权费用会减少，这仅仅是因为低股价带来提前执行的减少。

阿布迪、巴斯和卡斯尼克（2003）考察了样本公司的期权寿命假设。但是分析是受限的，因为不像波动率和股利政策，他们没有用于比较的历史价值（一个试图确定报告的期权寿命假设的准确性的投资者会提出的问题）。因此，他们研究了在公司有很强的动机报告更低的期权费用的情况下，报告的期权寿命是否会系统性地更短。特别地，他们认为致力于使用更多期权和有高报酬的CEO的公司会有更强的动机去低估期权寿命和期权费用。然而他们发现没有证据表明这些行为会发生。不幸的是，这些检验相对较弱，因为建立正确的假设期权寿命很困难。

虽然现有的证据提供了一些担保，认为公司不会系统性地使得假设出现偏差，但是如果期权费用化后，这种动机会增加。期权本身的性质、利率、波动率和股利政策很容易证实，因此很少会滥用。相反，预期期权寿命有意无意地会出现估计偏差。所以，为了合理性来比较公司之间的期权寿命假设是有用的。如果比较证实一个公司的假设低得不合常理，那么期权价值应当用另外一种假设重新计算。

可能最重要的期权寿命决定因素是预期的股价走势，它应该在相似的公司之间基本一样。但是寿命也会因不同的公司而不同，这些公司依据的是股票波动率和预期营业额的差异。期权的寿命也应该在拥有相同的预期波动率（依据公司的历史、行业和过去股价波动率）的公司中一样。其他情况相同的情况下，可以预期到风险更大的公司的提前执行会比较多，因为雇员试图减少风险。此外，风险大的公司可能会经历更多的期权作废，这是因为更大的流动性，比如临时解雇和自愿离职。然而不稳定的公司会吸引风险容忍度更高的雇员，因此减轻了期权执行的风险。一般来说，预期相同行业相同波动率的公司有相同的期权寿命假设是合理的。

20.6 期权价值对雇员的意义

正如前面提到的，提供期权的一个重要结果是许多雇员最终会得到没有充分分散的投资组合，这意味着他们暴露在比他们愿意承受的更大的风险面前。由他们自己行事，风险厌恶且拥有大量期权薪酬的雇员可能更愿意通过出售或者对冲部分或者全部期权来摆脱风险。然而通常雇员并没有机会出售期权，并且也禁止通过像卖空股票这样的策略来对冲。因此，存在一个持有风险投资和提前执行损失部分潜在价值的选择。

20.6.1 雇员风险厌恶与激励效应

不能化解风险是重要的，因为正是风险产生了激励效应。如果允许雇员出售期权，期权的价值对雇员来说会上升，但是对公司的激励价值会丢失，因为一旦出售了期权，雇员就和公司股价表现没有任何关系了。对冲也有类似的效果。如果雇员能够卖空股票，激励效应也会丢失，因为股票价格的风险暴露会消失。

期权理论价值和雇员的认知价值之间的楔子代表了一种无谓的损失，这是由期权的激励效应造成的。如果激励效应不能够解释无谓损失，那么期权就不是最优的。这个问题在广泛的期权计划中特别相关，因为对于低级别雇员的激励效应不那么可信。例如假设一个持有大公司少量期权的中层经理在股价上涨中分享的份额很少，他会更加努力工作来期待股价上涨吗？

期权的价值对于雇员来说可以从对公司的成本中脱离出来，这个观点会产生几个自相矛盾的结论。例如，没有等待期的期权会给公司带来较小的成本，因为通常来说雇员会提前执行。但是它对于雇员有更高的价值，因为它受到很少的限制并且允许更大的自由度。因此，公司的成本会减少，然而通过取消等待限制期权的价值会上升，因而减少了期权的无谓损失。可是，如果允许雇员提前执行，激励和保留收益的丢失会抵消上述好处。相反，如果公司延长等待期限（或者甚至阻止提前执行），这会提高激励效应和保留收益，但是这会以牺牲期权对于雇员的价值和增加公司成本为代价。

20.6.2 波动率和员工期权

波动率对于员工股票期权的作用也因风险厌恶而变得复杂。对于一个交易期权而言，上升的波动率会提高期权价值，因为它提高了期权上涨的价值而下降空间是有限的。但是对于员工股票期权，波动率对于公司成本的作用因为风险厌恶的影响不是十分清晰。例如，赫达特和兰格（1996）以及亨默、松永和谢夫林（1996）发现上升的波动率往往伴随着增加的提前执行，这表明了风险厌恶的作用。但是波动率和提前执行对于公司成本有不同的作用：提前执行往往会减少公司的成本，在期权未清算期间的波动率上升往往会增加公司的期权费用。同样，上升的波动率增加了期权薪酬的风险，这是雇员努力避免的，但是股价的波动率也提高了期权的预期回报。因此一个拥有易波动公司期权的雇员要权衡更大的期权的预期价值和因为风险而给薪酬带来的更大的扣除。

霍尔和墨菲（Hall and Murphy，2002）认为期权薪酬的普及（尤其是对低级别雇员）和一种观点一致，那就是公司认识到了期权的费用因为更有利的会计处理会更低。特别是，他们认为其他潜在的对广泛的期权计划的解释与其流行性不一致。例如，期权强加给了雇员巨大的风险，这些雇员不太可能是特别具有风险容忍的，所以必须给他们更多的回报来补偿增加的风险。此外，正如研究表明的，低级别雇员似乎没有意识到他们的行为能影响股价从而影响薪酬的激励效应。同样也不能令人信服地认为期权计划的作用之一是留住雇员。毕竟设计其他类型的能达到同样目的且费用更少的薪酬是很容易的。即使对于现金短缺的公司，期权似乎是个有问题的工具，因为这些公司实际上在向雇员借钱，这不可能是一个最有效的融资方式。最后，公司把期权费用看作一个主要的问题，这个观点与它们对 SFAS No. 123 的游说活动和最近对期权费用的提议一致。

股票期权计划的总体设计强化了会计处理的重要性。特别地，绝大部分期权（戴尔也在其中）授予时是平值的并且有固定期限。执行价格选择的流行不太可能是为了最大化期权的激励效应。相反，如果期权授予时是实值的或者回报和行业中其他公司的股价挂钩，那么期权的激励和风险特征会得到更大提升。但是在现有会计制度下，实值期权和与未来业绩挂钩的期权需要确认费用，这种类型的期权很少。

20.6.3 激励效应 & 会计效应

但是为什么公司会在成本超过激励效应的情况下发行期权？一种可能性是公司的决定是出于会计的考虑。特别地，期权是补偿雇员的主要方法，并且不会在利润表上确认费用。尽管估计期权成本的必要信息可以在附注中获得，公司仍然会在会计视角下认为期权不是昂贵的，因为它们在授予日和执行日都不会影响利润表上的利润。

霍尔和墨菲（2002）认为期权薪酬的流行（特别是在低级别雇员中）是与公司觉察到期权的成本因为它们有利的会计处理会更低的观念一致。特别是他们认为其他潜在的对广泛期权计划的解释和它们的流行不一致。例如，期权给雇员带来了巨大的风险，这些雇员不太可能特别地风险容忍，因而必须支付更多来补偿增加的风险。此外，正如研究表明的，低级别的雇员不会通过他们的行为来影响股价，从而获得影响薪酬的激励效应。同样认为期权的目标是留住雇员也不具有说服力。毕竟，以更低的成本设计其他薪酬来达到同样的目标是很容易的。即使对于现金短缺的公司，期权似乎是一个有问题的工具，因为这些公司实际上是在向雇员借钱，这不可能是最有效的融资方式。最后，公司视期权为一个主要的关切是和他们对 SFAS No. 123 的游说活动和最近费用化期权的提议一致。

股票期权计划的总体设计强化了会计处理的重要性。特别地，大部分期权（也包括戴尔的）是平值授予的并且有固定的期限。这种执行价格选择的流行似乎不太可能是为了最大化期权的激励效应。相反，如果期权实值授予或者收益是相对行业中其他公司的股价挂钩，那么期权的激励和风险特征会提高很多。但是在现有会计准则下，实值期权和与未来业绩挂钩的期权要求确认费用，其他类型的期权就很少见了。

20.6.4 会计、薪酬设计和重新定价

关于薪酬设计中会计处理作用的经验证据从公司有关重新定价的行为中获得。一个典型的重新定价中，处于深度虚值的期权会被“重新定价”，方法是减少执行价格使得它更接近现在的市场价格。最常见的理由是如果期权处于深度虚值，那么期权就失去了激励效应，因为期权处于虚值的程度越深，期权价值对股价的敏感度就会越低。一个常见的相反观点是如果期权处于深度虚值，公司就会对期权重新定价，这种认知会减少避免股价大幅下跌的动机，甚至会鼓励经理们通过隐瞒好消息来允许股价暂时下跌以便期权在一个更容易达到的水平被重新定价。但是阿查亚、约翰和桑德拉姆（Acharya，John and Sundaram，2000）的研究表明重新定价是经济有效的（即使是考虑了最初的激励效应），因为它们允许激励效应的重新调整。

1998 年 12 月，FASB 改变了期权重新定价的会计准则，要求如果期权重新定价，公司要依据改变的执行价格确认费用。但是 FASB 在改变实施之前提供了一个短暂的窗口期。卡特和林奇（Carter and Lynch，2003）考察了公司对于会计准则改变的反应。特别地，他们证实了在机会窗口期间重新定价有明显的增加，这明显反映了公司为了避免重新定价产生的费用的热潮。在改变实施以后，重新定价几乎消失了。

从长远看，墨菲（2003）也证明了会计准则改变后，重新定价几乎消失了。他发现在 1997 年（会计准则改变之前），29.2% 的新经济公司和 11.5% 的旧经济公司在期权重新定价的前 24 个月经历了至少 50% 的股价下跌。2000 年，这个数据在新经济公司中是 1.4%，在就经济公司中是 0.6%，这反映了会计准则的改变。

墨菲也表明了会计准则的改变导致公司考虑其他方法来获得激励效应的调整，公司也不会舍

弃最希望的会计处理。例如，一个方法就是取消一个深度虚值的期权并且发行一个平值的新期权。但是美国证券交易委员会预计到了那种可能性并且发布了取消的期权不得在 6 个月内重新发行的规定。因此，一些公司开始发行“6 + 1”期权，这种期权在取消后的第 6 个月零 1 天后发行，这表明了另一种避免费用确认的企图。

尽管上述讨论是限制在重新定价的框架下，但是它显示了会计影响期权薪酬设计的能力，也暗示了当 FASB 和 IASB 要求期权费用化时，期权密集度和结构会发生巨大改变的可能性。公司不可能完全不使用期权，但是在授予期权的基础不是令人信服的情况下，比如为了广泛的计划，公司也会减少使用期权。

如果所有形式的薪酬有相同的会计处理，很可能公司至少在某种程度上会用员工股票期权代替其他薪酬。一些公司已经表示用期权代替限制股的意愿。因为一个给定的限制股的公允价值会比同样的平值期权的公允价值的风险小，公司可以用小于 1 美元的限制股代替 1 美元的期权价值。然而减少的激励效应会抵消这个好处。毕竟，平值期权的风险反映了提供激励的能力：一个给定的股价上涨对于平值期权组合价值的影响比相同的限制股组合的影响更大。

20.7 对现金流和定价的影响

前面部分讨论了拥有员工股票期权的公司股权定价的基本问题。这部分，我考察了股权定价的其他论题。

20.7.1 授予期权的决定因素

把未来期权授予纳入股权定价的一个困难之处是估计未来期权的使用密集度。在这章开始，我分开考察了未来期权和营运现金流的作用，这反映了一个假设：出发点是营运现金流，不包括期权——这是个合理的假设，如果现金流预测的起点是忽略期权的报告收入。然而另外一个方法是从每年的净收入中减去预期期权费用并且明确地在考虑期权的作用后预测盈利性。因为期权的未来价值在两种方法中都是现值，它们会产生相同的结果。假设最终 FASB 和 IASB 股票期权费用化（而且分析师预测报告净收入），那么未来期权授予将会自然地纳入股权定价中。

然而即使期权费用化了，未来期权授予仍然需要在收入预测时评估。一个纳入期权的方法是在薪酬的组成部分在整体中是不重要的假设下预测总薪酬。但是这个方法假设薪酬的混合部分不会改变，或者如果改变了，雇员会重新估价期权以便不同类型的薪酬能够一一替代。例如，如果少量的现金能够代替更多的期权价值，那么薪酬成分的变动就会影响总薪酬。此外，组成部分的变动会改变激励效应和其他现金流。

一个很少对广泛期权计划中未来期权授予的研究由科尔和盖伊（2001）完成，他们用大量公司样本研究了期权授予的决定因素并且发现在现金约束，高资本需求和高融资成本的公司中，授予往往更高。他们也发现在回报很高和大量期权执行后的年份里，期权授予也很高。

期权执行会触发更多的授予，这个发现与目标激励水平的观点一致。在那种情形下，执行期权会减少激励效应，所以公司会发行更多期权来补充。因此，把先前授予的假设和执行的假设联系起来是有用的。其他因素很难纳入，因为证据通常是交错的。但是如果相似的激励一致持续，公司在面临现金短缺和资本约束时会发行更多期权（其他条件相同）。有税收损失的公司会发行期权把减免税款延后到有更高盈利的时期。

预测期权授予也是困难的，因为公司显然仍在实验最优的期权水平。同样，会计处理的改变股票市场的走势也会对期权的使用产生巨大影响。因此，处理期权的最佳方法（除非有理由认为期权密集度会有巨大改变）也许是关注总薪酬并且假设期权薪酬和其他薪酬以同样速率增长。即便如此，只有其他薪酬不能代替期权薪酬估计中的错误，这个假设对股权估值才显得重要。

20.7.2 期权、回购、稀释和现金流

从现金流角度看，一个潜在的有趣问题是回购来避免稀释和未来现金流的联系。在最初的股权估值讨论中，我假设公司回购期权来满足期权执行，同时认为在有效市场中，只要用于回购股票的现金能为具有零净现值的项目融资，那么回购的决定不会影响公司价值。但是对于一个具有升值股票的期权密集型公司，期权对于未来现金流的影响是巨大的。

尽管公司也不必回购股票来抵消期权执行，大量证据表明许多公司确实这样做了。例如，本斯、纳格和汪（Bens，Nagar and Wong，2002）考察了公司是否通过回购股票来满足期权执行，如果是，那么这些回购是否以牺牲其他投资活动为代价。他们提供了1999年标普500的证据，回购往往在有更多股票期权执行的公司中更高（控制其他因素后），证实了期权密集型公司通常会回购股票。他们的证据也表明回购股票来满足期权执行的公司往往研发（R&D）投资和资本支出会减少，并且通常表现不好，他们把这个作为下列证据的解释，回购股票的欲望会导致经理人甚至牺牲拥有正净现值回报的项目。

尽管他们的证据是有趣的，仍然不清楚为什么公司如此热衷于回购股票。一种观点认为公司回购是为了避免期权执行中的股权稀释，也许是试图支撑每股收益（EPS）。尽管股票回购减少了每股收益计算中的分母，但是如果用于回购的现金与生产用途有紧密联系，它也会通过减少利润来影响分子。对于每股收益的净影响是增加还是减少取决于用于回购的现金本该在使用中产生多少利润。此外，即使经理人热衷于回购股票，他们会以牺牲投资为代价而不是借款来为回购融资，这是十分令人惊奇的。但是不管回购股票是否是有效率的，重要的结论是回购股票满足期权执行的公司存在巨大的现金流。

20.7.3 期权和激励

大部分对这个问题的讨论实际上忽略了期权的激励效应，这个效应是通过自由现金流的预测捕获的。实际上，知道如何包括期权的激励效应是非常困难的。但是假设期权激励的中心地位，至少考虑它们对营运现金流的潜在作用是重要的，因为如果没有激励效应，那么期权薪酬就不是最优的。

对于一个拥有非常稳定的期权薪酬政策的公司，纳入激励效应可能不是特别重要，因为过去经验（由销售增长率和盈利性证明）已经反映了期权的作用。同样，因为这些作用已经在利润表中体现出来，它们也会自然流行收益预测。

但是如果一个公司最近改变了薪酬结构或者在未来会这么做，那么过去的经验在未来就不具有代表性。为了理解期权的激励效应，再次考虑期权定价公式。一些激励效应是清晰的。例如，随着股价上升，期权价值也会上升。因此，期权应当鼓励雇员建立公司的价值。不幸的是，研究期权激励效应的表现是困难的，因为存在控制其他潜在的业绩决定因素的挑战。此外，建立一个临时的期权密集度和业绩的联系也是困难的，因为公司选择混合薪酬，并且期权密集度本身也会受到业绩的影响。例如，业绩和期权密集度的一个正向联系可能发生，因为期权创造了提高业绩的激励，或者业绩良好的公司更愿意用期权支付来吸引高管。

一篇试图联系股票期权密度和未来收益的文章是汉隆、拉甲构巴和谢夫林（Hanlon，Rajgopal and Shevlin，2003）。利用 1997 到 2000 之间 1069 个公司的样本，他们考察了前 5 年授予 5 位高管的期权和未来收益的关系。他们发现额外的期权薪酬和未来的营业收入有关系，这与期权提供了提高盈利的激励相一致。此外，他们没有发现期权密集度和公司治理的关系，这与经理利用管理不善来提高薪酬的观点不一致。相反，当期权的激励性质显得十分重要时，期权授予会最大。正如汉隆，拉甲构巴和谢夫林发现的，证据似乎表明期权密集度是由经济考虑而不是经理的自利行为决定的。不幸地，其他证据和他们的发现矛盾。例如，科尔、霍尔特豪森和拉克尔（Core，Holthausen and Larcker，1999）研究了一个不同时期的不同的样本，他们发现管理不善的公司经理人实际上会获得大量薪酬并且有代理问题的公司表现很糟糕。

不明显的是期权的其他激励作用。例如，因为期权通常不受股息保护，如果公司发放股息，期权价值会降低。因此，期权激励公司用多余现金回购股票而不是发放股利，因为不包括股息的话，股息降低了股价。一些研究（参见 Lambert，Lanen and Larcker，1989）表明在发起期权计划之后公司往往会减少股息发放。

此外，期权可能会影响经理人承担风险的意愿。一方面，因为期权价值随着股价波动率提高而提高，期权计划会鼓励经理人承担风险。另一方面，风险也会随着股价波动率提高而提高，期权计划不鼓励经理人承担风险。哪个效应占优取决于经理人的风险厌恶程度和期权的特性。拉甲构巴和谢夫林（2002）的研究表明期权的激励效应鼓励经理人在石油和天然气行业承担风险项目。

另外，期权可能提高雇员留下的概率并且会吸引特殊类型的雇员。例如，伊特纳、兰伯特和拉克尔（Ittner，Lambert and Larcker，2003）的研究表明留住雇员是发行期权给低级别雇员的主要动机，特别是在新经济公司。但是正如霍尔和墨菲（2003）指出的，如果留住员工是首要目标，其他薪酬措施会鼓励留住员工，同时不会给雇员施加太多风险。同样，期权在吸引有更高风险容忍度的雇员方面会有用，这也可以解释期权在年轻的高成长公司的盛行。

更直接地，期权提供了激励来使得执行时实行价和市场价的差异最大化。尽管这个结果可以通过提高公司价值来实现，它也提供了操纵市场价或者执行价的动机。例如，经理人可能试图通过在期权授予之前降低股价来减少执行价格。例如，阿布迪和卡斯尼克（2000）证明了经理人会隐瞒好消息直到期权授予后来获得股价上涨的好处。同样，一个常见的断言表明近年来收益重报增加的部分原因是股票薪酬的盛行。但是尽管在期权密集型公司中存在许多著名的欺诈例子，但是大部分期权密集型公司没有成为欺诈指控的主体。关于期权薪酬和会计欺诈和重报发生率的关系的研究结果，参见埃里克森，汉隆和梅度（Erickson，Hanlon and Maydew，2003），最多只能得到模棱两可的结果。因此，不能因为公司发行了很多期权就简单假设它在操纵收益。

知道如何以最好的方式在股权估值中纳入期权潜在的激励作用是困难的。如果公司有稳定的薪酬政策，那么详细考虑激励作用可能不是那么重要，因为期权的作用已经在过去体现出来了。但是如果公司最近在薪酬政策方面有重大调整或者在不久将来会这么做，这个改变会影响未来预期营运现金流的时间序列。

20.7.4　期权和稀释

员工股票期权代表了对公司股权的一种竞争性要求权。稀释的每股收益是获得期权和其他证券对股东要求权的稀释效应的一个尝试。特别地，现有会计准则区别了基本和稀释的每股收益，在稀释的每股收益计算中考虑了期权，并使用库存股票方法处理期权。

该方法中，公司计算了每年末处于实值的期权数量并作为稀释的基础。但是不是简单地把这些期权加到发行在外的股票上去，如果执行期权，需要根据收到的现金（执行价格）进行调整。本质上，调整的稀释因子是1减去执行价/市场价比。例如，考虑一个具有100份未清算期权的公司，执行价10美元，现在市场价40美元。如果执行期权，公司会收到1 000美元并且多发行100份股票。然后公司会用1 000美元回购25份股票（\$1 000/\$40 = 25）。因此，尽管有100份未清算期权，稀释依据的75份不能通过期权执行收益回购的股票。

在执行期权和利用了收益后，这个方法考虑了额外发行的股份，但是当计算回购的股票数量是它忽略了税收。当雇员执行非激励型股票期权（NQOs）时，公司会收到执行收益加上执行时依据内在价值的减税。所以概念上能够用于回购的现金数量如下：

执行价格 +［税率 ×（市场价格 − 执行价格）］

回购的股票数量是上述结果除以每股价格。

继续上面的例子并且假设35%的税率，能够用于回购的现金是2 050美元，计算如下：

\$1 000 +［0.35 ×（\$4 000 − \$1 000）］= 2 050 美元

回购的股票数量是51.25（\$2 050/\$40），所以稀释仅仅是48.75份股票（相较于75份）。所以显然稀释中税收的作用是巨大的，特别是当期权处于深度实值的时候。

此外，库存股票方法仅仅涉及了股票的内在价值，而没有涉及期权的价值。这个问题在期权处于平值的情形下更容易看清楚。在现有每股收益计算法则下，期权不具备稀释效应，因为它们没有处于实值。但是在概率意义下，它们代表了对公司资产的要求权。在极端情况下，可以考虑两个相同的公司，一个有大量未清算的平价期权，一个没有期权。如果公司表现良好，期权持有者会执行并且分享公司上升带来的好处，而股东会获得没有期权公司的所有收益。相反，如果公司表现糟糕，期权持有者不会执行并且不会受到下跌的影响。显然，期权的存在稀释了现有股东能获得的收益的价值，即使期权并不是处于实值。

如何把期权纳入到稀释的计算中？答案取决于期权对公司要求权的可能性和重要性。对于有期权的公司，存在两种对公司股权的要求权——现有的股东和现有的期权持有者。关于稀释，考虑额外一美元的公司价值有多少属于股东。

从以下股权价值的分解开始：

$$V = PN_s + ON_o$$

式中，V代表股权总价值（包括股票和期权），P是每股价格，N_s是股份数量，O是每份期权价值，N_o是期权数量。换句话说，公司股权的总价值可以分为由期权持有者所有的和股东所有的。两边关于V求导数：

$$\frac{\mathrm{d}V}{\mathrm{d}V} = 1 = \left(N_s \frac{\mathrm{d}P}{\mathrm{d}V}\right)\left(1 + \frac{N_o}{N_s}\frac{\mathrm{d}O}{\mathrm{d}P}\right)$$

重新整理后得到：

$$N_s \times \frac{\mathrm{d}P}{\mathrm{d}V} = \frac{1}{1 + \frac{N_o}{N_s}\frac{\mathrm{d}O}{\mathrm{d}P}}$$

公式左边项是发行股票的价值变化量比股权总价值。换句话说，如果公司采取行动使得总股权价值上升1美元，这个方程说明了带给股东的利益比例是多少。因为右边的分母部分由于期权的存在而大于1，股东不会获得所有股权价值变化带来的好处。

方程右边分母中的项$\mathrm{d}O/\mathrm{d}P$代表了股票价值的微小变动带来的期权价值的变动，通常称作期权的delta比。就布莱克－斯科尔斯公式而言，delta是$N(D1)$，也是期权定价模型的标准输出。

像 www. numa. com 这样的网站能提供期权计算器来计算期权的价值和 delta。

可以利用期权附注的信息来计算每类未清算期权的稀释效应。例如，考虑戴尔的执行价为 0.96 美元的 3 000 万份期权。利用本章开始估值未清算期权的相同假设，这类期权的 delta 是 1。因为这些期权是深度实值的，它们的价值实际上和股价是一对一的变动关系。其他类型期权的 delta 远远小于 1，因为它们不是深度实值的。例如，执行价为 44.69 美元的 49 000 000 份期权的 delta 是 0.63。用每组期权的数量乘以它们的 delta，然后加总并除以发行的股票数量就得到了 $(N_o/N_s)(d_o/d_p)=0.1065$，表明 90.5% 的价值由股东获得，其余 9.5% 由期权持有者作为期权价值上涨的回报而获得。

20.7.5　期权的市场价值

另一个考查期权对股权估值的意义的工具是市场怎么为有期权的公司定价。假设市场是有效的，从期权和股价的联系来推测它们对股权估值的作用是可能的。

正如式（20-3）阐释的，期权可以从三个方面影响股权估值。第一，未清算期权是现有股东的一种“责任”或者要求权。因此（其他因素相同），如果一个公司拥有大量的未清算期权，那么其股权价值会比较低。这个作用反映在式（20-3）期权预期费用的调整项上。

第二，未清算期权是一种潜在资产。设计期权是为了激励和留住雇员的。因此，拥有未清算期权的公司会有很高的激励效果，即使期权还处于等待期。这个作用反映在式（20-3）的期权带来的增长营运现金流调整项上。

第三，资产用完后期权会形成费用。这个作用是间接的，但是正如任何利润表的量，它提供了过去做生意的成本的证据，这可能是未来成本的暗示。在式（20-3）中，这个作用反映在未来期权预期费用的调整项上。

然而期权的会计准则并没有遵循这个处理。大部分公司没有确认期权费用，即使做了，它们也不会确认资产或者负债。SFAS No. 123 最初的征求意见稿提议确认为资产，但是最后的标准仅仅把期权确认为费用，因为它们是雇员获得的。此外，公司也不会记入负债，而是用增加实收资本来抵消股票期权薪酬费用。因此，一部分股权属于股东而一部分属于期权持有者。但是股权的组成部分不会由于股价变动或者期权定价模型中输入数据的变动而重新定价。

经验研究试图发现控制其他因素不变，期权是否对股权估值有正的影响。这项工作由于这样一个事实变得很复杂：历史上发行过期权的公司不是盈利的并且有的主要是无形资产。因此，为这些公司股权估值尤其困难。此外，表现良好的公司可能会奖励雇员更多期权，这使得依据观察到的业绩和期权密集度的关系来推测因果关系很困难。最后，股权估值中的科技泡沫至少说明了这样一种可能性：过去股价不是公司价值好的评判指标。因此，拥有期权的公司可能会以很高的价值交易，不是因为期权定价过高，而是因为这些公司有其他特性使得它们对于市场有吸引力。

尽管有几篇关于这方面的文献，可能相关度最高的是贝尔、兰兹曼、米勒和叶的（Bell, Landsman, Miller and Yeh, 2002）。这篇文献讨论了盈利的软件公司样本的期权市场价值。选择这个特别的公司样本是因为软件公司很可能是期权密集型的并且盈利的公司更容易定价。作者计算了未清算期权的价值和预计期权费用，讨论了拥有更多未清算期权和预计期权费用的公司是否有更低的股票市场价值。他们在考虑期权作用前控制了其他资产、负债和净收入。

他们的研究没有区分期权资产和负债（因为这两个很难区分），而简单地考虑了未清算期权的价值是否会影响投资者对股价的估计。他们也考查了预计期权费用和市场估价的关系。他们的结果表明没有证据显示期权是作为公司净负债来定价的。事实上，如果可能的话，它们是净资产

(尽管作用很小)。这意味着期权对于未来营运现金流的有益影响被市场认为是用来抵消期权所承担的义务的预期成本的。

此外，贝尔等发现费用组成的不同证据。在股权估值回归中，有大量预计期权费用的公司没有遭受低市场估价。但是在补充分析中，作者发现保持其他不变的情况下，高期权费用的确预示了低的未来收益（减去期权费用）。也许等待期期权费用的摊销没有覆盖到相关的期间。作者指出期权可能会形成一个期限比等待期更长的无形资产。例如，期权通常会在等待期后持有，从而创造潜在的长时间激励和留住雇员的好处。最后，他们得出结论，结果的不一致性可能反映了估计模型的误设或者或者在他们的样本期间（1996～1998）市场不能认识期权作用。

其他研究也提供了不同结果。例如，阿布迪（1996）使用 SFAS No. 123 前的数据来估计期权对股权估值的作用。他发现在 1988 年的一个 478 个期权密集型公司样本中，股价和未清算期权数量有负相关关系，表明期权在市场上是以负债估价的。同样，通过使用了从小型到中型公司的一个近期样本，阿布迪，巴斯和卡斯尼克（2002）的研究证明了市场上期权是以费用来估价的，特别是未来收入增长受到控制后，这表明期权代表了公司的一项资产，它在其寿命期间耗尽。

总的来说，从现有关于期权估价的研究得出强有力的结论是困难的。贝尔等人得出的一个潜在结论是，环境对于期权定价是重要的。例如，期权会给盈利的软件公司增值，因为这些公司相对稳定且无形资产尤其重要。但是对于更广泛的公司，期权的价值不是很清晰。

然而重要的结论是，在各种情况下，期权几乎肯定代表了资产，负债和费用。特别地，未清算期权代表了公司的一种义务，它们必须创造价值，因为它们在代替其他薪酬的同时提供了激励和留住雇员的作用。此外，它们最终必须形成费用，因为这项资产不是无限期的。因此，不同的结果可能反映了构建一个分析方法的困难性。

20.8 总结和应用

这章的讨论表明期权代表了公司的一个重大义务，因为它们是公司股权的要求权。如果回购股票满足期权执行，期权意味着未来现金流的直接减少。如果用于期权执行的股票没有被回购，股东会遭受股权的稀释，因为股权会低于公允价值出售。在这两种情况下，期权形成了对公司的要求权，这应当在股权估值中考虑。

此外，正如这章开始讨论的，在股权估值中纳入期权的一个基本方法并不难。也许构建这个问题最容易的方式是从基本的贴现现金流分析开始，然后明确地引入期权。这个方法是合适的，因为过去的盈利数据和收入预测通常没有包括期权费用，原因是现有会计准则期权没有费用化。假定一个忽略期权费用的贴现现金流分析方法，期权可以通过考虑三个主要成分明确地纳入进来：①现有流通中期权的义务，②未来期权授予的成本，③期权授予的收益。

（1）现有流通中期权的义务本质上是一个负债，也是最容易说明的，因为期权已经流通了，所以就不用计算了。正如在戴尔例子中看到的，关于流通中期权的附注信息可以用来估计可能的股票期权执行的数量和时间以便将其纳入股权估值中。特别地，考虑到期权条款，一个像修正的布莱克－斯科尔斯模型的标准的期权定价模型可用于估计期权的现值。那个义务是对股东拥有价值的一个直接扣除，正如其他未确认的负债一样。

（2）未来期权授予的成本就像费用，但是它很考虑在内，因为它需要预测未来期权授予。正如戴尔的例子中看到的，附注中的预计期权费用是一个好的起点，因为它提供了过去期权费用的一些信息，这为未来期权费用的规模提供了有用信息。假定一个未来期权密集度的假设（例如，期权授予随着销售增长率的增加而增加），估计预期未来期权薪酬的现值并不困难。未来期权授予成本意味着公司股东权益价值的减少，应当在股权估值中考虑。此外，假设期权代替了其他薪酬，期权密集度估计中的错误会被其他薪酬估计中的错误抵消。

（3）期权授予的收益就像是一项资产，可能也是实际中最难考虑在内的一个因素。公司有期权义务的同时也会控制薪酬政策和期权授予的成本。此外，期权条款清楚地表明了公司的义务。获得的好处主要是期权的激励效应，这是很难量化的。发行期权的基本依据是激励效应，所以期权的益处不能被忽略。对于有长时间使用期权薪酬的公司，期权的激励效应已经反映在过去，所以可以用于预测未来营运现金流。对于一个会显著改变其薪酬政策的公司，激励效应更难计算，因为这种改变会影响雇员承担风险和努力工作提高股价的意愿。

最后，戴尔的例子表明在一系列简单的假设下，如何考虑公司流通的和未来的期权的成本。这个方法可以作为一个起点，它通过使用容易获得的数据和一系列简单的假设来考察期权在股权估值中的结果。正如戴尔的例子阐释的，股票期权对于股权估值的作用是巨大的，至少期权密集型的公司应该考虑这一点。

20.8.1　研究结果

在建立了关于期权的基本股权定价模型后，根据研究文献中发现的证据，模型可以做调整。研究提供的调整不简单，但是研究阐明了什么情形下调整是必要的。

例如，关于期权执行的研究表明，一个给定的公司中，执行往往分散在整个时期而不是发生在期权的平均寿命点上，正如修正的布莱克 - 斯科尔斯模型假设的。因此，让执行在整个期间均匀发生而不是假设所有执行立刻发生，这样的期权估值方法更好。这样的方法也很容易实施。简单地把期权分成许多小组，假设执行发生在平均执行期间的附近不同时间，分别对每个小组定价。例如，对戴尔的计算中假设 1/18 的期权集中在第 5 年末的六个月中执行。

同样的，期权执行可能在某些情况下提高。例如，处于深度实值，更易波动，更可能取消，接近期满或者由低级别雇员持有的期权可能会更早执行。因此，一个考虑了期权特性的方法更能准确反应期权的作用。

与此密切相关的是，有关期权文献指出一些由传统期权定价模型发展出来的针对交易期权的定价方法可能错误的。例如，具有某些特性（比如接近期满且处于深度实值）的期权之中，执行可能聚集发生，因此违背了修正的布莱克 - 斯科尔斯模型的隐含假设。

尽管这些问题在理论上很重要，期权定价模型可以通过调整来解释其他执行模式，经验证据表明忽略期权执行模式导致的偏差实际上是很小的。尽管修正的布莱克 - 斯科尔斯模型由于纳入不现实的假设而受到批评，但是它看起来在为员工股票期权定价方面表现良好。

更重要的是这些假设——比如无风险利率、波动率、股利政策和预期寿命，它们直接进入到期权价值的计算中。尽管附注披露提供了估计期权价值的一个有用的起点并且数据研究也表明没有证据显示这些假设受到操作，但是期权价值对这些基本假设非常敏感，需要小心确保这些数据是合理且能够在公司间进行比较的。

即使超出了股权估值的范围，考虑期权的现金流效应对管理决策的作用也是重要的。例如，一个期权密集型公司的政策是回购股票满足期权执行，那么它会有大量的现金流需求，特别是如果股价上涨很厉害。尽管回购股票的决定对于股权估值没有直接影响，决定如何筹集用于回购的现金是十分重要的，特别是当以经营活动为代价或者改变公司的融资结构时。

同样，期权的税收效应也应该考虑。非激励型股票期权的税收效应是巨大的并且很难从现有的股票期权会计准则中分离出来。此外，非激励型股票期权执行带来的税收效应对于公司未来现金流有重大影响，期权的税收减免会极大地减少期权的税后成本。但是许多期权密集型公司在立刻获得期权减税好处方面也会受到限制，因为它们的应税收入可能比财务报表上显示的净收入低。因此，在估计现金流和公司价值方面，建立流通中和预期未来期权的税收假设是很重要的。

期权也有稀释收入的作用。尽管尝试解释期权在计算财务报表中稀释的每股收益的作用，现有会计准则下的库存股票法至少忽略了期权的两个特征。第一，期权执行通常会产生巨大的税收收益，这是在运用库存股票法计算稀释的每股收益时忽略的（尽管依据期权执行的税收效应调整稀释的每股收益计算法是一个简单的过程）。第二，标准的稀释每股收益计算法关注期权的内在价值而忽略了期权的构成，特别是现在是虚值的期权，但也代表了对公司收入的要求权。使用标准的期权定价方法，可以计算出一美元的收入有多少比例属于流通的期权，有多少比例属于股东。

研究并没有多少雇员期权计划收益的信息，特别是低级雇员。然而研究表明期权是相对昂贵的薪酬形式，因为它们强加给雇员风险，这使得更高的预期薪酬成为必要。因为风险厌恶，雇员会认为期权的价值远远低于它们对于公司的成本。尽管因为有激励效应，无谓损失可能是合理的，关于广泛期权计划的激励效应的研究证据是不同的。至少，薪酬组成的改变会影响总薪酬，从某种程度上看雇员并认为期权比其他薪酬的价值低。

即使对于高级雇员，期权和业绩联系的研究证据也是不同的，可能是因为测量这些联系的困难。尽管研究证据表明在薪酬合同中包括期权会影响雇员承担风险的意愿，但是期权或提高或减少雇员的风险容忍度，这样依据特殊的情形。事实上，期权会提供一种激励来人为地在期权授予前压低股价，或者在期权执行前提高股价，这样就能最大化市场价和执行价的差异。

实际上关于期权市场化定价效应的研究结论也是不同的。尽管期权的存在会影响投资者愿意为股票支付的价格，但是期权有许多影响股价的潜在效应。例如，流通的期权同时给公司创造了潜在的资产和负债。同样，期权代表了一种做生意的费用，这会减少股价。但是实际上设计方案来检测这些效应是困难的，因为授予期权的公司往往很难定价并且期权和业绩的因果关系很复杂。尽管一些证据表明期权反映在了股价中，但是结果也会因情形不同而不同。

20.8.2 未来期权发行

最后，研究提供了关于国际会计准则委员会（IASB）和美国财务会计准则委员会（FASB）最近提议的未来批准期权费用确认的一些见解。首先，提议对于在股权估值中纳入期权的方法没有影响。特别是，美国财务会计准则委员会的提议仅仅是把预计费用数据从期权附注移到利润表开头，但是不会改变可获得的用于公司定价的信息集，因为现有的附注信息仍然需要。因此，考虑流通和未来期权的成本以及期权的收益仍然是必要的。也许最重要的作用是分析师预测的收入的改变量。例如，如果期权费用化了，分析师继续预测报告收入，他们需要纳入未来期权成本来决定薪酬费用。因此，未来期权成本会在收入预测中包括进来，不必单独在股权估值中考虑，但是根据流通期权成本调整股权估值仍然是必要的。

其次，研究和观察表明会计规则的改变会对薪酬设计中期权密集度有重大影响。可能的改变取决于多大程度上期权的流行反映了有利的会计处理。例如，霍尔和墨菲（2003）认为期权薪酬的流行是与获得有利的会计处理的愿望一致的。当会计处理改变时，期权的吸引力也会改变。当然，重新估价的证据表明经理人愿意根据会计规则的改变而改变薪酬结构。

假设 IASB 和 FASB 要求期权费用化，发行期权的动机可能会消失，这些期权拥有像预设条款平值发行的特征。随着会计利益的消失，可能会预见到从期权到其他薪酬的改变，特别是在广泛期权计划中，因为很难认为期权薪酬对于一些雇员来说是合理的，这些雇员有更高的风险厌恶度和更小的对股票的控制权。尽管期权会被其他薪酬替代，这个交易也会是小于一对一的，因为雇员愿意接受一个更低的总薪酬的预期价值来交换更低的风险。

20.8.3　可能转向限制股

一些证据表明像微软和戴尔这样的公司由于预计到会计的改变正从股票期权转向限制股。从概念上看，限制股就像一个执行价格为 0 的期权。因为它不要求支付执行价格，一份限制股比平值授予的期权的价值更大，因此一个公司会用更少的限制股来换取一个给定的期权数量。

从雇员的角度看，限制股的价值比股票期权的风险更小，因为作为其价值的一个比例，限制股对股价的波动敏感度更低。因此，用限制股代替股票期权往往会减少公司的总薪酬成本。但是作为权衡的是股票价格的敏感性提供了激励。限制股比通常的股票期权给雇员带来更少的风险，也带来了更小的上涨潜力，因此可能在公司中有更少的激励来创造价值。

如果公司继续使用期权，那么期权费用化后其条款很可能改变。例如，在现有会计准则下，如果期权以固定条款平值发行，公司就能避免费用化期权。如果规则改变了，也许可以看到更多的业绩型期权（只在业绩目标到达或者相对一个基准评估业绩，比如行业表现，才能支付），以及更多低执行价的期权（比如限制股）。然而即使会计规则改变了，在可预见的未来期权也会有重大的股权估值影响。

附录 20A　选择的戴尔电脑公司披露

20A.1　整理的戴尔公司财务状况表（单位：百万美元）

	2002-2-1	2001-2-2
资产		
流动资产		
现金及其等价物	3 641	4 910
短期投资	273	525
应收账款	2 269	2 424
存货	278	400
其他	1 416	1 467
流动资产合计	7 877	9 726
财产、厂房和设备	826	996
投资	4 373	2 418
其他非流动资产	459	530
总资产	13 535	13 670
负债和所有者权益		
流动负债		
应付账款	5 075	4 286
应计和其他	2 444	2 492
流动负债合计	7 519	6 778
长期应付款	520	509
其他	802	761
其他义务和或有负债	—	—
总负债	8 841	8 048

（续）

	2002-2-1	2001-2-2
负债和所有者权益		
所有者权益		
优先股和超过面值 $0.01 的资本		
发行和流通中股票：没有	—	—
普通股和超过面值 $0.01 的资本；股份		
授权：7 000；发行股票：分别为		
2 645 和 2 601	5 605	4 795
库藏股，按成本：分别是 52 份和没有	(2 249)	—
留存收益	1 364	839
其他综合损益	38	62
其他	(64)	(74)
所有者权益合计	4 694	5 622
负债和所有者权益合计	13 535	13 670

20A.2 整理的戴尔公司利润表（单位：百万美元，除了每股收益）

	财政年度		
	2002-2-1	2001-2-2	2000-1-28
净销售收入	31 168	31 888	25 265
销售成本	25 661	25 445	20 047
毛利润	5 507	6 443	5 218
营业费用			
销售、日常和管理费用	2 784	3 193	2 387
研发和工程费用	452	482	374
特别费用	482	105	194
营业费用合计	3 718	3 780	2 955
营业收入	1 789	2 663	2 263
投资和其他收入净额（损失）	(58)	531	188
税收和会计准则变更的累积			
影响前利润	1 731	3 194	2 451
备付所得税	485	958	785
会计准则变更的累积影响前利润	1 246	2 236	1 666
会计准则变更的累积影响	—	59	—
净利润	1 246	2 177	1 666
每股收益：会计准则改变的累积影响前			
基本	0.48	0.87	0.66
稀释后	0.46	0.81	0.61
每股收益：会计准则改变的累积影响后			
基本	0.48	0.84	0.66
稀释后	0.46	0.79	0.61
加权平均股数			
基本	2 602	2 582	2 536
稀释后	2 726	2 746	2 728

20A.3 整理的戴尔公司现金流量表（单位：百万美元）

	财政年度		
	2002-2-1	2001-2-2	2000-1-28
经营活动产生的现金流量			
净收入	1 246	2 177	1 666
根据经营活动产生的现金流调整净利润			
折旧和摊销	239	240	156
员工股票期权的税收收益	487	929	1 040
特别费用	742	105	194
投资（收益)/损失	17	(307)	(80)
其他	178	135	56
营运资本变动	826	642	812
非流动资产和负责变动	62	274	82
经营活动产生的净现金流量	3 797	4 195	3 926
投资活动产生的现金流量			
购买	(5 382)	(2 606)	(3 101)
到期和出售	3 425	2 331	2 319
资本性支出	(303)	(482)	(401)
投资活动产生的净现金流量	(2 260)	(757)	(1 183)
筹资活动产生的现金流量			
购买普通股	(3 000)	(2 700)	(1 061)
员工计划下发行普通股	295	404	289
其他	3	(9)	77
筹资活动产生的净现金流量	(2 702)	(2 305)	(695)
汇率变动对现金的影响	(104)	(32)	35
现金净（减少)/增长	(1 269)	1101	2 083
起初现金及其等价物	4 910	3 809	1 726
期末现金及其等价物	3 641	4 910	3 809
	补充整理的财务信息		
所得税支付/(接收)	120	(32)	(363)
利息支付	31	49	34

20A.4 整理的戴尔公司所有者权益变动表（单位：百万美元）

	超过面值的普通股		库藏股		其他			
	数量	金额	数量	金额	留存收益	综合损益	其他	合计
2001-2-2 余额	2 601	4 795	—	—	839	62	(74)	5 622
净利润	—	—	—	—	1 246	—	—	1 246
扣除税收后未实现投资收益变动	—	—	—	—	—	(65)	—	(65)
汇率调整	—	—	—	—	—	2	—	2
扣除税收后未实现衍生工具收益	—	—	—	—	—	39	—	39
2002 财政年度总收益								1 222

（续）

	超过面值的普通股		库藏股		其他			
	数量	金额	数量	金额	留存收益	综合损益	其他	合计
包括税收收益的员工计划股票发行	69	843	—	—	—	—	10	853
投资和退休金	（16）	（30）	52	（2 249）	（721）	—	—	（3 000）
其他	—	（3）		—	—	—	—	（3）
2002-2-1 余额	2 654	5 605	52	（2 249）	1364	38	（64）	4 694

20A.5 戴尔公司的注解

1. 附注

普通股每股收益（Earnings Per Common Share）：基本每股收益是依据所有发行的普通股的加权效应，并且是通过净利润除以加权平均股数计算的。稀释的每股收益是用净利润除以基本每股收益的加权平均股数加上可能因执行产生或者所有潜在的能转变的稀释普通股。下面的表格详细展示了过去三个财政年度基本和稀释每股收益的计算方法。

（金额单位：百万美元）

	财政年度		
	2002-2-1	2001-2-2	2000-1-28
净利润	1 246	2 177	1 666
加权平均股数			
基本	2 602	2 582	2 536
员工股票期权和其他	124	164	192
稀释后	2 726	2 746	2 728
每股收益			
会计准则变更的累积影响前			
基本	0.48	0.87	0.66
稀释后	0.46	0.81	0.61
每股收益			
会计准则变更的累积影响后			
基本	0.48	0.84	0.66
稀释后	0.46	0.79	0.61

2. 福利计划

股票期权计划（stock option plans）：董事会薪酬委员会给予了两个期权计划，公司激励计划（激励计划）和戴尔公司 1998 广泛股票期权计划（广泛计划加上激励计划和期权计划）。激励计划提供股票期权的激励奖励给公司的董事，高管，重要雇员和某些公司的咨询顾问；广泛计划提供股票期权奖励给非高管股票。

激励计划下的期权授予，可以依照美国国内税收代码 422 或者非激励型股票期权，只有非激励型股票期权能在广泛计划下授予。在任何一种期权计划下，根据股票期权协议，购买股票的权利在 5 年内每年的授予日会有一定比例获得。通常以公允市场价值授予期权并且在授予日 10 年之内必须执行。

下面的表格总结了股票期权计划（股份数单位是百万美元）。

	财政年度					
	2002-2-1		2001-2-2		2000-1-28	
	期权数量	加权平均执行价	期权数量	加权平均执行价	期权数量	加权平均执行价
年初流通期权	344	24.36	320	11.39	363	5.40
授予	126	23.24	154	37.78	50	42.86
执行	(63)	3.11	(95)	3.26	(77)	2.48
作废	(57)	32.86	(35)	22.18	(16)	9.89
年末流通期权	350	26.36	344	24.36	320	11.39
年末可执行期权	98	17.49	100	8.78	112	3.96

下面的表格是 2002-2-1 和期权计划有关的额外信息：

	流通期权			可执行期权	
	股份数量	加权平均执行价	加权平均剩余合同期限（年）	股份数量	平均执行价
\$0.0 ~ \$1.49	30	0.96	3.49	30	0.98
\$1.50 ~ \$14.99	38	7.34	5.34	28	7.13
\$15.00 ~ \$22.49	53	21.35	9.12	3	17.35
\$22.50 ~ \$24.00	41	22.94	9.02	—	23.42
\$24.01 ~ \$35.99	52	26.99	8.30	12	30.07
\$36.00 ~ \$37.59	86	37.59	8.54	9	37.58
\$37.60 ~ \$57.82	49	44.69	7.89	16	44.85
	350			98	

2002-2-1，2001-2-2 和 2000-1-28 的期权计划中分别有 2.9 亿、2.54 亿和 2.64 亿份期权在未来授予中要购买公司普通股。

公允价值披露（Fair value disclosures）：财政年度 2002，2001 和 2000 授予期权的加权公允价值分别是 13.04，20.98 和 22.64 美元。此外，财政年度 2002，2001 和 2000 授予的员工股票期权下的购买权的加权公允价值分别是 6.74，13.95 和 11.12 美元。期权和购买权的加权公允价值是依据布莱克 – 斯科尔斯模型，使用了如下假设。

	财政年度		
	2002-2-1	2001-2-2	2000-1-28
股票期权	5 年	5 年	5 年
员工股票购买计划	6 个月	6 个月	6 个月
无风险利率	4.63%	6.15%	5.81%
波动率	61.18%	54.85%	51.03%
股息率	0%	0%	0%

如果公司在等待期间通过直线法以授予时的公允价值记录薪酬费用处理其期权计划和员工股票购买计划，股票薪酬成本在 2002，2001 和 2000 财政年度会分别减少税前收入 9.64 亿（扣除税收后 6.94 亿），6.2 亿（扣除税收后 4.34 亿）和 3.29 亿（扣除税收后 2.24 亿）。对 2002，2001

和2000基本每股收益的预期效益分别是减少0.27，0.17和0.09美元。对2002，2001和2000稀释每股收益的预期效益分别是减少0.27，0.16和0.08美元。

注 释

1. 为了方便，我将现有股份的估值称作股权估值。期权也是权益工具，但是我关注现有股东，这反映了以投资者的视角来进行流通股定价。
2. 从概念上讲，另外一个方法是假设未来授予期权的现值为零，从而认为在股权估值中没有未来期权授予。但是考虑到历史数据（比如销售增长率和盈利率）反映了期权的作用，完全忽视它们对现金流预测的影响是困难的。至少需要要求一些多少非期权薪酬可以代替期权价值的假定。此外，如果期权薪酬的现值不是零，忽略期权成本和收益会产生股权估值错误。因此，明确地把期权预测引入股权估值是更好的。
3. 为了方便，我所指的会计问题是关于期权是否应该费用化。但是问题本身不是主要关于费用化的（因为现有会计准则要求费用化期权内在价值），而是关于如何测量费用和是否它应该反应期权薪酬的公允价值（依据期权定价模型比如布莱克－斯科尔斯模型计算）。
4. 全文见SFAS第123号，网址：www.fasb.org/pdf/fas123.pdf。
5. 这个调整是一种近似，因为为了便于处理，假设期权执行不受股息影响并且股息是连续支付的。实际上，股息的存在会导致提前执行获取股息并且股息通常是周期性支付的而不是连续支付的。更准确的反应股息对期权定价作用的调整的内容参见霍尔（Hull，2002）。
6. 为了方便，我依据期权代表的股票数量来量化期权。比如，我提到3亿4400万期权而不是技术上更准确的代表3亿4400万股份的期权。我所指的年份也是依据戴尔财务年度末，所以财务年度末2002-2-2指的是2002。
7. 对于高股息的股票，为了获得股息在股息发放前提前执行有时候是最优的，因为期权通常是不受股息保护的。
8. 要注意到这个回归控制了市场价/执行价比，所以假设期权处于实值，重要的问题是股价到执行月份的走势。
9. 一个例外是在等待期作废的期权的估计，这会根据实际经验调整。
10. SFAS NO.123的征求意见稿有一项条款，如果期权寿命估计不准确，那么期权费用需要调整。但是那个条款取消了，因为它会对在大部分时间处于虚值仅仅在临近到期才处于实值的期权有不利影响。尽管这些期权有很长的寿命，它们对公司来说几乎没有成本，因为它们在执行里是不可能处于深度实值的。

参考文献

Aboody, David. 1996. “Market Valuation of Employee Stock Options.” *Journal of Accounting and Economics,* vol. 22, nos. 1–3 (August–December):357–391.

Aboody, David, and Ron Kasznik. 2000. “CEO Stock Option Awards and the Timing of Corporate Voluntary Disclosures.” *Journal of Accounting and Economics,* vol. 29, no. 1 (February):73–100.

Aboody, David, Mary Barth, and Ron Kasznik. 2002. “SFAS 123 Stock-Based Compensation and Equity Market Value.” Working paper, University of California at Los Angeles, Stanford University.

———. 2003. “Do Firms Manage Stock-Based Compensation Expense Disclosed under SFAS 123?” Working paper, University of California at Los Angeles, Stanford University.

Acharya, Viral, Kose John, and Rangarajan K. Sundaram. 2000. “On the Optimality of Resetting Executive Stock Options.” *Journal of Financial Economics,* vol. 57, no. 1 (July):65–101.

Bell, Timothy, Wayne R. Landsman, Bruce L. Miller, and Shu Yeh. 2002. "The Valuation Implications of Employee Stock Option Accounting for Profitable Computer Software Firms." *Accounting Review*, vol. 77, no. 4 (October):971–996.

Bens, Daniel, Venky Nagar, and M.H. Franco Wong. 2002. "Real Investment Implications of Employee Stock Option Exercises." *Journal of Accounting Research*, vol. 40, no. 2 (May):359–393.

Black, F., and M. Scholes. 1973. "The Pricing of Options and Corporate Securities." *Journal of Political Economy*, vol. 81, no. 3 (May/June):637–654.

Carpenter, Jennifer. 1998. "The Exercise and Valuation of Executive Stock Options." *Journal of Financial Economics*, vol. 48, no. 2 (May):127–158.

Carter, Mary Ellen, and Luann J. Lynch. 2003. "The Consequences of the FASB's 1998 Proposal on Accounting for Stock Option Repricing." *Journal of Accounting and Economics*, vol. 35, no. 1 (April):51–72.

Core, John, and Wayne Guay. 2001. "Stock Option Plans for Non-Executive Employees." *Journal of Financial Economics*, vol. 61, no. 2 (August):253–287.

Core, John, Robert Holthausen, and David Larcker. 1999. "Corporate Governance, CEO Compensation and Firm Performance." *Journal of Financial Economics*, vol. 51, no. 3 (March):371–406.

Erickson, Merle, Michelle Hanlon, and Edward Maydew. 2003. "Is There a Link between Executive Compensation and Accounting Fraud?" Working paper, University of Chicago, University of Michigan, and University of North Carolina.

Graham, John, Mark Lang, and Doug Shackelford. Forthcoming 2004. "Employee Stock Options, Corporate Taxes, and Debt Policy." *Journal of Finance*.

Hall, Brian, and Kevin J. Murphy. 2002. "Stock Options for Undiversified Executives." *Journal of Accounting and Economics*, vol. 33, no. 1 (February):3–42.

———. 2003. "The Trouble with Stock Options." *Journal of Economic Perspectives*, vol. 17, no. 3 (Summer):49–72.

Hanlon, Michelle, and Terry Shevlin. 2002. "Accounting for Tax Benefits of Employee Stock Options and Implications for Research." *Accounting Horizons*, vol. 16, no. 1 (March):1–16.

Hanlon, Michelle, Shivaram Rajgopal, and Terry Shevlin. 2003. "Are Executive Stock Options Associated with Future Earnings?" *Journal of Accounting and Economics*, vol. 36, nos. 1–3 (December):3–43.

Heath, C., S. Huddart, and M. Lang. 1999. "Psychological Factors and Stock Option Exercise." *Quarterly Journal of Economics*, vol. 114, no. 2 (May):601–628.

Hemmer, Thomas, Steve Matsunaga, and Terry Shevlin. 1994. "Estimating the 'Fair Value' of Employee Stock Options with Expected Early Exercise." *Accounting Horizons*, vol. 8, no. 4 (December):23–42.

———. 1996. "The Influence of Risk Diversification on the Early Exercise of Employee Stock Options by Executive Officers." *Journal of Accounting and Economics*, vol. 21, no. 1 (February):45–68.

Holmstrom, B. 1979. "Moral Hazard and Observability." *Bell Journal of Economics*, vol. 10, no. 1 (Spring):74–91.

Huddart, Steven. 1994. "Employee Stock Options." *Journal of Accounting and Economics*, vol. 18, no. 2 (September):207–231.

Huddart, Steven, and Mark Lang. 1996. "Employee Stock Option Exercises: An Empirical Analysis." *Journal of Accounting and Economics*, vol. 21, no. 1 (February):5–43.

———. 2003. "Information Distribution within Firms: Evidence from Stock Option Exercises." *Journal of Accounting and Economics*, vol. 34, nos. 1–3 (January):3–31.

Hull, John C. 2002. *Options, Futures, and Other Derivatives*. 5th ed. Upper Saddle River, NJ: Prentice Hall.

Ittner, Christopher, Richard A. Lambert, and David F. Larcker. 2003. "The Structure and Performance Consequences of Equity Grants to Employees of New Economy Firms." *Journal of Accounting and Economics*, vol. 34, no. 1 (January):89–127.

Kulatilaka, Nalin, and Alan J. Marcus. 1994. "Valuing Employee Stock Options." *Financial Analysts Journal*, vol. 50, no. 6 (November/December):46–56.

Lambert, R.A., W.N. Lanen, and D.F. Larcker. 1989. "Executive Stock Option Plans and Corporate Dividend Policy." *Journal of Financial and Quantitative Analysis*, vol. 24, no. 4 (December):409–425.

Marquardt, Carol. 2002. "The Cost of Employee Stock Option Grants: An Empirical Analysis." *Journal of Accounting Research,* vol. 40, no. 4 (September):1191–1217.

Merton, R. 1973. "Theory of Rational Option Pricing." *Bell Journal of Economics and Management Science,* vol. 4, no. 1 (Spring):141–183.

Meulbroek, L.K. 2001. "The Efficiency of Equity-Linked Compensation: Understanding the Full Cost of Awarding Executive Stock Options." *Financial Management,* vol. 30, no. 2 (Summer):5–30.

Murphy, Kevin J. 2003. "Stock-Based Pay in New Economy Firms." *Journal of Accounting and Economics,* vol. 34, nos. 1–3 (January):129–147.

Rajgopal, Shivaram, and Terry Shevlin. 2002. "Empirical Evidence on the Relation between Stock Option Compensation and Risk Taking." *Journal of Accounting and Economics,* vol. 33, no. 2 (June):145–171.

Soffer, Leonard. 2000. "SFAS No. 123 Disclosures and Discounted Cash Flow Valuation." *Accounting Horizons,* vol. 14, no. 2 (June):169–189.

Sullivan, M. 2002. "Stock Options Take $50 Billion Bite out of Corporate Taxes." *Tax Notes* (March):1396–1401.

第 21 章 CFA Institute

拥有提前执行边界的员工股票期权㊀

尼尔·布莱斯利（Neil Brisley）

克里斯 K. 安德森（Chris K. Anderson）

许多公司意识到布莱克－斯科尔斯公式不适合员工股票期权（ESOs）并且正转向会计或者决策制定的网格方法。在最有影响力的模型中，一个假设是当股票价格达到执行价格的一个固定倍数时，雇员自发执行，这实际上是在网格中引入了一个“水平”执行边界。然而在实践中，雇员要在内在价值和放弃的时间的机会成本之间做权衡。这里提出的模型明确地认识并解释了现实而且有直观的吸引力，很容易实施，符合美国会计标准。

雷曼在估计福尔德先生2000年的工资时做出的另一个假设是他会在拿到期权的两年半后执行。但是福尔德先生过去持有期权一直到接近期满。实际上，福尔德先生从2003年12月起执行的260万份期权处于它们寿命的最后一年。

——帕特里克·麦格哈恩（Patrick McGeehan，2006）

出于会计和经济方面的原因，对员工股票期权定价（ESOs）的需要使得雇员提前执行行为的建模与公司财务主管，证券分析师和那些考虑期权奖励的公司密切相关。雇员的提前执行和同样的欧式期权（只能在期满时执行）相比减少了公司ESO的成本，所以ESO的定价模型必须做出关于雇员在到期前何种情况下执行期权的假设。像麦格哈恩引用的纽约时报的例子就阐明了确认推动提前执行的原因和做出这些推动力的合理数值估计重要性。

㊀ 摘自《金融分析师》（2008年9、10月）：88～100。本章所出自的论文在2008年加拿大金融高管研究基金会所举办的金融高管国际（FEI）加拿大会议上获得第二届“最佳会议研究论文奖”。本文首次发表时，Nail Brisley是西安大略大学理查德·艾维商学院的金融学助教，伦敦，加拿大，Chris K. Anderson是康奈尔大学酒店管理学院运营管理学助教。

大部分公司以前使用布莱克-斯科尔斯期权定价模型的变体来为 ESOs 定价，但是越来越多的公司意识到这些公式不适合 ESOs 并且转向了网格模型，比如赫尔和怀特提出的（Hull and White，2004，此后称作 HW）。[1]这种趋势预计会增加，因为在现有的财务会计规则下，任何采用网格模型的公司此后不要求再回到布莱克-斯科尔斯模型。[2]

在一个引用率高且影响力大的文献中，HW 提出了一个 ESOs 估值的障碍期权网格法，其假设每当股价达到执行价的一个固定倍数 M 时，雇员就自发执行。他们的模型是灵活，容易理解和解释和广泛应用的。从概念上看，它为 ESO 引入了一个“水平”边界；如果股价到达这个边界，自发的提前执行就会发生。经验证据（例如，赫达特和兰格，1996）和金融理论的含义一致，那就是在 ESO 寿命期间，雇员要求股价到达执行价相对高的一个倍数来引发提前执行，但是在期权寿命后期，雇员会在执行价的一个相对低的一个倍数下自发执行。[3]这个行为不仅对 HW 模型的适合性，而且对于从历史上观察到的提前执行中估计参数 M 同样有意义：两个拥有相同期权特征的相同公司使用 HW 模型为相同 ESO 定价会大大不同，因为一个公司以前经历了比另一个公司更快的股价上涨；也就是说，股价快速上涨的公司在自发执行的观察中比另一个公司有更高的 M。

我们提出了自发执行边界的另一个模型。我们的模型假设每当期权的“价值状态”达到其剩余的布莱克-斯科尔斯价值的一个固定比例 μ，雇员就会自发执行。这个结果是一个有直观吸引力的“向下倾斜”自发执行边界，它要求在 ESO 寿命早期股价到达执行价相对较高的一个倍数来引发提前执行，但是期权寿命后期允许提前执行在执行价相对较低的一个倍数发生。我们的 μ 模型有 M 模型的简单实用性并且能够运用在 M 模型能使用的情形为 ESOs 定价。和 HW 的 M 模型相同，它包含了 ESO 的特征，比如等待限制，作废和雇佣终止时的强制提前执行。和 HW 模型不同，我们的模型在 ESO 的整个寿命期间考虑了内在价值和放弃的期权价值的机会成本的权衡。同时，从历史上提前执行的数据中估计的参数 μ 相较于 M 模型更不容易受到非典型股价历史带来的偏差的影响。

许多从业者使用的一个方法（正如纽约时报中引用的）是估计 ESO 的预期寿命并且在布莱克-斯科尔斯公式中作为期权的到期日。这个方法的一个网格模型变形是假设如果一个固定的最长生命周期 L 达到了，雇员会自发执行。从概念上看，这个方法在 ESO 中引入了一个“垂直”自发执行。L 模型是第三个为自发执行边界建模的启发式方法，我们将把它同 M 模型和我们提议的 μ 模型的表现相比较。[4]

为 ESOs 定价的一个常见方法是把异质个体中得到的参数进行平均来建立一个“代表性投资者”模型。这个方法从概念上对于 M 模型和 L 模型是错误的（并且在 M 模型中会导致潜在的巨大偏差）。原因是由 L 模型和 M 模型得出的价格是分别关于参数 L 和 M 凹的，所以依据总体平均得出的模型价格会高于使用每个参数得到的模型价格的平均。

相比之下，在没有等待限制，作废和雇佣终止相关的执行，μ 模型会有一个关于 u 呈线性的封闭解。我们会指出当且仅当获得了剩余的布莱克-斯科尔斯价值的一个固定比例（μ），雇员执行时 ESO 的授予日价值就是同样的欧式期权的授予日价值的同样比例（μ）。即使有等待限制和雇佣终止，μ 模型给出了几乎线性于 μ 的期权价格；因此使用代表性投资者方法对于 μ 模型是合理的——即使授予期权给异质投资者。

我们的分析也反映了当使用历史数据来估计模型参数时，特别的股价历史如何系统地使得 L 和 M 模型的估值出现偏差。原因如下：经历了高股价回报的公司雇员往往会在 ESO 寿命相对早期就自发执行期权了，而不是在股价是执行价一个相对高的倍数时。在这种情形下估计的 L 会偏低，估计的M会偏高。如果用低的L为新ESO定价，它们会低估期权的真实成本。如果使用高的M，它们会高估ESO价值。相反，一个股票回报缓慢的公司经历的期权执行会发生在相对后期并且是在执行价格的一个相对低的倍数上，如果这些数据用来估计L模型或者M模型的参数也会有一致的结果。[5]相比之下，贝蒂斯，比兹杰克和莱蒙（Bettis，Bizjak and Lemmon，2005，此后称作BBL）发现比例的可变性要小于提前执行程度的可变性，此比例是他们对于历年提前执行时剩余布莱克-斯科尔斯价值的比例的估计（我们模型的μ）。他们的结果给我们提出的定价模型提供了更多激励。

我们会指出根据自发提前执行的特殊历史数据来计算参数使，L，M和μ模型是如何给出ESO价格的最高或者最低值的。然而通常说来，没有一个完全客观“正确”的期权价格来衡量每个模型结果的准确性。我们采用了一个自发提前执行行为的合理模型（在卡彭特，1998和BBL中使用过）作为一个基准。[6]这个模型具有直观的吸引力，在文献中有很好的研究并且显示能准确描述经验数据的质量和数量特征。它使用二项式网格描绘ESO的自发提前执行决定，ESO是由效用最大化的雇员持有的并且雇员的其他财富已经投资到最优的股票和债券组合中。在网格中的每个节点，风险厌恶的雇员比较立刻执行和多等待一个时期带来的预期效用。如果或者当立刻执行带来的效用更大时，自发执行就被触发—这使得我们能获得雇员持有的ESO的自发执行界限，并以此计算ESO的客观价值。

此外，我们在网格中产生了所有可能的个人“价格历史”的概率分布，计算了所有的一个分析人员可以从自发提前执行中衡量的L，M和μ的分布。在各自的模型中使用这些参数，我们能够分析这些模型相对于客观期权价值的准确性。

21.1 提前执行边界的启发式模型

为了比较模型，我们使用以下记号公司股票价格S在时期t得到的对数正态分布回报的分布，区间［0，T］，波动率σ。ESO在$t=0$发行，在第T年到期。期权执行价格是X，并且平值发行。我们标准化了股票价格以便S_0等同于X，也就是等于1。无风险利率是r。股票价格过程有一个漂移项来反映一个正的风险溢价（我们在例子中使用12%的漂移率），但是所有的股票期权是在风险中性概率下完成的。股票有固定的股息率d。利用相同的参数，我们把$B(S，X，r，d，\sigma，T，t)$作为欧式看涨期权的布莱克-斯科尔斯模型价值，但在方便时省略一些参数。雇员的雇用关系每年在任何时间会由于外在的原因而终止，概率是q。[7]期权有一个小于T的等待期v，也就是说$v<T$。如果在时间v前雇佣终止，期权就作废。如果雇佣关系在等待期和到期日之间终止，期权就被执行（处于实值）或者作废（处于虚值）。[8]

我们在标准的二项式网格模型中研究每个期权定价模型，二项式网格模型能够很容易包括状态或然的σ，r（例如波动率和利率的期限结构），d，q和v（例如业绩等待期）。雇员可以在区间［v，T］任何时刻t自发执行期权。

这三个模型仅仅在自发提前执行边界的建模上不同。随着股票价格的演变，如果它达到了边界，自发提前执行就会发生。L模型有一个垂直界限$t=L$。M模型有一个水平界限$S=M$。正如我们提到的，μ模型有一个在$t=T$时收敛到$S=1$的向下倾斜的界限。

21.1.1 “调整到期日”方法（L模型）

这个模型的网格版本假设在时间$t=L$（如果期权没有因为终止而作废或者提前执行），雇员会自发执行（如果 $S>1$）或者期权会失效（如果 $S\leqslant 1$）。在没有等待限制和离职的情形下，从 L 模型获得的 ESO 价格 $\Lambda(L)$ 就是布莱克－斯科尔斯价值 $B(L)$，其中 L 是修正的期权寿命。

21.1.2 HW“执行价倍数”方法（M 模型）

HW 假设每当股票价格达到期权执行价格的一个固定倍数 M 时，雇员会自发提前执行。这个假设暗含了一个简单的水平边界 $S=M$。有等待期 v 意味着即使 $S\geqslant M$，执行也不能发生在 v 之前；所以边界在 $t=v$ 是垂直的，表明“被压抑的”执行行为当股价严格大于 M 时可能在 $t=v$ 发生。在到期日 $t=T$，所有实值期权会被执行，所以边界在 $t=T$ 是垂直的，相应于在价格 1～M 发生的执行。发生在时间 v 或者 T（或者发生在任何由于离职的时间）的执行会受到约束，它们不应该包括在分析师估计 M 的“自发执行”数据中。

显然 M 大于 1，因为只有实值期权才会被执行。HW 在对期权定价时使用的 M 范围是 1.2～3.0。几项研究已经从观察到的提前执行数据中计算出了股票价格对执行价格的比例 S/X：BBL 的公司内部人士样本的中位数是 2.57，平均数是 3.55。卡彭特（1998）的经理人样本中位数是 2.47，平均数是 2.75，标准差是 1.42。赫达特和兰格（1996）分析并发现的中位数是 1.6，平均数 2.2。机构股东服务（ISS），一个公司治理和代理投票服务的公司使用 HW 模型比较公司之间的期权奖励（ISS 是 RiskMetrics 集团在 2007 年 1 月要求设立的）。对于所有奖励，公司使用了一致的假设 $M=2$，这是标普 500 指数的公司比例的中位数。

我们用 $H(M)$ 代表拥有自发执行边界 M 的期权的 HW 模型价格。价格是 M 的凹的增函数，并且在随着 M 超过大于 4.0 的时候会快速接近布莱克－斯科尔斯价值。

在依据剩余期权价值的比例发展我们的自发执行模型之前，我们注意到由 M 模型获得的布莱克－斯科尔斯价值的比例意味着什么。对于一个固定的 M，执行期权获得了 $M-1$ 的价值，所以在 t 时刻获得的剩余的布莱克－斯科尔斯价值的比例是 $(M-1)/B(M,\ T-t)$。例如，给定参数值 $S_0=X=1$，$T=10$，$v=0$，$d=0$，$q=0$，$r=5\%$，$\sigma=40\%$，图 21-1 显示如果股价在期权生命早期到达边界，一个拥有自发执行边界 $M=2$ 的雇员会获得仅仅剩余期权价值的 65%。然而对于更迟的执行，剩余的时间价值会更少，随着 t 接近到期日，获得的剩余期权价值的比例会接近 100%。执行边界为 $M=1.2$ 的雇员最初仅仅能获得 1/4 的剩余价值。

21.1.3 “获得的期权价值比例”方法（μ 模型）

正如图 21-2 阐明的，执行边界对于一个当他能获得 ESO 剩余价值的一个固定比例 μ 时就执行的雇员来说是向下倾斜的，这反映了这样一个直觉：雇员延后执行比提前执行要求一个更低的价值状态。[9]等待日期截断了边界，在 $t=v$ 时引入了一个垂直部分，表明被压抑的执行行为会当股价严格大于 μ 模型隐含的价格会在 $t=v$ 发生。

发生在时间 v 或者 T（或者发生在任何由于离职的时间）的执行会受到约束，它们不应该包括在分析师估计 μ 的“自发执行”数据中。

在 1996～2002 年期间来自 4 000 个公司的 14 万次公司高管期权执行的数据库中，BBL 最惊人的发现是“在执行条件中，我们样本中的高管获得了剩余期权价值的一大部分”。他们用“Ratio”代表这个比例，其中位数是 90%，平均数是 84%。

当自发执行策略可以用雇员执行时获得的剩余期权价值的比例来描述时，我们用 $K(\mu)$ 代表拥有连续股息率的 ESO 的授予日成本。

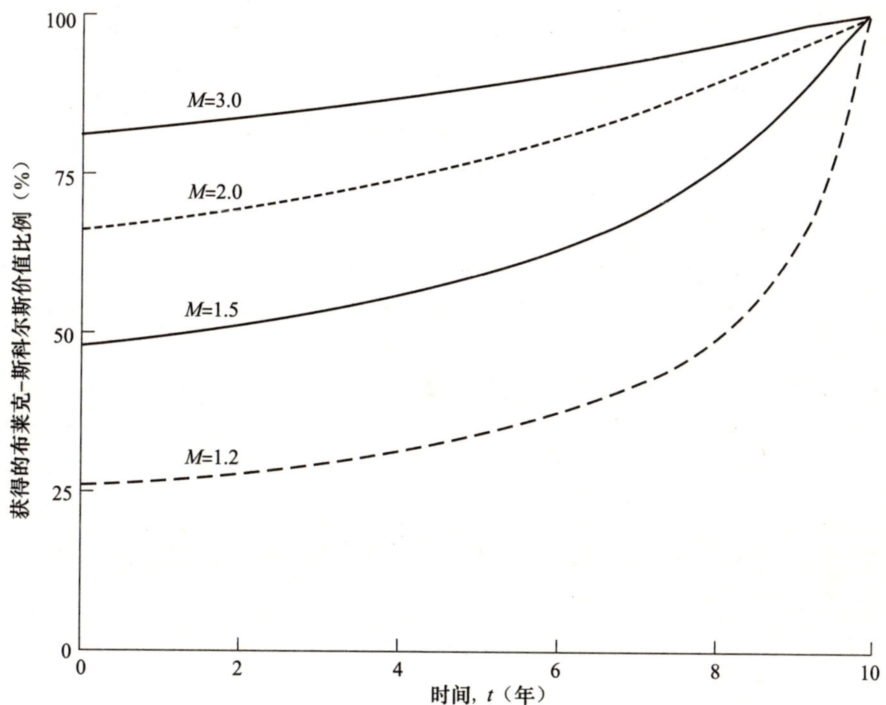

图 21-1　在股票价格倍数 M 提前执行获得剩余价值比例，作为执行时间的一个函数

注：期权参数值，$S_0=X=1$，$T=10$，$v=0$，$d=0$，$q=0$，$r=5\%$，$\sigma=40\%$。

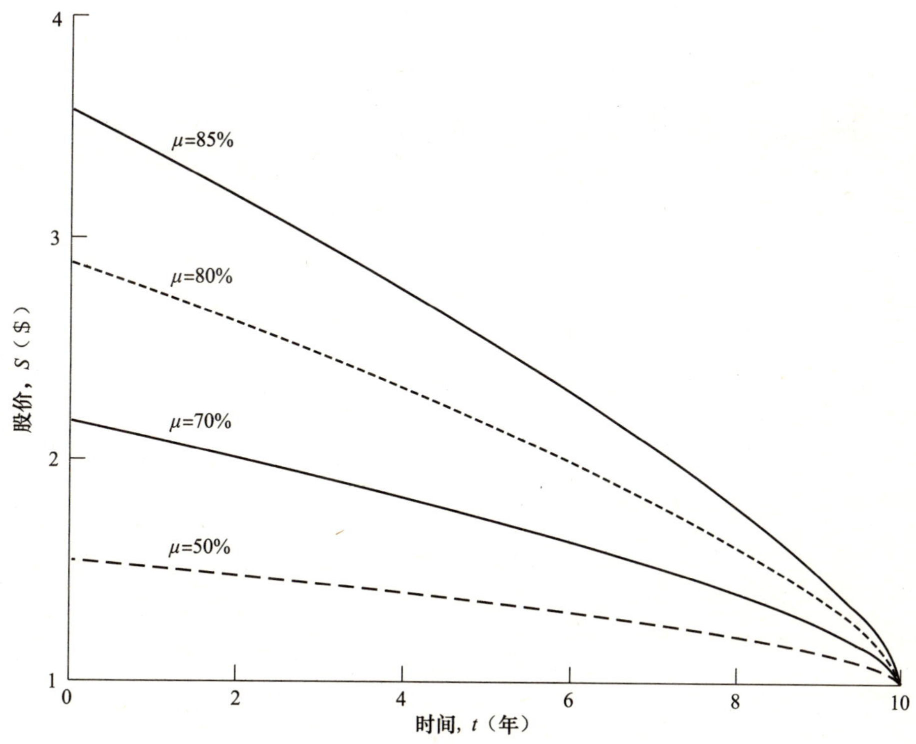

图 21-2　当雇员有提前执行的固定比例策略 μ 时，ESO 的执行边界

注：期权参数值，$S_0=X=1$，$T=10$，$v=0$，$d=0$，$q=0$，$r=5\%$，$\sigma=40\%$。

1. 性质

没有等待限制和雇佣关系终止时，$K(\mu)$ 等于一个相同的欧式期权的布莱克 - 斯科尔斯价值的同样比例（μ）：

$$K(\mu) = \mu B(1,T) \tag{21-1}$$

2. 证明

参数 $\mu \in (0, 1)$ 的平值欧式看涨期权的授予日价值是 $\mu B(1, T)$。这些期权不论是否在到期前出售都具有相同的价值。特别的，假设它们在股票价格 $S>1$ 和时间 $t<T$ 满足如下公式时出售：

$$S - 1 = \mu B(S,T - t) \tag{21-2}$$

注意到因为 $\mu B(S, T-t) \to 0$ 当 $t \to T$，这个价格和时间必然到达除非期权到期时是虚值的。从出售获得的收益就是期权的剩余价值 $\mu B(S, T-t)$，因为公式 21-2，等于期权的价值状态 $S-1$。但是这个方法精确复制了这样一种期权：当 $S-1=\mu B(S, T-t)$ 时就在 t 时刻自动执行并且支付 $S-1$——也就是说，由我们 μ 模型描绘的具有执行界限的 ESO 的定义。因为收益是相同的，ESO 的授予日价值也是 $\mu B(1, T)$，参数为 μ 的相同的欧式看涨期权的价值。

封闭解的存在使得我们能够为网格模型的准确性设立一个基准。给定参数 $S_0=X=1$，$r=5\%$，$T=10$，$d=0$，$q=0$，$v=0$，$\sigma=40\%$，$\mu=85\%$，我们将网格模型进行 2 500 步，从中得到期权价格 0. 513 32 美元，这是封闭解价格 0. 511 32 美元的误差的 0. 4%。图 21-3 阐释了对于一系列的 μ，期权的模型价格。同时展示的是同样的但是 $q=3\%$，$v=2$ 年的期权，结果非常接近于线性函数，特别是当 μ 处于经验的“合理”范围 60% ~90%。

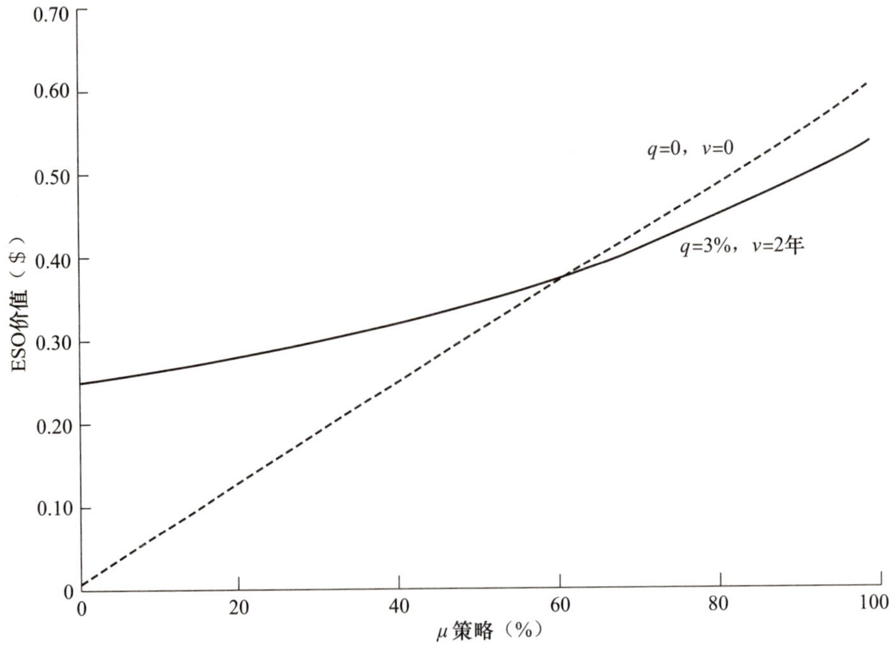

图 21-3 具有离职和兑现日概率的 ESO 价值，作为提前执行策略 μ 的函数

注：期权参数值，$S_0=X=1$，$T=10$，$d=0$，$r=5\%$，$\sigma=40\%$。

21.2　L，M和μ模型的比较

为了进行这三个模型在ESOs定价中表现如何的比较，我们首先说明“代表性投资者”方法的使用如何影响模型的表现。然后我们用一个数值例子说明从这些模型中得到的潜在不同价格，呈现一个一般化的分析方法，衡量相对于客观期权价值的模型结果的准确性。

21.2.1　代表性投资者框架下模型价格的计算

ESO模型通常使用代表性投资者框架，它的特征（例如参数L和M）是假设对于所有拥有期权的雇员是一样的。这个方法会在L模型和M模型中产生偏差，因为它们分别关于L和M是凹的。

在L模型中，对于异质性雇员（也就是说雇员之间的L不同），典型（也就是代表性）雇员的模型价格严格大于每个雇员模型价格的平均数。一个4年期期权和8年期期权的价格和两个6年期期权的价格并不一样，尽管许多ESO定价方法隐含地假设是这样的。

当描述M模型的雇员行为时，相同的作用在数量上更显著。考虑下面的情形：参数是$S_0=X=1$，$r=5\%$，$T=10$，$d=0$，$q=0$，$v=0$，$\sigma=40\%$。雇员A的M是1.5，雇员B的M是3.5。拥有自发执行倍数$M=(1.5+3.5)/2=2.5$的代表性雇员的M模型的价格是0.500 69，然而两个雇员M模型价格的平均数是$(0.311\,67+0.553\,58)/2=0.432\,62$。因此这个案例中，代表性投资者方法导致期权价值高估了$0.500\,69/0.432\,62=1.157\,3$(也就是说价值高出了16%)。在$L$模型和$M$模型中为ESOs定价时，代表性投资者模型有向上的偏差。

与此相反，就μ模型得到价值关于μ线性来说，代表性雇员的μ模型价格没有偏差。即使有行权等待限制和离职（比如在图21-3中，$q=3\%$，$v=2$年），通过取自发执行参数平均数后的模型价格引入的偏差也不会很大。因此，代表性投资者方法对于μ模型是合理的，即使对于授予异质性雇员的期权也一样。不过在我们后续计算中，为了和L与M模型一致，我们计算模型价格的平均数，而不是参数平均数的模型价格。

21.2.2　从模型获得的相对价格

在分析这三个模型的表现时，我们希望从相同资料数据中了解如何比较。主要的直觉是通过一个数值例子来阐释的：

考虑公司X和公司Y，这是（事前）相同的两家公司，波动率是每年40%并且有相同的预期回报；无风险利率是每年5%。每家公司发行单一的平值10年期ESO，此时（标准化）股票价格是1美元。

公司X的股价快速上涨，当1.89年后股票价格是2.90美元时执行期权。

公司Y的股价平稳上涨，当9.87年后股票价格是1.45美元时执行期权。

这些例子反映了一个众所周知的经验规律，雇员在ESO寿命早期自发执行要求一个比寿命后期执行更高的股票价格。事实上，这两个自发执行是通过相同的理性的风险厌恶的投资者（来自我们下一个部分引入的基于效用的模型）提前执行决定的模拟产生的。投资者外生决定的执行策略表明存在一个公司X和Y发行的ESOs客观（事前）“真实”期权价值0.521 4美元（根据平值时执行价1美元标准化）。

一个试图为公司X和Y新授予的股票期权定价的分析师会利用历史执行数据决定L模型或者

M 模型的输入数据。如果分析师在 L 模型中分别使用期权已实现的生命周期 1.96 和 9.76 年，未来授予的 ESO 的价值（根据平值时执行价 1 美元标准化）对公司 X 是 0.25 美元，对公司 Y 是 0.60 美元。如果分析师在 M 模型中分别使用已实现的期权执行倍数 3.02 和 1.63，未来授予的 ESO 的价值对公司 X 是 0.53 美元，对公司 Y 是 0.29 美元。新授予的期权客观上对于 X 公司和 Y 公司应该具有相同的价值，但是 L 模型低估 X 公司期权价值，高估 Y 公司期权价值，而 M 模型正好相反。

相比之下，如果分析师使用自发执行时已实现的时间和股价计算每家公司获得的剩余价值的百分比，并且在 μ 模型中把这个信息作为输入参数，那么未来授予的期权价值对 X 公司是 0.50 美元，对 Y 公司是 0.59 美元。

一般说来，任何观察到的自发执行的已实现时间和股价都可以用来确定一个 L 模型（$L=t$），M 模型（$M=S$）和 μ 模型 $[\mu=(S-1)/B(S,\ T-t)]$。因此可以计算三个模型的估值—也就是 $\Lambda(L)$，$H(M)$ 和 $K(\mu)$。但是我们想发现在什么情况下，哪个模型会给出最高或者最低的估计。

图 21-4 显示了时间和股价（表示为执行价的倍数）的结合在哪个观察到的自发执行数据上会产生 $\Lambda(L)=H(M)$，$H(M)=K(\mu)$ 和 $K(\mu)=\Lambda(L)$。这三条曲线使我们能够确认模型价格排序不同的区域并且确认了上述给出的例子的直觉。特别注意到大体上发生在期权寿命早期的自发执行观测值和非常低的股价导致 M 模型得出了最高的估值。相反，大体上发生在期权寿命后期的执行数据和相对低的股价导致 M 模型得出了最低的估值。使用历史执行观测值的估值通常会比我们的例子中有更多的数据点，但是一个特定的公司仅仅会有一个股价历史，所以产生的执行数据来自于这个股价走势并且容易受到上述偏差的影响。

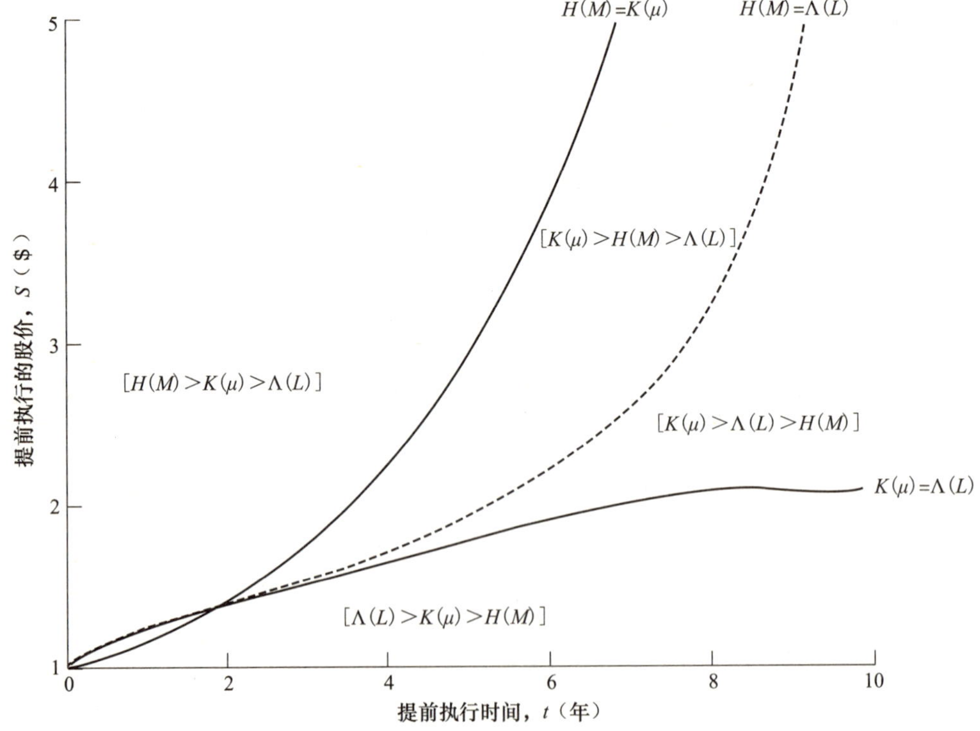

图 21-4 $\Lambda(L)=H(M)$，$H(M)=K(\mu)$ 和 $K(\mu)=\Lambda(L)$ 的提前执行观测值（t，S）

注：当自发执行观测值用于计算 L，M 和 μ 模型时，曲线之间的区域标有模型价格的相对排序。参数值 $S_0=X=1$，$r=5\%$，$T=10$，$d=0$，$q=0$，$v=0$，$\sigma=40\%$。

21.2.3 模型和客观期权价值的表现

我们已经展示了分析师如何利用公司自发执行的真实观察数据计算暗含的L，M和μ，并计算未来ESO的模型价格。确定在给定的数据集中哪个模型给出了最高或者最低的估值是简单的，任何排序也是可能的。因为每家公司仅仅有一个股价历史，我们不可能知道产生我们观察到的提前执行的“真实”执行政策；因此我们没有一个基准来测量一个模型和其他模型的准确性。

为了解决这个问题，我们引入一个众所周知的以效用为基础的理性提前执行模型，这个模型被卡彭特（Carpenter，1998）和BBL使用过。这个模型使用传统的二叉树网格描述标的股票的可能价格路径，估计理性的效用最大化的雇员的提前执行决定。雇员拥有一个指数效用函数：

$$U(w) = \frac{w^{1-A}}{1-A} \tag{21-3}$$

式中，w是最终财富，A是风险厌恶参数。

雇员最初有外生财富x，这些财富已经投资到最优的股票和债券的默顿（Merton，1971）投资组合中。[11]网格也能考虑到雇员离职，股息和行权等待的作用。在网格中的每个节点，雇员比较执行股票期权和等待至少一个时期执行的效用大小。

我们根据卡彭特（1998）和BBL的方法来获得外生决定的执行策略：一个自发执行边界——使得我们能够客观且明确地决定雇员持有的ESO的授予日价值。我们要强调我们使用效用模型的目的不是从真实数据中得出期权价值。实际上，卡彭特模型的实际操作需要不能观测到的参数。然而通过作出这些参数的明确假设，我们可以使用卡彭特模型在已知但理论化的提前执行策略下给出一个客观的期权价值。它也允许我们在这个已知的策略下考虑所有潜在股价路径的执行行为——这是一个不能由真实数据提供的奢望，因为每个股票只有一个价格历史。因此，我们可以使用这个模型产生所有可能价格历史的分布，计算分析师能够从相关的自发提前执行中获得的L，M和μ的分布。分别在这些模型中使用这些参数值，我们能够分析它们相对于客观期权价值的准确性。

表21-1报告了一系列风险厌恶参数和期权波动率的结果。一个基本的例子是风险厌恶参数$A=2.0$，最初的外生财富$x=2.1$，这个组合是BBL从他们广泛的数据集中确认为最能解释整个提前执行行为的。对于基本的雇员，我们使用网格决定ESO的自发提前执行边界，也就是说，在指定时间能够导致自发提前执行的股票价格（表示为执行价的倍数）。正如图21-5显示的，执行边界是向下倾斜的，这在卡彭特、斯坦顿和华莱士（Carpenter，Stanton and Wallace，2007）阐释的例子中是一个典型。这个边界表明期权寿命早期执行倍数$M=3.0$。这个边界是凹的并且随时间下降，在ESO到期时$M=1.0$。

正如先前讨论的，边界上的每个自发提前执行点都用于产生模型估计值$\Lambda(L)$，$H(M)$和$K(\mu)$。这些估计的价格证实了比较图21-5的执行边界和图21-4的区域获得的直觉：自发执行边界处于很小的t时，M模型给出了最高的价格，而L模型给出了最低的。随着我们把执行边界往后移动，价格排序就会变化并且连续经过图21-4的不同区域。

在网格中假设自发执行发生了，我们计算了边界上每个点执行发生的条件概率。把每个点的模型价格用自发执行发生的条件概率加权，我们计算出了模型价格的预期价值并且在表21-1中报告了它们偏离客观期权价值（在这个例子中是0.5214）的百分比，写作$E[\Lambda(L)\%]$误差，$E[H(M)\%]$误差和$E[K(\mu)\%]$误差。这些结果表明如果分析师有所有可能股价历史的雇员执行数据集并且用每个执行去估计模型价格，那么L模型和M模型的平均数会分别低估ESO价值15.7%和11.6%，正如

表 21-1 的阴影列显示的。μ 模型价格的平均数会高估 ESO 价值 3.0%。

因为执行数据实际上是从公司单一的价格历史中获得的，一个对每个模型预期准确性的相关测量是所有从边界上单一的点获得的模型估计值的均方误差（关于真实 ESO 价值）。我们分别报告了 L，M 和 μ 模型的估计值的均方误差，这在表 21-1 的面板 A 中显示为 $\Lambda(L)\%\,\text{MSD}=28.9\%$，$H(M)\%\,\text{MSD}=26.4\%$，$K(\mu)\%\,\text{MSD}=7.2\%$。通过这些度量和合理的参数值，$\mu$ 模型目前是最可靠的；L 和 M 模型易受到潜在的大估值偏差的影响，但是即使当执行数据是来自增长特别快或者慢的股票价格历史时，μ 模型也是相当稳定。

表 21-1 的面板 A 也显示随着风险厌恶参数增加，M 模型会有更小的负偏差且估计值的均方误差缩小了。正如图 21-5 阐释的，提供风险厌恶参数减少了触发自发执行要求的股票价格。在极端风险厌恶的例子中，雇员表现得风险厌恶以至于期限的早期愿意在一个相对低的股票价格下执行，这表明提早放弃的期权价值的一大部分。这样一个雇员的执行边界一定接近水平，面板 A 显示 M 模型在极端风险厌恶—那些大于 $A=6.0$ 下表现得比 μ 模型更好。保持外生财富不变（正如我们已经做的），BBL 发现把 A 提高 50%（也就是 A 从 2 变到 3）显著减少了指数效用模型解释数据的能力。所以把 A 提高 300%（也就是 A 从 2 变到 6）实际是个极端的假设。

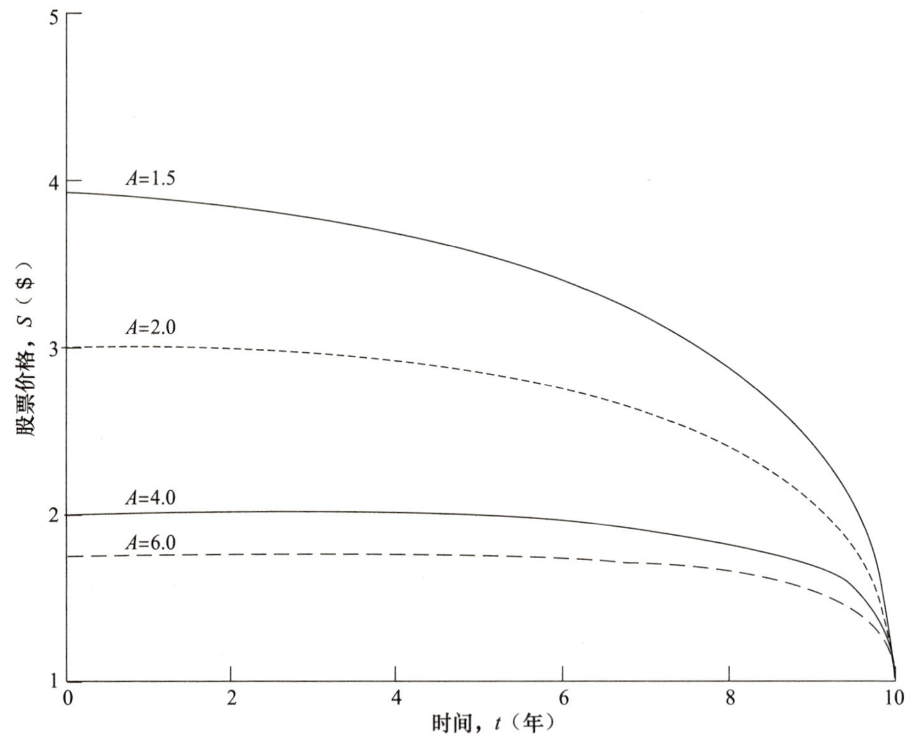

图 21-5 不同风险厌恶参数下效用最大化雇员的自发执行边界

注：$S_0=X=1$，$T=10$，$v=0$，$d=0$，$q=0$，$r=5\%$，$\sigma=40\%$，最初的外生财富 $x=2.1$。

表 21-1 的面板 B 显示随着波动率提高，μ 模型的表现是令人满意的，M 模型的负偏差变小了并且估计值的均方误差减少了。最终当波动率到达 85%，M 模型估计值的均方误差比 μ 模型还低，但是那样的波动率假设对于一个 10 年期的 ESO 是相当高的。卡彭特（1998）模型的一个现象是在非常高的波动率下，自发执行边界最终会变得像驼峰状（也就是说上升又下降），正如图 21-6阐释的。[12]因此，水平的 M 边界会比单调递减的 μ 模型边界产生更小的估计偏误。

表 21-1 不同风险厌恶度和波动率下的 ESO 价值

A. 不同风险厌恶度，A												
测量偏差	$A=0.5$	$A=1.0$	$A=1.5$	$A=2.0$	$A=3.0$	$A=4.0$	$A=5.0$	$A=6.0$	$A=7.0$	$A=8.0$		
ESO 价值	\$0.601 5	\$0.579 0	\$0.547 5	\$0.521 4	\$0.476 8	\$0.441 1	\$0.411 9	\$0.387 0	\$0.364 9	\$0.346 4		
$E[H(M)\%]$误差	−25.5%	−20.7%	−15.0%	−11.6%	−6.9%	−4.9%	−3.7%	−2.9%	−2.3%	−1.9%		
$E[K(\mu)\%]$误差	0.0	1.6	2.6	3.0	3.4	3.7	3.9	4.0	4.0	4.1		
$E[\Lambda(L)\%]$误差	0.0	−7.1	−12.6	−15.7	−19.0	−20.2	−20.7	−20.8	−20.7	−20.4		
$H(M)\%$ MSD	38.2	35.4	29.7	26.4	19.7	16.5	14.3	12.7	11.4	10.5		
$K(\mu)\%$ MSD	0.0	2.9	5.4	7.2	9.9	12.0	13.6	14.9	16.1	16.9		
$\Lambda(L)\%$ MSD	0.4	16.2	24.2	28.9	34.6	38.2	40.7	42.8	45.0	46.6		
B. 不同波动率，σ												
测量偏差	$\sigma=25\%$	$\sigma=30\%$	$\sigma=35\%$	$\sigma=40\%$	$\sigma=45\%$	$\sigma=50\%$	$\sigma=60\%$	$\sigma=70\%$	$\sigma=80\%$	$\sigma=85\%$	$\sigma=90\%$	$\sigma=100\%$
ESO 价值	\$0.484 5	\$0.491 4	\$0.504 8	\$0.521 4	\$0.537 5	\$0.552 5	\$0.574 0	\$0.589 6	\$0.599 3	\$0.602 7	\$0.605 4	\$0.608 2
$E[H(M)\%]$误差	−18.5%	−15.6%	−13.0%	−11.6%	−8.5%	−6.1%	−4.3%	−2.6%	−1.7%	−1.3%	−0.8%	−0.5%
$E[K(\mu)\%]$误差	0.2	1.9	2.6	3.0	3.0	3.0	3.1	2.8	2.4	2.2	1.8	1.4
$E[\Lambda(L)\%]$误差	−2.4	−9.9	−13.5	−15.7	−17.9	−19.7	−21.8	−23.6	−25.0	−25.7	−26.2	−27.0
$H(M)\%$ MSD	30.4	29.9	27.1	26.4	21.7	17.3	15.2	11.4	10.1	8.6	6.5	5.4
$K(\mu)\%$ MSD	1.1	4.6	6.0	7.2	7.9	8.5	9.8	10.0	9.9	9.6	9.2	8.4
$\Lambda(L)\%$ MSD	8.0	20.3	25.5	28.9	31.6	33.8	37.1	39.3	41.0	41.7	42.0	42.8

注：$S_0=X=1$，$r=5\%$，$T=10$，$d=0$，$q=0$，$v=0$，股价漂移率 $=12\%$，$x=2.1$。在基本例子中，$A=2.0$，$\sigma=40\%$。

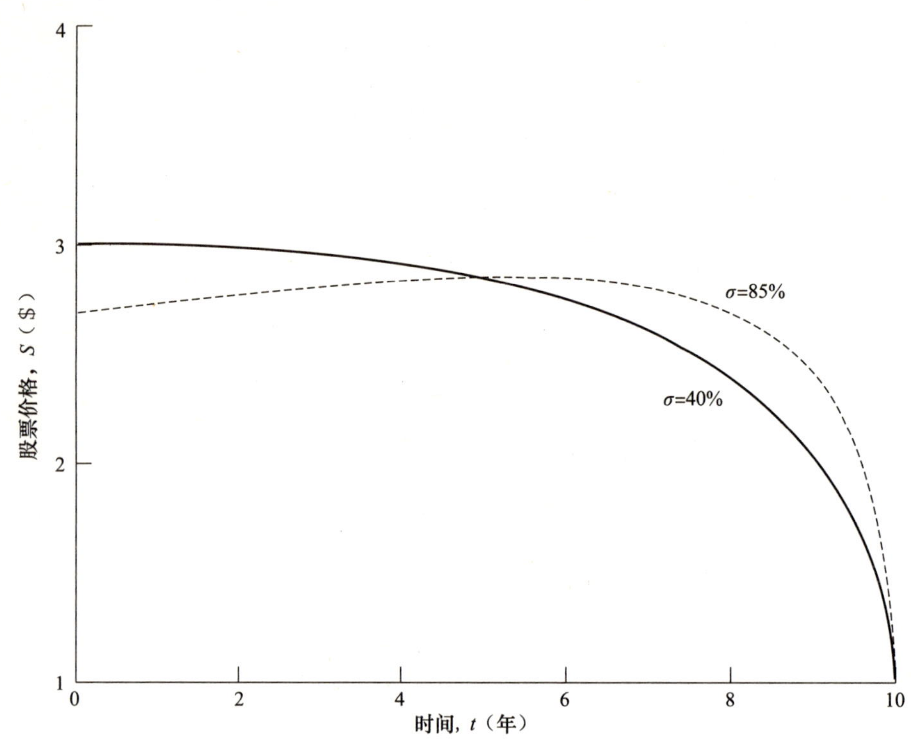

图 21-6 两个波动率下效用最大化雇员的自发执行边界

注：$A=2.0$，$x=2.1$，$T=10$，$v=0$，$d=0$，$q=0$，$r=5\%$。

根据对雇员风险厌恶参数和 ESO 特征的合理的规定，我们的 μ 模型表现大大优于 M 模型，这样做需要雇员风险厌恶度和股票回报波动率的假设，而这些假设不一定符合我们对经验数据的理解。

21.3 结论

经验证据和金融理论表明一个考虑执行 ESO 的雇员会在获得的期权价值和放弃的时间价值做出权衡。我们提出了一个新的 ESO 定价的网格模型，它明确地认识和解释了现实。我们证明了 μ 模型的性质并展示了当从自发执行行为的历史数据中计算输入的参数值时，为什么它比 L 或者 M 模型更不容易产生偏差。

使用一个众所周知的雇员执行行为的指数效用模型（卡彭特，1998）作为基准证实了我们的直觉。依据股票价格路径，从一个单一的自发执行中计算出的 L，M 和 μ 会导致三个模型中任何一个产生最低或者最高的 ESO 价值估计。然而平均来看，在所有可能的价格路径中，μ 模型最准确地接近了卡彭特模型得出的客观 ESO 价值。因为从过去执行观测值得出的 μ 值比 L 和 M 值对特定的历史股票价格路径更不敏感，μ 模型的估计结果在合理的风险厌恶度和期权规定下有更小的均方误差。L 模型（或者修正的布莱克 - 斯科尔斯模型）很容易显著低估期权价值。M 模型在一些情况下有足够的实用性，但是每当可获得的历史数据来源于高或者低股票回报的时期，它会受巨大偏差的影响。

μ 模型有直观的吸引力，很容易实施，符合财务会计准则公报第 123 号（修正的），以股份为基础的支付。而 HW 模型要求一个假设，自发提前执行发生在执行价的一个固定倍数，我们的模型假设当雇员获得剩余期权价值的一个固定比例时，自发执行发生。适当的时候，这些参数可以从历史数据中估计出来。在这方面，我们展示了为什么μ模型比HW模型表现更具一致性。

我们的结果对于薪酬委员会和咨询顾问有管理方面的意义，他们需要了解给予高管和雇员的ESO奖励的潜在经济成本。这些发现也和需要为会计披露选择ESO定价模型的从业者相关。学者和财务报表的使用者也会发现我们的结果对理解披露的数据相对定价模型选择和参数值估计方法敏感性是重要的——它们本身也依赖于选择的历史数据集。

致谢

尼尔·布莱斯利特此感谢为这项研究提供资金的加拿大社会科学和人文科学研究理事会，致电请拨打#410-2007-156。

注释

1. 网格模型把授予日和到期日之间的时间分成N个离散时间段。在每个时刻n，时刻n和$n+1$标的股票价格的变化由两个（或者三个）分支表示。这个过程不断重复直到$n=0$到$n=N$的每个可能路径都标注出来。然后估算每个股票价格路径的概率。顺着股票期权回报和概率倒推直到今天期权的公允价值被计算出来。一个简单的期权网格模型是二叉树期权定价模型。
2. 在美国，财务会计准则公报第123号（修正的），以股份为基础的支付（FAS 123R）使得在2005-6-15以后的财政年度费用化ESOs成为一种义务。同样的准则也已被国际会计准则理事会和加拿大会计准则理事会实施。FAS 123R允许使用修正的布莱克-斯科尔斯方法，但是也设想运用网格模型；标准特别采用了HW模型并且用数值例子阐释了它的使用。美国证券交易委员会的员工会计公告也提到了HW模型。
3. See Huddart(1994)；Carpenter(1998)；Detemple and Sundaresan(1999)
4. 一些使用布莱克-斯科尔斯方法的从业者没有区分自发提前执行和离职执行或者作废。相反，他们把这些因素一同考虑进一个单一的预期寿命的估计值。然而我们在这里做了区分来确保L模型和M以及μ模型的可比较性。
5. 为了确认这个直觉，卡彭特（1998）发现“在总体股票价格表现强势的公司中，期权在深度实值时被执行”。贝蒂斯，比兹杰克和莱蒙（2005）发现“提前执行的稳定增长和股票市场估值的增长是平行的”。然而他们也表明“和股票市场的下降相一致，我们观察到期权推迟执行”。
6. 卡彭特模型是早期赫达特（1994）及库拉蒂拉卡和马库斯（1994）工作的推广。
7. 为了适应网格模型，把离职率q作为外生变量是一个简单的问题，正如Cuny and Jorion(1995)中的一样。
8. FAS 123R区分了等待期前和等待期后的离职。一个正的等待期后离职率假设永久地减少了每份授予期权的会计价值。然而预期的等待期前离职在计算每份授予期权的会计价值时忽略了。相反，预期的等待期前离职出于会计目的应当考虑，因为它会减少最初确认的期权执行时的股票数量。如果在期权定价时考虑等待期前离职，那么由此产生的总的预期会计成本就是一样的。最初的费用化效应会完全相同就像模型价值考虑了一个正的离职且没有向下调整期权数量一样。细微的区别是FAS 123R要求每年调整会计费用，公司必须把最初预期能执行的期权数量调整到实际能执行的期权数量。在这篇文章中，我们感兴趣的是比较总的预期会计成本（这与预期经济成本一致），所以我们没有区分等待期前或者等待期后离职。我们模型的一个细小调整给予 FAS 123R 正确的处理。

9. 边界满足这个方程 $S-1=\mu B(S, T-t)$。为了计算方便，我们在剩余期限估算期权价值。

10. 这个例子中解释性的“过去交易”是由网格模型产生的，我们已经知道使用哪个股票回报波动率。有了实际数据后，μ 的估计需要波动率参数的估计。然而 BBL 对于他们使用哪种方法计算 Ratio 数据需要的波动率保持沉默。几个方法是可能的—也就是说，执行前测量的历史波动率，可比较的交易期权的隐含波动率，LEAPS（普通股长期期权）或者期权交易后到最初期权到期日这段时间的已实现波动率。

11. 卡彭特（1998）推广了赫达特（1994）的指数效用模型，赫达特假设外生财富仅仅投资于无风险资产。

12. 卡彭特等（1997）注意到某些风险厌恶度和波动率参数下的这种可能性。

参考文献

Bettis, J.C., J.M. Bizjak, and M.L. Lemmon. 2005. “Exercise Behavior, Valuation, and the Incentive Effects of Employee Stock Options.” *Journal of Financial Economics*, vol. 76, no. 2 (May):445–470.

Carpenter, J. 1998. “The Exercise and Valuation of Executive Stock Options.” *Journal of Financial Economics*, vol. 48, no. 2 (May):127–158.

Carpenter, J., R. Stanton, and N. Wallace. 2007. “Optimal Exercise of Executive Stock Options and Implications for Firm Cost.” Working paper.

Cuny, C., and P. Jorion. 1995. “Valuing Executive Stock Options with Endogenous Departure.” *Journal of Accounting and Economics*, vol. 20, no. 2 (September):193–205.

Detemple, J., and S. Sundaresan. 1999. “Nontraded Asset Valuation with Portfolio Constraints: A Binomial Approach.” *Review of Financial Studies*, vol. 12, no. 4 (Special Issue):835–872.

Huddart, S. 1994. “Employee Stock Options.” *Journal of Accounting and Economics*, vol. 18, no. 2 (September):207–231.

Huddart, S., and M. Lang. 1996. “Employee Stock Option Exercises: An Empirical Analysis.” *Journal of Accounting and Economics*, vol. 21, no. 1 (February):5–43.

Hull, J., and A. White. 2004. “How to Value Employee Stock Options.” *Financial Analysts Journal*, vol. 60, no. 1 (January/February):114–119.

Kulatilaka, N., and A. Marcus. 1994. “Valuing Employee Stock Options.” *Financial Analysts Journal*, vol. 50, no. 6 (November/December):46–56.10.2469/faj.v50.n6.46

McGeehan, Patrick. 2006. “Options in the Mirror, Bigger Than They Seem.” *New York Times* (9 April): www.nytimes.com/2006/04/09/business/businessspecial/09fuld.html.

Merton, R. 1971. “Optimum Consumption and Portfolio Rules in a Continuous-Time Model.” *Journal of Economic Theory*, vol. 3, no. 4 (December):373–413.

第五部分

实物期权估值

CFA Institute 第22章

实物期权与投资估值[⊖]

唐 M. 钱斯（Don M. Chance），CFA

帕梅拉 P·彼得森（Pamela P. Peterson），CFA

对一个公司做出正确的估值是明智的投资决定的基础。但是公司可能持有实物期权这一因素却常常被忽视（有时却被高估）。作者在本章将要探讨实物期权估值—将这类模型与传统模型一一对比，提供范例和简要的案例分析，并且检验实物期权估值的局限和不足。

22.1 提要

实物期权可以解决与金融投资截然不同的实物投资的选择问题。虽然最初常用于矿产、石油和天然气项目中，实物期权估值已经扩展到能影响一个公司价值的广泛管理策略选择。对许多金融分析师而言，实物期权的存在还不是那么真实，即使他们知道，大多数分析师并不清楚怎样给这些期权定价。这个失败导致分析师对公司估值错误，而且常常误差较大。这章内容十分精彩，查恩斯和彼得森开发了珍贵的资源供金融分析师重新认识实物期权，并学会估值。

首先，他们把实物期权估值与传统的现金流贴现模型进行对比，同时，阐述了与实物期权估值紧密联系的额外的灵活性。接下来查恩斯和彼得森使用二叉树来说明增长期权、递延期权，放弃期权的估值。在管理中，增长期权对扩大项目规模提供了灵活性。在投资计划推迟进行时，递

⊖ CFA 协会研究基金版权所有。授权重印。该文章最初发表时，（2002 年 7 月）CFA 唐 M. 查恩斯是弗吉尼亚理工大学金融风险管理首席联合教授（First Union Professor），CFA 帕梅拉 P·彼得森是佛罗里达州立大学金融学教授。

延期权可以使管理者迅速的做出反应，放弃期权则给管理中提供了终止未来投资的灵活性，并收回残值。

查恩斯和彼得森使用连续时间布莱克－斯科尔斯模型和思科体系来对实物期权估值，他们展示了实物期权估值技术如何揭示传统模型中常忽视的价值。但是通过讨论实物期权估值伴随的许多挑战，他们谨慎地提出了关于这个重要论题的平衡观点。例如，他们这样描述，当其他因素保持不变时，波动性的增加会带来实物期权的价值增长。然而，波动性的增加可能会在提高折现率的同时降低标的资产的价值，这样反而会降低期权的价值。他们也指出了实物期权之间也并不总是彼此独立的，因此，其价值也不能简单叠加。

查恩斯和彼得森强调了一个事实，那便是许多关于期权估值的基本假设在字面意义上就是不真实的，即回报既不是必然随机的，也不是精确的对数正态分布，而且波动性并不是已知且恒定的。而且，对实物期权进行估值通常比金融期权更难，因为许多参数值并不能轻易观测到，例如执行价格、贴现率和有效期等。然而，查恩斯和彼得森敏锐的指出这些因素的不透明性带来与传统的估值方法相似的挑战。他们以回顾实物期权估值准确性的经验研究作为结束。

即便如此，实物期权并不体现在资产负债表上，任何对资产价值敏感的人必须得去辨认并对其估值。得力于查恩斯和彼得森杰出论证，现在这些关键的任务就相对容易多了。本研究基金会很荣幸的出版实物期权及投资估值。

马克·克里兹曼，CFA

投资管理与研究协会研究基金会研究室主任

22.2 前言

当投资项目具有明显的灵活性时，实物期权就是投资良机。举例来说，实物期权可以选择的权利包括：投资与否，终止或继续某项投资，推迟或执行某项投资等。实物期权不仅能给其持有公司带来不菲的价值，对于这些公司的分析师而言，同样如此。揭示实物期权的价值是项具有挑战性的任务。

本章的写作目的：缩小将实物期权应用于资本投资项目时理论和实践上的差距，并且使得实物期权估值技术更实用更易于理解，方便金融分析师应用。已经存在大量的关于实物期权估值的出版文献，其中一些的技术相当复杂，大部分却未提及实物期权估值的复杂性而显得过于简单。本章，我们把实物期权领域专家的最新观点整理统一，简洁的加以表述并演示，这些期权是如何构建，应当如何估值，如何使用估值模型。与大部分已出版的实物期权著作不同，我们同时也会提及对这些模型局限性的批判分析，以及应用上的难度。

本章结构如下：在介绍部分，我们对公司估值做了大概介绍，并且对估值技术，特别是实物期权估值技术做简要介绍。在“估值模型：传统模型与实物期权”这一部分，我们讨论了面对一项投资机会中的选择性因素（期权）时，如何使用传统的方法去解决。我们也展示了在一个投资项目中，现金流贴现分析，决策树分析，敏感性分析以及模拟分析是如何确定其弹性期权的。

我们还提供了一个案例来解释实物期权为何能够在超过资本预算的情况下用于估值。通过“实物期权估值框架”这一部分的案例和应用，我们展示了实物期权模型如何在一个多样性资本投资环境中给出正确估值的框架。考虑到在使用期权模型对实物资产投资机会分析时的众多挑战，在“解读实物期权”一节中，我们演示了如何将实物期权估值法用于一个拥有增长期权的初创公司。在“实物期权的缺陷和失误”一节中，我们讨论了实物期权的局限性和使用上的难度，同时我们也质疑模型的基础假设。在“实物期权估值使用和精确性的经验证据”一节，我们强调了一些实际使用实物期权估值的实验性证据和这些期权估值的精确性。在“总结和结论”一节，我们对本章的重要发现和结论做出简要概括。

本章中的一些术语和短语可能是全新的或者仅有一部分读者对它们了解一二。因此，为了帮助大家更好的理解，本章末尾我们提供了一个术语表。为了指示词或短语在术语表中的位置，在其首次出现时会做出特殊标记。如，在下句中，“这个过程被称作实物期权估值”，术语表中就可以找到短语“实物期权估值”。

我们要感谢投资管理研究协会研究基金会在本章成文过程中提供的帮助，在此要特别感谢研究主任马克·克里兹曼的协助、支持和鼓励。

22.3 介绍

研究上市公司的投资潜力是具有挑战性的。分析师从各种渠道获得大量的信息，需要小心地避开没用的非公开信息，剔除看起来更像是谣言而不是事实的信息。通常采用标准的现金流贴现技术（DCF）来估算未来的现金流，得到公司的整体评估价值。分析师要做的，不仅是经常观察公司的财务状况，还要更多的关注其各种可以创造财富的微妙的可能性，而这，正是难点所在。好的分析师可以发现公司的潜在价值。这种潜在价值可能蕴藏于各种资源中，但却很少，即使有，却也很难被发现。也许发现潜在价值的困难在于运气，因为如果它很容易被发现，那么十有八九已经包含于当前市价之中。而一个好的分析师所要做的，就是先于其他人发现这些潜在价值。

尽管投资分析师很少关注公司微观层面的特定项目分析，但他们必须知道公司本身是如何估价其自有投资项目的。一些公司会进行增值性资本投资，而其他公司会做出糟糕的资本投资。作为一个局外人，投资分析师在观察一个公司时，理解其如何制定资本投资方案是十分重要的。

在资本投资分析中，DCF 估值模型是一个很重要的工具，对实体或实物资产投资的估值的重点通常在于一系列此项投资期望带来的固定的未来现金流。不管是对一个单独项目还是对企业整体进行估值，估值过程大体上是相同的—估算未来的增量现金流，使用恰当的项目资本成本将其折现，将其现值与投资成本现值进行比较。尽管这种方法已被普遍接受，但是许多例子都显示，DCF 方法并不能得到投资的实际估值。许多实物资产投资确实有机会改变投资者未来的现金流和投资价值，例如放弃（投资）、追加（投资）、递延（投资）等。这些期权通常享有未来修正决定的灵活性，因此常被成为**弹性期权**（flexibility options）。

考虑为一个持有尚未公开上市的软件产品的专利权的技术公司估价。在 DCF 方法下，分析师需要估算当公司使用该专利向市场推广产品时带来的现金流。但是 DCF 方法却忽略了该公司拥有的机动性权利，例如，推迟产品上市，产品上市后增加或缩减产量，或者放弃生产。而这种灵活性是具有价值的。并且，这种灵活性通常是隐含的，或者细微的，是其他人认识不到的。因此，投资分析师需要了解公司是如何识别和分析这种情况的。

为了更准确地分析这些机会，传统的投资估值方法，如 DCF，需要配合使用实物资产资本投资估值使用的期权定价方法。这个过程就被称作**实物期权估值**（real options valuation）。传统估值方法不能直接考虑众多投资决定中可获得的管理上的灵活性，进而了解投资的价值，实物期权的重要性正是于此得以体现。因此，一些公司的价值可以从没有在财务报表中反映出来的期权中获得。

实物期权估值并不能取代传统的 DCF 模型。事实上，DCF 技术在识别实物期权和为实物期权提供分析资料方面有着重要的作用。然而，尽管许多分析师已经意识到将期权价值并入投资分析的重要性，但大部分人仍对如何将期权价值并入决策过程缺乏了解。例如，Busby 和 Pitts(1997)在他们对 FTSE 100 公司的调查报告中发现，尽管大部分公司意识到了弹性期权的重要性，大多数公司并没有明确地将这些期权纳入决策的程序和方法。反过来，投资分析师作为旁观者来观察一个公司，同样对这些期权在评估公司整体价值中的作用缺乏认识。

当然，大部分公司不只拥有一项实物期权。大多拥有各种不同的资本投资和许多期权。期权之间常常相互影响，这种复杂性又使得对公司和其机会/前景的估计更为困难。但是尽管困难重重，总需要有个人来面对挑战，做出正确的分析判断。并且在当今时日，当公司（特别是技术型和网络相关的公司）的市场价值常与那些传统估值模式下（如 DCFs，P/Es，和股息估值模型）的价值显著不同时，对实物期权的理解就更加重要了。

22.3.1　技术部门里的实物期权

没什么地方可以比网络和技术部门更能体现实物期权对公司的影响了。以亚马逊这个网上零售商的估值为例。该公司自 1995 年成立以来一直亏损，并且预期至少在 2003 年以前都不会产生收益。现金流为负，并且此后数年都不会有预期收益。尽管其财务数据前景黯淡，但其股票交易价格高达每股 113 美元。当亚马逊公司的股票交易价格在每股 64 美元时，其稍高于半数的股价受现金流影响，而剩余价值里，至少有一部分源自可以助其拓展到其他相关联的不同市场的众多期权[2]。

亚马逊的情况与邓巴（2000）讨论的一个案例很像。实物期权组织是一家成立在伦敦的咨询公司，该公司在对 Tiscali 这家处于起步阶段的网络服务提供商估值时使用了实物期权定价，并确定该公司的价值超过了 DCF 下的估值，这是因为该公司持有的期权可以从欧洲的增长和手机市场的增长中获得收益。起步阶段的技术公司比较年轻，只有很少甚至没有历史收益，这就比较难以估值，也会由于市场炒作而被投资者高估，一些已经有收益的大公司，如思科系统之类，也存在这样的案例，投资者用传统估值方法之外的其他标准[3]来对这些公司进行估值。

表 22-1 提供了一个对同时提供电脑服务和电脑硬件的公司的抽样，估值数据是 2000 年 7 月28 日的信息。表中同时提供了行业均值和标准普尔 500 指数均值。一些公司的价值与传统估值指标一致（如，IBM 的 P/E 为 25.1，与标准普尔 500 指数的 P/E 值 25.0 一致），而表中还有些公司的估值则在传统的合理估值边界之外，如（CNET Networks）CNET 科技资讯、莱科思和雅虎。

另外一个案例是著名的网络服务提供商的雅虎公司。雅虎的股票在交易中获得 300 倍于历史收益的市盈率。与其他网络领域的公司不同，雅虎已经产生了收益，并且它未来五年（2000 ~ 2005）的预期收益将增长 46.3%。但是，即使有这些计划中的收益数据，股票的当前市价依然远远超过传统估值方法的测度[4]。例如，使用标准普尔 500 指数的平均市净率 25.0 来估算，雅虎的市值为 59 亿美元，远低于它的实际价值 689 亿美元。[5]

表 22-1 2000 年 7 月 28 日样本公司的估值

公司	每股价值	52 周内最低价格	52 周内最高价格	每股销售额①	每股账面价值②	每股收益①	本年每股盈利预测	下年每股盈利预测	未来 5 年每股收益增长率	贝塔值	市盈率①	市盈率相对盈利增长比率③	市净率②	市值（10 亿）	分析师意见（Δ）
电脑服务															
美国在线	$53. 813	$38. 469	$53. 813	$2. 64	$2. 67	$0. 48	$0. 57	$0. 80	48. 4%	2. 51	142. 4	3. 79	20. 19	$123. 6	1. 5
CNET 科技资讯	28. 125	21. 205	79. 875	1. 95	15. 17	3. 94	0. 14	0. 54	46. 3	1. 06	213. 3	na	1. 85	2. 1	1. 5
莱科思	58. 063	28. 563	93. 625	2. 44	13. 47	0. 20	0. 18	0. 55	49. 3	3. 02	333. 9	na	4. 31	6. 4	1. 9
雅虎	126. 750	55. 000	250. 063	1. 39	2. 98	0. 33	0. 46	0. 58	46. 3	3. 45	291. 0	3. 61	42. 48	68. 9	1. 6
行业									51. 2		-10. 1	-0. 27			
计算机硬件															
思科系统公司	62. 813	28. 078	82. 000	2. 32	2. 86	0. 35	0. 53	0. 70	31. 9	1. 45	128. 2	3. 24	177. 94	441. 2	1. 3
戴尔	43. 688	35. 000	59. 688	9. 90	2. 17	0. 64	0. 92	1. 21	30. 8	1. 96	49. 5	1. 39	20. 11	113. 0	1. 5
捷威	55. 125	36. 563	84. 000	27. 63	7. 28	1. 51	1. 85	2. 27	23. 8	0. 80	31. 2	0. 90	7. 57	17. 7	1. 4
IBM	111. 813	89. 000	111. 813	86. 30	10. 87	3. 94	4. 39	4. 99	13. 8	1. 11	25. 1	1. 41	10. 29	198. 2	1. 4
Sun	102. 813	32. 938	110. 000	9. 30	4. 60	1. 09	1. 27	1. 57	22. 1	1. 26	111. 9	5. 00	22. 37	163. 5	1. 6
行业									26. 7		50. 9	9. 25			
S&P 500									12. 1		25. 0	1. 81			

注：Δ 表示经纪商均值，1 表示强烈的购买，5 表示强烈卖出。

①基于后面 12 个月。

②基于最近一季度。

③市盈增长比率。

资料来源：雅虎财经。

那么，到底是什么使得亚马逊和雅虎的价值如此之高呢？当前的估值并不是基于历史绩效，似乎也不是基于近期绩效。在亚马逊公司的案例中，该公司是网络零售行业的领导者，并且占据了网络图书零售市场的重要份额。在技术和网络市场营销策略上的一步领先，使亚马逊得到关注和消费者的忠诚，同时也使公司可以扩展到图书以外的市场。那么，亚马逊到底拥有什么呢？那便是，不仅仅在其当前市场获得增长，更重要的是，利用现有的基础设施和消费群体在新的市场也获得增长。难道亚马逊有任何保证使其在现有的情况下积累资本么？没有，而且潜在收益和与此相关的不确定性是难以评估的。消费者的忠诚度是可以改变的，公司有大量的债券，而技术更新换代异常迅速。第一个吃螃蟹的人可以创造短期的超额收益，但是网络市场易于进入，近期一些传统的非网络零售商也开始利用网络开展业务，这就使得公司的优势微乎其微。在雅虎公司的案例中，公司的主要收益来于广告投放，公司把自己建成通向互联网的大门并提供附加服务，例如拍卖网站，从雅虎建好的大门进入，来拓展自己的业务。那么，雅虎又有什么呢？像前文提到的，成长的机会，利用当前的经验运作开展新的活动。而雅虎有任何保证使其能够在其当前领先门户网站的位置上积累资本，打出有力的“出击”呢？没有，进入门户市场的起点非常低，而这个市场中技术和风向变化亦是风起云涌。

潜在增长率并不能在当前和预计收益以及现金流中体现出来，而使用当前和预计收益及现金流进行分析的传统估值模型亦不能估算出全部的潜在增长可能。一些人，如 Schwartz and Moon(2000)，已经论证过，在给定足够高的增长率和波动性的情况下，一些公司的估值可以用实物期权进行解释。而以 Mayor(2001) 为代表的一些人则认为相对 DCF 模型而言，实物期权并不能解释某些极端情况下的市场估值。此外，一些人发现异常的估价只存在于在各自技术领域内较大型的公司中[6]。这些案例以及更多的事实都提出这样一个问题，市场有没有将其他诸如增长期权之类的因素纳入这些公司的股票价值当中。这些异常的估价向分析师提出了挑战，让他们修正传统的估值“标准”。除非分析师和投资者对公司误估到空前的程度，实物期权基本上已确定的解释了上述这些公司高市值中的一部分[7]。当然，要判定实物期权对这些看上去过高的估值到底贡献了多少是很难的，但是如果没有实物期权，人们可能会将这种明显的误估全部归因于过分乐观主义。

22.3.2 实物期权的背景及方法论

资本投资中内含实物期权这一事实已经被认识很长一段时间了。例如，Myers(1977) 认识到考虑诸如增长期权之类的投资机会的重要性，Kester(1984) 强调增长期权在做出投资决策中的重要性。然而只是在最近，才更多的将注意力放在如何将期权定价理论的估值方法应用于实物期权上。实物期权在资本投资中的“底线”是经营弹性，每个投资项目在制定决策的过程中都有不同程度的弹性。第一个难题就是在发现投资决策中蕴含的期权。第二个挑战则是对这些期权进行估价并将其纳入整体估值过程。

“实物期权”这个词首先出现在 Myers 1977 年的文章中，他在文中将公司的价值分解成两个部分——当前资产的现值和未来成长机会的现值[8]。绝大多数对实物期权的学术研究都遵循着Myers的思路，着眼于矿业、石油和天然气工业。随着时间发展，研究者们发现了内含于投资决策中的各种期权，包括放弃期权、可转换性、进入或退出的期权、延迟的权利和连续开发创新的期权。表22-2 列举提供了对实物期权研究。投资机会中内含的典型期权包括放弃的权利，扩展或增长的权利，推迟投资的权利，和改变的权利，这种改变包括改变产品组合或者使用资本资产。

接下来提供两个近期出版的案例以供参考。Stonier(2001) 描述了空中客车公司销售合同中的期权。飞机销售合同中包含很多提供给消费者的期权——等待签署销售合同的权利、（在特定时间）运输的权利、改换飞机的权利等。Michaels(2000）报告显示法国航空公司持有一项未披露的资产，其价值源自该公司可以在巴黎的戴高乐机场扩展业务。当然，并不是只有法国的航空运输业才有实物期权；它们到处都有。实物期权方法论广泛应用于评估租约价值，管理外汇敞口等方面[9]，甚至一些不能通过传统净现值方法[10]估值的，普遍而广泛的公司策略都被称为“实物期权组合”。

表 22-2 实物期权研究

期权种类	描　述	研究著作
放弃	停止使用资产，挽回残值的权利	Bonini(1977)；Myers and Majd(1990)；Berger，Ofek，and Swary(1996)
转换的灵活性	根据需求和价格的变化改变投入产出的权利	Kulatilaka(1988，1993)；Kulatilaka and Marcus(1988)；Triantis and Hodder(1990)；Kulatilaka and Ttigeorgis(1994)
进入和退出	退出投资活动和当情况变好时重新进入的权利	Robichek and Van Home(1967)；Brennan and Schwartz(1985)；McDonald and Siegel(1985)；Trigeorgis and Mason(1987)；Pindyck(1988)；Dixit(1989，1992)；Majd and Pindyck(1989)；Myers and Majd
延迟的权利	推迟投资投入直到投资变得更加有利的时候的权利	Tourinho(1979)；Titman(1985)；McDonald and Siegel(1986)；Majd and Pindyck(1987)；Paddock，Siegel，and Smith(1988)；Pindyck(1991，1993)；Ingersoll and Ross(1992)；Quigg(1993)；∅stbye(1997)
分阶段投资	在得到更多信息之前放弃处于连续投资阶段的项目的权利	Roberts and Weitzman(1981)；Majd and Pindyck(1987)；Carr(1988)；Trigeorgis(1993a)；Grenadier(1996)
增长	利用初期投资的权利，如在研发阶段进入相关投资项目。	Myers(1977)；Kester(1984，1993)；Trigeorgis(1988)；Pindyck(1988)；Chung and Charoenwong(1991)；Kemna(1993)；Brealey and Myers(1996)；Grenadier and Weiss(1997)；Chatwin，Bonduelle，Goodchild，Harmon，and Mazzuco(1999)
交互影响期权	复合型期权，包括延迟、扩展和转换的权利。	Trigeorgis(1991，1993a，1993b)；Childs，Ott，and Triantis(1998)

那么，分析师是怎样考虑这些期权的价值呢？一个办法是使用**敏感性分析**（Sensitivity analysis）或者**模拟分析法**（Simulation analysis）去分析那些机会。尽管这些方法也会关注到决策的可能后果，但是它们并不能提供采用何种基本行动步骤的指示。另一种方法是使用**决策树**（decision tree）分析法，画出各种可能的结果，用概率表示其可能性，结合这些不同的结果估算投资计划的价值。尽管敏感性分析，模拟分析和决策树分析都提供了捕捉弹性的方法，期权定价框架则提供了一个更加丰富更好理解的分析方法[11]。

实物期权估值的基本思路是考虑一项投资中延伸于传统的DCF或净现值（NPV）测量方法之外的价值。换句话说，一个项目的价值是由它的期权补充构成的。因为这些期权是经过深思熟虑的战略决策，修正或增补过的NPV也被称作**战略 NPV**(strategic NPV)。考虑一项含有期权的投资机会。这里我们称传统NPV作**静态 NPV**(static NPV)，战略NPV是静态NPV的总和再加上期权分析的附加价值：

战略 NPV = 静态 NPV + 期权分析附加值

像金融资产期权一样，实物期权也有**看涨期权**（Call option，即买入资产的权利）和**看跌期权**（put option，即卖出资产的权利）。像其他期权一样，实物期权可以是**欧式期权**（European option），即仅在到期日执行，也可以是**美式期权**（American option），即可以在到期日前任意时刻执行。在一些案例中，实物期权可以表现为执行另一项期权的期权，这被称作**复合期权**（compound option）。

所有的期权都以其标的资产为特征，如股票或外汇，有权以固定的价格购买（看涨）或出售（看跌）标的资产。这个固定的价格称为**执行价格**（exercise price），有时也被称作行权价格。期权是有时间期限的：他们在某个特定的日子到期，在到期日或者之前（对美式期权而言）需要决定是否执行期权[12]；当看涨期权持有人执行期权时，需支付执行价格获得标的资产；当看跌期权持有人执行期权时，需出售标的资产获得执行价格。

确定期权的价值需要使用理论模型。在某些假定下，期权的价值可以由布莱克和斯科尔斯（1973）以及默顿（1973）开发的方程获得。该方程在金融领域的影响力巨大，并且引导了市场上金融期权和其他衍生品的大发展。可以不夸张地说，这个方程是整个金融领域应用最广的理论模型。斯科尔斯和默顿因此在 1997 年被授予诺贝尔经济学奖，以表彰他们模型的巨大贡献。布莱克在 1995 年去世，因此无法获得该奖项，但是却被认为是最重要的贡献者。通常情况下，该模型被称为**布莱克－斯科尔斯模型**（Black-Scholes model），它技术上的推导过程是十分复杂的，但是模型的基本结构却很简单。该方程涉及期权价格中的五个因素：

P——标的资产的价格

X——期权的执行（行权）价格

r——连续复利的无风险利率

a——资产回报的波动性（如，标准差）

T ——年为单位的期权有效期

在测绘影响股票期权价值的因素，和影响实物期权价值的因素时，我们发现，我们可以像金融资产期权那样得到实物期权的价值，见表 22-3。

表 22-3 与金融期权相关的实物期权/从金融期权到实物期权

参 数	金融资产期权	实物期权
P	股票价格	投资机会中现金流的现值（如，套现时的价格）
X	期权的执行价格或行权价格	递延的资本开支或未来节约的成本的现值
r	无风险利率	连续复利无风险利率
a	股票回报的波动性	波动性（如项目相对价值的标准差）①
T	一年为单位的有效期	期权有效期

①在标准化的期权定价分析中，波动性衡量的是标的资产回报的连续复利波动性。在实物期权中使用期权估值程序时，我们必须把波动性解释为相对价值波动性（如，价值在各个期间变化的百分比）。更多的波动性说明详见“解读实物期权”和“实物期权的缺陷和不足”这些章节。

尽管我们将在“估值模型：传统模式与实物期权”，“真正了解实物期权”和“实物期权的缺陷和不足”这些部分对该模型的使用做出具体说明，在此，先考虑一个简单的放弃期权的例子。在这种情况下，标的资产由连续经营构成，所以标的资产的价值就与经营的价值联系在一起。该期权的执行价格或者行权价格是资产的**转售价值**（exit value）或**残值**（salvage value）。有效期是知道经营终止的剩余期限的分量。那么，在某个时刻，期权将不再有效。这个时刻可能是经营标的有效期的终点，或者更早。无风险利率是在该期权有效期内的另一项相关的无风险投资的利率。无风险利率表示的是机会成本。波动性是反映期权最终是否拥有价值的变动性或不确定性。布莱克－斯科尔斯方程使用这些变量来求导期权的价值。当然，就像我们将要看到的一样，布莱克－斯科尔斯模型并不总是（可能，甚至很少）对实物期权估值的最好方法，但是它是其他大部分期权估值技术的基础。

在将期权估值方法用于实物资产期权时有很多的挑战。这些挑战包括从投资中识别期权，估算波动性，解决复合期权等。我们将在后面的部分来一一面对这些挑战。

22.3.3 小结

实物期权估值为将经营弹性纳入投资决策提供了一种方法。尽管像决策树之类的一些方法也提供了将期权纳入决策过程的途径，实物期权估值提供了一种更易于理解的方法来结合弹性期权。然而，实物期权的复杂性确实带来一些难题。在下一个部分，我们将要回顾下传统的估值模型，然后介绍实物期权估值，为后续部分的实物期权分析和决策打下基础。

22.4 估值模型：传统模型与实物期权

对一项投资机会的估值通常关注于期望由此机会带来的一些未来现金流。评估一项投资机会的典型程序包括估算未来现金流，以反映项目风险的利率将这些现金流折现，然后这些现金流的现值与投资开支相比较。如果预期该项目能够产生价值，即未来产生的现金流现值大于投资开支，该项目便是可行的；否则，公司便不会进行投资。

当经理估算某个项目的投资成本和未来收益时，他们就是在应对不确定性。不确定性的来源有很多，取决于计划何种投资类型，还有经营所在的环境和领域。不确定性也可以由经济原因、市场条件、税收、利率水平和其他很多因素造成。

这些不确定性会对未来的现金流产生影响。因此，管理者需要综合评估项目的现金流和不确定性，以便选出会增值的项目。评估投资机会中的一个难题就是捕捉项目本身提供的弹性期权。为了应对这些弹性期权，一个办法是使用那些已经成熟的并被用于捕捉项目不确定性的传统方法。另一个办法是使用期权定价模型对项目进行估值。首先，我们要来看一下那些传统的工具，如现金流折现（DCF）和决策树分析，然后我们再看一下期权定价模型是怎么样对投资机会进行估值。我们将用下面的投资机会里解释这些工具的使用。

Hokie 公司的投资机会

Hokie 公司正在评估要不要在研究和发展（研发）领域进行投资。最初，只有两个选项——投入 1 000 万美元进行研发，或者不投入。但是投资研发仅仅是个开始。研发的结果是不确定的：研究可能会产生成果，也可能不会。有 70% 的可能该项研发会产生适合销售的产品。简单起见，我们假设研发需要三年时间。

如果把研究的成果看做一种畅销产品，该公司就面临另一个决策——要不要投资 8 000 万美元用于产品的生产和销售。还有，能否将产品顺利推广也具有不确定性。如果成功了，该产品每年的预期销售收入是 2 亿美元，反之每年的销售收入只有 1 亿美元。此外，预期现金支出将到达销售收入的 75% 。这个案例中，产品成功的概率是 40% ；该公司的边际税率是 40% ；连续复合资本成本是 20% 。

因此，Hokie 公司主要有 2 个重要的决策：

- 是否投资 1 千万美元进行研发。
- 基于研发的结果，是否投资 8 000 万美元用于产品的制造和销售，以下称为投产。

图 22-1 解释了决策过程。Hokie 公司的决定和相关概率用方形表示；圆形则表示这些决策的相应后果。

我们将要分别看一下 DCF 分析法、敏感性分析法、模拟分析法、决策树分析法和期权定价模型都是怎样解决这个决策过程的。因为各种方法在估值时使用的信息略微不同，必要的时候，我们会稍稍修改一下参数以便更好的解释各方法。

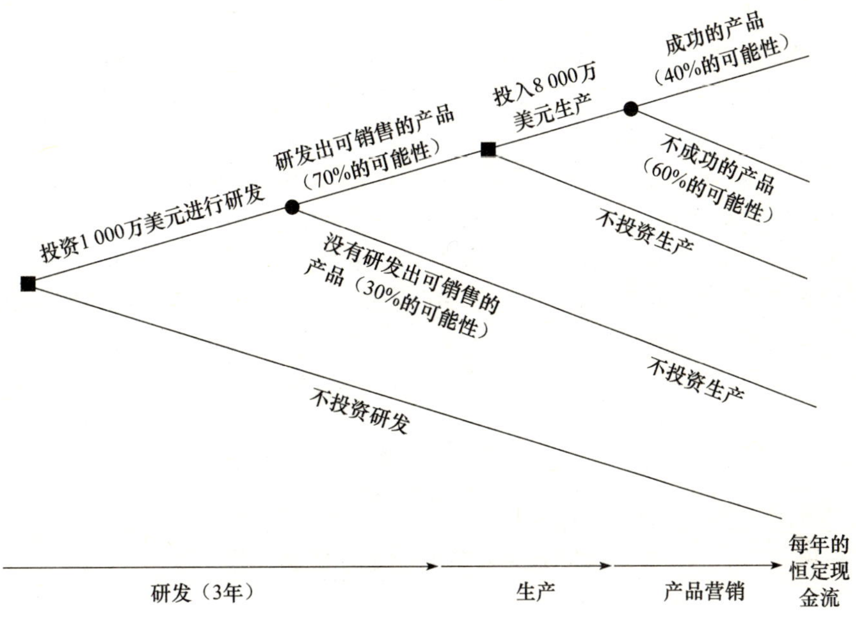

图 22-1　Hokie 公司的决策过程

22.4.1　传统的估值工具

虽然决策中的风险很难捕捉，但有一些工具能够或多或少地揭示一项投资机会中的不确定性。这些工具包括 DCF 分析法，敏感性分析法，模拟分析法和决策树分析法。

1. 现金流折现法

DCF 分析法是找到投资项目产生的现金流入和现金流出在当前时刻的价值，称为净现值（NPV）。项目的净现值是将项目的预期现金流以项目的资本成本折现，然后减去项目的投资开支现值。在 DCF 分析法的基本框架下，Hokie 公司的投资面临一个难题，因为它需要做出两个决策——要不要投资 1 000 万美元用于初始研发，接下来要不要继续投资 8 000 万美元用于产品的制造和销售。

我们将先从区别这个案例中的两个 NPV 开始入手。在第三年末，在研发成功的条件下，公司要决定是否投资 8 000 万美元投产。第三年年末的这个决策依赖于研发是否发现了适销产品。我们把这个 NPV 称为第三年年末的条件 NPV，或表示为条件 NPV3。其他的 NPV 是指整个项目的 NPV，是从第 0 年开始度量，即公司必须决定是否投资 1 000 万美元用于研发的当前时刻。我们把这个值视为整体 NPV，简称为 NPV。条件 NPV_3 需要一些因素：

- 项目的有效期。
- 项目的剩余价值或残值。
- 到项目终止时刻之前每期的预期现金流。
- 投资的开支。
- 项目的资本成本。

项目的有效期是估算的一段时间长度，在这段时间里，项目能够为公司来来期望收益。简便起见，我们假设项目的收益期在可以预见的未来无限延伸，所以将未来现金流视为永续年金，不需要考虑残值。预期的未来收益基于对现金流及其可能性的估计。表 22-4 中是若公司决定投资将产生的现金流。

因此，如果公司决定研发后继续投产，从第四年起的预期年收益如下：

$$预期收益 = 0.4 \times 3\,000\ 万美元 + 0.6 \times 1\,500\ 万美元 = 2\,100\ 万美元$$

对分析师而言，另一个必需的因素是项目的资本成本。资本成本是对所投入的资金的时间价值和风险补偿。该资本成本应当反映出项目的风险，常被估算为公司整体的资本成本，或类似项目的资本成本。在此，我们不会具体估算项目的资本成本，因为这些问题与怎样将实物期权引入投资决策无关，但是本节稍后的内容将展示标的资产价值的波动性如何与资本成本产生关联。此外，我们还将向大家展示波动性，资产价值和资本成本之间是如何相互影响的。为了分析这个项目，我们假设连续复合[13]资本成本是20%。如果公司决定投资生产产品，第三年年末的项目 NPV（即条件 NPV_3）为：[14]

$$
\begin{aligned}
条件\ NPV_3 &= \frac{\$21\ 百万}{e^{0.20}-1} - \$80\ 百万 \\
&= \$94.850\ 百万 - \$80\ 百万 \\
&= \$14.850\ 百万
\end{aligned}
$$

表 22-4 Hokie 公司的现金流：决定投资生产 （百万）

	成 功	失 败
现金收入	$200	$200
－现金支出	150	75
＝税前现金流	$50	$25
－税后	20	10
＝税前现金流	$30	$15

同样的，计算结果是如果研发成功，第三年末可以实现的 NPV。在一些应用中，这个值被称为终值或现金价格，是项目在那个时间点可以出售的价值。我们关注于这个概念：它是依赖研发成功的条件 NPV。标准差计算如下，以百万为单位：

$$
\begin{aligned}
标准差 &= \sqrt{\left[0.40\left(\frac{\$30}{e^{0.2}-1} - \$80 - \$14.85\right)^2\right] + \left[0.60\left(\frac{\$15}{e^{0.2}-1} - \$80 - \$14.85\right)^2\right]} \\
&= \$33.19
\end{aligned}
$$

为了对这些数据做出大概的估计，我们假设条件净现值服从正态分布，那么条件 NPV_3 有大约 2/3 的概率分布在平均值加减一个标准差的范围内，即在 2/3 的概率下，范围在 1 834 万美元至 4 804 万美元之间。尽管条件 NPV_3 为正，但是它的接受域很宽，并清楚地表明条件 NPV_3 为负的显著性（在假设正态分布下为 0.32），这样项目就不具有可行性。尽管如此，在考虑是否投资生产的决策点上，项目第三年末的条件 NPV 为正，因此，如果在研发阶段产生了适销产品，投资生产就有望为 Hokie 公司带来价值增值。

让我们回到当前，我们将这个条件 NPV 折现，将研发带来的不确定性并入整体 NPV。因此，在 70% 的概率下，三年的 NPV 是 1 485 万美元，有 30% 的概率，三年 NPV 为 0。因此，当前时刻的 NPV（以百万为单位）是：

$$
\begin{aligned}
NPV &= -\ \$10 + (0.70)\left[\frac{\$14.85}{e^{3(0.2)}}\right] + (0.30)(\ \$0) \\
&= -\ \$10 + 5.705 + 0 \\
&= -\ \$4.295
\end{aligned}
$$

在综合考虑了研发的不确定性，将资本成本折现到当前时刻之后，Hokie 公司预计有 429.5 万美元的净亏损。这个值是前定 NPV，即当 Hokie 公司研发成功决定投资生产时的 NPV。然而，Hokie 公司也可能倾向于放弃这个项目。稍后我们将展示，这个项目中所包含的全部灵活性并没有被恰当的估值，而实物期权估值分析却要考虑到这些。

DCF 分析法仅让我们看到这个复杂的决策过程中的一部分。目前为止，我们都忽视了一个很重要的因素，那就是管理弹性，即使在研发取得成果，得到适销产品的情况下，公司会不会投资生产。此外，在 NPV 计算过程中，单独的资本成本计算并不能得到因项目内含期权导致的不确定性：项目的风险在随着时间进程改变，不断地学习，不确定性自己会消化，而决策是在未来做出。这正是其他方法在整理出这些决策中的有用之处。

2. 敏感性分析

对现金流的估计是建立在经济情况、竞争者、消费者口味和偏好、工程造价以及税收等大量其他可能假设之上的。对于估值，我们要考虑的第一个问题就对这些假设有多敏感。例如，如果在产品具有很高的成功潜力的情况下，年收入是 1 亿 4 千万美元而不是 1 亿 5 千万美元，该怎么办？又如果，议会提高税率该怎么办？这些情况下项目还依然具备吸引力么？

我们可以通过改变假设，在不同情况下重新评估现金流，以此来分析现金流的敏感性。敏感性分析也被称为情境分析，在分析中，改变某个因素来观测可能的结果。有时候，这种分析法也被称为“假设”分析，即“假设这个（因素）改变”，“假设那个（因素）改变”等。有时，敏感性分析和情景分析之间会有一点轻微的区别。前者是试图通过改变参数值来获得各种可能的结果。后者是试图提出更多数量有限的，可能非常小的，异常和极端情况或情境。比如，某个特定情境可能包括全球性经济衰退，并伴随着减税，联邦储蓄利率下降，资产波动性增加等。这里，我们将忽略着两者定义上的轻微不同，将二者视为同样的技术方法。

因此，我们来看一个 Hokie 公司决策的“假设”情况。表 22-5 是研发期结束时，即第三年末，条件 NPV 对不同税率的敏感性。我们可以从表 22-3 中发现项目的吸引力依赖于税率；在税率由 40% 上升至 50% 时，本项目在第三年末的条件 NPV 为负。如果在研发成功的前提下，项目在第三年末不再具有吸引力，那么该项目在时刻 1 就绝不会具有吸引力，因为从那时刻起我们所做的是乘以研发成功的概率，得到现值，然后减去初始支出。

表 22-5　税率改变对 Hokie 公司决策的条件 NPV3 的影响　（单位：百万美元）

税率	产品成功时的项目价值	产品失败时的项目价值	条件 $NPV_3$①
30%	$[(\$200-\$150)(1-0.3)]/(e^{0.2}-1)$ $=\$158.083$	$[(\$100-\$75)(1-0.3)]/(e^{0.2}-1)$ $=\$79.041$	\$30.659
40%	$[(\$200-\$150)(1-0.4)]/(e^{0.2}-1)$ $=\$135.500$	$[(\$100-\$75)(1-0.4)]/(e^{0.2}-1)$ $=\$67.750$	\$14.850
50%	$[(\$200-\$150)(1-0.5)]/(e^{0.2}-1)$ $=\$112.916$	$[(\$100-\$75)(1-0.5)]/(e^{0.2}-1)$ $=\$56.458$	-\$0.958

①条件 NPV_3 是每种结果项目价值的加权平均，权重是各种结果出现的可能性减去 80 美元的成本。

正像这个简单的案例说明的一样，敏感性分析法解释了假设的变化带来的影响，但是由于敏感性分析法每次仅考虑一种变化，这一点不太现实。我们知道，项目期内很多种因素都会改变，而不仅仅只有一个因素会变。我们发挥一下想象力，任意预想一个新产品，都会伴随着许多不确定因素，举例来说，包括经济情况，公司的竞争中原材料的价格和供应，以及劳动力等。

3. 模拟

模拟分析可以帮助财务经理在给定的各种可能改变的变量的概率分布下[15]，发现各种可能后果的概率分布。考虑一个简单的投资机会，假设只有三个变量，每个变量都是不确定的，包括年收入、成本和税率。我们需要从这些抽出的变量的随机值中确定概率分布。在这个例子中，我们假设单件产品销售额，单价和开销服从正态分布。我们进一步假设税率服从均匀分布。为了简化分析我们假设这些分布是彼此独立的，但是在实际情况中，这些分布未必是独立的。例如，单件产品销售额，单价和税率可能都与经济环境相关。

假设 Hokie 公司的案例中，下列数据是已经确定的：

- 预期销量是 1 千万件，标准差为 1 000 000。
- 预期单价为 14 美元，标准差为 2 美元。
- 预期开支为销售额的 75%，标准差为 5%。
- 税率从 35% 下降到 45%

在模拟分析法中，需要用计算机程序选择输入变量的随机值并计算出结果，在这个案例中，结果就是该项目在第三年末的条件 NPV，或者说条件性 NPV_3。这些随机的结果由一个叫作随机数生成器的程序生成。那么，在这个案例中，随机选择销售额，单价，开支和税率的值，生成条件性 NPV_3 的值。现在，我们有了一种结果。接下来我们从头开始，重复这个过程，每次都得到一个新的条件性 NPV_3 的值。当产生了大量的结果之后，我们就得到了频率分布，即每次模拟所得结果的统计学汇总。生成的结果通常在一个确定范围内，频率分布通常用形象的柱状图表示。

图 22-2 是对 Hokie 公司的决策过程进行 1 000 次模拟生成的条件 NPV_3 的分布图。将标准的风险统计度量应用于频数分布，我们可以评估投资收益中包含的风险。因为频数分布是一种简单的分布（是基于观察样本的分布，而不是概率分布），它的标准差是用一种与计算各种可能结果标准差略微不同的方法计算而来。频数分布的标准差是：

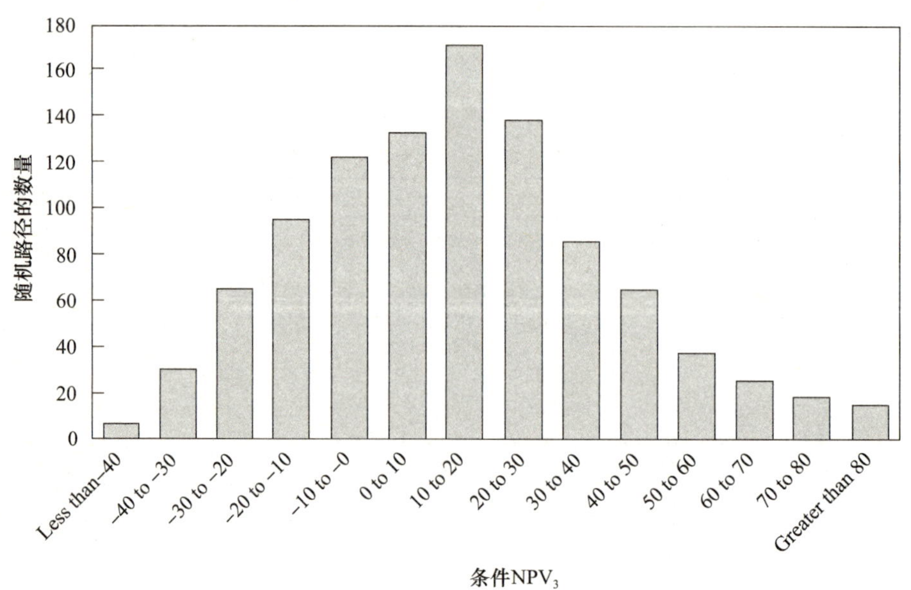

图 22-2 对 Hokie 公司项目进行模拟的条件性 NPV_3 值（单位：百万美元）

注：不确定因素是销售额、单价、开支和税率。

$$频数分布标准差 = \sqrt{\frac{\sum_{i=1}^{N}(x_i - \bar{x})^2 f_i}{N - 1}}$$

式中 X_i 是某一种结果的值，$\bar{x}$ 是各种结果的平均值，f_i 是观测到某个特定结果的次数（如它的频率），N 是模拟次数，如扔硬币的次数。

条件 NVP_3 分布的均值是 1 392. 5 万美元，标准差是 2 659. 1 万美元。均值与前面案例中的条件 NPV_3 相似，标准差表示的是模拟出来的条件 NPV_3 的值在多大的范围内围绕均值分布。再一次诉诸正态分布，回到正态分布，我们把这些结果视作项目有望增值的指示，在 2/3 的概率内，条件 NPV_3 在负 1 266. 6 万美元和 4 051. 6 万美元之间。我们在标准 NPV 分析中，得到一个条件 NPV_3 的值为 1 485 万美元，并在对研发期做出解释之后，根据成功的概率和研发的成本，推断项目不可行。因此，在这个模拟分析中，我们得到的条件 NPV 均值为 1 392. 5 万美元，也得出了同样的结论。我们可以在分析中增加一个更深的层面，模拟研发过程的结果，但是没有理由相信研发过程与成本，收入，税率和其他项目所涉变量有关，对研发进行模拟并不能给我们提供更多的信息，除了我们已知的，研发成功的概率是 0. 7。

模拟分析比敏感性分析更具现实性，因为它能够将很多变量的不确定性引入分析。但是，由于在给定年份中许多变量之间的相关性，也因为变量在不同的时间段内的相关性，大家应该很容易就想到这种分析法会变得十分复杂。尽管如此，因为会降低速度增加难度，分析的时候通常不会考虑这些相关性。

然而，模拟分析孤立地看待一个项目，仅关注单个项目本身的风险。而且，模拟分析忽视了业主个人投资组合的多样性所带来的影响。假设业主持有多元化投资组合，那么他们关心的就会是一个项目对他们其他项目风险的影响，而不仅是这个项目本身的风险。

4. 决策树分析法

决策树分析法是一种检查由未来不确定性造成的连续决策的方法。决策树用直观的路线图指示出决策和不确定性的节点，来对决策进行分析。决策树包括了 DCF 分析，将投资有关的各种主要决策的净现值，以路线图的方式提供出来。决策树的基点是当前时刻做出的决策。这个决策可以是进行投资，可以是决定投资多少，或者等待。然而，我们要说明的是，决策树分析法与标准 NPV 分析法并无多少不同。在标准的 NPV 分析法中，假设将要在项目后续时间内做的决定已经做好，而决策树分析法则提供了在项目有效期内的任何时间说不的灵活性。标准的 NPV 分析法要求在开始就做出所有的决策。在某种意义上，决策树分析法很像包括在未来决策点对项目进行评审的标准 NPV 分析法。

图 22-3 展示的是解决 Hokie 公司决策难题的决策树。与图 22-1 一样，Hokie 公司的决策，相关概率和支出都用方形表示；圆形表示这些决策的结果。虽然以前我们就已经达到了图 22-3 中的临界值，我们将复习一次到达的过程。考虑下 Hokie 公司投资进行生产这条分支。每条分支上项目在第三年末的价值如下：

$$成功 = \frac{\$30\ 百万}{e^{0.20} - 1} = \$135.50\ 百万$$

而，

$$不成功 = \frac{\$15\ 百万}{e^{0.20} - 1} = \$67.75\ 百万$$

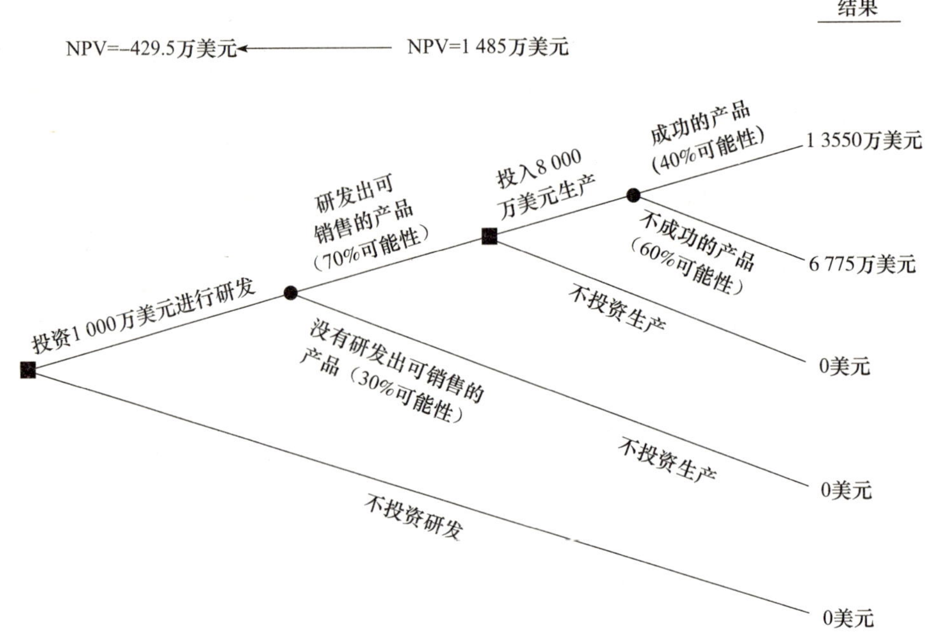

图 22-3 Hokie 公司研发和投产的决策树

跟前面一样，投资生产的预期收益，或者说条件 NPV_3 是：

$$\text{条件 } NPV_3 = 0.4(\$135.50 \text{ 百万}) + 0.6(-\$67.75 \text{ 百万}) - \$80 \text{ 百万}$$
$$= \$14.85 \text{ 百万}$$

前文已经提醒过，这个值的标准差是 3 319 万美元。单独考虑期望 NPV，如果由研发过程决定的结果产生 1 485 万美元的收益，Hokie 公司则会选择投资。

从决策树分析法中我们知道，如果研发成功，Hokie 公司绝对会投资生产。因此，我们将这 1 485万美元折现到当前时刻，权重为研发成功的概率减去开办费用。这样，得到整体 NPV 为（以百万为单位）

$$NPV = 0.7\left[\frac{\$14.85}{e^{3(0.20)}}\right] + 0.3(\$0) - \$10 = -\$4.295$$

当然，与我们用 DCF 分析法得到的值相同。

考虑以下变量。把第三年末启动生产需要的支出从 8 000 万美元变为 1 亿美元。我们已经算出在第三年末进行投资的项目价值是 9 485 万美元。这个值不会变，而第三年末投资生产的 NPV 现在变为负 515 万美元。这样，即使研发过程产生了成功的产品，第三年末做出的决定将是不继续投产。因此，项目在当前的价值为 0，而整体 NPV 则是负 1 000 万美元这样就会拒绝这个项目。按照标准 NPV 分析法，在第三年末支出为 8 000 万美元时，第 0 年的 NPV 为负，当第三年末的支出为 1 亿美元时，标准 NPV 分析法得到第 0 年 NPV 显然为负。在这个案例中，着两种方法都得出同样的结论，但对不同的原因得出的负值 NPV 却是不同的。只有当项目在研发期产生同样的正现金流时，决策树法将得出与标准 NPV 法不同的结论。

由决策树提供的灵活性，人们可能会期望得到项目的正确价值（校正值），但是情况不是这样的。跟 NPV 分析法一样，决策树分析法依赖于使用一个单独贴现率对项目和期权估值。我们将要证明，这种方法是不正确的。尽管如此，决策树可以用来画出决策过程，特别是那种连续决策过程。我们将要在“实物期权估值框架”一节中向大家展示一种广泛使用的期权估值方法，这种方法严重依赖很像决策树的一种连续结果树形结构。然而，与决策树法不同，期权估值并不需要知道反映风险的折现率，也不需要知道各种结果的可能性。虽然期权估值需要增加其他的需求，但这些需求远没有那么繁琐。[16]

使用决策树分析法的一个好处就是它的透明度。它在分析计算是没有黑盒子；它把所有的信息都展示了出来。这种把决策点和不确定性都以简洁明了的方式展现出来的特性，使得决策树具有吸引力。它几乎必然优于标准 NPV 分析法，但是这两种方法都没有给出涉及实物期权时的正确答案。为了解决这个问题，我们来看一种专为解决期权估值而射击的方法。

22.4.2　期权估值

识别出投资机会中的期权是正确对实物期权估值的第一步。第二步则是对这些期权赋值。考虑一个推迟投资支出的机会。这个投资机会与公司投资研发的情况相似：研发中需要进行某种支出，或者一系列支出，而后在未来的某些时间，公司又要依赖研发的成果，竞争者的行动和监管机构的批准，来做是否进一步投资的决定。

在 Hokie 公司的案例中，当前，第 0 年已经决定投资研发，然后第 3 年年末决定继续投产。考虑一下这两个决策中的因素——研发投资和投产。如果 Hokie 公司投资 1 000 万美元用于研发，当前的现金流是负 1 000 万美元。如果 Hokie 公司投资生产，现金流出 8 000 万美元。但是如果 Hokie 公司投产，在前面的 DCF 分析法中已经算过，第3 年后的预期年现金流是2 100 万美元。将这些年化现金流（2 100 万美元）转化为第 3 年年末的项目价值，我们得到 9 485 万美元：

$$第3年的项目价值 = \frac{2\ 100\ 万美元}{e^{0.20} - 1} = \$9\ 485\ 万美元$$

减去生产投资 8 千万美元，我们得出第 3 年末的条件 NPV 是 1 485 万美元，同表 22-6 展示的一样，我们得到了与以前的方法相同的数字。我们已经展示过，现金流以连续复利折现率 20% 折现，同时考虑研发不确定性的期望 NPV 是负 429. 5 万美元。

表 22-6　Hokie 公司决策的条件 NPV_3　　（金额单位：百万美元）

	第 0 年	第 3 年
投资	-10. 00	-80. 00
终值	0. 00	94. 85
净现金流	-10. 00	14. 85

那么第 3 年末投资生产的选择权价值多少呢？我们要用布莱克 - 斯科尔斯期权定价方程来对这个期权估值。布莱克 - 斯科尔斯看涨期权方程是：

$$期权价值 = PN(d_1) - Xe^{-rT}N(d_2)$$

式中　d_1——$\dfrac{\ln(P/X) + [r + (\sigma^2/2)]T}{\sigma\sqrt{T}}$

d_2——$d_1 - \sigma\sqrt{T}$

P——标的资产当前的价格

X——执行价格

r——连续复利无风险利率

T——一年为单位的期权的有效期

σ^2——标的资产连续复合收益年化方差

$N(d_1)$ 和 $N(d_2)$——累积正态概率

要计算期权的价值，我们需要对无法风险利率和项目价值的波动率做几个假设。回想一下，以前我们假设过资本成本为20%，在这里我们就给大家解释一下这个数字是怎么来的。这样我们也可以看到波动性，项目价值和期权价值之间重要的相互影响。假设无风险利率是4%，波动性（如项目现金流的标准差）是市场波动性16%的五倍，即80%。为了得到资本成本，我们需要另一项信息，市场风险溢价，我们取作3.2%。如果波动性是市场波动的五倍，项目的风险溢价就是3.2%的五倍，即16%。资本成本是由无风险利率和风险溢价加总而来：[18]

$$资本成本 = 4\% + 3.2\% \times (80\%/16\%) = 4\% + 16\% = 20\%$$

在Hokie公司的案例中，标的资产的当前价值是项目条件价值乘以研发成功概率：[19]

$$标的资产的当前价值 = 0.7\left[\frac{9\,485\ 万美元}{e^{3(0.2)}}\right] = 3\,643.8\ 万美元$$

换个说法，标的资产即产品本身的当前价值是3 643.8万美元，由第3年年末的条件价值9 485万美元乘以其发生概率，即研发成功的概率。我们需要的其他条件包括执行价格，即第3年末的投资支出8 000万美元，有效期，即预期项目研发所需的三年时间。这样，对布莱克－斯科尔斯方程，我们使用如下因子价格：标的资产价值＝3 643.8万美元；执行价格＝8 000万美元；无风险利率＝4%；波动率＝80%；有效期＝3年。这样，我们得到一个值1 274.4万美元[20]。项目的NPV正是期权价值和研发成本的差值：

$$项目\ NPV = 研发成本现值 + 期权价值 = -1\,000\ 万美元 + 1\,274.4\ 万美元 = 274.4\ 万美元$$

期权价值是1 274.4万美元，成本是1 000万美元。因为这个分析中包含了项目所有的现金流，和第3年年末是否会投资8千万美元进行投资的可能性，我们已经抓住了项目所涉及的全部财务问题。这样，项目的NPV就是正274.4万美元。因此，应该接受该项目。

另一种观察期权对项目估值的贡献的方法是通过战略NPV和今天NPV的概念入手。战略NPV是前文求得的274.4万美元，这个NPV中包含了期权的价值。静态NPV是不包括期权分析的负249.5万美元。加入期权分析之后的价值增值就是战略NPV和静态NPV的区别所在：

$$\begin{aligned}期权分析带来的价值增值 &= 战略\ NPV - 静态\ NPV\\ &= 274.4\ 万美元 - (-429.5\ 万美元) = 703.9\ 万美元\end{aligned}$$

换句话说，期权分析将看上去值－429.5万美元的项目变为价值274.4万美元。这并不是说期权价值274.4万美元。而是说静态NPV，或者传统的DCF分析法都显示项目NPV为负495.5万美元，期权分析揭示出项目的真实NPV是274.4万美元。也就是说，期权分析发现了项目703.9万美元的附加价值。

需要注意的是，期权估值并不能指示公司是否实际进入投产。随后，如果研发表明公司不该继续投产，那么显然就不该这样做。同时还需要注意的是，即使公司继续投产，也有失败的可能。这种情况就与投资者购买了一只股票的看涨期权，随后行使了期权，结果股票的表现却很糟糕没什么不同。股票的糟糕表现并不能说明不该行使期权，也不是说一开始就不该购买期权。在市场中，期权可能被显著低估，具有购买价值。对Hokie公司来说，这个期权的价值几乎比它的成本高30%，清楚的指示出值得进行研发。

在这个案例中，项目第3年年末的条件价值是9 485万美元。这个数值大于8 000万的生产投资额，研发成功的概率是0.7，所以预期第3年年末，公司很有可能投资生产。假设我们稍微修改一下参数，以致预期公司在第3年年末不会进行生产投资。像在决策树法中一样，我们假设第

3年年末的投资开支不是8 000万美元，而是1亿美元。现在，我们看到在第3年年末，依然预期项目的条件价值为9 485万美元，而生产投资需要1亿美元，这样，我们就不希望公司投资生产。我们来重新计算一下期权的当前价值。标的资产的价值依然是3 643.8万美元，执行价格变为1亿美元，无风险利率依然是4%，波动率还是80%，时间依然是3年。将这些值代入布莱克－斯科尔斯模型，得到期权价值为1 088.9万美元。这个数字超过了初始研发所需的1 000万美元，得到战略NPV为88.9万美元。这个值比成本为8 000万美元小了很多，但是依然为正。回想一下标准NPV分析法，和决策树法，后者包含了适度的灵活性，两种方法都建议拒绝该项目。而项目确有增值，虽然数量很小，但依然具有价值。实物期权在揭示这些看似无望的价值创造机会中十分有用。

在资本项目估值中使用期权定价确实会带来一些挑战。一个挑战就是需要处理模型中的参数。仅就估算波动率而言，我们已经知道期权带来的增值就对波动率敏感。尽管我们假设波动率是80%，确定项目未来现金流量的波动性可不是件易事。我们在试图确定项目的β值时就有遇到过同样的问题：它不可直接测得。我们将在“实物期权估值的缺陷和不足”这一部分对此做更多说明。

众所周知，在金融期权中，波动率和期权的价值正相关。然而这种相关性是静态的。它将所有的因素约束为常数。经济学家把这种类型的相关性称为比较静态，是在保持其他因子为常数的条件下，分析某一个因素变化对结果的影响。我们以一个股票期权为例。不管是出于什么原因，公司作出增大公司风险的举动，这样，就会增加股票收益的波动性。看涨期权持有者当然会非常开心，因为获得更高收益的可能性增加了。[21]他们的头寸就会增值。尽管在期权领域几乎普遍接受，但是这种观点是引人误解的，而且在实物期权方面会造成严重失误。以股票期权为例，如果风险增加，而期望收益没有增加，股东要求的报酬率就会提高，这就会降低股票的价值。较低的股票价格将对期权的价格产生负面影响。较高的波动性带来期权增值是否会超过股票降价带来的期权减值，这一点没有一致的结论。因此，当有些人说波动性提高会增加期权的价值，必须认识到，这种说法是在保持其他影响因素不变的情况下才能成立。

在实物期权的案例中，如果项目现金流的波动性增加，就有可能出现这个问题。如果标的资产的价值不受波动性影响，当然这不太可能，那么波动性和期权价值之间就会产生正向相关关系。那就是，波动性越大，期权的价值越大。然而，波动性会影响资本成本：资本成本越大，标的资产价值越低。因此，较大的波动性可能会削弱期权的价值。[22]如果较大的波动性降低了期权的价值，波动性就与战略NPV负相关。如果在最后一个案例中，用60%和40%的波动性分别计算战略NPV，将会看到波动性越大，战略NPV越小，这是由于包含期权的标的资产的资本成本增加造成的。这个影响超过了波动性增加对期权价值的有益影响，见表22-7。

前文都在说波动性的坏处，公允起见，我们来看波动率是80%和90%的情况，根据静态NPV，看起来期权价值从没有吸引力变得具有投资价值。图22-4解释了Hokie公司投资策略中波动性，标的资产价值和期权增值之间的关系，其中波动性的范围是5%～100%。[23]

尽管我们已经展示过实物期权估值可以作为传统NPV分析法的不足，可依然面临一些复杂的问题。例如，大部分投资项目有数个期权，其中一些还相互影响。如果一个公司正在投资一项为期数年的研发研制新产品，那么至少存在两个期权——在研制期放弃投资的期权和延迟投资的期权。由于一个期权的价值可能会影响到另一个期权的价值，在复合型期权的情况下，估值不能简单地视为个体价值加总。解决复合型期权的估值问题要求使用数值方法[24]，超出了布莱克－斯科尔斯模型的限制，有相当的难度。

表 22-7 在不同的波动性估计下 Hokie 公司投资项目的战略 NPV

（金额单位：百万美元）

参数	波动性		
	70%	80%	90%
资本成本①	18%	20%	22%
第 3 年的项目期望值②	74.537	66.395	59.737
期权参数			
标的资产价值③	43.436	36.438	30.875
执行价格	80	80	80
无风险利率	4%	4%	4%
波动率	70%	80%	90%
项目有效期	3 年	3 年	3 年
净现值参数			
项目价值的现值	43.436	36.438	30.875
投资的现值④	-32.634	-30.733	-28.944
研发成本的现值	-10.000	-10.000	-10.000
静态 NPV	0.802	-4.295	-8.069
期权价值	14.116	12.744	11.724
研发经费	-10.000	-10.000	-10.000
静态 NPV⑤	4.116	2.744	1.724

①由无风险利率 +3.2%（波动率/16%）得到，其中 3.2% 是市场风险溢价，16% 是市场波动率。

②由研发成功的概率乘以 $21/（$e^{资本成本}$ -1）得到，其中 $21 是预期现金流。

③由项目期望值/$e^{3\times 资本成本}$ 而来，其中 3 是指项目有效期。

④由［(0.7)($80)］/$e^{3\times 资本成本}$ 得到，其中 3 是指 3 年时间，0，7 是指研发成功的概率，$80 是第 3 年末的投资支出。

⑤根据上述参数，由布莱克－斯科尔斯模型计算而来。

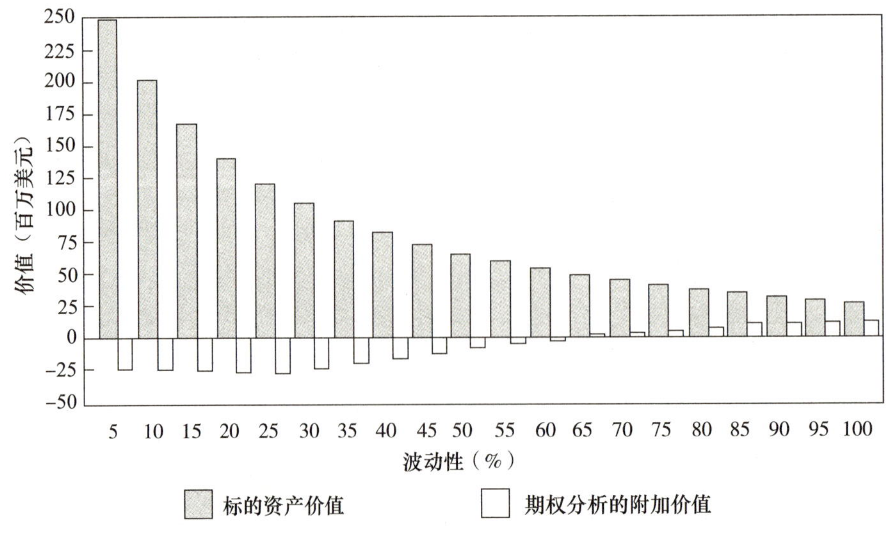

图 22-4 Hokie 公司项目中波动性与其战略价值之间的相关性

22.4.3　小结

DCF 之类的传统估值方法可以通过敏感性、模拟和决策树来修正，将一些管理弹性纳入分析，但这样又容易变得过于复杂，难以使用。敏感性分析提供了一条观测某个因素变化时对项目影响的途径，而模拟分析法则提供了观测一个以上的变量随机变化的估值通道。尽管这两种方法允许对因素变化进行试验，但他们都没能获得投资项目内嵌的期权可能赋有的全部弹性。尽管决策树可以画出弹性期权，但它使用单个折现率，不能得到这些期权的实际价值。

实物期权估值提供了一种将管理弹性期权纳入投资决策的方法，强调了这些期权对投资者的战略价值的贡献。在下一部分，我们要深入了解期权法在实物期权估值问题中的应用，也会解释如何使用**二叉树**（binomial trees）对不同类型的弹性期权进行估值。

22.5　实物期权估值框架

确定实物期权的价值不是个简单的过程。幸运的是，一系列成熟的金融理论为我们提供了一个评估实物期权的丰富框架。期权定价理论首先发展的是金融期权定价，金融期权是指以股票和股票指数，债券和货币为标的的期权。若说它已经成功了，可能有点轻描淡写了；数万亿美元的全球产业就是建立在金融期权定价理论的基础之上。每天，大型的商业企业和投资银行都在为企业养老年金客户和政府在金融期权市场进行操作。

金融期权定价理论并不能解决所有的实物期权定价问题，但是它却是那些有相似现金流和回报的估值工具的基础。需要注意的是，尽管我们这里用了“理论”一词，并不意味着是从现实中抽象而来。尽管我们确实要从一个简单的，看上去远离现实的框架开始入手，这样做的目的是对期权估值过程有一个了解，这对我们理解实物期权十分关键。

22.5.1　金融期权估值

让我们暂时忘记企业实物资产的世界，开始我们对金融期权估值的探索，这里，以简单的实际交易的普通股期权为例。假设股票当前的价格是 100 美元。接下来我们要稍微的简化一下。我们假设，在下一时期，如果股票价值发生变换，那它可能涨到 150 美元，也可能跌到 50 美元。因此，这只股票的两种可能回报是（\$150 − \$100）/\$100 = 0.50 和（\$50 − \$100）/\$100 = 0.50，或者简写为 +50% 或 −50%。我们用 u 表示涨，用 d 表示跌，这里 $u=1.50$，$d=0.50$。因而 u 和 d 就是 1.0 加上股票的回报，或者说 u 和 d 是持有期回报。为了后续使用方便，我们引入符号 S^+ 和 S^- 来表示股票每期涨跌的价值（如 $S^+=\$150$，$S^-=\$50$）。因为两种结果都有可能，这种方法一般被称为二叉树模型，并常常以图 22-5 所示的形式表示。二叉树由时间点和状态构成。例如，在图 22-5 中，S 表示在时间 0 点，价值为 100 美元，在那个时刻，顶部的状态表示股价为 150 美元，底部的状态股价为 50 美元。

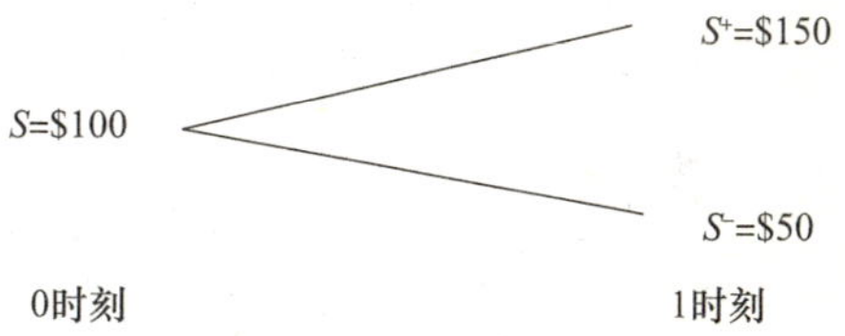

图 22-5　股票二叉树

注：S = 股票在 0 时刻的价值

S^+ = 股票在 1 时刻顶部的价值

S^- = 股票在 1 时刻底部的价值

接下来我们要介绍这只股票的看涨期权。它赋予持有者以执行价格 X 购买股票的权利。我们设定 X 为 100 美元。如果股票价格涨至 150 美元，期权允许持有者以 100 美元的价格购买市值

150 美元的股票；那样的话，我们说期权的价值为 50 美元。如果股票价格跌至 50 美元，期权同样允许持有者以 100 美元的价格购买市值 50 美元的股票。这样，期权就失去了价值，持有者就会直接任它过期。因此，在有效期内，给定的股票价格下，我们可以轻易地算出期权的价值。然而更难的任务是决定期权当前的价值，即在当股票市值是 100 美元，尚未到期的时刻，对期权进行估值。

因为期权的价值完全由股票价值决定，所以很有可能构造一个投资，同时包括股票和期权，排除亏损的风险。同样也有可能将股票头寸、贷款、尤其是无风险债券组合起来，这样可以精确的复制出期权带来的收益。我们要在案例中这样做一次。但是为了做到这样，我们额外需要一个信息，那便是无风险利率 r，我们假设 $r=5\%$。

假设，今天我们以 100 美元的价格购买 N 手股票，借入 B 美元。目前，B 的值还不确定，但我们很快就能算出它。一个周期后，如果股票市值涨到 150 美元，这个组合的价值将达到 $\$150N-\$1.05B$，如果股票市值跌至 50 美元，则组合的价值为 $\$50N-\$1.05B$。要注意，贷款的价值是 $\$1.05B$，表示的是我们借入 B 美元，而现在变为 B 的 1.05 倍。我们可以令这两项投资的价值与下面两个期权价值相等，即：

$$\$50N - \$1.05B = \$50 \text{（如果股票价格涨至 150 美元，或者）}$$

$$\$50N - \$1.05B = \$0 \text{（如果股票价格跌至 50 美元。）}$$

上面两个等式有两个未知数，因此可以很轻易地解得：

$$N = 0.50, \$B = \$23.81$$

检验一下，我们将 N 和 $\$B$ 的数值带回，得到

$$\$150(0.50) - 1.05(\$23.81) = \$50 \text{ 和 } \$50(0.50) - 1.05(\$23.81) = \$0$$

这些结果意味着，如果我们购买 1/2 手股票，以 5% 的利率借入 23.81 美元，我们就可以严格的复制出一个看涨期权。也就是说，我们可能的结果是 50 美元或者 0 美元。如果考虑到买入 1/2 手股票比较麻烦，那就把规模扩大一下。例如，每个因素都放大 100 倍，令 N 等于 50 手，借款（$\$B$）等于 2 381 美元，这样就会复制出 100 支看涨期权。我们将继续假设购入 1/2 手股票，只是需要明白这个数字很容易修正。

由于只要在期权的有效期内，购入 0.5 手股票，并借入 23.81 美元就可以复制出一个看涨期权，投资要求在当前时刻构造一个这样的头寸，必须与当前的看涨期权价值一样，即：

$$\text{看涨期权价值} = 0.50(\$100) - \$23.81 = \$26.19$$

因为我们用 0.5 手市值 100 美元的股票和 23.81 美元的借款使构造出与看涨期权一致的结果，我们可以说这个组合复制出看涨期权，实质上等价于看涨期权。

期权的价值 c 可由更直接的方法获得。我们要介绍一个简单的变量 p，由下面公式得到：

$$p = \frac{1 + r - d}{u - d}$$

本章稍后将对这个参数进行解释，现在我们先来看下如何使用它。我们同样需要用到 $1-p$，然后用 p 和 $1-p$ 的值乘以看涨期权的两个可能值 c^+ 和 c^-，用无风险利率将其结果向前折现一期，即：

$$c = \frac{pc^+ + (1-p)c^-}{1 + r}$$

在我们的案例中，

$$p = \frac{1.05 - 0.50}{1.5 - 0.5} = 0.55$$

则 $1-p=0.45$。因此，期权的价值是：

$$c=\frac{0.55(\$50)+0.45(\$0)}{1.05}=\$26.19$$

正是我们之前得到的值。图22-6的二叉树模型十分直观的将该模型描述出来。

因此，在市场上，期权应以26.19美元的价格出售。如果期权的售价高于26.19美元，就可以出售期权，同时买入0.50手股票，借入23.81美元，来构造一个等价头寸。我们把这个构造的期权称为组合看涨期权，是一种复制某种看涨期权行为（如现金流）的投资头寸；在这个案例中，组合期权包括持有股票和借款多头头寸。组合期权的多头头寸可以补偿实际上期权本身的空头头寸，这样整体头寸就是无风险的。

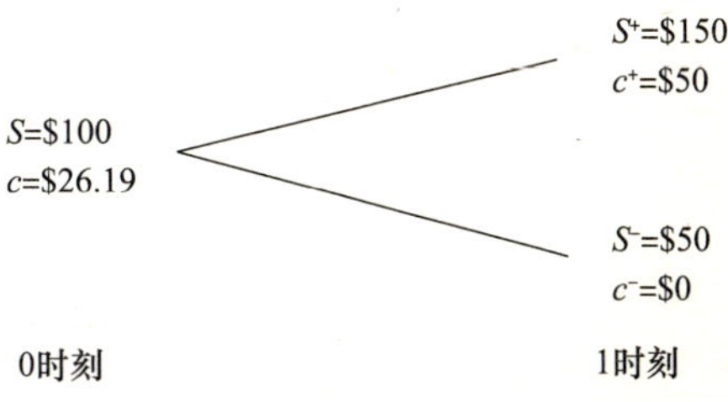

图22-6 股票和看涨期权的二叉树

注：图22-5注解如下

c=0时刻看涨期权的价值

c^+=1时刻顶部状态看涨期权的价值

c^-=1时刻底部状态看涨期权的价值

如果期权本身的售价高于组合期权，那它将带来比购买组合期权更多的收益。如果期权本身的售价比组合头寸低，那就应该出售组合期权。这个交易需要出售0.5手股票空头，并借出23.81美元。以低于26.19美元的价格购买期权。这样，风险将会对冲，而且，将会预先产生现金净流入。每一种情况（如期权本身售价高于或低于组合期权）本质上来说都是无风险收益/意外之财。这种情况被称为套利机会。[26]

投资者们都在做这种交易，就会使期权本身的价格趋近于组合期权的价格。因此我们可以论断，组合期权的价格就是期权的正确价值。

另一种期权类型，即看跌期权，赋予持有者以执行价格出售股票的权利。假设一个看跌期权，在有效期内，当股票市值为150美元时，期权价值为0美元；当股票市值为50美元时，期权价值为50美元。那么期权到期时，以100美元的价格出售价值150美元价值股票的权利价值就是0；而以100美元的价格出售价值50美元股票的权利价值是50美元。除了行权条件不同，看跌期权的估值过程与看涨期权基本一致。

股票从100美元涨到150美元的时间段与5%的利率时间段一致。也就是说，在这段时间内，将100美元投资于无风险资产，将得到105美元；在同一段时间内，将100美元投资于股票，价值可能变为150美元或者50美元。假设期权的有效期是这样两段时间，每段时期的利率水平都是5%。假设股票可以继续有50%的涨跌概率。现在，我们有了三个时间点，称其为0时刻，1时刻和2时刻。2时刻的股票价格用 S^{++}，S^{+-} 和 S^{--} 来表示，分别对应股票价格两次上涨，一次上涨一次下跌和两次下跌的情形。图22-7对这种情况作出解释。

现在，我们须了解当期权在2时刻到期时，股票市值可能是 S^{++}（225美元），S^{+-}（75美元），或者 S^{--}（25美元）。那么这些三个可能的期权价值为：

c^{++}=125美元（如，到期期权允许持有者以100美元的价格购买市值225美元的股票），

c^{+-}=0美元（如，到期期权允许持有者以100美元的价格购买市值75美元的股票），或者

c^{--}=0美元　（如，到期期权允许持有者以100美元的价格购买市值25美元的股票）。

在1时刻，我们用单期期权同样的方法来决定期权的价值。实际上，在1时刻，我们面临一个单期问题。1时刻期权的两个可能价值用 c^+ 和 c^- 来表示，与股票价值 S^+=150美元，S^-=50美元对应，计算如下：

$$c^+=\frac{pc^{++}+(1-p)c^{+-}}{1+r}$$

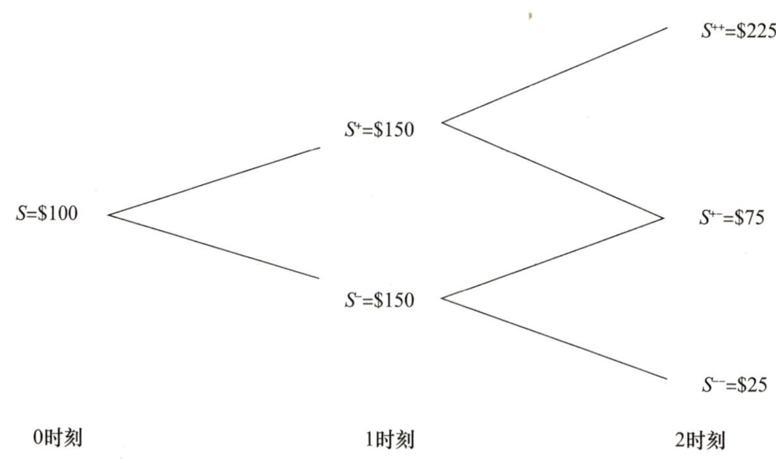

图 22-7 股票两期二叉树

注：图 22-5 的注释如下

S^{++} = 在 1 时刻上涨，2 时刻也上涨的情况下，股票在 2 时刻的价值；

S^{+-} = 在 1 时刻和 2 时刻分别上涨和下跌的情况下，股票在 2 时刻的价值；

S^{--} = 在 1 时刻和 2 时刻都下跌的情况下，股票在 2 时刻的价值。

和

$$c^{-}=\frac{pc^{+-}+(1-p)c^{--}}{1+r}$$

在我们的问题中，

$$c^{+}=\frac{0.55(\$125)+0.45(\$0)}{1.05}=65.48\text{ 美元}$$

和

$$c^{-}=\frac{0.55(\$0)+0.45(\$0)}{1.05}=0.00\text{ 美元}$$

那么，期权在 1 时刻的价值为\$65.48 或\$0.00。需要注意，第二个值（c^{-}）是 0，这是因为在期权在 2 时刻有价值，不会过期。下一步，我们回到 0 时刻，用 c^{+} 和 c^{-} 的折现加权平均值计算出期权的价值：

$$c=\frac{0.55(\$65.48)+0.45(\$0)}{1.05}=34.30\text{ 美元}$$

这个值比单期期权的价值更高，因为较长期看涨期权的价值更高些。二期期权价值与股票市值的对应关系如图 22-8 所示。

综上，二叉树框架下期权估值的基本程序如下：

（1）设计出到期权到期时刻的股票价格二叉树

（2）在期权到期时刻，插入与股票价值对应的期权价值。看涨期权的价值是 0 和股票价值减去执行价格差值中的较大值。看跌期权的价值是 0 和执行价格减去股票价值差值中的较大值。

（3）回到到期前一个时间点。预计期权接下来的两个可能值，用它们分别乘以 p 和 $1-p$，将结果加总，除以 1 + 无风险利率。

（4）继续回到前一个时点，重复第 3 步。接下来一步一步重复第 3 步，直到回到 0 时刻，这样就得到了期权的现值。

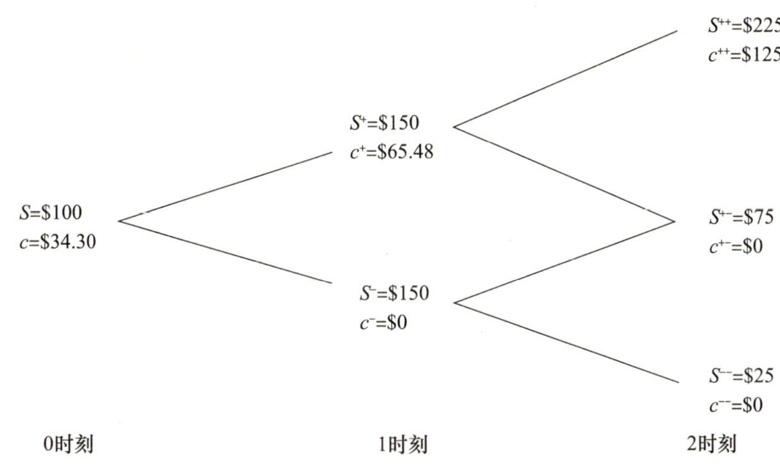

图 22-8 股票和看涨期权二期二叉树

注：图 22-5，22-6，22-7 注释如下：

c^{++} =1 时刻上涨，2 时刻上涨的情况下，看涨期权在 2 时刻的价值。

c^{+-} =1 时刻和 2 时刻分别上涨和下跌的情况下，看涨期权在 2 时刻的价值。

c^{--} =1 时刻下跌，2 时刻下跌的情况下，看涨期权在 2 时刻的价值。

要理解这里演示的内容并不难，但是要认可这种模型是现实的会难得多。毕竟，股票并不是只向两种价格运动。为了让模型更贴近现实世界，我们可以加入大量的时间段。但是如果这样做了，我们就会发现，股票以 50% 的概率涨跌，和每阶段的利率都是 5% 都是不现实的。对于有着固定期限的期权，我们可以缩减涨跌的因素和无风险利率，这样一来，在期权的有效期内，股票价格波动和利率就更现实了。

我们不会深入这个过程的细节，但是可以将这种方法和拍摄照片与摄制电影的相似之处做个简单的比较。假设我们对一个动态过程拍摄照片，比如跑步，我们仅能的到非常有限的信息。如果我们以很快的速度重复拍摄，就几乎完美地再现了跑步过程。每张照片都跨越一个非常短的时间段，连起来看的时候，照片就能准确的描绘现实。当然，如果我们用大量的时间段，就不可能手动计算期权的价值，而这个过程很容易通过电脑程序解决。在引入大量的时间段的条件下，估值过程就是收敛于我们前面提过的著名的布莱克 - 斯科尔斯模型。

为了达到本节的目的，我们不会深入布莱克 - 斯科尔斯模型。我们的任务不是掌握估值技术，而是理解现实世界中的企业投资决定是怎样引起具有重要价值的期权的创造。本节中为了达到这个目的，我们将继续使用二项式模型。它比较简便，包含了模型可以推广到更现实的环境中的认知，让我们相信它能捕捉到实物期权估值的重要元素。

22.5.2 使用金融期权模型对实物期权估值

在企业投资的情况下经常出现实物期权。想一下图 22-9 描述的情节，某项目有三个时段，项目价值如图所示，项目的期初投资为 1 050 美元。

树中的数字代表项目的价值。或许对图示最好的解释是，假设在 3 时刻项目终止，可能产生的现金流为$3 375，$1 125，$375，或$125。在前面所有的时点上，数字代表这些未来现金流的折现价值。也就是说，项目前一个时点上的价值是接下来两个可能结果的概率加权之和的现值。因此，2 时刻顶部的价值 2 250 美元是由$3 375 和$1 125 这两个数计算而来。我们先来看下，传统方法下怎样计算期权价值。

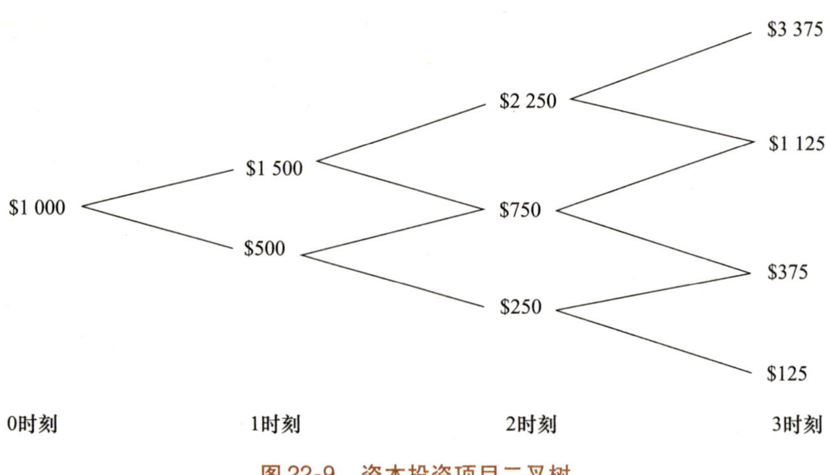

图 22-9 资本投资项目二叉树

公司已经评估过项目的风险，需要折现率为 30%。然而为了恰当的对项目估值，我们必须知道向上和向下运动的概率。我们假设向上运动的概率是 80%，那向下运动的概率就是 20%。现在我们可以用下面的方的得出价值为 2 250 美元：

$$\text{项目在 2 时刻顶部状态的价值} = \frac{0.80(\$3\,375)+0.20(\$1\,125)}{1.30} = \$2\,250$$

即在 2 时刻，顶部状态项目价值为 2 250 美元。我们可以用同样的方法算出其他节点的价值。这样就可以用下面的方法算出 0 时刻项目价值为 1 000 美元：

$$\text{项目 0 时刻的价值} = \frac{0.80(\$1\,500)+0.20(\$500)}{1.30} = \$1\,000$$

因为期初投资是 1 050 美元，所以项目的净现值（NPV）是 -50 美元。自然将不会接受该项目。

请注意，我们用了两种结果的实际概率和 30% 的折现率。也就是说，我们可以用与解释金融期权估值同样的方法对项目估值。例如，为了得到我们之前算出的 2 250 美元，我们可以用 p 和 $1-p$ 为权重，以无风险利率折现：

$$\text{2 时刻，顶部状态期权估值} = \frac{0.55(\$3\,375)+0.45(\$1\,125)}{1.05} = \$2\,250$$

剩下的其他价值都可以用同样的方法得到。

这一节最开始的两个等式中，我们用了实际发生概率，用这些概率对两种不确定的结果加权，然后用恰当反应风险的比率率折现。这种情况下，分子就是项目下一期的预期价值。然后将该期望值用按风险调整的折现率折现。在第三个等式中，我们用 p 和 $1-p$ 对结果进行加权，以无风险利率折现。每当我们用无风险利率对一个有风险的结果折现时，我们都在假设已经对风险进行了调整，或者将该项目视为风险中性。但是，权重 p 和 $1-p$，也被称为风险中性概率，并不是随机分配的，认识到这一点相当重要。但是仅有一个 p 值是与一组涨跌因素和无风险利率一致。无数的概率与风险调整折现率的组合与这些参数一致，但是对于一个给定的风险调整折现率而言，实际发生的概率值有且仅有一个。反过来，对于一个实际发生的概率值，有且仅有一个风险调整折现率。风险调整折现率、实际发生的概率、涨跌的因素、无风险利率和权重 p 的一致性表明每一种方法都可以求得某项资产获期权的价值。但是，当我们使用权重 p 时，并不需要实际发生的概率或风险调整折现率。在期权定价框架中，这是通常采用的方法，但是并不是必须采用的。[27]在企业投资决策中常使用分析框架中，通常会使用前一种方法（如使用实际发生的概率）。

如果项目如图 22-9 所示那般简单，分析师就要止步不前了。但是项目内嵌一个甚至更多实物期权也是有可能的。在这种情况下，传统分析法就不能反映项目具有的一部分重要价值。实物期权存在的形式多种多样。在某些案例中，存在不止一个实物期权，这些复合期权彼此影响，即它们的价值可能会由于其他期权的存在而不同。本章中，我们的任务是给大家打下实物期权基础，所以我们选尽可能简单的，每次仅有一个期权的案例来说明。

在接下来的分析中，我们选择了三种期权为例——**增长期权**（the growth option）、**递延期权**（the deferral option）和**放弃期权**（the abandonment option）。当然也存在大量的其他类型的期权。附录 22A 对这些期权做了大概的描述，也包括解释了本节使用的二叉树模型。附录 22B 是对本节中 Hokie 公司案例中使用的二叉树估值方法的再编，案例出现在“估值模型：传统方法与实物期权”一节。

1. 增长期权

增长期权是最常见的期权类型之一，有时也被称为扩展期权。如果一个公司拥有增长期权，那它就有日后在项目有效期内追加投资，扩大项目规模的机会。假设在图 22-9 所示案例的 1 时刻，公司有机会追加投资 900 美元，并且将项目规模扩大 70%。这样，如果它在 1 时刻追加 900 美元投资，2 时刻和 3 时刻的所有值就会增加 70%。图 22-10 是在 1 时刻项目扩张假设下的二叉树图。可以看到图中没有标出 0 时刻的价值，那是因为这个值没有意义。图中的数字表示的是在项目扩张情况下的价值，但是这张图并没有反映出幸事期权扩张的过程。下面将看到，公司决定行使期权的情况和公司决定不行权的情况。我们对期权做出解释后，就会正确获得项目在 0 时刻的价值。

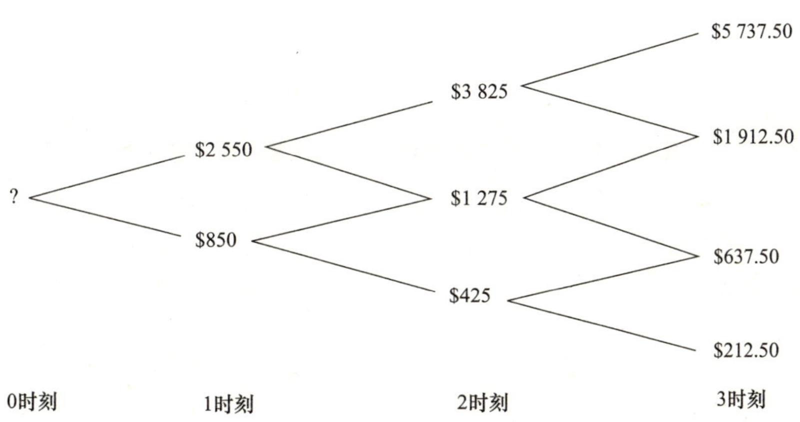

图 22-10　在 1 时刻开始扩张投资的资本项目二叉树

图 22-10 中的数字计算如下。在 3 时刻，以前在图 22-9 所示的价值都扩大 1.70 倍：

$$\$3\,375 \times 1.70 = \$5\,737.50$$

$$\$1\,125 \times 1.70 = \$1\,912.50$$

$$\$375 \times 1.70 = \$637.50$$

$$\$125 \times 1.70 = \$212.50$$

2 时刻的价值可以在新的 2 时刻价值上计算而来，如：

$$\frac{[0.8(\$5\,737.50) + 0.2(\$1\,912.50)]}{1.30} = \$3\,825$$

也可以由计算3时刻价值的同样方法计算而来（如将图22-9中的数值乘以1.70）：

$$\$2\,250 \times 1.70 = \$3\,825$$

$$\$750 \times 1.70 = \$1\,275$$

$$\$250 \times 1.70 = \$425$$

用同样的方法可以算出项目在1时刻的价值：

$$\$1\,500 \times 1.70 = \$2\,550$$

$$\$500 \times 1.70 = \$850$$

这些值是公司在1时刻追加900美元投资时的结果。在1时刻顶部状态，追加投资后的项目价值是2 550美元，如果扣除900美元的追加投资，项目的市场价值是1 650美元。在底部状态，追加900美元投资时项目价值850美元，这样，公司就不会行使增长期权了。现在我们需要一个新的二叉树，这个树图略微复杂一点，如图22-11所示。

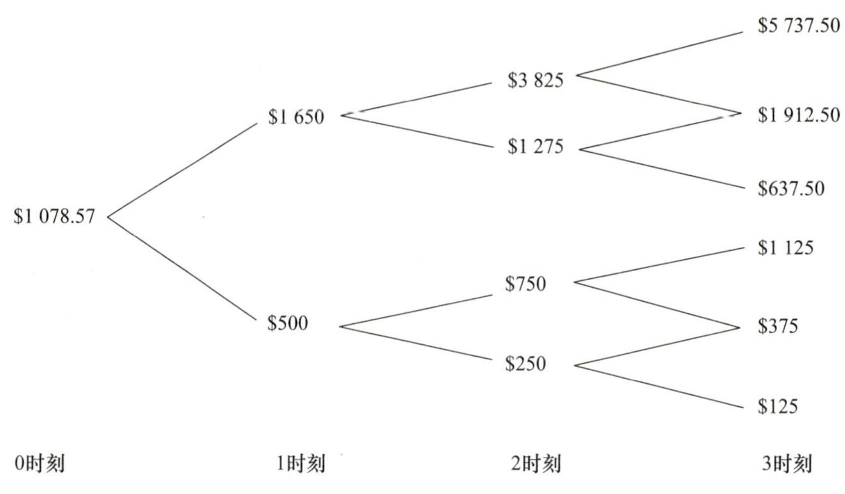

图22-11 内嵌一个增长期权的资本投资项目二叉树图

注意，图22-11的树图与本节其他树图略有不同。观察一下3时刻增加的链各个结果。在图22-9和22-10中，树图在3时刻有4个不同的结果，但实际上有8个结果：涨－涨－涨，涨－涨－跌，涨－跌－涨，跌－涨－涨，跌－跌－涨，跌－涨－跌，涨－跌－跌和跌－跌－跌。到现在，两涨一跌得到的结果是相同的，同样，两跌一涨的结果也相同。但是在1时刻行使增长期权的话，看涨状态的价值增加了70%。看跌状态的价值与不含增长期权时的价值相同。后果就是树图在3时刻有了6个结果。也就是说，在1时刻顶部状态行使期权使得涨－跌－跌的状态与其他两跌一涨状态下的价值不在相同。此外，跌－涨－涨也与涨－跌－涨或涨－涨－跌的价值不同。

现在，确定交易市值的过程也更加复杂了。我们不能再简单地用实际发生概率和30%的折现率了。这个新的项目与最初的项目不同了。自然，风险也是不同的，所以就需要一个新的风险折现率。结果就是，我们并不知道真实的折现率。然而期权定价理论使我们确信，可以使用风险中性概率来对项目估值。毕竟我们已经风险中性概率估计了初始项目的价值，并得到其真正市值为1 000美元，NPV为－50美元。通过**风险中性概率**（risk neutral valuation），我们不再需要关注风险或折现率。

因此，我们可以用风险中性概率计算出1时刻的价值，方法如下：

$$1\text{ 时刻顶部状态项目价值} = \frac{0.55(\$3\,825) + 0.45(\$1\,275)}{1.05} = \$2\,550$$

和

$$1\text{ 时刻底部状态项目价值} = \frac{0.55(\$750) + 0.45(\$250)}{1.05} = \$500$$

由于公司在 1 时刻顶部状态决定投资 900 美元，价值将被调整为$2 550 - $900 = $1 650。在底部状态，公司将不会投资，因此结果与不存在增长期权时一样。

现在我们可以回到 0 时刻去计算项目的整体价值了，过程如下：

$$0\text{ 时刻项目价值} = \frac{0.55(\$1\,650) + 0.45(\$500)}{1.05} = \$1\,078.57$$

从项目价值中减去期初投资 1050 美元，我们就得到了新的 NPV 为 28.57 美元。因为不含增长期权的项目价值为 -50 美元，而含有增长期权的项目价值为 28.57 美元，所以增长期权的价值就是$28.57 - (- $50) = $78.57。

如果我们能得到行使期权的收益，就可以单独为期权定价了，而这个案例中，行权收益比较简单。在 1 时刻，在顶部状态行使增长期权，项目价值从 1 500 美元（见图 22-9）增长至 2 550 美元（见图 22-10），获利 1 050 美元。在底部状态，使项目价值从 500 美元（见图 22-9）增长至 850 美元（见图 22-10），获利 350 美元。因此，单期期权的两个结果是 1 050 美元和 350 美元。执行价格为 900 美元。所以到期时刻的期权价值为$1 050 - $900 = $150 和 0 美元，后者是因为公司不会支付 900 美元仅获得 350 美元收益。那么，期权当前的价值是：

$$\text{期权在 1 时刻的价值} = \frac{0.55(\$150) + 0.45(\$0)}{1.05} = \$78.57$$

与之前得到的价值相同。

尽管此处解释的所有实物期权可以单独放在期权的背景下进行分析和估值（我们前面就是这样做的），一般情况下，如果期权与项目的其他部分不独立，估值会简单一些，包括期权在内整体项目可以很简单的估值。期权价值可以通过减去不含期权项目的 NPV 来得到，现在开始，我们就来演示这种方法。

增长期权的存在使项目从不被接受变为可接受。现实世界中一个相似的案例是某公司在没有增长期权的条件下正在投资一项不具吸引力的项目。一旦项目启动，该公司就会学到关于其产品需求和它的基础设施能否支撑想其他相关领域扩展的宝贵经验。本节就会给出这样的案例。将 1 时刻顶部状态看做项目早期的有利结果。如果发生了，公司会投入更多的资金扩张项目。如果发生了不利的结果，公司就不会扩张。

2. 递延期权

许多项目不会要求公司在当前启动。也就是说，可以是在当前做出初始投资，项目开始产生价值，也可以将初始投资推后一段时间，如果那时决定启动，项目便从那个时刻其产生价值。尽管许多项目都要求公司迅速行动，可是等解决了某些不确定性后再投资会产生可观的价值。当然，等待会给竞争者带来机会，时间会揭示市场本身有价值的信息。只需要看看微软公司没有开发首个或第二个电子表格，文字处理程序或演示软件就知道了。

我们再次以图 22-9 所示的资本投资项目为例，引入一个延迟初始投资的期权。特别地，假设公司有机会在 1 时刻而不是 0 时刻进行初始投资（1 050 美元），并规定如果公司一直等到 1 时刻，期初投资需求会高于 1 050 美元。这样我们就需要将合理的增长纳入必须期初投资之中。因为我们的目的是解释说明，所以我们会简单地使用无风险利率；很明显，我们可以将其调整为更高的利率。那么，如果公司打算在1时刻进行投资，它的投资额为：

$$\$1\,050 \times 1.05 = \$1\,102.50$$

注意项目顶部状态价值为1 500美元，底部状态价值为500美元（见图22-9），以此决定1时刻是否进行投资。那么，公司在前一种状态下愿意投资，而后一种状态下不会投资。我们可以自然地把这个问题视作一个执行价格为1 102.50美元，标的资产价格可能是1 500美元或500美元的期权。如果价值为1 500美元，公司将会进行投资，获得收益\$1 500－\$1 102.50＝\$397.50。如果价值为500美元，公司就不会投资。这样一来，我们需要用0美元替代500美元，因为此时项目未来不会任何价值。跟前面一样，我们可以这样求得项目在0时刻的价值：

$$\text{项目在 0 时刻的价值} = \frac{0.55(\$397.50) + 0.45(\$0)}{1.05} = \$208.21$$

由于没有递延期权时项目的NPV是－50美元，而内嵌了递延期权的项目NPV是208.21美元，那期权的价值就是208.21－(－50)＝258.21美元。这个问题可以用图22-12解释。

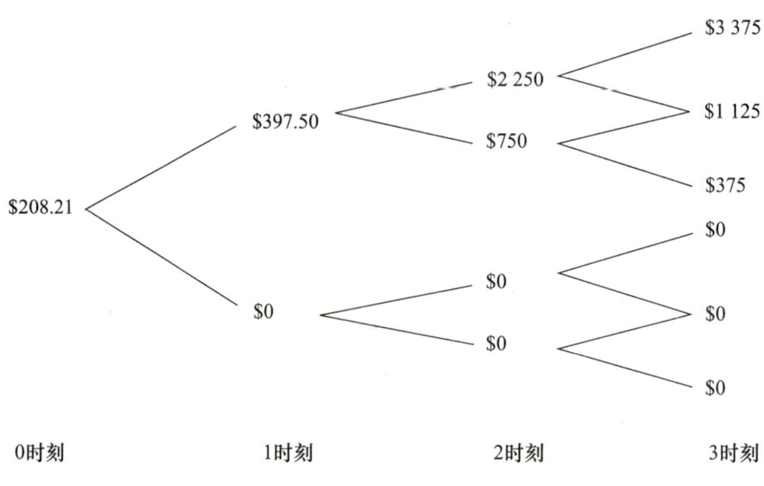

图22-12 内嵌递延期权的资本投资项目二叉树图

如果公司拥有一个可以更晚投资的期权，这个期权可能会有更大的价值。这种情况下，应该被称为一个有着较长有效期的看涨期权，价值总是更高一些。然而，如果初期投资的增加额超过了无风险利率，时间带来的所有收益就会被增加的投资成本打败。

3. 放弃期权

在项目的有效期内，公司可以决定不再继续投资来终止这个项目。这种选择权称为违约期权。一些违约期权常伴随收回项目残值的机会。这种类型的期权通常被称为放弃期权。在附录22A中介绍了一些比较普遍的违约期权。

为了理解放弃期权和残值的作用，我们需要回到图22-9所示的最初项目中，其中1 050美元时当前的投资。假设在1时刻，公司可以终止项目，收回700美元，可以简单的视作将项目出售所得。在1时刻顶部状态，项目的价值是1 500美元，公司没有理由放弃它。在1时刻底部状态，项目价值500美元。这种情况下，更值得终止项目收回700美元28。因此，内嵌放弃期权的项目在0时刻的价值是：

$$\text{项目 0 时刻价值} = \frac{0.55(\$1\,500) + 0.45(\$700)}{1.05} = \$1\,085.71$$

由于期初投资1 050美元，NPV是35.71美元，项目增值了\$35.71－(－\$50)＝\$85.71。详

见图 22-13。

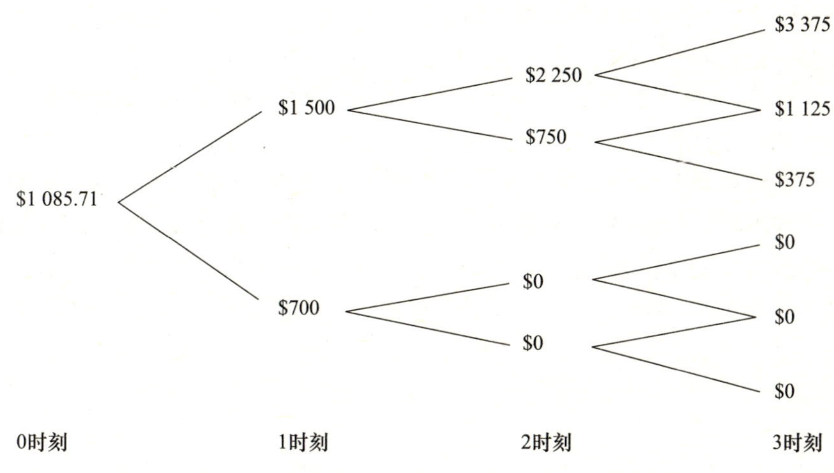

图 22-13　内嵌放弃期权的资本投资项目二叉树图

22.5.3　小结

实际上，实物期权估值远没有我们本节介绍的这么简单。我们并不是生活在一个三期世界中，项目价值不会仅仅有两种可能。但是将这种分析方法扩展，可以让多重时间多重结果条件下的期权估值不那么艰巨。尽管估值技术有坚实的基础，通常并不能简单直接的解决实际中的实物期权问题。我们本节展示的内容不是如何解决真实世界的各种问题，而是怎样建立对为何实物期权会带来价值增值的理解。接下来，我们就要进入下一节，更加实际的应实物期权模型。

22.6　解读实物期权

实物期权被视为可以帮助投资者觉得公司的股票是否被高估或低估的一条途径。市盈率乘数（P/E）这样的传统的估值方法不能解释那些内嵌实物期权公司的价值。

例如，即使忽视由风险造成的显著区别，用评估网上零售商的乘数[⊖]去评价传统的零售商，可能不会发现新技术的影响和新市场的扩张。正如我们在介绍一节中讨论过的，传统技术法得到的价值和市场中观测到的价值不同，这样的案例到处都是，但并不是说所有的这些不同都可以用期权来解释。而是说，对某些公司而言，实物期权至少可以解释这种不同中的一部分。在本节中，我们将要分析一下真实的案例，以期获得更进一步的了解。

22.6.1　使用实物期权估值

近期，《金融分析师》中的一篇文章很好地解释了对内嵌实物期权估值和估值为何与市场价值显著不同这个问题的本质。Kellogg 和 Charnes（2000）采用决策树和二叉树法分析了一家生物技术公司（阿杰朗制药）的价值。众所周知，生物科技公司在产品漫长的开发阶段拥有很高的价

⊖ 译者注：使用乘数定价（Valuation using multiples）是指通过同市场中相似或者可比较的资产价值比较来为一种资产定价，一个常用的乘数就是 P/E。

值，那时产品尚未产生任何正现金流。显然，这些公司拥有若干我们前文提到过的各种实物期权。例如，如果他们认为研发不会增加股东财富，这些公司可以终止项目，如果市场条件好过预期，他们就可能会扩张项目。

Kellogg 和 Charnes 发现，阿杰朗基于实物期权的价值与其作为一个处于特定药物开发过程的公司股票市值不同。我们用图 22-14 对他们的发现进行简单介绍。注意看一下公司市值与使用二叉树和决策树方法计算而来的公司价值之间的不断扩大的差距。Kellogg 和 Charnes 将实物期权估值和股票市值之间不断扩大的差距归因于他们模型中使用的不同假设和股东。比如，投资者有依据假设特种药物需要 8 年时间面世，而事实上，用了不到 2 年时间。对销售概率分布的不同假设也是其中某些不同的原因。本案例的重点不是市场忽视了实物期权，而是，实物期权可能已被市场高估了。

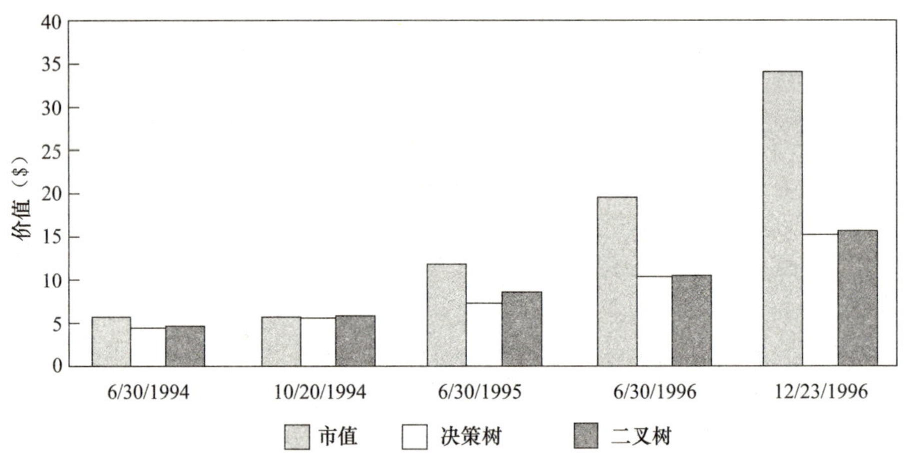

图 22-14 阿杰朗制药的股票市值和决策树、二叉树模型下的估值，1994 年 6 月 30 日至 1996 年 12 月 23 日

在同一期《金融分析师》中，Schwartz 和 Moon（2000）通过检验亚马逊公司的股票估值，确定了可以用来解释股票当前价值的波动水平和公司盈利能力。他们发现，仅当期望波动值差不多是历史波动率的 2 倍时，或者当未来收益水平是基于亚马逊公司当前及历史年收益和支出合理预期的 5 倍时，才能解释股票市值。尽管 Schwartz 和 Moon（2000）没有特别将这个矛盾归因于实物期权，而实物期权显然要这种区别承担重要的责任。例如，Mauboussin（1999）特别指出亚马逊公司拥有下列实物期权：

- 扩大范围期权（scope-up options）——进入不同产品线的机会。
- 学习期权（learning options）——收购公司或者成为合资公司的机会，带给亚马逊公司进入从前没有经验的新行业的能力，公司可以将这些冒险中学到的经验用于它现有的产品线。
- 股权（equity stakes）——感兴趣的相关新创公司的股权，或者说其他持有感兴趣的实物期权的公司的股票。

事实上，鉴于亚马逊公司较差的盈利能力和现金流，它的生命力毫无疑问在于它能够开发并恰当的行使实物期权。然而，分析师和投资者并没有那么多的闲暇时间来认识和正确估算一个公司的实物期权。对实物期权认识不足，会造成市场价值严重低于该公司的实际价值。同样，实物期权也可能被高估。对实物期权误估，十有八九是因为不知道怎样恰当的估算实物期权，使用了不合理的数据，或者没有考虑到公司拥有的众多实物期权直接的相互影响。

我们接下来要看一个真实公司的案例，毫无疑问，这家公司持有众多实物期权，如果市场价值和传统现金流折现法（DCF）估值结果有所区别，我们就要找到它。

22.6.2 对思科估值

我们用思科这个著名的网络产品供应商的估值为例，来看看实物期权是如何使得公司估值变得艰难。由于思科没有长期债务，也不分配股息，我们的估值任务需要做些调整。2000 年 8 月 10 日，思科公布其 2000 会计年度（2000 财年）盈余信息的第二天，思科普通股的市值为 4 551亿美元。这个价值中有多少源于思科持有的期权，多少来自现有资产未来现金流的现值，并不能轻易得知。尽管如此，我们将首先用传统指标来研究思科的估值，然后观测实际市值与这些传统指标计算出的价值的不同之处。我们相信，价值上不同至少有一部分可以归因于思科的实物期权。

DCF 估值要求预期未来现金流，估算公司的资本成本，然后将这些现金流以资本成本折现。这样一来，我们需要作出一系列假设。这种分析也不打算为思科股票价值中包含的实物期权提供精准的估值。事实上，我们并不知晓思科持有的实物期权的细节。我们仅用这种方法提供那些实物期权的近似估值，同时也提供一种方法来促进对实物期权在传统投资分析中的作用的理解。

思科下一年（2001 财年）的预期收益是每股 0. 72 美元，即 50. 544 亿美元，接下来的一年，每股收益 0. 95 美元，即 66. 69 亿美元 29。尽管两年之后的预期收益数据并不是十分可用，我们可以用预期增长率来计划出未来 3 到 5 年的收益。预期 31. 3% 的增长率下，思科未来每股收益（EPS）和净收益见表 22-8。[30]

由于我们想要估算出未来现金流，那就需要通过经资本支出和折旧调整过的收益来估算现金流。过去 3 年中（1997，1998 和 1999），思科每年的资本支出趋向于超过折旧约 1 亿美元。因此，合理地将现金流收益扣减 1 亿美元，现金流数据详见表 22-9。当然，我们也需要未来 5 年之后的收益信息。传统的手段通常要假设在未来某些时点，收益开始以固定的长期收益率增长。我们假设思科在 2005 年之后的收益将以 10% 的速度增长。我们还需要确定思科的资本成本。使用价值线投资调查法估算出思科的 β 值是 1. 45，假设无风险利率是 5%，市场风险溢价为 6%，可以估算出思科的资本成本是 13. 7%。此外，我们需要假设相关的资本支出和折旧。如果我们假设五年后收益增长放缓，那资本支出约等于折旧的假设就比较合理，这样，就不需要对现金流收益进行调整。

不变增长模型下，思科的终值计算如下：

$$\text{终值}_{2005} = \frac{150.96\ \text{亿美元}(1.10)}{(0.137 - 0.10)} = 4\,488.00(\text{亿美元})$$

因此，思科未来现金流的折现值即为（十亿）

$$\text{DCF} = \frac{4.954}{1.137} + \frac{6.569}{(1.137)^2} + \frac{8.675}{(1.137)^3} + \frac{11.413}{(1.137)^4} + \frac{14.993 + 448.800}{(1.137)^5} = 266.565$$

将这个数值与当前市值 4 551 亿美元进行比较，差值 1 785. 35 亿美元。当然，一些差值可能是由于市场误估，或者估值中参数设定误差造成的。如果我们轻微的调整参数，就会发现市场价值和 DCF 估值的差值高度依赖这些参数。例如，如果我们假设 2005 年之后的增长率是 11% 而不是 10%，其他所有的因素都相同，市场价值与 DCF 估值的差值就只有 9 106. 1 万美元。或者，如果我们假设回报率为 16%，而不是 13. 7%，市值和 DCF 估值的差值就是 28 487. 3 万美元。我们甚至可以调整参数，使市值与DCF估值的差值为负。显然，这个差值并不全是期权价值。也许某些公司的案例下，期权价值就是该差值，这种情况即使存在也是非常少的。因此，这种定量分析必须由公司为何持有或没有实物期权的定性分析来补充。

表22-8 在31.3%的增长率下，思科的EPS和净收益

年份	EPS（美元）	净收益（10亿美元）
2001	0.720	5.054
2002	0.945	6.669
2003	1.241	8.775
2004	1.630	11.513
2005	2.140	15.093

表22-9 思科公司的净收入和现金流 （单位：10亿美元）

年份	净收益	现金流
2001	5.054	4.954
2002	6.669	6.569
2003	8.775	8.675
2004	11.513	11.413
2005	15.093	14.993

思科这样一个大规模被广泛效仿的公司，其市场价值不太可能被高估达67%。此外，根据莫布森（Mauboussin）分析，我们有充分的理由相信思科持有大量的实物期权，如下：

- 扩张期权：思科是网络链接设备供应领域的领导者，有巨大的扩大能力的潜力。
- 扩大范围期权：思科的定位是提供广泛的互联网链接产品，这就使它可以以消费者的身份，以商业需求的理由扩张到此类产品领域。
- 学习期权：近期的兼并案使思科得到关键技术，如将语音、视频和数据集成在一个单一网络中的能力。

这些明显的价格高估可能是思科的实物期权造成的。如果我们把市值和DCF估值的差值全部归因于实物期权，我们也可以使用乘数近似得到期权价值。如P/E乘数，我们知道思科当前的P/E是117.9。标准普尔500指数平均P/E是25.2，如果我们将标准普尔500指数的乘数用于思科的收益，就会得到思科的价值为951亿美元。如果当前价值和使用标普500指数乘数的估值的差值是思科的实物期权价值，那么该期权价值为3 500亿美元，这个值远远高于DCF法得到的估值。然后我们并不知道这个差值中的多少是由实物期权构成的，但是我们有理由相信，其中一部分是实物期权的价值。

22.6.3 对内嵌实物期权公司估值的案例分析

综合评估所有的实物期权相当困难，也超出了本章的范围。然而我们可以通过一个简单的只有一个期权的公司案例来了解一下怎样将期权定价用于估值。[31]在这个案例中，我们将自己放在金融分析师的角度上，一步步解释分析师对内嵌实物期权公司估值所用的程序。

1. 第一步：收集信息

假设Nole公司是一家新创立的公司，它6年的预期现金流见表22-10，我们来看下他的折现价值。这些现金流是在一系列假设的基础上技术出来的：

表 22-10　内嵌扩张期权的 Nole 公司估值　（单位：百万美元）

	年份						
	0	1	2	3	4	5	6
年收入		1 000	1 200	1 440	1 900	2 470	3 211
减：销售成本		700	840	1 008	1 330	1 729	2 248
毛利润		300	360	432	570	741	963
减：销售和管理费用		50	60	72	95	124	161
营业利润		250	300	360	475	618	803
减：税收		88	105	126	166	216	281
税后收益		163	195	234	309	401	522
加：折旧		100	100	100	300	300	300
减：资本支出	500	100	100	2 100	100	100	100
减：流动资金变动	50	0	0	300	0	0	0
现金流	-550	163	195	-2 066	509	601	722
终值①							4 634
现金流现值	-550	133	131	-1 134	229	221	217
终值的现值							1 396
净现值	643						

①终值 = $\$750/e^{0.20-0.05}-1=\$4\ 634$

- 首次启动费用由 5 亿美元资本支出和 5 000 万美元流动资本构成。不考虑任何扩张，折旧和资本支出每年 1 亿美元。
- 在第 3 年末，公司有机会投资 20 亿美元扩张项目。尽管项目扩张后没有额外的年资本支出，但可能带来每年 2 000 万美元的额外折旧费用。即从第 4 年到第 6 年，每年的资本支出均为 1 亿美元。
- 预期未来 6 年的年收入为：第去年 10 亿美元，第 2 年 12 亿美元，第 3 年 14.4 亿美元，第 4 年 19 亿美元，第 5 年 24.7 亿美元，第 6 年 32.11 亿美元。这些收入包括了扩张的机会价值。如果公司决定不扩张，预期年收入是：第 2 年 10 亿美元，第 2 年 12 亿美元，第 3 年 14.4 亿美元，第 4 年 15.26 亿美元，第 5 年 16.17 亿美元，第 6 年 17.15 亿美元。
- 销售成本是年收入的 70%。
- 销售和管理费用是年收入的 5%。
- 税率为 35%。
- 连续复合资本成本是 20%。
- 假设公司决定扩张的情况下第 7 年的现金流是 7.5 亿美元，不扩张的情况下仅为 290 美元。假设第 6 年后的现金流增长率为每年 4%。

2. 第二步：考虑期权对公司进行估值

表 22-10 所示的价值表示 DCF 估值是 6.43 亿美元。然而如果不考虑扩张期权的灵活性，DCF 估值不会得出公司的全部价值。表 22-10 的分析简单的假设公司必然扩张。

由于是第一次处理这个问题，假设我们确定了公司不扩张的价值，然后我们可以讲扩张和不扩张的价值进行比较。这样一来，我们就可以确定扩张期权价值的上下限。

公司不扩张时的价值和现金流详见表 22-11。如果不扩张，公司的价值（6.74 亿美元）比扩张的价值（6.43 亿美元）高，说明扩张不会带来价值增值。扩张期权的本身的 DCF 估值见

表22-12，数据说明扩张会使公司的价值减少3 100万美元。从这一点上，我们可能会做出结论，认为扩张的价值为负，Nole公司会放弃行使期权，这样，期权的价值为0。然而我们接下来将要展示的内容，恰恰说明这个结论是错误的。

表22-11 Nole公司不含内嵌扩张期权的价值 （单位：百万美元）

	年份						
	0	1	2	3	4	5	6
年收入		1 000	1 200	1 440	1 526	1 617	1 715
减：销售成本		700	840	1 008	1 068	1 132	1 210
毛利润		300	360	432	458	485	515
减：销售和管理费用		50	60	72	76	81	86
营业利润		250	300	360	382	404	429
减：税收		88	105	126	134	141	150
税后收益		163	195	234	248	263	279
加：折旧		100	100	100	100	100	100
减：资本支出	500	100	100	100	100	100	100
减：流动资本变动	50	0	0	0	0	0	0
现金流	-550	163	195	234	248	263	279
终值①							1 792
现金流现值	-550	133	131	128	111	979	84
终值的现值							504
折现现金流	674						

①终值 = $290/e^{0.20-0.05} - 1$ = $1 792

表22-12 Nole公司扩张期权估值 （单位：百万美元）

	年份						
	0	1	2	3	4	5	6
年收入					374	853	1 496
减：销售成本					262	597	1 047
毛利润					112	256	449
减：销售和管理费用					19	43	75
营业利润					94	213	374
减：税收					33	75	131
税后收益					61	139	243
加：折旧					200	200	200
减：资本支出				2 000	0	0	0
减：流动资本变动				300	0	0	0
现金流				2 300	261	339	443
终值①							2 842
现金流现值				-1 262	117	125	133
终值的现值							856
折现现金流	-31						

①终值 = $460/e^{0.20-0.05} - 1$ = $2 842

3. 第三步：对期权估值

DCF估值忽视了扩张期权的灵活性。而这种弹性却拥有可观的价值，因为现在和三年后的条件可能发生变换。而期权在三年内不会过期，Nole 公司不需要现在就做出是否行使期权的决定。我们现在要用更适合的方法对扩张期权估值。首先，我们需要确定期权的参数。这些参数在表 22-13 的上半部分做了说明。执行价格是开销费用，20 亿美元的资本支出和 3 亿美元的流动资本，合计 23 亿美元。标的资产价值是从扩张（见表 22-12）时起现金流的现值，或者说（以百万为单位）\$117 + \$125 + \$133 + \$856 = \$1 231。因为扩张的决策在第 3 年年末做出，期权的有效期是 3 年。假设无风险利率是 6%。

表 22-13　计算 Nole 公司的战略价值　（金额单位：百万美元）

布莱克 - 斯科尔斯参数	
标的资产价值	1 231
执行价格	2 300
时间期数	3
波动率	50%
无风险利率	6%
布莱克—斯科尔斯要素	
d1	-0. 080 9
d2	-0. 946 9
N（d1）	0. 467 8
N（d2）	0. 171 8
Nole 公司的战略价值	
扩张期权价值	245
Nole 公司不含期权现金流折现值	674
战略价值	919

正如前文提到过的，波动率是期权估值中一个很重要的变量。根据定义，波动率是标的资产连续复合收益率的标准差。在这个案例中，扩张和随之而来的现金流被视为价值每年发生变换的标的资产。我们估算该标的资产当前的价值是 12. 31 亿美元。在估算过程中，我们需要得到一个估计的数量的波动。我们必须牢记，在估算序列标准差之前，需要将每年的同比相对价值转换为连续复合收益率。例如，估算当前的价值是 12. 31 亿美元。假设下一年的价值是 13. 48 亿美元。相对报酬率是 13. 48 亿美元/12. 31 亿美元 = 1. 095 1。那么连续复合收益率就是 ln(1. 095 1) = 0. 090 8，或者说 9. 08%。同比连续复合收益率的标准差就是波动率。我们要牢记我们得到的波动率数值必须与正态概率理论保持一致。也就是说，如果波动率是 0. 5，意味着在 2/3 的概率下，连续复合收益率围绕着均值上下波动 50%（1 个标准差）；95% 的概率下，上下波动 100%（2 个标准差）。假设我们观测的相似项目分布如图 22-15 所示。这个分布的均值是年收益率 35%，标准差是 50%。因此，我们判断波动率是 50%。[32]

根据我们再“估值模型：传统模型与实物期权”这一节中解释的布莱克—斯科尔斯期权定价模型，这个期权的价值是 2. 45 亿美元，见表 22-13。这样，考虑到扩张期权的价值，公司的整体价值估计为 9. 19 亿美元。在我们之前的分析中期权没有价值，相比之下，期权有了重要的价值。而且，在 DCF 分析中，我们推断期权没有执行价值。在期权定价方法下，公司不会在当前决定是否执行尚有 3 年有效期的期权。事实上，公司就可以简单地等待 3 年，然后决策会自然明了。因此，等待的价值是巨大的。[33]

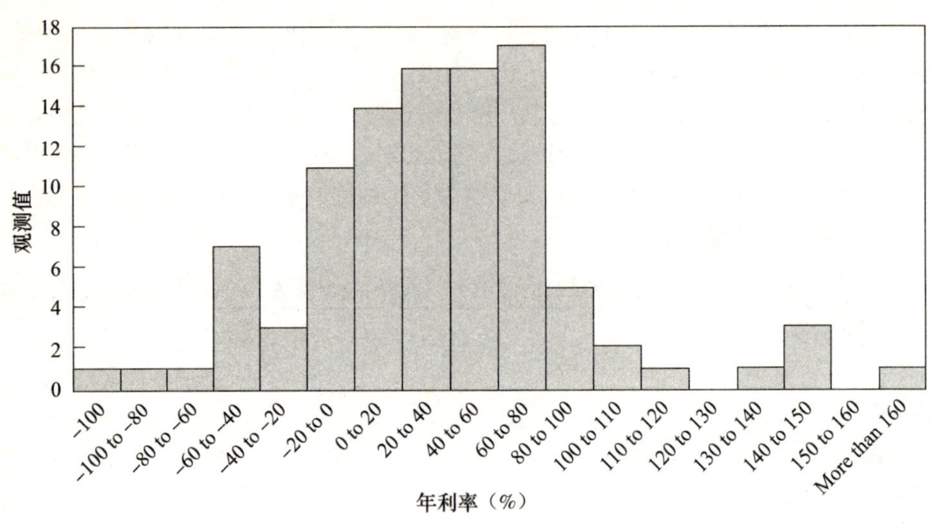

图 22-15 年利率分布图

注：该分布均值为 35%，标准差为 50%

4. 第四步：检验敏感性

尽管我们尽了最大努力，对期权的估值仍有可能是错的。不考虑其他，波动率可能是错误的。当波动性本身变化时，任何期权的价值都会显著地随着波动率的改变而同向变化。然而，在实物期权的案例中，改变波动率就会改变资本成本。因此，如果波动率增大，资本成本就增大，这会降低标的价值。接下来，这种改变会降低期权价值，从而抵消了较大波动性带来的收益中的一部分或者全部。大家可能记得，我在“估值模型：传统模型与实物期权”这一节中曾经讨论过这点。不同波动率的影响详见图 22-16。图中，我们看到一种逆相关关系，明显违背了期权定价理论。但是再次强调，需要考虑两种影响，而不仅仅是一种。忽略期权价值对波动率的敏感性，

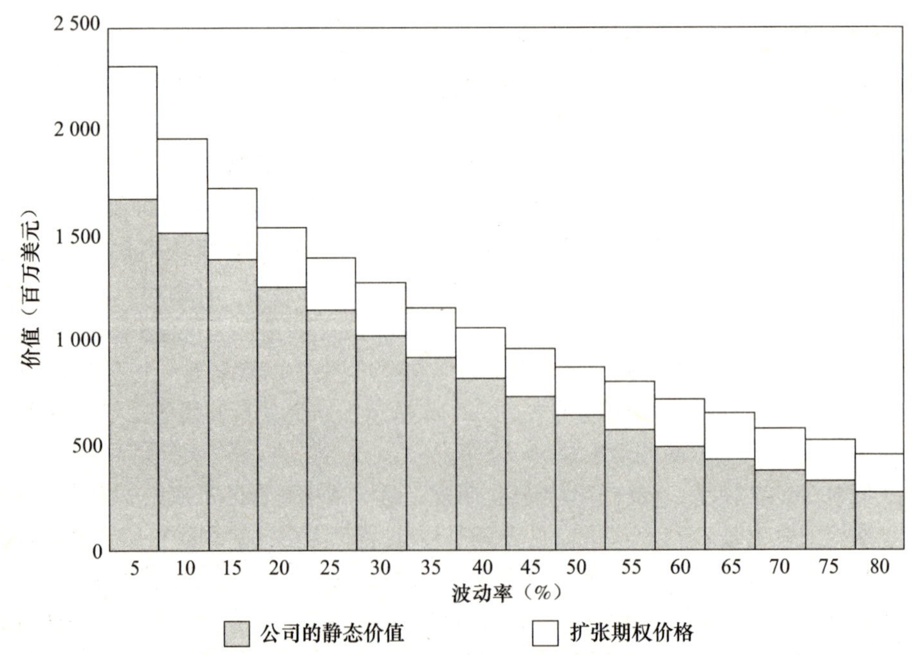

图 22-16 不同波动率下 Nole 公司的静态价值和扩张期权价值

期权本身确实具有价值。

传统的 DCF 法表明，期权没有价值，不需要执行。而事实上，在期权估值分析中几乎不可能在当前就判定期权的价值为 0。只有在一些不寻常的案例中，才出现 0 值期权，比如标的资产现值为 0，或者其价值低于执行价格且没有波动性。如果执行价格无穷大，期权价值也会 0。当然，如果期权很快就会过期而且标的资产价值低于执行价格，期权的价值必定为 0。因此，与 DCF 分析结果相反，除了这些极度异常的情况，期权的当前价值一般不会为 0。

5. 最后的忠告

如果我们没有使用期权定价模型，且只是简单地以三年为期，若假设条件改变，公司使用传统的 DCF 法也可能会决定执行扩张期权，并最终从扩张中获得增值。这种思路的问题在于，暗示了公司当前的估值是不正确的。公司的扩张期权被设定为 0 值，而市场完全低估了公司的价值。对公司本身而言，这是市场不能正确认识公司价值所犯错误中很简单的一个，但是对于金融分析，这个错误却是非常严重的，因为它们没能认识到宝贵的创造财富的机会。

22.6.4　小结

在这一部分，我们检验了几种实际的实物期权应用。诚然我们不能再分析中考虑实际世界中所有的复杂性。但这正是金融分析师存在的价值。职业判断和多年的从业经历，再加上对实物期权的理解，使分析师能够得到公司更精确的公允价值以供考虑。

在进一步深入之前，让我们来回顾一下我们目前为止的收获。在“介绍”一节，我们讨论了在金融决策制定中实物期权的演变，并且展示了为何期权定价方法可以用于实物资产投资机会。在“估值模型：传统模型与实物期权”一节，我们描述了习惯上用于资本预算的估值方法，并演示了实物期权是如何补充 DCF 分析，来获得投资的战略价值。在“实物期权估值框架”一节，我们阐释了二叉树的使用，实物期权的不同类型及其估值。在这一节中，我们使用了实物期权对一个持有扩张期权的公司进行了估值。

目前为止，我们像教科书和学术文献一样就实物期权估值进行了表达。阅读完这部文献，最深的映像是实物期权估值看起来是解决所有估值问题的良药。事实上，我们列举的所有案例中，仿佛可以轻易地认识到实物期权，获得参数值，并使用实物期权分析，不需要考虑会不会犯了错误，甚至是否恰当的使用了实物期权分析。简言之，在使用实物期权估值方面缺乏对局限性和难度的批判。因此，在接下来的部分，我们要更加批判的来看待这个方法。

22.7　实物期权估值中的缺陷和不足

在前面的部分，我们检验了实物期权对公司，尤其是金融分析师有许多吸引力。大家可能会认为实物期权估值做起来比较容易，或者它是绝对可靠的金融工具。事实上，纵观这个领域的文献，明显缺乏对这种方法的批评和其局限性的认识。而实际上，实物期权估值受到许多批评和局限，而且使用起来也相当难。这些批评中，一些比较轻，而另一些则相当严重[34]。在本节中，我们想要着眼于实物期权估值中的某些批评，注意它的长处和短处，确认哪些批评是有效的，哪些不是，并且展示一些普遍的更加辩证的观点。

我们也要强调我们对这些问题的探讨还在基础层面。我们的目标是最基本的——将这些问题，顾虑和注意事项告知读者。我们没有篇幅来对这些问题进行深入解释或者提供解决办法。事实上，其中许多问题在最专业的学者和从业者之间存在相当大的争论，而且也不太可能在近期得以解决。

22.7.1 内部外部相互影响并发

我们在“实物期权估值框架”一节和附录22A中用了大量篇幅解释过，期权定价理论的知识系统形成了理解实物期权估值的基础。可惜，实物期权估值受到一些微妙问题的影响，这些问题在涉及金融期权时常会被忽视。例如，假设一个典型的金融期权，投资者购买了基于微软公司股票（MSFT）的期权。期权的价值取决于它的隐含收益，这是由MSFT的表现决定的。剔除投资者是比尔盖茨或者微软的其他高管的可能，投资者不能影响MSFT的表现。而涉及实物期权时，期权的买方和卖方（投资者）基本上就是公司本身，而其表现正是标的资产。显然，公司能够影响其股票。因此，在实物期权的案例中，期权的持有者能够影响标的资产的价值。这种可能性就违反了期权定价模型的基础假设。

考虑一个简单的实物期权，公司可以放弃某项目，如果愿意可以收回残值。我们在“实物期权估值框架”中分析过一个这种类型的项目。公司可以采取行动，通过增大标的资产价值的波动性来增大期权的价值。如果期权不是必须的，目前没有损失太多，这些行动会推动公司获得顶部潜在收益，如果结果是坏的，就会使公司获得底部的潜在收益。但是这个问题中更复杂的是，如果公司增大了标的资产价值的波动性，标的资产的价值可能会下跌。公司采取行动将标的波动性设定为项目本身加期权整体价值的最大值，这一点具有很大的经济意义。没有期权的情况下，公司不会试图增大标的资产价值的波动性。然而期权定价模型要求不考虑期权的影响对标的资产单独定价。将这个价值和波动率作为外生变量进入期权估值。

因此，期权持有者和标的资产价值的相互影响加大了实物期权分析的难度。但这个问题仅存在于实物期权吗？不是，甚至一些金融期权也受制于这一难题。例如，公司发行可转换债券，实际上是向债权人出售了看涨股票期权。债权人不会影响标的资产的价值，而公司作为期权的卖方，显然会影响标的资产价值。公司可以采取行动降低标的资产价值的波动率达到降低期权价值的目的。用相似的方法，公司发行基于其股票的认股权证。同样，公司可以影响标的资产的价值。也就是说，期权的卖方可以对标的资产造成影响。

为了避免大家认为只有金融期权的卖方可以影响标的资产价值，我们考虑一个经理人股票期权的案例。这类期权由经理人持有，显然他们可以影响标的资产的表现。

除了期权持有者可能会影响标的资产价值之外，竞争者的反应可能会影响标的资产，这也增加了实物期权的复杂性。考虑一下刚刚描述过的放弃期权。假设某公司行使期权放弃某个项目。孤立来看，这个决定可能是最佳的：残值大于项目的市值。但是假设该公司放弃了项目，然后竞争者闻到商机，开始努力服务该公司的客服，不知不觉侵蚀该公司的其他业务。正因如此，很多公司明知道项目收益很低甚至会亏损，依然选择投资，就是怕竞争者夺走顾客，进而导致其业务收入下降。因此，该公司甚至可能会行使一个虚值期权，或者不行使到期的实值期权。在高度竞争的环境里，由于附加了公司竞争者反应的不确定性因素，实物期权变得非常复杂。也由于竞争者的反应是由人做出的，这就受制于更大的不确定性。竞争者可能做出反应，也可能不反应，即便他可能表现得很理智。

这些要点可以概括为，大部分金融期权标的资产价值不会受到期权是否执行的影响。在实物期权中，这些规律就不存在了。

22.7.2 无法解释荒谬的估值

再次考虑下放弃期权，特别是在“实物期权估值框架”中提到的那个案例。案例中，不含放弃期权的项目价值1 000美元（见表22-9）。含放弃期权的项目价值1 085.71美元（见表22-13）。即期权驾驶85.71美元。项目本身的价值将近期权的12倍。事实上，对大部分期权而言，通常标的资产的价值都数倍于期权价值。对于看涨期权，标的资产价值是期权价值的上限。对看跌期权而言，执行价格（对美式期权而言）是期权价值的上限。[35]

根据这些事实，很快就可以质疑实物期权可以使公司的价值数倍于其基础价值36的观念。当然，拥有一项实物期权的公司可能还有其他实物期权。这些期权的整体价值加起来是个很可观的数字，但是并不见得公司幸运的拥有实物期权使得公司获得其基础价值数倍之多的整体价值。而且，当一个公司拥有复合实物期权时，这些期权之间不是彼此独立的。即，他们的价值不能直接加总。因此，近年来观测到的许多网络股看似荒谬的价格能否用存在实物期权来解释，仍存在很大的疑问。对于这些价值差异，实物期权当然可以解释其中一些，但绝对不是全部。

22.7.3　模型风险

模型风险（Model risk）被定义为由于使用了不正确的模型或在正确的模型中使用了错误的参数值部分或者错误的使用了一个正确的模式，其中包括程序错误和错误的输入本来正确的参数值而带来的风险。下面对标准期权模型风险潜在危害做一个快速浏览。考虑一个美式股票弃权，股票价格100美元。执行价格100美元，无风险利率5%，有效期1年，波动率32%。正确的二叉树模型建议提前执行，期权价值16.41美元。如果使用欧式模型，如布莱克－斯科尔斯模型，价值为15.48美元，差值为0.93美元或者5.7%。如果使用了正确的模型，但是波动率误估为30%，价值将会是15.64，误差0.77美元，或约4.7%。如果将正确的波动率32%错误地输入为23%，期权价值为13.01美元，差值为3.40美元或接近21%。并且，如果方程程序错误，任何是都是有可能的。模型风险能造成较大的失误，甚至细微的错误都可能累积。

在期权中，模型风险需要特别留心。[37]相比美式期权而言，模型风险对简单欧式金融期权更严重。输入参数相对容易识别，普遍认为布莱克－斯科尔斯模型适合所讨论的期权类型。模型风险通常随着期权变得更加复杂而变得更加重要。正如我们多次提到过的，实物期权往往是相当复杂的。所以，实物期权存在更大的危险，如使用了错误的模型或者正确的模型使用了错误的参数值。很难判断在使用实物期权之前要对这种危险建立多少质疑。别的不重要，这种危险会强制大家长时间深入思考使用正确的模型，正确的模型参数值，并且在实施阶段不犯错误。

22.7.4　未能满足假设

不应该用模型的基础假设是否现实来对模型进行评判。模型构建者为了简化现实而做出假设，就是希望能够获得一个复杂过程的基本特性，并将其纳入解释现实和/或预测未来的框架中。因此，一个模型之所以是好的模型不是应为它满足了假设，而是因为它能解释现实。一句古老的谚语说，不要把孩子连同洗澡水一起倒掉，用在构建模型时和其他情况一样适用。

尽管如此，在某些案例中，现实与模型假设相差甚远，以至于人们在使用模型之前就开始质疑它的适用性。这种质疑没有哪儿比实物期权估值更严重的了。一个模型的效果好不好通常通过检验实践研究的结果来决定。不幸的是，实物期权估值本身不是那么容易进行实证检验。尽管已经对实物期权模型尽了了一些试验，我们稍后也将在“实物期权估值的使用及准确性实证检验”一节中继续进行验证，认可实物期权模型的有效性严重依赖人们对模型的信心。所以，对很多其他金融模型而言，丰富的统计数据使实证检验更加容易，而相比之下，假设的有效性更重要。

我们将实物期权模型假设分为主要假设和一般假设以便检验。前者是关键假设，后者是一些常用的假设，但是可以放松，尽管可以表现更多的复杂性，但也不总是值得的。

1. 主要假设

实物期权估值的主要假设包括**对数正态**（lognormality）、随机性和已知恒定的波动率。

对数正态（lognormality） 期权定价模型一个最重要的假设是标的资产的回报率服从对数正态分布。在股票期权中，回报率可以定义为价格变动百分比加上股息率，如果有的话。如果回报率是对数正态分布，那对数报酬率就服从正态分布。例如，如果一只不分红股票售价100美元，一年后涨到110美元，回报率是10%。对数报酬率是ln（1.10）=0.0953或9.53%。即价值100美元的股票以9.53%的速度连续增长，将在一年内达到110美元（如$100e^{0.0953(1)}=110$）[38]。连续复合收益率就是对数收益率。期权定价模型典型地假设对数收益率服从正态分布，意味着收益率本身（如不取对数）服从对数正态分布。

对数正态分布在基于股票收益的金融模型中特别受到欢迎。正态分布下损失无上限，但是对数正态分布在底部截断损失，这与股东承担有限责任的事实一致。另外，普遍认为对数正态分布更适用于实际数据，即使它本身也具有正偏态。

大部分期权定价数学模型都基于对数正态分布的概念。二叉树模型似乎没有假设对数正态分布，那种假设适用于本章中的简单案例，但是实际中，二叉树要比我们分析过的更大。如果扩展树图，某些公式会告诉大家树图中标的资产的价值是多少。这些公式都是建立在对数正态分布的假设之上。

很多类型的期权对对数正态假设存有争议。例如大部分专家同意能源产品的价格不服从对数正态假设，但是基于这些产品的期权常用对数正态假设定价。债券和利率期权常常基于对数正态定价，即使该假设可能并不成立。另外，许多人不认为股票收益率是对数正态分布的，一些实证研究的证据表明这种假设可能是个案。[39]然而更要紧的是，我们的目的是资产潜在实物期权的价值是否服从对数正态。几乎可以肯定，并非如此，但是这个结论并不意味着我们应该拒绝这个模型。正如早前描述过得，其他人没有对期权定价问题这样做，是因为替补选择并没有很好而且有可能更坏。对于大部分应用而言，通常认为对数正态假设带来的好处可以抵过对现实的偏离误差。同时在某些案例中，可以采用恰当的方式脱离对数正态假设。[40]

对实物期权估值而言，对数正态假设是个问题吗？标的资产价值几乎已经显现出它们的表现之所以不同于金融资产的属性。例如，实物资产不在一个公开，流动，非常有效的市场上交易。很难说这些违背对数正态假设的区别是否显著的指示拒绝实物期权模型。但是这些区别确实会引起关注，并使实物期权模型的使用者多些谨慎。

随机性（randomness） 几乎所有的金融工具定价模型都是建立在价格随机波动的观点之上。随机性是金融模型必须的要素，因为它假设市场是竞争性的，没有某个或某些参与者能支配其他参与者。在金融术语中，要求市场是有效的，或者至少是充分有效的，以确保竞争性便于行使定价模型。

大部分金融资产期权符合这个要求。股票，债券和货币市场是相对，甚至可能高度有效的。但是实物期权的标的资产市场不一定有效。这些标的资产包括项目，产品，和资本投资，因此被称为实物资产市场。实物资产市场当然不是有效的。公司在寻求或实现它们股东财富最大化的目标时存在正的净现值（NPVs），这就是证据。公司，尤其是新公司在一个高度无效市场中运行，不断发现新的机会和技术来产生正NPVs，也就是经济利润。因此，标的资产是一种不在有效市场交易的工具。而实物期权定价模型却建立在标的资产在有效市场交易的假设之上。这个问题是否对实物期权模型失效造成显著影响尚不清楚，但是必须对此有所顾虑。

波动率已知恒定（known and constant volatility） 尽管一些先进的期权定价模型包含波动率的变动，一个普遍的严格的波动性假设是已知，且不随着时间而改变。众所周知，期权定价模型对波动性敏感。此外，波动率是标准期权定价模型中仅有的一个不能直接观察且相对容易获得的变量。回想一下，期权定价模型要求执行价格，有效期，标的资产价格，无风险利率和波动率。前两项写在期权合同中；标的资产价值一般是从市场观察得到；无风险利率通常从市场中的无风险资产收益率中得到。然而波动率不能直接观测，但必须估算出来。更糟糕的是，波动率本身变化无常。今天的市场或多或少与昨天的不同。不稳定的波动带来了很多问题，即使专家都无法顺利地给金融期权定价。

因此，虽然期权定价模型往往需要已知且恒定的波动率，事实上，波动率既不是已知的也不是恒定的。这个问题的后果可能相当严重。尽管期权价格对波动率的敏感性在实物期权领域不如金融期权领域那么严重，对实物期权波动性的估计依然是个很大的较大的考量。由于估算实物期权波动率特别困难，我们稍后将在本节专门对波动率进行说明。

2. 一般假设

对实物期权估值的一般假设包括已知且恒定的无风险利率，没有税收和交易成本，标记资产无现金流，默认为欧式期权。这些假设与我们刚才讨论过得相比稍微不那么重要。

无风险利率已知且固定（known and constant risk-free rate） 期权定性模型一般都假设一个已知的固定的无风险利率。尽管有一些争论认为最好用利率替代无风险利率，在了解了大部分期权定价模型对无风险利率不太敏感后，就可以不必太过在意。期权有效期内的短期国债利率最常用来替代无风险利率，但是有些争论认为用能更多的反映优质私人借款人的利率更为恰当。尽管如此，使用期权定价模型得到的价值对无风险利率不太敏感，因此可以容忍这些合理的误差。[41]

无税收和交易成本（no taxes and transaction costs） 金融模型几乎总是假设不存在税收和交易成本。这种简化利于发现所建模的经济过程中最重要的元素。事实证明，在这方面，实物期权模型这方面的困扰可能小于金融期权定价模型。通常标的资产的市场价值由标准的现金流折现法（DCF）得到，这里面基本上已经包括了税收和持有资产所承担的所有成本。此外，其他与持有实物期权相关的成本或者在模型中求得，或者可以叠加。在实物期权模型中，税收可以而且应该能够加入现金流和市场价值中。因此，如果忽视税收和交易成本，那么错就在使用者而不在实物期权估值过程。

标的资产无现金流（no cash flows on the underlying asset） 标准的二叉树和布莱克－斯科尔斯期权定价模型通常是从单只股票期权上衍生而来。在最简单的情况下，股票不分红。结果就是，标的资产无现金流。如果股票分红，将其加入分析也并不难，虽然有一些模型可以使用，但是并不清楚哪种最合适。

然而在实物期权案例中，标的资产的现金流是分析的重要组成部分。通常来说标的是一个项目，会产生现金流入和流出。如图前面几节分析过的，这些现金流会影响实物期权的价值，毫无疑问，它们应该被纳入分析过程。

欧式期权（European-style options） 欧式期权是指仅在到期日执行的期权。美式期权是指可以在到期日前任何时间执行的期权，最好用二叉树来处理。由于其巨大的灵活性，实物期权通常是美式期权。因此，二叉树经常用来为实物期权定价。尽管二叉树会带来一点复杂性和计算要求，但却提供了大部分实物期权问题需要的灵活性。[42]

22.7.5 难以估算参数值

实物期权估值的一个主要问题是难以估算模型要求的参数值。而事实证明，所要求的信息量并不比简单的标的项目 DCF/NPF 本身多。事实上，所需信息少得多。我们将在本节稍后的部分对此进行说明，但目前，我们要检验实物期权分析所需要的信息。

跟我们之前讨论过的一样，在期权估值时，使用者需要知道标的的市场价值，期权的执行价格，无风险利率，有效期和标的波动率。下面将分别讨论这些参数值。

1. 标的资产的市场价值

标的的市场价值是衍生实物期权的项目价值。通常情况下，可以用 DCF 法估算出这个数值。尽管此类项目的 DCF 估值不那么简单，但也不会难于内嵌实物期权的分析。公司通常更喜欢 NPV 分析。即使估算恰当的折现率，项目有效期，和所有的现金流可能比较困难，这些问题在认识到实物期权存在之前就已经存在，甚至在没有实物期权的时候也会存在。我们本章的目标不是解释不含实物期权的资本投资项目的所有问题。我们相信，如果不能剔除附加期权对项目进行估值，就不该考虑该项目。如果要考虑一个项目，就不该考虑该项目相关的实物期权。

尽管如此，在决定标的项目价值时，必须要理解一些技术上的考虑。有趣的是，实物期权的文献却忽视了这个问题。我们在此要提出并讨论这个问题，但是还不能解决它。

考虑一下“实物期权估值框架”中提到的递延期权的案例。在案例中（见图 22-9），标的项目在 1 时刻的价值是 1 500 美元或者 500 美元，而项目在 0 时刻价值是 1 000 美元。开办费用是 1 050美元，所以 NPV 是 -50 美元；由此可能不会接受该项目。但是公司拥有将投资推迟一年的期权，见图 22-12。到那时，公司可能要投资更大的数额，即 1 102.5 美元（1 000 美元无风险利率调整），来开始项目。在那种情况下，项目在 0 时刻的价值是 208.21 美元。因此，该项目的 NPV 从 -50 美元变为 208.21 美元，递延期权价值 258.21 美元。

标的项目的市场价值是多少呢？并不是 -50 美元的 NPV，而是项目在市场上的价值（如它的成本）1 050 美元。也就是，投资该标的项目需要花费 1 050 美元。NPV 反映的是做出投资决策后，购买标的项目带来的经济价值。如果标的是股票，价值 1 000 美元，而市值 1 050 美元，实物期权估值中会使用这 1 050 美元的价值。假设市场知道标的的真实价值。即使那个值是错误的，实物期权模型（事实上是所有的期权定价模型）建立在对购买标的资产与期权对冲这个观念的理解之上。即使这种想法是站不住脚的，稍后我们将要在本节具体讨论，必须要了解的是标的项目的真实购买价值就是市场的需求价值。

然而奇怪的是，实物期权的文献中一致将项目计算出来的价值 1 000 美元作为标的资产的价值，即使没有人能以该价格进入项目。这个矛盾来自于期权定价理论，实物期权估值正是在此基础之上发展而来。期权定价理论的建立在标的可以在市场上以其估算市值出售的假设之上。换句话说，我们回到了市场是有效的这个概念之上。期权定价模型不打算深入在标的市场模型的无效性。事实上，也没有办法这样做。而且即使只需要知道两条标的信息，即其市场价值和波动率，来对基于该标的的实物期权进行估值，实物期权理论的基础概念是必须对标的进行估值，通常要求使用 NPV 方法，也通常会找到一个非零值 NPV。大部分实物期权模型用标的的评估市值作为参数值。然后这个值在布莱克 - 斯科尔斯模型中用作标的资产价值，在用二叉树计算未来价值时用作初始价值。

我们不打算在此解决这个问题，但是我们提出这个问题来证明在实物期权理论的进程中，还没有认识到它全部的问题。

2. 执行价格

实物期权分析中，执行价格是要执行实物期权时要支付或者收到的数值。例如，在放弃期权中，如果终止项目能够得到比项目市值更多的价值，项目就会提前终止。而未来某天可以从某个项目中得到的价值可能很难确定。考虑某公司可能想要放弃一个工厂。它需要在评估该工厂未来潜在市场价值的基础之上决定执行价格。这样的情况会产生执行价格和标的资产市场价值本身可能就是变量这样的概念。尽管处理此类情况相当复杂，期权定价理论中确实有这样的模型可以适用于这种情形。[43]

在前面提到过的递延期权的案例中，存在同样的问题。公司可能决定将投资推迟一年，在其他条件下可能更晚。该公司接下来需要评估如果它推迟支付成分，需要增加多少投资。我们在“实物期权股框架”一节中讨论过的问题中，假设所需支出以无风险利率增长。显然，我们也可以假设为其他的利率，但是总是存在这种可能，我们不知道初始投资以怎样的利率增长。

我们不能涉及所有的实物期权类型和在确定执行价格中可能会遇到的不同问题。一言以蔽之，我们或者需要知道确定的执行价格，并对其有一个非常可靠的估算，和可接受的估算错误后果，或者准备好使用更复杂的模型。

3. 无风险利率

幸运的是，当使用无风险利率是，实物期权估值脱离了一系列问题，只需要简单地知道钱的机会成本。尽管一些文献不时的讨论某些一般假设，一般来说，通过估算无违约零息票正确的利率来得到无风险利率是可取得。例如，考虑一种情况，某实物期权在 275 天后到期。令买入价和卖出价的折现率以美国政府零息票债券（短期国债）为准，到期时刻分别为 4.52% 和 4.54%。一般会折中估算利率为 4.53%。一年期短期国债的价格就是：

$$\text{价格} = \text{面值} - \text{贴现率}\left(\frac{\text{到期时间}}{360}\right) = \$100 - 4.53\left(\frac{275}{360}\right) = \$96.54$$

不太可能将期权到期日与实物期权有效期严格匹配，我们需要尽可能地尝试，或者插入相邻利率。注意，在美国短期国债市场计算价格，分母常用 360 天。

如果短期国债的价格是每 100 美元面值 95.54 美元，年利率为：

$$\text{利率} = \left(\frac{\text{面值}}{\text{价格}}\right)^{(\text{到期时间}/365)} - 1 = \left(\frac{100}{96.54}\right)^{365/275} - 1 = 0.0478$$

注意在年化过程中，使用 365 天。指数是一年中有几个 275 天。

4.78% 的利率适合二叉树模型。在布莱克 - 斯科尔斯之类的模型中使用利率是，需要用等值的连续复利形式，即

$$\ln(1.0478) = 0.0467$$

因此，连续复利利率是 4.67%。

像前面的部分强调过的，某一个期权的假设不会对无风险利率的估算值特别敏感。在实物期权领域这个结果是很幸运的，因为有太多其他事情需要我们去考虑。

4. 有效期

几乎所有的金融期权合约都有明确的有效期。尽管美式期权可能会提前执行，但却不能超出给定的到期日。然而实物期权没有明确的合同。它们涉及一些非正式的机会，有时候到期日并不明确。例如，某公司可能持有一项期权去放弃某项目收回残值，但是它可能不清楚公司在放弃项目收回残值之前会持有多长时间。它可能也不确定公司能够将项目推迟多久，并继续投资，获得它最初可以得到的现金流。

当项目的有效期不确定时，如同前面描述过的其他问题那样，公司需要认识到，它或者承受出错的后果得到一个可靠的估值，或者使用更复杂的模型。

5. 波动率

在期权定价模型中，波动率是最重要的变量之一。在金融期权定价应用中，通常它是仅有的

不可观测变量。在这种情况下，金融期权价值发生误估的一个主要原因就是期权波动率的不同。此外，期权价格几乎总是对波动率的估计十分敏感。因此，获得波动率的正确估值十分重要，这一点说起来容易做起来难，对实物期权更是如此。

对于金融期权，基本上有两个方法来估计波动率——历史波动率和隐含波动率。历史波动率法使用标的资产价值的近期样本。将这些数字转化为收益率，只是简单的百分比变化。然后对1加收益率取自然对数，将这些收益率转化为连续复利收益率。[44]然后简单估计样本标准差。如果收益率不是以年为单位的，而它们几乎都不是，我们必须将求得的标准差变为年化数据。[45]

期权定价模型要求输入期权有效期内的波动率。而且还要求未来的波动率。历史波动率是过去的波动率。在使用时，假设过去的收益率可以直接推断为未来的收益率，这种情况很少见，因为波动率的变动很频繁。尽管历史是度量未来的良好起点，但绝对不是终点。

对于实物期权，历史波动率是个更大的问题。通常没有过去。某个特定的项目可能是完全崭新的。在一些案例中，可以替代变量估算历史波动率，假如，在估计一个关闭金矿的期权价值时，可以只用黄金矿业股票价格或黄金的价格。然而，使用替代变量会带来很大的潜在错误，替代变量的历史波动率可能不是替代变量本身未来波动率的可靠估计。

另一种估计波动率的方法是隐含波动率。对于一项有活跃市场的期权而言，只需要适当的改变波动率，便可将期权定价模型中获得的价值设定为期权的当前市场价值。这种方法中，期权的市场价值中隐含着波动率。这种方法是一种非常普遍的波动率测度，事实上也是期权市场价格水平的测度。不幸的是，这种方法在实物期权估值中几乎没用，因为并不存在一个实际的期权交易市场。

所以，最终，使用实物期权估值技术的人必须得估算标的项目的波动性。在这方面，文献资料没有提供什么指导，也几乎没有认识到估算波动性的难度。设想一个不含实物期权的项目。公司仍将需要使用标准 DCF 法来估算项目的价值。这种方法一般包括估算现金流，将他们以恰当的风险调整折现率折现。为了保证估值正确，折现的净现金流应该是预期现金流。因此，为了得到预期现金流，就或者需要估算概率和潜在结果，或者需要据理推测预期价值。当然，前者是首选。但是如果在 DCF 分析中，能够合理的使用概率和潜在结果的估算值，就能够合理的使用统一的信息来估算波动率。

此外，正如本章其他部分注解的，DCF 分析中的折现率必须是经过风险调整。适当的风险调整或者出自于估值模型，如资本资产定价模型，或者仅是一种合理推测。显然，使用模型获得适当的风险溢价水平是首选。但是任何此类模型都要求波动率的估算值，或者至少，要求估算波动率的那些信息。

如果公司在其 DCF 分析中没有使用概率信息，那试图对标的项目估值无疑是在黑暗中射击。在那种情况下，公司就该忘记实物期权。事实上，同样也该忘记标的项目本身。

6. 关于参数值的一些总结评价

实物期权估值中参数值的要求没有比在对标的项目本身估值估值时那么严格。如果一个公司没有做好项目估值的工作，而且那些项目也没有实物期权，那它不可能在项目内含实物期权时对其正确估值。如果公司有标的项目估值的优质输入信息，它就处于一个很好的位置来正确地对其实物期权估值。实物期权估值对标的项目信息的要求少于期初对项目估值的要求。在一些方面，如不需要风险调整折现率等，实物期权估值要求的信息更少。但是结论并不是说实物期权估值过程是轻松的。通常确认这类期权的执行价格和有效期是很难的。

最后，我们需要注意，可惜在实物期权最难使用的情况下，实物期权估值可能最有价值最需要的。公司、项目和期权那些较少公开的信息带来赚取诱人回报的最大可能。而在非常情况下，实物期权估值却最难使用最不可靠。

22.7.6 标的资产的不可交易性

可能实物期权分析中最严格的问题和重心是假设标的资产可以在流动性市场中买卖。注意到，我们处理的不仅仅像前面讨论过的那样市场是否有效的问题，我们处理的是更广泛的问题，如资产市场是否存在，能否在市场中买卖标的资产。这个问题非常重要，因为实物期权所依据的期权定价模型是建立在标的是可交易资产的观点之上。就像在“实物期权估值框架”一节中看到的一样。在二叉树分析中，由于资产和期权可以交易，使得套利机会不存在，这一点将模型整合在一起。如果标的资产不可交易，人们就会开始怀疑这种凝聚力还在不在。

这个问题在追踪收益极限和对冲，可交易性及风险和风险中心估值假设中，都证明了自己的存在。

1. 追踪收益极限

跟踪投资组合（tracking portfolio）是一组可交易证券的组合，这些证券的期权有相同的回报。对金融期权而言，构建跟踪投资组合相对容易，至少原则上是这样。一般情况下，跟踪投资组合包括一个标的资产杠杆多头，当然也可以由一个杠杆空头构成。这样，某个特定的资产负债组合可以复制这个期权的表现。那么该期权的价格就必须等于追踪投资者的价值。

于是出现了这样的结果，对实物期权而言，追踪投资组合就该是标的资产杠杆多头的价值。但如果标的资产不可交易，追踪投资组合还有意义吗？在某些情况下，是这样的。追踪投资组合未必是确切的标的资产。假设一个金矿的案例。追踪投资组合的价值由黄金或者黄金股票的表现衍生而来，可能足以获得假设的可交易资产（金矿项目）的行为。这个工具就像是一个实际资产的代理，称之为**孪生证券**（twin security）。

但是更常见的是，实物期权问题并不能归纳为这些简单的规范。标的资产通常是不可交易的，是高度流动的，有很高的交易成本，由于很少交易很难获得可靠的价格，或者没有任何特质类似孪生证券。[46]

2. 对冲、可交易性和风险中性估值假设

我们要简单地回顾一下套利的工作原理，来检验对冲、可交易性和风险中性估值这些假设。在“实物期权估值框架”一节，我们分析过一个简单的案例，股票价格为100美元的金融期权。股票的价格可能涨至150美元，可能跌至50美元。该期权是看涨期权，允许持有人在一段时间后以100美元的价格购买股票47。无风险利率 r 是5%。股票上涨的持有期收益率定义为 u，为1.5（\$150/\$100），股票下跌的持有期收益定义为 d，为0.5（\$50/\$100）。然后我们可以计算出波动率 p：

$$p=\frac{1+r-d}{u-d}=\frac{1.05-0.50}{1.5-0.5}=0.55$$

如果股票上涨，有效期内看涨期权价值50美元（股票价格150美元 - 执行价格100美元）。如果股票下跌，看涨期权处于虚值毫无价值。这样我们可以得到期权价格 c，采取50美元和0美元的加权平均值，使用权重 $p=0.55$，$1-p=0.45$，将该结果折现：

$$c=\frac{0.55(\$50)+0.45(\$0)}{1.05}=\$26.19$$

现在我们来考虑一下这个期权价值方程及其意义。然而首先，我们要稍稍看一下一般的定价

公式。根据定义，任何资产的当前价值都是用其结果发生的概率对每一个结果加权而来。这个值是资产在未来某天的期望值。然后将该期望值以经过风险调整的折现率折现。考虑一下这个案例中的股票。它可能涨至150美元，也可能跌至50美元。我们不需要对股票估值；市场已经帮我们做了，并且给股票分配了一个值100美元。如果我们知道某个信息，或者是结果发生的概率，或者是折现率，我们就可以确定另一个。假设上涨的概率是0.6。那么下跌的概率就是0.4，股票的价值可用下面的方法得到：

$$\$100 = \frac{0.6(\$150) + 0.4(\$50)}{1 + k}$$

其中k是风险调整折现率。在这个案例中，解方程，k的值为0.10。如果上涨的概率是0.7（下跌的概率即为0.3），那么k的正确值就是0.20。如果反过来，我们知道k的值是0.12，那么就有：

$$\$100 = \frac{q(\$150) + (1 - q)(\$50)}{1.12}$$

其中q是上涨的概率，解方程，我们得到$q = 0.62$。即我们或者需要概率或者需要风险调整折现率。

对于可交易资产，市场已经为我们做了估值。我们不需要知道k或q。当然，市场中的投资者需要知道k和q的值。然而期权定价模型中认为标的资产价格是给定的，也不需要k和q的值。

我们知道，在一个理性投资者市场中，k需要超过无风险利率。投资者是风险规避的，他们要求比无风险利率更高的预期收益。但是让我们暂停一下想象力假设投资者不管是出于什么理由，不是风险规避的。另外，他们是风险中性的。风险中性投资者不担心甚至不考虑风险。他们不要求比无风险利率更高的收益率。在那种情况下，看一下他们怎样对资产估值：

$$\$100 = \frac{q(\$150) + (1 - q)(\$50)}{1.05}$$

解方程，得q等于0.55。发现什么没有？这里，q的作用和期权估值问题中的p一样。事实上，如果投资者是风险中性的，q是上涨的概率（当然，$1 - q$就是下跌的概率）。因此，期权定价模型常被成为风险中性估值。使用风险中性估值又好又方便，因为我们不再需要担心估算结果的实际概率，或者多大程度上对折现率进行风险调整。当标的是金融资产并且在市场中交易，我们可以轻易观测到其价值并可以交易资产构成追踪投资组合时，通常可以使用风险中性估值。但是在实物期权的世界中，我们几乎从未得到这种好处。

因此，我们或者需要去解释和证明实物期权的标的资产可交易，或者需要放弃风险中性估值及其便利，并诉诸估算实际波动率和风险调整折现率的可能性。

3. Copeland 和 Antikarov 的销售资产免责声明

Copeland and Antikarov（2001）声称，不考虑实物期权的项目本身可视为一项可交易资产。他们把这种主张成为销售资产免责声明，或MAD。他们认为如果某人在寻在一项孪生证券，那人将会选择与标的项目高度相关的证券，且该项目的价值可以轻易从一些渠道获得。由于标的项目与它自身完美匹配，能够达到孪生证券的相关性要求。它的价值可以用标准DCF/NPV法得到。因此，Copeland 和 Antikarov 论证衍生证券正是项目本身。

这种方法很吸引人，有一定的理论意义，但是没有认识到孪生证券必须是交易资产，是能够随意买卖的。换句话说，它必须满足流动性要求和其他我们在前面讨论过的条件。标的项目不能达到那些要求。但是，正如Copeland 和 Antikarov 提出的，考虑任何无实物期权标的项目时，要求作出特定的假设。为了得到项目价值，就要将项目视作可交易资产。对项目估值应使用标准金融资产估值技术，这一点已被广泛了解和认可。假设某公司正在考虑投资 1 亿美元在一个风险既定的工厂上，它必须考虑到它也可以投资 1 亿美元在一个风险相同的金融资产上。对该工厂估值，应采用金融资产估值相同的估值方法。此外，公司股东对工厂的要求权是金融资产。因此，应当假设工厂为金融资产而对它进行估值。

如果前面的讨论可接受，那么实物期权估值过程应当设定其为金融资产。在刚刚描述过的金融期权案例中，一个投资者应该愿意支付 26.19 美元购买一个单期期权，有效期内无风险利率为 5%，期权价值是 50 美元或者 0 美元。假设标的金融资产可交易。如果该期权代表一项实物期权，拥有相同的回报，相同的利率环境，它应该有相同的价值。毕竟，如果它价值较少，投资者将选择金融期权；如果它价值较多，投资者将选择实物期权。尽管套利的力量可能不会使实物期权价值调整为金融期权价值，我们总可以合理地推论提供相等回报机会的价值应当相等。也就是说，“如果看起来像只鸭子，走起来像只鸭子，叫起来像只鸭子，那它可能就是只鸭子”。

因此，尽管 Copeland 和 Antikarov 的销售资产免责声明，没能解决一些关键问题，但它仍可能是忽略交易性的有力证据。

4. 各种方法的一致性

人们可能会试图忽略风险中性估值方法，而它是实物期权定价模型，事实上所有期权定价模型的中心。通常，初级用户没有看到风险中性估值并没有向他们挥手。但是没有人假设投资者是风险中性的。而风险中性估值是简单的，仅有一些较低的要求，而这也正是人们如此努力去解决它的原因。

风险中性估值不是一个特别的或者很难的方法，没有从其他投资者或公司可能使用的标准风险调整方法中求得不同的数值。Feinstein（1999）很好地解释了这个论点。考虑下面这个引入递延期权的案例。某公司现在可以投资 9 美元在一个项目上。一期之后就会知道项目是好是坏。如果发生了好的结果，该公司可以投资 18 美元，并开始从一期之后产生每年 10 美元的永久收益。如果结果是坏的，该公司可以投资 18 美元，一期之后产生每年 3 美元的永久收益。发生好结果的概率是 0.6，坏结果的概率是 0.4。公司用 25% 的折现率估算过该项目的价值。无风险利率是 5%。因此我们可以求得在好和坏的结果下该项目的市场价值，如下：

$$V_1^G = \frac{\$10}{0.25} = \$40$$

和

$$V_1^B = \frac{\$3}{0.25} = \$12$$

式中，V_1 表示，在 1 时刻的价值，上角标 G 或 B 分别表示好的结果和坏的结果。如果公司没有投资弹性，我们假设公司承诺在 1 时刻投资 18 美元。因此，项目在 1 时刻的价值表现为：

$$X_1^G = \$40 - \$18 = \$22$$

和

$$X_1^B = \$12 - \$18 = -\$6$$

其中 X_1 表示在 1 时刻，不含递延期权的项目价值，上角标 G 或 B 分别表示好的结果和坏的结果。因此，公司在 1 时刻承诺投资的情况下，项目价值为 22 美元或 -6 美元。因此，0 时刻的项目价值为：

$$V_0 = \frac{0.6(\$22) + 0.4(-\$6)}{1.25} = \$8.64$$

因期初投资为 9 美元，NPV 为 -0.36 美元。

现在，我们要用在“实物期权估值框架”中没有详细解释过的实物期权过程来对投资期权进行估值。我们需要项目估值的涨跌因子：

$$u = \frac{\$22}{\$8.64} = 2.5463$$

和

$$d = \frac{-\$6}{\$8.64} = -0.6944$$

那么，风险中性概率为：

$$p = \frac{1.05 - (-0.6944)}{2.5463 - (-0.6944)} = 0.5383$$

接下来，我们需要确定在好结果和坏结果下期权的价值。如果结果是好的 G，该公司将进行投资；公司支出 18 美元，收获价值 40 美元。因此，期权的价值是 22 美元。如果结果是坏的 B，公司不进行投资；什么都不会发生，期权的价值为 0。那么，我们可以这样估算期权的价值：

$$\text{期权的估值} = \frac{0.5383(\$22) + 0.4617(\$0)}{1.05} = \$11.28$$

现在，公司必须投资 9 美元来获得期权，显然它会这样做。

像 Feinstein 证明过的，我们可以调整传统的 DCF 方法来对这个项目进行估值。然而，这样做必须小心谨慎，因为我们不能简单地使用 25% 的项目折现率。整体项目是将无期权项目和期权本身的组合。期权的折现率是 5% 。因此，整体折现率是 25% 和 5% 的组合。

回想一下，一旦我们脱离风险中性世界，我们必须得知道结果发生的概率和折现率的其中之一。因为我们想要知道折现率，就必须知道实际概率。我们已经将其设定为 0.6 和 0.4。轻微调整一下 Feinstein 的方法，就得到加强折现率 k_W：

$$k_w = \frac{[qX_1^G + (1-q)X_1^B)(1+r)}{pX_1^G + (1-p)X_1^B} - 1$$

因为在状态 B 公司不会投资，X_1^B 变为 0。因此，在这个问题中，我们得到

$$k_w = \frac{[0.6(\$22) + 0.4(\$0)](1.05)}{0.5383(\$22) + 0.4617(\$0)} = 0.1704$$

这个结果意味着，如果我们就爱那个项目的预期现金流以 17.1% 的利率折现，将会得到正确的估值，然后我们求得：

$$\frac{0.6(\$22) + 0.4(\$0)}{1.1704} = \$11.28$$

这个 17.04% 的利率是 25% 的项目利率和 5% 的期权利率的组合。[48]

也就是说，与风险中性估值无关，所有的期权定价模型的基础底与标准 DCF 分析无关。尽管如果不借助期权定价模型固有的假设，至少某些假设，就不能得到 17.04% 这个比率，至少我们知道如果使用了正确的折现率，即使在认识到实物期权究竟是什么的很久以前，我们都将用一直以来的项目估值方法来对项目估值。

5. 替代理由

最后，我们需要注意到，即使在标的资产可交易这个假设显然不成立的前提之下，有时也有其他方法解决风险中性估值问题。Rubinstein（1976）建立了而一个模型展示了市场中的所有资产都可以视为期权而对其估值。这种方法引用风险中性估值，并加入一个假设，令市场投资组合与标的资产服从一种联合概率分布。Brennan（1979）证明当投资者有某种效用函数，且标的资

产回报率服从某种特定的分布，即正态分布或对数正态分布时，风险中性估值关系是恰当的。某些风险中性必须达到条件不是那么严格。

尽管这些文章都是理论的，相当抽象，但它们提供了一个基本的观点，那就是即使资产不可交易，风险中性估值关系都是适当的。就我们所知，实物期权相关文献尚未认识到这一点。它所说的仅是，尽管我们本节讨论过许多批评和限制以及障碍，使用期权定价模型对实物期权估值可能是可以接受的，每个人都在这样做，但显然没人考虑过是否合适。

22.7.7　小结

实物期权估值难以使用的而一个原因是期权定价模型的假设对实物期权的情况而言可以适合也可能不适合。期权定价模型的假设包括标的资产价值服从对数正态分布，价格随机波动，且标的资产价值波动率已知恒定，这些假设在实物期权估值使用中需要考量。此外，对参数值的估计，如标的价值，执行价格，有效期和标的资产价值波动率之类，相对金融期权而言，对实物期权是更大的挑战。

到现在，我们在本章中已经讨论过实物期权估值理论和使用以及它与金融分析的相关性。然而一个显而易见的问题是，实物期权估值是否能实际使用，能否求得实物期权的观测价值并与实物期权模型中求得的价值相比较。换言之，实物期权模型在使用上和准确性上有没有实证证据？这个问题将在下一节“实物期权估值使用上和准确性上的实证证据”中得到答案。

22.8　实物期权估值使用上和准确性上的实证证据

实物期权的文献中充满了各种理论。一些作者开发了有趣却通常过于简单的实物期权案例，其中一些来自他们的顾问经历。我们来看一下实物期权实证研究都做了什么。也就是说，理论与实践相匹配吗？

22.8.1　直接和间接测试

本节讨论的研究内容是直接或者间接的测试实物期权模型的预测是否与实践一致。

1. 帕多克，西格和史密斯

詹姆斯·帕多克，丹尼尔·西格，和詹姆斯·史密斯（1988）开了了一个实物期权模型，用来估计联邦在 1980 年销售给墨西哥湾西部和中部 21 个大片海域近海石油和天然气租约的价值。公司购买在特定海域开采的权利。可能会开采出石油或天然气，这种情况下，公司可以选择将这片区域开发成钻井。作者获得了参数值数据，并将期权机制与美国地质局（USGS）对该片区域的拍卖价格比较。从公司投标的实物期权估值模型中得到的比较价格，和从 USGS 得到的数据，提供了令人鼓舞却不确定的结果。换言之，实物期权模型未能像人们期望的那样解释拍卖竞标。然而要注意，这个研究出版于 1998 年，那个时代实物期权理论还没有广为人知，特别是实际在使用它的实业界人士也对此不太了解。此外，作者指出政府提供的数据没有像希望的一样，能支撑完整精确的实物期权分析。最后，必须要考虑当价格由拍卖决定时，“赢者的诅咒”（如最高的投标者支付的比公允价值更高这种趋势）可以解释模型价格和实际中标价格的差异。这个解释与该拍卖案中中标价格比模型所得价格更高的事实一致。

2. 奎格

劳拉奎格（1993）检验了等待开发城市土地的实物期权。特别的是，她观测了西雅图从 1976

年至 1979 年间 2 700 宗土地交易的市场价格，并将它们与实物期权模型求得的价格进行比较。她的研究结论支持了等待并在稍晚的时间开发土地的价值近似等于标的土地价值的 6% 这个观点。她的结论与实物期权模型的预测一致，支持了投资者或者选择实物期权模型，或者选择以他们的估值与实物期权一致的方法的信心。

3. 贝利

沃伦・贝利（1991）通过新加坡一些农业公司的估值检验，对实物期权模型进行了有效性检测。这些公司非常适合使用实物期权模型，因为他们生产数量非常有限的作物，而且可以在新加坡证券交易所交易，这就为观测价格，估算波动率提供了很大的便利。其他必需的参数值数据相对容易获得。

研究跨越了 1978 年到 1985 年这一时期。使用了现金流折现（DCF）分析和实物期权模型来预测七家从事橡胶和棕榈油生产的新加坡公司的价值。也就是说，这些公司的股权代表着实物期权，因而应当与实物期权本身的表现相似。DCF 和实物期权模型的估值都很低，但是实物期权模型提供的估值更接近市场价格。贝利认识到实物期权模型和数据的局限性，但是他认为他已经展示出基于实物期权理论的估值比其他基于标准 DCF 分析的估值更具有显著性。

4. 伯杰、奥菲克和斯沃里

菲利普・伯杰，以利奥菲克，和伊萨克・斯沃里（1996）检验了投资者怎样对放弃一家公司的期权进行估值并获得其转售价值。该研究用资产负载表信息来估算转售价值。尽管这项研究主要是关于投资者是否将转售价值纳入公司估值，并不是直接讨论实物期权，而实物期权模型的某些预测与这项研究有一定关联。作者检验了大于 1 000 个公司样本在 1984 年至 1990 年间的表现。他们发现在公司的市场价值和它的估算转售价值直接存在显著地关联，表明投资者在对公司估值时将退出的期权纳入考虑。他们也发现期权执行的可能越大，其价值就越大。

5. 海伊

卡拉・海伊（1995）检验了公司的收入，重点关注损失的频率和市场对损失的反应。她研究了从 1962 年到 1990 年间 9 752 家公司的样本，分析了收入，市场价值和回报的相互关系。她发现了投资者对损失的反应程度与其对利润的反应程度不同的证据。将价值高于清算净值的公司对损失的反应与价值低于清算净值的公司对比，她得出结论，认为清算的期权价值由投资者来估算。

6. 博格斯塔勒和迪切夫

戴维・博格斯塔勒和伊利亚・迪切夫（1997）检验了使公司资源转向可替代的更具生产性的用途的期权是否包含于公司的市场价值中。他们估算了将市场价值与公司账面价值相联系的公司适应价值。通过对样本公司 1976 年到 1994 年的观察，他们找到了支持适应期权的执行取决于公司的收入水平及其账面价值这种观点的证据；当前资产部署下，公司的价值越低，适应期权就越重要。

7. 穆埃尔和图凡诺

阿尔贝托・穆埃尔和皮特・图凡诺（2002）研究了 1988 年到 1997 年间 285 个北美金矿的样本。这些矿定期开启和关闭，附录 22A 中讨论了一个典型的关闭期权案例。他们收集数据，并测验这些决定是否与实物期权模型的预测一致。该测验支持了模型的预测。关闭金矿与黄金的价格和波动率，关闭矿井的成本和其他因素高度相关。然而，穆埃尔和图凡诺记录道，模型不能捕捉到矿井关闭的其他方面，如公司是否经营者其他矿井等。

8. 克莱顿和耶马克

马修·克莱顿和大卫·耶马克（1999）使用实物期权模型检验了美国职业棒球大联盟球员的合约。这些合约通常包括期权选项——在固定工资下，某些情况下球队持有续签球员合同的期权，某些情况下球员持有续签自身合同的期权。他们检验了1990年代中期超过1100名球员的样本，其中18%的合约中包含了期权选项。统计分析表明，实物期权模型的预测都维持在这些球员合同的水平。特别的，期权价值是执行价格和球员工资（期权的货币价值）差值的减函数，是期权到期时间的增函数。然而，期权价值显然与球员能力的波动性无关，而这一点包含在实物期权模型之中。

22.8.2 实业者对实物期权模型的应用

本节的两个研究中，研究者试图确定实业界财务经理是否认识到并使用实物期权模型。

1. 豪威尔和贾戈

悉尼·豪威尔和阿克塞尔·贾戈（1997）与英国九家公司的82名职业经理人进行了一项实验室实验。他们让这些经理回答一系列来自某些投资案例分析中增长期权的问题。此外，作者询问经理们的个人情况和他们在工作中做怎样的投资决定。作者发现这些经理常常用一种古怪的方法对增长期权估值。这个证据与实物期权理论不一致。这些结果可以从两种可能的方法解读。第一种是，这个有限样本中的经理人对实物期权模型的了解远远不够。第二种是实践中根本没有使用实物期权模型。然而，小样本的规模是这项研究的主要限制。可能更大的经理人样本将会带来更多支持实物期权模型的证据。

2. 巴斯比和皮茨

J. S. 巴斯比和C. G. C. 皮茨（1997）对100家英国公司的高级财务人员进行了邮寄问卷调查，收到了44份有效答复。他们发现这些人在工作中遇到过实物期权，常常能够辨认出来。然而他们也发现，遇到实物期权的频率变化相当大，同样，他们对实物期权重要性的理解变化也相当大。大部分公司没有现成的程序来确认和评估实物期权，常常使用较粗糙的工具，如敏感性分析之类。受访者倾向于同意实物期权模型的预测，说明一个事实，即那些使得实物期权如此重要的因素正以这种方式真正被感知。有趣的是，大部分受访者没有意识到“实物期权”或者“增长期权”之类的术语，这也更进一步说明他们不可能应用实物期权模型的最新知识。

22.8.3 小结

对实物期权进行实证检验中最大的障碍就是数据的可得性，因此，实物期权的实证检验非常有限。实物期权研究必然会涉及私有数据，通常为公司的内部专门数据。即使数据可得，其准确性和可靠性也是个问题。或许正是这个原因，本节所引用的实证研究更显著的表现为一种一般性的支持证据。但也许那个结论不是那么的不寻常。实物期权模型建立在理性行为之上。即使个体决策制定者不适用这些模型，他们的行为仍然是趋于理性的。因此，这些模型依然能获得实物期权在估值和决策制定过程中的本质特征。

然而，本节所示的调查数据却不能对管理者会使用甚至理解实物期权提供更多的支持。也许这个发现反映了一个事实，那就是实物期权理论还很新，而管理者们还没有通过培训来了解它。毕竟，直到20世纪90年代的十年间，金融期权定价理论才得以广泛采用。因此，实物期权模型可能需要更长的时间才能成为金融财务经理们的实战工具。这并不意味着就该暂时放弃实物期权模型，直到其他人开始使用它为止。事实上，在其他人之前使用好的模型是产生价值的重要因素。

22.9 总结和结论

对公司进行金融财务分析是一项艰难的任务，即使在最好的情况下也是如此。财务信息不能完全揭开该公司区别去其他公司的隐藏收益和成本。即使在信息很容易获得的时候，分析技术常依赖于大胆的假设和关于增长率，股息政策，资本支出的预测，还有众多难以预测的其他因素。而一个事实又进一步加大了金融分析的难度，那就是，即便不是全部，总有一些公司会用一些不是那么明显的机会。这些机会以期权的形式存在，赋予公司决策弹性。公司可以终止项目，转而投向替代项目，进入新市场，退出老市场，推迟支出，扩张或收缩现有的投资。标准会计准则不允许将这些机会的价值体现在资产负债表中，这些机会带来的价值和损失改变也不能从不会记录在收益中。无疑，这些机会也是一种价值来源，但正如我们提到的，它们很难觉察到。事实上，我们可以很安全的说许多公司本身都没意识到他们拥有这些宝贵的机会。

这些机会就是实物期权，这样命名是因为它们是于实物投资相关的机会，与金融投资完全不同。后者的期权，如在交易所和场外交易的看涨看跌期权，和公司发行给雇员和高管的期权等，在金融市场众所周知。有大量的文献资料对这些工具进行估算估值，其中大部分可以追溯到著名的，在 1997 年获得诺贝尔奖的布莱克 - 斯科尔斯模型。实物期权分析中采用了金融期权估值的框架并将其用于实物期权。这种努力取得了加大的进展；有关实物期权的文献数量占据了绝大多数，尽管其中大部分过于复杂，不适合财务经理使用和分析。本章中，我们试着收集这些文献中最重要的结论，并将其巩固和浓缩到一个文档中。同时，我们对实物投资问题中使用实物期权的难度加入了新的信息。本节中，我们对本章所讨论的内容进行总结。

- **市场中，公司的价值常被高度误估。**毫无疑问的是，基本价值和市场价值之间的差值至少有一部分是实物期权造成的。这个现象似乎在高技术产业尤为明显，这些行业通常可以发现实物期权。即使实物期权必然不是这些年来许多科技股票看似荒谬的价值表现的全部原因，至少可以确定它们是某些看上去就被高估了的原因。反之，市场没能认识到实物期权可能是某些股票被低估的原因。
- **公司投资决策通常使用标准现金流折现法（DCF）做出，并不适用于实物期权。**当一个公司在分析某个项目时，通常使用净现值（NPV）。如果该 NPV 为正，则该项目可接受。但是 NPV 分析并不能适应许多投资决定中的弹性因素。即便是像将一项投资推迟一年或未来更长时间这么简单的期权，都不能使用 NPV 方法简单的分析。可以在当前投资的基础上计算求得一个 NPV，在一年后投资的情况下求得另一个 NPV，在更长的时间内投资的情况下又会求得一个新的 NPV。那么公司能不能根据 NPV 的最大值来做出决策呢？答案是否定的。假设，求得在等待三年的情况下有最大的 NPV。公司该不该据此在当前决定三年内要不要投资呢？答案也是否定的。如果在三年内市场条件不利怎么办？实物期权分析将三年内市场条件可能不利这个事实纳入考虑。如果这个决策被证明是最佳的，三年内推迟投资的弹性不仅在三年里是有价值的，即便在当前，也具有价值。实物期权分析抓到了这种当前时刻弹性的价值。
- **现金流折现法不适于分析弹性。**模拟分析，敏感性分析和决策树都试图捕捉弹性的价值，但是它们对使用者强加了不必要的巨大要求，特别是要求风险调整折现率。一个人怎样能做到对期权风险估值呢？它与项目本身的风险不一样。实物期权分析评估期权风险的方法与投资者在一个开放流动的金融期权市场中评估期权风险的方法相同。毕竟股东可以投资金融期权。如果实物期权承诺相同的回报，那么它们就该用相同的方法去评估。

- **金融期权研究得益于多年的研究，由二叉树和布莱克 - 斯科尔斯模型演变而来。**这些模型也可以用于实物期权估值。二叉树模型为标的资产每种价格的未来结果指定了连续路径。期权由其到期时刻的执行价值来估值。然后将未来一个时点上的两个期权价值的概率加权平均值以无风险利率折现一期，倒推求得每个时点上的期权价值。二叉树模型相当灵活，一些复杂的期权，其中必然包括实物期权，会广泛使用该方法进行估值。

  布莱克 - 斯科尔斯模型是个数学方程，要求五个参数值来求得期权价值。对于实物期权，该模型要求实物期权的标的资产价值，执行价格或执行该期权必须要支付的数量，期权到期时间，无风险利率和标的资产波动测度。
- **实物期权使用中产生了大量的限制和困难。**实物期权常以多种形式存在，带来了复杂的相互影响。实物期权对模型风险高度敏感，事实上所有的期权都如此。模型风险包括使用了错误的模型，在正确的模型中使用了错误的参数值，或者错误地使用了模型。实物期权也遭到批评，认为控制标的资产的群体同样可以控制实物期权。因此，标的资产和实物期权常以某种方式相互影响，而建模时并未将其纳入。
- **实物期权模型时常不满足模型内在的假设。**标的资产的价格极少服从对数正态分布，甚至通常不是随机的，波动率很少是已知且恒定的—全都违反了模型的假设。这些问题即使在金融期权应用中同样存在，但是对实物期权而且却更加严峻。同时，模型假设并不总是要必须满足的。许多广泛使用的金融模型在不严格服从假设的情况下也得到了合理准确的结果。
- **实物期权模型中，估计参数值相当具有挑战性。**通常采用 DCF 法来估计标的资产的价值，而这种方法受到相当大的灵敏度的限制，也因为实物期权的标的资产不能在活跃的流动的市场上交易而受到批评。此外，执行价格通常也不易确定，尤其是在稍后的日期支付的情况下。在某些案例中，执行价格甚至可以改变。甚至到期时间也难以估算。不仅如此，确定某个项目开始和终止的日期也不是件容易的事。波动率特别难以估计。由于一般不存在标的资产的活跃市场，几乎找不到一组可以估算历史波动率的数据，也不能用交易活跃的期权价值来确定隐含波动率，因为它们不是活跃交易的期权产品。只有无风险利率相当容易获得。
- **对实物期权估值最严重的批评大概就是该模型的基础是标的资产可交易、用期权构造无风险对冲或用标的资产和无风险债券交易组合复制期权的回报。**因此，该模型要求标的资产可交易，而几乎所有的实物期权绝对不可能。在这个前提下，这种期权估值方法称为风险中性估值，许多人认为它不适用于期权。出人意料地，事实上所有的实物期权书籍和文章都忽视了这一点。但是实物期权估值并不依赖于风险中性估值，也不需要如前所述的构造对冲和套利。如果在合适的风险调整折现率下使用 DCF 法对实物期权估值，将得到与期权估值方法相同的结论。但是，相比之下，前一种方法会对使用者施加更大的要求去得到参数值信息，如风险调整折现率。此外，我们可以很容易的认为，如果实物期权在有效期内产生了与金融期权相同的回报，那么金融期权估值技术就是可行的，因为投资者可以投资于金融期权获得相同的回报。最后，风险中性估值事实上并没有向模型的使用者强加非常沉重的限制，如果投资者和市场有某些合理的特征是可以调整的。简言之，风险中性估值几乎是所有金融期权定价模型的基础，它其实并不是一个有诸多要求的框架。事实上，它所要求的远少于广泛用于不含特定实物期权的资本投资项目的 DCF 法。

- **实证研究提供了一些非常有限的证据支持在真实的世界中使用实物期权模型。**一些研究表明，在真实世界中，实物期权的估值方法与实物期权模型一致，而另一些研究的结果并不十分支持实物期权估值。尽管如此，说实物期权估值在真实世界中能正确使用还为时过早，因为一方面，对实物期权进行实证研究非常难。实物期权相关的信息主要是公司一般情况下不会放出的私有信息。即使数据可得，这些数据通常也只是关键变量的粗略估计。因此，研究会因小样本和可以数据而局限。此外，研究没有搞清楚管理者和投资者是否真正足够了解实物期权和实物期权估值模型，以正确的用于估值过程。事实上，对管理者的实物期权知识的研究表明他们要学的还有很多。这个发现表明，在管理者和投资者开始完全认识到其真实价值，并能够恰当地使用和估值之前，实物期权还有很长的路要走。

没有很好地认识到实物期权不是忽视它们的理由。事实上，没有了解一个确实存在的现象就更有理由尽快学习它使用它。在不久的将来的某个时间，实物期权会得到广泛的了解，恰当的用于公司投资决策和市场估值中。那时，金融世界将热衷于学习曲线，学习实物期权估值的边际收益将会大大降低。我们希望在本章的帮助下，金融分析师认识到了解实物期权的潜在利益，正确看待实物期权分析中的难度和局限性，并在学习过程的收益仍然很高的情况下继续深入研究实物期权。

附录 22A 投资项目中实物期权的进一步解释

在“实物期权估值框架”一节中，我们着重于三种类型的实物期权：增长期权、递延期权和放弃期权。在本附录中，我们将要了解三种额外的期权：违约期权、收缩期权和关闭期权。我们用图 22-9 的资本投资项目来说明这三种期权，必要的时候将作出调整。

22A.1 违约期权

在项目的有效期内终止项目的期权称为违约期权。选择不继续投资并简单的放弃项目，在某种程度上，公司违约，并期望这种违约不带来法律问题。我们在“实物期权估值框架”中讨论过，违约期权伴随着与放弃期权相同的收回项目残值的机会。

回想一下，图 22-9 中该项目的开办费用是 1 050 美元。我们假设该公司可以初始投资 400 美元，剩下的 650 美元作为期权可以在下一期投资，但该 650 美元要以无风险利率增长。因此，该公司在 1 时刻可以投资 $650 \times 1.05 = 682.50$ 美元。如果该公司在 1 时刻不投资 682.50 美元，该项目终止，不会产生更多的价值。

回想资本投资项目初始的二叉树（图 22-9），在 1 时刻，项目的价值是 1 500 美元或 500 美元。如果项目价值 1 500 美元，该公司将确定投资 682.5 美元，如果公司价值 500 美元，公司不会投资 682.5 美元，并将终止项目。因此，在 1 时刻，项目的价值是 $1\,500 - 682.50 = 817.50$ 美元，或者 0 美元。使用风险中性估值，见“实物期权估值框架”，我们将得到项目在 0 时刻的价值是 428.21 美元，如下：

$$\text{项目在 0 时刻的价值} = \frac{0.55(\$817.50) + 0.45(\$0)}{1.05} = \$428.21$$

在 0 时刻，要求该公司投资 400 美元，所以项目的净现值（NPV）是 $428.21 - 400 = 28.21$ 美元。这种情况下，该项目有正的 NPV。在“实物期权估值框架”中，不含期权的项目价值是 -50 美元。含期权的价值是 28.21 美元。因此，期权的价值是 $28.21 - (-50) = 78.21$ 美元。这个问题在图 22A-1 中做出了解释。

包含期权的该项目具有的吸引力，是推迟投资的能力与当项目在 1 时刻不可行时选择不继续投资剩余的开办费用的权利相结合的结果。显然，该期权有价值，在这个案例中，它的价值足够将项目从不具价值变为具有吸引力。

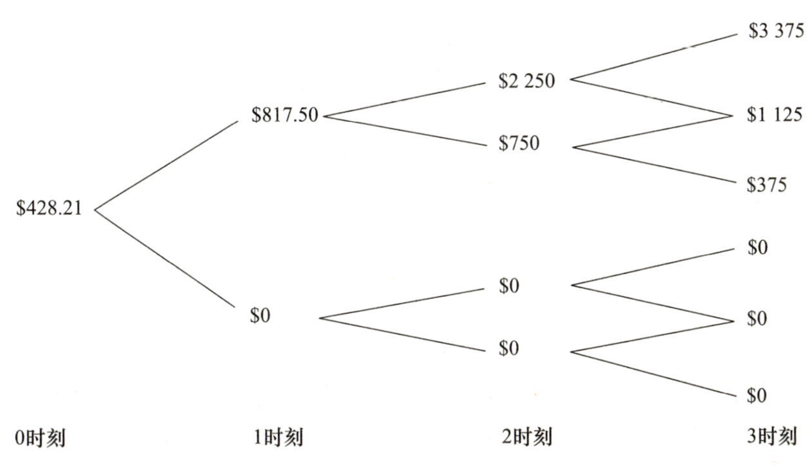

图 22A-1　包含违约期权的资本投资项目二叉树图解

22A. 2　收缩期权

我们在"实物期权估值框架"一节中讨论过扩张期权，而有些项目则提供了收缩的期权。这种期权包括推迟初始投资的期权，包括在稍晚的时间额外投资的期权和缩减项目规模的期权。某些方面，这种类型的期权刚好与增长期权相反。我们来假设一家公司必须在当前投资 600 美元，剩下的在一期之后投资。因此，1 时刻的投资金额由 1 050 - 600 = 450 美元增长 5%，变为 472. 50 美元。在 1 时刻，公司同样面临一个期权，即额外投资 40 美元，使其可以将项目规模减半。也就是说，通过额外投资一些钱，公司就可以避免因项目进展不如预期现金流较少的状况。在实际工作中，这种状况可能表现为公司为了终止某些经营而承受了一些额外的成本。图 22A-2 是对这种期权的解释。

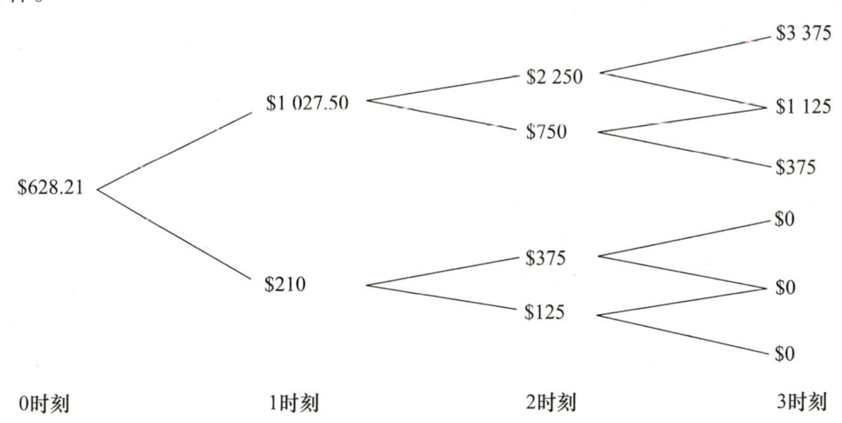

图 22A-2　资本投资项目中收缩期权的二叉树解释

请注意，在 1 时刻顶部状态，理论上价值 1 500 美元的项目当前价值为 1 027. 50 美元。这个值反映了一个事实，即公司必须拖死472.50美元来维持该项目运作。因此，它的当前价值仅为1 500－472.50＝1 027.50美元。显然，另一个替代方案即额外投资40美元将项目规模缩减一半并不是个好主意。在底部状态，如果该公司投资了472.50美元，该项目在1时刻的价值为500美元，也就是说项目的价值仅为27.50美元。相对的，该公司持有期权可以投资40美元将项目规模缩减一半。因此，如果公司额外投资了40美元，项目的价值可以从500美元缩减到250美元。那么，在该时刻项目的价值将达到210美元。

在0时刻，项目价值628.21美元，计算如下：

$$\text{项目在0时刻的价值}=\frac{0.55(\$1\,027.50)+0.45(\$210)}{1.05}=\$628.21$$

因为开办费用为600美元，该项目NPV为28.21美元。那么该收缩期权的价值就是28.21－(－50)＝78.21美元。

22A.3　关闭期权

大部分运营都包括固定成本和可变成本。公司通常会为了节约可变成本而决定停止经营。由此看来，某些情况下，停止经营是值得的。这种情况可能仅仅是对收缩期权进行一些细微的改变；停止就是缩减100%的规模。然后我们要介绍另一个转机，即可变成本和收入存在的情况。特别的，我们将开办费用变为750美元。将这个支出视作固定成本，都在前期支付。[49]然后如果项目投产的话该公司每年发生100美元的运营成本。该项目每年的回报为其市场价值的10%。为了获得这些收入，公司必须支付运营成本。我们同时假设支付这些成本是为了能够在当期停止项目并在下一期继续开启。这样一来，在3时刻，该公司不会发生这些成本，因为项目在下一期不会继续。如果不发生成本就没有收入，但是仍可以获得剩余市场价值。也就是说，剩余市场价值仅仅是不引入这个期权的90%。[50]

这种情况的本质与NPV值为－50美元的基本案例有根本的不同。因此，我们需要设定一个不含关闭期权的基本NPV。图22A-3表示的是在公司不持有关闭期权的前提下项目的价值。3时刻的数值与图22-9相同。然而在1时刻和2时刻，每种状态都有两个数值。第一个是项目的市场价值，反映了它未来的现金流。在2时刻，这些数值与图22-9中相同。也就是说，在2时刻顶部状态的数值是2250美元，计算如下：

$$\text{2时刻顶部状态项目价值}=\frac{0.55(\$3\,375)+0.45(\$1\,125)}{1.05}=2\,250\text{美元}$$

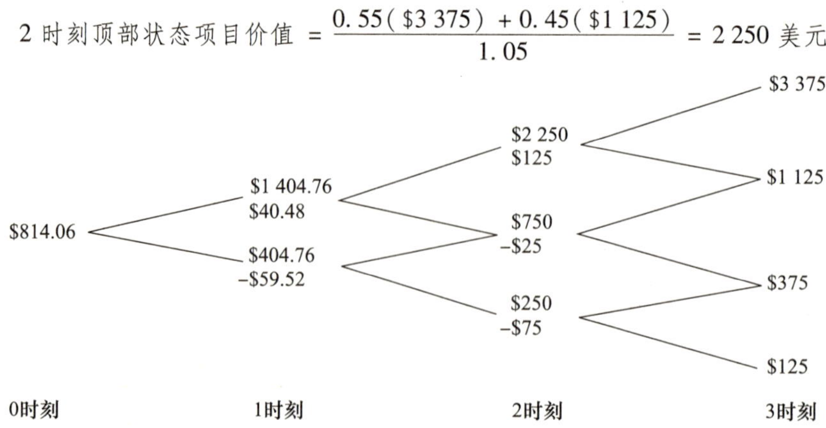

图22A-3　不含关闭期权的资本投资项目二叉树图解

注：每个节点的项目价值下方的数值是其净收入。

总收入是该数值的 10%，即 225 美元。1 时刻和 2 时刻每种状态下方的数值是该项目产生的净收入，由总收入减去 100 美元运营成本求得。在顶部状态，该数值很简单，是225 - 100 = - 125 美元。可以发现在 2 时刻的中间状态，净收入为负，由 0.10（750）- 100 = - 25 美元。也就是说，经营的商业条件不够有利。然而，现在我们求得了不含关闭期权的价值。在底部状态，经验成本同样超过了总收入。

在 1 时刻的顶部状态，我们根据下面两个可能的数值求得市场价值为 1404.76 美元：①净收入 125 美元，和剩余市场价值 2 250 - 0.10(2 250) = 2 025 美元，即 2 时刻顶部状态总价值为 2 150 美元，②净收入 -25 美元和剩余市场价值 750 - 0.10(750) = 67 美元，即 2 时刻中间状态总价值 650 美元。因此，计算如下：

$$1\text{ 时刻顶部状态项目价值} = \frac{0.55(\$2\ 150) + 0.45(\$650)}{1.05} = 1\ 404.76\text{ 美元}$$

在 1 时刻的顶部状态（1 404.76 美元），收入为 0.10(1 404.76) = 140.48 美元。扣除可变成本，得到净收入为 40.48 美元。在 1 时刻底部状态可以用同样的方法求得市场价值和净收入。我们用计算 1 时刻价值的方法得到 0 时刻的市场价值为 814.06 美元。减去开办费用 750 美元，得到 NPV 为正，即 64.06 美元。尽管该项目显然可接受，包含关闭期权时它可能更具吸引力，因为能够避免一些负的净收入。

图 22A-4 展示了包含关闭期权的项目价值。可以发现，我们所做的就是将图 22A-3 中 1 时刻和 3 时刻的负净收益替换为 0。通过停止经营避免这些负的现金流，项目的整体价值更高了。通过之前用过的方法，我们发现项目当前，即 0 时刻的价值为 862.63 美元。考虑到开办费用 750 美元，NPV 是 112.63 美元。因此，期权价值为 112.63 - 64.06 = 48.57 美元。很明显关闭期权具有显著的价值，这是常有的事。公司经常在商业条件不利时停止经营，那么这个案例就不是对公司关闭期权的一个不切实际的描述。

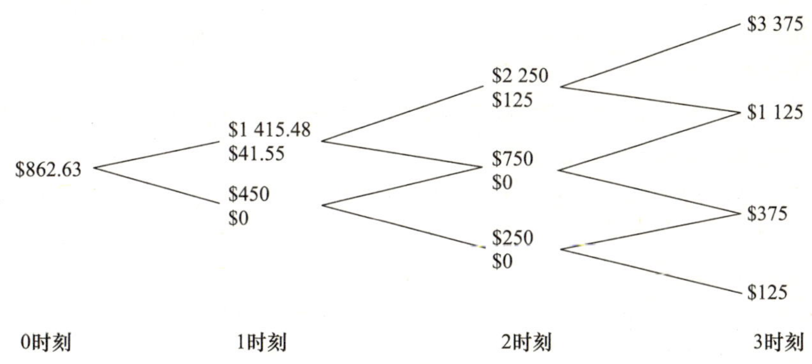

图 22A-4　包含关闭期权的资本投资项目二叉树分析

注：每个节点的项目价值下方的数值是其净收入。

附录 22B　Hokie 公司投资机会的二项式案例

在“估值模型：传统模型与实物期权”一节中，我们验证了 Hokie 公司的案例，该公司正在考虑投资 1 000 万美元在一个为期 3 年的研发项目中，该项目有 70% 的可能研制出适销产品。如果在第三年末该产品成功研制出来，Hokie 公司就必须要决定是否投资 8 000 万美元投产和销售。如果 Hokie 公司继续该项投资，40% 的概率下它将每年连续带来 3 000 万美元的税后现金流，60%

的概率下带来1 500万美元的收入。无风险利率是4%，资本成本是20%。在这里，我们将用二叉树来解释这个问题。

在实际情况中，概率分布不可能向我们假设的那样规范。产品研发成功之后的现金流分布不可能只是简单地以40%的概率为3 000万美元，以60%的概率为1 500万美元。同样，研发的结果也不可能只是以70%的概率成功而30%的概率一无所获。事实上，这些不确定性将会以波动率反映出来。由于期权是选择是否投资8 000万美元投产，在研发成功的前期下，波动率就是项目市场价值的波动率。回忆一下，在“估值模型：传统模型与实物期权”一节中，我们使用的波动率是0.8。我们需要一个反映当前项目价值3 643.8万美元的二叉树。因此，我们需要能够反映出这个波动率的涨跌因子。下面的公式是一般情况下二叉树的涨跌因子：

$$u = e^{\sigma\sqrt{T/N}}$$

$$d = e^{-\sigma\sqrt{T/N}}$$

式中，T是项目期限，N是二叉树期数。在这个案例中，T为3，表示研发将需要3年时间。因为我们想要能够直观了解这个项目，我们将使用单期二叉树，即$N=1$。因此，涨跌因子为：

$$u = e^{0.8\sqrt{3/1}} = 3.9974$$

和

$$d = e^{-0.8\sqrt{3/1}} = 0.2502$$

相应的二叉树见图22B-1。然而我们发现，这些结果与我们在“估值模型传统模型与实物期权”一节中使用的案例不一样。事实上，在较少的结果中，我们之前使用了0值，表示研发一无所获。这种规范下，研发过程在两个案例中都有所收获，但是一种案例中的市场价值非常小。我们不期望这些结果与“估值模型：传统模型与实物期权”中使用的案例一致。我们画出了3年期波动率0.80的项目价值二叉树图。实际上，这种分布可能更能反映出实际的研发过程和它的可能结果。

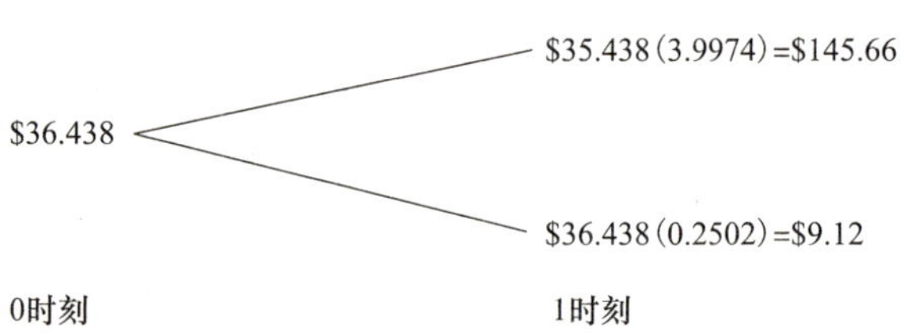

图22B-1 Hokie公司投资一期的市场价值的二叉树图解（单位：百万美元）

现在，我们必须求得一个适当的无风险利率。最初我们设定为4%，但是正如在“估值模型：传统模型与实物期权”一节中强调的，该利率是连续复合的。二项式模型是一种离散模型，因此我们需要一个等价的离散利率，为$e^{0.04}-1=0.0408$，或4.08%。但是请注意上述二叉树的时间步长是3年。因此，实际上覆盖一个步长的无风险利率是$(1.0408)^3-1=0.1275$，因此我们必须使用12.75%作为无风险利率。

那么，现在问题都设定好了。Hokie公司面临着一个期权，支付8 000万美元来获得一期之后价值为14 566万美元或912万美元的资产。如果结果是14 566万美元，Hokie公司将执行该期权获得净值14 566－8 000＝6 566万美元。反之，将放弃执行期权。Hokie公司面临的结果见图22B-2。

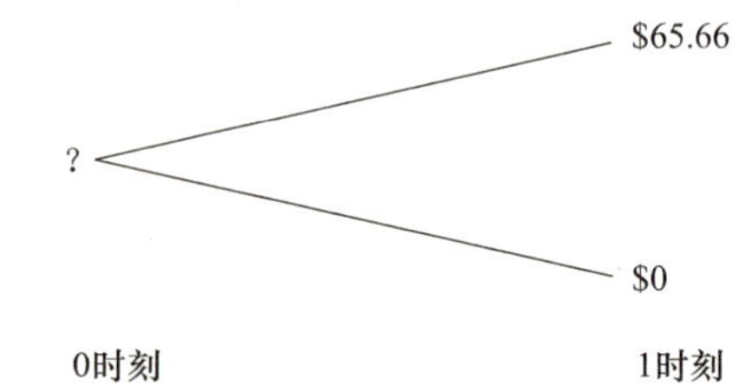

图22B-2 Hokie公司投资一期的结果的二叉树图解（单位：百万美元）

问号表示项目当前的价值未知。为了确定这个价值，我们需要二项式概率。在“估值模型：传统模型与实物期权”一节中我们讲过，可以这样求得：

$$p = \frac{1 + r - d}{u - d} = \frac{1.1275 - 0.2502}{3.9974 - 0.2502} = 0.2341$$

和

$$1 - p = 0.7659$$

因此，期权的价值为（单位为百万美元）

$$\frac{0.2341(\$65.66) + 0.7659(\$0)}{1.1275} = \$13.63$$

要注意这个值显著高于布莱克 - 斯科尔斯模型下求得的 12.744（百万美元）。我们不期望这些数值一致或非常接近。然而，我们在“实物期权估值框架”一节中提到过，在大量的时间期下，二项式模型价值收敛于布莱克 - 斯科尔斯模型的价值。当然，我们需要计算机来进行运算，但是这只是个简单的程序。这样做，我们将求得二项式模型价值为 12.735（百万美元），与布莱克 - 斯科尔斯模型下的价值 12.744（百万美元）相当接近。

术语表

放弃期权（Abandonment option）：在到期之前停止项目并收回项目残值。

美式期权（American option）：可以在到期日之前的任意时刻行使的期权。

套利机会（Arbitrage opportunity）：是指这样一种市场情况，某项资产价值在两个市场中明显不同，投资者就可以在一个市场买入资产，在另一个市场以较高的价格卖出，以此无风险的获得价差。

二项式模型（Binomial model）：一种期权估值模型，每一期标的资产仅有两种可能的结果或状态。

二叉树（Binomial tree）：对二项式模型的图解，表示期权和其标的资产的可能结果或状态。

布莱克 - 斯科尔斯模型（Black-Scholes model）：是一个期权定价模型，期权价值取决于标的资产，有效期，执行价格，标的资产价格波动率和无风险利率或时间价值。

看涨期权（Call option）：在一段既定的时间内以确定的价格购买某项资产的期权。

复合期权（Compound option）：一个购买或出售期权的期权。也就是说，该期权的标的资产是期权。

决策树（Decision tree）：对一项投资项目决策过程和期限内不确定性的图形表示。

递延期权（Deferral option）：推迟投资于某项投资项目的期权。

欧式期权（European option）：仅能在到期日执行的期权。

执行价格（Exercise price）：期权持有者以该价格购买（看涨期权）或出售（看跌期权）特定资产。在实物期权中，执行价格是执行期权的成本（如，扩张期权中，额外设施的成本）。也被称为行权价格或行使价格。

转售价值（Exit value）：残值或剩余价值；未来处置项目资产的预期现金流。

扩张期权（Expansion option）：见增长期权。

弹性期权（Flexibility option）：有权在未来可以改变决定的期权。

增长期权（Growth option）：在未来或者或增长的期权。

学习期权（Learning option）：在资本项目投资中产生的，可以降低未来与该资本项目决策不确定性的期权。

对数正态（Lognormality）：在期权估值中使用的典型假设，标的资产服从对数正态概率分布，即资产的对数回报服从正态分布。

销售资产免责声明（Marketed asset disclaimer）：一种观点认为可以使用项目的孪生证券来替代项目中的期权。本质是上说项目可以视为一项交易资产。

模型风险（Model risk）：使用了错误的估值模型，正确的估值模型中使用了错误的参数值，或者不正确的使用了正确的估值模型带来的风险，也包括编程失误和其他错误。

收缩期权（Opition to contract）：削减项目规模的期权。

违约期权（Option to default）：在投资支出过程中可以终止投资的期权。

关闭期权（Option to shut down）：停止经营的期权，这种停止可以是暂时的也可以是永久的。

看跌期权（Put option）：在特定的时间以特定的价格出售某项特定资产的期权。

实物期权估值（Real options valuation）：对某个投资决策中涉及实物或无形资产的期权的估值。

风险中性估值（Risk neutral valuation）：假设不可能通过交易期权或用其他资产组合复制与期权价值不同的价格对冲头寸得到无风险（套利）收益，在该假设基础上的期权估值过程。这个过程的结果就是假设投资者是风险中性的，并以此来对期权估值，甚至没有任何假设涉及投资者对风险的态度。

残值（Salvage value）：某项资产寿命末期的预期价值。

扩张期权（Scale-up option）：提供扩张经营能力机会的期权。

扩大范围期权（Scope-up option）：提供进入不同产品线机会的期权。

敏感性分析（Sensitivity analysis）：一种分析技术，通过改变一个变量的取值来检验投资结果；也被称为“假设”分析。

模拟分析（Simulation analysis）：一种决定投资或期权价值的程序，根据一个假定的概率分布随机生成大量的结果，并求得平均值。有时也被称为蒙特卡罗模拟。

静态 NPV（Static NPV）：资本投资项目未来现金流的现值减去该资本投资项目投资费用的现值；是传统的投资预算模型中的净现值。

战略 NPV（Strategic NPV）：一项资本项目预期净现金流现值总和加上该资本项目所有相关期权的价值。

组合看涨期权（Synthetic call option）：一种投资头寸，可以复制一项看涨期权，如股票和借款的多头头寸。

跟踪投资组合（Tracking portfolio）：与期权回报相同的可交易证券组合。

孪生证券（Twin security）：可以作为标的项目替代物的可交易资产或金融工具。

注释

1. 我们在“实物期权估值的缺陷和不足”一节中对此进行更多的细节讨论。
2. 这个例子和本章当中另外的实际估值案例是站在 2000 年年末的角度编写的，在印刷出版的时候必然会有点过时。然而我们分析的原则不会过时。
3. 见 Pulliam（2000）思科公司的案例，而且它对 P/E 和 PEG（如，市盈率增长率）关系的扩展讨论不符合传统的估值方法。我们将在“了解实物期权”一节中对思科和亚马逊公司的案例进一步讨论，并提供更多的关于它们实物期权的评论。
4. 基于 2000 财年的收益和预期的五年增长率，P/E 高于 90。

5. 为了分析网络公司估值随时间的动态变化，考虑一下雅虎公司在2002年5月的市值为87.7亿美元；这个数字表示出自2000年，价值下降超过87%。
6. 这个观察首先由米歇尔·莫布森发现，他是瑞士信贷第一波士顿首席投资策略师，由Ip（1999）报道。
7. 普尔利曼报道了分析师会修正P/E值以适应对某些公司的当前估值。
8. 这种分解与Leibowitz（1997）使用过的方法相似，他将公司的价值分解为两部分——现存资产的无形价值和新投资衍生的价值。
9. 见Grenadier（1995）对租约进行实物期权估值的表述，Capel（1997）对用实物期权方法管理外汇敞口的分析，Mayers（1998）对公司实物期权和金融期权相匹配的论证，和Grenadier（1996）在房地产开发中的应用。
10. 见Luehrman（1998b）对DCF方法在对公司策略估值中的不足的讨论。而Triantis（1999）则讨论了实物期权在深入了解公司策略方面的作用。
11. 我们在“估值模型：传统模型与实物期权”一节中检验过所有这些模型。
12. 不像金融期权那样有特定的到期日，实物期权的到期日可能不好界定，我们将在“实物期权估值的缺陷和不足”一节中对此进行讨论。
13. 连续复利条件下，利率由因子e^{rT}求得，其中e是自然对数的底，即2.718 28，r是连续复利，而T是年数，假设利率为6%每年支付一次。一年之后，100美元将等价于100(1.06) = 106美元。与之等价的连续复利是ln(1.06) - 0.058 3，其中“In”表示自然对数。因此，我们可以证明100美元以因子$e^{0.0583(1)}$的速度增长，价值也是1.06，即均等于106美元。一个与此类似的现值因子是$1/e^{0.0583(T)}$，与$1/(1.06)T$等价。
14. 请注意除以$e^{0.20}-1$反映出一个事实，即该成本是永久的。
15. 模拟分析在科学领域和经营研究方面一样有着广泛的应用。它最初在第二次世界大战期间由著名的数学家约翰·冯·诺依曼使用，并将其命名为蒙特卡罗模拟，表示该方法的随机性和与赌博的相似性。大家公认在金融领域率先使用的模拟分析法的是Hertz（1964）对资本预算进行的分析。如今，模拟分析广泛应用于衍生产品定价和风险管理问题。
16. 见Copeland and Antikarov（2001）对期权估值中决策树分析的对比分析。
17. 这些累计概率分布的值通常可以查表获得。在这个电子表格时代，人们可以轻易地利用Microsoft Excel公式，如方程 = NORMSDIST(.) 来获得这些值。比如，如果d_1是1.15，在Excel中插入方程 = NORMSDIST(1.15) 得到数值0.874 9。意思是说在一个均值为0，标准差为1.0的标准正态分布中，1.15或更小的值随机出现概率值是0.874 9。
18. 我们使用了来自于资本资产定价模型的资本市场线，来获得资本成本的估值。然而其他方法也能估算资本成本。
19. 技术上，如果第三年年末研发没有产生适销产品，我们同样乘以条件NPV的值0美元乘以其发生概率0.3。
20. 特别地，我们得到（以百万位单位）$d_1 = \{\ln[36.438/80] + [0.04 + (0.80)^2/2]3\}/(0.80\sqrt{3}) = 0.212$，$d_2 = 0.212 - 0.80\sqrt{3} = -1.174$。接下来，使用Excel，我们得到NORMSDIST(0.212) = 0.583 9和NORMSDIST(-1.174) = 0.120 2。因此，期权价值是$\$36.438(0.5839) - \$80 \times e^{-0.04(3)} \times (0.1202) = \$12.744$。技术上来看，这个答案与依赖于精度计算的结果稍有不同。
21. 期权持有者从更大的潜在收益中受益，不需要担心较大的损失。如果期权过期时，在初始波动率下没有价值，更大的波动率也不会将造成更大的损失。

22. 在简化了的实物期权方法展示中经常忽视资本成本波动率和标的资产价值产生的影响。
23. 回想一下，标的资产价值受到波动率对资本成本的影响而稍有不同。
24. 对这些问题的讨论和期权相互影响的案例见 Trigeorgis（1991，1993a，和 1993b）
25. 没有任何理由认为执行价格需要设定为当前的股票价格。这样的期权称为平价期权，是初始构造期权时的常用方法。
26. 套利是指这样一种条件，即两种工具组合带来相同的收益但是以不同的价格出售。套利者买入较便宜的组合出售较贵的，这样可以消除风险并获得买入价和卖出价的净价差。
27. 我们在“实物期权估值的缺陷和不足”一节中将会对这一点进行大量的说明。
28. 有人可能会合理地询问，为什么另一家公司愿意对一个价值 500 美元的项目出价 700 美元。答案就在于一个事实，另一家公司现有的项目可能与其产生协同效应，使它能够比原来的公司更有效地利用该项目的资产。
29. 雅虎财经是预期市盈率，预期增长率，股票市值和价格乘数的来源。价值线投资调查是其他金融数据的来源。
30. 这些预测基于2000 财年的结果和 2000 财年年末做出的预测。正如大多数预测一样，实际结果与预测不同。在思科公司的案例中，在 2000 财年，由于重组成本和存货减值，产生了显著的损失。
31. 这个案例在 Luehrman（1998a）使用了这个方法后建模。Amran 和 Kulatilaka（1999a，1999b）以及 Kulatilaka（1999）给出了一个对初创企业估值的案例。
32. 显然，我们面临的不是一个真正的正态分布。为了便于分析，我们假设它足够接近正态分布。
33. Shapiro（1993）描述了一个相似的情景。他使用了资本预算方法来分析问题，他指出负的净现值项目可能提供一个有价值的期权，例如，如果它能够提供一个市场立足点。这样的项目可能给公司带来日后在那个市场扩张的期权，而传统的 DCF 方法不会考虑到这个期权并对其估值。
34. 对实物期权一些迷思的有力解释见 Mayor（2001）。
35. 对于欧式期权，一直等到到期日才执行期权意味着期权价值上限是该执行价格的现值。
36. Mayor 利用案例提供了这个问题更严格的解释。
37. 见 Figlewski（1998）对模型风险的绝佳解释。
38. 见注释 1。
39. 例如，某只股票基于执行价格不同但是到期期限相同的期权，存在多个隐含波动率，这种现象称为波动率微笑，这是违反对数正态假设的。
40. 例如，金融资产投资组合经理常常考虑大额亏损的可能性。这些“尾部事件”的发生概率公认比对数正态分布假设大得多。因此，考虑到尾部事件时，风险价值计算或压力测试显然会背离对数正态。
41. 见 Chance（2001）第 178 ~ 179 页。
42. 尽管可能的条件下会使用像布莱克 - 斯科尔斯模型这样的封闭解，而在实物期权领域三本主要著作中二叉树显然是更好的方法：Amran 和 Kulatilaka（1999b），Trigeorgis（1996），以及 Copeland 和 Antikarov（2001）。
43. Margrabe（1978）中的交换期权模型非常适合这种情况。
44. 见“解读实物期权”一节中“第 3 步，对期权估值”。
45. 这个程序的细节，见 Chance 的著作第 189 ~ 192 页。

46. 见 Amran 和 Kulatilaka（1999b）第57~58页。
47. 这种现象的大体情况见“实物期权估值框架”一节中图22-5。
48. Feinstein 展示了一个不同的方法来求得加权平均折现率，同时也提供了一个绕过整个项目估值的近似法。后者让使用者可以求得加权平均折现率并用它对整个项目估值。
49. 我们可以轻易地就将这些成本随时间平摊，但是重要的是这些成本是固定的而且不能避免。
50. 如果标的资产是股票，市场价值产生的收入就与分红非常接近，尽管我们加入了一个因素，即必须支付确定的成本来获得这项收入，并且如果不发生这些成本，就会失去该收入。

参考文献

Amran, Martha, and Nalin Kulatilaka. 1999a. “Uncertainty: The New Rules for Strategy.” *Journal of Business Strategy,* vol. 20, no. 3 (May–June):25–29.

———. 1999b. *Real Options.* Boston, MA: Harvard Business School Press.

Bailey, Warren. 1991. “Valuing Agricultural Firms: An Examination of the Contingent-Claims Approach to Pricing Real Assets.” *Journal of Economic Dynamics and Control,* vol. 15, no. 4 (October):771–791.

Berger, Philip G., Eli Ofek, and Itzhak Swary. 1996. “Investor Valuation of the Abandonment Option.” *Journal of Financial Economics,* vol. 42, no. 2 (October):257–287.

Black, Fischer, and Myron Scholes. 1973. “The Pricing of Options and Corporate Liabilities.” *Journal of Political Economy,* vol. 81, no. 3 (May–June):637–659.

Bonini, Charles P. 1977. “Capital Investment under Uncertainty with Abandonment Options.” *Journal of Financial and Quantitative Analysis,* vol. 12, no. 1 (March):39–54.

Brealey, R., and S.C. Myers. 1996. *Principles of Corporate Finance.* 5th ed. New York: McGraw-Hill.

Brennan, Michael J. 1979. “The Pricing of Contingent Claims in Discrete Time Models.” *Journal of Finance,* vol. 34, no. 1 (March):53–68.

Brennan, Michael J., and E.S. Schwartz. 1985. “Evaluating Natural Resource Investment.” *Journal of Business,* vol. 58, no. 2 (January):135–157.

Burgstahler, David C., and Ilia D. Dichev. 1997. “Earnings, Adaptation and Equity Value.” *Accounting Review,* vol. 72, no. 2 (April):187–215.

Busby, J.S., and C.G.C. Pitts. 1997. “Real Options in Practice: An Exploratory Survey of How Finance Officers Deal with Flexibility in Capital Appraisal.” *Management Accounting Research,* vol. 8, no. 2 (June):169–186.

Capel, Jeanette. 1997. “A Real Options Approach to Economic Exposure Management.” *Journal of International Financial Management and Accounting,* vol. 8, no. 2 (June):87–113.

Carr, P. 1988. “The Valuation of Sequential Exchange Opportunities.” *Journal of Finance,* vol. 43, no. 5 (December):1235–1256.

Chance, Don M. 2001. *An Introduction to Derivatives and Risk Management.* 5th ed. Fort Worth, TX: Harcourt College Publishers.

Chatwin, R., Y. Bonduelle, A. Goodchild, F. Harmon, and J. Mazzuco. 1999. “Real Option Valuation for E-Business: A Case Study.” In *Real Options and Business Strategy: Applications to Decision-Making.* Edited by L. Trigeorgis. London: Risk Books.

Childs, Paul D., Steven H. Ott, and Alexander J. Triantis. 1998. “Capital Budgeting for Interrelated Projects: A Real Options Approach.” *Journal of Financial and Quantitative Analysis,* vol. 33, no. 3 (September):305–334.

Chung, K., and C. Charoenwong. 1991. “Investment Options, Assets in Place, and the Risk of Stocks.” *Financial Management,* vol. 20, no. 3 (Autumn):21–33.

Clayton, Matthew, and David Yermack. 1999. “Major League Baseball Player Contracts: An Investigation of the Empirical Properties of Real Options.” Working paper, Stern School of Business, New York University.

Copeland, Tom, and Vladimir Antikarov. 2001. *Real Options.* London: Texere.

Dixit, Avinash. 1989. “Entry and Exit Decisions under Uncertainty.” *Journal of Political Economy,* vol. 97, no. 3 (June):620–638.

———. 1992. "Investment and Hysteresis." *Journal of Economic Perspectives,* vol. 6, no. 1 (Winter):67–87.

Dunbar, Nicholas. 2000. "The Power of Real Options." *Risk,* vol. 13, no. 8 (August):20–21.

Feinstein, Steven P. 1999. "Toward a Better Understanding of Real Options: A Weighted Average Discount Rate Approach." Working paper, Babson College.

Figlewski, Stephen. 1998. "Derivatives Risks, Old and New." *Wharton-Brookings Papers on Financial Services,* vol. 1, no. 1:159–238.

Grenadier, Steven R. 1995. "Valuing Lease Contracts: A Real-Options Approach." *Journal of Financial Economics,* vol. 38, no. 3 (July):297–332.

———. 1996. "The Strategic Exercise of Options: Development Cascades and Overbuilding in Real Estate Markets." *Journal of Finance,* vol. 51, no. 5 (December):1653–1679.

Grenadier, Steven R., and Allen M. Weiss. 1997. "Investment in Technological Innovations: An Option Pricing Approach." *Journal of Financial Economics,* vol. 44, no. 3 (June):397–416.

Hayn, Carla. 1995. "The Information Content of Losses." *Journal of Accounting and Economics,* vol. 20, no. 1 (September):125–153.

Hertz, David B. 1964. "Risk Analysis in Capital Investment." *Harvard Business Review,* vol. 42, no. 1:95–106.

Howell, Sydney D., and Axel J. Jägle. 1997. "Laboratory Evidence on How Managers Intuitively Value Real Growth Options." *Journal of Business Finance and Accounting,* vol. 24, no. 7/8 (September):915–935.

Ingersoll, J., and S. Ross. 1992. "Waiting to Invest: Investment and Uncertainty." *Journal of Business,* vol. 65, no. 1 (January):1–29.

Ip, Greg. 1999. "Analyst Discovers Order in the Chaos of Huge Valuations for Internet Stocks." *Wall Street Journal* (December 27):C1, C2.

Kellogg, David, and John M. Charnes. 2000. "Real-Options Valuation for a Biotechnology Company." *Financial Analysts Journal,* vol. 56, no. 3 (May/June):76–84.

Kemna, Angelien G.Z. 1993. "Case Studies on Real Options." *Financial Management,* vol. 22, no. 3 (Autumn):259–270.

Kester, W. Carl. 1984. "Today's Options for Tomorrow's Growth." *Harvard Business Review,* vol. 84, no. 2 (March–April):153–160.

———. 1993. "Turning Growth Options into Real Assets." In *Capital Budgeting under Uncertainty.* Edited by R. Aggarwal. Englewood Cliffs, NJ: Prentice-Hall.

Kulatilaka, N. 1988. "Valuing the Flexibility of Flexible Manufacturing Systems." *IEEE Transactions in Engineering Management,* vol. 35, no. 4:250–257.

———. 1993. "The Value of Flexibility: The Case of a Dual-Fuel Industrial Steam Boiler." *Financial Management,* vol. 22, no. 3 (Autumn):271–280.

_______. 1999. "In Practice: Valuing a New Venture with Real Options Analysis." *CFO Magazine* (November). (See www.cfo.com.)

Kulatilaka, Nalin, and Alan J. Marcus. 1988. "A General Formulation of Corporate Real Options." *Research in Finance,* vol. 7:183–200.

Kulatilaka, Nalin, and Lenos Trigeorgis. 1994. "The General Flexibility to Switch: Real Options Revisited." *International Journal of Finance,* vol. 6, no. 2:778–798.

Leibowitz, Martin L. 1997. *Sales-Driven Franchise Value.* Charlottesville, VA: The Research Foundation of the Institute of Chartered Financial Analysts.

Luehrman, Timothy A. 1998a. "Investment Opportunities as Real Options: Getting Started on the Numbers." *Harvard Business Review,* vol. 76, no. 4 (July/August):51–67.

———. 1998b. "Strategy as a Portfolio of Real Options." *Harvard Business Review,* vol. 76, no. 5 (September/October):89–99.

Magee, J. 1964. "How to Use Decision Trees in Capital Investment." *Harvard Business Review,* vol. 42 (September/October):79–96.

Majd, Saman, and Robert S. Pindyck. 1987. "Time to Build, Option Value, and Investment Decisions." *Journal of Financial Economics,* vol. 18, no. 1 (March):7–27.

———. 1989. "The Learning Curve and Optimal Production under Uncertainty." *Rand Journal of Economics,* vol. 20, no. 3 (Autumn):331–343.

Margrabe, William. 1978. "The Value of an Option to Exchange One Asset for Another." *Journal of Finance,* vol. 33, no. 1 (March):177–186.

Mauboussin, Michael J. 1999. "Get Real." *Frontiers of Finance*, Credit Suisse/First Boston Equity Research, vol. 10 (June 23).

Mayers, David. 1998. "Why Firms Issue Convertible Bonds: The Matching of Financial and Real Investment Options." *Journal of Financial Economics*, vol. 47, no. 1 (January):83–102.

Mayor, Nick. 2001. "Jackpot." *Wilmott*, vol. 1, no. 1 (May):46–53.

McDonald, R., and D. Siegel. 1985. "Investment and the Valuation of Firms When There Is an Option to Shut Down." *International Economic Review*, vol. 26, no. 2 (June):331–349.

———. 1986. "The Value of Waiting to Invest." *Quarterly Journal of Economics*, vol. 101, no. 4 (November):707–727.

Merton, Robert C. 1973. "The Theory of Rational Option Pricing." *Bell Journal of Economics*, vol. 4, no. 1 (Spring):141–183.

Michaels, Daniel. 2000. "For Air France, Sky's the Limit on Growth Potential at Hub." *Wall Street Journal Europe* (May 29):3.

Moel, Alberto, and Peter Tufano. 2002. "When Are Real Options Exercised? An Empirical Study of Mine Closings." *Review of Financial Studies*, vol. 15, no. 1 (March):35–64.

Myers, Stewart. 1977. "Determinants of Corporate Borrowing." *Journal of Financial Economics*, vol. 5, no. 2 (Spring):147–176.

Myers, Stewart, and Saman Majd. 1990. "Abandonment Value and Project Life." *Advances in Futures and Options Research*, vol. 4:1–21.

Østbye, Stein. 1997. "A Real Options Approach to Investment in Factor Demand Models." *Applied Economics Letters*, vol. 4, no. 3:153–157.

Paddock, J., D. Siegel, and J. Smith. 1988. "Option Valuation of Claims on Real Assets: The Case of Offshore Petroleum Leases." *Quarterly Journal of Economics*, vol. 103, no. 3 (August):479–508.

Pindyck, R. 1988. "Irreversible Investment, Capacity Choice, and the Value of the Firm." *American Economic Review*, vol. 78, no. 5 (December):969–985.

———. 1991. "Irreversibility, Uncertainty, and Investment." *Journal of Economic Literature*, vol. 29, no. 3 (September):1110–1148.

———. 1993. "Investments of Uncertain Cost." *Journal of Financial Economics*, vol. 34, no. 1:53–76.

Pulliam, Susan. 2000. "Analysts Twist Their Yardsticks to Justify P/E of Cisco & Co." *Wall Street Journal* (April 12):C1, C4.

Quigg, L. 1993. "Empirical Testing of Real Option-Pricing Models." *Journal of Finance*, vol. 48, no. 2 (June):621–640.

Roberts, Kevin, and Martin L. Weitzman. 1981. "Funding Criteria for Research, Development, and Exploration Projects." *Econometrica*, vol. 49, no. 5 (September):1261–1288.

Robichek, A., and J. Van Horne. 1967. "Abandonment Value and Capital Budgeting." *Journal of Finance*, vol. 22, no. 4:577–590.

Rubinstein, Mark. 1976. "The Valuation of Uncertain Income Streams and the Pricing of Options." *Bell Journal of Economics*, vol. 7, no. 2 (Autumn):407–425.

Schwartz, Eduardo, and Mark Moon. 2000. "Rational Pricing of Internet Companies." *Financial Analysts Journal*, vol. 56, no. 3 (May/June):62–75.

Shapiro, Alan. 1993. "Corporate Strategy and the Capital Budgeting Decision." In *The New Corporate Finance: Where Theory Meets Practice*. Edited by Donald H. Chew, Jr. New York: McGraw-Hill.

Stonier, John. 2001. "The Change Process." In *Real Options*. Edited by Tom Copeland and Vladimir Antikarov. London: Texere.

Titman, S. 1985. "Urban Land Prices under Uncertainty." *American Economic Review*, vol. 75, no. 3 (June):505–514.

Tourinho, O. 1979. "The Option Value of Reserves of Natural Resources." Working Paper 94, University of California at Berkeley.

Triantis, Alexander. 1999. "The Hidden World of Real Options." *Risk*, vol. 12, no. 10 (October):52–54.

Triantis, Alexander, and J. Hodder. 1990. "Valuing Flexibility as a Complex Option." *Journal of Finance*, vol. 45, no. 2 (June):549–565.

Trigeorgis, L. 1988. "A Conceptual Options Framework for Capital Budgeting." *Advances in Futures and Options Research*, vol. 3:145–167.

———. 1991. "A Log-Transformed Binomial Numerical Analysis Method for Valuing Complex Multi-Option Investments." *Journal of Financial and Quantitative Analysis*, vol. 30, no. 3

(September):309–326.

———. 1993a. "The Nature of Option Interactions and the Valuation of Investments with Multiple Real Options." *Journal of Financial and Quantitative Analysis*, vol. 28, no. 1 (March):1–20.

———. 1993b. "Real Options and Interactions with Financial Flexibility." *Financial Management*, vol. 22, no. 3 (Autumn):202–224.

———. 1996. *Real Options: Managerial Flexibility and Strategy in Resource* Allocation. Cambridge, MA: MIT Press.

Trigeorgis, L., and S.P. Mason. 1987. "Valuing Managerial Flexibility." *Midland Corporate Finance Journal*, vol. 5, no. 1 (Spring):14–21.

生物科技公司实物期权估值[㊀]

大卫·凯洛格（David Kellogg）

约翰 M. 查恩斯（John M. Charnes）

许多生物科技领域的公司在产品研发的前期尽管没有产值但却拥有有效估值。在过去的10~15年里，投资者已经推高了那些有望开发出畅销药物公司的股票市值。我们在此阐述决策树法和二项式法（加入了增长期权），并且使用它们去对一家名为阿杰朗制药（Agouron Pharmaceuticals）的生物科技公司的药物开发项目总值进行评估。加入了增长期权是因为新分子实体（NME）的初期开发类似于购买后期新分子实体的看涨期权。我们对阿杰朗制药公司在开发一种名叫Viracept的抗艾滋病药物期间的估算价值和实际市值在选定时间点上进行了比较。

在一个药物开发项目的前期估值中，大多都包含了将会有畅销药物诞生的承诺。特别是在生物科技领域，许多公司早在产品销售获利之前就已经拥有有效估值。在过去的10~15年里，投资者已经推高了许多生物科技公司的股票市值，这些公司的股票价格跟它们的贴现现金流估值高度相关。这种现象令许多市场调查者惊讶，因为一些作者（Grabowski and Vernon，1994）已经暗示药物研发的净现值接近于零。

实物期权估值方法可以帮助投资者在受让生物科技公司时进行估值。公司的价值来自公司产品的预期销售利润和许多高利润药物的潜在增长。实物期权估值方法可以应用于单个项目价值的估算，但此处的难点在于如何运用实物期权估值方法对一个被视为组合项目的公司进行估值。

㊀ 摘自《金融分析师》（2000年5/6月）：76~84页。该文章首次出版时，大卫·凯洛格是斯普林特PCS的商业计划与分析经理，约翰 M. 查恩斯是堪萨斯大学商学院管理科学与技术的副教授。

我们在此阐述决策树法和二项式法，并且使用这些方法来对一家名为阿杰朗制药的生物科技公司当前的药物开发项目总值进行评估，每一个项目都通过决策树法和二项式法进行估值。然后，我们对阿杰朗制药公司在开发一种名为 Viracept 的抗艾滋病药物期间的估算价值和实际市值进行比较。

我们的意图在于说明实物期权估值方法是如何用来进行财务分析的。因为我们分析所使用的数据是基于前期的研究，这里的计算结果反映了阿杰朗制药公司在 80 年代和 90 年代初期作为典型的药物研发型公司的价值。然而，我们同时也讨论了阿杰朗制药公司与我们模型不尽相同的方面。我们相信拥有更充分信息的证券分析师可以运用这些方法去完善和提高分析结果。

这里提出的方法，为证券分析师们提供了一种可以对没有当期收入的生物科技公司进行估值的途径。医药公司的财务分析师可以运用这些方法去评估项目，以及将公司的相对价值与资本预算目标进行比较。医药公司的执行经理可以用这些方法提高他们对项目价值的理解，并将这些价值告知投资者。最后，对于学术读者，这个有趣的案例研究可以对实物期权估值方法提供有用的实证。

23.1 新药开发

新药开发是一项有风险的业务。在几乎无限多可能有药理作用的分子化合物中，医药公司必须在其中进行仔细的选择，然后在新产品投放市场前投资数百万美金开发资金。整个研发过程分成几个阶段，其间，医药公司要搜集证据去说服政府监管部门，保证可以为当前的医疗条件持续的生产一种安全并且有疗效的药物。在每一个阶段的后期，公司以技术和市场反馈信息来决定是放弃或者继续药物的研发。

在美国，药物投放市场前通常要经过如下几个阶段：

1. 探索期。在这个阶段，药剂师和生物学家花费相当大的精力去为人工合成新分子实体（NME）开发全新的概念。在这个阶段许多新分子实体被放弃。

2. 临床前实验。新分子实体筛选出来在人工环境和动物上做药理和毒性实验。如果这种新分子实体是进一步研发的有力竞争者，公司将向美国食品和药物管理局（FDA）提交一份研究性新药申请（INDA）。新药申请批准后允许公司通过临床人体实验继续开发药物。

3. 临床实验。临床实验通常分为三期：

（1）一期。在少量健康志愿者中进行测试，获取毒性及人体安全剂量范围信息。此阶段的研究同时收集药物在体内的吸收、分布、代谢和排泄数据。

（2）二期。药物被批准在更大范围的目标病人中做控制实验研究。成功的二期实验将提供大量的疗效证据和安全性补充数据。

（3）三期。这是上市前的最后一期实验，需要大规模的病人参与，以获取疗效补充证据。更大规模的样本实验增加了实际良性反应统计数据的一致性，以及在病人中少有发生的不良反应都将被发现。第三期临床实验非常接近药物入市时的情形。

4. FDA 申报、审查。经过三期临床实验，公司相信拥有足够的证据通过审批，向 FDA 提交一份新药申请（NDA）供审查。FDA 审批通过的应用领域市场推广可以就此展开。

5. 后期验证。当公司通过市场推广获得新药收益，需要做附加测试以支持市场推广以及拓展应用领域，延伸应用包括对于其他的病人的替代配方和剂量，例如儿童。

23.2 阿杰朗制药公司

阿杰朗制药公司公司成立于 1984 年，1987 年成为一家上市公司。直到 1997 年公司仍然没有产品经营收入，大部分的精力都集中在新分子实体（NME）开发及其临床实验上。阿杰朗也与其他的大型制药公司建立了伙伴关系，基于生物科技在药物的发现、开发、商业化方面进行合作。

这样的合作关系在医药领域非常常见。对于生物科技公司而言，这种合作给它们提供了信誉、资金、附加的专业技术，以及通过大公司已经建立的市场渠道推广产品的手段。对于大型医药公司而言，生物科技公司提供了额外的创意资源，成为他们现有研发的拓展。在典型的合作关系里面，大的医药公司获得生物科技公司的股权，并且向处于特定药物开发阶段或者获得政府批准的药物的生物科技公司提供资金，然后双方分享获得批准药物产生的现金流。

1994 年 7 月，阿杰朗制药公司正致力于抗肿瘤和抗艾滋化合物的研发。当时公司拥有两种抗癌新分子实体处于临床实验一期，一种抗艾滋新分子实体处于临床前实验开发阶段。在接下来的四年半时间里，阿杰朗制药公司就其研发进程做了数次重要公告。1999 年 1 月 26 日，阿杰朗制药公司公告称收到华纳兰伯特公司（Warner Lambert Company）21 亿美金股票市值的收购邀约。

23.3　假设

由于受医疗保健费用的政治环境影响，近几年，许多关于医药研究与发展的文献问世。在这篇研究中，我们借鉴以下文献：Myers and Howe（1997），U. S. Congress，Office of Technology Assessment（1993），Dimasi，Hansen，Grabowski，and Lasagna（1991），and Grabowski and Vernon 对开发成本，成功的可能性以及新药物的盈利性进行假设。所有成本及收入按 1994 年的定值美元计算。

根据 Myers and Howe，我们假设一种新药在进入市场后将有 5 种质量类别：①狗，②低于平均水平，③平均水平，④高于平均水平，⑤突破。一种已经投放市场的药物有 60% 的概率处于平均质量水平，10% 的可能性处于其他四种情况。营收与每种质量情形之间高度扭曲，在狗类的峰值和低于平均水平的年营收不超过 740 万，在突破阶段的营收每年超过 13 亿元。投放市场后每一阶段的假设年营收如图 23-1 所示。每个阶段峰值年营收按类别如下（单位：百万美元）：

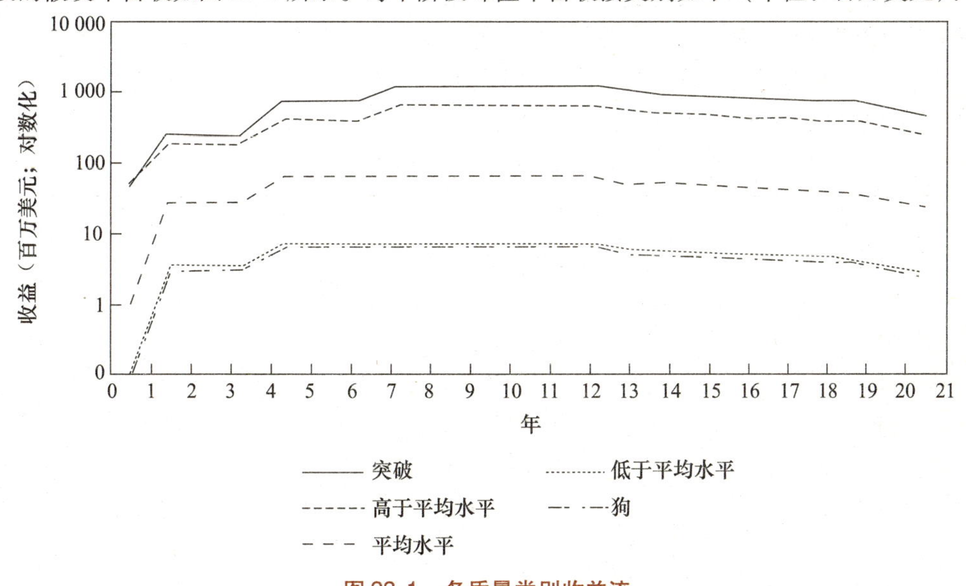

图 23-1　各质量类别收益流

突破	$1 323 920
高于平均水平	661 960
平均水平	66 200
低于平均水平	7 440
狗	6 620

表23-1显示，对于开发的每一个阶段，都假设前一个阶段成功完成，假设税前成本，以年计的期限，以及成功完成每个阶段的条件概率。对于研发持续时间超过一年的阶段，我们都假设总成本平均归集到每一年。对于一些获得审批通过的药物，我们假设将完成后期附加临床实验。这些临床实验的目的在于支持药物的市场化努力。比如，这些后期附加临床实验的结果经常被引用于医药销售代表向内科医生提供的宣传资料里面。如果没有新的有用信息，销售代表很难引起忙碌的内科医生的注意。对于那些销售情况不佳的药物（例如狗类或者低于平均水平类药物）我们假设它们的经营收入不足以负担后期附加临床实验。

表 23-1 研发阶段的税前成本、时间、成功的条件概率

研发阶段	总成本（千元）	每阶段年限	条件概率（成功）
探索期	2 200	1	0.60
临床前实验期	13 800	3	0.90
临床实验			
一期	2 800	1	0.75
二期	6 400	2	0.50
三期	18 100	3	0.85
FDA 审查	3 300	3	0.75
后期验证	31 200	9	1.00

像大多数产品一样，药物同样有着一定的生命周期。一种药物的黄金生命期通常出现在专利失效之前的那个时候。专利失效之后，竞争对手可以销售化合物的仿制药，竞争将导致销售额下降。迈尔斯和豪并没有把黄金期之后的销售额纳入计算，因为专利失效后期的销售额跟他们的分析并不相关。我们的分析基于我们根据美国国会技术评估办公室提供的报告提出的专利失效年限假设。表23-2提供了其他现金流假设的细节。

表 23-2 其他现金流假定

项目	假定	来源
主营业务成本	销售额的25.5%	美国国会
销售费用		Myers and Howe
推出后第1年	销售额的100%	
推出后第2年	销售额的50%	
推出后第3~4年	销售额的25%	
推出后第5~13年	销售额的20%	
管理费用	销售额的11.1%	美国国会
税率	利润的35%	Myers and Howe
营运资本	销售额的17%	美国国会

23.4 评估方法

我们在此讨论用于评估阿杰朗制药公司公司的决策树和二项式评估法。

23.4.1 决策树法

在第一种方法里面，我们建立一个模型来计算一种药物的期望净现值（ENPV），不将增长期权考虑在内。

ENPV 计算如下：

$$\text{ENPV} = \sum_{i=1}^{7}\rho_i \sum_{t=1}^{T}\frac{DCF_{i,t}}{(1+r_d)^t} + \rho_7 \sum_{j=1}^{5} q_j \sum_{t=1}^{T}\frac{CCF_{j,t}}{(1+r_c)^t} \tag{23-1}$$

式中　i——1，…，7 = 前面所提到的从探索期到附加验证期的七个阶段

ρ_i——条件概率，药物开发到 $i-1$ 阶段，i 阶段是它最后一个阶段

T——所有未来现金流为零的时点

$\text{DCF}_{i,t}$——在时点 t 时的期望现金流，i 为最后阶段

Rd——开发现金流贴现率

$j=1$，…，5——药物的五个质量类别（前面已定义）

q_j——药物质量为 j 的概率

$\text{CCF}_{j,t}$——时点 t 时药物质量为 j 的期望商业化现金流

r_c——商业化现金流贴现率

决策树模型大致呈现在图 23-2 中。

开发现金流和商业化现金流对应的不同贴现率的使用遵循 Myers and Howe，他们对贴现率的选择部分基于 Myers and Shyam-Sunder(1996)。我们分别用 6% 和 9% 作为开发现金流和商业化现金流的实际贴现率。通货膨胀率来自评估日前五年的 GDP 缩减指数。例如，以 1994 年定值美元计算新分子实体（NME）的期望净现值（ENPV），通货膨胀率为 3.58%，导致名义利率 rd = 9.8%，rc = 12.9%。

表 23-3 用电子表格形式展现了处于探索期的新分子实体（NME）期望净现值计算方法。

表 23-3　药物期望净现值　（94 不变价，千美元）

	i	j	(1) ρ_i	(2) q_j	(3) $\sum_{t=1}^{T}\frac{DCF_t}{(1+r_d)^t}$	(4) $\sum_{t=1}^{T}\frac{CCF_{j,t}}{(1+r_c)^t}$	[(4) − (3)] × (1) × (2)
探索	1		0.400		$2 004		−$802
临床实验前	2		0.06		13 203		−792
临床实验							
一期	3		0.135		15 223		−2 055
二期	4		0.203		19 455		−3 949
三期	5		0.030		29 810		−894
新药申请	6		0.043		31 395		−1 305
审批通过	7		0.129				
质量类别							
狗		1		0.10	31 395	3 762	−356

（续）

	i	j	(1) ρ_i	(2) q_j	(3) $\sum_{t=1}^{T}\frac{DCF_t}{(1+r_d)^t}$	(4) $\sum_{t=1}^{T}\frac{CCF_{j,t}}{(1+r_c)^t}$	[(4) - (3)] × (1) × (2)
低于平均水平		2		0.10	31 395	4 230	-350
平均水平		3		0.60	31 395	33 011	125
平均水平之上		4		0.10	31 395	315 819	3 669
突破		5		0.10	31 395	615 013	7 529
经济净现值 (ENPV) - \$775							

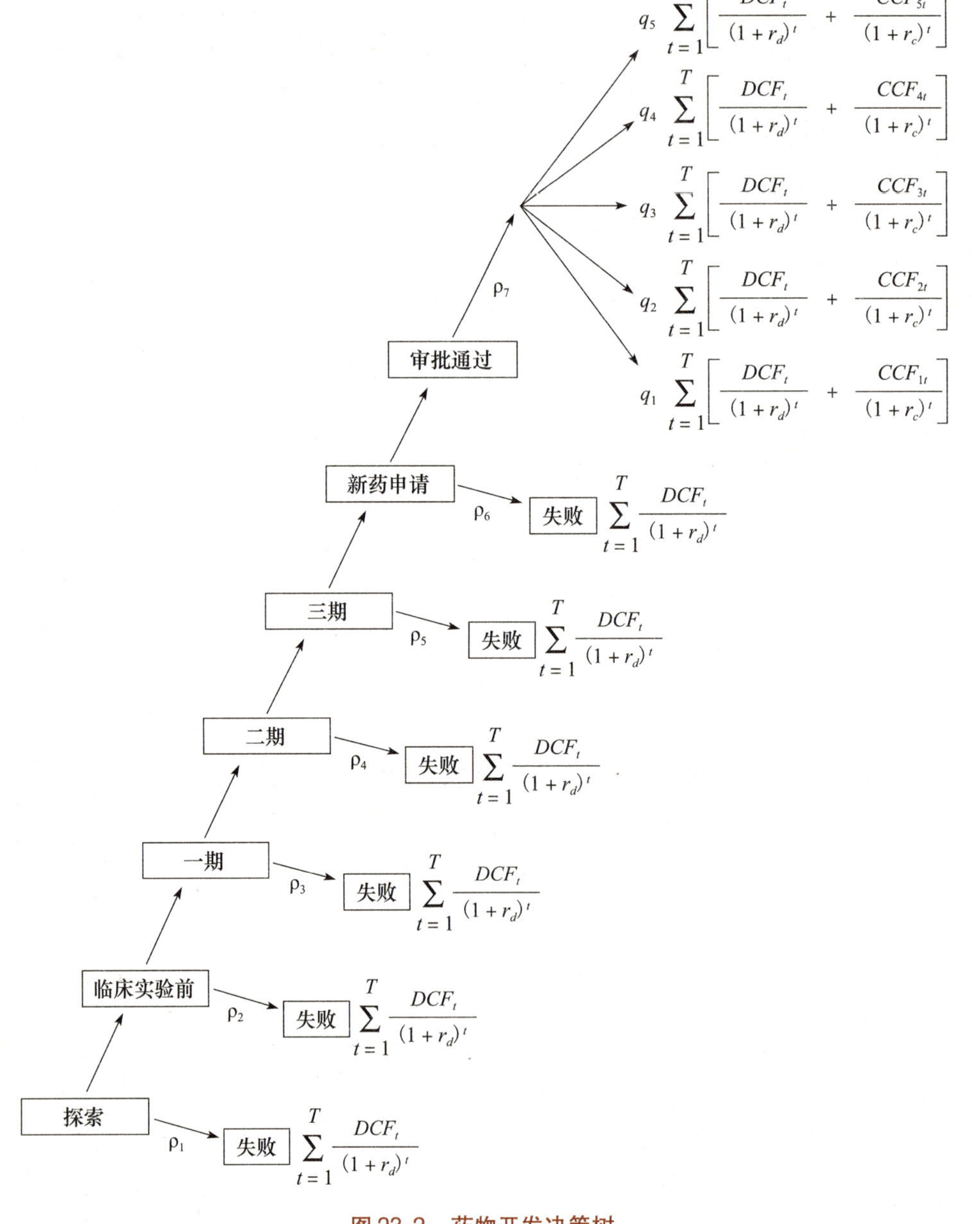

图 23-2　药物开发决策树

表格计算出了在每一个可能点的现值总和以及它们各自的概率。

公司每个项目的期望净现值（ENPV）根据公司股东间的分配协议进行调整、汇总、分配。

这个方法有几个方面的优势，第一是便于构建和计算，因为没有哪个新分子实体（NME）会超过 11 个潜在百分点。第二，表格或决策树便于交流。第三，包含放弃期权概念以及五种情况的可能收入。决策树法有局限，但是在这个案例中因为连续产出被离散化，忽略了增长期权。

23.4.2　二项式法

我们用加入增长期权的二项式法也发现了阿杰朗制药公司的价值。在新分子实体研究阶段，另一二项式代表了增长期权，其价值在推出第一阶段新分子实体时已加入此新分子实体的二叉树法中的最后一支。这种方法考虑了 Copeland's(1998) 中讨论的复合彩虹期权这一基本原理以及 Amram and Kulatilaka's(1998) 中描述的通过运用一种二项式的方法得出周期性再评估结论的原理。

二项式的关键输入值有：

- 资产现值，A
- 资产价值的标准偏差，σ
- 无风险利率，r
- 行权价格的数量和时间
- 进行到下一开发阶段的概率

二项式法采用了 Cox，Rose，Rubinstein（1979）提出的风险中性定价法。他们的主要观点是当每个人都假设是风险中性的，估值将会相同，因为期权估值与投资者的风险偏好相独立。这个重要的假设通过消除风险折现率溢价简化了计算。此外，因为我们感兴趣于阿杰朗制药公司的项目市值（非主观或私人的），风险中性定价法的用途被 Cox 等人在对市场直接交易的金融资产定价方面以同样的论据证明。

我们将使用 Viracept 在 1994 年 6 月 30 日的估值来说明这种计算方法（单位：百万美元），资产现值 A，在时间为 0 的点上通过贴现期望商业现金流来获得。

$$A = \sum_{j=1}^{5} q_j \sum_{t=1}^{T} \frac{CCF_{j,t}}{(1+r_c)^t} = \$123\,921$$

N 阶段的资产价值是由一个一个阶段的二项式法求得。在第一个阶段，有两种可能的结果，Au 和 Ad，在第二个阶段，有三种可能的结果，Au^{II}、Adu、Ad^{II}。考虑到各阶段资产价值上下波动的所有可能组合，整个 N 期是连续的。最后的值 Ek，$k=1$，…，$n+1$。图 23-3 说明了二项式扩展四个阶段。

根据 Amram and Kulatilaka，我们设 $u=e^{\sigma}$，$d=e^{-\sigma}$，其中 $e\cong 2.718$，是自然对数基础。因为我们希望新分子实体（NME）的值 L 年后从 A 增长为 H，我们要求，H 代表药物上市时的现值。$L=12$，$H=2875675$，我们得到，因此 $U=1.300$，$d=0.769$，12 年每年一变的二项式估值。

下一步是加入增长期权。开发初级新分子实体（NME）加入这一想法类似于购买后期新分子实体的看涨期权。通过在新分子实体开发初期加入增长期权，公司获得权利而非义务去开发后期的新分子实体。增长期权的假设与第一期权一致。首个新分子实体上市的时候的增长期权估值加到首个新分子实体的每个 Ek 值中。

一旦资产价值的二叉树模型完成之后，下一步就是计算可能的收益和用风险中性概率重新计算估值。可能的收益的计算。

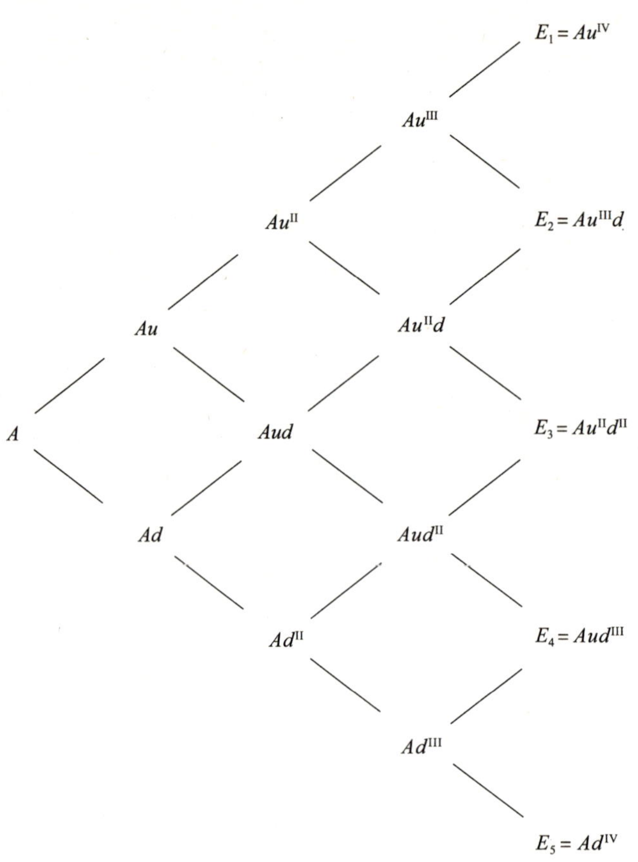

图 23-3 四期二项式

其中，θ^t 值是在第 t 年延续到下一年的概率（在本案例中为 75%），DCF_t 是 t 年中发生的研发支出（1619 美金），因为一种新分子实体投放市场时的估值相对于前一年的研发费用（执行价）来说比较大（即便新分子实体是处于狗类），可能的收益很少会是零。

然后，Pk 通过乘以相邻值重新计算。比如，P_1 和 P_2（称为 V_{t+1}，k 和 V_{t+1}，$k+1$）通过各自的风险中性概率 p 和 $1-p$，延续到下一年的概率，以及折扣因素得出 V_t，k。

风险中性概率计算如下：

$$p = \frac{e^{r\Delta t} - d}{u - d} \tag{23-2}$$

其中，无风险利率 r 是十年期美国国库券利率 7.09%，1994 不变价，其结果是 $p = 0.573$。表 23-4 显示了所有可能的收益值。

表 23-4 DCF_t 可能收益值 $\text{DCF}_t = 1\,619$，$\theta^t = 0.75$，增长期权值为$2 085

K	E_k	P_k
1	$2 877 759	$2 156 699
2	1 704 795	1 276 976
3	1 010 273	756 085
4	599 041	447 661
5	355 548	265 041

（续）

K	E_k	P_k
6	211 373	156 910
7	126 006	92 885
8	75 460	54 975
9	45 531	32 528
10	27 810	19 238
11	17 317	11 368
12	11 104	6 708
13	7 425	3 949

期权值重新计算之后，也根据当期开发的成功概率和那一年的开发成本来做调整，因此，重新计算的期权值为：

$$V_{t,k} = \max\{[V_{t+1,k}p + V_{t+1,k+1}(1-p)]e^{-r\sqrt{\Delta t}}\theta_t - DCF_t, 0\} \tag{23-3}$$

因为开发阶段的时间多于一年，θ^t 是每个阶段最后一年的成功概率，1 是其他年份的成功可能性。DCF 的总值可以看作年度执行价格。例如，V12，1 计算如下：

$$[\$2\,156\,669(0.573) + \$1\,276\,979(1-0.573)]0.931\,6 - 1\,564 = \$1\,657\,654$$

这个过程继续直到 $V_{1,1}$ 达成，这是该化合物对公司的价值。

23.5　结果

我们采用决策树和二项式法计算选定日期的阿杰朗制药公司的价值。表 23.5 显示估值和实际股票价值的比较。

日期选择意义如下：

1. 1994 年 6 月，财政年度，Viracept 正在进行临床前试验；
2. 1994 年 10 月 20 日，宣布 Viracept 将开始 I 期临床试验；
3. 1995 年 6 月，财政年度；
4. 1996 年 6 月，财政年度；
5. 1996 年 12 月 23 日，宣布阿杰朗制药公司申请 Viracept 新药物的应用。

1994 年 6 月 30 日至 1996 年 12 月 23 日期间，阿杰朗制药公司有其他项目在发现期、临床前期或者临床实验一期，但是 Viracept 是这一时期唯一一个进入临床实验二期、三期和提交新药申请的新分子实体。由于在本财年年底，美国证券交易委员会（U. S. SEC）提交的 10-K 报告会指出哪些项目正在运行和这些项目进展到的阶段，所以财政年度结束期在评估估值上很有帮助。已放弃的项目通常是不会被公布出来的。其结果是，当那些在本财政年年底以外进行评估的项目还未开始运行时，就需对这些项目的潜力进行评估。

表 23-5 显示，阿杰朗制药公司公司以上述方法估值，当所有项目在临床实验一期或者更早时估值相对更好，但是随着 Viracept 开发进程向前推进，计算值较大程度偏离了实际股价。因此，投资者显然对本模型中典型的新分子实体研发后期做不同于前期的假设，如果是这样的话，并且如果根据这些假设对模型进行调整，我们预计，由模型给出的估价会更接近于实际的股票价格。

表 23-5 根据决策树法和二项式法计算的阿杰朗制药公司公司估值，以及实际股价，括号中的数字是际股价与上述方法估值之间的差值

日期	实际股价	方法			
		决策树法		二项式法	
6/30/94	$5.63	$4.31	(-23.4%)	$4.51	(-19.8%)
10/20/94	5.63	5.70	(+1.3)	5.87	(+4.3)
6/30/95	11.81	7.17	(-39.3)	8.51	(-27.9)
6/30/96	19.50	10.26	(-47.4)	10.44	(-46.5)
12/23/96	33.88	15.05	(-55.6)	15.45	(-54.4)

我们认为，投资者鉴于以下几个原因做出不同的假设。首先，FDA 在审批 HIV 阳性药物方面面临巨大的政治压力，因此投资者可能会认为这种药物从临床实验二期到推出的时间将少于八年。实际上，花了略短于两年的时间。其次，在这个模型里面有一个重要的假设是收益流的概率分布，该模型假设一年之中最高收入在 100 万以下的概率是 80%，实际上，Viracept 的销售额在 1998 财年（第一个销售年度）超过 400 万，并且预计在 1999 财年销售额会在 430 ~ 440 万。再次，市场也许已经对收入做了不同的概率分布假设。最后，市场可能已经对 Viracept 通过审查的概率有高于典型新分子实体的假设。

通过调整决策树模型中假设，我们得到的决策树法估值在 1996 年 6 月 30 日高于股价 19.1%，在 1996 年 12 月 23 日低于股价 15.9%。

假设临床实验三期和新药申请（NDA）期限均为一年，而不是三年。假设销售额分布为：狗类 10%，低于平均水平类 10%，平均水平类 30%，高于平均水平类 35%，突破类为 15%，而非分别是 10%、10%、60%、10%、10%。假设临床实验三期成功的概率为 90%，而不是 85%，新药申请（NDA）概率为 90%，而不是 75%。

这些调整对于一个根据目标疾病、政治环境和当时的竞争环境做出假设的证券分析师而言比较有代表性。对二项式法做出同样的调整也得到了类似的结果。

另一个发现是，在初期期权估值中加入增长期权并没有显著增加其估值。原因是一个研发项目（假设为增长期权）的价值相对而言低于初期新分子实体。这种相对较低的估值更多是由于乘上了初期期权的成功概率而大打折扣。

23.6 结论

实物期权法可以用来对生物科技公司进行估值，当大家对一种药物了解很少并且项目处于临床实验一期或者更早的时候，使用平均假设的效果很好。当项目进入临床实验二期或者更后面，更多关于投放市场时间、市场规模、成功概率的具体假设将更准确地反映公司的价值。

阿杰朗制药公司的例子验证了这些结论。这些方法用于发现阿杰朗制药公司 Viracept 项目早期价值方面时的效果非常好，此时行业平均完成时间和收入流更容易调整。随着 Viracept 项目继续推进，平均完成时间变得不太有效。金融分析师密切关注股价可能得到关于后期重要投入更重要的数据，利用这里大致勾勒出的实物期权方法和更充分的信息将为证券分析师提供一种更为有力的分析工具。

注释

1. See Amram and Kulatilaka, Trigeorgis (1997), Kasanen and Trigeorgis (1994), and Mason and Merton (1985) for more on the use of risk-neutral pricing.

参考文献

Amram, M., and N. Kulatilaka. 1998. *Real Options: Managing Strategic Investment in an Uncertain World.* Boston, MA: Harvard Business School Press.

Copeland, T. 1998. "A Practitioner's View of Applications of Real Options." Second Annual Conference on Real Options, Chicago, IL (June).

Cox, J., S. Ross, and M. Rubinstein. 1979. "Option Pricing: A Simplified Approach." *Journal of Financial Economics,* vol. 7 (September):229–263.

DiMasi, J.A., R.W. Hansen, H.G. Grabowski, and L. Lasagna. 1991. "Cost of Innovation in the Pharmaceutical Industry." *Journal of Health Economics,* vol. 10, no. 2:107–142.

Grabowski, H.G., and J.M. Vernon. 1994. "Returns to R&D on New Drug Introductions in the 1980s." *Journal of Health Economics,* vol. 13:383–406.

Kasanen, E., and L. Trigeorgis. 1994. "A Market Utility Approach to Investment Valuation." *European Journal of Operational Research,* vol. 74:294–309.

Mason, S.P., and R.C. Merton. 1985. "The Role of Contingent Claims Analysis in Corporate Finance." In *Recent Advances in Corporate Finance.* Edited by E. Altman. Chicago, IL: Irwin.

Myers, S.C., and C.D. Howe. 1997. "A Life-Cycle Financial Model of Pharmaceutical R&D." Program on the Pharmaceutical Industry, Massachusetts Institute of Technology.

Myers, S.C., and L. Shyam-Sunder. 1996. "Measuring Pharmaceutical Industry Risk and the Cost of Capital." In *Competitive Strategies in the Pharmaceutical Industry.* Edited by Robert B. Helms. Washington, DC: American Enterprise Institute Press.

Trigeorgis, L. 1997. "Real Options, Managerial Flexibility and Strategy in Resource Allocation." Cambridge, MA: MIT Press.

U.S. Congress, Office of Technology Assessment. 1993. *Pharmaceutical R&D: Costs, Risks, and Rewards, OTA-H-522.* Washington, DC: U.S. Government Printing Office (February).

译　后　记

金融分析师资格考试（CFA）被称作“全球金融第一考”，国内越来越多的金融机构认识到了培养CFA人才的重要性，金融从业人员对CFA考试的兴趣越来越浓，中国的特许金融分析师热正在不断升温。目前，国内CFA考试的参考教材主要是英文的，作为CFA教材之一的《估值技术》，出版其中译本，为中国CFA考生、金融从业者和研究者提供了更大的便利，可以让更多的读者了解和掌握CFA考试的知识内容；学习过去50多年中最精明、最成功投资家的深刻见解和专业技术；感受估值思想的演进，对该领域未来的创新发展脉络有所理解。有鉴于此，我组织了多位从事金融专业教学的教师以及部分研究生，开始了这项浩大而艰难的工程，期望通过自己的努力，让国内的CFA考生及金融学习者能够通过中文去全面了解和学习估值技术。

《估值技术》一书汇集了权威专家和行业精英的经典估值方法，涵盖了几十年来估值技术的发展，也展示了不同阶段投资者们所面临的问题及解决方法。本书内容均来源于投资大师，从本杰明·格雷厄姆到当今的一些杰出投资专家，能为投资者在应对市场的挑战和机遇时提供帮助。这本关于现金流、股息和期权估值技术的书也是一本很有用的工具书，既有对历史的回顾，又有当前最新的行业实践。专家学者和业内人士都能从中获得有用的研究报告、案例分析和思想启发，具有很高的价值。

本书作者拉勒比和沃斯均是CFA协会会员，他们具有丰富的金融实务经历和实践经验。拉勒比先生是CFA协会会员和产品主管，证券投资组合管理与股权投资总监，在加入CFA协会之前，有二十多年的时间在资产管理行业担任证券投资组合经理和分析师。沃斯先生是CFA协会内容总监，研究领域为固定收益、行为金融和公司金融。此前，他担任戴维斯精选顾问公司证券投资组合经理，所联合管理的戴维斯增值与收入基金取得了令人瞩目的业绩。因此，他们所写作的这本关于估值技术的CFA教科书就具有了一些不同于其他教科书的独特之处，具有很强的实用性和指导性。

在翻译《估值技术》的过程中，遇到的困难比我们预想的要艰难得多，克服困难和解决疑惑，让我们更加体会到好的专业译著来之不易。我国著名的翻译大师严复曾经说过，翻译的过程中常常“一名之立，旬月踟蹰”，对于我们这些并非专业的翻译工作者来说，虽不至于达到如此境界，但捧着这本专业书籍的诚惶诚恐一直贯穿始终，我们对翻译质量的敬畏之心，使得我们不敢有任何的懈怠，利用我们金融专业的背景，对原著反复揣摩，反复斟酌，尤其注意用词的准确和表达的清晰，同时尽力向“信达雅”目标努力。我们把本书的翻译作为一项科研项目来推进，对其知识结构、主体内容、基本技术和方法进行了深入的讨论，对于重点、难点进行分析研究，对于疑惑的地方我们查找资料、请教专家。经过半年多的翻译、斟酌、讨论、修订，终于完成了全部的翻译工作。

本书的翻译从2013年6月开始，用时三个月完成翻译初稿，参与人员分别有：王晋忠、梁剑、毛茜、谢岫、陈薇薇、魏旭辉、高菲、王琦、付霞、杨晓晗。分成两组同时推进，期间，梁剑、高菲做了许多有益的协调工作。在2013年9月1日提交的一稿中发现仍有诸多不足，特别是团队翻译导致语言风格不一致的问题比较突出，因此组织了对译稿存在问题的讨论，确定了语言统一的原则，对于语句和措词进行了进一步的完善，并由梁剑组织对一稿的格式和排版进行统一规范。10 月起又组织高菲、王琦、付霞和杨晓晗对译稿进行再一次的全面校对和修正。经过此轮集中校订，翻译质量有了较为明显的改善。在最后阶段的统稿由王晋忠负责，梁剑和高菲也协助做了大量的工作。反复多次的翻译和修订后，真实准确地表达原著的目标较好地得到体现。即便如此，翻译中的错误和缺陷是在所难免的。不足之处，恳请各位读者批评，以便我们在下一次的校订中继续提高改进，也便于读者更好地理解这部书籍的相关知识。

王晋忠

CFA协会投资系列

机械工业出版社华章公司、Wiley出版社和CFA协会非常荣幸地推出CFA协会投资系列及CFA协会机构投资系列丛书，这套丛书通过享有盛誉的学者和金融专业人士的努力，针对金融领域的重要问题提供了大量的关键资料。在每一本书中，这些善于思考的领导者在理论和实践层面针对金融问题提出了自己的洞见。这些书籍是金融研究生和从业人员的理想读物。

序号	丛书名	中文书号	中文书名	原作者	译者	定价
1	CFA协会投资系列	2015即将出版	公司金融：实用方法	Michelle R. Clayman, Martin S. Fridson, George H. Troughton	汤震宇 等	99
2	CFA协会投资系列	978-7-111-38805-0	股权资产估值(原书第2版)	Jeffrey K.Pinto, Elaine Henry, Jerald E. Pinto, Thomas R. Robinson, John D. Stowe, Abby Cohen	刘醒云 等	99
3	CFA协会投资系列	978-7-111-38802-9	定量投资分析（原书第2版）	Jerald E. Pinto, Richard A. DeFusco, Dennis W. McLeavey, David E. Runkle	劳兰珺 等	99
4	CFA协会投资系列	978-7-111-38719-0	投资组合管理：动态过程（原书第3版）	John L. Maginn, Donald L. Tuttle, Dennis W. McLeavey, Jerald E. Pinto	李翔 等	149
5	CFA协会投资系列	2015即将出版	固定收益证券分析（原书第2版）	Frank J. Fabozzi	汤震宇 等	99
6	CFA协会投资系列	2015即将出版	国际财务报表分析	Thomas R. Robinson, Elaine Henry, Wendy L. Pirie, Michael A. Broihahn	汤震宇 等	149
7	CFA协会投资系列	2015即将出版	投资决策经济学：微观、宏观与国际经济学	Christopher D. Piros	韩复龄 等	99
8	CFA协会投资系列	2015即将出版	投资学：投资组合理论和证券分析	Michael G. McMillan	王晋忠 等	99
9	CFA协会投资系列	2015即将出版	新财富管理：理财顾问客户资产管理指南	Roger C. Gibson	翟立宏 等	99
10	CFA协会机构投资系列	978-7-111-43668-3	投资绩效测评：评估和结果呈报	Todd Jankowski, Watts S. Humphrey, James W. Over	潘席龙 等	99
11	CFA协会机构投资系列	2015即将出版	风险管理：变化的金融世界的基础	Austan Goolsbee, Steven Levitt, Chad Syverson	郑磊 等	149
12	CFA协会机构投资系列	2015即将出版	估值技术：现金流贴现、收益质量、增加值衡量和实物期权	David T. Larrabee	王晋忠 等	99
13	CFA协会机构投资系列	2015即将出版	私人财富管理：财富管理实践	Stephen M. Horan	翟立宏 等	99